Buch-Updates

Registrieren Sie dieses Buch auf unserer Verlagswebsite. Sie erhalten dann Buch-Updates und weitere, exklusive Informationen zum Thema.

Galileo
BUCH UPDATE

Und so geht's

> Einfach **www.galileocomputing.de** aufrufen

<<< Auf das Logo **Buch-Updates** klicken

> Unten genannten **Zugangscode** eingeben

Ihr persönlicher Zugang zu den Buch-Updates 111513120843

Rainer Pollmann, Peter Rühm

Excel im Controlling

Lösungen für die berufliche Praxis

Galileo Press

Liebe Leserin, lieber Leser,

wer sich beruflich mit Excel im Zusammenhang mit Controlling-Prozessen beschäftigt, hat besondere Anforderungen und Wünsche an das Tabellenkalkulationsprogramm. Oft fehlt im Berufsalltag die Zeit, sich tiefgehend mit der Materie zu befassen und in der Regel ist das auch gar nicht notwendig. Hier zählen schnelle und effiziente Lösungen. Genau dieses Bedürfnis befriedigt das Buch.

Dabei arbeitet es mit visuellen und textstrukturellen Elementen, die das Auffinden der gesuchten Information erleichtern und es Ihnen als Leser möglich machen, nur das zu erfahren, was Sie im Zusammenhang Ihrer Problemstellung wissen müssen: Auf der linken Seite finden Sie Abbildungen, die die Erläuterungen und Schritt-für-Schritt-Anleitungen auf der rechten Seite veranschaulichen. Ich bin mir sicher, Sie werden dieses Prinzip schätzen lernen.

Unsere Autoren, Rainer Pollmann und Peter Rühm, bieten Schulungen für Unternehmen im gesamten deutschsprachigen Raum an. Sie haben jahrelange Erfahrungen mit Excel im Controlling und vermitteln Ihr Fachwissen gekonnt, anschaulich und auf den Punkt. Profitieren Sie von diesem Wissen und lernen Sie, wie Sie Excel effizient im Controlling einsetzen.

Dieses Buch wurde mit großer Sorgfalt geschrieben, lektoriert und produziert. Sollten sich dennoch Fehler eingeschlichen haben, wenden Sie sich an mich. Ihre freundlichen Anmerkungen und Ihre Kritik sind immer willkommen.

Jan Watermann
Lektorat Galileo Computing

jan.watermann@galileo-press.de
www.galileocomputing.de
Galileo Press · Rheinwerkallee 4 · 53227 Bonn

Auf einen Blick

Der Name Galileo Press geht auf den italienischen Mathematiker und Philosophen Galileo Galilei (1564–1642) zurück. Er gilt als Gründungsfigur der neuzeitlichen Wissenschaft und wurde berühmt als Verfechter des modernen, heliozentrischen Weltbilds. Legendär ist sein Ausspruch *Eppur se muove* (Und sie bewegt sich doch). Das Emblem von Galileo Press ist der Jupiter, umkreist von den vier Galileischen Monden. Galilei entdeckte die nach ihm benannten Monde 1610.

Gerne stehen wir Ihnen mit Rat und Tat zur Seite:
jan.watermann@galileo-press.de bei Fragen und Anmerkungen zum Inhalt des Buches
service@galileo-press.de für versandkostenfreie Bestellungen und Reklamationen
stefan.krumbiegel@galileo-press.de für Rezensions- und Schulungsexemplare

Lektorat Jan Watermann, Anne Scheibe
Korrektorat Sandra Gottmann, Münster
Fachgutachten Gerlinde Kirse, Königswinter
Cover Barbara Thoben, Köln
Titelbild Barbara Thoben, Köln
Typografie und Layout Vera Brauner
Herstellung Iris Warkus, Vera Brauner
Satz SatzPro, Krefeld
Druck und Bindung Koninklijke Wöhrmann, Zutphen, NL

Dieses Buch wurde gesetzt aus der Linotype Syntax Serif (9,25/13,25 pt) in InDesign CS2.
Gedruckt wurde es auf fein holzhaltigem Naturpapier.

Bibliografische Information der Deutschen Bibliothek
Die Deutsche Bibliothek verzeichnet diese Publikation in der Deutschen Nationalbibliografie; detaillierte bibliografische Daten sind im Internet über http://dnb.ddb.de abrufbar.

ISBN 3-89842-744-7
ISBN 13 978-3-89842-744-9

1. Auflage 2007

Inhalt

Vorwort

»Können Sie uns ein gutes Excel-Buch empfehlen?«, werden wir häufig in unseren Seminaren gefragt und wir empfehlen aus unserer Sicht gute Bücher. Allerdings haben alle diese Bücher nach unserer Meinung einen gravierenden Nachteil: Sie stellen Beispiele und beeindruckende Funktionalitäten von Excel vor, doch wenn man als Anwender von der Existenz einer Excel-Funktionalität nichts weiß, dann kann man danach auch nicht in einem Buch suchen, um die Funktionsweise zu erlernen.

Mit diesem Buch sind wir einen anderen Weg gegangen. Wir versuchen die Prozesse des Controllings abzubilden und zu sagen: »Man nehme diese Excel-Technik und jene, kombinieren das mit einer dritten Technik und schon haben wir eine Kennzahl«. Sie werden also hier keine Excel-Systematik, sondern eine Controlling-Systematik vorfinden. Es wird auch nicht jede Excel-Technik bis ins kleinste Detail beschrieben, sondern nur so weit wie sie nach unserer Meinung für den aktuellen Prozess wichtig ist. Dafür gibt es einige Wiederholungen, bei denen fehlenden Informationen ergänzt werden (falls notwendig). Bitte arbeiten Sie daher die in diesem Buch enthaltenen Beispiele durch, da sie in der Abfolge aufeinander aufsetzen.

Excel ist nach unserer Meinung das am meisten unterschätzte Progamm, weil es am häufigsten falsch eingesetzt wird. Gerade erfahrene Excel-Anwender werden hier noch den einen oder anderen Hinweis entdecken, mit dem Sie Ihre Arbeit effizienter gestalten können. Weg vom »Datenschaufeln«, hin zu den ureigensten Aufgaben im Controlling: der intensive Analyse und Steuerung!

Seit 1993, dem Jahr der ersten Durchführung eines Seminars »Excel für Controller«, waren wir immer an einer effizienten Durchführung von Controlling-Aufgaben interessiert und nicht an den Möglichkeiten, die Excel bietet.

Wir möchten aus der Sicht eines Controllers Aufgaben möglichst effizient lösen, damit Sie Ihre Zeit eben nicht mit »Datenschaufeln« verbringen, sondern mit der Steuerung eines Unternehmens. Dabei sind wir Querdenker und »Über-den-Tellerrand-Gucker«. Uns interessiert ebenfalls, was die Mathematik, die Statistik, die Psychologie, die Soziologie, Kreativtechniken u. v. m. an Modellen und Instrumenten bereitstellen, um die Aufgaben im Controlling, in der Unternehmensführung zu erleichtern. Daran möchten wir Sie teilhaben lassen.

Der eine oder die andere mag bei der Lektüre der Meinung sein, dass dies oder jenes auch anders oder besser hätte gelöst werden können. Dies kann gut sein, wir erheben hier in diesem Buch keinen Anspruch darauf, den einzig wahren Weg zu kennen.

Controller sind nach unserer Erfahrung häufig diejenigen im Unternehmen, die – nach den Mitarbeitern aus der IT – über das größte IT-Wissen verfügen. Daher beschreiben wir viele Informationen, die eher das System betreffen.

Wichtig war uns auch das Thema Datenimport. Daher ist hier nach unserem Wissen erstmalig in einem »Excel-Buch« der Weg aus zwei Vorsystem (SAP und DATEV) Schritt für Schritt beschrieben.

Wir danken allen Seminarteilnehmern, die uns anhand des Probekapitels Anregungen und eigene Beispiele geliefert haben. Besonders bedanken wir uns bei unseren Ehefrauen Claudia und Ingrid, unseren Kindern Dana, Felix und Sarah, die so oft auf uns haben verzichten müssen und uns dennoch immer wieder unterstützen, besonders bei der Erstellung dieses Buches.

Rainer Pollmann und **Peter Rühm**

In diesem Kapitel finden Sie einige wichtige Techniken, die der Erleichterung beim Aufbau von Tabellenmodellen dienen oder deren Kenntnis für den Einsatz der Analyse-Tools erforderlich ist. Außerdem gestalten sie Ihre Arbeit mit Excel effizienter und Sie sparen damit Zeit. Zeit, die Ihnen dann für die qualitative Analyse zur Verfügung steht.

1 Workmanagement

Grundkenntnisse vorausgesetzt

Grundkenntnisse in der Arbeit mit Microsoft Excel haben Sie sicher schon. Damit wir uns auf die Controlling-spezifischen Excel-Anwendungen konzentrieren können, müssen wir ein gewisses Grundwissen voraussetzen. Dies gilt natürlich auch für die Arbeit mit Microsoft Windows.

Wir möchten aber damit beginnen, Ihnen ein paar nützliche Hilfen für Ihr Workmanagement zur Verfügung zu stellen. Vielleicht kennen Sie die im Folgenden vorgestellten Funktionen oder einige davon bereits. Falls nicht, werden Sie in diesem Kapitel sicher einige interessante Möglichkeiten und Tipps kennen lernen, die Ihnen die tägliche Arbeit mit Excel erleichtern werden:

Die vorgestellten Funktionalitäten

- der Umgang mit Arbeitsmappen
- der Aufbau von Excel-Modellen
- Berechnungen mit Formeln und Funktionen
- Namensvergabe für Zellen und Bereiche
- Verknüpfungen und Bezüge
- Konsolidieren von Daten
- Analyse von Zusammenhängen
- Gliederungen von Tabellenblättern
- selbst definierte Zahlenformate
- Abfangen von Eingabefehlern
- Schützen von Zellen und Arbeitsmappen
- Einrichten eines persönlichen Excels
- Short Cuts

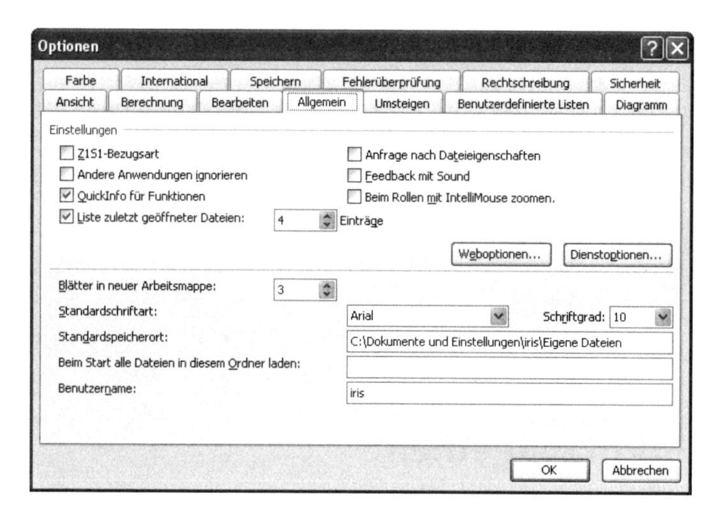

Abbildung 1.1 So nehmen Sie Voreinstellungen vor.

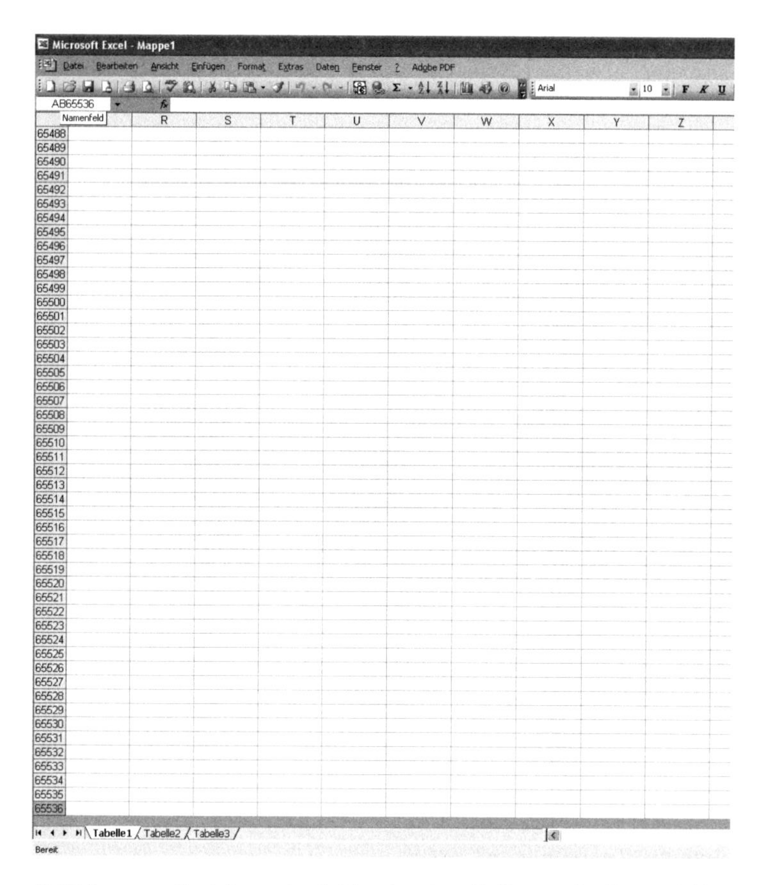

Abbildung 1.2 Navigieren durch Eingabe eines Zellbezugs im Namenfeld

1.1 Das Arbeitsmappenkonzept

Die Arbeitsmappe ist bei Excel die Datei, die Sie bearbeiten und in der Sie Daten speichern. Eine Arbeitsmappe besteht aus mindestens einem Tabellenblatt, jedes Tabellenblatt aus 65 536 Zeilen, 256 Spalten und damit aus 16 777 216 Zellen.

Blätter pro Arbeitsmappe

Eine Arbeitsmappe muss mindestens ein Blatt enthalten. Standardmäßig werden Ihnen immer drei Tabellenblätter pro Arbeitsmappe angeboten. Die maximale Anzahl von Blättern in einer Standardarbeitsmappe beträgt 255.

Sie können die Anzahl der Tabellenblätter für neue Arbeitsmappen über das Menü **Extras • Optionen im** Register **Allgemein** vorgeben. Wenn Sie also eine Arbeitsmappe speichern, schließen, öffnen, so gilt das für sämtliche in dieser Arbeitsmappe enthaltenen Blätter.

Excel bietet Ihnen zwei Arten von Blättern an:

- Tabellenblätter zum Berechnen und Analysieren von Daten
- Diagrammblätter zur grafischen Darstellung von Daten

Sie können sich die gesamte Arbeitsmappe nach Ihren Vorstellungen gestalten, indem Sie:

- neue Blätter einfügen oder Blätter löschen
- Blätter umbenennen oder Register einfärben
- Blätter innerhalb einer Arbeitsmappe oder in eine andere verschieben oder kopieren.

Diese Techniken sollen Sie in diesem Kapitel kennen lernen.

Technische Informationen

Die maximale Anzahl von benutzerdefinierten Symbolleisten und benutzerdefinierten Schaltflächen wird durch Ihren verfügbaren Speicher begrenzt. Ebenso wird die maximale Anzahl von geöffneten Dokumenten durch Ihren verfügbaren Speicher und die Systemressourcen begrenzt. Die maximale Blattgröße beträgt insgesamt ca. 65 536 Zeilen und 256 Spalten.

Die Spaltenbreite kann von 0 bis 255 Zeichen, die Zeilenhöhe von 0 bis 409 Punkt reichen. Punkt ist eine für die Schriftgröße verwendete Einheit, die 0,351 mm pro Punkt beträgt. In eine Zelle können maximal 255 Zeichen eingegeben werden bzw. bei der Eingabe einer Formel maximal 1024 Zeichen.

Warnsignale

Däumler-Binz AG: Umsatzentwicklung SOLL/IST nach Regionen

Differenz IST/SOLL (Mio €)

Region	Januar	Februar	März	April	Mai	Juni	Juli	August	September	Oktober	November	Dezember	Gesamt
Nord	-2	-15	2	-3	-5	-5	-25	-2					-55
Ost	-3	-1	-10	2	3	6	-1	-8					-13
West	1	-1	-2	-6	-1	6	9	-2					4
Süd	2	-2	1	5	9	7	-5	2					18
Europa	5	-15	6	7	7	-2	-19	3					-8
Gesamt	3	-34	-3	4	12	12	-41	-7					-54

Differenz Umsatz-IST/SOLL (in %)

Region	Januar	Februar	März	April	Mai	Juni	Juli	August	September	Oktober	November	Dezember	Gesamt
Nord	-2,0%	-15,0%	1,7%	-2,7%	-3,8%	-5,0%	-31,3%	-2,5%					-4,3%
Ost	-4,0%	-1,3%	-11,1%	1,8%	2,6%	8,0%	-1,7%	-13,3%					-1,3%
West	0,7%	-0,7%	-1,1%	-3,6%	-0,5%	4,0%	7,5%	-1,7%					0,2%
Süd	1,6%	-1,6%	0,7%	3,3%	5,2%	5,6%	-5,0%	2,0%					1,1%
Europa	2,0%	-6,0%	2,0%	2,5%	2,2%	-0,8%	-9,5%	1,5%					-0,2%
Gesamt	0,4%	-4,9%	-0,4%	0,5%	1,3%	1,7%	-7,3%	-1,3%					-0,6%

Steuerung / Planung / Warnsignale / Soll-Ist-Vergleich / Umsatz / Absatz / Absatzprognose / Werte / Liste der Namen

Abbildung 1.3 Basisdaten/General Dates

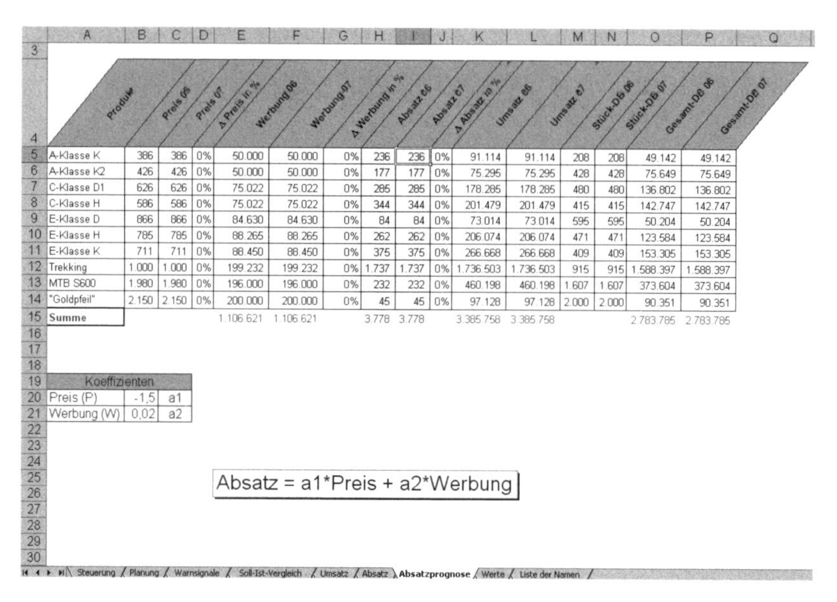

	A	B	C	D	E	F	G	H	I	J	K	L	M	N	O	P
4	Produkt	Preis 06	Preis 07	Δ Preis in %	Werbung 06	Werbung 07	Δ Werbung in %	Absatz 06	Absatz 07	Δ Absatz in %	Umsatz 06	Umsatz 07	Stück-DB 06	Stück-DB 07	Gesamt-DB 06	Gesamt-DB 07
5	A-Klasse K	386	386	0%	50.000	50.000	0%	236	236	0%	91.114	91.114	208	208	49.142	49.142
6	A-Klasse K2	426	426	0%	50.000	50.000	0%	177	177	0%	75.295	75.295	428	428	75.649	75.649
7	C-Klasse D1	626	626	0%	75.022	75.022	0%	285	285	0%	178.285	178.285	480	480	136.802	136.802
8	C-Klasse H	586	586	0%	75.022	75.022	0%	344	344	0%	201.479	201.479	415	415	142.747	142.747
9	E-Klasse D	866	866	0%	84.630	84.630	0%	84	84	0%	73.014	73.014	595	595	50.204	50.204
10	E-Klasse H	785	785	0%	88.265	88.265	0%	262	262	0%	206.074	206.074	471	471	123.584	123.584
11	E-Klasse K	711	711	0%	88.450	88.450	0%	375	375	0%	266.668	266.668	409	409	153.305	153.305
12	Trekking	1.000	1.000	0%	199.232	199.232	0%	1.737	1.737	0%	1.736.503	1.736.503	915	915	1.588.397	1.588.397
13	MTB S600	1.980	1.980	0%	196.000	196.000	0%	232	232	0%	460.198	460.198	1.607	1.607	373.604	373.604
14	"Goldpfeil"	2.150	2.150	0%	200.000	200.000	0%	45	45	0%	97.128	97.128	2.000	2.000	90.351	90.351
15	Summe				1.106.621	1.106.621		3.778	3.778		3.385.758	3.385.758			2.783.785	2.783.785

	Koeffizienten		
20	Preis (P)	-1,5	a1
21	Werbung (W)	0,02	a2

Absatz = a1*Preis + a2*Werbung

Steuerung / Planung / Warnsignale / Soll-Ist-Vergleich / Umsatz / Absatz / Absatzprognose / Werte / Liste der Namen

Abbildung 1.4 Berechnungsblatt

1.2 Aufbau von Excel-Modellen

Die Möglichkeiten von Excel in Bezug auf den Aufbau von Modellen für das Controlling/Finanzwesen sind nahezu unbegrenzt. Die Grenzen werden allein von der Leistungsfähigkeit Ihres PC gesetzt. Damit ist gemeint, dass Sie Daten in einer begrenzten Menge berechnen, gestalten und darstellen können. Damit ist auch gemeint, dass Sie in Excel prinzipiell alles tun können, aber auch die Frage nach der Aufwand-Nutzen-Relation zu stellen ist. Excel lädt geradezu dazu ein, spontan zu arbeiten und spontan Veränderungen vorzunehmen. Nur je komplexer ein Excel-Modell bereits ist, desto größer ist der zeitliche Aufwand für die notwendigen Veränderungen. Dies hat dazu geführt, dass Excel das am meisten unterschätzte, weil am häufigsten falsch eingesetzte IT-Tool ist.

Hierarchisches Modell

Wir möchten Ihnen einen Vorschlag für den Aufbau von Excel-Modellen für den längerfristigen Einsatz machen, der sich in unserer Praxis sehr bewährt hat und die genannten Nachteile vermeidet. Generell verwenden wir ein »hierarchisch« aufgebautes Modell. Dazu gehört u. a.:

- Trennung von »veränderbaren Zellen« (ohne Formeln, Funktionen, Verknüpfungen) und »Formelzellen«: auf verschiedene Blätter.
- Einsatz von Bereichsnamen und Verknüpfungen
- Datenbankähnlicher Aufbau

Basisdaten/ General Dates

So gibt es generell ein Tabellenblatt, das wir Basisdaten oder General Dates nennen. Auf dieses Tabellenblatt werden Daten aus anderen Systemen importiert (siehe Kapitel 2) oder per Hand eingegeben. Hier gibt es keinerlei Berechnungen. Damit Excel nicht als zusätzliche Datenbank verwendet wird, umfasst der Datenbestand auf diesem Tabellenblatt nur die notwendigsten Daten. Auf diesem Tabellenblatt werden die für Ihr Modell relevanten Variablen zentral untergebracht. Dies können Werte sein wie Zielrenditen, der EURO-Referenzkurs, Zuschlagssätze für die Kalkulation, Kostenstelleninformationen usw. Auch hier erfolgt keine Berechnung.

Werte/Values

Berechnungen/ Calculations

Auf diesen Blättern erfolgen Ihre Berechnungen, indem Sie Daten der Tabellenblätter, die Basisdaten und Basisvariablen miteinander per Verknüpfungen berechnen. Natürlich werden Sie nicht mit einem Berechnungsblatt auskommen, daher erzeugen wir Verknüpfungen immer nach dem Prinzip der Einbahnstraße. D. h., die Verknüpfungen verlaufen immer von Blatt zu Blatt in eine Richtung, niemals zurück.

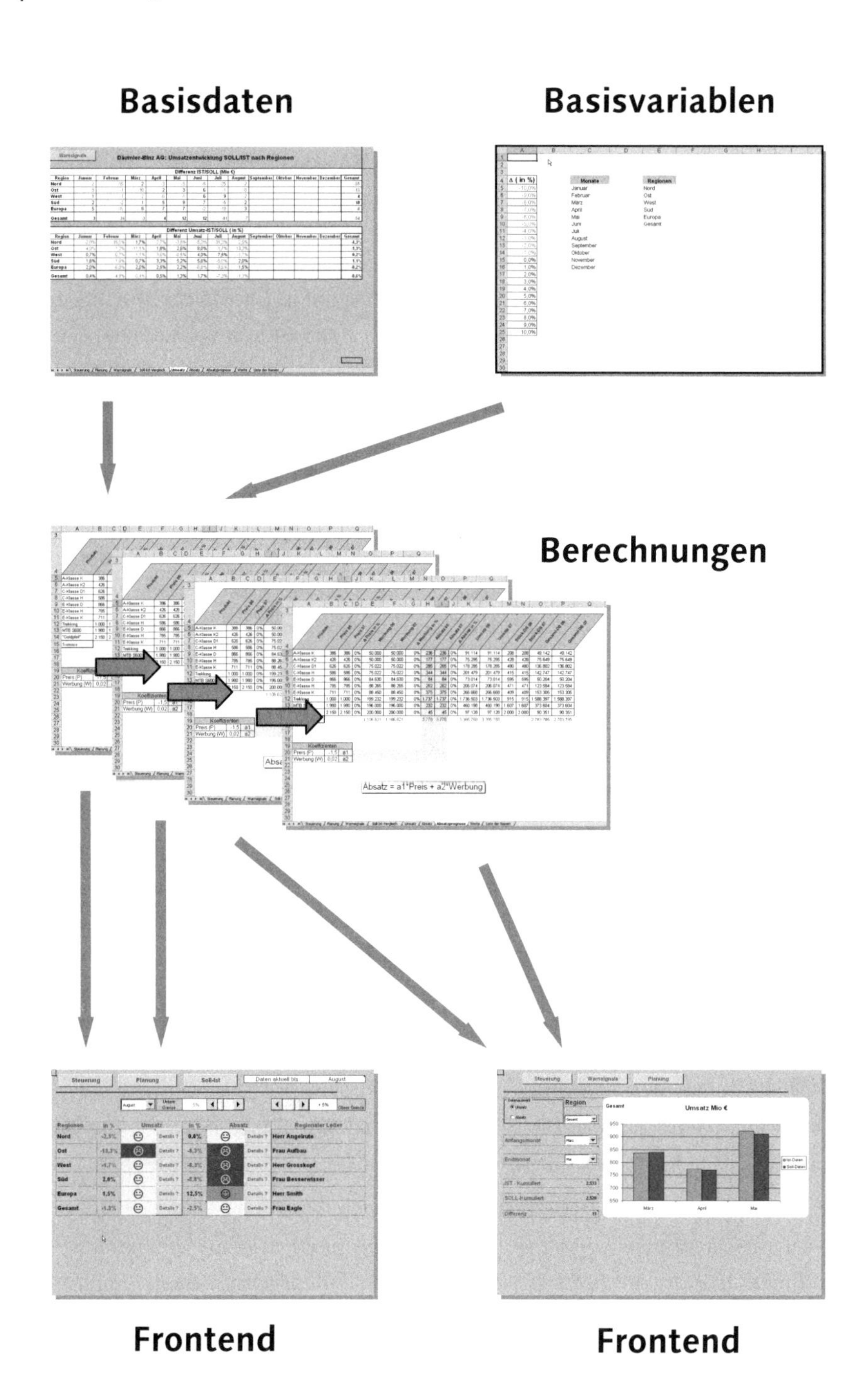

Abbildung 1.5 Das PRT-Modell

Das Frontend

Auf diesem Blatt erfolgt die Zusammenstellung der für Sie wichtigsten Zahlen. Diese Zusammenstellung dient gewissermaßen als Oberfläche eines Informationssystems. Die Benutzeroberfläche/das Frontend kann aus mehreren Tabellenblättern bestehen, die wiederum Diagramme (siehe Kapitel 6), Pivot-Tabellen (siehe Kapitel 3) oder Datenselektion per Schaltflächen (siehe Kapitel 5) enthalten.

Namenliste

Es empfiehlt sich, beim Einsatz von Bereichsnamen ein separates Tabellenblatt einzufügen. Auf diesem Blatt können Sie die bereits festgelegten Namen notieren (siehe Abschnitt 1.5). Damit haben Sie immer eine aktuelle und vor allem hilfreiche Übersicht über die Namen, die Sie bereits verwendet haben.

[!]

In diesem Zusammenhang möchten wir Ihnen den Ratschlag geben, die Namensvergabe immer sorgfältig zu planen, denn nicht in jedem Fall ist es vorteilhaft, mit Namen zu arbeiten. Am besten eignen sich Namen für Zellen, die auf einem zentralen Blatt Werte bereitstellen, eben dem Werte-/Value-Blatt.

Diese Modellierung hat den Vorteil, dass Sie diese Zellen/Blätter schützen können, nachdem Sie die Richtigkeit Ihrer Formeln und Funktionen auf den Berechnungsblättern überprüft haben. Anschließend können Sie sich dann darauf beschränken, die Basisdaten und die Basisvariablen zu pflegen.

Szenario-Manager und Solver

- Wenn Sie mit dem **Szenario-Manager** und dem **Solver** arbeiten wollen, können Sie das auf diesen Blättern tun. Veränderungen hier wirken sich durch den Modellaufbau auf das gesamte Modell aus. Szenario-Manager und Solver werden in Kapitel 4 ausführlicher beschrieben.
- Die einzelnen Hierarchien lassen sich durch entsprechende Registerfarben darstellen und besser sichtbar machen (siehe hierzu auch Abschnitt 1.3.3).
- Sie können zuletzt mit Hilfe von Makros (zur Programmierung in Excel mit VBA siehe Kapitel 8) oder Hyperlinks (siehe Abschnitt 1.15) eine Benutzerführung einbauen, die den Anwender gezielt von Zelle zu Zelle und von Blatt zu Blatt führt.
- Tabellenblätter, auf die nur Sie und nicht der Anwender Zugriff erhalten soll, werden ausgeblendet (siehe Abschnitt 1.12) und sind damit nur für Sie sichtbar.

Budget für den Vertrieb der Region 1			
Umsätze:			
Produkt	**Stückzahl**	**Verkaufspreis**	**Umsatz**
A-Klasse K	290	385,65	111.838,50
A-Klasse K2	448	425,75	190.736,00
Summe A-Klasse			
C-Klasse D1	480	625,55	300.264,00
C-Klasse H	142	585,75	83.176,50
Summe C-Klasse			
E-Klasse D	406	865,75	351.494,50
E-Klasse H	185	785,15	145.252,75
E-Klasse K	431	711,25	306.548,75
Summe E-Klasse			
Trekking	725	965,75	700.168,75
Summe Trekking			
Summe Gesamtumsatz			**0,00**

Region Süd | Region 1 | Region 2

Abbildung 1.6 Register anklicken und gruppieren

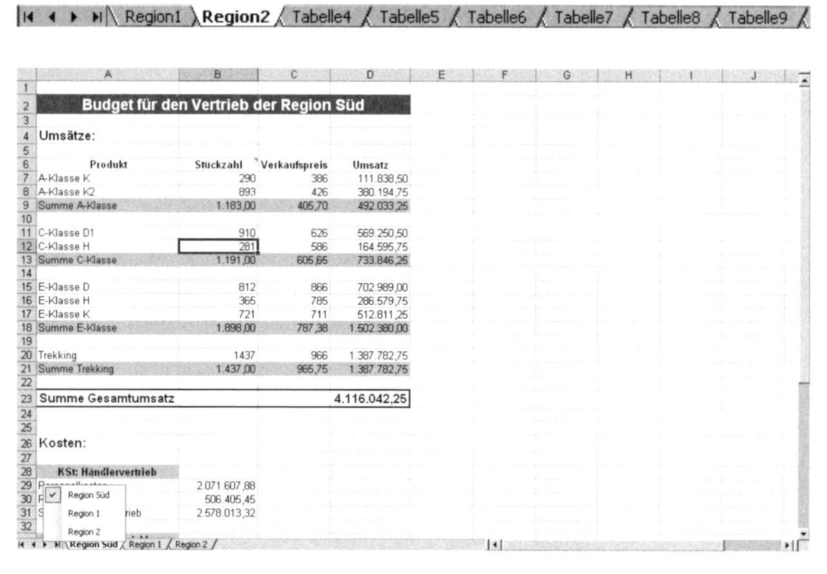

Budget für den Vertrieb der Region Süd			
Umsätze:			
Produkt	Stückzahl	Verkaufspreis	Umsatz
A-Klasse K	290	386	111.838,50
A-Klasse K2	893	426	380.194,75
Summe A-Klasse	1.183,00	405,70	492.033,25
C-Klasse D1	910	626	569.250,50
C-Klasse H	281	586	164.595,75
Summe C-Klasse	1.191,00	605,65	733.846,25
E-Klasse D	812	866	702.989,00
E-Klasse H	365	785	286.579,75
E-Klasse K	721	711	512.811,25
Summe E-Klasse	1.898,00	787,38	1.502.380,00
Trekking	1437	966	1.387.782,75
Summe Trekking	1.437,00	965,75	1.387.782,75
Summe Gesamtumsatz			4.116.042,25
Kosten:			
KSt: Händlervertrieb			
	2.071.607,88		
	506.405,45		
rieb	2.578.013,32		

Region Süd
Region 1
Region 2

Region Süd | Region 1 | Region 2

Abbildung 1.7 Tabellenblattmenü über die rechte Maustaste

1.3 Handhabung von Arbeitsmappen

Bewegen in der Arbeitsmappe

Gerade im Controlling/Rechnungswesen (z.B. für Kostenstellenberichte und ähnliche Anwendungen) werden Arbeitsmappen verwendet, die unter Umständen aus 20 und mehr gleichartig aufgebauten Tabellenblättern bestehen. In der Regel gehen viele Anwender so vor, dass sie sich zuerst ein Tabellenblatt in der gewünschten Form und im erforderlichen Aufbau erzeugen und danach nach Bedarf in einer bestimmten Anzahl dieses Tabellenblatt kopieren.

Kommt es zu nachträglichen Veränderungen der Struktur, von Formaten und/oder Berechnungen, so ist dies mit sehr viel Aufwand verbunden. Außerdem ist die Bewegung von einem Tabellenblatt zum nächsten in solch einer Datei relativ »mühselig«.

Wenn Sie sich innerhalb einer solchen Arbeitsmappe von einem Tabellenblatt zum anderen bewegen wollen, stehen Ihnen mehrere Möglichkeiten zur Verfügung:

Registerlaufpfeile

Es gibt unten links die Registerlaufpfeile, mit denen Sie Ihre Blätter nacheinander im Vordergrund darstellen können. Mit Hilfe dieser Registerlaufpfeile können Sie auch gezielt in das erste oder das letzte Tabellenblatt springen.

- Sie können auch ganz einfach auf das Register des gewünschten Tabellenblattes klicken.
- Mit Hilfe der Tastenkombination [Strg] + [Bild↓] können Sie außerdem vor- bzw. mit [Strg] + [Bild↑] zurückblättern.
- Wenn Sie mit Namen für Zellbereiche arbeiten, können Sie gezielt über das Namenfeld navigieren, indem Sie einen Namen auswählen (siehe Abschnitt 1.5).

Tabellenblatt aus Register wählen

Allerdings sind nicht immer alle Register sichtbar wenn Sie mit zahlreichen Tabellenblättern arbeiten. Hier kann es sehr zeitaufwändig sein, sich einzeln durch die Tabellenblätter zu klicken.

Es gibt aber eine einfachere und vor allem direkte Methode:

1. Positionieren Sie den Mauszeiger auf die Registerlaufpfeile.
2. Drücken Sie die rechte Maustaste. Es erscheint ein Kontextmenü, in dem die Namen sämtlicher Blätter aufgelistet sind.
3. Wählen Sie das Tabellenblatt Ihrer Wahl.

	A	B	C	D
2	**Budget für den Vertrieb der Region 1**			
4	**Umsätze:**			
6	**Produkt**	**Stückzahl**	**Verkaufspreis**	**Umsatz**
7	A-Klasse K	290	385,65	111.838,50
8	A-Klasse K2	448	425,75	190.736,00
9	Summe A-Klasse			
11	C-Klasse D1	480	625,55	300.264,00
12	C-Klasse H	142	585,75	83.176,50
13	Summe C-Klasse			
15	E-Klasse D	406	865,75	351.494,50
16	E-Klasse H	185	785,15	145.252,75
17	E-Klasse K	431	711,25	306.548,75
18	Summe E-Klasse			
20	Trekking	725	965,75	700.168,75
21	Summe Trekking			
23	**Summe Gesamtumsatz**			**0,00**

Region Süd | Region 1 | Region 2

Abbildung 1.8 Mehrere Tabellenblätter markieren

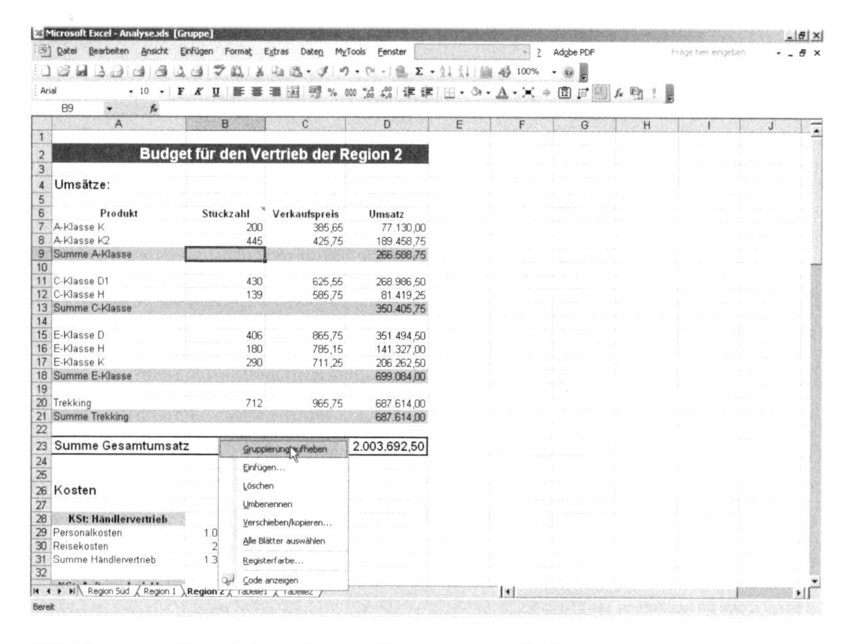

	A	B	C	D
2	**Budget für den Vertrieb der Region 2**			
4	Umsätze:			
6	Produkt	Stückzahl	Verkaufspreis	Umsatz
7	A-Klasse K	200	385,65	77.130,00
8	A-Klasse K2	445	425,75	189.458,75
9	Summe A-Klasse			266.588,75
11	C-Klasse D1	430	625,55	268.986,50
12	C-Klasse H	139	585,75	81.419,25
13	Summe C-Klasse			350.405,75
15	E-Klasse D	406	865,75	351.494,50
16	E-Klasse H	180	785,15	141.327,00
17	E-Klasse K	290	711,25	206.262,50
18	Summe E-Klasse			699.084,00
20	Trekking	712	965,75	687.614,00
21	Summe Trekking			687.614,00
23	Summe Gesamtumsatz			2.003.692,50
26	Kosten			
28	KSt: Händlervertrieb			
29	Personalkosten	1.0		
30	Reisekosten	2		
31	Summe Händlervertrieb	1.3		

Abbildung 1.9 Mehrfachmarkierung/Gruppierung aufheben

1.3.1 Tabellenblätter gruppieren und bearbeiten

Markiert ist immer das angeklickte Blatt. Um mehrere Blätter zu markieren, wählen Sie eine andere Strategie. In Excel wird dieses Markieren mehrerer Blätter als »Gruppieren« bezeichnet. Gehen Sie dazu wie folgt vor:

Markieren von Tabellenblättern

1. Klicken Sie auf das erste Tabellenblatt, das Sie markieren möchten.
2. Drücken Sie ⇧ und klicken Sie das letzte Register der gewünschten Auswahl an. Dadurch werden alle dazwischen liegenden Tabellenblätter markiert.
3. Wenn Sie Blätter markieren wollen, die nicht hintereinander liegen, drücken Sie Strg und klicken Sie die gewünschten Tabellenblätter an.

Wenn Sie mehrere Blätter markiert haben und in eine Zelle Daten oder eine Funktion eingeben oder diese Zelle formatieren, so wirkt sich das auf die jeweilige Zelle aller markierten Tabellenblätter aus.

Bearbeiten von Tabellenblättern

1. Öffnen Sie die Datei MAPPE.XLS.
2. Markieren Sie **TABELLE1** und **TABELLE2**.
3. Formatieren Sie die Tabellenbereiche.
4. Wechseln Sie von Blatt zu Blatt und überprüfen Sie das Ergebnis.
5. Berechnen Sie in den Zellen `D9; D13; D18; D21; D23` die Summen. Solange Sie alle Blätter markiert haben, werden Formeln und Funktionen jeweils in dieselbe Zelle eingetragen.
6. Berechnen Sie in der Zelle `D44` das Ergebnis der Region.

Gruppierung aufheben

Um eine Gruppierung wieder aufzuheben, genügt es, einfach das Register eines anderen Tabellenblattes anzuklicken. Möglicherweise haben Sie alle Register markiert, dann ist dies natürlich nicht möglich. In diesem Fall wählen Sie ein Kontextmenü aus, um die Gruppierung aufzuheben.

1. Klicken Sie das erste Tabellenblatt an, das Sie markieren möchten.
2. Drücken Sie ⇧ und klicken Sie das letzte Register der gewünschten Auswahl an. Alle dazwischen liegenden Tabellenblätter sind markiert.
3. Klicken Sie ein Register mit der rechten Maustaste an und wählen Sie aus dem Kontextmenü den Befehl **Gruppierung aufheben**.

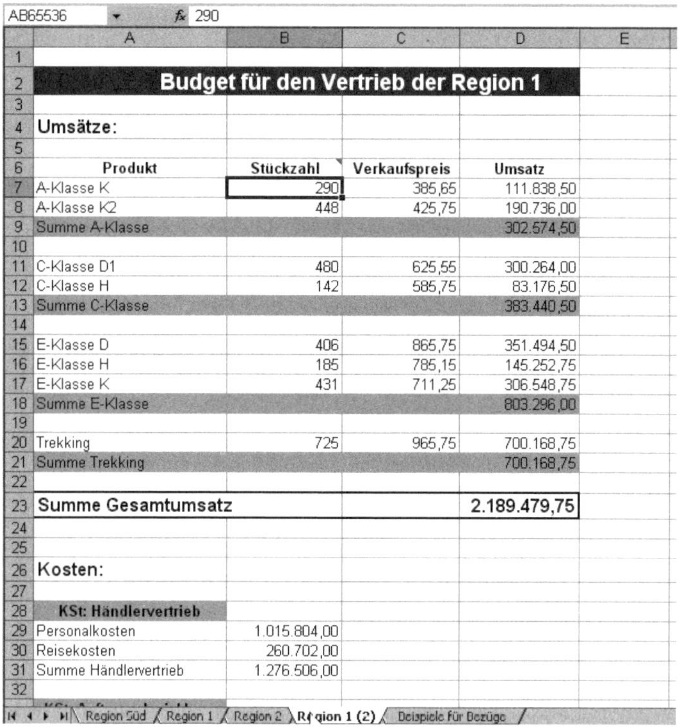

AB65536 | fx 290

	A	B	C	D	E
1					
2	Budget für den Vertrieb der Region 1				
3					
4	Umsätze:				
5					
6	Produkt	Stückzahl	Verkaufspreis	Umsatz	
7	A-Klasse K	290	385,65	111.838,50	
8	A-Klasse K2	448	425,75	190.736,00	
9	Summe A-Klasse			302.574,50	
10					
11	C-Klasse D1	480	625,55	300.264,00	
12	C-Klasse H	142	585,75	83.176,50	
13	Summe C-Klasse			383.440,50	
14					
15	E-Klasse D	406	865,75	351.494,50	
16	E-Klasse H	185	785,15	145.252,75	
17	E-Klasse K	431	711,25	306.548,75	
18	Summe E-Klasse			803.296,00	
19					
20	Trekking	725	965,75	700.168,75	
21	Summe Trekking			700.168,75	
22					
23	Summe Gesamtumsatz			2.189.479,75	
24					
25					
26	Kosten:				
27					
28	KSt: Händlervertrieb				
29	Personalkosten	1.015.804,00			
30	Reisekosten	260.702,00			
31	Summe Händlervertrieb	1.276.506,00			
32					

Region Süd | Region 1 | Region 2 | Region 1 (2) | Beispiele für Bezüge

Abbildung 1.10 Mit der Maus kopieren: Ziehen mit STRG-Taste

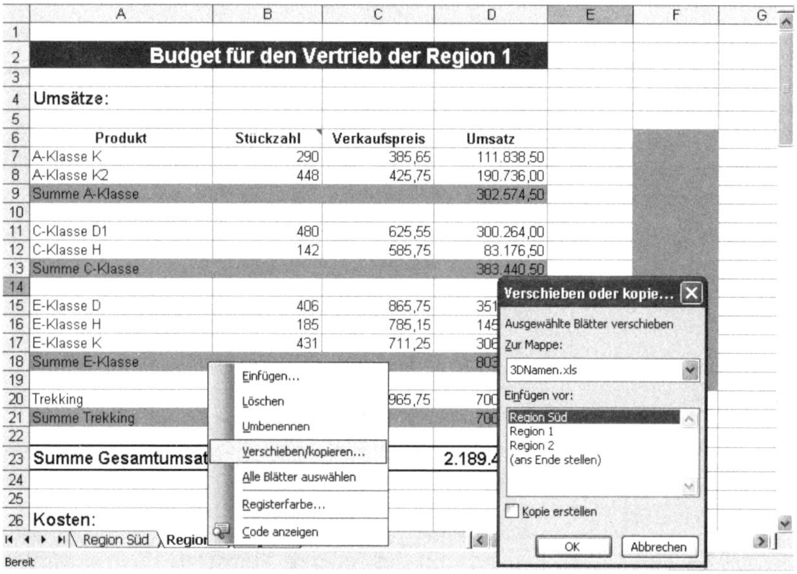

	A	B	C	D	E	F	G
1							
2	Budget für den Vertrieb der Region 1						
3							
4	Umsätze:						
5							
6	Produkt	Stückzahl	Verkaufspreis	Umsatz			
7	A-Klasse K	290	385,65	111.838,50			
8	A-Klasse K2	448	425,75	190.736,00			
9	Summe A-Klasse			302.574,50			
10							
11	C-Klasse D1	480	625,55	300.264,00			
12	C-Klasse H	142	585,75	83.176,50			
13	Summe C-Klasse			383.440,50			
14							
15	E-Klasse D	406	865,75	351			
16	E-Klasse H	185	785,15	145			
17	E-Klasse K	431	711,25	306			
18	Summe E-Klasse			803			
19							
20	Trekking		965,75	700			
21	Summe Trekking			700			
22							
23	Summe Gesamtumsat			2.189.4			
24							
25							
26	Kosten:						

Region Süd | Region

Bereit

Einfügen...
Löschen
Umbenennen
Verschieben/kopieren...
Alle Blätter auswählen
Registerfarbe...
Code anzeigen

Verschieben oder kopie...
Ausgewählte Blätter verschieben
Zur Mappe:
3DNamen.xls
Einfügen vor:
Region Süd
Region 1
Region 2
(ans Ende stellen)
Kopie erstellen
OK
Abbrechen

Abbildung 1.11 Kopieren über das Kontextmenü

1.3.2 Tabellenblätter verschieben und kopieren

Wenn die Reihenfolge der Tabellenblätter in der Arbeitsmappe nicht Ihren Vorstellungen entspricht, können Sie auf zweierlei Art und Weise die Reihenfolge verändern und Ihren Bedürfnissen anpassen: sowohl mit der Maus als auch mit dem Kontextmenü. Beide hier beschriebenen Techniken sind sowohl für ein Tabellenblatt als auch für eine Gruppierung von Tabellenblättern möglich.

Mit der Maus ändern Sie die Reihenfolge so:

Mit der Maus

1. Klicken Sie das Register des Blattes oder der Blätter an.
2. Ziehen Sie das Blatt oder die Blätter an die gewünschte Position. Das Blatt oder die Blätter sind verschoben.

Möchten Sie ein Tabellenblatt kopieren? Gehen Sie dazu wie folgt vor:

1. Halten Sie die `Strg`-Taste gedrückt und klicken Sie das Blattregister an.
2. Ziehen Sie das Blatt oder die Blätter an die gewünschte Position. Das markierte Blatt ist nun kopiert. Der Blattname wird dabei um »(2)« ergänzt.

Über das Kontextmenü funktioniert die Änderung der Reihenfolge etwas anders:

Über das Menü

1. Markieren Sie das zu kopierende/verschiebende Blatt.
2. Aktivieren Sie das Kontextmenü über die rechte Maustaste.
3. Wählen Sie **Verschieben/Kopieren...** Das Dialogfeld **Blatt verschieben/kopieren...** wird geöffnet.
4. Bestimmen Sie das Ziel der Aktion. Falls das Ziel eine andere Arbeitsmappe sein soll, muss diese bereits geöffnet sein.
5. Legen Sie fest, vor oder nach welcher Tabelle das Blatt eingefügt werden soll.
6. Bestimmen Sie, ob Sie kopieren oder verschieben möchten.

[!]

Wenn Sie die auf dieser Seite beschriebenen Möglichkeiten nutzen wollen, darf der Arbeitsmappenschutz nicht aktiviert sein! Über das Menü **Extras • Schutz • Arbeitsmappe** können Sie den Schutz aktivieren und auch wieder deaktivieren.

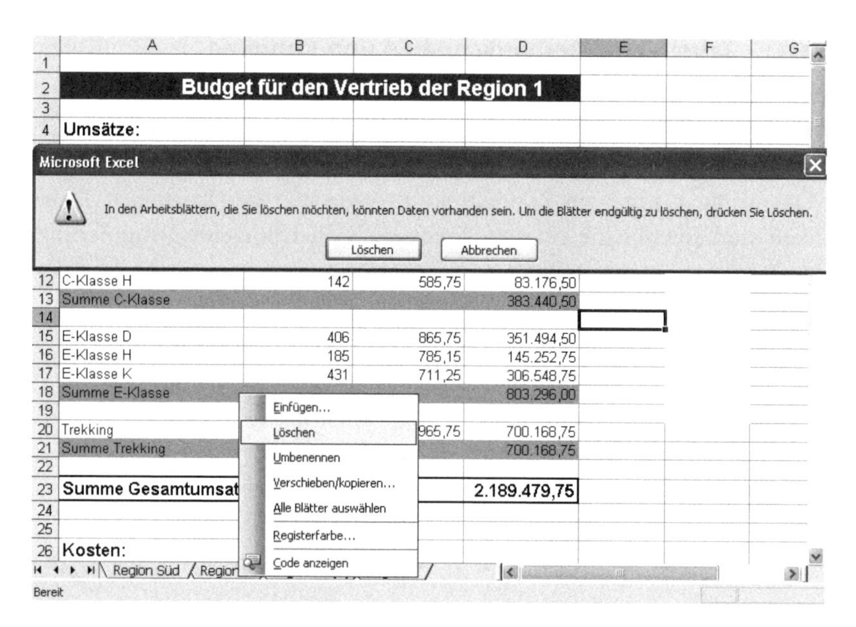

Abbildung 1.12 Tabellenblatt löschen

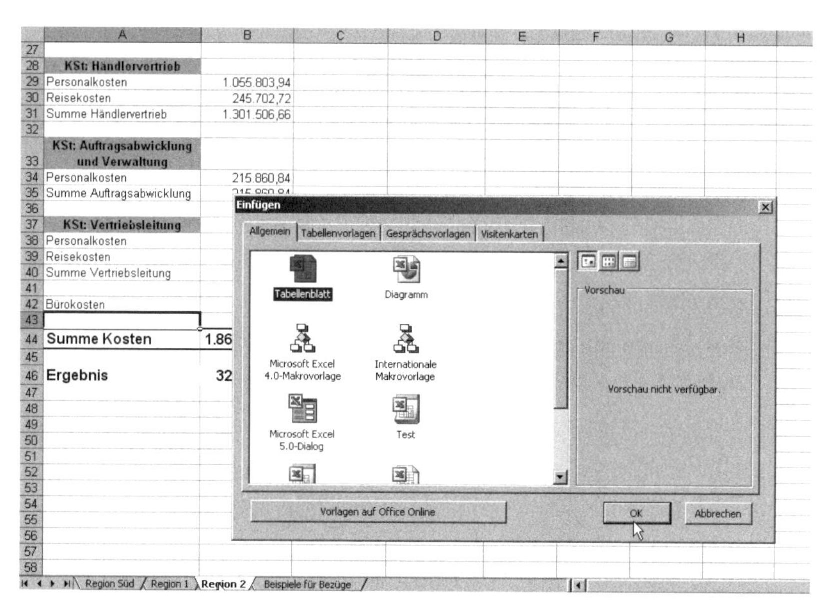

Abbildung 1.13 Neues Tabellenblatt hinzufügen

1.3.3 Tabellenblätter umbenennen, einfärben, löschen und einfügen

Wenn Sie ein Blatt mit einem anderen Namen versehen wollen, gehen Sie folgendermaßen vor:

Tabellenblatt umbenennen

1. Doppelklicken Sie auf das Blattregister. Der Registername ist nun markiert.
2. Geben Sie den gewünschten Namen ein.
3. Bestätigen Sie Ihre Eingabe mit **OK**.

Möchten Sie ein Tabellenblatt oder mehrere löschen:

Tabellenblatt löschen

1. Markieren Sie die entsprechenden Blätter (siehe Abschnitt 1.3.1). Hier **TABELLE 3 bis TABELLE 16**.
2. Wählen Sie **Bearbeiten • Blatt löschen** oder alternativ das Kontextmenü.
3. Eine Sicherheitsabfrage erscheint, ob Sie die ausgewählten Blätter wirklich löschen wollen. Klicken Sie **OK** an.
4. Die Blätter sind nun gelöscht, und die Arbeitsmappe enthält nur noch vier Tabellenblätter.

Um gemäß der Modellierung (siehe Abschnitt 1.2) Register einzufärben (ab Excel 2002), gehen Sie wie folgt vor:

Register färben

1. Markieren Sie das zu färbende Register.
2. Aktivieren Sie das Kontextmenü mit der rechten Maustaste und wählen Sie **Registerfarbe...** Das Dialogfeld **Farbiges Register** wird geöffnet.
3. Wählen Sie die gewünschte Farbe aus.
4. Bestätigen Sie mit **OK**.

Wenn Sie ein Blatt in die Arbeitsmappe einfügen möchten, so setzen Sie entweder das Kontextmenü der Blattregister ein oder das Menü Einfügen:

Blatt einfügen

1. Wählen Sie im Menü **Einfügen • Tabellenblatt • Diagramm**.
2. Das ausgewählte Blatt wird eingefügt.

[!]

Diese Möglichkeiten sind nicht gegeben, wenn der Arbeitsmappenschutz (Menü **Extras • Schutz • Arbeitsmappe**) aktiviert ist.

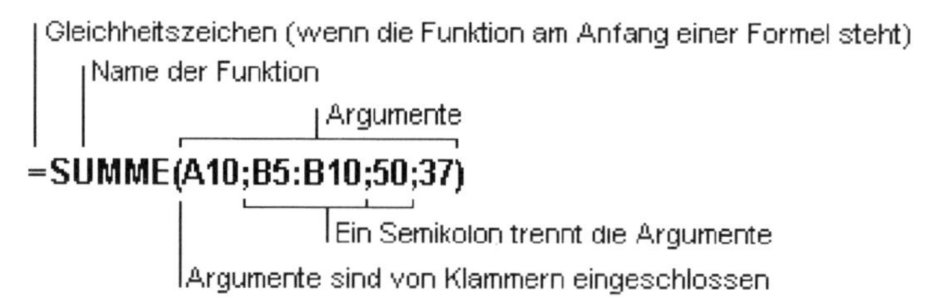

Abbildung 1.14 Syntax von Funktionen

[!] Wenn Sie den Namen der Funktion bereits kennen, so können Sie ihn auch direkt in eine Zelle hineinschreiben (Beispiel: =SUMME(D9:D11)).Die Syntax einer Funktion beginnt mit dem Funktionsnamen und nachfolgend einer öffnenden Klammer, den durch Kommata getrennten Argumenten der Funktion und einer schließenden Klammer. Als Argumente können Zahlen, Text, Wahrheitswerte (WAHR und FALSCH), Matrizen, Fehlerwerte (beispielsweise #NV) oder Zellbezüge verwendet werden. Als Argumente können auch Konstanten, Formeln oder andere Funktionen verwendet werden.

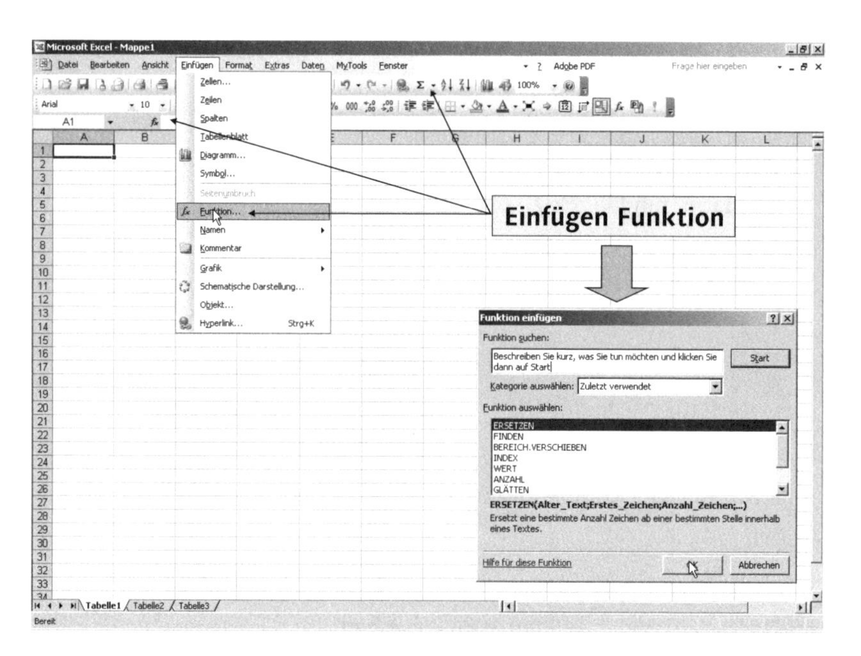

Abbildung 1.15 Drei Wege, Funktionen einzufügen

1.4 Berechnungen mit Formeln und Funktionen

Nach unserer Erfahrung kennen viele Anwender grundsätzlich den Umgang mit Funktionen, wissen aber wenig über die Systematik im Umgang mit dem Funktions-Assistenten. Zahlreiche Anwender schreiben die Funktionen direkt über die Tastatur und sind daher wenig geübt im Umgang mit dem Funktions-Assistenten.

Dabei unterstützt der Funktions-Assistent den Anwender bei der Erarbeitung noch unbekannter Funktionen, indem er die Argumente vorgibt und mit der Online-Hilfe (mehr oder weniger gut) die Arbeitsweise der Funktion erklärt.

Funktions-Assistent aufrufen

Den Funktions-Assistenten können Sie über das Menü **Einfügen • Funktion**, über die **Bearbeitungsleiste** oder über die **Symbolleiste** aufrufen.

In diesem Abschnitt sollen das Arbeiten mit dem Funktions-Assistenten, das Arbeiten mit der Online-Hilfe sowie die systematische Fehlerbehebung behandelt werden.

Funktion einfügen

1. Klicken Sie auf die Zelle, in die Sie die Funktion eingeben wollen.
2. Wählen Sie den Befehl **Einfügen • Funktion**. Der Funktions-Assistent **Schritt 1 von 2** erscheint.
3. Wählen Sie die gewünschte Kategorie von Funktionen aus.
4. Im Listenfeld »Funktion« wählen Sie die gewünschte Funktion aus.
5. Klicken Sie auf die Schaltfläche **Weiter**. Der Funktions-Assistent **Schritt 2 von 2** erscheint.
6. Jetzt werden Sie aufgefordert, alle Argumente einzeln einzugeben.
7. Geben Sie entweder bei Zahl1, Zahl2 usw. je einen Wert ein, oder geben Sie einen Bezug bzw. einen Namen ein, oder klicken Sie auf **Ende** und bearbeiten Sie danach die **Bearbeitungsleiste**.
8. Nachdem Sie in irgendeiner Form die verlangten Argumente definiert haben, bestätigen Sie mit [Enter].

Mit der gleichen Vorgehensweise können Sie alle Funktionen einfügen. Allerdings müssen Sie immer die Argumente beachten, denn nicht immer wird ein Bereich verlangt. Dabei kann Sie das Hilfe-System unterstützen. Jedes Mal, wenn Sie im Listenfeld »Funktion« eine Funktion angeklickt haben, klicken Sie auf **Hilfe**.

	A	B	C	D	E
1					
2	Budget für den Vertrieb der Region 1				
3					=B6&" "&A8
4	Umsätze:				
5					
6	Produkt	Stückzahl	Verkaufspreis	Umsatz	
7	A-Klasse K	290	385,65	111.838,50	
8	A-Klasse K2	448	425,75	190.736,00	Stückzahl A-Klasse K2
9	Summe A-Klasse			302.574,50	
10					
11	C-Klasse D1	480	625,55	300.264,00	
12	C-Klasse H	142	585,75	83.176,50	
13	Summe C-Klasse			383.440,50	
14					
15	E-Klasse D	406	865,75	351.494,50	
16	E-Klasse H	185	785,15	145.252,75	
17	E-Klasse K	432	711,25	307.260,00	
18	Summe E-Klasse			804.007,25	
19					
20	Trekking	725	965,75	700.168,75	
21	Summe Trekking			700.168,75	
22					
23	Summe Gesamtumsatz			2.190.191,00	
24					
25					

Auswertungen | Region 1

Abbildung 1.16 Zellinhalte der Zellen B6 und B7 sind zu einem Text verkettet.

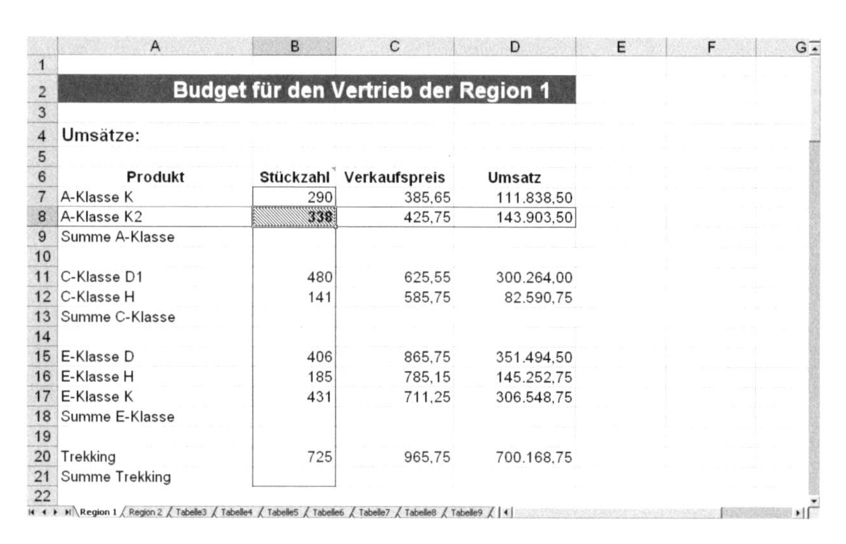

	A	B	C	D
1				
2	Budget für den Vertrieb der Region 1			
3				
4	Umsätze:			
5				
6	Produkt	Stückzahl	Verkaufspreis	Umsatz
7	A-Klasse K	290	385,65	111.838,50
8	A-Klasse K2	338	425,75	143.903,50
9	Summe A-Klasse			
10				
11	C-Klasse D1	480	625,55	300.264,00
12	C-Klasse H	141	585,75	82.590,75
13	Summe C-Klasse			
14				
15	E-Klasse D	406	865,75	351.494,50
16	E-Klasse H	185	785,15	145.252,75
17	E-Klasse K	431	711,25	306.548,75
18	Summe E-Klasse			
19				
20	Trekking	725	965,75	700.168,75
21	Summe Trekking			
22				

Region 1 | Region 2 | Tabelle3 | Tabelle4 | Tabelle5 | Tabelle6 | Tabelle7 | Tabelle8 | Tabelle9

Abbildung 1.17 Zelle B8 ist Schnittmenge aus B7:B21 und A8:D8.

1.4.1 Operatoren für Berechnungen

Über Operatoren (= Rechenzeichen) wird die Art der Berechnung festgelegt, die mit den Elementen einer Formel durchgeführt werden soll. Excel verwendet für die Durchführung von Berechnungen mathematische Operatoren, Vergleichsoperatoren, Textoperatoren und Bezugsoperatoren. Um elementare Berechnungen durchzuführen, verwenden Sie folgenden Operator:

Arithmetische Operatoren

+ (Pluszeichen)	Addition
– (Minuszeichen)	Subtraktion
* (Sternchen)	Multiplikation
/ (Schrägstrich)	Division
% (Prozentzeichen)	Division
^ (Caretzeichen oder Dachzeichen)	Potenzierung (3^2) = 32

Vergleichsoperatoren

Mit den Vergleichsoperatoren können Sie zwei Werte vergleichen. Das Ergebnis ist ein logischer Wert: WAHR oder FALSCH. Vergleichsoperatoren benötigen Sie für die LOGIK-Funktionen, bedingte Formatierungen und Gültigkeitsprüfungen.

= (Gleichheitszeichen)	ist gleich (A1=B1)
> (Größer-als-Zeichen)	größer als (A1>B1)
< (Kleiner-als-Zeichen)	kleiner als (A1<B1)
>= (Größer-gleich-Zeichen)	größer oder gleich (A1>=B1)
<= (Kleiner-gleich-Zeichen)	kleiner oder gleich (A1<=B1)
<> (Ungleichzeichen)	ungleich (A1<>B1)

Textverkettungsoperator

Der Textoperator »&« verknüpft mehrere Textzeichenfolgen oder Zellinhalte zu einem einzigen Textwert/Zellinhalt. Bezogen auf Zellen entspricht dies der Funktion **Verketten** aus der Kategorie Text (siehe Kapitel 2). Definieren Sie Zellbereiche für Berechnungen mit folgenden Operatoren:

Bezugsoperatoren

: (Doppelpunkt)	Bereichsoperator, der einen Bezug von – bis erstellt (B5:B15)
; (Semikolon)	Verbindungsoperator, der die Verbindung mehrerer Bezüge in einem Bezug ermöglicht (SUMME(B5:B15;D5:D15))
_ (Leerschritt)	Schnittmengenoperator, der einen Bezug zu Zellen erstellt, die für beide Bezüge gleich sind (B7:D7 C6:C8). Dieser Operator ist besonders interessant bei Berechnungen unter Verwendung von Bereichsnamen (siehe Abschnitt 1.5.4).

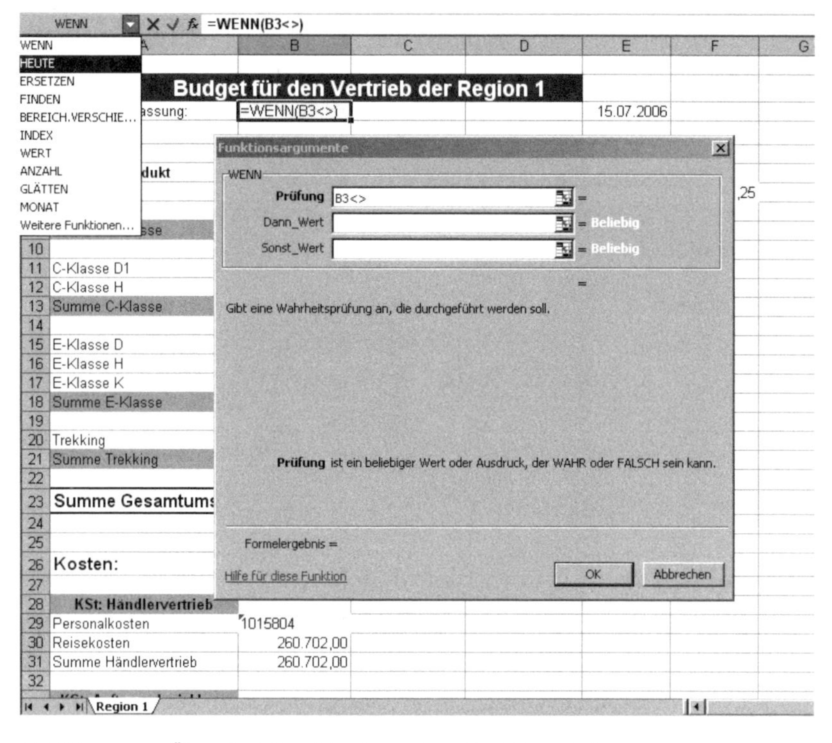

Abbildung 1.18 Über das Listenfeld die nächste Funktion einfügen

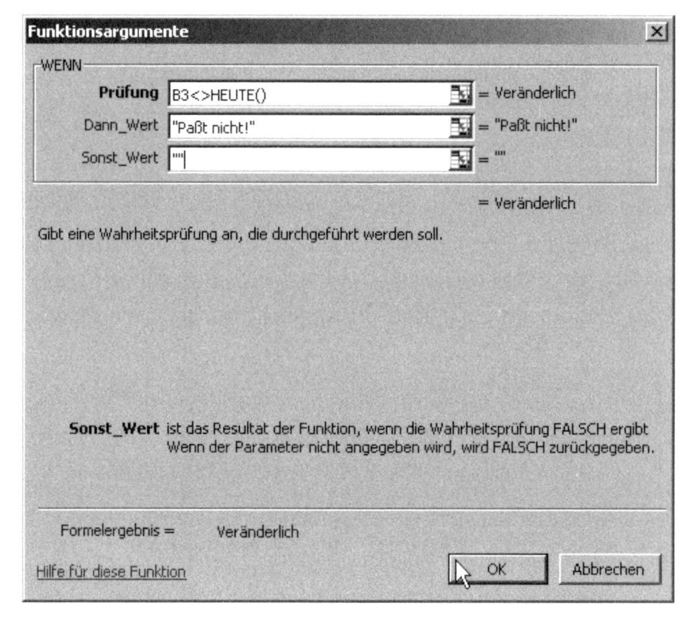

Abbildung 1.19 Kombination der Funktionen WENN und HEUTE

1.4.2 Verschachtelte Funktionen

Funktionen kombinieren

Bei den Berechnungen in Ihren Excel-Modellen ergibt sich sicherlich häufig die Situation, dass Sie Funktionen mit anderen Funktionen kombinieren müssen. Die eine Funktion liefert Ihnen ein Ergebnis, das Sie als Argument für eine andere Funktion benötigen.

In solchen Fällen sind Sie gezwungen, diese Funktionen ineinander zu verschachteln, d.h. in die Argumentfelder einer Funktion eine weitere Funktion einzufügen. Diese Technik ist seit Excel 97 etwas gewöhnungsbedürftig geworden. Dazu ein Beispiel, bei dem eine Meldung in einer Zelle angezeigt werden soll, wenn das eingetragene Datum vom aktuellen Datum abweicht.

1. Öffnen Sie die Datei FUNKTION.XLS.
2. Markieren Sie die Zelle `B4`.
3. Wählen Sie den Befehl **Einfügen • Funktion** und dort aus der Kategorie **Logik** die Funktion **Wenn**.
4. Schreiben Sie in das Feld **Prüfung** `B3<>` und klicken Sie danach in der Bearbeitungsleiste auf das Listenfeld, das die neun zuletzt verwendeten Funktionen anzeigt.
5. Im Listenfeld **Funktion** wählen Sie die Funktion HEUTE() aus oder klicken auf **Weitere Funktionen**. Sie gelangen wieder in den Funktions-Assistenten.
6. Wählen Sie dort aus der Kategorie »Datum« die Funktion HEUTE().
7. Um in der Funktion WENN die weiteren Argumente angeben zu können, klicken Sie in der Bearbeitungsleiste auf den Ausdruck WENN.
8. Nachdem Sie in irgendeiner Form die restlichen (siehe unten und links) Argumente definiert haben, bestätigen Sie mit `Enter`.

Solche Verschachtelungen finden sich meist bei den LOGIK-Funktionen WENN, UND, ODER in Kombinationen mit Funktionen aus anderen Kategorien (z.B. DATUM) oder auch bei Funktionen der Kategorie MATRIX (z.B. INDEX, VERGLEICH, SVERWEIS, siehe Kapitel 5).

Grenze bei WENN umgehen

> Eine Formel kann bis zu sieben Ebenen verschachtelter Funktionen enthalten. An diese Grenze stoßen häufig die Anwender der WENN-Funktion. Diese Grenze kann umgangen werden, indem man einer Funktion einen Namen gibt (siehe Kapitel 5).

	A	B	C	D	E	F	G
1							
2	Budget für den Vertrieb der Region 1						
3							
4	Umsätze:						
5							
6	Produkt	Stückzahl	Verkaufspreis	Umsatz		1,25	
7	A-Klasse K	290	385,65	111.838,50			
8	A-Klasse K2	448	425,75	190.736,00			
9	Summe A-Klasse			302.574,50			
10							
11	C-Klasse D1	480	625,55	300.264,00			
12	C-Klasse H	142	585,75	83.176,50			
13	Summe C-Klasse			383.440,50			
14							
15	E-Klasse D	406	865,75	351.494,50			
16	E-Klasse H	185	785,15	145.252,75			
17	E-Klasse K	431	711,25	306.548,75			
18	Summe E-Klasse			803.296,00			
19							
20	Trekking	725	965,75	700.168,75			
21	Summe Trekking			700.168,75			
22							
23	Summe Gesamtumsatz			2.189.479,75			
24							
25							
26	Kosten:						
27							
28	KSt: Händlervertrieb						
29	Personalkosten	1.015.804,00					
30	Reisekosten	260.702,00					
31	Summe Händlervertrieb	1.276.506,00					
32							
33	KSt: Auftragsabwicklung						

Region 1

Abbildung 1.20 Werte absolut direkt in der Zelle umrechnen

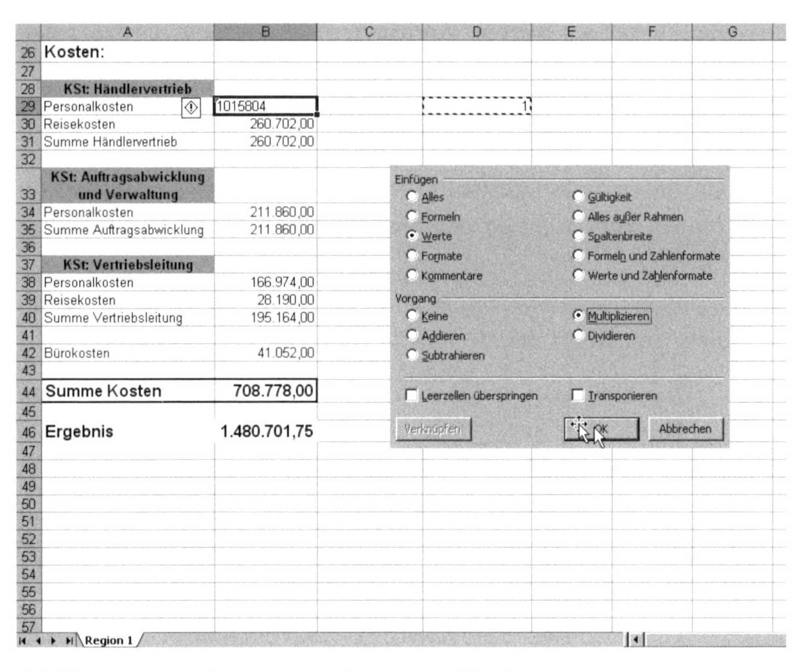

Abbildung 1.21 »Rechnen« Sie Textformat in Zahlenformat um!

1.4.3 Werte ohne Formel umrechnen

Häufig möchte man als Controller Werte mit einem bestimmten Faktor ohne eine zusätzliche Formel umrechnen. Einige Anwendungsbeispiele:

- Für die Planung alle Werte um 25 % erhöhen (multipliziert mit 1,25)
- Altdaten in Euro umrechnen (dividiert durch 1,95583)
- Bilanzdaten mit einem Maßstab versehen (dividiert durch 1.000)

Bearbeiten und Inhalte einfügen

1. Öffnen Sie die Datei FUNKTION.XLS.
2. Schreiben Sie in eine beliebige Zelle den Wert »1,25«.
3. Wählen Sie aus dem Menü **Bearbeiten** den Befehl **Kopieren** aus und kopieren Sie damit die Zelle.
4. Markieren Sie Ihren Zielbereich.
5. Wählen Sie aus dem Menü **Bearbeiten** den Befehl **Inhalte einfügen** und dort die Optionen **Werte** und **Multiplizieren** aus.
6. Klicken Sie **OK** an. Die Werte der Zellen des Zielbereichs werden mit 1,25 multipliziert!

Import aus SAP

Wenn Sie Ihre Daten aus Vorsystemen importieren (z.B. SAP), kann es vorkommen, dass numerische Werte als Text geliefert werden. Ein Lösungsweg dafür kann sein, diese Zellen mit der Zahl 1 zu multiplizieren.

1. Öffnen Sie die Datei FUNKTION.XLS.
2. Schreiben Sie in eine beliebige Zelle den Wert »1«.
3. Wählen Sie aus dem Menü **Bearbeiten** den Befehl **Kopieren** aus und kopieren Sie damit die Zelle.
4. Markieren Sie Ihren Zielbereich, hier die Zelle `B29`.
5. Wählen Sie aus dem Menü **Bearbeiten** den Befehl **Inhalte einfügen** und dort die Optionen **Werte** und **Multiplizieren** aus.
6. Klicken Sie **OK** an. Die Werte der Zellen des Zielbereichs werden mit 1 multipliziert und damit in eine Zahl verwandelt!

[!]

Wenn Sie aus SAP Daten downloaden, dann erhalten Sie Aufwandspositionen als negative Werte. Diese hätten Sie gerne positiv umgerechnet. Dazu multiplizieren Sie einfach über **Bearbeiten • Inhalte einfügen** und dort über die Optionen **Werte** und **Multiplizieren** die gewünschten Werte mit –1.

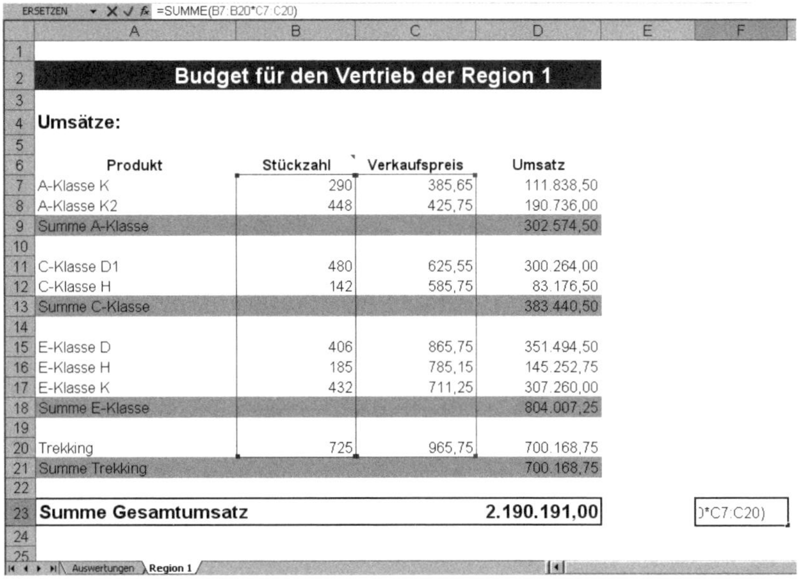

ERSETZEN =SUMME(B7:B20*C7:C20)

Budget für den Vertrieb der Region 1			
Umsätze:			
Produkt	**Stückzahl**	**Verkaufspreis**	**Umsatz**
A-Klasse K	290	385,65	111.838,50
A-Klasse K2	448	425,75	190.736,00
Summe A-Klasse			302.574,50
C-Klasse D1	480	625,55	300.264,00
C-Klasse H	142	585,75	83.176,50
Summe C-Klasse			383.440,50
E-Klasse D	406	865,75	351.494,50
E-Klasse H	185	785,15	145.252,75
E-Klasse K	432	711,25	307.260,00
Summe E-Klasse			804.007,25
Trekking	725	965,75	700.168,75
Summe Trekking			700.168,75
Summe Gesamtumsatz			**2.190.191,00**

)*C7:C20)

Auswertungen / Region 1

Abbildung 1.22 Kontrollwerte mit der Statusleiste bilden

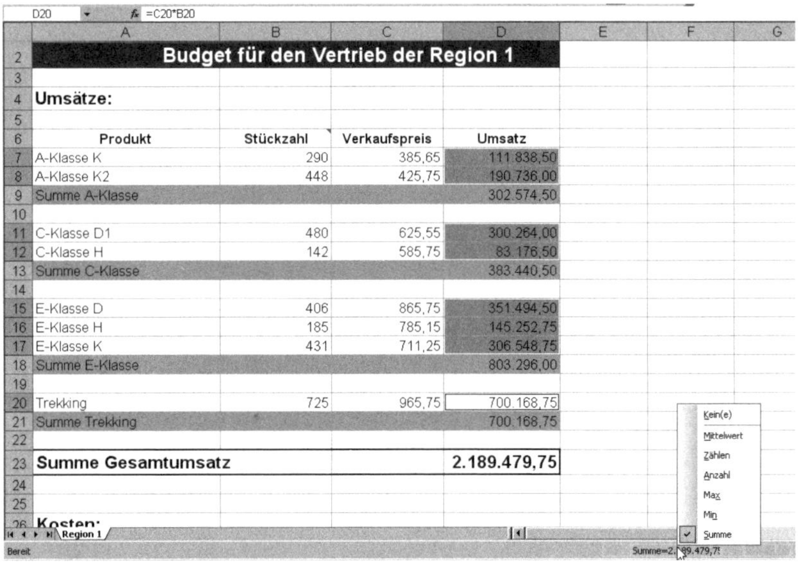

D20 =C20*B20

Budget für den Vertrieb der Region 1			
Umsätze:			
Produkt	**Stückzahl**	**Verkaufspreis**	**Umsatz**
A-Klasse K	290	385,65	111.838,50
A-Klasse K2	448	425,75	190.736,00
Summe A-Klasse			302.574,50
C-Klasse D1	480	625,55	300.264,00
C-Klasse H	142	585,75	83.176,50
Summe C-Klasse			383.440,50
E-Klasse D	406	865,75	351.494,50
E-Klasse H	185	785,15	145.252,75
E-Klasse K	431	711,25	306.548,75
Summe E-Klasse			803.296,00
Trekking	725	965,75	700.168,75
Summe Trekking			700.168,75
Summe Gesamtumsatz			**2.189.479,75**
Kosten:			

Kein(e)
Mittelwert
Zählen
Anzahl
Max
Min
Summe

Region 1
Bereit
Summe=2.189.479,75

Abbildung 1.23 Funktion in der Statusleiste verändern

1.4.4 Berechnungen mit der Statusleiste

Schnelle Lösung

Im beruflichen Alltag ist bisweilen Eile geboten. Soll es einmal sehr schnell gehen mit einer Berechnung, benötigen Sie eine »Quick-and-Dirty«-Lösung und/oder eine Überprüfung bzw. einen Kontrollwert einer in Zellen eingefügten Funktion.

Für solche Fälle lässt sich die Statusleiste einsetzen. Über sie lassen sich die Werte Ihrer markierten Zellen mit verschiedenen Funktionen zusammenfassen. Für das Controlling/Rechnungswesen haben Sie damit eine Kontrollfunktion.

So können Sie für Ihre markierten Zellen mit den wichtigsten Funktionen Werte berechnen:

- Berechnung des Durchschnitts (Mittelwert)
- Anzahl markierter Zellen (Anzahl)
- Größter Wert der Markierung (Max)
- Kleinster Wert der Markierung (Min)
- Addition der Werte (Summe)

Im Folgenden überprüfen Sie dann, ob das Ergebnis einer Zelle korrekt ist. Das funktioniert so:

1. Öffnen Sie die Datei REGION1.XLS.
2. Markieren Sie die Zellen wie links abgebildet.
3. Vergleichen Sie das Ergebnis der Zelle `D23` mit dem Ergebnis (Summe) der Statusleiste.

Andere Funktionen

Sie können selbstverständlich auch die anderen Funktionen verwenden. Welche Funktionen angezeigt werden, ist nicht festgelegt. Die Auswahl der Funktionen können Sie selbst bestimmen, die Funktionen lassen sich leicht austauschen.

1. Öffnen Sie die Datei REGION1.XLS.
2. Markieren Sie die Zellen, so wie es links auf Abbildung 1.23 zu sehen ist.
3. Klicken Sie das Funktionsfeld der Statusleiste mit der rechten Maustaste an.
4. Klicken Sie die Funktion MITTELWERT an. Für die markierten Zellen wird der Durchschnitt berechnet.

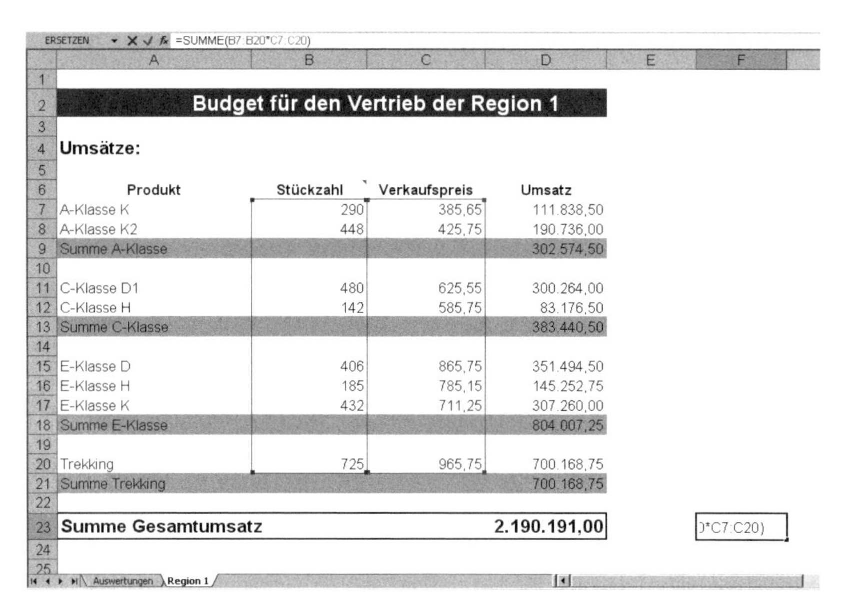

ERSETZEN =SUMME(B7:B20*C7:C20)

Budget für den Vertrieb der Region 1

Umsätze:

Produkt	Stückzahl	Verkaufspreis	Umsatz
A-Klasse K	290	385,65	111.838,50
A-Klasse K2	448	425,75	190.736,00
Summe A-Klasse			302.574,50
C-Klasse D1	480	625,55	300.264,00
C-Klasse H	142	585,75	83.176,50
Summe C-Klasse			383.440,50
E-Klasse D	406	865,75	351.494,50
E-Klasse H	185	785,15	145.252,75
E-Klasse K	432	711,25	307.260,00
Summe E-Klasse			804.007,25
Trekking	725	965,75	700.168,75
Summe Trekking			700.168,75
Summe Gesamtumsatz			**2.190.191,00**

Abbildung 1.24 Variante 1 der Matrixberechnung

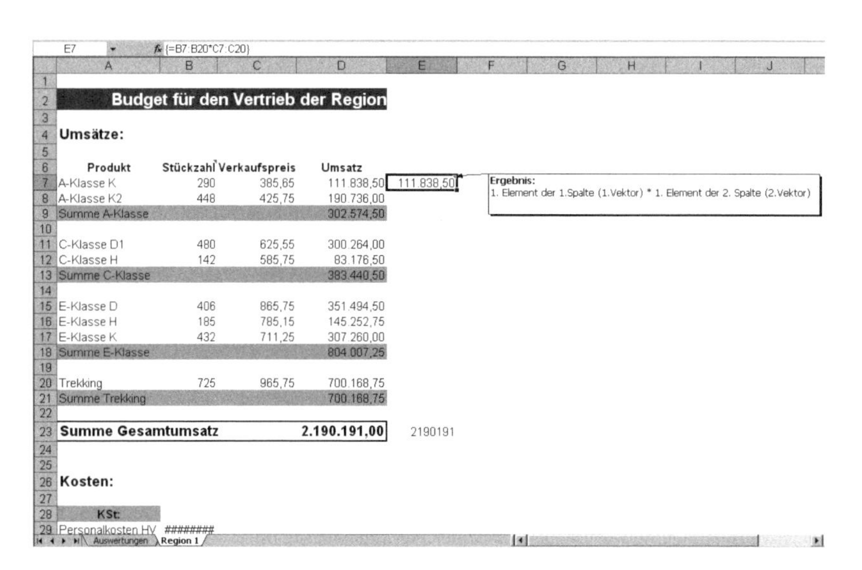

E7 {=B7:B20*C7:C20}

Budget für den Vertrieb der Region

Umsätze:

Produkt	Stückzahl	Verkaufspreis	Umsatz	
A-Klasse K	290	385,65	111.838,50	111.838,50
A-Klasse K2	448	425,75	190.736,00	
Summe A-Klasse			302.574,50	
C-Klasse D1	480	625,55	300.264,00	
C-Klasse H	142	585,75	83.176,50	
Summe C-Klasse			383.440,50	
E-Klasse D	406	865,75	351.494,50	
E-Klasse H	185	785,15	145.252,75	
E-Klasse K	432	711,25	307.260,00	
Summe E-Klasse			804.007,25	
Trekking	725	965,75	700.168,75	
Summe Trekking			700.168,75	
Summe Gesamtumsatz			**2.190.191,00**	2190191

Kosten:

KSt:	
Personalkosten HV	########

Abbildung 1.25 Variante 2 der Matrixberechnung

1.4.5 Berechnungen mit Matrizen

In der Mathematik ist eine Matrix eine Anordnung von (meistens) Zahlen in Tabellenform. Man spricht von den Spalten und Zeilen der Matrix und bezeichnet diese als Vektoren (d.h. Zeilenvektoren und Spaltenvektoren). In der Mathematik gibt es zahlreiche Anwendungsgebiete für die Matrizenrechnung (u.a. lineare Gleichungen, siehe Solver), so dass dieses Thema auch in Excel integriert ist.

Matrizen in Excel

1. Öffnen Sie die Datei REGION1.XLS.
2. Aktivieren Sie das Blatt REGION 1.
3. Markieren Sie den Bereich `E23`.
4. Fügen Sie die SUMME ein.
5. Markieren Sie den Bereich `B7:B20`.
6. Geben Sie ein Semikolon ein und markieren Sie danach den Zellbereich `C7:C20`.
7. Schließen Sie die Eingabe mit der Tastenkombination [Strg] + [⇧] + [Enter] ab.

Ein Teilbereich der Matrizenrechnung ist die Vektorenrechnung. Auf Excel übertragen bedeutet das, mit Spalten/Zeilen zu rechnen. So kann man z.B. direkte Multiplikationen der Spalten durchführen.

Matrixkonstante

1. Öffnen Sie die Datei REGION1.XLS.
2. Aktivieren Sie das Blatt REGION 1.
3. Markieren Sie den Bereich `E7:E8`.
4. Geben Sie »=« in die Zelle ein.
5. Markieren Sie den Bereich `B7:B8`.
6. Geben Sie einen Doppelpunkt ein und markieren Sie danach den Bereich `C7:C8`.
7. Schließen Sie die Eingabe mit der Tastenkombination [Strg] + [⇧] + [Enter] ab.

Diese spezielle Tastenkombination erzeugt eine geschweifte Klammer um die Funktion, die sich per Tastatur nicht erzeugen lässt. Damit entsteht eine Matrix oder ein Vektor, der nur als Ganzes veränderbar ist. Matrixkonstanten, auch Arrays genannt, benötigen Sie u.a. für die Funktionen TREND (Kategorie Statistik) und MTRANS (Kategorie Matrix).

Fehlermeldung	Bedeutung
#BEZUG!	Bezug auf eine unzulässige Zelle. Möglicherweise haben Sie Zellen oder Zeilen gelöscht!
#DIV/0!	Division durch die Zahl 0 oder durch eine leere Zelle.
#NAME!	In einer Formel wurde ein Zellname (siehe Abschnitt 1.5) verwendet, der nicht (mehr) vorhanden ist.
#NV	Erforderlicher Wert war nicht verfügbar oder ist nicht vorhanden. Diese Meldung tritt meist bei den MATRIX-Funktionen auf.
#WERT!	In einer Zelle ist kein Wert eingetragen. Wahrscheinlich haben Sie vor der Zahl versehentlich ein Leerzeichen eingegeben oder ein Hochkomma. EXCEL interpretiert dies als Text.
#Zahl!	In einer Funktion wurde nicht mit numerischen Angaben gearbeitet, obwohl dies gefordert war.
Zirkelbezug	Zwei oder mehr Zellen beziehen sich wechselseitig aufeinander.
#####	Ist kein Fehler! Die Spalte ist zu schmal für eine Ergebnisanzeige. Entweder haben Sie mehr Zeichen eingetragen, als die Spalte Platz von der Breite her bietet, oder Sie haben ein Zellenformat gewählt, das die Zeichen vergrößert.

Tabelle 1.1 Fehlermeldung und Bedeutung

	A	B	C	D
1				
2	**Budget für den Vertrieb der Region 2**			
3				
4	**Umsätze:**			
5				
6	**Produkt**	**Stückzahl**	**Verkaufspreis**	**Umsatz**
7	A-Klasse K	200 Stück	38[illegible]5	#WERT!
8	A-Klasse K2	445	425,75	189.458,75
9	Summe A-Klasse			#WERT!
10				
11	C-Klasse D1	430	625,55	268.986,50
12	C-Klasse H	139	585,75	81.419,25
13	Summe C-Klasse			350.405,75
14				
15	E-Klasse D	406	865,75	351.494,50
16	E-Klasse H	180	785,15	141.327,00
17	E-Klasse K	290	711,25	206.262,50
18	Summe E-Klasse			699.084,00
19				
20	Trekking	712	965,75	687.614,00
21	Summe Trekking			687.614,00
22				
23	**Summe Gesamtumsatz**			**#WERT!**
24				
25				

Region Süd / Region 1 / Region 2

Abbildung 1.26 So finden Sie den Fehler.

1.4.6 Umgang mit Fehlermeldungen

Manchmal kann es, gerade wenn man mit zahlreichen Formeln arbeitet, zu Problemen kommen. Das ist allerdings kein Grund zur Verzweiflung, den Excel bietet zahlreiche Möglichkeiten, Fehler in den Berechnungen aufzuspüren. Kann Excel mit einer Formel oder Funktion nichts anfangen, so erscheint als Dialogfenster die Meldung »Fehler in Formel« oder es erscheint eine Meldung oder Anzeige, die Sie auf den Fehler aufmerksam macht, in der Zelle selbst.

Fehler in Formel!

Nun sind zwar auf der linken Seite die möglichen Fehlermeldungen von Formeln und Funktionen abgebildet und Details stehen jederzeit in der Online-Hilfe per F1 zur Verfügung, aber häufig kommt es vor, dass man nicht sofort die fehlerhafte Zelle findet.

Kein Problem, Excel bietet Ihnen dafür eine Funktion: die Formelüberwachung! Diese Formelüberwachung (so heißt sie seit Excel 2002, in den Vorgängerversionen wurde sie noch »Detektiv« genannt) stellt die Struktur der in der Tabelle verwendeten Berechnungen grafisch dar.

Über **Extras • Formelüberwachung** starten Sie diese Funktion. Wenn Sie sich nun das Menü einmal näher ansehen, werden Sie feststellen, dass die Sie mit der Überwachung nicht nur Fehler suchen, sondern auch Formeln analysieren können.

Formelüberwachung

Die Formelüberwachung zeigt Ihnen auf grafischem Wege die Zusammenhänge zwischen Zellen auf bzw. zu den Ursachen von Fehlermeldungen bei Verwendung von Formeln und Funktionen. Dabei wird die potenzielle Fehlerquelle durch die Farbe Blau dargestellt. So ist die Formelüberwachung eine nützliche Hilfe im Aufspüren und Beseitigen von Fehlern. Ein Beispiel:

1. Öffnen Sie die Datei FEHLER.XLS.
2. Aktivieren Sie das Blatt REGION 1.
3. Positionieren Sie den Einfügerahmen auf die Zelle B46.
4. Aktivieren Sie das Menü **Extras • Formelüberwachung • Spur zum Fehler**. Die Bezüge auf die Zellen B7 und C7 werden angezeigt.
5. Beheben Sie den Fehler.
6. Aktivieren Sie das Menü **Extras • Formelüberwachung • Alle Spuren entfernen**.

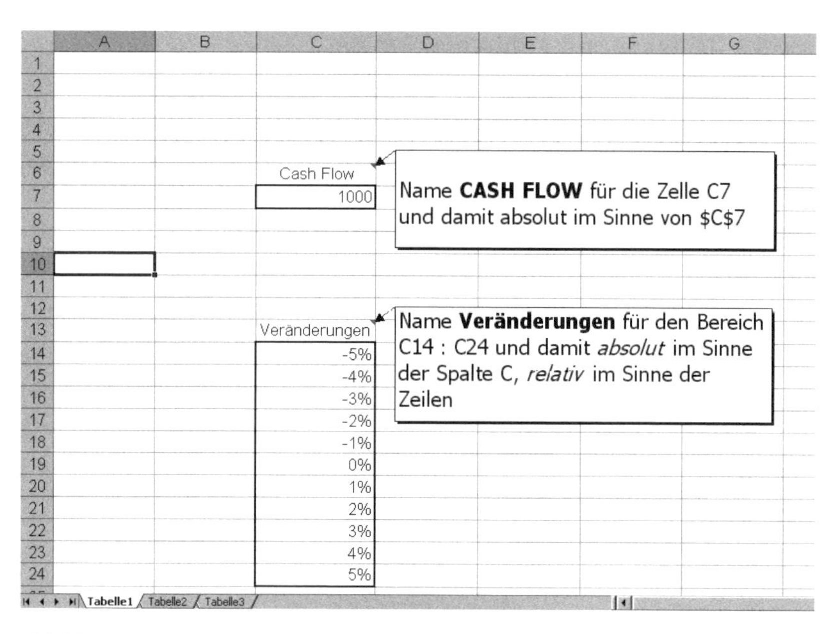

Abbildung 1.27 Symbolleiste Formelüberwachung

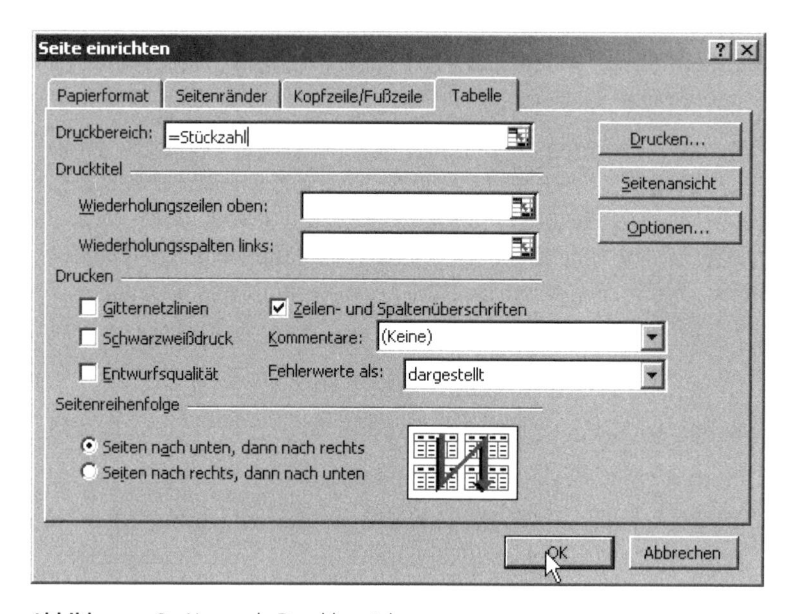

Abbildung 1.28 Name als Druckbereich

1.5 Namen für Zellen und Bereiche

Ein Bereichsname ist eine einprägsame Bezeichnung, die Sie für eine Zelle oder einen Zellbereich festlegen. Diesen Namen können Sie dann anstelle von Zellbezügen in Formeln und Funktionen einsetzen. Für viele Anwender, die nur gelegentlich mit Excel arbeiten, sind die klassischen Excel-Formeln nichts sagend. Gerade im Controlling/Rechnungswesen haben wir es mit einer unternehmensübergreifend einheitlichen Fachsprache zu tun, die von jedem aus dem Fachbereich auch verstanden wird. Ein CASHFLOW ist eindeutig definiert. Wenn solch ein Begriff als Name in Formeln und Funktionen verwendet wird, so können solche Anwender diese Berechnungen schneller analysieren und nachvollziehen. So ist die Formel `=A5-B5` nichts sagend, dagegen `=Umsatz-Kosten` eindeutig.

Allerdings gilt es, beim Einsatz von Namen einige Regeln zu beachten:

Regeln für Namen

- Jeder Name kann in einer Arbeitsmappe (Excel 5.0/7.0) bzw. auf einem Tabellenblatt (ab Excel 97) nur einmal verwendet werden.
- Bei der Vergabe von Namen dürfen 255 Zeichen verwendet werden. Dabei sind Leerzeichen nicht zulässig.
- Ein Name darf als Zeichen aus Buchstaben, Zahlen, dem Punkt (.), dem umgekehrten Schrägstrich/Backslash (\), dem Fragezeichen (?) oder dem Unterstrich/Underscore (_) bestehen.
- Das erste Zeichen eines Namens muss ein Buchstabe, Schrägstrich/Backslash (\) oder ein Unterstrich/Underscore (_) sein.
- Der Name muss sich deutlich von der Schreibweise eines Zellbezugs unterscheiden (A$5 oder B1).
- Groß- und Kleinschreibung sind zulässig, werden aber nicht unterschieden.

Einsatz von Namen

Namen können überall dort eingesetzt werden, wo Excel von Ihnen die Angabe von Bezügen verlangt. Dies sind z. B.:

- Formeln und Funktionen
- Bezüge innerhalb von und zwischen Dateien (Verknüpfungen)
- Konsolidierungsbereiche (**Datei • Konsolidieren**)
- Datenbereiche für Pivot-Tabellen
- Solver und Szenario-Manager (veränderbare Zellen, Ergebniszellen)
- Druckbereiche (Menü **Datei • Seite einrichten...** und Register **Tabelle**)

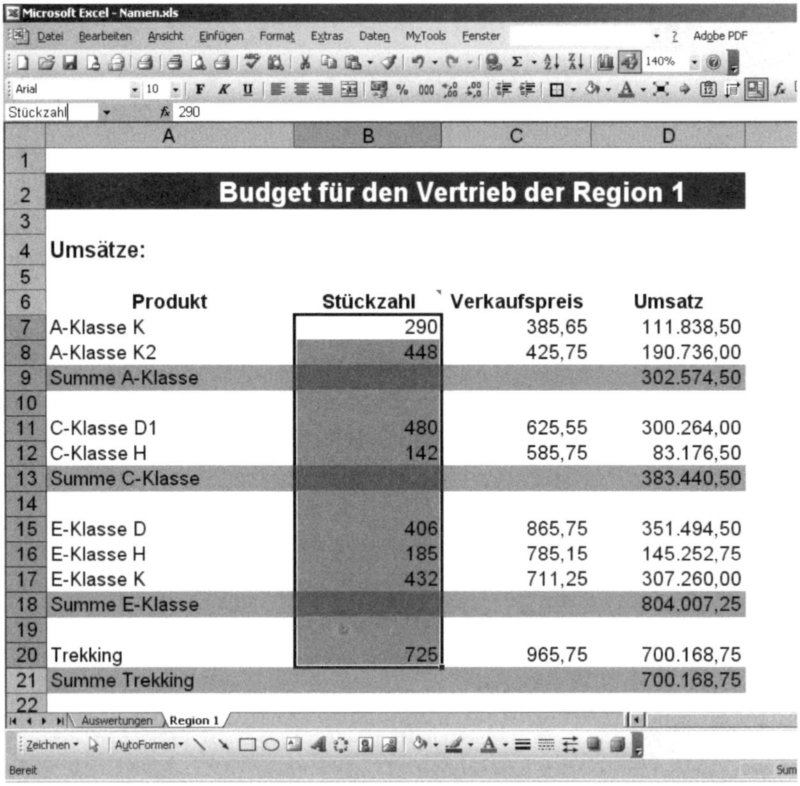

Microsoft Excel - Namen.xls

Datei Bearbeiten Ansicht Einfügen Format Extras Daten MyTools Fenster ? Adobe PDF

Arial 10 140%

Stückzahl | 290

	A	B	C	D
1				
2	**Budget für den Vertrieb der Region 1**			
3				
4	**Umsätze:**			
5				
6	**Produkt**	**Stückzahl**	**Verkaufspreis**	**Umsatz**
7	A-Klasse K	290	385,65	111.838,50
8	A-Klasse K2	448	425,75	190.736,00
9	Summe A-Klasse			302.574,50
10				
11	C-Klasse D1	480	625,55	300.264,00
12	C-Klasse H	142	585,75	83.176,50
13	Summe C-Klasse			383.440,50
14				
15	E-Klasse D	406	865,75	351.494,50
16	E-Klasse H	185	785,15	145.252,75
17	E-Klasse K	432	711,25	307.260,00
18	Summe E-Klasse			804.007,25
19				
20	Trekking	725	965,75	700.168,75
21	Summe Trekking			700.168,75
22				

Auswertungen / Region 1

Zeichnen AutoFormen

Bereit

Abbildung 1.29 Namen über das Namenfeld festlegen

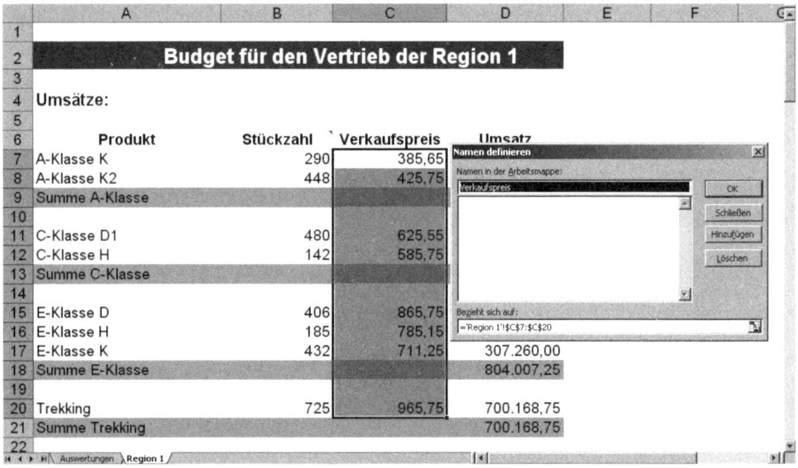

	A	B	C	D
1				
2	**Budget für den Vertrieb der Region 1**			
3				
4	**Umsätze:**			
5				
6	**Produkt**	**Stückzahl**	**Verkaufspreis**	**Umsatz**
7	A-Klasse K	290	385,65	
8	A-Klasse K2	448	425,75	
9	Summe A-Klasse			
10				
11	C-Klasse D1	480	625,55	
12	C-Klasse H	142	585,75	
13	Summe C-Klasse			
14				
15	E-Klasse D	406	865,75	
16	E-Klasse H	185	785,15	
17	E-Klasse K	432	711,25	307.260,00
18	Summe E-Klasse			804.007,25
19				
20	Trekking	725	965,75	700.168,75
21	Summe Trekking			700.168,75
22				

Namen definieren

Namen in der Arbeitsmappe: Verkaufspreis

Bezieht sich auf: ='Region 1'!$C$7:$C$20

OK | Schließen | Hinzufügen | Löschen

Auswertungen / Region 1

Abbildung 1.30 Potenziellen Namen aus angrenzendem Bereich übernehmen

1.5.1 Namen vergeben

Vor der Namensvergabe sollte natürlich die Zelle bzw. der Bereich, der benannt werden soll, markiert werden. Es gibt drei Techniken, Namen für einzelne Zellen oder Bereiche festzulegen:

- über das so genannte Namenfeld
- über das Menü **Einfügen • Namen • Definieren...**
- über das Menü **Einfügen • Namen • Erstellen...**

Namenfeld

1. Öffnen Sie die Datei NAMEN.XLS.
2. Aktivieren Sie das Blatt REGION 1.
3. Markieren Sie den Bereich `B7:B20`.
4. Klicken Sie in das Namenfeld und geben Sie »Stückzahl« ein, und bestätigen Sie mit [Enter].

Im vorangegangenen Beispiel haben wir einen Namen verwendet, der in einer Zelle direkt oberhalb des zu benennenden Bereichs zu finden ist. Mit der folgenden Technik kann solch eine Bezeichnung aus einer angrenzenden Zelle übernommen werden.

Namen definieren

1. Markieren Sie auf dem Blatt REGION 1 den Bereich `C7:C20`.
2. Aktivieren Sie das Menü **Einfügen • Namen • Definieren...**
3. Im Dialogfenster **Namen festlegen** tragen Sie als Namen »Verkaufspreis« ein oder übernehmen ihn.
4. Bestätigen Sie mit **OK**.

Nun haben Sie bereits zwei einfache Möglichkeiten kennen gelernt, Namen zu vergeben. Oft stehen in den Spalten- und (oder) Zeilenbeschriftungen bereits Beschriftungen, die sich als Namen anbieten. Diese können auf einfache Art und Weise als Namen übernommen werden, wenn der Bereich, in dem der potenzielle Name zu finden ist, ebenfalls markiert wird.

Namen erstellen

1. Markieren Sie die Bereiche `A29:B31; A34:B35; A38:B40; A42:B42`.
2. Aktivieren Sie das Menü **Einfügen • Namen • Erstellen...** Im Dialogfenster **Namen übernehmen** sollte die Option **Namen aus linker Spalte übernehmen** aktiviert sein.
3. Bestätigen Sie mit **OK**. Excel übernimmt die Namen aus den markierten Bereichen.

G24 — Stückzahl / Umsatz / Verkaufspreis

	A	B	C	D
2	…udget für den Vertrieb der Region			
3				
4	**Umsätze:**			
5				
6	**Produkt**	**Stückzahl**	**Verkaufspreis**	**Umsatz**
7	A-Klasse K	290	385,65	111.838,50
8	A-Klasse K2	448	425,75	190.736,00
9	Summe A-Klasse			302.574,50
10				
11	C-Klasse D1	480	625,55	300.264,00
12	C-Klasse H	142	585,75	83.176,50
13	Summe C-Klasse			383.440,50
14				
15	E-Klasse D	406	865,75	351.494,50
16	E-Klasse H	185	785,15	145.252,75
17	E-Klasse K	432	711,25	307.260,00
18	Summe E-Klasse			804.007,25
19				
20	Trekking	725	965,75	700.168,75
21	Summe Trekking			700.168,75
22				
23	**Summe Gesamtumsatz**			**2.190.191,00**
24				
25				
26	**Kosten:**			
27				
28	**KSt:**			
29	Personalkosten HV	########		
30	Reisekosten HV	########		

Auswertungen | Region 1

Abbildung 1.31 Festgelegte Namen zur Navigation verwenden

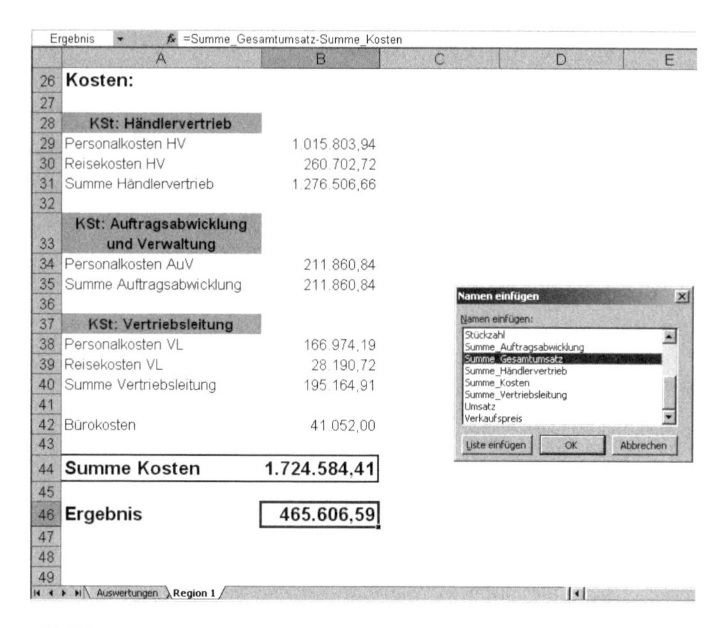

Ergebnis — =Summe_Gesamtumsatz-Summe_Kosten

	A	B
26	**Kosten:**	
27		
28	**KSt: Händlervertrieb**	
29	Personalkosten HV	1.015.803,94
30	Reisekosten HV	260.702,72
31	Summe Händlervertrieb	1.276.506,66
32		
33	**KSt: Auftragsabwicklung und Verwaltung**	
34	Personalkosten AuV	211.860,84
35	Summe Auftragsabwicklung	211.860,84
36		
37	**KSt: Vertriebsleitung**	
38	Personalkosten VL	166.974,19
39	Reisekosten VL	28.190,72
40	Summe Vertriebsleitung	195.164,91
41		
42	Bürokosten	41.052,00
43		
44	**Summe Kosten**	**1.724.584,41**
45		
46	**Ergebnis**	**465.606,59**
47		
48		
49		

Abbildung 1.32 Namen in Formeln einsetzen

1.5.2 Namen anwenden

Namen können bei der Orientierung in Excel eine wertvolle Hilfe sein. Sie sind einfach sprechender als Zahlen und Formeln. Sie können Namen z. B. dazu verwenden, um sich in größeren Arbeitsmappen von Tabellenblatt zu Tabellenblatt zu bewegen. Damit können Sie bspw. Anwender gezielt von Eingabezelle zu Eingabezelle führen.

Bewegen in der Arbeitsmappe

1. Klappen Sie das Namenfeld heraus.
2. Klicken Sie in das Namenfeld und wählen Sie damit einen Namen aus.
3. Der Einfügerahmen springt auf die entsprechende Zelle bzw. den entsprechenden Bereich des Blattes REGION 1!

Um Namen für Berechnungen einzusetzen, können Sie bei der Eingabe anstelle der Bezüge Namen von Formeln und Funktionen einsetzen.

Namen in Formeln einsetzen

1. Aktivieren Sie das Blatt REGION 1.
2. Berechnen Sie nun das Ergebnis. Dazu positionieren Sie den Einfügerahmen auf die Zelle `C46`.
3. Wählen Sie das Menü **Einfügen • Namen • Einfügen...** aus. Dies entspricht der Taste [F3].
4. Wählen Sie den Namen »Summe_Gesamtumsatz« aus.
5. Klicken Sie **OK**. Die Bearbeitungsleiste ist immer noch aktiv!
6. Geben Sie ein: »-«.
7. Drücken Sie die Taste [F3].
8. Wählen Sie aus dem Namenfeld »Summe_Kosten« aus, und bestätigen Sie mit der Eingabetaste.

Im Folgenden ein Beispiel, wie Sie einen Namen anstelle eines Bezuges in einer Funktion verwenden können:

Name statt Bezug

1. Aktivieren Sie das Blatt »Auswertungen«.
2. Berechnen Sie nun das Ergebnis. Dazu positionieren Sie den Einfügerahmen auf die Zelle `C6` und fügen die Funktion SUMME ein.
3. Als Bezug wählen Sie das Menü **Einfügen • Namen • Einfügen...** aus. Dies entspricht der Taste [F3].
4. Wählen Sie den Namen »Stückzahl« aus.
5. Mit der Schaltfläche **OK** schließen Sie die Eingabe ab!

	A	B	C	D
1				
2	Budget für den Vertrieb der Region Süd			
3				
4	Umsätze:			
5				
6	Produkt	Stückzahl	Verkaufspreis	Umsatz
7	A-Klasse K	490	386	188.968,50
8	A-Klasse K2			0,00
9	Summe A-Klasse	490,00	385,65	188.968,50
10				
11	C-Klasse D1			0,00
12	C-Klasse H			0,00
13	Summe C-Klasse	0,00	0,00	0,00
14				
15	E-Klasse D			0,00
16	E-Klasse H			0,00
17	E-Klasse K			0,00
18	Summe E-Klasse	0,00	0,00	0,00
19				
20	Trekking			0,00
21	Summe Trekking	0,00	0,00	0,00
22				

Region Süd / Region 1 / Region 2 / Beispiele für Bezüge

Abbildung 1.33 Dreidimensionale Namen vergeben

B7 =Stückzahl+'Region 2'!Stückzahl

Bearbeitungsleiste

	A	B	C	D
1				
2	Budget für den Vertrieb der Region Süd			
3				
4	Umsätze:			
5				
6	Produkt	Stückzahl	Verkaufspreis	Umsatz
7	A-Klasse K	400	386	154.260,00
8	A-Klasse K2	890		0,00
9	Summe A-Klasse		385,65	154.260,00
10				
11	C-Klasse D1	860		0,00
12	C-Klasse H	278		0,00
13	Summe C-Klasse		0,00	0,00
14				
15	E-Klasse D	812		0,00
16	E-Klasse H	360		0,00
17	E-Klasse K	580		0,00
18	Summe E-Klasse		0,00	0,00
19				
20	Trekking	1424		0,00
21	Summe Trekking		0,00	0,00
22				
23	Summe Gesamtumsatz			154.260,00
24				
25				

Region Süd / Region 1 / Region 2 / Beispiele für Bezüge

Abbildung 1.34 Namen eines anderen Tabellenblattes verwenden

Um bei Tabellenblättern einer Arbeitsmappe mit identischer Struktur Zellen auf mehreren Tabellenblättern zu benennen, können Sie mit Hilfe eines 3D-Bezugs arbeiten. So einen Bezug können Sie folgendermaßen herstellen:

Bezug erstellen

1 Öffnen Sie die Datei 3DNAMEN.XLS.
2 Markieren Sie die Tabellenblätter REGION1 – REGION2.
3 Markieren Sie die Zellen `B6:C20`.
4 Wählen Sie aus dem Menü **Einfügen • Name • Erstellen**.
5 Klicken Sie auf die Schaltfläche **OK**.

Damit existieren die Namen »Stückzahl« und »Verkaufspreis« nun zweimal in der Datei. In solchen Fällen muss bei einer Formel vor den gewünschten Namen zusätzlich der Name des Tabellenblattes geschrieben werden, damit die Namen eindeutig zugewiesen werden können.

Bei mehreren Tabellenblättern

1 Markieren Sie das Tabellenblatt REGION SÜD und dort den Zellbereich `B6:B20`.
2 Drücken Sie die [F3]-Taste und wählen Sie den Namen »Stückzahl« aus.
3 Geben Sie ein +-Zeichen ein und wechseln Sie zum Tabellenblatt REGION2.
4 Drücken Sie wieder die [F3]-Taste und klicken Sie danach auf die Schaltfläche **OK**.

Der zuerst in der Datei festgelegte Name kann ohne Bezug auf das Tabellenblatt in der Formel angegeben werden, bei allen anderen gleich lautenden Namen muss der Bezug auf das Tabellenblatt festgelegt werden.

Unerwünschte Namen können Sie wieder löschen. Das funktioniert allerdings leider nur einzeln. Dazu benötigen Sie das Menü **Einfügen • Namen • Definieren...**, mit dem Sie auch Zellbezüge für Namen anpassen können.

Namen löschen

1 Markieren Sie auf dem Blatt REGION 1 den Bereich `C7:C20`.
2 Aktivieren Sie das Menü **Einfügen • Namen • Definieren...**
3 Im Dialogfenster **Namen festlegen** wählen Sie den zu löschenden Namen aus.
4 Klicken Sie die Schaltfläche **Löschen** an. Der Name wird gelöscht.
5 Bestätigen Sie mit **OK**.

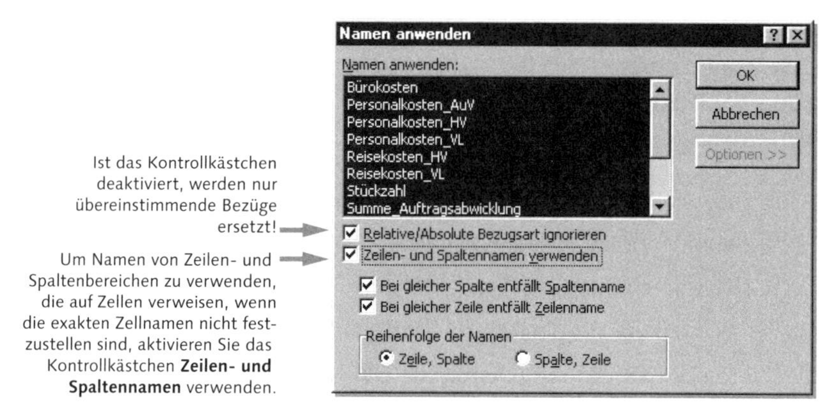

Abbildung 1.35 So ersetzen Namen vorhandene Zellbezüge.

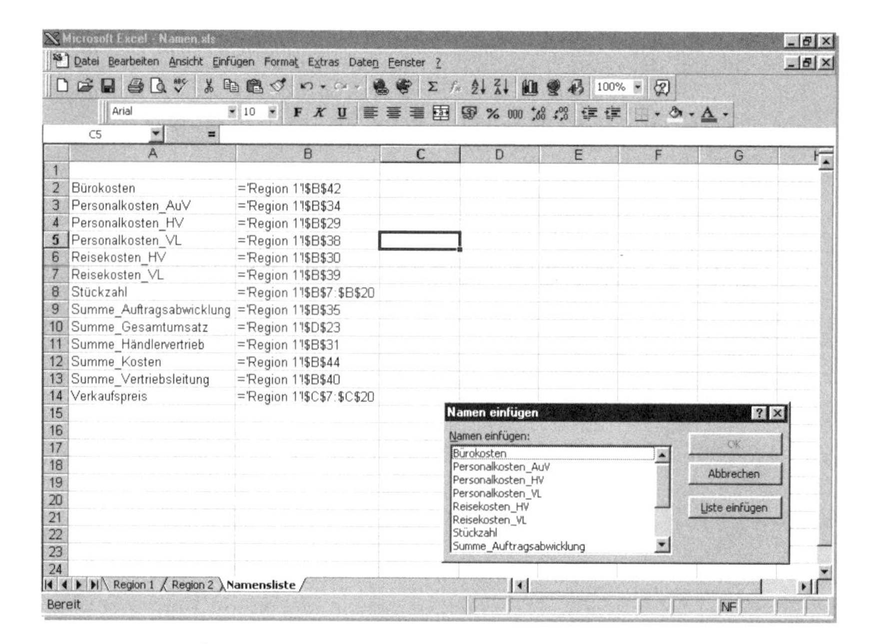

Abbildung 1.36 Übersichtsliste zum Status quo der vergebenen Namen

Wenn Sie bisher in Ihren Arbeitsmappen ohne Namen gearbeitet haben, daher bereits zahlreiche konventionelle Bezüge in Formeln und Funktionen existieren, wäre es ziemlich aufwändig, wenn Sie die Bezüge einzeln und manuell durch Namen ersetzen müssten. Dies lässt sich aber glücklicherweise auch leicht mit einem Befehl erledigen.

Namen übernehmen

1. Wenn noch keine Namen in dieser Arbeitsmappe vergeben sind, dann folgen Sie den Beispielen in Abschnitt 1.5.
2. Aktivieren Sie das Menü **Einfügen • Namen • Übernehmen...**
3. Im Dialogfenster **Namen • Anwenden** klicken Sie alle Namen an, die gegen Bezüge ersetzt werden sollen.
4. Zur Bestätigung Ihrer Auswahl klicken Sie **OK** an. In sämtlichen Formeln und Funktionen werden nun die Bezüge durch die Namen ersetzt.

Oft ist eine Übersicht über die verwendeten Namen in einer Arbeitsmappe hilfreich. Diese Übersicht lässt sich auf verschiedene Art und Weise herstellen:

Übersicht über verwendete Namen

- Eine Möglichkeit besteht sicherlich in dem Menü **Extras • Optionen • Ansicht • Formeln** oder mittels `Strg` + `#`. Dieser Befehl führt dazu, dass in jeder Zelle die verwendete Formel und damit auch ein eingetragener Name angezeigt werden.
- Eine zweite Möglichkeit befindet sich im Menü **Einfügen • Namen • Definieren...** Über diesen Menüpunkt kann man jeden Namen samt Zellbezug alphabetisch aufgelistet sehen. Dazu müssen Sie allerdings Name für Name einzeln anklicken.
- Es gibt noch eine dritte und elegantere Lösung: alle existierenden Namen als Liste der Arbeitsmappe hinzufügen und auf diese Art eine Übersicht erstellen.

Namensliste

1. Fügen Sie am Ende der Arbeitsmappe mit dem Menü **Einfügen • Tabelle** ein neues Tabellenblatt hinzu.
2. Setzen Sie den Einfügerahmen auf die Zelle `A1`.
3. Wählen Sie aus dem Menü **Einfügen** den Befehl **Namen • Einfügen** und die Schaltfläche **Liste einfügen** aus.
4. Sämtliche Namen sowie deren Bezüge werden als Liste eingefügt und können nun hinsichtlich des Namens oder des Bezuges sortiert werden.

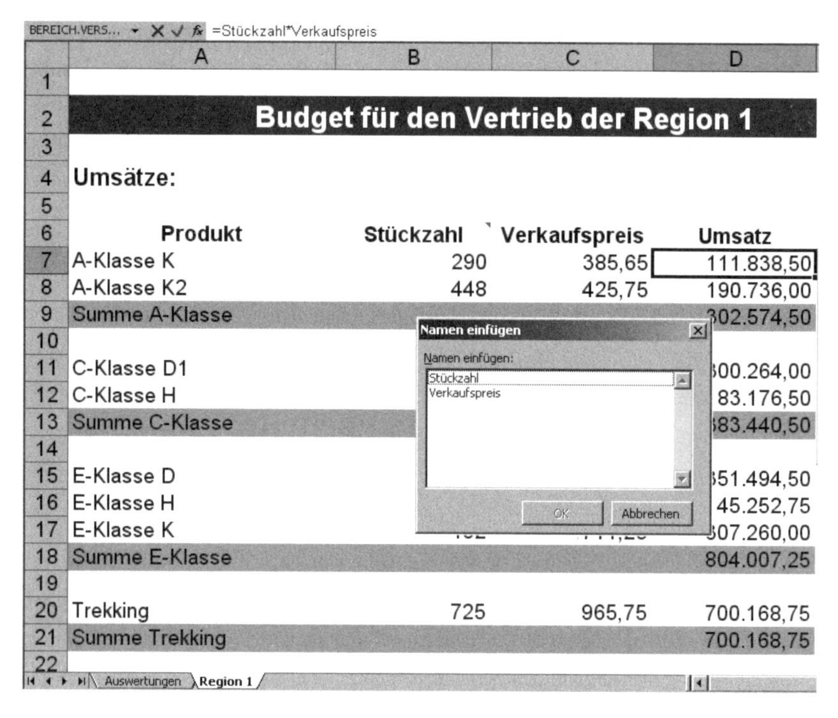

BEREICH.VERS... =Stückzahl*Verkaufspreis

	A	B	C	D
1				
2	Budget für den Vertrieb der Region 1			
3				
4	Umsätze:			
5				
6	Produkt	Stückzahl	Verkaufspreis	Umsatz
7	A-Klasse K	290	385,65	111.838,50
8	A-Klasse K2	448	425,75	190.736,00
9	Summe A-Klasse			302.574,50
10				
11	C-Klasse D1			300.264,00
12	C-Klasse H			83.176,50
13	Summe C-Klasse			383.440,50
14				
15	E-Klasse D			351.494,50
16	E-Klasse H			45.252,75
17	E-Klasse K			307.260,00
18	Summe E-Klasse			804.007,25
19				
20	Trekking	725	965,75	700.168,75
21	Summe Trekking			700.168,75
22				

Namen einfügen

Namen einfügen:

Stückzahl
Verkaufspreis

OK Abbrechen

Auswertungen Region 1

Abbildung 1.37 Vordenken! Den Zielbereich vorher markieren!

F5 {=Stückzahl*Verkaufspreis}

	A	B	C	D	E	F
1						
2	Budget für den Vertrieb der Region 1					
3						
4	Umsätze:					
5						111.839
6	Produkt	Stückzahl	Verkaufspreis	Umsatz		190.736
7	A-Klasse K	290	385,65	111.838,50		0
8	A-Klasse K2	448	425,75	190.736,00		0
9	Summe A-Klasse			302.574,50		300.264
10						83.177
11	C-Klasse D1	480	625,55	300.264,00		0
12	C-Klasse H	142	585,75	83.176,50		0
13	Summe C-Klasse			383.440,50		351.495
14						145.253
15	E-Klasse D	406	865,75	351.494,50		306.549
16	E-Klasse H	185	785,15	145.252,75		0
17	E-Klasse K	431	711,25	306.548,75		0
18	Summe E-Klasse			803.296,00		700.169
19						
20	Trekking	725	965,75	700.168,75		
21	Summe Trekking			700.168,75		
22						
23	Summe Gesamtumsatz			2.189.479,75		
24						
25						

Region Süd Region 1 Region 2

Abbildung 1.38 Bereichsnamen als Vektor

Zellinhalte übertragen

Bisher haben wir Namen nur in einzelnen Zellen verwendet. Wenn Sie Namen für einen Bereich vergeben haben, dann werden Sie vermutlich eine Formel zunächst in eine Zelle eingeben und anschließend diese Formel kopieren. Im Folgenden möchten wir Ihnen eine Möglichkeit vorstellen, Zellinhalte zu übertragen, also ohne Formate, Gültigkeiten und Kommentare. Durch die Tastenkombination [Strg] + [Enter] können Sie Zellinhalte in einen größeren Zellbereich übertragen. Dies setzt allerdings voraus, dass Sie den »Zielbereich« vorher markieren.

1. Aktivieren Sie das Blatt REGION1.
2. Markieren Sie die Zellen `D7:D8`, `D11:D12`, `D15:D17` und `D20`.
3. Wählen Sie das Menü **Einfügen • Namen • Einfügen...** (oder [F3]).
4. Wählen Sie aus dem Namenfeld »Verkaufspreis« aus.
5. Klicken Sie **OK**. Die Bearbeitungsleiste ist immer noch aktiv!
6. Geben Sie ein: »*«.
7. Drücken Sie die Taste [F3].
8. Wählen Sie aus dem Namenfeld »Stückzahl« aus.
9. Bestätigen Sie die Formel mit [Strg] + [Enter].

Damit haben Sie in alle markierten Zellen die gleiche Formel übertragen. Diese Tastenkombination [Strg] + [Enter] können Sie nicht nur bei der Verwendung von Namen in Formeln anwenden, sondern generell, wenn Sie die Zellbearbeitung bei Eingabe von Formeln mit »normalen« Zellbezügen oder Konstanten abschließen wollen. Die Zellbezüge passen sich dabei relativ an!

Matrixkonstante

Wenn Sie mit Namen arbeiten, werden Sie feststellen, dass sich nur Namen für einzelne Zellen hinsichtlich der Bezüge absolut verhalten. Sobald ein Name für mehr als eine Zelle vergeben wird, entsteht mindestens eine relative Komponente im Bezug. So verhalten sich die bereits festgelegten Namen »Stückzahl« und »Verkaufspreis« hinsichtlich der Spalte (1) absolut, hinsichtlich der Zeilen (14) relativ. Damit dies bei Berechnungen nicht zu unerwünschten Ergebnissen führt, sollten Sie hier mit der Matrixkonstante arbeiten und der Tastenkombination [Strg] + [⇧] + [Enter].

1. Aktivieren Sie das Blatt REGION 1.
2. Markieren Sie die Zellen `F6:F19` und fügen Sie die Formel `=Stückzahl*Verkaufspreis` ein.
3. Bestätigen Sie die Formel mit der Tastenkombination [Strg] + [⇧] + [Enter].

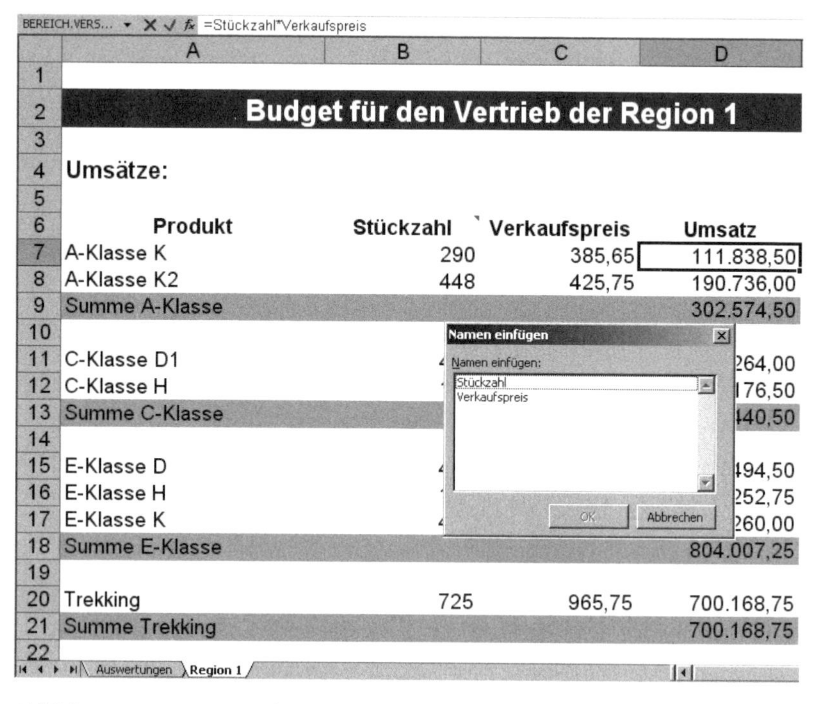

Abbildung 1.39 Namen einfügen

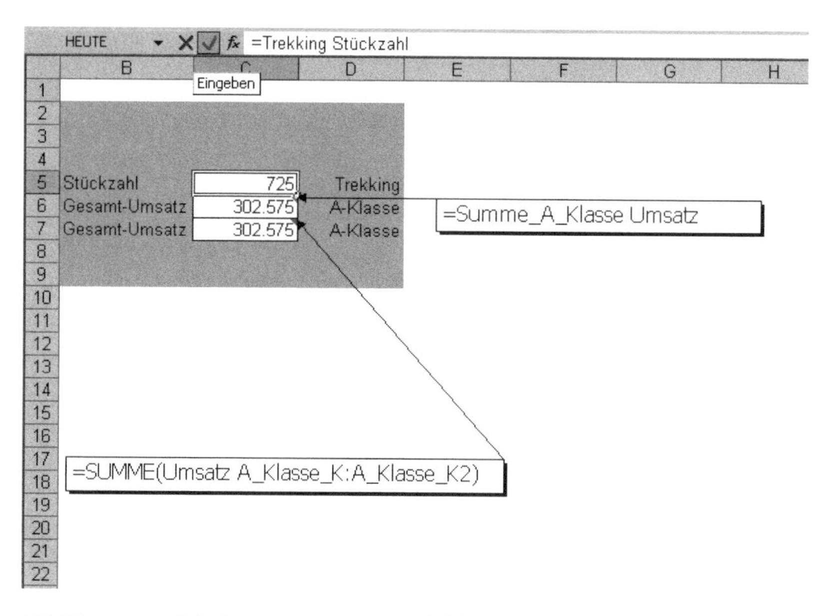

Abbildung 1.40 Schnittmengen mt Namen bilden

1.5.3 Berechnungen von Schnittmengen

Leider können Sie keinen Schnittmengennamen (Namensbildung aus Bezeichnung der Spalte und Bezeichnung der Zeile) bilden, aber Sie können Schnittmengen berechnen und Schnittpunkte bilden.

1. Öffnen Sie die Datei NAMENSCHNITTMENGE.XLS.
2. Markieren Sie auf dem Tabellenblatt REGION1 den Bereich `A6:D21`.
3. Legen Sie mit dem Menü **Einfügen • Namen • Erstellen...** für die Markierung Namen fest.
4. Bestätigen Sie mit **OK**.

Koordinaten bilden

Um nun z.B. die Stückzahl der Trekking-Räder über eine Verwendung von Namen zu erhalten, müssen Sie quasi die Koordinate aus dem Bereichsnamen »Trekking« und dem Bereichsnamen »Stückzahl« bilden. Wichtig dabei ist nun das Leerzeichen, das Sie über die Leertaste eingeben! In den folgenden Beispielen gehen wir davon aus, dass Sie die angesprochenen Namen bereits festgelegt haben!

1. Markieren Sie auf dem Tabellenblatt AUSWERTUNG die Zelle `C5`.
2. Wählen Sie das Menü **Einfügen • Namen • Einfügen...** oder die [F3]-Taste.
3. Wählen Sie den Namen **Trekking** aus und bestätigen Sie mit **OK**.
4. Setzen Sie den Schnittmengenoperator durch Drücken der Leertaste.
5. Wählen Sie das Menü **Einfügen • Namen • Einfügen...** (oder [F3]).
6. Wählen Sie den Namen **Stückzahl** aus und bestätigen mit **OK**.
7. Beenden Sie die Eingabe mit [Enter].

Mit Schnittmengen rechnen

Um mit solchen namenbasierten Schnittmengen rechnen zu können, benötigen Sie jetzt nur noch Funktionen.

1. Markieren Sie auf dem Tabellenblatt AUSWERTUNG die Zelle `C7`.
2. Fügen Sie die Funktion SUMME und mit [F3] den Namen UMSATZ ein und bestätigen Sie mit **OK**.
3. Drücken Sie die Leertaste, um damit den Schnittmengenoperator zu setzen.
4. Fügen Sie mit der [F3]-Taste den Namen A_KLASSE_K ein und geben Sie einen Doppelpunkt »:« ein.
5. Fügen Sie mit der [F3]-Taste den Namen STÜCKZAHL ein.
6. Beenden Sie die Eingabe mit [Enter].

Druckbereich Produkt

Namenfeld

Produkt	Stückzahl	Verkaufspreis	Umsatz
Budget für den Vertrieb der Region 1			
Umsätze:			
A-Klasse K	290	385,65	111.838,50
A-Klasse K2	448	425,75	190.736,00
Summe A-Klasse			302.574,50
C-Klasse D1	480	625,55	300.264,00
C-Klasse H	142	585,75	83.176,50
Summe C-Klasse			383.440,50
E-Klasse D	406	865,75	351.494,50
E-Klasse H	185	785,15	145.252,75
E-Klasse K	431	711,25	306.548,75
Summe E-Klasse			803.296,00
Trekking	725	965,75	700.168,75
Summe Trekking			700.168,75
Summe Gesamtumsatz			**2.189.479,75**

Abbildung 1.41 Name für den Druckbereich

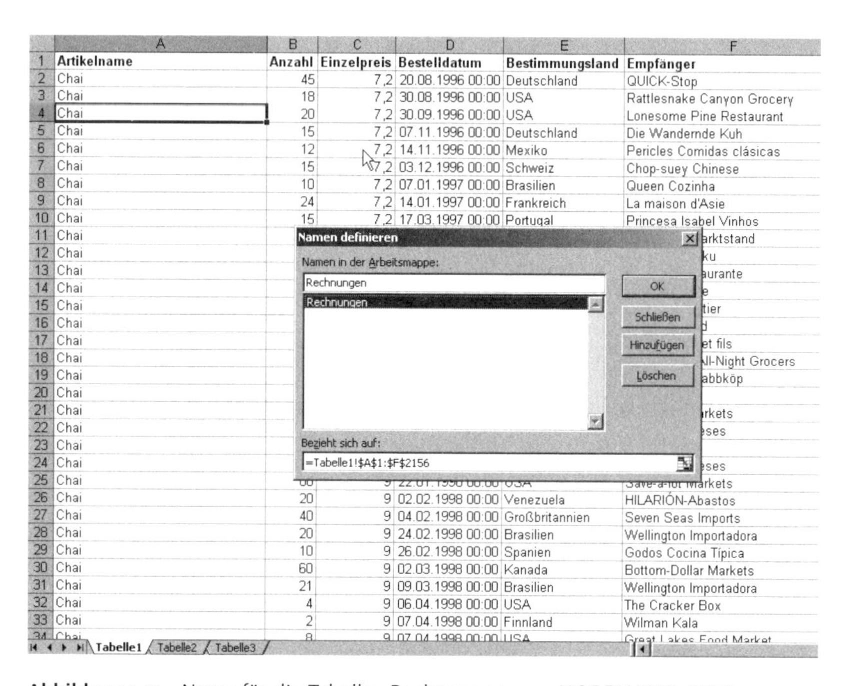

Artikelname	Anzahl	Einzelpreis	Bestelldatum	Bestimmungsland	Empfänger
Chai	45	7,2	20.08.1996 00:00	Deutschland	QUICK-Stop
Chai	18	7,2	30.08.1996 00:00	USA	Rattlesnake Canyon Grocery
Chai	20	7,2	30.09.1996 00:00	USA	Lonesome Pine Restaurant
Chai	15	7,2	07.11.1996 00:00	Deutschland	Die Wandernde Kuh
Chai	12	7,2	14.11.1996 00:00	Mexiko	Pericles Comidas clásicas
Chai	15	7,2	03.12.1996 00:00	Schweiz	Chop-suey Chinese
Chai	10	7,2	07.01.1997 00:00	Brasilien	Queen Cozinha
Chai	24	7,2	14.01.1997 00:00	Frankreich	La maison d'Asie
Chai	15	7,2	17.03.1997 00:00	Portugal	Princesa Isabel Vinhos
Chai					arktstand
Chai					ku
Chai					aurante
Chai					e
Chai					tier
Chai					d
Chai					et fils
Chai					ll-Night Grocers
Chai					abbköp
Chai					
Chai					rkets
Chai					eses
Chai					
Chai					eses
Chai		9			arkets
Chai	20	9	02.02.1998 00:00	Venezuela	HILARIÓN-Abastos
Chai	40	9	04.02.1998 00:00	Großbritannien	Seven Seas Imports
Chai	20	9	24.02.1998 00:00	Brasilien	Wellington Importadora
Chai	10	9	26.02.1998 00:00	Spanien	Godos Cocina Típica
Chai	60	9	02.03.1998 00:00	Kanada	Bottom-Dollar Markets
Chai	21	9	09.03.1998 00:00	Brasilien	Wellington Importadora
Chai	4	9	06.04.1998 00:00	USA	The Cracker Box
Chai	2	9	07.04.1998 00:00	Finnland	Wilman Kala

Abbildung 1.42 Name für die Tabelle »Rechnungen« aus NORDWIND.MDB

1.5.4 Nützliche Besonderheiten bei Namen

Automatische Bereichsnamen

Bisher haben wir Ihnen verschiedene Techniken gezeigt, mit denen Sie als Anwender selbst Namen festlegen können. Kaum bekannt ist bei den meisten Excel-Anwendern die Tatsache, dass Excel teilweise automatisch Bereichsnamen erzeugt. Hier eine Liste der Fälle, in denen das geschieht:

- Sobald Sie einen Druckbereich aktiv (Markierung und Menü **Datei • Druckbereich • Druckbereich**) oder passiv (Menü **Datei • Seite einrichten**) festlegen, erzeugt Excel automatisch den Namen *Druckbereich*.
- Wenn Sie einen Spezialfilter (siehe Kapitel 3) verwenden, erzeugt Excel zwei weitere Namen: *Suchkriterium* und *Zielbereich*.
- Wenn Sie über ODBC/MS Query Daten aus einer Datenbank importieren (siehe Kapitel 2), erzeugt Excel einen Bereichsnamen, der dem Namen der Abfragedatei (*.dqy) in MS Query entspricht. Der Bezug dieses Namens wird mit jeder Aktualisierung der Abfrage angepasst. Sie erhalten dadurch einen variablen Namen!
- Wenn Sie aus Access eine Datentabelle als Excel-Datei (*.xls) exportieren, wird der Name der Access-Datentabelle von Excel automatisch als Bereichsname festgelegt.

Der Vorteil dieser von Excel automatisch erzeugten Namen ist, dass Sie alle bekannten Möglichkeiten und Techniken im Umgang mit Bereichsnamen, die wir Ihnen zuvor beschrieben haben, auch auf diese Namen anwenden können.

Dies ist besonders interessant im Hinblick auf:

Matrixfunktionen mit Bereichsnamen

- Matrixfunktionen (siehe Kapitel 5). Hier können die automatisch festgelegten Namen für das Argument Matrix der Funktionen SVERWEIS und MATRIX verwendet werden.
- Eventuell Datenbankfunktionen
- Die Pivot-Tabelle (siehe Kapitel 3). Der automatisch festgelegte Name kann im PivotTable-Assistenten als Datenbereich für die Pivot-Tabelle angegeben werden.

[!]

Diese automatischen Namen können auch vom Anwender durch Eigenschaftseinstellungen vorgegeben werden. Der Name *Datenbank* kann dabei zu Problemen führen.

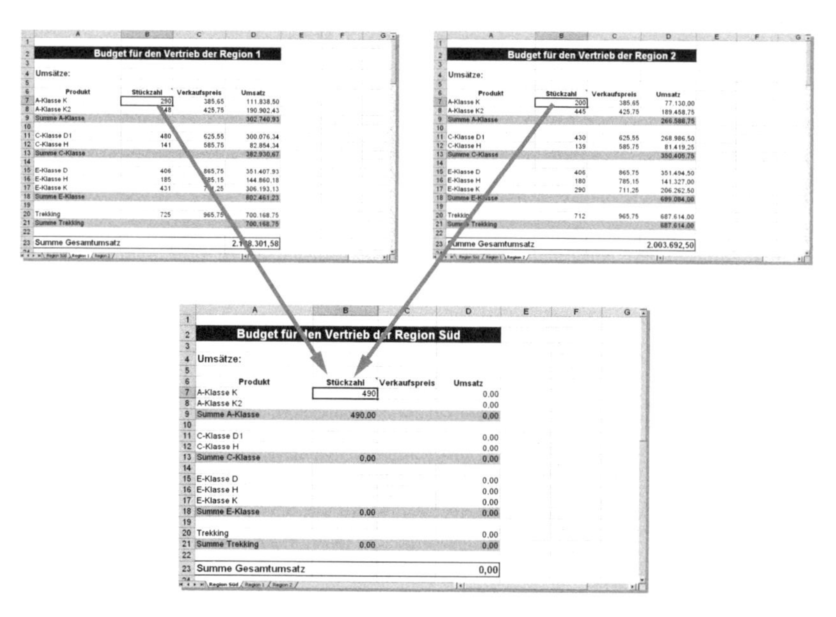

Abbildung 1.43 So sind die Zusammenhänge.

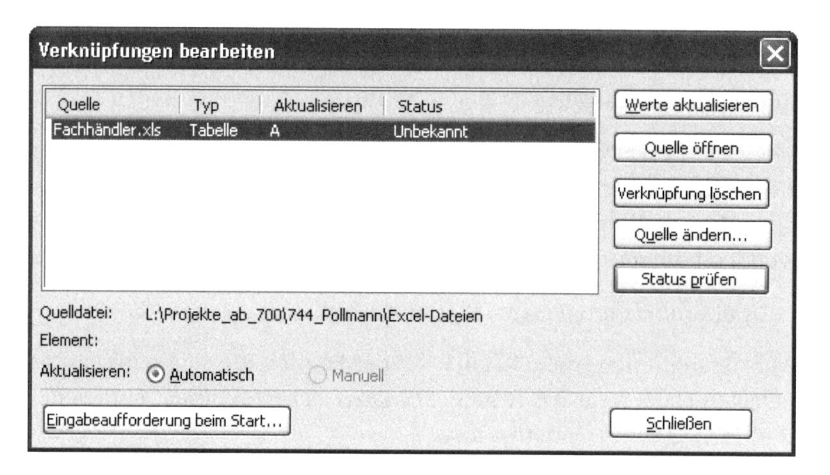

Abbildung 1.44 Informationen über Verknüpfungen zu anderen Dateien

1.6 Verknüpfungen und Bezüge

Unter dem Begriff *Verknüpfung* versteht man bei Excel einen Zellbezug auf einen Bereich in einem anderen Tabellenblatt (interner Bezug) oder einer anderen Arbeitsmappe (externer Bezug). Über Verknüpfungen tauschen Sie daher einfach Daten aus, und diese werden permanent aktualisiert! Diese Technik ermöglicht es Ihnen, zahlreiche kleinere Arbeitsmappen anzulegen, und durch Verknüpfungen zwischen den Arbeitsmappen ein modulares Modell mit Datenaustausch aufzubauen. Der Begriff *Verknüpfung* hat sich aus der Zeit der ersten Tabellenkalkulationsprogramme Anfang der 80er-Jahre erhalten, ganz korrekt ist er streng genommen nicht. Microsoft versteht unter einer Verknüpfung eigentlich einen Verweis auf ein Objekt, das per OLE in ein anderes Programm eingefügt wurde.

Handling

- Die Verwendung von Verknüpfungen ist insbesondere dann sinnvoll, wenn es zu umständlich ist, umfangreiche Tabellenmodelle in derselben Arbeitsmappe zu verwalten (siehe Modellierung, Abschnitt 1.2).

Automatische Aktualisierung

- Sie können Arbeitsmappen mehrerer Abteilungen verknüpfen und dann die Daten in einer zusammenfassenden Arbeitsmappe integrieren. Auf diese Weise müssen Sie bei Änderungen in den Quellarbeitsmappen das Aktualisieren der zusammenfassenden Arbeitsmappe nicht manuell ausführen.

Reporting

- Sie können alle Daten in einer oder mehreren Quellarbeitsmappen eingeben (lassen) und dann eine Berichtsarbeitsmappe erstellen, die nur Verknüpfungen zu den relevanten Daten enthält.

Der Vorteil:

Sie öffnen immer nur eine Arbeitsmappe. Kleinere Arbeitsmappen benötigen weniger Speicherplatz, können einfacher geändert und schneller geöffnet, gespeichert und berechnet werden.

Verknüpfungen wirkungsvoll einsetzen

Im Folgenden werden einige Methoden beschrieben, wie Sie Verknüpfungen wirkungsvoll einsetzen können:

- Bezug auf eine Zelle in einem anderen Tabellenblatt
- Dreidimensionaler Bezug auf Zellen innerhalb der gleichen Arbeitsmappe
- Verknüpfungen zwischen Arbeitsmappen
- Problemlösungen für Verknüpfungen

	A	B	C	D
1				
2	Budget für den Vertrieb der Region Süd			
3				
4	Umsätze:			
5				
6	Produkt	Stückzahl	Verkaufspreis	Umsatz
7	A-Klasse K	='Region 1'!B7+'Region 2'!B7		188.968,50
8	A-Klasse K2			0,00
9	Summe A-Klasse	490,00	385,65	188.968,50
10				
11	C-Klasse D1			0,00
12	C-Klasse H			0,00
13	Summe C-Klasse	0,00	0,00	0,00
14				
15	E-Klasse D			0,00
16	E-Klasse H			0,00
17	E-Klasse K			0,00
18	Summe E-Klasse	0,00	0,00	0,00
19				
20	Trekking			0,00
21	Summe Trekking	0,00	0,00	0,00
22				
23	Summe Gesamtumsatz			188.968,50
24				
25				

Region Süd / Region 1 / Region 2 / Beispiele für Bezüge

Abbildung 1.45 Bildung einer Verknüpfung

	A	B	C	D	E
1					
2	Budget für den Vertrieb der Region Süd				
3					
4	Umsätze:				
5					
6	Produkt	Stückzahl	Verkaufspreis	Umsatz	
7	A-Klasse K	490	=MITTELWERT('Region 1'!C7;'Region 2'!C7)		
8	A-Klasse K2			0,00	
9	Summe A-Klasse	490,00	385,65	188.968,50	
10					
11	C-Klasse D1			0,00	
12	C-Klasse H			0,00	
13	Summe C-Klasse	0,00	0,00	0,00	
14					
15	E-Klasse D			0,00	
16	E-Klasse H			0,00	
17	E-Klasse K			0,00	
18	Summe E-Klasse	0,00	0,00	0,00	
19					
20	Trekking			0,00	
21	Summe Trekking	0,00	0,00	0,00	
22					
23	Summe Gesamtumsatz			188.968,50	
24					
25					

Region Süd / Region 1 / Region 2 / Beispiele für Bezüge

Abbildung 1.46 Verwendung von »verknüpften« Bezügen in einer Funktion

1.6.1 Verknüpfung innerhalb der Datei erstellen

Beispiel-Unternehmen

Der Vertrieb unseres Beispiel-Unternehmens, der Däumler-Binz AG, befindet sich momentan in der jährlichen Planungsphase. Die Leiter der 11 verschiedenen Vertriebsregionen müssen in der ersten Runde einen Bericht über die geplanten Absatzzahlen an die nächsthöhere Instanz melden. Dies ist für die Region 1 und Region 2 die Region Süd.

An dieser Stelle werden die Zahlen konsolidiert und an die Gesamtvertriebsleitung weitergemeldet. Da erfahrungsgemäß immer mehrere Runden benötigt werden, bis die Planung verabschiedet wird, existiert ein Excel-Modell, in das die Vertriebsleiter ihre Zahlen eintragen und das durch Verknüpfungen dem Leiter der Region Süd automatisch immer die aktuellen Zahlen anzeigt.

Die Datei wird außerdem immer unter dem gleichen Namen im gleichen Ordner im Unternehmensnetzwerk gespeichert!

Ein solches oder ähnliches Szenario kennen Sie bestimmt auch aus Ihrem beruflichen Umfeld, denn solche oder ähnliche Modelle und Vorgänge gehören eigentlich zum Standard der täglichen Arbeit. Mit den Beispiel-Dateien, die Sie auf der CD fnden, können Sie dieses Modell nachvollziehen und Ihren Bedürfnissen anpassen. Gehen Sie dazu wie folgt vor:

Bezug zwischen Blättern

1. Öffnen Sie die Datei BEZUG.XLS.
2. Aktivieren Sie das Tabellenblatt REGION SÜD.
3. Positionieren Sie den Einfügerahmen auf die Zelle `B7`.
4. Geben Sie »=« ein, aktivieren Sie das Blatt REGION1 und klicken Sie die Zelle `B7` an.
5. Geben Sie »+« ein, und klicken Sie die Zelle `B7` auf dem Blatt REGION 2 an.
6. Bestätigen Sie die Eingabe anschließend mit [Enter]. Damit haben Sie eine Verknüpfung zwischen den Zellen `B7` der Blätter REGION 1 und REGION 2 aufgebaut. Diese Art der Veknüpfung nennt man einen *internen Bezug*.
7. Kopieren Sie dann im Arbeitsblatt REGION SÜD die Zelle `B7` in den Bereich `B8:B20`. Achten Sie dabei darauf, dass Sie den Inhalt ohne Zwischensummen kopieren. Die Bezüge werden auch hier relativ angepasst.

	A	B	C	D	E
1					
2	Budget für den Vertrieb der Region Süd				
3					
4	Umsätze:				
5					
6	Produkt	Stückzahl	Verkaufspreis	Umsatz	
7	A-Klasse K	=SUMME('Region 1:Region 2'!B7)			
8	A-Klasse K2			0,00	
9	Summe A-Klasse	490,00	385,65	188.968,50	
10					
11	C-Klasse D1			0,00	
12	C-Klasse H			0,00	
13	Summe C-Klasse	0,00	0,00	0,00	
14					
15	E-Klasse D			0,00	
16	E-Klasse H			0,00	
17	E-Klasse K			0,00	
18	Summe E-Klasse	0,00	0,00	0,00	
19					
20	Trekking			0,00	
21	Summe Trekking	0,00	0,00	0,00	
22					
23	Summe Gesamtumsatz			188.968,50	

Region Süd / Region 1 / Region 2 / Beispiele für Bezüge

Abbildung 1.47 Berechnungen mit einem 3D-Bezug

	A	B	C	D	E
1					
2	Budget für den Vertrieb der Region Süd				
3					
4	Umsätze:				
5					
6	Produkt	Stückzahl	Verkaufspreis	Umsatz	
7	A-Klasse K	490	=MITTELWERT('Region 1'!C7;'Region 2'!C7)		
8	A-Klasse K2			0,00	
9	Summe A-Klasse	490,00	385,65	188.968,50	
10					
11	C-Klasse D1			0,00	
12	C-Klasse H			0,00	
13	Summe C-Klasse	0,00	0,00	0,00	
14					
15	E-Klasse D			0,00	
16	E-Klasse H			0,00	
17	E-Klasse K			0,00	
18	Summe E-Klasse	0,00	0,00	0,00	
19					
20	Trekking			0,00	
21	Summe Trekking	0,00	0,00	0,00	
22					
23	Summe Gesamtumsatz			188.968,50	

Region Süd / Region 1 / Region 2 / Beispiele für Bezüge

Abbildung 1.48 Berechnungen mit einem 3D-Bezug

1.6.2 Dreidimensionale Bezüge erstellen

Ein 3D-Bezug ist ein Bezug auf die gleiche Zelle mehrerer Tabellenblätter innerhalb einer Arbeitsmappe unter Verwendung einer Funktion. Diese Technik vereinfacht den Aufbau von Verknüpfungen ganz erheblich, ist aber **nur** dann möglich, wenn alle Blätter einer Arbeitsmappe gleichartig aufgebaut sind.

Verknüpfungen überarbeiten

Die Däumler-Binz AG ist bei ihren Mitarbeitern »gefürchtet« für die häufigen Neuausrichtungen der Organisation. So wird z. B. der Vertrieb nahezu alle drei Monate neu strukturiert. Dies ist Excel-technisch gesehen ein großes Problem, denn alle Verknüpfungen müssen permanent überarbeitet werden.

Mit Hilfe von 3D-Bezügen können Sie dieses Problem umgehen.

1. Öffnen Sie die Datei BEZUG.XLS.
2. Aktivieren Sie das Blatt REGION SÜD.
3. Positionieren Sie den Einfügerahmen auf die Zelle B7.
4. Klicken Sie in der Symbolleiste das Summenzeichen an. Die SUMME wird in die Zelle eingetragen.
5. Geben Sie als Bezug die Zelle B7 des Blattes REGION 1 an.
6. Drücken Sie die [⇧]-Taste, lassen Sie diese gedrückt und markieren Sie noch das Blatt REGION 2.
7. Bestätigen Sie die Eingabe mit [Enter].

3D-Bezüge

Sie können 3D-Bezüge verwenden:

- um einen Bezug zu Zellen in anderen Tabellenblättern herzustellen
- um Namen festzulegen
- mit folgenden Funktionen: SUMME, MITTELWERT, MITTELWERTA, ANZAHL, ANZAHL2, MAX, MAXA, MIN, MINA, PRODUKT, STDABW, STDABWA, STDABWN, STDABWNA, VARIANZ, VARIANZA, VARIANZEN und VARIANZENA
- 3D-Bezüge können nicht in Matrixformeln (siehe Abschnitt 1.4.5) verwendet werden.
- Ein 3D-Bezug lässt sich nicht mit Hilfe einer Mehrfachmarkierung und der Tastenkombination [Strg] + [Enter] in mehrere Zellen einfügen.
- Wenn Sie 3D-Bezüge zwischen Dateien einrichten möchten, dann benötigen Sie dazu die Technik der Konsolidierung aus dem Menü **Daten • Konsolidieren...** (siehe Abschnitt 1.7).

	A	B	C	D	E
1					
2	Budget für den Vertrieb der Region Süd				
3					
4	Umsätze:				
5					
6	Produkt	Stückzahl	Verkaufspreis	Umsatz	
7	A-Klasse K	1490	386	574.618,50	
8	A-Klasse K2	893		0,00	
9	Summe A-Klasse	2.383,00	385,65	574.618,50	
10					
11	C-Klasse D1	910		0,00	
12	C-Klasse H	281		0,00	
13	Summe C-Klasse	1.191,00	0,00	0,00	
14					
15	E-Klasse D	812		0,00	
16	E-Klasse H	365		0,00	
17	E-Klasse K	721		0,00	
18	Summe E-Klasse	1.898,00	0,00	0,00	
19					
20	Trekking	1437		0,00	
21	Summe Trekking	1.437,00	0,00	0,00	
22					
23	Summe Gesamtumsatz			574.618,50	
24					
25					

Region Süd / Region 1 / Region 3 / Region 2 / Beispiele für Bezüge

Abbildung 1.49 Blatt REGION 3 rechts am Ende

	A	B	C	D	E
1					
2	Budget für den Vertrieb der Region Süd				
3					
4	Umsätze:				
5					
6	Produkt	Stückzahl	Verkaufspreis	Umsatz	
7	A-Klasse K	=SUMME('Region 1:Region 2'!B7)		574.618,50	
8	A-Klasse K2			0,00	
9	Summe A-Klasse	1.490,00	385,65	574.618,50	
10					
11	C-Klasse D1			0,00	
12	C-Klasse H			0,00	
13	Summe C-Klasse	0,00	0,00	0,00	
14					
15	E-Klasse D			0,00	
16	E-Klasse H			0,00	
17	E-Klasse K			0,00	
18	Summe E-Klasse	0,00	0,00	0,00	
19					
20	Trekking			0,00	
21	Summe Trekking	0,00	0,00	0,00	
22					
23	Summe Gesamtumsatz			574.618,50	
24					
25					

Region Süd / Region 1 / Region 3 / Region 2 / Beispiele für Bezüge

Abbildung 1.50 »Nachträglich« mit Strg + Enter arbeiten

Durch den 3D-Bezug wird von jedem Tabellenblatt, das zwischen den Blättern REGION 1 und REGION 2 angeordnet ist, die Zelle B7 summiert. Dabei ist die Position entscheidend! Von jedem weiteren Tabellenblatt, das zwischen den Blättern REGION 1 und REGION 2 positioniert wird, werden die Werte der Zelle B7 summiert.

Nun wollen wir die »Umorganisation« bei unserem Beispiel-Unternehmen, der Däumler-Binz AG simulieren:

Umorganisation

1. Aktivieren Sie das Blatt REGION 2.
2. Fügen Sie ein leeres Tabellenblatt ein und nennen Sie es REGION 3.
3. Markieren Sie die Zelle B7 und schreiben Sie den Wert »1000« in die Zelle.
4. Wechseln Sie zum Tabellenblatt REGION SÜD, und lesen Sie das nun erhöhte Ergebnis in der Zelle B7 ab.
5. Verschieben Sie das Tabellenblatt REGION 3 an das Ende der Arbeitsmappe.

Der Wert der Zelle B7 im Blatt REGION SÜD vermindert sich, da das Blatt REGION 3 nun nicht mehr zwischen den anderen beiden Blättern positioniert ist. Dies ist Vorteil und Nachteil zugleich:

- Vorteil: Eine geplante Umorganisation kann auf diese Art und Weise simuliert werden!
- Nachteil: Wohlmeinende Kollegen/Kolleginnen könnten versuchen, eine alphanumerische Sortierung der Tabellenblätter herzustellen, und damit unbeabsichtigt Werte unberücksichtigt lassen!

Um eine Beibehaltung der Struktur zu sichern, verwenden Sie einfach aus dem Menü **Extras • Schutz • Arbeitsmappe schützen...** Die Struktur der Arbeitsmappe kann nicht verändert werden!

Um beim Einfügen eines 3D-Bezuges trotzdem mit der Tastenkombination [Strg] + [Enter] Zellinhalte zeitsparend auf andere Zellen übertragen zu können, gehen Sie folgendermaßen vor:

»Pseudo«-Zellbearbeitung

1. Markieren Sie auf dem Blatt REGION SÜD die Zellen B7:B8; B11:B12; B15:B17; B20, und positionieren Sie den Einfügerahmen auf die Zelle B7.
2. Drücken Sie die [F2]-Taste, oder klicken Sie in die Bearbeitungsleiste, um die Zellbearbeitung zu aktivieren.
3. Schließen Sie die »Pseudo-«Zellbearbeitung mit [Strg] + [Enter] ab.

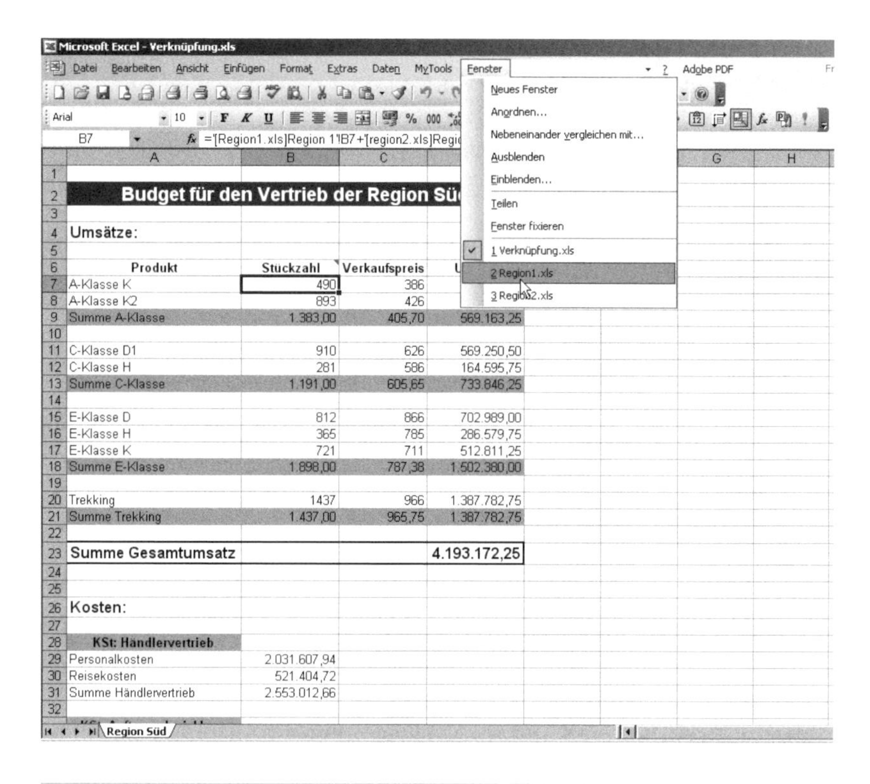

Abbildung 1.51 Der Bezug ist vollständig in der Bearbeitungsleiste markiert.

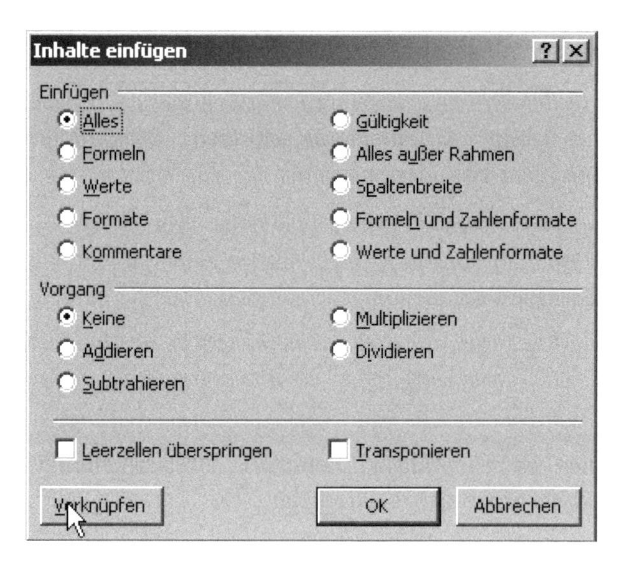

Abbildung 1.52 So kann man auch verknüpfen ...

1.6.3 Verknüpfung zwischen Dateien erstellen

Zurück zu unserem Beispiel-Unternehmen:

Der Vertrieb der Däumler-Binz AG befindet sich in der jährlichen Planungsphase. Die Leiter der elf verschiedenen Vertriebsregionen müssen in der ersten Runde die geplanten Absatzzahlen an die nächsthöhere Instanz melden. Dies ist für die Region 1 und Region 2 die Region Süd.

Hier werden die Zahlen konsolidiert und an die Gesamtvertriebsleitung weitergemeldet. Da erfahrungsgemäß immer mehrere Runden benötigt werden, bis die Planung verabschiedet wird, existieren mehrere Excel-Modelle, in welche die Vertriebsleiter ihre Zahlen eintragen, und die durch Verknüpfungen mit der Datei des Leiters der Region Süd stets die aktuellen Zahlen anzeigen.

Dazu werden die Dateien immer unter dem gleichen Namen im gleichen Ordner im Unternehmensnetzwerk gespeichert!

Das Beispiel sollte Ihnen bekannt vorkommen. Um nun nicht eine Verknüpfung innerhalb einer Datei, sondern zwischen Dateien herzustellen, gehen Sie wie folgt vor:

Bezug zwischen Blättern

1. Öffnen Sie die Dateien REGIONSÜD.XLS, REGION1.XLS und die Datei REGION2.XLS.
2. In der Datei REGIONSÜD.XLS markieren Sie die Zellen `B7:B8`, `B11:B12`, `B15:B17` und `B20`.
3. Geben Sie »=« ein.
4. Wechseln Sie über das Menü **Fenster** in die Datei REGION1.XLS und klicken Sie die Zelle `B7` an.
5. Geben Sie »+« ein.
6. Wechseln Sie über das Menü **Fenster** in die Datei REGION2.XLS und klicken Sie die Zelle `B7` an.
7. Markieren Sie den gesamten Bezug, so wie links abgebildet.
8. Drücken Sie in der Bearbeitungsleiste dreimal die [F4]-Taste. Dadurch entfernen Sie die $-Zeichen für die absoluten Zellbezüge.
9. Bestätigen Sie die Eingabe durch Drücken der Tasten [Strg] + [Enter]. Damit haben Sie eine Verknüpfung (externer Bezug) zwischen den Dateien REGION 1 und REGION 2 aufgebaut. Die Zellbezüge wurden relativ angepasst.

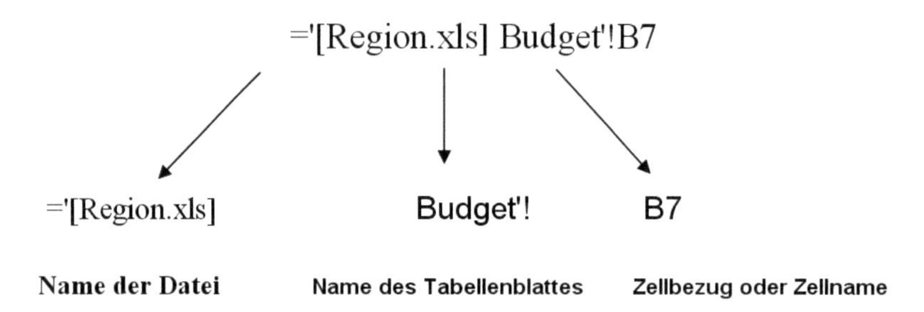

Abbildung 1.53 Syntax und Konzept von externen Verknüpfungen

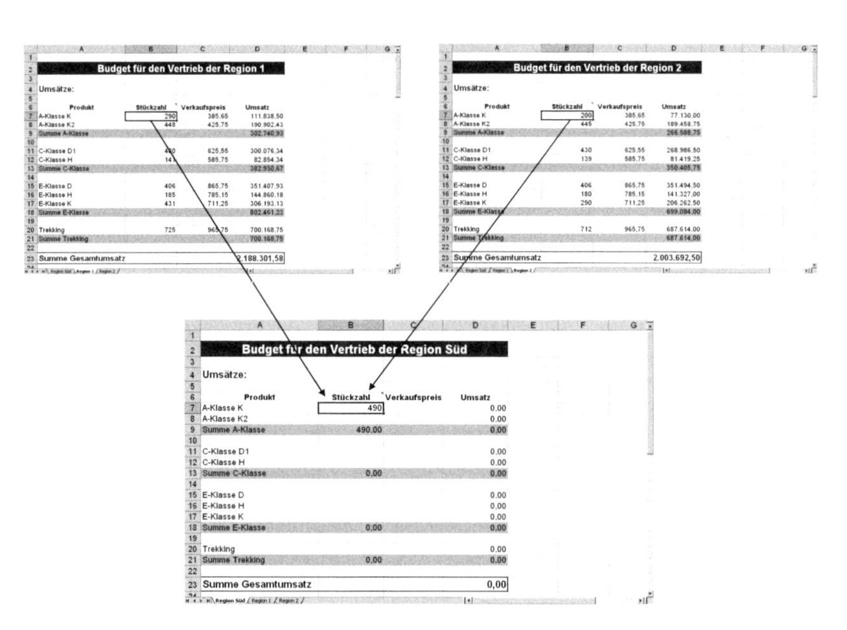

Abbildung 1.54 Verbindungen zu Tabellen und Arbeitsmappen

1.6.4 Verbindungen zu Tabellen und Arbeitsmappen

Verknüpfungen zu erstellen, ist besonders dann sinnvoll, wenn Sie mit umfangreichen Tabellenmodellen oder ganzen Systemen von Tabellenblättern arbeiten. In diesen Fällen ist es kompliziert und unübersichtlich, alle Tabellenblätter in einer Arbeitsmappe zu verwalten, und beansprucht hohe Systemressourcen. Hier können Verknüpfungen wertvolle Hilfe leisten.

Datenverknüpfung

Sie können z.B. Arbeitsmappen mehrerer Benutzer, Abteilungen und/oder Unternehmensbereiche verknüpfen und wichtige Daten in eine zusammenfassende Arbeitsmappe integrieren. Die ursprünglichen Arbeitsmappen lassen sich weiterhin getrennt von der neu erstellten, zusammenfassenden Arbeitsmappe bearbeiten.

Dazu müssen Sie mit so genannten internen und/oder externen Bezügen arbeiten, umgangssprachlich als Verknüpfung bezeichnet. Interne Bezüge sind solche innerhalb einer Datei, externe Bezüge solche zwischen verschiedenen Dateien.

Vorteil

Wenn Sie ein komplexes Modell in eine Reihe unabhängiger Arbeitsmappen parallel aufteilen, hat das einen entscheidenden Vorteil: Sie sparen Speicherplatz, da Sie am Modell arbeiten können, ohne alle zugehörigen Arbeitsmappen parallel öffnen zu müssen. Kleinere Arbeitsmappen können einfacher bearbeitet und schneller geöffnet, gespeichert sowie berechnet werden.

Eine Formel, die zwei Arbeitsmappen verknüpft, ist genauso problemlos und unkompliziert erstellt wie eine Formel, die sich nur auf die gleiche Arbeitsmappe bezieht. Sie markieren lediglich in der anderen Arbeitsmappe mit der Maus diejenigen Zellen, auf die sich die Formel beziehen soll. Wenn Sie z.B. eine Formel mit einem Gleichheitszeichen begonnen haben, markieren Sie die gewünschten Zellen in der externen Arbeitsmappe.

Verwenden von Namen

Sie können einen externen Formelbezug herstellen, indem Sie mit einem Namen arbeiten, der auf die zu verwendenden Zellen verweist. Beachten Sie, dass der Name der Arbeitsmappe in der oben dargestellten Syntax nicht in eckigen Klammern eingeschlossen ist. Diese Bezugsart verwenden Sie dann, wenn Sie sich auf einen Namen auf Arbeitsmappenebene beziehen. Ebenso können Sie Bezüge zu Namen auf Tabellenblattebene herstellen.

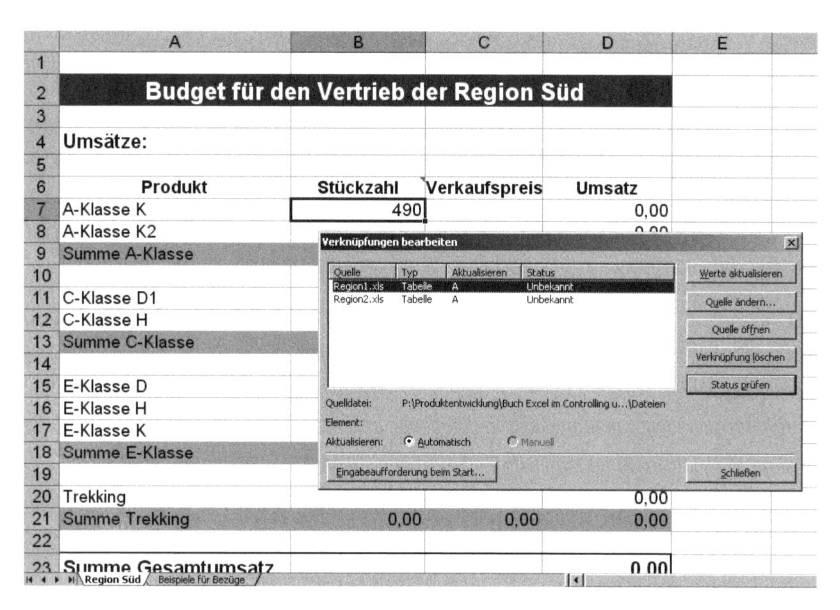

Abbildung 1.55 Organisieren von Verknüpfungen

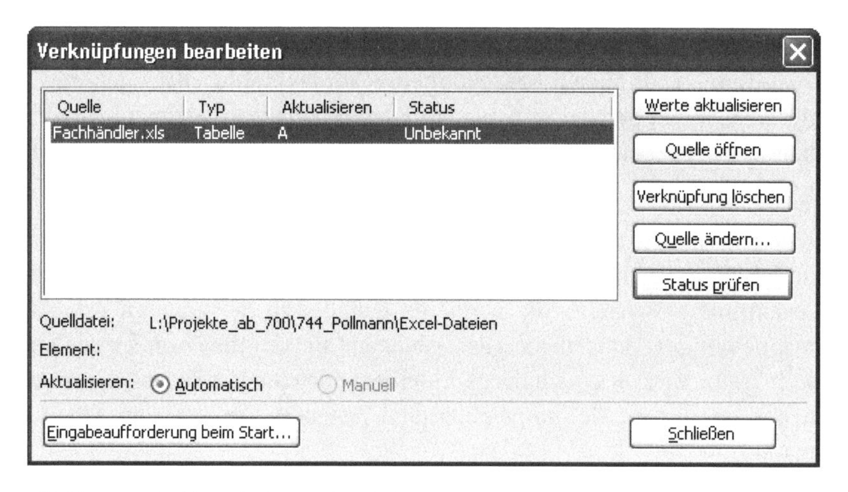

Abbildung 1.56 Verknüpfungen bearbeiten

1.6.5 Änderungen für Verknüpfungen

Speichern

Sie sollten die Quellarbeitsmappen immer vor den mit ihnen verknüpften abhängigen Arbeitsmappen speichern. Dadurch wird sichergestellt, dass die Formeln in einer Quellarbeitsmappe berechnet wurden und dass die Namen der Arbeitsmappen sowie der Blätter in externen Bezügen aktuell sind. Wenn Sie eine Quellarbeitsmappe mit einem der Befehle **Datei • Speichern** oder **Datei • Speichern unter** benennen bzw. umbenennen, muss die abhängige Arbeitsmappe geöffnet sein, damit der Name in externen Bezügen automatisch aktualisiert wird.

Verwalten von Arbeitsmappen

Soweit möglich, sollten Sie verknüpfte Arbeitsmappen immer im gleichen Verzeichnis oder Ordner speichern. Manchmal kann es jedoch zweckmäßiger sein, bestimmte Modelle mit verknüpften Arbeitsmappen aus unterschiedlichen Verzeichnissen bzw. Ordnern oder Netzwerken einzurichten. Dies ist meist dann der Fall, wenn Sie mit anderen Abteilungen/Unternehmensbereichen zusammenarbeiten, die Ihnen vereinbarungsgemäß (z. B. monatlich) Daten liefern.

[!]

Treffen Sie verbindliche Vereinbarungen, dass immer die gleichen Dateinamen, die gleichen Verzeichnisse/Ordner verwendet werden!

Wenn Sie Quellarbeitsmappen in andere Verzeichnisse/Ordner verschieben, sollten Sie auch alle im gleichen Verzeichnis/Ordner befindliche und verknüpfte Arbeitsmappen verschieben. Tun Sie dies nicht, und sind bei dieser Aktion die Zieldateien nicht geöffnet, so wird die Veränderung nicht mitvollzogen.

Verknüpfung ändern

Wenn Sie dann versuchen, eine abhängige Arbeitsmappe zu öffnen, wird gemeldet, dass die Quellarbeitsmappe nicht gefunden werden kann. In diesem Fall können Sie mit dem Befehl **Verknüpfungen** aus dem Menü **Bearbeiten** die Verknüpfung der abhängigen Arbeitsmappe oder der Quellarbeitsmappe ändern, die Sie in ein anderes Verzeichnis verschoben haben.

[!]

Wenn eine Arbeitsmappe mit mehreren Verknüpfungen zu einer anderen Arbeitsmappe unverhältnismäßig viel Platz auf dem Datenträger belegt, wählen Sie aus dem Menü **Extras** den Befehl **Optionen** und wählen dann das Register »Berechnen«. Deaktivieren Sie das Kontrollkästchen **Externe Verknüpfungswerte speichern**. Sie verhindern damit, dass Kopien der Werte aus der Quellarbeitsmappe zusammen mit Ihrer Arbeitsmappe abgespeichert werden.

	A	B	C	D	E
1					
2	**Budget für den Vertrieb der Region Süd**				
3					
4	**Umsätze:**				
5					
6	**Produkt**	**Stückzahl**	**Verkaufspreis**	**Umsatz**	
7	A-Klasse K	='[Region1.xls]Region 1'!B7+'[region2.xls]Region 2'!B7			
8	A-Klasse K2			0,00	
9	Summe A-Klasse	490,00	#BEZUG!	#BEZUG!	
10					
11	C-Klasse D1			0,00	
12	C-Klasse H			0,00	
13	Summe C-Klasse	0,00	0,00	0,00	
14					
15	E-Klasse D			0,00	
16	E-Klasse H			0,00	
17	E-Klasse K			0,00	
18	Summe E-Klasse	0,00	0,00	0,00	
19					
20	Trekking			0,00	
21	Summe Trekking	0,00	0,00	0,00	
22					
23	**Summe Gesamtumsatz**			**#BEZUG!**	

Region Süd / Beispiele für Bezüge

Abbildung 1.57 Externe Verknüpfung erzeugen

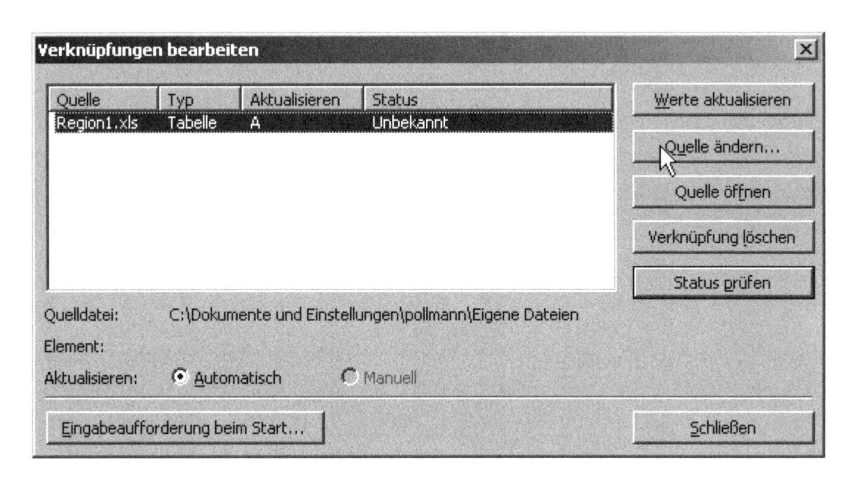

Abbildung 1.58 Verknüpfung von einer auf eine andere Datei übertragen

1.6.6 Verknüpfungen verändern oder löschen

So einfach eigentlich das Erzeugen von Verknüpfungen ist, so schwierig kann es sein, diese wieder zu löschen. Das Problem besteht darin, dass man nicht weiß, in welchen Zellen sich Verknüpfungen befinden und in welchen nicht. Leider gibt es keinen Menübefehl, der alle verknüpften Zellen auflistet. Wir möchten Ihnen nun einige Lösungsmöglichkeiten aufzeigen.

Ist ein externer Bezug Bestandteil einer komplexeren Formel, können Sie den Bezug alleine berechnen und in einen Wert umwandeln. Der Rest der Formel wird beibehalten. Dieser Vorgang wird als »Fixieren« des Wertes eines externen Bezugs bezeichnet.

Entfernen von Verknüpfungen

1. Öffnen Sie die Datei VERKNÜPFUNG.XLS.
2. Markieren Sie in der Zelle B7 zuerst den gesamten externen Bezug, dessen Wert beibehalten werden soll, in der Formel.
3. Um den markierten Teil zu berechnen, drücken Sie [F9].
4. Um den markierten Teil der Formel durch dessen berechneten Wert zu ersetzen, drücken Sie [Enter].

Besteht ein externer Bezug aus einer vollständigen Formel, können Sie diese Formel durch ihren aktuellen Wert ersetzen. Dies ist für Excel 97 die einzige Möglichkeit, den Bezug zu löschen und das Ergebnis beizubehalten!

1. Öffnen Sie die Datei VERKNÜPFUNG.XLS.
2. Kopieren Sie die Zelle mit der Formel.
3. Wählen Sie aus dem Menü **Bearbeiten** den Befehl **Inhalte einfügen** und dann die Option **Werte**.
4. Es wird der aktuelle Wert der kopierten Formel eingefügt.

Excel 2002

Seit Excel 2002 gibt es eine weitere Möglichkeit, Bezüge durch ihre Werte zu ersetzen. Damit wird aber für alle Zellen vollständig der Bezug zu der Quelldatei aufgehoben.

1. Öffnen Sie die Datei VERKNÜPFUNG.XLS.
2. Wählen Sie aus dem Menü **Bearbeiten** den Befehl **Verknüpfungen**.
3. In dem Dialogfenster **Verknüpfungen bearbeiten** wählen Sie die zu löschende Quelldatei aus und klicken **Verknüpfung löschen** an.
4. Bestätigen Sie mit **OK**.

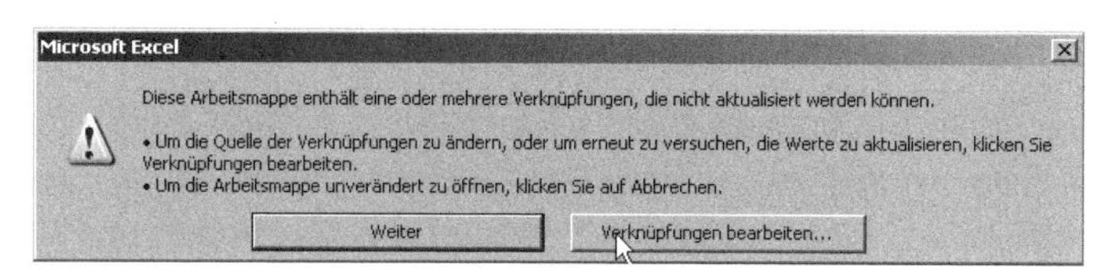

Abbildung 1.59 Meldung seit Excel 2002

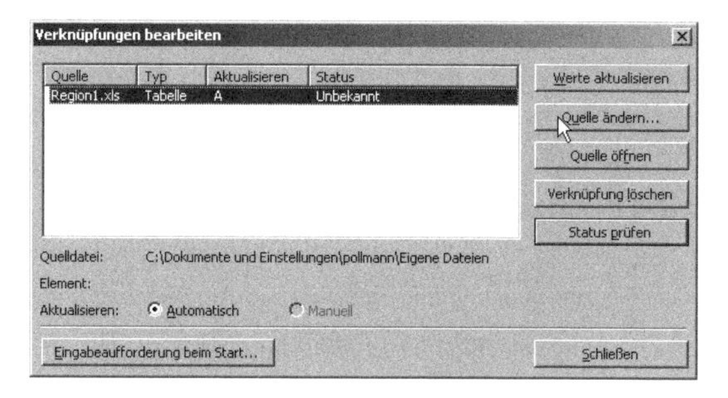

Abbildung 1.60 Verknüpfung löschen (ab Excel 2002)

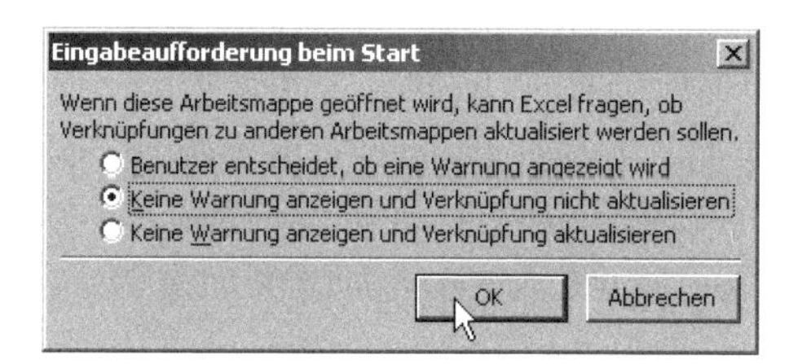

Abbildung 1.61 Hier kann die Meldung unterdrückt werden (ab Excel 2002).

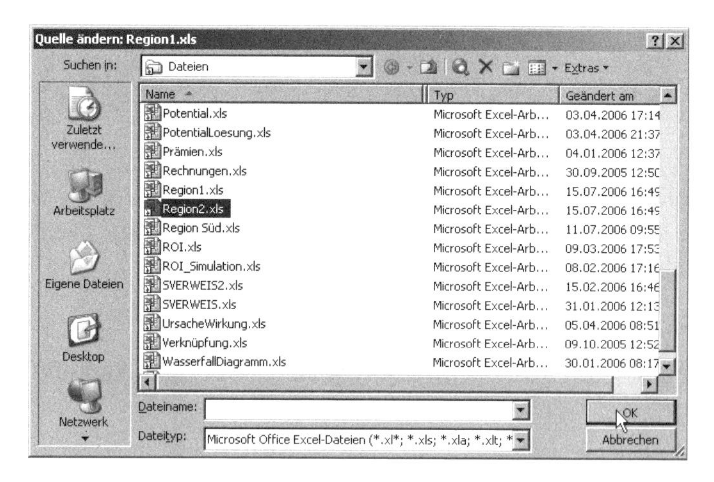

Abbildung 1.62 Hier können Sie die Quelldatei auswählen.

1.6.7 Problemlösungen zu Verknüpfungen

Problem

Beim Öffnen einer Datei erfolgt in Excel immer eine automatische Aktualisierung der in der Datei enthaltenen Verknüpfungen. Ist aus irgendeinem Grund eine Verknüpfung »verloren« gegangen, dann lassen sich die Verknüpfungen nicht aktualisieren. Eine entsprechende Meldung (siehe linke Seite) erscheint beim Öffnen der Zieldatei, da die Quelldatei nicht bekannt ist.

Dafür kann es verschiedene Gründe geben:

- Eventuell wurde die Quelldatei, auf die sich die Verknüpfung bezieht, verschoben oder umbenannt.
- Möglicherweise wurde in die zu öffnende Datei (die so genannte Zieldatei) ein Tabellenblatt kopiert oder verschoben, und dabei wurden Verknüpfungen erzeugt.
- Möglicherweise bestehen die Verknüpfungen auch in Namen für Zellbereiche, die in der Quelldatei festgelegt und mit kopiert/verschoben wurden.

Lösung 1

Solche Probleme lassen sich relativ einfach über das entsprechende Dialogfeld beheben. Mit dem Befehl **Verknüpfungen** aus dem Menü **Bearbeiten** können Sie die Quelldaten der aktiven Arbeitsmappe verwalten und bearbeiten. Durch diesen Befehl wird das Dialogfeld **Verknüpfungen bearbeiten** geöffnet, in dem die Dateinamen der Quellarbeitsmappen angezeigt werden.

Wenn Sie einen Dateinamen aus der Liste wählen, können Sie die Quellarbeitsmappe, falls erforderlich, mit der Schaltfläche **Quelle ändern** verändern. Im durch die Schaltfläche angezeigten Dialogfeld **Quelle ändern** können Sie eine andere Arbeitsmappe auswählen. Dies funktioniert allerdings nur, wenn in der neuen Quelle der gleiche Tabellenblattname existiert.

Lösung 2

Öffnen Sie bei jedem Tabellenblatt Ihrer Zielarbeitsmappe das Menü **Einfügen • Namen • Definieren** und klicken Sie jeden einzelnen Namen an. Überprüfen Sie jeden Bezug! Weist ein Bezug auf eine Datei, zu der keine Verknüpfung bestehen soll, so löschen Sie den Namen!

Soll der Bezug auf Tabellenblätter innerhalb der Datei verweisen und die Tabellenblätter des externen Bezugs weisen die gleiche Bezeichnung auf, so wechseln Sie ebenfalls die Quelle.

	A	B	C	
2				
3				
4	**Umsätze:**			
5				
6	**Produkt**	**Stückzahl**	**Verkaufspreis**	
7	A-Klasse K	='[Region1.xls]Region 1'!B7+'[region2.xls]Region 2'!B7	=MITTELWERT('[Region1.xls]	=C
8	A-Klasse K2	='[Region1.xls]Region 1'!B8+'[region2.xls]Region 2'!B8	=MITTELWERT('[Region1.xls]	=C
9	Summe A-Klasse	=TEILERGEBNIS(9;B7:B8)	=TEILERGEBNIS(9;C7:C8)	=S
10				
11	C-Klasse D1	='[Region1.xls]Region 1'!B11+'[region2.xls]Region 2'!B11	=MITTELWERT('[Region1.xls]	=C
12	C-Klasse H	='[Region1.xls]Region 1'!B12+'[region2.xls]Region 2'!B12	=MITTELWERT('[Region1.xls]	=C
13	Summe C-Klasse	=TEILERGEBNIS(9;B11:B12)	=TEILERGEBNIS(9;C11:C12)	=S
14				
15	E-Klasse D	='[Region1.xls]Region 1'!B15+'[region2.xls]Region 2'!B15	=MITTELWERT('[Region1.xls]	=C
16	E-Klasse H	='[Region1.xls]Region 1'!B16+'[region2.xls]Region 2'!B16	=MITTELWERT('[Region1.xls]	=C
17	E-Klasse K	='[Region1.xls]Region 1'!B17+'[region2.xls]Region 2'!B17	=MITTELWERT('[Region1.xls]	=C
18	Summe E-Klasse	=TEILERGEBNIS(9;B15:B17)	=TEILERGEBNIS(9;C15:C17)	=S
19				
20	Trekking	='[Region1.xls]Region 1'!B20+'[region2.xls]Region 2'!B20	=MITTELWERT('[Region1.xls]	=C
21	Summe Trekking	=TEILERGEBNIS(9;B18:B20)	=TEILERGEBNIS(9;C18:C20)	=S
22				
23	**Summe Gesamtu**			**=[**

Region Süd / Beispiele für Bezüge

Abbildung 1.63 **Extras • Optionen** => alle Zellinhalte werden angezeigt.

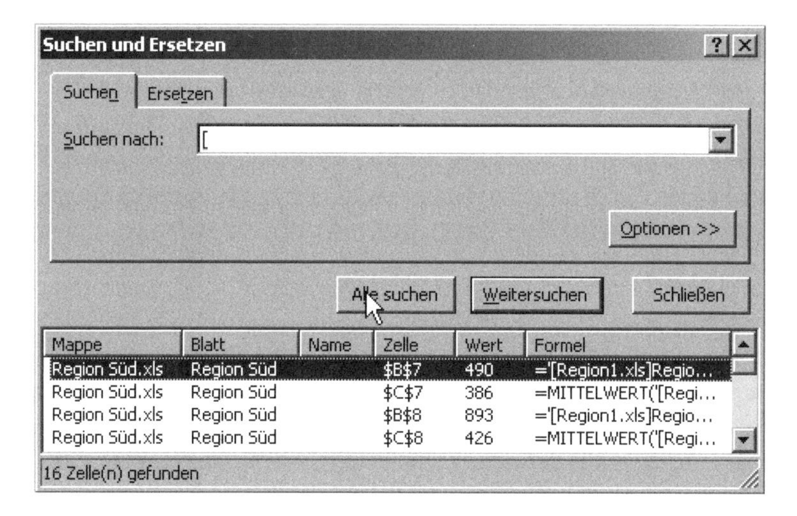

Abbildung 1.64 Seit Excel 2002 können alle Zellen gesucht werden.

Stellen Sie sich folgende Situation vor: Sie haben von einem Kollegen/einer Kollegin eine Datei übernommen, deren Aufbau Ihnen noch unbekannt ist. Die Datei enthält zudem Verknüpfungen, denn eine entsprechende Meldung wird beim Öffnen der Datei anzeigt. Um die Datei Ihren Bedürfnissen anzupassen, möchten Sie einige dieser Verknüpfungen bearbeiten oder löschen, so wie es zuvor beschrieben wurde. Leider sind allerdings die Zellen, die in der Zieldatei Verknüpfungen enthalten, für Sie nur schwer ermittelbar.

Problem

Wie gehen Sie nun am geschicktesten vor, um die Verknüpfungen zu ermitteln und bearbeiten oder löschen zu können?

1 Sie markieren eine beliebige Zelle und versuchen, mit Hilfe des **Detektivs/der Formelüberwachung** aus dem Menü **Extras** eine Spur zur Vorgänger- oder Nachfolgerzelle zu legen.

Lösung 1

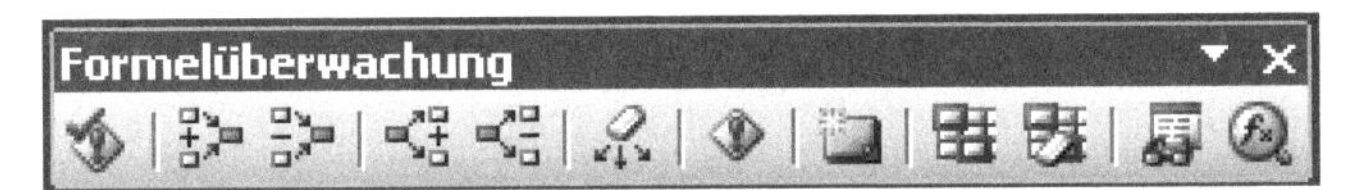

2 Sie klicken ein Tabellenblatt an und wählen aus dem Menü **Bearbeiten • Gehe zu Inhalte...** unter **Formeln** alle Zellen mit Formeln, also gleichzeitig auch alle Verknüpfungen.

Lösung 2

3 Wählen Sie unter **Extras • Optionen** im Register **Ansicht** das Kontrollkästchen **Formeln**, so werden Ihnen auf dem aktuellen Tabellenblatt die in den Zellen enthaltenen Formeln angezeigt.

Lösung 3

4 Suchen Sie mit dem Menü **Bearbeiten • Suchen** nach Zeichen, die typischerweise in externen Bezügen enthalten sind. Das sind in der Regel drei Zeichen:

Lösung 4

- `[`
- `!`
- `.xls`

Um Zeit zu sparen, können Sie auch mehrere Tabellenblätter markieren oder gruppieren, wie in Abschnitt 1.3.1 beschrieben.

[!]

Die älteren Versionen (Excel 97/2000) bieten leider nur die Möglichkeit, nach dem ersten »Treffer« Schritt für Schritt weiterzusuchen. Seit Excel 2002 ist die Suche etwas komfortabler und Sie können sich alle Zellen auflisten lassen, die das gesuchte Zeichen oder den gesuchten Begriff enthalten.

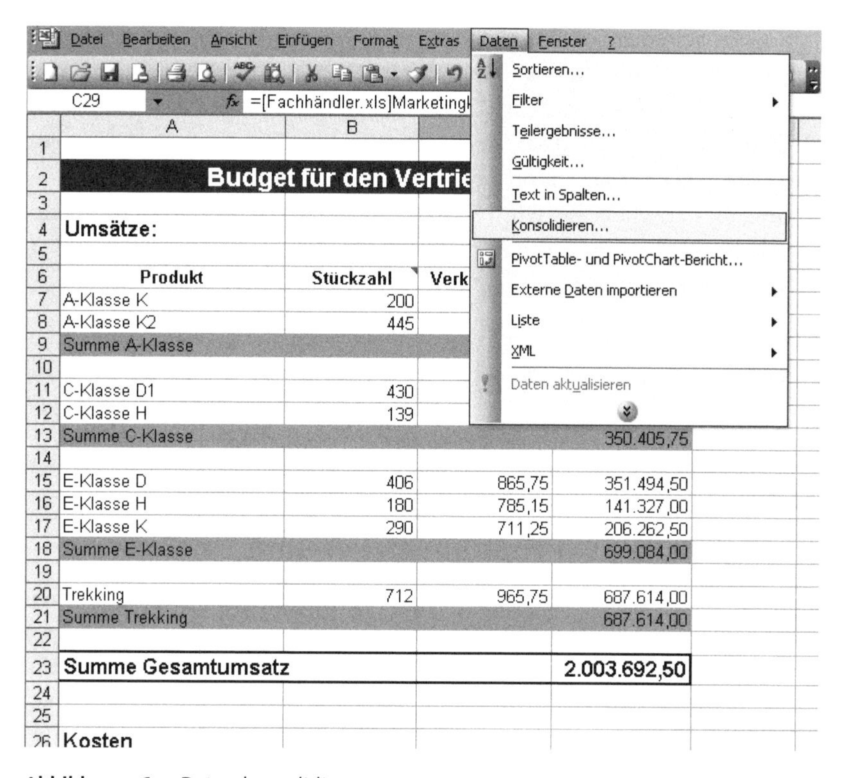

Abbildung 1.65 Daten konsolidieren

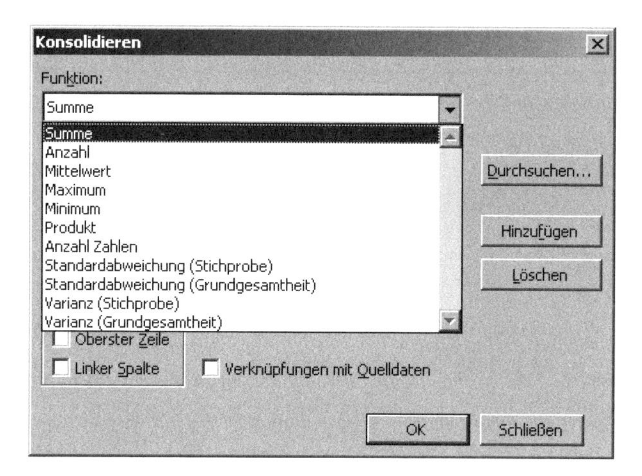

Abbildung 1.66 Funktion zur Zusammenfassung auswählen

1.7 Daten konsolidieren

Für das monatliche Reporting im Controlling müssen häufig Daten verschiedener Unternehmensbereiche oder Tochterunternehmen zu einem Gesamtbericht zusammengefasst werden. Generell kann diese Aufgabenstellung sehr schön mit der Technik der Verknüpfung gelöst werden, allerdings »handelt« man sich damit zwei Problemkreise ein:

- Die monatlichen Veränderungen der Daten erfolgen automatisch und damit unbemerkt.
- Verknüpfungen sind eine latente Quelle für (Flüchtigkeits-)Fehler durch den Anwender.

Konsolidierung

Diesen beiden Nachteilen können Sie mit der Excel-Technik der Konsolidierung begegnen.

Sie können die Daten aus einem oder mehreren Quellbereichen durch Konsolidierung zusammenfassen. Konsolidieren bedeutet hierbei das Zusammenfassen von Datenbereichen unter der wahlweisen Verwendung einer Funktion. Dabei stehen die Funktionen ANZAHL, ANZAHL2, MAX, MIN, PRODUKT, STABW, STABWN, SUMME, VARIANZ, VARIANZEN zur Verfügung.

Quellbereiche

Excel kann bis zu 255 Quellbereiche konsolidieren. Quellbereiche können sich in anderen Arbeitsmappen oder in anderen Tabellenblättern der gleichen Arbeitsmappe, aber auch in derselben Tabelle wie der Zielbereich befinden. Die zu konsolidierenden Tabellen müssen nicht geöffnet sein. Eine Konsolidierung kann statisch durchgeführt werden, wobei die konsolidierten Werte als Konstante ermittelt werden, oder dynamisch, so dass das Ergebnis über Formeln mit den Quellbereichen verknüpft und damit immer aktualisiert wird.

Nach Position oder Rubrik

Generell bietet Ihnen Excel zwei Möglichkeiten, Daten zu konsolidieren, nämlich:

1. Konsolidierung nach **Position**, wenn ähnliche Daten die gleiche Position in den Quellbereichen belegen. Dies setzt die exakte Positionsübereinstimmung der Daten voraus.
2. Konsolidierung nach **Rubrik**, wenn die Quellbereiche ähnliche Daten an unterschiedlichen Stellen enthalten. In diesem Fall orientiert sich Excel an den Beschriftungen in den Zeilen oder/und Spalten. Diese müssen exakt in der Zeichenfolge übereinstimmen.

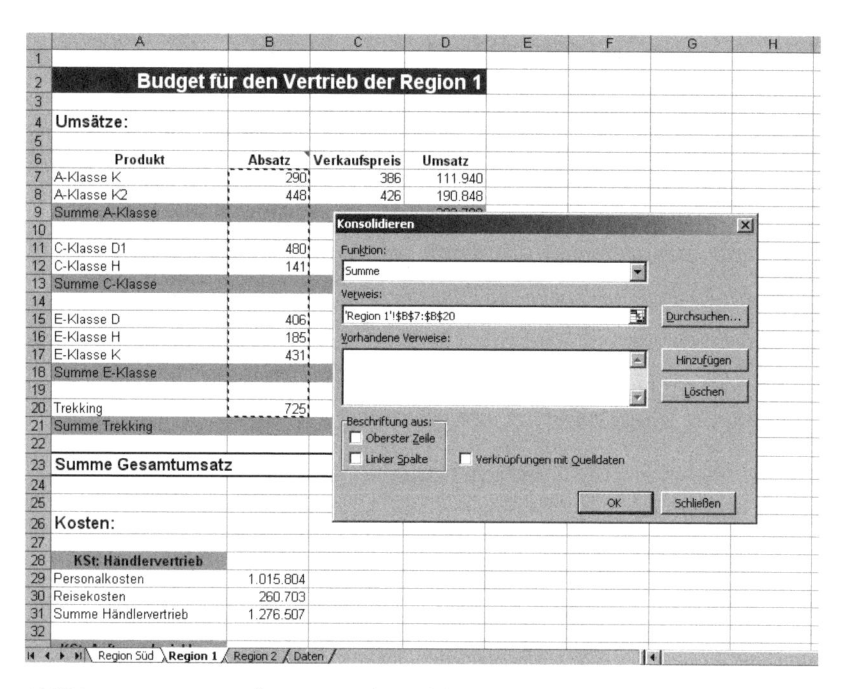

Abbildung 1.67 Der markierte Bereich wird der Auswahl hinzugefügt.

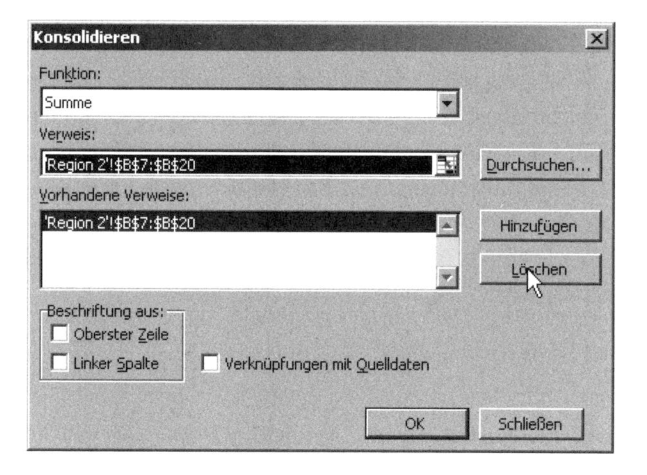

Abbildung 1.68 Konsolidieren

1.7.1 Konsolidierung nach Position

Je nach Konsolidierungsart müssen Sie den Zielbereich unterschiedlich definieren: Entweder markieren Sie nur eine Zelle oder einen ganzen Bereich, der eine Beschriftungszeile oder eine Beschriftungsspalte mit einschließt.

Konsolidierung nach Position

Um nach Position zu konsolidieren, genügt es, die obere linke Zelle des Zielbereichs zu markieren.

1. Öffnen Sie die Arbeitsmappe KONSOLIDIERUNG.XLS.
2. Setzen Sie den Einfügerahmen in das Tabellenblatt REGION SÜD auf die Zelle `B7`.
3. Wählen Sie im Menü **Daten • Konsolidieren...** aus. Das Dialogfenster **Konsolidieren** wird geöffnet.
4. Wählen Sie als Funktion zur Zusammenfassung SUMME aus.
5. Markieren Sie im Feld VERWEIS das Tabellenblatt REGION 1 und dort den Bereich `B7:B20`.
6. Klicken Sie die Schaltfläche **Hinzufügen** an.
7. Fügen Sie noch den gleichen Bereich von REGION 2 hinzu.
8. Bestätigen Sie mit **OK**.
9. Im Tabellenblatt REGION SÜD werden die konsolidierten Werte eingefügt.

Wenn Sie nun Bereiche, die Sie für die Konsolidierung markiert haben, wieder löschen oder eine andere Funktion zur Zusammenfassung verwenden möchten, so müssen Sie immer wieder das Menü **Daten • Konsolidieren...** aktivieren.

Konsolidierung verändern

1. Wählen Sie im Menü **Daten • Konsolidieren...** aus. Das Dialogfenster **Konsolidieren** wird geöffnet.
2. Wählen Sie eine andere Funktion zur Zusammenfassung aus.
3. Markieren Sie im Feld **Vorhandene Verweise** den zu löschenden Bezug.
4. Klicken Sie die Schaltfläche **Löschen** an.
5. Wiederholen Sie für alle zu löschenden Bezüge diese Aktion.
6. Danach legen Sie die neuen Verweise fest.
7. Bestätigen Sie mit **OK**.

	A	B	C	D
1				
2	Budget für den Vertrieb der Region Süd			
3				
4	Umsätze:			
5				
6	Produkt	Absatz	Verkaufspreis	Umsatz
7	A-Klasse K		386	0,00
8	A-Klasse K2		426	0,00
9	Summe A-Klasse	0,00	406	0,00
10				
11	C-Klasse D1		626	0,00
12	C-Klasse H		586	0,00
13	Summe C-Klasse	0,00	606	0,00
14				
15	E-Klasse D		866	0,00
16	E-Klasse H		785	0,00
17	E-Klasse K		711	0,00
18	Summe E-Klasse	0,00	787	0,00
19				
20	Trekking		966	0,00
21	Summe Trekking	0,00	966	0,00
22				
23	Summe Gesamtumsatz			0,00
24				

Region Süd / Region 1 / Region 2 / Daten

Abbildung 1.69 Zielbereich für Konsolidierung nach Rubrik

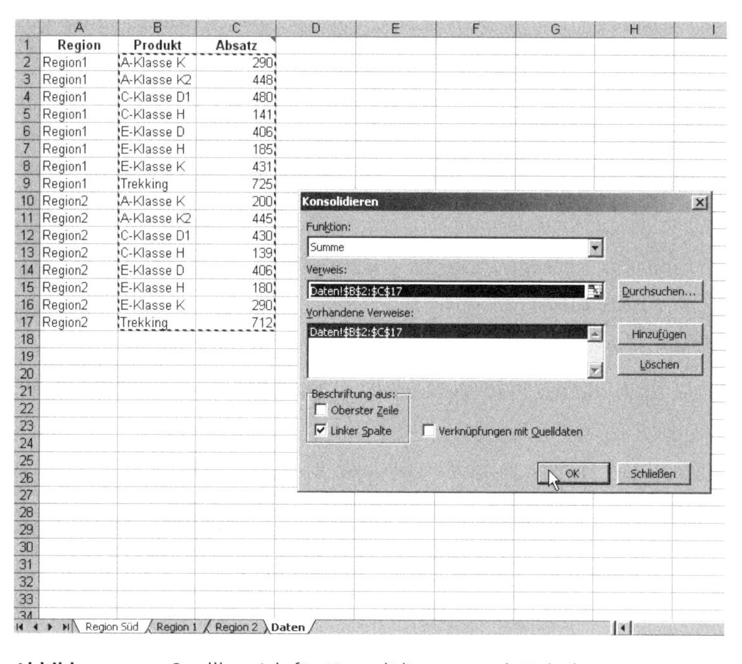

	A	B	C
1	Region	Produkt	Absatz
2	Region1	A-Klasse K	290
3	Region1	A-Klasse K2	448
4	Region1	C-Klasse D1	480
5	Region1	C-Klasse H	141
6	Region1	E-Klasse D	406
7	Region1	E-Klasse H	185
8	Region1	E-Klasse K	431
9	Region1	Trekking	725
10	Region2	A-Klasse K	200
11	Region2	A-Klasse K2	445
12	Region2	C-Klasse D1	430
13	Region2	C-Klasse H	139
14	Region2	E-Klasse D	406
15	Region2	E-Klasse H	180
16	Region2	E-Klasse K	290
17	Region2	Trekking	712

Abbildung 1.70 Quellbereich für Konsolidierung nach Rubrik

1.7.2 Konsolidierung nach Rubrik

Für ein so genanntes Konsolidieren nach Rubrik sind im ersten Schritt die Markierung und der Aufbau des Zielbereichs eminent wichtig. Bei einer Konsolidierung nach Rubrik werden den Begriffen des Zielbereichs die entsprechenden Datensätze des Datenbereichs zugeordnet und mit Hilfe der ausgewählten Funktion (z.B. SUMME) konsolidiert (zusammengefasst). Dazu müssen im Zielbereich die entsprechenden Begriffe unmittelbar links oder oberhalb des Wertebereichs zu finden sein.

Aufbau des Datenbereichs

Entsprechend sollte der Datenbereich so aufgebaut sein, dass im Zielbereich die entsprechenden Begriffe unmittelbar in der Spalte links oder in der Zeile oberhalb des Wertebereichs zu finden sind. Betrachten Sie zum besseren Verständnis bitte genau die Abbildungen 1.69 und 1.70 auf der linken Seite.

1. Öffnen Sie die Arbeitsmappe KONSOLIDIERUNG.XLS.
2. Setzen Sie den Einfügerahmen in das Tabellenblatt REGION SÜD auf die Zelle `A7:B20`.
3. Wählen Sie im Menü **Daten • Konsolidieren...** aus. Das Dialogfenster **Konsolidieren** wird geöffnet.
4. Markieren Sie im Feld **Verweis** das Tabellenblatt DATEN und dort den Bereich `B2:C17`.
5. Klicken Sie die Schaltfläche **Hinzufügen** an.
6. Klicken Sie das Kontrollkästchen **Beschriftung aus linker Spalte** an.
7. Bestätigen Sie mit **OK**. Im Tabellenblatt REGION SÜD werden die konsolidierten Werte und Beschriftungen eingefügt.

Permanente Aktualisierung

Wenn Sie eine permanente Aktualisierung des Zielbereiches durch die Quellbereiche (Reporting) wünschen, so benötigen Sie eine dynamische Konsolidierung. Dazu klicken Sie im Fenster **Konsolidieren** einfach das Kontrollkästchen **Verknüpfungen mit Quellbereich** an. Für jeden Verweis wird oberhalb des Zielbereichs der Quellwert hinterlegt, mit einer Gliederung versehen und ausgeblendet.

Dies ist eine Möglichkeit, deren Nutzung wir nicht empfehlen können:

- Die Tabelle wird unnötig vergrößert.
- Mit der Technik der Konsolidierung sollte die Technik der Verknüpfung von Tabellen eigentlich vermieden werden.

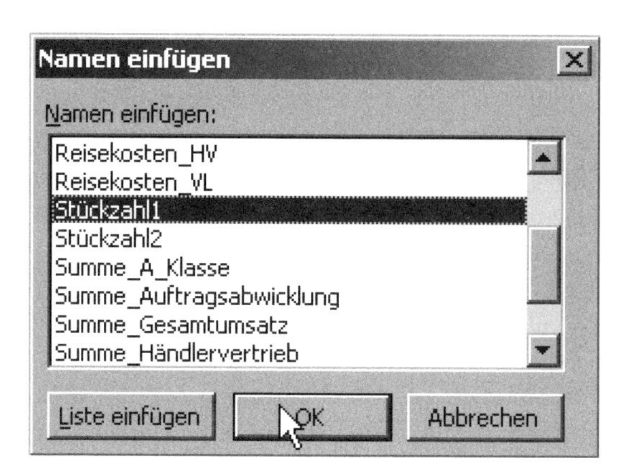

Abbildung 1.71 Namen als Konsolidierungsbereich auswählen

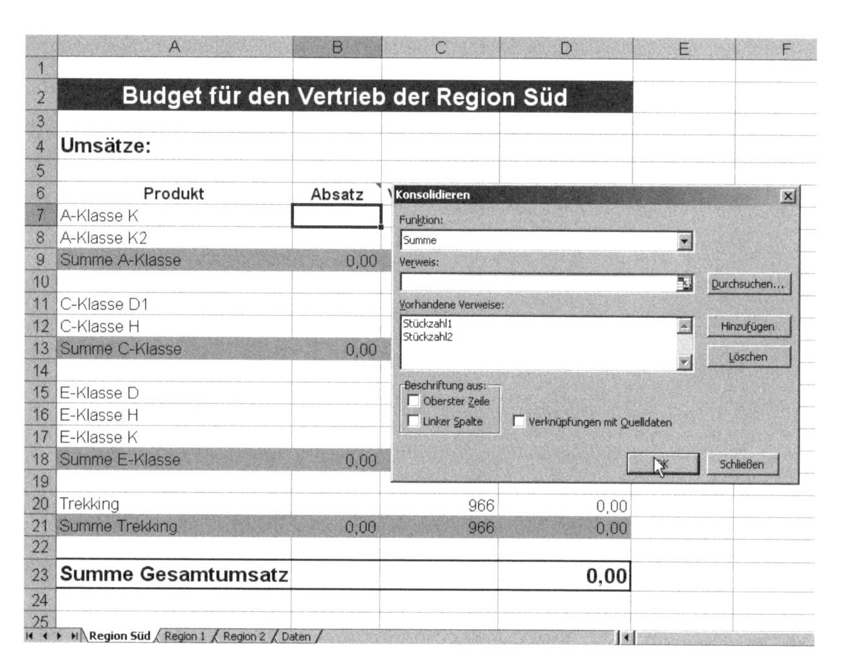

Abbildung 1.72 Ergebnisbereich markieren

1.7.3 Empfehlungen zum Festlegen von Quellbereichen

Wenn Sie Daten konsolidieren, geben Sie die Quellbereiche der Daten entweder in 3D-Formeln oder im Feld **Verweis** des Dialogfeldes **Konsolidieren** (Menü **Daten • Konsolidieren...**) an. Die Quellbereiche können sich in derselben Tabelle wie die Konsolidierungstabelle, in anderen Tabellen derselben Arbeitsmappe, in anderen Arbeitsmappen oder in Lotus 1-2-3-Dateien befinden.

Namen festlegen

Um den Überblick über die Quellbereiche zu behalten, sollten Sie jeden Bereich benennen und die Namen im Feld **Verweis** angeben. Hierbei ist die Funktionstaste F3 sehr hilfreich!

Bezugsangabe zu Quellbereichen

Wenn sich Quellbereiche und Zielbereich in **demselben Tabellenblatt** befinden, geben Sie Zell- bzw. Bereichsbezüge oder Namen an.

Wenn sich Quellen und Ziel in **verschiedenen Tabellenblättern** befinden, geben Sie das Tabellenblatt und Zell- bzw. Bereichsbezüge oder Namen an. Um beispielsweise den Bereich mit dem Namen »Stückzahl1« in der Tabelle »Region 1« in der Konsolidierung in der Übersichtstabelle einzuschließen, geben Sie `Region 1!Stückzahl1` ein.

Wenn sich Quellen und Ziel in **verschiedenen Arbeitsmappen** befinden, geben Sie die Mappe, das Blatt und Zell- bzw. Bereichsbezüge oder Namen an. Um beispielsweise auf den Bereich mit dem Namen Absatz zu verweisen, der sich in der Tabelle Region Ost der Arbeitsmappe 1996 in demselben Ordner befindet, geben Sie Folgendes ein:

```
'[1996.xls]'RegionOst!Absatz
```

Blattnamen weglassen

Sie können den Blattnamen im Bezug weglassen, wenn Sie der Arbeitsmappe selbst Namen zugewiesen haben und nicht die von Microsoft Excel erstellten Namen verwenden. Beispiel: `'[1996.xls]'!Verkäufe` oder `'[C:\Budget-Tabellen\Verkaufsabteilung.xls]'!Einkünfte`.

Wenn sich Quellen und Ziel in unterschiedlichen Arbeitsmappen an **verschiedenen Verzeichnissen/Laufwerken** befinden, geben Sie den vollständigen Pfad, die Mappe, das Blatt und Zell- bzw. Bereichsbezüge oder Namen an. Um beispielsweise auf den Bereich mit dem Namen Einkünfte zu verweisen, der sich in der Tabelle Februar der Arbeitsmappe Verkaufsabteilung im Ordner Budget-Tabellen befindet, geben Sie Folgendes ein:

```
'[C:\Budget-Tabellen\Verkaufsabteilung.xls]Februar'!Einkünfte
```

	A	B	C	D	E	F
2	**Budget für den Vertrieb der Region 1**					
4			**Umsätze:**			
6			**Produkt**	**Absatz**	**Verkaufsprei**	**Umsatz**
7			A-Klasse K	290	386	111.940
8			A-Klasse K2	448	426	190.848
9			Summe A-Klasse			302.788
11			C-Klasse D1	480	626	300.480
12			C-Klasse H	141	586	82.626
13			Summe C-Klasse			383.106
15			E-Klasse D	406	866	351.596
16			E-Klasse H	185	785	145.225
17			E-Klasse K	431	711	306.441
18			Summe E-Klasse			803.262
20			Trekking	725	966	700.350
21			Summe Trekking			700.350
23			**Summe Gesamtumsatz**			**2.189.506**
26	Kosten:					
28	**KSt: Händlervertrieb**					
29	Personalkosten	1.015.804				
30	Reisekosten	260.703				
31	Summe Händlervertrieb	1.276.507				

Region Süd / Region 1 / Region 2 / Daten

Abbildung 1.73 Hier ist ein Quellbereich »verrutscht«.

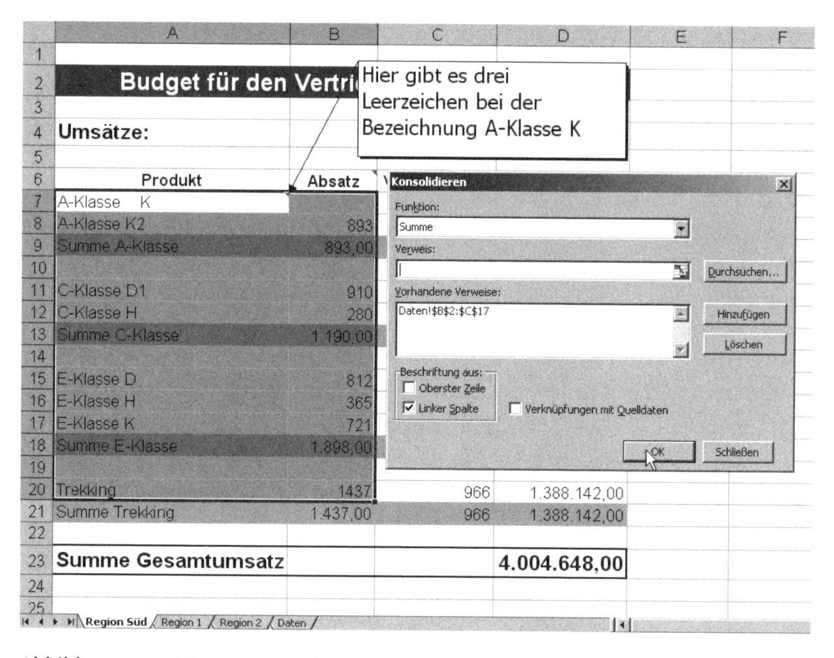

Abbildung 1.74 Hier stimmen die Bezeichnungen nicht überein.

1.7.4 Problembehandlung bei der Datenkonsolidierung

Wenn Sie Ihre Konsolidierung nachrechnen, erhalten Sie eventuell unerwartete Ergebnisse. Die folgenden Hinweise beziehen sich auf Konsolidierungen, die mit dem Befehl **Konsolidieren** im Menü **Daten** erstellt wurden. Mit 3D-Bezügen erstellte Konsolidierungen werden davon nicht erfasst. Wenn Sie auf solche Probleme stoßen, gibt es verschiedene Dinge, die Sie überprüfen sollten:

- Überprüfen Sie die Quellbereichsbezüge. Stellen Sie sicher, dass Sie alle Quellbereichsbezüge richtig eingegeben haben.
- Überprüfen Sie die zusammenfassende Funktion. Haben Sie die gewünschte zusammenfassende Funktion im Dialogfeld **Konsolidieren** tatsächlich ausgewählt?
- Sie haben einen Zielbereich angegeben, der groß genug ist, um die konsolidierten Daten aufzunehmen. Um Probleme mit der Form des Zielbereichs zu vermeiden, markieren Sie beim Erstellen einer Konsolidierungstabelle die obere linke Zelle des Zielbereichs. Stellen Sie sicher, dass rechts neben dieser Zelle und darunter genügend Platz für die Tabelle zur Verfügung steht, da der Befehl **Konsolidieren** den Bereich nach Bedarf ausfüllt.
- Stellen Sie sicher, dass alle Quellbereiche den gleichen Bereich mit ähnlichen Daten und diese Daten vor allen Dingen in der gleichen Anordnung enthalten. Dies ist besonders wichtig, wenn Sie sich von anderen Abteilungen, Unternehmensbereichen und/oder Tochterunternehmen Dateien »liefern« lassen!

Konsolidierung nach Position

- Stellen Sie sicher, dass Sie im Dialogfeld **Konsolidieren** unter **Beschriftung aus** das Kontrollkästchen »oberste Zeile« oder »linke Spalte« bzw. beide aktiviert haben. Stellen Sie außerdem sicher, dass Sie die entsprechenden Beschriftungen in den Quellbereichen eingeschlossen haben.

Konsolidierung nach Rubrik

- Stellen Sie sicher, dass Sie in allen Quellbereichen identische Rubrikenbeschriftungen eingegeben haben, die sich weder in der Rechtschreibung noch in der Groß-/Kleinschreibung unterscheiden. Die Beschriftung A-KLASSE K in der Zelle `A7` unterscheidet sich im Ziel- und Quellbereich und wird nicht konsolidiert.
- Überprüfen Sie, ob die Kategorien eindeutig sind. Stellen Sie sicher, dass Rubriken, die nicht konsolidiert werden sollen, eindeutige Beschriftungen haben, die nur in einem Quellbereich vorkommen.

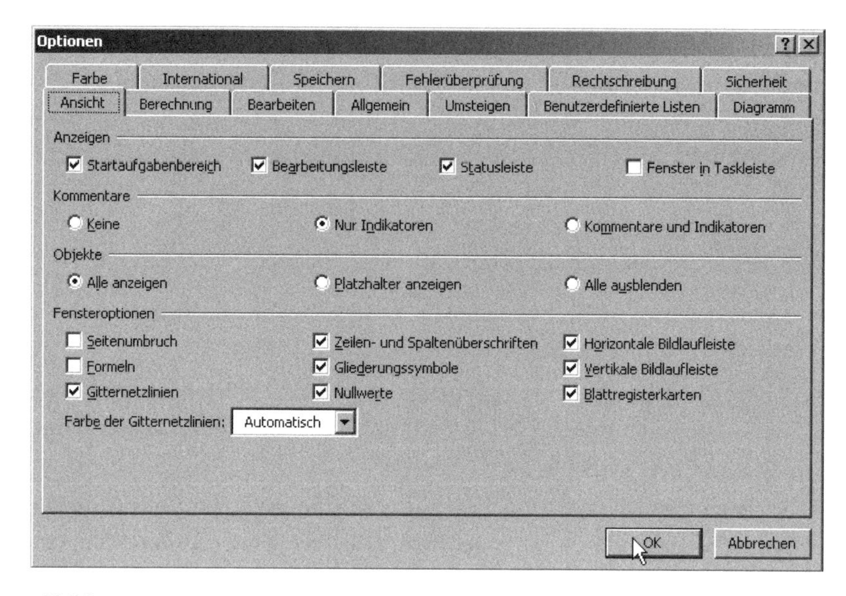

Abbildung 1.75 Lassen Sie sich die Formeln/Funktionen anzeigen!

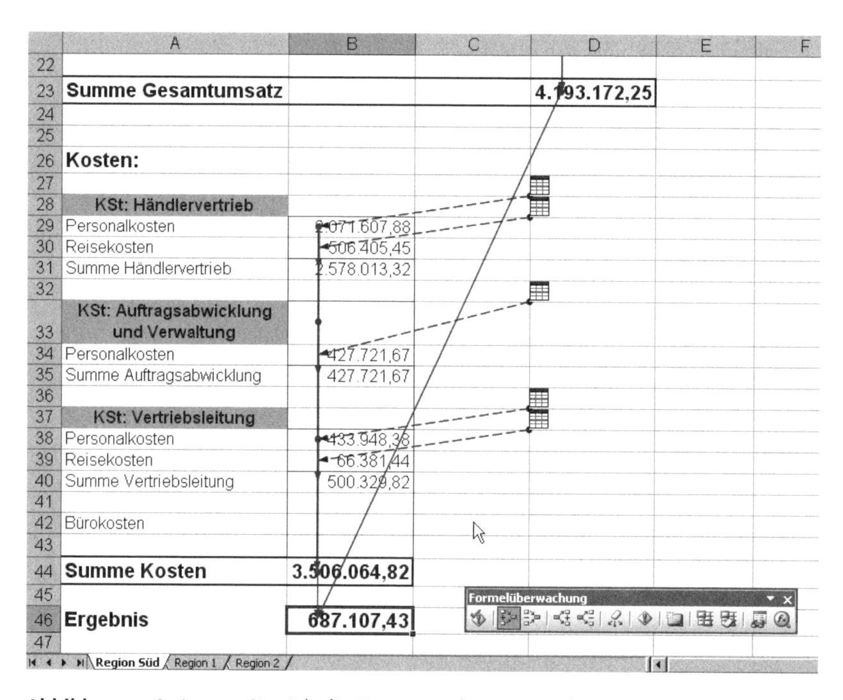

Abbildung 1.76 Lassen Sie sich die Zusammenhänge visualisieren.

1.8 Analyse von Zusammenhängen

Wenn Sie mit Excel-Dateien konfrontiert werden, die nicht Sie selbst erstellt haben, dann verschaffen Sie sich in der Regel zunächst eine Übersicht über vorhandene Formeln, Bezüge, Funktionen, Namen etc. Das können Sie nun aber unnötig kompliziert oder aber geschickt und effizient tun. Wenn Sie bspw. Zelle für Zelle anklicken, ist das etwas mühsam. Es gibt bessere Möglichkeiten.

Eine geschicktere Alternative ist es, Sie aktivieren über das Menü **Extras • Optionen** das Kontrollkästchen **Formel**. Jetzt werden alle Zellinhalte, also auch die Formeln und Funktionen in den Zellen, angezeigt. Wer Tastenkombinationen schätzt, kann dafür auch `Strg` + `#` eingeben, um Zeit zu sparen.

Detektiv

Der **Detektiv** (seit Excel 2002 **Formelüberwachung**) zeigt Ihnen auf grafischem Wege die Zusammenhänge zwischen Zellen auf bzw. die Ursachen von Fehlermeldungen bei Verwendung von Formeln und Funktionen.

1. Öffnen Sie die Datei ANALYSE.XLS.
2. Aktivieren Sie das Blatt REGION SÜD.
3. Positionieren Sie den Einfügerahmen auf die Zelle `B46`.
4. Aktivieren Sie das Menü **Extras • Formelüberwachung • Spur zum Vorgänger**. Die Bezüge auf die Zellen `B44` und `D23` werden nun angezeigt.
5. Aktivieren Sie nochmals das Menü **Extras • Formelüberwachung • Spur zum Vorgänger**. Dadurch werden nun die Bezüge auf die Bereiche der Kosten und der Umsätze angezeigt.
6. Wiederholen Sie Schritt 4 so oft hintereinander, bis alle Bezüge angezeigt werden.

Bezüge nachvollziehen

Sie können nun alle Bezüge innerhalb dieses Tabellenblattes nachvollziehen, teilweise aber auch externe Bezüge (zu anderen Tabellenblättern oder Arbeitsmappen).

1. Klicken Sie den Pfeil doppelt an, der von dem Tabellenblattsymbol auf die angeklickte Zelle zeigt.
2. Im Dialogfenster **Bearbeiten • Gehe zu** können Sie nun die Bezüge erkennen und durch einen Doppelklick auf den Bezug zur Quelle wechseln.

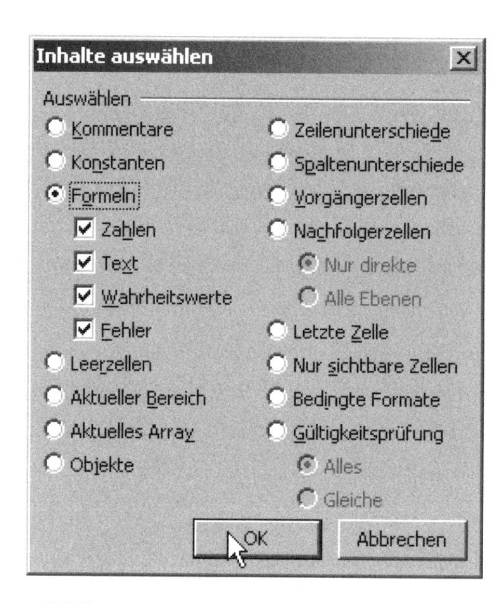

Abbildung 1.77 Gehe zu allen Zellen, die Formeln als Inhalt haben!

	A	B	C	D
1				
2	Budget für den Vertrieb der Region 1			
3				
4	**Umsätze:**			
5				
6	**Produkt**	**Stückzahl**	**Verkaufspreis**	**Umsatz**
7	A-Klasse K	290	385,65	111.838,50
8	A-Klasse K2	448	425,75	190.736,00
9	Summe A-Klasse			302.574,50
10				
11	C-Klasse D1	480	625,55	300.264,00
12	C-Klasse H	142	585,75	83.176,50
13	Summe C-Klasse			383.440,50
14				
15	E-Klasse D	406	865,75	351.494,50
16	E-Klasse H	185	785,15	145.252,75
17	E-Klasse K	431	711,25	306.548,75
18	Summe E-Klasse			803.296,00
19				
20	Trekking	725	965,75	700.168,75
21	Summe Trekking			700.168,75
22				
23	**Summe Gesamtumsatz**			**2.189.479,75**
24				
25				
26	**Kosten:**			
27				

Region Süd | Region 1 | Region 2 | Beispiele für Bezüge

Abbildung 1.78 Alle Zellen sind markiert, deren Inhalt mit »=« beginnt.

Gehe zu Inhalten

Zur Analyse einer unbekannten Arbeitsmappe ist es oft praktisch, die so genannten veränderbaren Zellen zu identifizieren. Veränderbare Zellen sind solche, in denen keine Formeln, Funktionen oder Bezüge enthalten sind, also reine Eingabezellen. Excel bietet Ihnen eine Möglichkeit, ausschließlich leere Zellen oder Zellen mit Formeln, Konstanten oder Notizen zu markieren.

Wie Sie das tun, möchten wir Ihnen anhand folgender kleiner Beispiele zeigen:

1. Öffnen Sie die Datei ANALYSE.XLS.
2. Aktivieren Sie das Blatt REGION 1.
3. Um im aktiven Tabellenblatt alle Zellen dieses Typs zu markieren, klicken Sie auf eine beliebige Zelle.
4. Klicken Sie im Menü **Bearbeiten** auf **Gehe zu** oder drücken Sie einfach die Taste [F5].
5. Wählen Sie **Inhalte...** aus.
6. Wählen Sie die gewünschten Optionen wie links abgebildet aus.
7. Die Zellen, die Formeln enthalten, werden nun automatisch markiert.

Wenn Sie nur Zellen suchen oder auswählen möchten, die Gültigkeitsprüfungen enthalten, gehen Sie wie folgt vor:

Suchen von Zellen mit Gültigkeitsprüfung

1. Klicken Sie im Menü **Bearbeiten** auf **Gehe zu**.
2. Wählen Sie dort **Inhalte**.
3. Klicken Sie auf **Gültigkeitsprüfung**.
4. Beenden Sie den Vorgang mit einem Klick auf **Alles**.

Wenn Sie Zellen suchen oder auswählen möchten, die eine bestimmte Gültigkeitsprüfung enthalten, gehen Sie nach dieser Anleitung vor:

Gültigkeitsprüfung

1. Klicken Sie auf eine Zelle mit den Einstellungen für die Gültigkeitsprüfung, nach deren Entsprechungen Sie suchen.
2. Wählen Sie im Menü **Bearbeiten** die Option **Gehe zu**.
3. Klicken Sie auf **Inhalte**.
4. Danach gehen Sie auf **Gültigkeitsprüfung**.
5. Schließlich wählen Sie **Gleiche**.

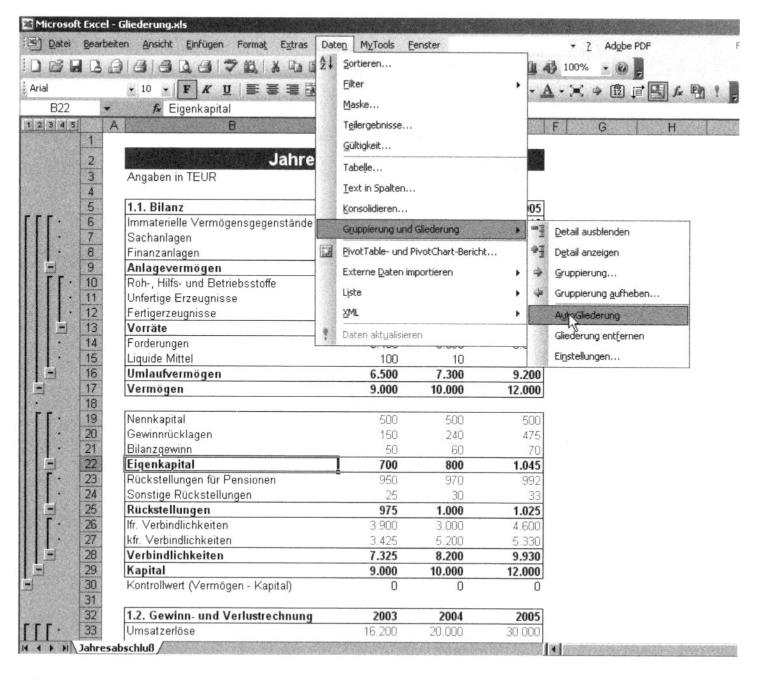

Abbildung 1.79 Gliederungen nach Bilanzpositionen

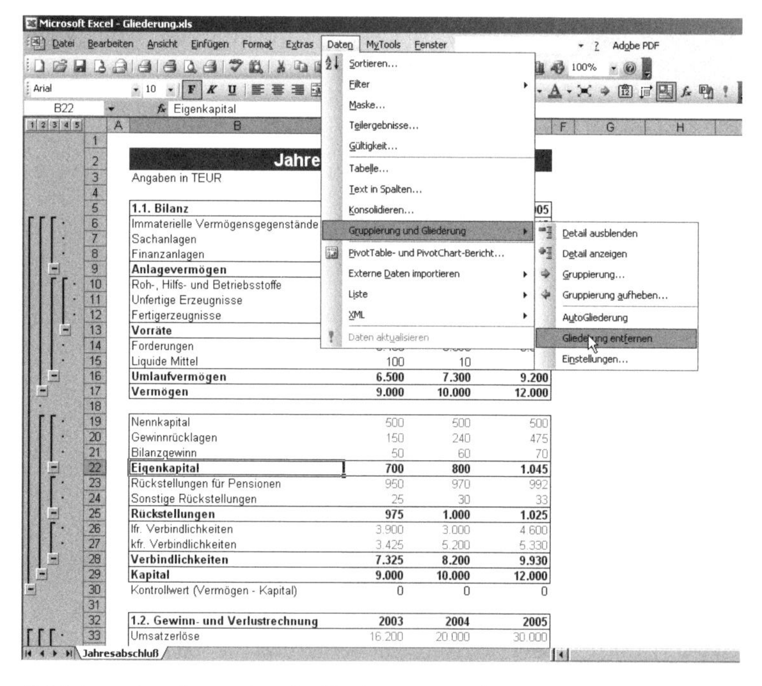

Abbildung 1.80 So werden die Gliederungen entfernt.

1.9 Tabellenblätter gliedern

Durch das Gliedern von Tabellenblättern erhöhen Sie die Übersichtlichkeit Ihrer Arbeitsmappen und sind in der Lage, Ihre Daten immer auf einer Bildschirmseite darzustellen. Dies können Sie entweder manuell oder auch automatisch tun. Excel kann Zeilen/Spalten automatisch gliedern, wenn diese mit Hilfe von Formeln/Funktionen zusammengefasst wurden.

Automatische Gliederung

1. Öffnen Sie die Arbeitsmappe GLIEDERUNG.XLS.
2. Setzen Sie den Einfügerahmen in die Tabelle JAHRESABSCHLUSS, und wählen Sie **Daten • Gruppierung und Gliederung • AutoGliederung.**
3. Links neben der Tabelle hat Excel Gliederungssymbole eingefügt. Anhand dieser Symbole erkennen Sie, wie die Tabelle gegliedert wurde. Durch Anklicken dieser Gliederungssysmbole können Sie nun Ebenen ein- oder ausblenden.
4. Über die Schaltfläche für die Gliederungsebenen können Sie ganze Ebenen ein- und ausschalten.

Sie können eine Gliederung auch manuell erstellen, wenn Sie unabhängig von Formeln Ebenen festlegen wollen.

Manuelle Gliederung

1. Öffnen Sie die Arbeitsmappe GLIEDERUNG.XLS.
2. Markieren Sie die Zeilen 6 bis 30.
3. Wählen Sie **Daten • Gruppierung und Gliederung • Gruppierung.**
4. Oberhalb der Tabelle hat Excel Gliederungssymbole eingefügt. Anhand dieser Symbole erkennen Sie, wie die Tabelle gegliedert wurde. Durch Anklicken dieser Gliederungssymbole können Sie nun Ebenen ein- oder ausblenden.

Sie können eine Gliederung natürlich auch wieder aufheben.

Gliederung aufheben

1. Markieren Sie die Zeilen oder Spalten, deren Gruppierung Sie aufheben möchten.
2. Wählen Sie **Daten • Gruppierung und Gliederung • Gruppierung aufheben**. Die eingeblendeten Gliederungssymbole verschwinden.

3. Über den Befehl **Daten • Gruppierung und Gliederung • Gliederung entfernen** werden alle Gliederungen eines Tabellenblattes wieder aufgehoben.

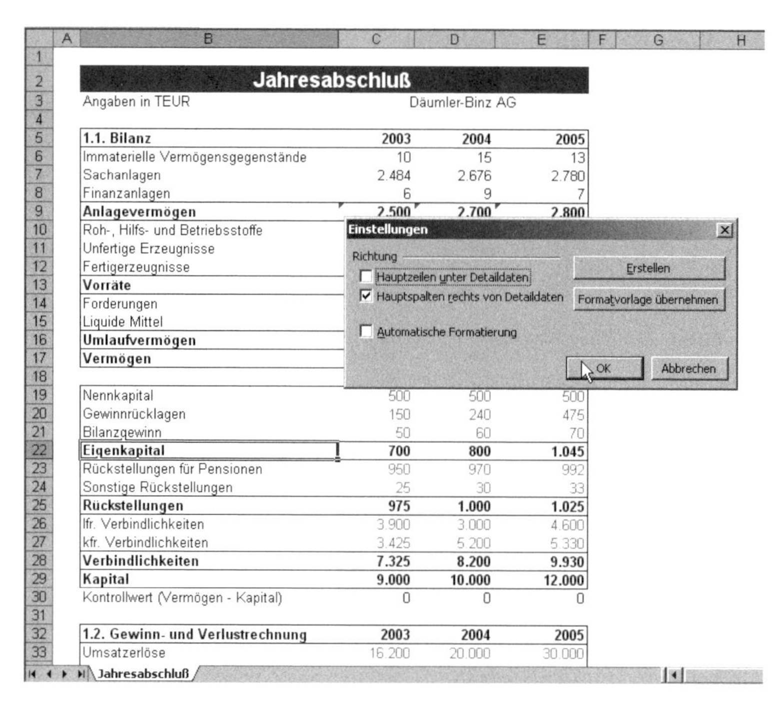

Jahresabschluß

Angaben in TEUR — Däumler-Binz AG

1.1. Bilanz	2003	2004	2005
Immaterielle Vermögensgegenstände	10	15	13
Sachanlagen	2.484	2.676	2.780
Finanzanlagen	6	9	7
Anlagevermögen	**2.500**	**2.700**	**2.800**
Roh-, Hilfs- und Betriebsstoffe			
Unfertige Erzeugnisse			
Fertigerzeugnisse			
Vorräte			
Forderungen			
Liquide Mittel			
Umlaufvermögen			
Vermögen			
Nennkapital	500	500	500
Gewinnrücklagen	150	240	475
Bilanzgewinn	50	60	70
Eigenkapital	**700**	**800**	**1.045**
Rückstellungen für Pensionen	950	970	992
Sonstige Rückstellungen	25	30	33
Rückstellungen	**975**	**1.000**	**1.025**
lfr. Verbindlichkeiten	3.900	3.000	4.600
kfr. Verbindlichkeiten	3.425	5.200	5.330
Verbindlichkeiten	**7.325**	**8.200**	**9.930**
Kapital	**9.000**	**10.000**	**12.000**
Kontrollwert (Vermögen - Kapital)	0	0	0

1.2. Gewinn- und Verlustrechnung	2003	2004	2005
Umsatzerlöse	16.200	20.000	30.000

Abbildung 1.81 Die Ergebnisse werden nun oberhalb angezeigt!

Jahresabschluß

Angaben in TEUR — Däumler-Binz AG

1.1. Bilanz	2003	2004	2005
Immaterielle Vermögensgegenstände	10	15	13
Sachanlagen	2.484	2.676	2.780
Finanzanlagen	6	9	7
Anlagevermögen	**2.500**	**2.700**	**2.800**
Roh-, Hilfs- und Betriebsstoffe	180	234	318
Unfertige Erzeugnisse	1.560	2.028	2.756
Fertigerzeugnisse	1.260	1.638	2.226
Vorräte	**3.000**	**3.900**	**5.300**
Forderungen	3.400	3.390	3.840
Liquide Mittel	100	10	60
Umlaufvermögen	**6.500**	**7.300**	**9.200**
Vermögen	**9.000**	**10.000**	**12.000**
Nennkapital	500	500	500
Gewinnrücklagen	150	240	475
Bilanzgewinn	50	60	70
Eigenkapital	**700**	**800**	**1.045**
Rückstellungen für Pensionen	950	970	992
Sonstige Rückstellungen	25	30	33
Rückstellungen	**975**	**1.000**	**1.025**
lfr. Verbindlichkeiten	3.900	3.000	4.600
kfr. Verbindlichkeiten	3.425	5.200	5.330
Verbindlichkeiten	**7.325**	**8.200**	**9.930**
Kapital	**9.000**	**10.000**	**12.000**
Kontrollwert (Vermögen - Kapital)	0	0	0

1.2. Gewinn- und Verlustrechnung	2003	2004	2005
Umsatzerlöse	16.200	20.000	30.000
Materialaufwand	-8.900	-11.000	-16.200

Jahresabschluß

Abbildung 1.82 Gliedern in der Tabelle

[!] Die automatische Gliederung funktioniert interessanterweise nicht bei Verwendung von Namen in den beteiligten Formeln und Funktionen.

Wenn Sie sich die Gliederungssymbole genauer anschauen, dann werden Sie feststellen, dass sie immer um eine Zeile nach unten und, um eine Spalte nach rechts verrutscht dargestellt werden. Dadurch kann es vorkommen, dass der Anwender die falsche Gliederungsebene einblendet. Dies können Sie mit einer kleinen Voreinstellung ändern.

Gliederungssymbole

1 Öffnen Sie die Arbeitsmappe GLIEDERUNG.XLS.
2 Wählen Sie **Daten • Gruppierung und Gliederung • Einstellungen**.
3 Deaktivieren Sie das Kontrollkästchen **Hauptzeilen unter Detaildaten**.
4 Markieren Sie die Zeilen 6 bis 30.
5 Wählen Sie **Daten • Gruppierung und Gliederung • Gruppierung**.
6 Oberhalb der Tabelle hat Excel Gliederungssymbole eingefügt. Anhand dieser Symbole erkennen Sie, wie die Tabelle gegliedert wurde. Durch Anklicken dieser Gliederungssysmbole können Sie nun Ebenen ein- oder ausblenden.
7 Die Ergebniszeilen befinden sich nun oberhalb der Markierungen.

Vorbereitungen

Die zu gliedernden Daten sollten in Form eines Bereichs bereitgestellt werden, in dem jede Spalte über eine Beschriftung in der ersten Zeile verfügt und ähnliche Fakten enthält und in dem keine leeren Zeilen oder Spalten vorhanden sind.

Vor dem Gliedern sollten Sie die Daten sortieren, so dass die zu gruppierenden Zeilen untereinander liegen. Fügen Sie entweder oberhalb oder unterhalb jeder Gruppe von Detailzeilen Zusammenfassungszeilen ein. Um ein optimales Ergebnis zu erzielen, sollten die Zusammenfassungszeilen Formeln enthalten, die sich auf Zellen in jeder der Detailzeilen beziehen.

Sie können auch Daten gliedern, bei denen die Zusammenfassungszeilen beschreibenden Text oder andere Daten enthalten.

Wenn Sie Spalten anstelle von Zeilen gliedern, stellen Sie sicher, dass der Bereich über Beschriftungen in der ersten Spalte verfügt und dass Zusammenfassungsspalten links oder rechts neben den Detailspalten vorhanden sind.

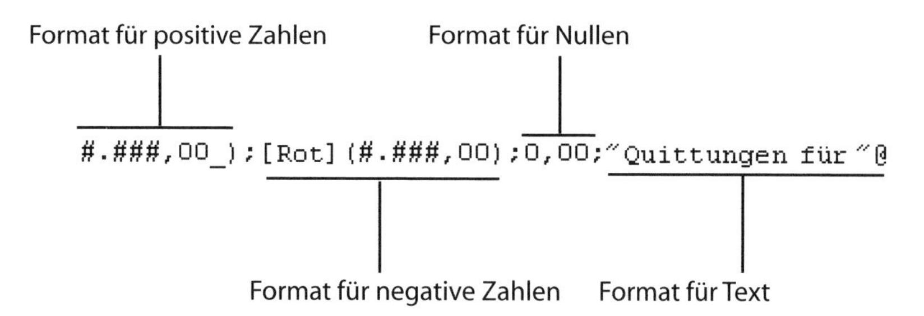

Abbildung 1.83 Benutzerdefinierte Zahlenformate

Formatcode	Bedeutung
#	zeigt nur signifikante Ziffern an, nichtsignifikante Nullen werden ignoriert.
0	(Null) zeigt nichtsignifikante Nullen an, wenn eine Zahl weniger Stellen aufweist, als Nullen im Format vorhanden sind.
?	fügt auf beiden Seiten des Dezimalkommas Leerzeichen für nichtsignifikante Nullen ein, um Dezimalzahlen am Dezimalkomma auszurichten. Sie können dieses Zeichen auch für Brüche mit einer unterschiedlichen Anzahl von Ziffern verwenden.

Tabelle 1.2 Formatcodes und deren Bedeutung

Formatcode	Zahlenformat
"+/-" 0	+/- 0
0,#	,631 als 0,6
#,0#	12 als 12,0 und 1234,568 als 1234,57
???,???	44,398, 102,65 und 2,8 mit ausgerichteten Dezimalstellen
00000000	12345 als 00012345
#.##0 "km"	1200 als 1.200 km
[ss]	Vergangene Zeit in Sekunden
[h]:mm	Vergangene Zeit in Stunden, z. B. 25,02
[mm]:ss	Vergangene Zeit in Minuten, z. B. 63:46

Tabelle 1.3 Formatcode und dargestelltes Zahlenformat

1.10 Selbst definierte Zahlenformate

Sie erstellen ein benutzerdefiniertes Zahlenformat, indem Sie Formatcodes definieren. Sie können in einem Formatcode bis zu vier durch Semikola getrennte Abschnitte definieren. Jeder Abschnitt steht für einen Teil der Formatierung.

Die Abschnitte legen die Formate für positive Zahlen, negative Zahlen, Nullwerte und Text in der genannten Reihenfolge fest. Wenn Sie nur zwei Abschnitte definieren, wird der erste Abschnitt für positive Zahlen und Nullwerte, der zweite für negative Zahlen verwendet. Wird nur ein Abschnitt definiert, gilt dieses Format für alle Zahlen. Wenn Sie einen Abschnitt überspringen, geben Sie ein Semikolon für diesen Abschnitt ein.

Speichern von Zahlenformaten

Benutzerdefinierte Zahlenformate werden auf Dateiebene gespeichert. Daher ist ein entsprechendes Zahlenformat auf allen Tabellenblättern der betreffenden Datei verfügbar, nicht aber in anderen Dateien. Dazu müssten Sie eine Mustervorlage (*.XLT) erzeugen, die alle selbst definierten Zahlenformate enthält.

Formatfarben

Die Farbe für einen Abschnitt des Formats wird eingestellt, indem Sie den Farbnamen in eckige Klammern eingeben. Folgende Farben sind verfügbar:

```
[SCHWARZ], [BLAU], [ZYAN], [GRÜN], [MAGENTA], [ROT], [WEIß],
[GELB]
```

Sollten Sie mit einer englischen Excel-Version arbeiten, so genügt es, die jeweilige Farbe zu übersetzen. Achten Sie dabei allerdings darauf, dass »Zyan« im Englischen »cyan« geschrieben wird.

Formate für Text und Abstände

Um Text zusammen mit den in die Zelle eingegebenen Zahlen anzuzeigen, setzen Sie den Text zwischen Anführungszeichen (" "). Geben Sie z. B. das Format `0,00 €" Überschuss";-0,00 €" Fehlbetrag"` ein, um einen negativen Betrag als »-125,74 € Fehlbetrag« anzuzeigen. Zur Anzeige von Leerzeichen und der folgenden Sonderzeichen $ - + / ( ) : sind keine Anführungszeichen erforderlich.

Um ein Leerzeichen in der Breite eines Zeichens im Zahlenformat zu erstellen, geben Sie ein Unterstreichungszeichen und dahinter das betreffende Zeichen ein. Wenn Sie z. B. einen Unterstrich mit einer schließenden Klammer (`_)`) eingeben, werden positive Zahlen bündig mit in Klammern stehenden negativen Zahlen ausgerichtet.

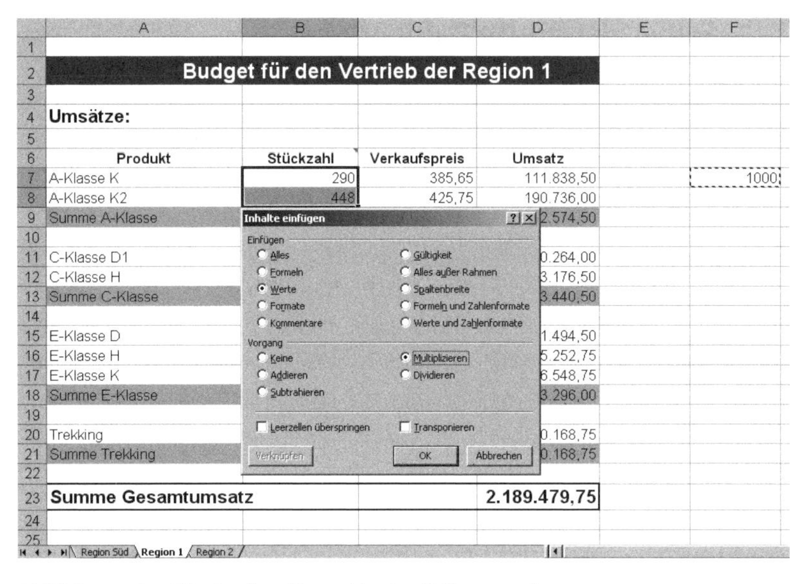

Abbildung 1.84 Werte ohne Formel in der Zelle umrechnen

Zahlenformat	Formatcode	Anzeige
10.000.000	#..	10
10.000	#.	10
900.000	0,0..	0,9
9.000	0,0.	0,9

Tabelle 1.4 Zahlenformat, Formatcode und Anzeige

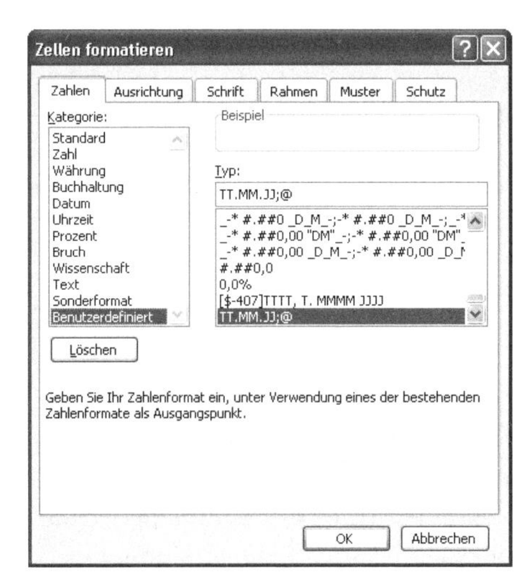

Abbildung 1.85 Benutzerdefinierte Zahlenformate eingeben

Als Textformatabschnitt bezeichnet man immer den letzten Abschnitt im Zahlenformat. Um einen solchen Abschnitt zu erzeugen, fügen Sie das @-Zeichen an der Stelle in den Textabschnitt ein, an der in die Zelle eingegebener Text angezeigt werden soll. Fehlt das @-Zeichen im Textabschnitt, wird der eingegebene Text nicht angezeigt. Sollen bestimmte Zeichen immer mit dem eingegebenen Text angezeigt werden, setzen Sie den zusätzlichen Text zwischen Anführungszeichen (" "), z. B. "Bruttoeinnahmen für " @.

Enthält das Format keinen Textabschnitt, wirkt sich das Format nicht auf den eingegebenen Text aus.

Oft spart es Zeit, ein bestimmtes Zeichen über eine Spaltenlänge zu wiederholen. Soll das auf eine Zahl folgende Zeichen im Format zum Ausfüllen der Spalte wiederholt werden, schließen Sie ein Sternchen (*) in das Zahlenformat ein. Geben Sie z. B. 0*- ein, um die Zelle mit Bindestrichen aufzufüllen.

Werte verkleinert darstellen

Nach einem Import von Text-Files (bspw. aus SAP heraus) werden meistens sehr große, acht- bis zehnstellige Werte übernommen. Das kann zu sehr breiten Spalten führen. Wenn Sie nun gerne die Spaltenbreite verringern möchten, erfordert das kleinere Werte in den einzelnen Zellen. Werte kann man in Excel durch zwei Verfahren verkleinern. Die relevanten Werte werden dabei in beiden Fällen verkürzt dargestellt, stehen aber für Berechnungen in voller Größe zur Verfügung. Die Kürzung betrifft also nur die äußere Form.

Eine andere Lösung

Eine andere Lösung, die Werte zu »verkürzen«, ist die Definition eines benutzerdefinierten Zahlenformates.

1. Markieren Sie die relevanten Zellen.
2. Wählen Sie aus dem Menü **Format** den Befehl **Zellen** und dort das Register **Zahlen**. In diesem Register wählen Sie die Kategorie **Benutzerdefiniert**.
3. Geben Sie das Format #. ein, um aus dem Wert 10000 den Wert 10 zu erzeugen.
4. Klicken Sie **OK** an. Die Werte der Zellen des Zielbereichs werden durch 1000 dividiert dargestellt!

Andere Möglichkeiten finden Sie in der Tabelle links abgebildet. Dort sehen Sie Zahlenformate, deren Formatcode und die Darstellung, wie Sie der Benutzer in Excel sieht.

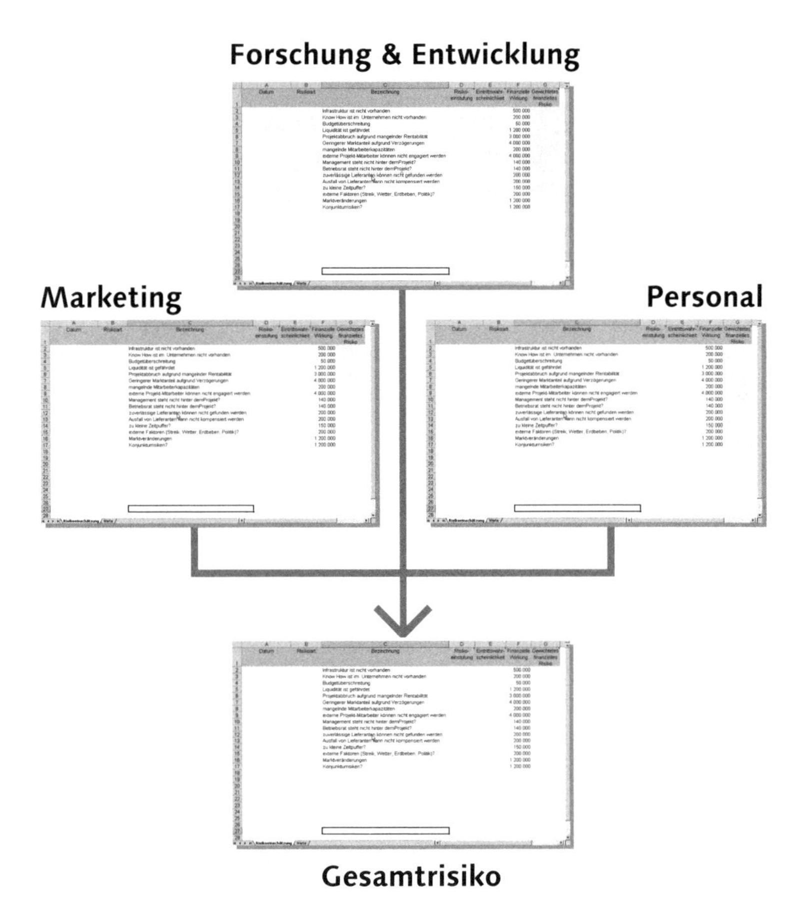

Abbildung 1.86 Konzept der Risikoermittlung der Däumler-Binz AG

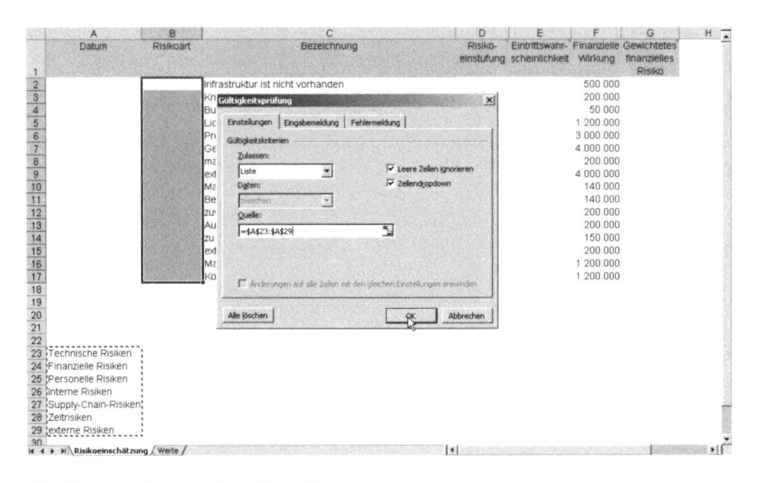

Abbildung 1.87 Gültigkeitsprüfung

1.11 Festlegen von gültigen Einträgen

Im Controlling/Rechnungswesen müssen nahezu permanent Daten analysiert werden. Nichts ist dabei ärgerlicher, als wenn die im Prinzip gleichen Bezeichnungen unterschiedlich geschrieben werden. Führende Leerzeichen, Tippfehler sind dabei besonders ärgerlich. Eine Ursache dieser unterschiedlichen Schreibweise sind häufig die »lieben« Kollegen, es können aber auch Probleme beim Datenimport sein.

Gültigkeit

Wenn Sie gewährleisten möchten, dass in einer Arbeitsmappe die richtigen Daten eingegeben werden, können Sie mit Hilfe des Menüs **Daten • Gültigkeit** für einzelne Zellen oder Zellbereiche angeben, welche Daten zulässig sind:

- Die Zelleingaben auf Zahlen, Datums- oder Zeitangaben innerhalb bestimmter **Grenzen** beschränken
- Die Zelleingaben auf Daten aus einer **Liste** beschränken
- Die **Anzahl** von Zeichen in Zelleinträgen begrenzen
- Gültige Einträge für eine Zelle durch Verwenden einer **Formel** ermitteln

Zur Veranschaulichung wenden wir uns wieder unserem Beispielunternehmen zu: Bei der Däumler-Binz AG werden die möglichen Risiken von Projekten im Team ermittelt. Dazu kann jedes Mitglied des Projektteams Risiken frei formuliert in eine Datei eintragen und anschließend vorher festgelegten Risikoklassen zuordnen.

Der zuständige Projekt-Controller erzeugt dann anschließend aus diesen Dateien mittels der Technik des Konsolidierens (siehe Abschnitt 1.7) oder der Pivot-Tabelle (siehe Kapitel 3) eine Verdichtung über das Gesamtrisiko. Der Vorteil dieser Vorgehensweise liegt darin, dass hier Risiken aus verschiedenen Perspektiven (Technik, Finanzwesen, Marketing, Vertrieb etc.) beurteilt werden und damit relativ vollständig erfasst werden können.

Liste hinzufügen

1. Öffnen Sie die Datei GÜLTIGKEIT.XLS.
2. Markieren Sie den Zellbereich `B2:B17`.
3. Wählen Sie aus dem Menü **Daten • Gültigkeit** aus.
4. Klicken Sie auf das Listenfeld **Zulassen** und stellen **Liste** ein.
5. Geben Sie als Quelle für die Liste den Bereich `A23:A29` an.
6. **OK** schließt die Änderung ab.

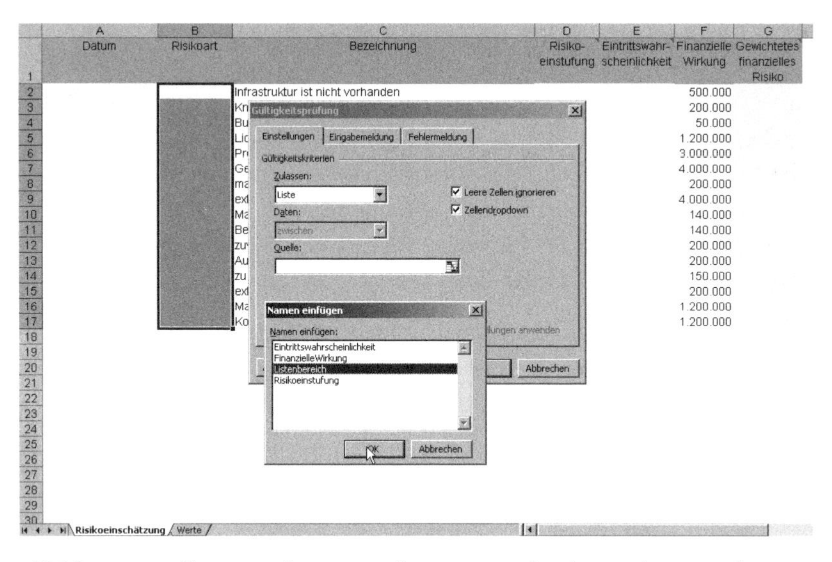

Abbildung 1.88 Über Bereichsnamen auf eine Liste auf anderem Blatt zugreifen

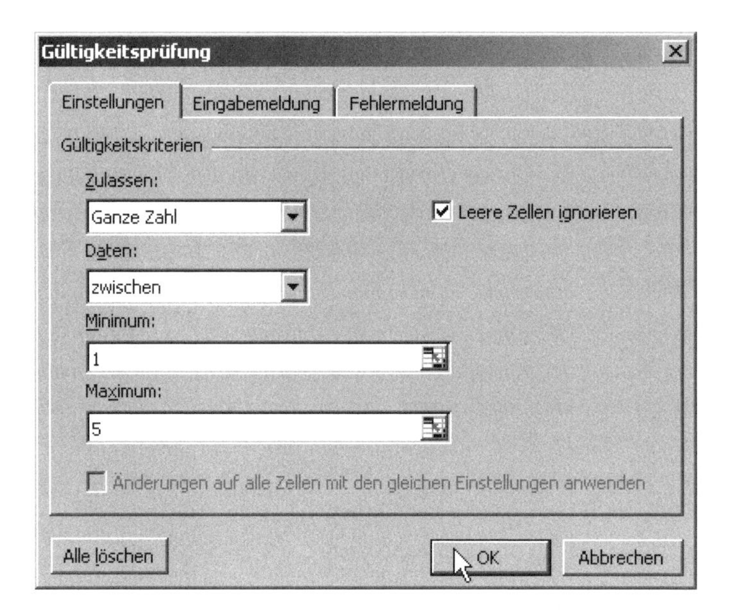

Abbildung 1.89 Zahlenintervalle festlegen

Die Zellbezüge für eine Gültigkeitsliste müssen sich auf Zellen im selben Arbeitsblatt beziehen. Wenn Sie die Liste auf einem anderen Tabellenblatt hinterlegt haben, so benennen Sie diesen Bereich und verwenden den Namen in der Bezeichnung der Zelle.

[!]

Namen verwenden

1. Öffnen Sie die Datei GÜLTIGKEIT.XLS.
2. Markieren Sie den Zellbereich `B2:B17`.
3. Wählen Sie aus dem Menü **Daten • Gültigkeit** aus.
4. Klicken Sie auf das Listenfeld **Zulassen** und stellen Sie **Liste** ein.
5. Geben Sie als Quelle mit Hilfe der [F3]-Taste den Namen LISTENBEREICH an.
6. **OK** schließt die Änderung ab.

Wenn die von Ihnen zugelassenen Werte auf einem Zellbereich mit definiertem Namen basieren und sich im Bereich eine leere Zelle befindet, führt die Aktivierung des Kontrollkästchens **Leere Zellen ignorieren** dazu, dass beliebige Werte in die Zelle eingegeben werden können, die auf Gültigkeit geprüft wird. Dies gilt auch für Zellen, auf die durch Formeln zur Gültigkeitsprüfung Bezug genommen wird.

Um eine unerwünschte Veränderung der Liste zu verhindern, blenden Sie das Tabellenblatt aus.

[!]

Zurück zu unserem Beispiel: Im nächsten Schritt der Risikobewertung sollen die Projektmitglieder eine persönliche Einschätzung vornehmen, welche Auswirkung das jeweilige Einzelrisiko auf das Scheitern des Gesamtprojektes hat.

Um eine Risikoeinstufung vornehmen zu können, sollen in einem Teilbereich Eingaben von 1 bis 5 zulässig sein. Durch die Zahl 1 soll ein geringes Risiko, durch die Zahl 5 ein großes Risiko ausgedrückt werden.

Ganze Zahl

1. Markieren Sie den Zellbereich `D2:D17`.
2. Wählen Sie aus dem Menü **Daten • Gültigkeit** aus.
3. Klicken Sie auf das Listenfeld **Zulassen** und stellen Sie **Ganze Zahl** ein.
4. Klicken Sie auf das Listenfeld **Daten** und stellen Sie **zwischen** ein.
5. Geben Sie als MINIMUM den Wert »1« und als MAXIMUM den Wert »5« ein.
6. **OK** schließt die Änderung ab.

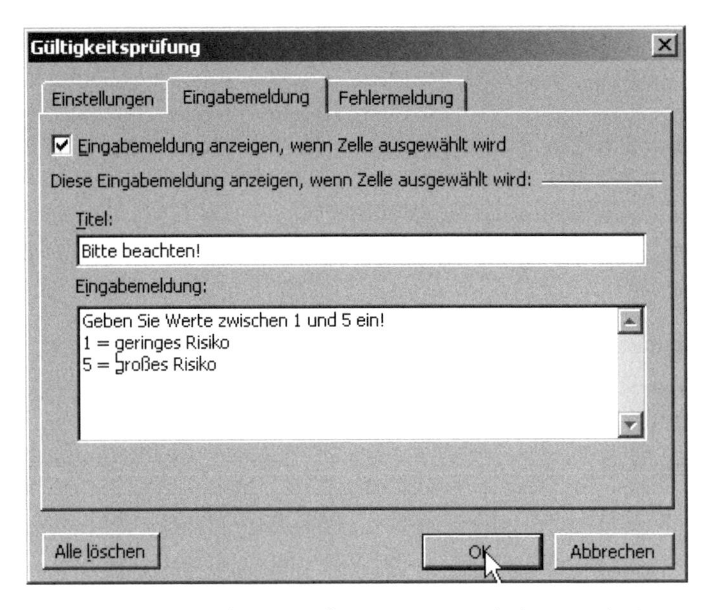

Abbildung 1.90 Meldungen verfassen zur Anwenderkommunikation

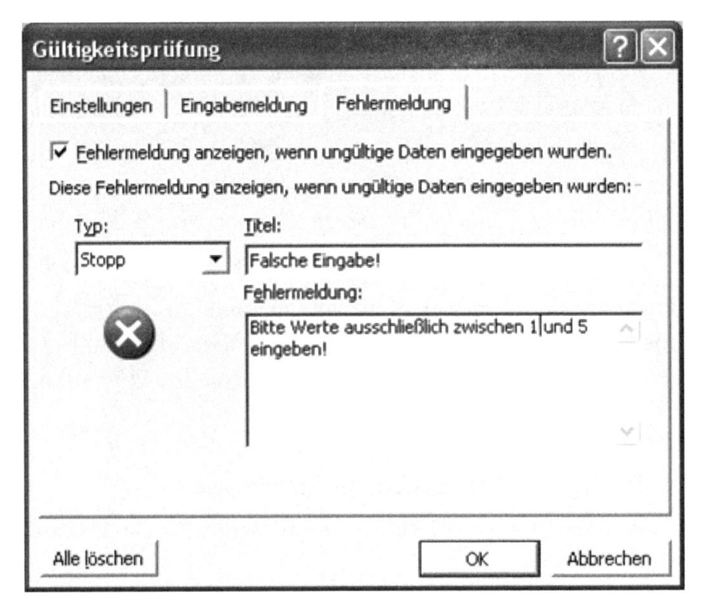

Abbildung 1.91 Hier geben Sie die Fehlermeldung nach der Gültigkeitsprüfung ein.

1.11.1 Anwendermeldungen für Gültigkeit

Um Fehleingaben des Anwenders abzufangen oder Informationen für die Eingabe des Anwenders zu hinterlegen, welche Eingaben zulässig sind, können Sie ebenfalls die Gültigkeitsprüfung einsetzen. Sie können dazu für die Meldung bis zu 225 Zeichen verwenden.

Meldung festlegen

1. Wählen Sie aus dem Menü **Daten • Gültigkeit** aus.
2. Klicken Sie auf die Registerkarte »Eingabemeldung« und füllen Sie die Felder, so wie auf der linken Seite abgebildet, aus.

Legen Sie fest, wie Microsoft Excel reagieren soll, wenn ungültige Daten eingegeben werden:

Fehlermeldung festlegen

1. Wählen Sie aus dem Menü **Daten • Gültigkeit** aus.
2. Klicken Sie auf die Registerkarte »Fehlermeldung« und wählen Sie eine der folgenden Optionen für das Feld **Typ**:
   - Um eine Informationsmeldung anzuzeigen, welche die Eingabe ungültiger Daten nicht verhindert, klicken Sie auf **Informationen**.
   - Um eine Warnmeldung anzuzeigen, welche die Eingabe ungültiger Daten nicht verhindert, klicken Sie auf **Warnung**.
   - Um die Eingabe ungültiger Daten zu verhindern, klicken Sie auf **Stopp**.
3. Geben Sie den Titel und den Text (bis zu 225 Zeichen) für die Meldung ein. Wenn Sie keinen Titel oder Text eingeben, lautet der Titel standardmäßig *Microsoft Excel*, und die Meldung erscheint: »Der eingegebene Wert ist ungültig. Ein anderer Benutzer hat die Werte begrenzt, die in diese Zelle eingegeben werden können.«

Gültigkeit von Text

Bei der Auswahlmöglichkeit **Textlänge** können Sie die Eingabe von Zeichen in eine Zelle begrenzen. So ist z. B. die Eingabe im Zellbereich `D2:D17` auf 50 Zeichen begrenzt. Sollte in der Zelle eine Formel/Funktion eingetragen werden, so wird die Anzahl der Zeichen der Ergebnisanzeige überprüft.

Gültigkeit von Datum und Zeit

Sie können natürlich ebenfalls mit Datums- und Zeitbegrenzungen arbeiten. Dazu müssen Sie allerdings feste Grenzen eingeben, was problematisch ist, wenn Sie z. B. keine Eingaben zulassen möchten, die in der Zukunft liegen! Sobald Sie eine gewisse Variabilität in Ihren Bedingungen für gültige Eingaben benötigen, müssen Sie als Gültigkeitskriterium **Benutzerdefiniert** verwenden.

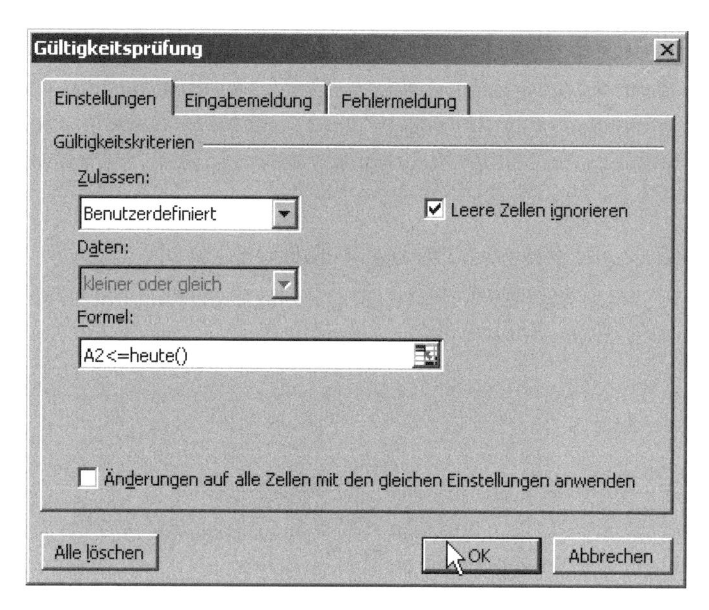

Abbildung 1.92 Nur ein Datum, das vor dem heutigen Datum liegt, ist zulässig.

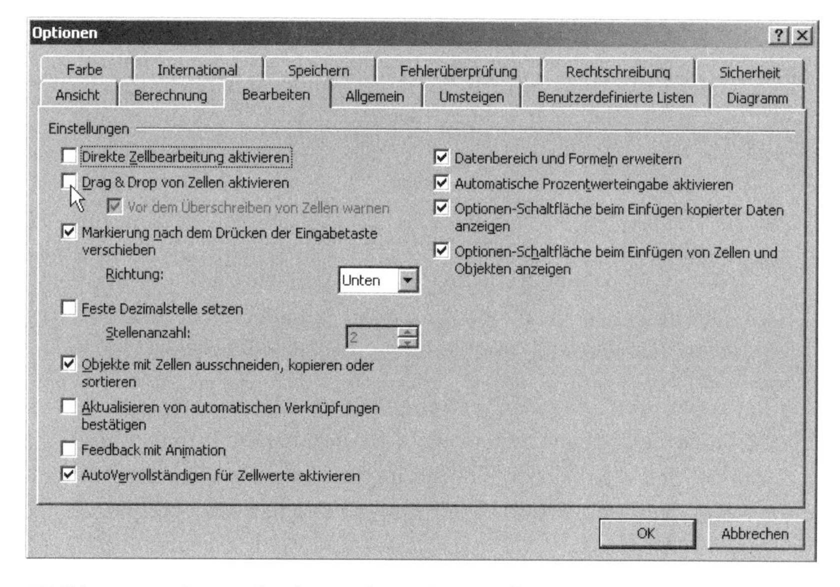

Abbildung 1.93 So unterbinden Sie die Lücke der GÜLTIGKEITEN teilweise.

1.11.2 Variable Gültigkeiten festlegen

Mit einer benutzerdefinierten Gültigkeit können Sie in jeder Beziehung variable Definitionen für eine zulässige Zelleingabe festlegen. Dabei ist im Grunde alles möglich, was Sie auch mit einfachen Formeln, den Tabellenfunktionen oder insbesondere den Logik-Funktionen von Excel machen können.

Sie müssen dabei die Gültigkeit genauso wie eine Formel aufbauen, die den Zellinhalt mit einer Bedingung vergleicht. Sie dürfen dazu die mathematischen Operatoren =; <; > verwenden. Das Ergebnis der Prüfung ist dann ein Wahrheitswert, der also entweder WAHR oder FALSCH sein kann.

Wir kehren zurück zu unserem Beispielunternehmen: Mitarbeiter der Däumler-Binz AG neigen bei der Erfassung von Projektdaten öfter zum »Schummeln«. Häufig werden z. B. Datumsangaben absichtlich unrichtig angegeben. So soll die Möglichkeit unterbunden werden, ein Datum, das in der Zukunft liegt, einzutragen.

Benutzerdefinierte Gültigkeit

1. Markieren Sie den Zellbereich `A2:A17`.
2. Wählen Sie aus dem Menü **Daten • Gültigkeit** aus.
3. Klicken Sie auf das Listenfeld **Zulassen** und stellen Sie **Benutzerdefiniert** ein.
4. Klicken Sie auf das Feld **Formel** und geben Sie `=A2<=HEUTE()` ein.
5. **OK** schließt die Änderung ab.

Sie können »überschlaue« Benutzer daran hindern, Daten über **Ausfüllen** oder **Kopieren** mit Drag & Drop von Zellen einzufügen.

Drag & Drop verhinden

1. Klicken Sie im Menü **Extras** auf **Optionen**.
2. Klicken Sie im Options-Menü auf die Registerkarte **Bearbeiten**, und deaktivieren Sie dann das Kontrollkästchen **Drag und Drop von Zellen aktivieren**.
3. Beenden Sie das Menü mit einem Klick auf **OK**.

[!]

Gültigkeitsprüfungen sind nur dafür vorgesehen, Meldungen anzuzeigen und ungültige Eingaben zu verhindern, wenn Benutzer Daten *direkt* in eine Zelle eingeben. Dieser Eingabeschutz kann leider »ausgehebelt« werden, wenn Daten kopiert, über **Bearbeiten • Ausfüllen** eingefügt oder mit einer Formel berechnet werden. In diesen Fällen werden die entsprechenden Meldungen nicht angezeigt.

Abbildung 1.94 Interessante Datumsfunktionen

	A	B	C	D
2	Budget für den Vertrieb der Region 1			
3	Hier Datum eintragen:	30.07.3006		
4	Umsätze:			
5				
6	Produkt	Stückzahl	Verkaufspreis	Umsatz
7	A-Klasse K	290	385,65	111.838,50
8	A-Klasse K2	448	425,75	190.736,00
9	Summe A-Klasse			302.574,50
10				
11	C-Klasse D1	480	625,55	300.264,00
12	C-Klasse H	142	585,75	83.176,50
13	Summe C-Klasse			
14				
15	E-Klasse D			
16	E-Klasse H			
17	E-Klasse K			
18	Summe E-Klasse			
19				
20	Trekking	725	965,75	700.168,75
21	Summe Trekking			700.168,75
22				
23	Summe Gesamtumsatz			2.189.479,75
24				
25				
26	Kosten:			
27				
28	KSt: Händlervertrieb			
29	Personalkosten	1.015.804,00		
30	Reisekosten	260.702,00		
31	Summe Händlervertrieb	1.276.506,00		
32				
	KSt: Auftragsabwicklung			

Microsoft Excel

Der eingegebene Wert ist ungültig.

Ein anderer Benutzer hat die Werte begrenzt, die in diese Zelle eingegeben werden können.

Wiederholen | Abbrechen

Region 1

Abbildung 1.95 Falsches Datum! Es erscheint eine Fehlermeldung.

1.11.3 Beispiele und Anmerkungen zu Gültigkeiten

Verhindern von Duplikaten

Wenn Sie bei der Eingabe in ein Tabellenblatt (z. B. Basisdaten/General Dates, siehe Abschnitt 1.2) Duplikate verhindern möchten, so können Sie dies mit Hilfe der Funktion ZÄHLENWENN tun. Diese Funktion zählt aus, wie oft ein Begriff oder Wert in einem Bereich vorkommt. So verhindert folgende Gültigkeitsprüfung, dass auf dem Blatt WERTE eine Risikoart doppelt angelegt wird:

```
=ZÄHLENWENN($A$2:$A$8;A2)<=1
```

Budgetgrenze einhalten

In der Datei REGION1.XLS verhindert eine Gültigkeitsprüfung das Überschreiten von Budgetgrenzen. Für den Zellbereich B7:B8, B11:B12, B15:B17 und B20 ist folgende Gültigkeit festgelegt:

```
=SUMME($B$7:$B$8;$B$11:$B$12;$B$15:$B$17;$B$20))>=3300
```

Eingabe unterhalb des Durchschnitts

In der Datei REGION1.XLS verhindert eine Gültigkeitsprüfung die Eingabe eines Preises oberhalb eines Durchschnittswertes. Für den Zellbereich C7:C8, C11:C12, C15:C17 und C20 ist folgende Gültigkeit festgelegt:

```
=C7<=MITTELWERT($C$7:$C$8;$C$11:$C$12;$C$15:$C$17;$C$20)
```

Variable Datumsgrenzen

In der Datei REGION1.XLS verhindert eine Gültigkeitsprüfung die Eingabe eines Datums aus der Vergangenheit bzw. lässt nur die Eingabe des aktuellen Datums zu. Da die Definition, was Vergangenheit ist, sich natürlich täglich ändert, wird in der Gültigkeitsprüfung die Datumsfunktion HEUTE() verwendet.

```
=B3=HEUTE()
```

Das folgende Beispiel sorgt dafür, dass bei einer Datumserfassung versehentlich nicht das aktuelle Jahr eingetragen wird.

```
=JAHR(B3)=JAHR(HEUTE())
```

[!]

Wenn Sie Zellen ermitteln möchten, in die ungültige Daten durch Kopieren, Ausfüllen oder Berechnen eingefügt wurden, so können Sie dies mit dem Detektiv/der Formelüberwachung tun. Wählen Sie im Menü **Extras • Formelüberwachung**, klicken Sie auf **Detektivsymbolleiste anzeigen**, und klicken Sie dann auf **Ungültige Daten markieren**.

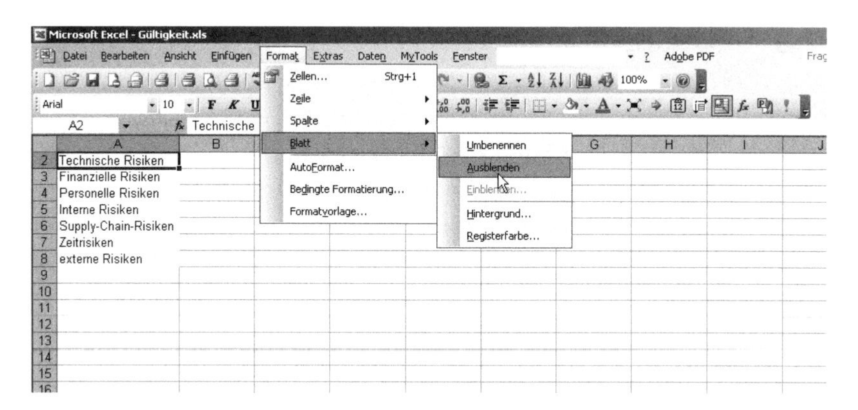

Abbildung 1.96 Tabellenblatt ausblenden

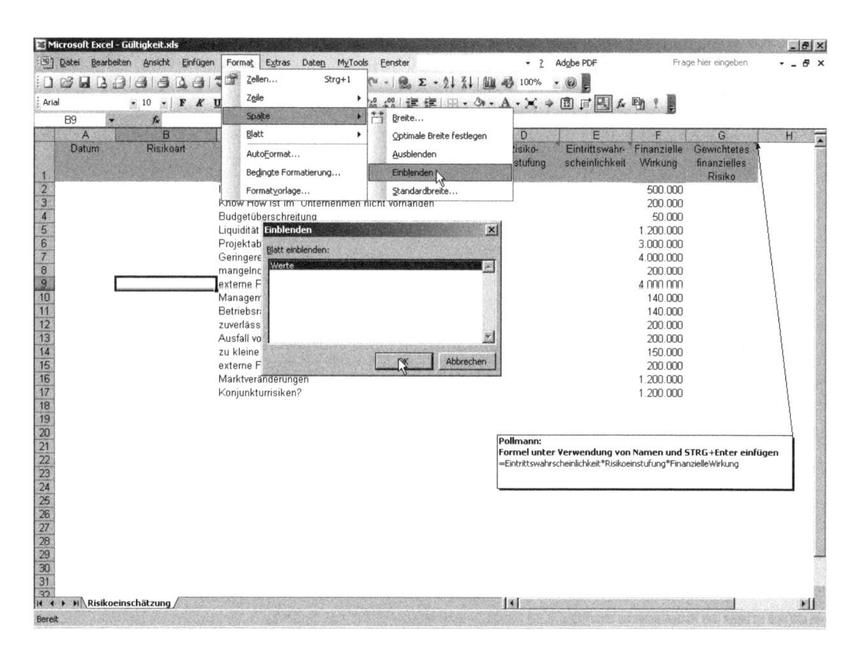

Abbildung 1.97 Tabellenblatt wieder einblenden

1.12 Tabellenblätter ausblenden

Gerade im Controlling und Rechnungswesen werden sehr vertrauliche Inhalte behandelt, die nicht unbedingt für jedermanns Augen und Ohren gedacht sind. Der Schutz Ihrer Daten in Excel ist ein wichtiges Thema, wenn die Dateien von mehreren Benutzern verwendet werden. In vielen Fällen sollten nicht immer alle Informationen auch für alle Anwender einer Arbeitsmappe zugänglich sein. Genauso häufig gibt es die Notwendigkeit, dass bestimmte Inhalte zwar für alle sichtbar, aber nicht von allen bearbeitbar sein sollen.

Tabellenblätter ausblenden

Ob es sich um sensible Daten handelt oder schlichtweg um einen zusätzlichen Schutz vor unerwünschten Veränderungen (z. B. Änderung von Listen für Gültigkeit) oder der Modellierung von »unsichtbaren« Blättern – Sie können solche Tabellenblätter ausblenden und sie damit verstecken!

Anhand eines Beispiels zeigen wir Ihnen, wie das funktioniert. Gehen Sie dazu wie folgt vor:

1 Öffnen Sie die Datei GÜLTIGKEIT.XLS.
2 Markieren Sie das Tabellenblatt WERTE.
3 Wählen Sie aus dem Menü **Format • Blatt • Ausblenden** aus.

Tabellenblätter einblenden

Damit ist das Tabellenblatt nicht mehr sichtbar und »sicher« vor Veränderungen. Aber auch ein eventuelles Wiedereinblenden der Zellen durch einen Benutzer sollte verhindert werden. Dazu muss an dieser Stelle der Schutz der Arbeitsmappenstruktur über das Menü **Extras** aktiviert werden. Befolgen Sie dazu diese Schritte:

1 Wählen Sie aus dem Menü **Format • Blatt • Einblenden** aus.
2 Wählen Sie das Tabellenblatt WERTE im Fenster **Einblenden** aus.
3 **OK** schließt die Änderung ab. Das Blatt ist wieder eingeblendet.

Eine weitere Möglichkeit, ein Tabellenblatt auszublenden, ist VBA (siehe Kapitel 8, »Automatisierung von Controlleraufgaben«). Als Eigenschaft für ein Tabellenblatt gibt es drei Zustände:

- Visible (eingeblendet)
- Hidden (ausgeblendet)
- Very hidden (»sehr versteckt«, das Blatt kann über das Menü **Format** nicht eingeblendet werden)

Abbildung 1.98 Voreinstellung Zellschutz aufheben

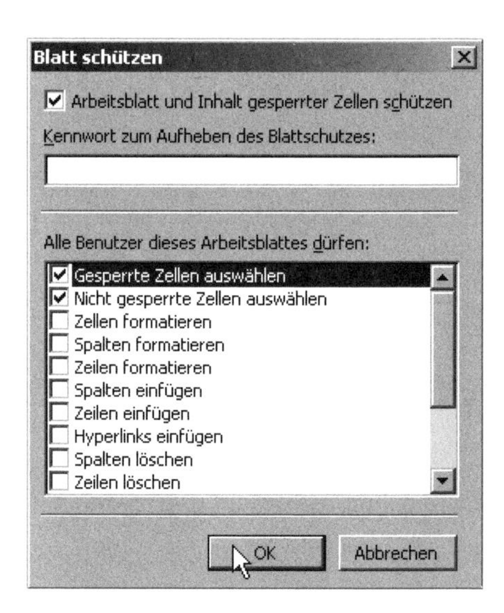

Abbildung 1.99 Was möchten Sie alles schützen und mit welchem Passwort?

1.13 Schützen von Zellen und Arbeitsmappen

Microsoft Excel bietet mehrere Schutzebenen, um den Zugriff auf und das Ändern von Excel-Daten zu steuern. Die Funktionen in Microsoft Excel, die mit dem Ausblenden von Daten und dem Schützen von Arbeitsblättern und Arbeitsmappen durch Kennwörter in Zusammenhang stehen, sind nicht als Mechanismen für die Sicherung von Daten oder den Schutz vertraulicher Informationen in Excel gedacht. Stattdessen können Sie Daten oder Formeln ausblenden, die Benutzer verwirren könnten, und versehentliche Änderungen an Daten verhindern.

Das Schutzkonzept in Excel ist etwas gewöhnungsbedürftig. Unter anderem können Zellen und Arbeitsmappen vor Veränderungen geschützt werden. Dabei werden Zellen vor dem Überschreiben geschützt, Arbeitsmappen vor Veränderungen, wie z. B. der Reihenfolge der Tabellenblätter.

Generell sind alle Zellen durch eine Voreinstellung (**Format • Zellen • Schutz**) geschützt. Für die Zellen, die »überschreibbar« gemacht werden sollen, muss diese Voreinstellung aufgehoben werden.

Zellen schützen

1. Markieren Sie die Zellen, die »ent-schützt« werden sollen.
2. Wählen Sie aus dem Menü **Format • Zellen** aus.
3. Schalten Sie das Register **Schutz** aus.
4. Deaktivieren Sie das Kontrollkästchen **Gesperrt**.
5. Bestätigen Sie mit **OK**.
6. Danach schalten Sie den **Generalschutz** über das Menü **Extras • Schutz • Blatt schützen** ein.

Sie können ebenfalls die Anzeige von Formeln und Funktionen (Zellinhalt) in der Bearbeitungsleiste unterdrücken. Damit werden Ihre Rechenwege »versteckt«.

Generalschutz

1. Markieren Sie die Zellen, die ihren Zellinhalt nicht anzeigen sollen.
2. Wählen Sie aus dem Menü **Format • Zellen** aus.
3. Klicken Sie das Register **Ausgeblendet** aus.
4. Deaktivieren Sie das Kontrollkästchen **Gesperrt**.
5. Bestätigen Sie mit **OK**.
6. Danach schalten Sie den **Generalschutz** über das Menü **Extras • Schutz • Blatt schützen** ein.

Abbildung 1.100 Schutz der Arbeitsmappe mit/ohne Kennwort

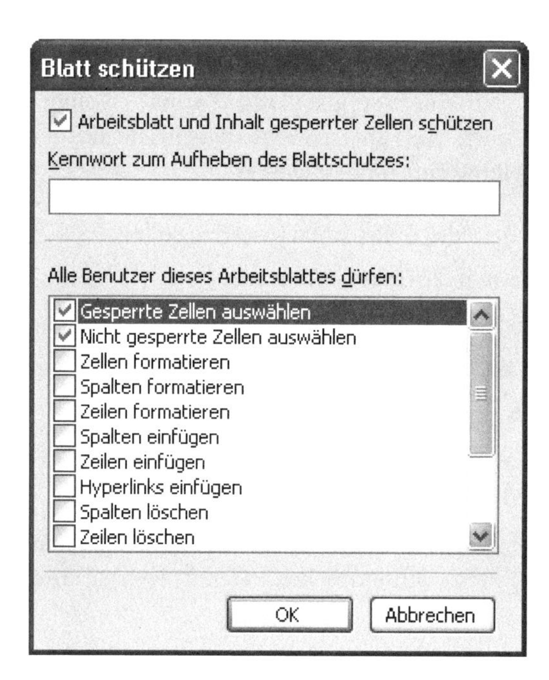

Abbildung 1.101 Schutz des Tabellenblattes mit/ohne Kennwort

Wenden Sie den Blattschutz auf ein Diagrammblatt an, so wird der Benutzer daran gehindert, Änderungen an Elementen vorzunehmen, die Teil des Diagramms sind, wie z.B. Datenreihen, Achsen und Legenden. Das Diagramm spiegelt die an seinen Quelldaten vorgenommenen Änderungen wider.

Diagrammblätter schützen

Außerdem wird der Benutzer mit der Option **Objekte** daran gehindert, Änderungen an Grafikobjekten vorzunehmen, einschließlich Formen, Textfeldern und Steuerelementen, wenn Sie nicht die Sperre für die Objekte aufheben, bevor Sie das Diagrammblatt schützen. Sie können nicht nur einzelne Zellen schützen, sondern auch die ganze Arbeitsmappe (Tabellenblätter und Diagrammblätter).

Wenn die Option **Struktur** aktiviert ist, wird der Benutzer an Folgendem gehindert:

Arbeitsmappe schützen

- Anzeigen ausgeblendeter Arbeitsblätter. Dieser Schutz ist besonders interessant in Zusammenhang mit den 3D-Verknüpfungen.
- Verschieben, Löschen, Ausblenden; Kopieren der Arbeitsblätter
- Ändern der Arbeitsblattnamen.
- Einfügen neuer Arbeits- oder Diagrammblätter. Die Benutzer können eingebettete Diagramme in vorhandene Arbeitsblätter einfügen, indem sie den Diagramm-Assistenten ausführen.
- Anzeigen von Quelldaten einer Zelle im Datenbereich für PivotTable-Berichte oder Anzeigen von Seitenfeld-Seiten in separaten Arbeitsblättern.
- Erstellen eines Zusammenfassungsberichts für Szenarios.
- Wenn die Option **Fenster** aktiviert ist, unterdrücken Sie das Ändern der Größe und Position der Arbeitsmappenfenster, wenn die Arbeitsmappe geöffnet ist, sowie das Verschieben, Anpassen oder Schließen der Fenster. Es ist jedoch möglich, Fenster aus- oder einzublenden.

Option »Fenster«

1. Wählen Sie aus dem Menü **Extras • Schutz** den Punkt **Arbeitsmappe schützen**.
2. Aktivieren Sie das Kontrollkästchen **Struktur**, wenn Sie keine Änderungen an den Tabellenblättern zulassen möchten.
3. Aktivieren Sie das Kontrollkästchen **Fenster**, wenn Sie keine Änderungen an der Größe des Dateifensters zulassen möchten. Sie können damit auch verhindern, dass das Fenster geschlossen werden kann oder neue Fenster hinzugefügt werden können.
4. **OK** schließt die Änderung ab.

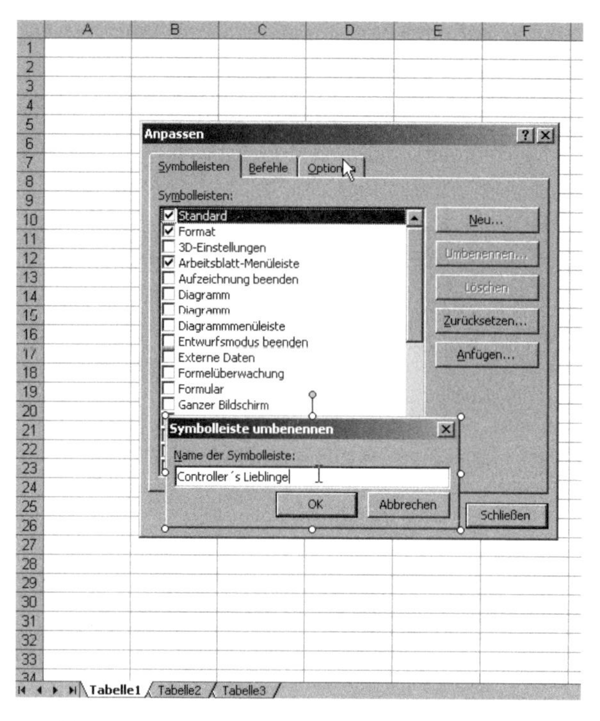

Abbildung 1.102 Namen für die benutzerdefinierte Symbolleiste

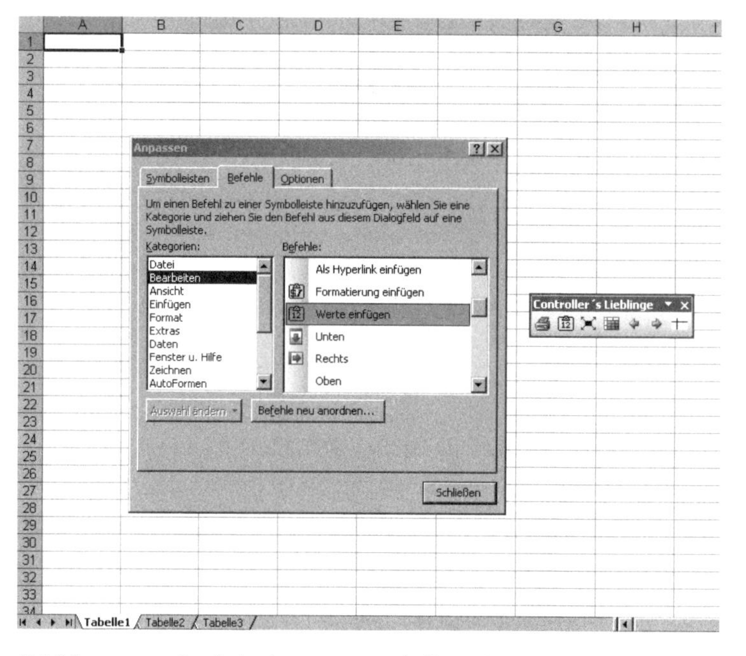

Abbildung 1.103 Symbole der neuen Symbolleiste hinzufügen

1.14 Persönliches Excel über Symbolleisten

Eine Möglichkeit, effizienter mit Excel zu arbeiten, sind die Schaltflächen in den Symbolleisten. Wahrscheinlich werden Sie nur 50% der vorhandenen Symbole nutzen und für viele Befehle geeignete Symbolschaltflächen suchen. Im Folgenden zeigen wir Ihnen, wie Sie Ihr persönliches Excel schaffen können, indem Sie sich persönliche Symbolleisten schaffen oder aber bestehenden Symbolleisten Schaltflächen hinzufügen.

Symbolleiste anlegen

1. Klicken Sie im Menü **Extras** auf **Anpassen**, und klicken Sie dann auf die Registerkarte »Symbolleisten«.
2. Klicken Sie auf die Schaltfläche **Neu**.
3. Geben Sie im Feld **Name der Symbolleiste** einen solchen ein, und klicken Sie dann auf **OK**.

Um danach der bereits geöffneten Symbolleiste Schaltflächen hinzuzufügen, müssen Sie ggf. noch einmal in das Menü **Extras • Anpassen**.

Hinzufügen einer Schaltfläche

1. Klicken Sie auf die Registerkarte »Befehle«.
2. Klicken Sie im Feld »Kategorien« auf die Kategorie **Bearbeiten**.
3. Ziehen Sie den gewünschten Befehl **Werte einfügen** aus dem Feld »Befehle« auf die eingeblendete Symbolleiste.
4. Wählen Sie dann **OK**.
5. Klicken Sie auf **Schließen**.

Im Folgenden einige aus unserer Sicht nützliche Schaltflächen:

- **Drucken:** Kategorie **Datei**; nützlich, um einen anderen Drucker als den Standarddrucker auszuwählen. Funktioniert allerdings nur in Verbindung mit einem Makro (siehe Kapitel 8).
- **Werte einfügen:** Entspricht dem Menü **Bearbeiten • Inhalte einfügen**.
- **Aktuellen Bereich markieren:** Nützlich, um den gesamten Datenbereich zu markieren, besonders nach einem Datenimport; zu finden in der Kategorie **Bearbeiten**.
- **Format:** Trennt verbundene Zellen; zu finden in der Kategorie **Format**.
- **Gruppierung:** Fügt Gliederungen hinzu bzw. hebt sie wieder auf. Zu finden in der Kategorie **Daten**. Nützlich für die Pivot-Tabelle (siehe Kapitel 3).
- **Fixieren:** Fixiert das Fenster oberhalb und links der Markierung. Zu finden in der Kategorie **Fenster**.

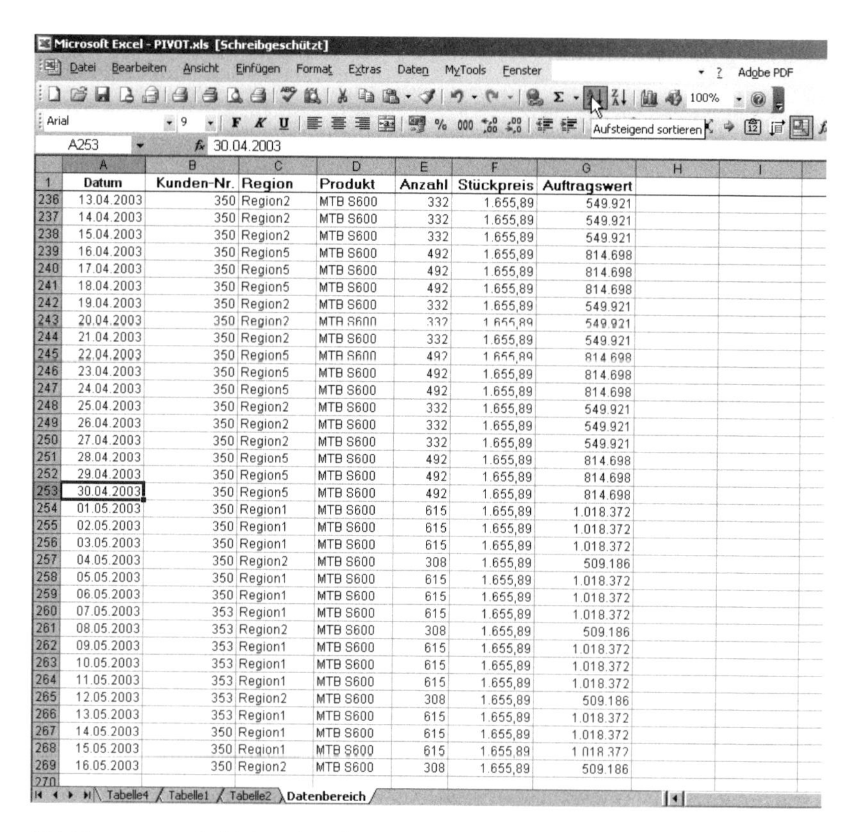

	A	B	C	D	E	F	G
1	Datum	Kunden-Nr.	Region	Produkt	Anzahl	Stückpreis	Auftragswert
236	13.04.2003	350	Region2	MTB S600	332	1.655,89	549.921
237	14.04.2003	350	Region2	MTB S600	332	1.655,89	549.921
238	15.04.2003	350	Region2	MTB S600	332	1.655,89	549.921
239	16.04.2003	350	Region5	MTB S600	492	1.655,89	814.698
240	17.04.2003	350	Region5	MTB S600	492	1.655,89	814.698
241	18.04.2003	350	Region5	MTB S600	492	1.655,89	814.698
242	19.04.2003	350	Region2	MTB S600	332	1.655,89	549.921
243	20.04.2003	350	Region2	MTB S600	332	1.655,89	549.921
244	21.04.2003	350	Region2	MTB S600	332	1.655,89	549.921
245	22.04.2003	350	Region5	MTB S600	492	1.655,89	814.698
246	23.04.2003	350	Region5	MTB S600	492	1.655,89	814.698
247	24.04.2003	350	Region5	MTB S600	492	1.655,89	814.698
248	25.04.2003	350	Region2	MTB S600	332	1.655,89	549.921
249	26.04.2003	350	Region2	MTB S600	332	1.655,89	549.921
250	27.04.2003	350	Region2	MTB S600	332	1.655,89	549.921
251	28.04.2003	350	Region5	MTB S600	492	1.655,89	814.698
252	29.04.2003	350	Region5	MTB S600	492	1.655,89	814.698
253	30.04.2003	350	Region5	MTB S600	492	1.655,89	814.698
254	01.05.2003	350	Region1	MTB S600	615	1.655,89	1.018.372
255	02.05.2003	350	Region1	MTB S600	615	1.655,89	1.018.372
256	03.05.2003	350	Region1	MTB S600	615	1.655,89	1.018.372
257	04.05.2003	350	Region2	MTB S600	308	1.655,89	509.186
258	05.05.2003	350	Region1	MTB S600	615	1.655,89	1.018.372
259	06.05.2003	350	Region1	MTB S600	615	1.655,89	1.018.372
260	07.05.2003	353	Region1	MTB S600	615	1.655,89	1.018.372
261	08.05.2003	353	Region2	MTB S600	308	1.655,89	509.186
262	09.05.2003	353	Region1	MTB S600	615	1.655,89	1.018.372
263	10.05.2003	353	Region1	MTB S600	615	1.655,89	1.018.372
264	11.05.2003	353	Region1	MTB S600	615	1.655,89	1.018.372
265	12.05.2003	353	Region2	MTB S600	308	1.655,89	509.186
266	13.05.2003	353	Region1	MTB S600	615	1.655,89	1.018.372
267	14.05.2003	350	Region1	MTB S600	615	1.655,89	1.018.372
268	15.05.2003	350	Region1	MTB S600	615	1.655,89	1.018.372
269	16.05.2003	350	Region2	MTB S600	308	1.655,89	509.186
270							

Abbildung 1.104 Aufsteigend sortieren

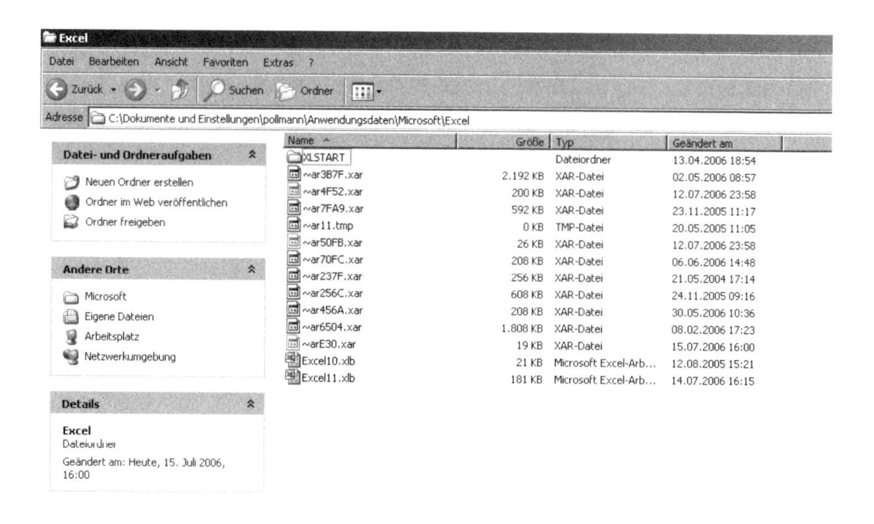

Abbildung 1.105 Hier finden Sie die EXCEL.XLB.

Für diese Vorgehensweise muss man natürlich schon wissen, wo eine Schaltfläche zu finden ist, und dass es sie gibt. Von der Systematik her entsprechen die Kategorien den Menüs von Excel. Wenn Sie also auf der Suche nach einer geeigneten Schaltfläche sind, so suchen Sie einfach in den entsprechenden Kategorien des Menüs **Anpassen** und dem Register **Befehle**.

Symbolleisten anpassen

Sie können dem hier dargestellten Beispiel folgen, um eine eigene, zusätzliche Symbolleiste zu erstellen. Natürlich können Sie auch die bestehenden Symbolleisten Ihren Bedürfnissen anpassen. Dabei lässt sich die eine oder andere Schaltfläche »einsparen«. Wenn Sie nämlich eine Schaltfläche mit gedrückter [⇧]-Taste anklicken, so passiert genau das Gegenteil.

1. Öffnen Sie die Datei PIVOT.XLS.
2. Markieren Sie im Datenbereich eine beliebige Zelle.
3. Klicken Sie auf die Registerkarte »Befehle«.
4. Klicken Sie auf das Symbol zur aufsteigenden Sortierung.
5. Drücken Sie die [⇧]-Taste, und klicken Sie auf das gleiche Symbol.

Alle benutzerdefinierten Einstellungen Ihres Menüs und/oder Ihrer Symbolleisten werden von Excel als Datei in einem bestimmten Verzeichnis gespeichert. Möchten Sie schnell und einfach den Excel-Standard wieder herstellen, so muss diese Datei nur gelöscht werden. Soll Ihr Rechner mit einer neuen Office-Version versehen werden oder beabsichtigen Sie, den Rechner zu wechseln, so sollten Sie diese Datei sichern und anschließend auf dem neuen Rechner im neuen Office-Verzeichnis speichern. Dieses Verzeichnis und der Name dieser Datei hängen allerdings von der verwendeten Office-Version ab.

- *C:\Programme\Microsoft Office\Office\EXCEL.XLB* — Excel 97
- *C:\Programme\Microsoft Office\Office\1031\EXCEL.XLB* — Excel 2000
- *C:\Dokumente und Einstellungen\Benutzername\Anwendungsdaten\Microsoft\Excel\EXCEL10.XLB* — Excel 2002
- *C:\Dokumente und Einstellungen\Benutzername\Anwendungsdaten\Microsoft\ Excel\EXCEL11.XLB* — Excel 2003

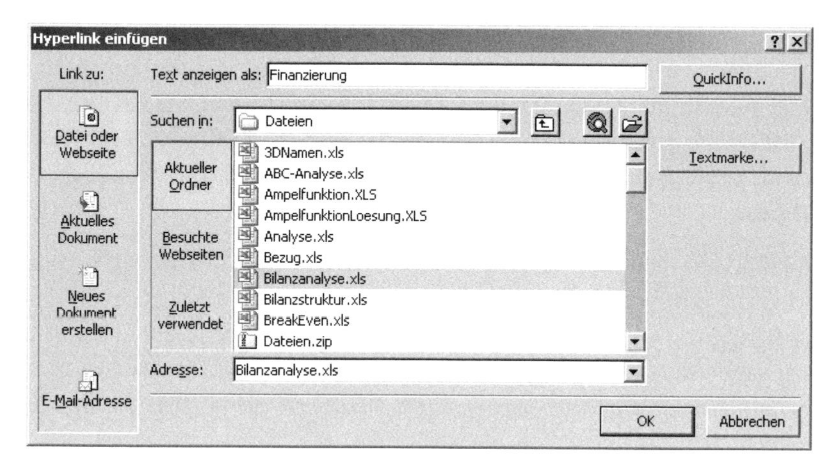

Abbildung 1.106 Hyperlink festlegen über einen Bereichsnamen

Abbildung 1.107 Wählen Sie einen Bereichsnamen aus!

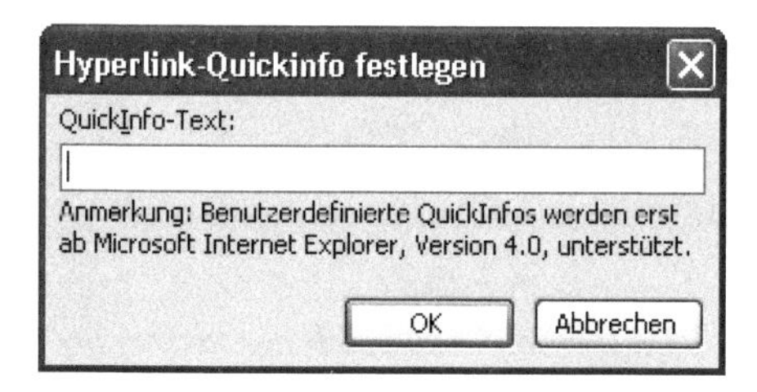

Abbildung 1.108 Legen Sie den Text für die Benutzerkommunikation fest.

1.15 Hyperlinks

Ein Hyperlink ist ein Link, der eine andere Zelle, ein Tabellenblatt oder eine Datei öffnet, wenn Sie darauf klicken. Das Ziel kann auch eine Webseite, eine Grafik, eine E-Mail-Adresse oder ein anderes Programm (z. B. PowerPoint) sein. Bei dem Hyperlink selbst kann es sich um Text oder eine Grafik handeln.

Um einen solchen Hyperlink einzufügen, gehen Sie bitte wie folgt vor:

Hyperlink einfügen

1. Öffnen Sie die Datei BILANZANALYSE.XLS.
2. Markieren Sie das Tabellenblatt SCHNELLTEST.
3. Markieren Sie die Zelle `F18`.
4. Klicken Sie im Menü **Einfügen** auf **Hyperlink**.
5. Klicken Sie auf die Schaltfläche **QuickInfo**, um eine Meldung einzutragen. Diese Meldung wird angezeigt, sobald der Mauszeiger über den Hyperlink bewegt wird.
6. Klicken Sie **OK** an, um die Einstellungen zu übernehmen.
7. Klicken Sie auf **Textmarke**, um den Hyperlink auf einen bereits festgelegten Namen zu beziehen, und wählen Sie diesen Namen aus.
8. Klicken Sie **OK** an, um die Einstellungen zu übernehmen.
9. Klicken Sie nun auf den Hyperlink, um zur angegebenen Zelle zu gelangen.

Wenn Sie anschließend den Hyperlink formtieren möchten, gehen Sie bitte wie folgt vor:

Hyperlink formatieren

1. Um eine Zelle mit einem Hyperlink zu markieren, ohne zum Hyperlinkziel zu wechseln, klicken Sie auf die Zelle, halten Sie die Maustaste gedrückt, bis der Cursor zu einem Kreuz wird, und lassen Sie dann die Maustaste wieder los. Klicken Sie das Symbol **Format übertragen** an.
2. Rufen Sie mit der rechten Maustaste das Kontextmenü auf, und wählen Sie dort das Menü **Zellen formatieren** und nehmen Sie die gewünschten Formatierungen vor.

[!]

Um einen Hyperlink an einer Position in der aktuellen Arbeitsmappe oder in einer anderen Arbeitsmappe zu erstellen, können Sie entweder einen Namen für die Zielzellen definieren oder einen Zellbezug verwenden.

1.16 Nützliche Short-Cuts

Hier einige nützliche Short-Cuts im Überblick:

Tastenkombination	Funktion
F2	Aktiviert noch einmal die Bearbeitungsleiste, entspricht dem direkten Klick in die Bearbeitungsleiste oder dem Doppelklick auf die Zellen, wenn unter **Extras • Optionen** das Kontrollkästchen **Bearbeitung** angeklickt ist.
F3	Diese Taste dient dazu, bereits definierte Namen in eine Formel, als Argument in eine Funktion, als Druckbereich im Menü **Datei • Seite einrichten** und dort im Register **Tabelle** usw. einzugeben. Funktioniert leider nicht bei Steuerfeldern.
F4	Haben Sie in der Bearbeitungsleiste einen Bezug markiert, so können mit mehrmaligem Drücken der F4-Taste die Dollar-Zeichen hinzugefügt bzw. entfernt werden. Ist die Bearbeitungsleiste nicht aktiviert, so wird die letzte Aktion wiederholt.
F5	Für eine Bewegung hin zu einer Zelle oder als erster Schritt, um alle Zellen auszuwählen, die gewisse Kriterien hinsichtlich der Zellinhalte erfüllen. Entspricht dem Menü **Bearbeiten • Gehe zu.**
F9	Haben Sie in der Bearbeitungsleiste einen Bezug markiert, so wird im Bezug der absolute Wert eingesetzt. Haben Sie einen Teil einer Formel/Funktion markiert, so wird nur dieser Teil durch den absoluten Wert ersetzt. Ist die Bearbeitungsleiste nicht aktiviert, so wird bei manueller Berechnung (**Extras • Optionen** im Register **Berechnen**) alles neu berechnet.
Strg + ⇧ + Enter	Erzeugt eine Matrix/Matrixkonstante. Erkennbar an der geschweiften Klammer {}. Einzelne Zellen dieses Bereichs können nicht verändert/gelöscht werden, sondern immer nur die Gesamtheit.
Strg + Enter	Um Zellinhalte auf mehrere Zellen zu übertragen, muss in die erste Zelle der Markierung ein Wert, Text, eine Formel/Funktion eingetragen werden. Strg + Enter übernimmt den Inhalt der einen für alle anderen Zellen. Mehrfachmarkierungen sind möglich, Zellbezüge werden relativ angepasst.
Strg + Bild↓ Strg + Bild↑	Blättert ein Tabellenblatt vor oder zurück.
Strg + #	Blendet Formeln in den Zellen ein.
Strg + Y	Wiederholt den letzten Befehl.

Tabelle 1.5 Shortcuts

In den meisten Unternehmen werden die IT-Systeme, aus denen Rechnungswesen und Controlling ihre Informationen ableiten, auf serverbasierten Datenbanksystemen geführt. Dies ist angesichts der zu verarbeitenden Datenmengen nicht anders möglich. Die Arbeit mit Daten aus externen Systemen in Excel ist daher ein wichtiger Bestandteil des Controller-Alltags.

2 Datenimport

IT-Systeme

Je nach Unternehmensgröße sind die eingesetzten IT-Systeme in aller Regel SAP, mit den entsprechenden Finanz- und Rechnungswesenmodulen, DATEV oder Navision mit den entsprechenden Finanz- und Rechnungswesenmodulen.

So leistungsfähig, stabil und sicher solche Systeme im Umgang mit großen Datenmengen auch sind, so ineffizient sind sie meist in der einfachen, flexiblen, analytischen und grafischen Aufbereitung dieser Daten. Hier liegt der Vorteil von Excel, das aber wiederum den anfallenden Datenmengen (jenseits von 65 000 Datensätzen) nicht gewachsen ist. Nichts liegt näher, als beide Systeme zusammenzuführen und die jeweiligen Vorteile zu nutzen. In diesem Kapitel sollen einige Verfahren vorgestellt werden, die Sie mit relativ geringem Aufwand realisieren können:

Datenimport-Verfahren

- So möchten wir Ihnen generell einige Konzepte (theoretisch) des Datenimports vorstellen.
- Sie lernen, wie Sie mit Hilfe von Text-Funktionen umfangreiche Nacharbeiten nach dem Datenimport von Textdateien schnell und effizient durchführen können.
- Wir zeigen Ihnen, wie Sie mit geringem Aufwand ein automatisiertes Datenimportsystem aufbauen können.
- Sie lernen verschiedene Wege kennen, um aus SAP und DATEV Daten exportieren bzw. in SAP Daten importieren zu können.
- Wir stellen Ihnen zwei Tools vor, mit denen Sie einerseits das Thema Programmieren bei der Nacharbeit von importierten Dateien vermeiden können bzw. gezielter beim Export auf SAP-Tabellen zugreifen können.

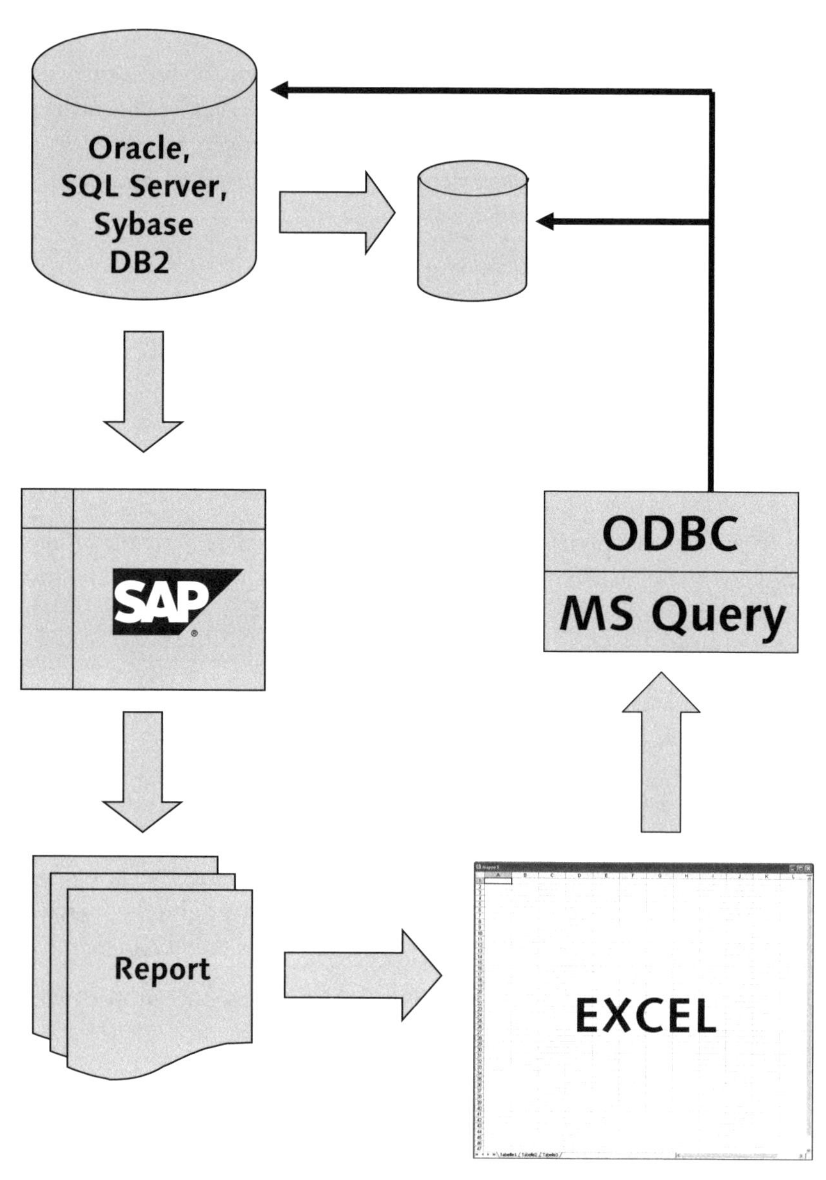

Abbildung 2.1 Datenimport-Übersicht

2.1 Konzepte für einen effizienten Datenimport

Sie möchten flexibel, schnell und effizient Daten aus Ihrem Haupt-IT-System nach Excel importieren. Dafür gibt es einheitlich für alle Systeme ein Grundprinzip:

Zwei mögliche Konzepte

Sie arbeiten mit einem Softwaresystem für Ihr Rechnungswesen bzw. Ihr Controlling (SAP FI/CO, DATEV, NAVISION, BAAN, KKH etc.). In diesem System gibt es standardisierte Abläufe zur Verdichtung von Daten zu Reports. Nun muss also auf irgendeinem Weg eine Schnittstelle zwischen Excel und Ihrem Softwaresystem gefunden werden, damit die Daten ohne Verlust übernommen werden können. Zwei Möglichkeiten bieten sich Ihnen hierzu:

1. Sie können in der Regel aus Ihrem Vorsystem heraus die gewünschten Daten in irgendeinem Datenformat als Datei exportieren und diese Datei in Excel öffnen. Bei diesem Weg bleibt jedoch meist ein erheblicher Aufwand in der Nachbearbeitung der Daten. Diese Nacharbeit wird manuell, per VBA-Programmierung oder mit Zusatz-Tools vollzogen.
2. Ihr Primärsystem arbeitet mit Daten aus einem Datenbanksystem (Oracle, SQL Server, Sybase, DB2 etc.), verarbeitet diese Daten in definierten Prozessen und schreibt die Ergebnisse zurück. Tatsächlich lässt sich mit einfachen Mitteln eine physische Verbindung zwischen serverbasierten Datenbanksystemen und Excel aufbauen, über die dann über verschiedene Konzepte Daten nach Excel exportiert werden können. Dazu muss das Datenbanksystem über eine standardisierte Schnittstelle mit dem Namen ODBC verfügen. Bei diesem Weg entfallen die üblichen Nacharbeiten nach einem Dateiimport. Die Schnittstelle ODBC wird über die Sprache SQL gesteuert, wofür Microsoft im Rahmen des Office-Paketes ein Tool namens MS Query zur Verfügung stellt.

Query und Excel

Wenn Sie mit Query und Excel arbeiten möchten, sollten Query, das Query-Add-In und die notwendigen ODBC-Treiber installiert sein. Normalerweise wird deren Installation automatisch bei der Excel-Standardinstallation mit vorgenommen. Wenn diese Komponenten in Ihrem Excel nicht vorhanden sind, müssen sie mit Hilfe der Produkt-CDs nachinstalliert werden.

Filetransfer

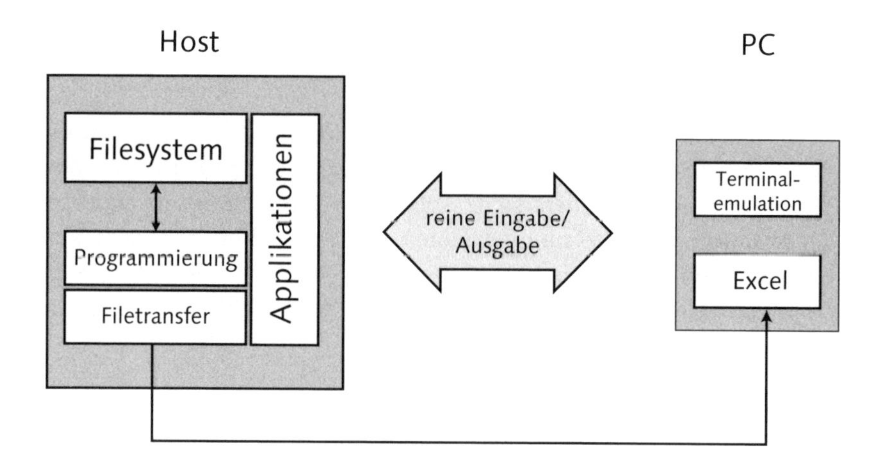

Wiederverwendung von Standardlisten

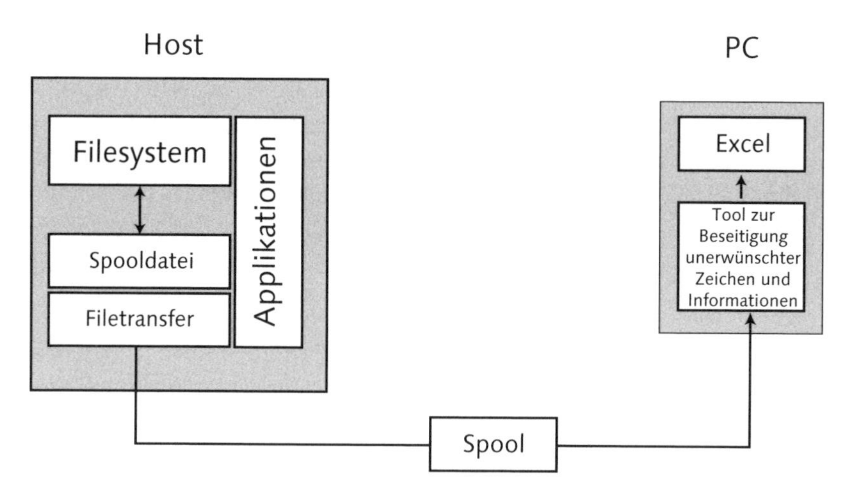

Abbildung 2.2 Filetransfer und Wiederverwenden von Standardlisten

2.1.1 Filesystem (Host)/Terminal (PC)

Bei dem Konzept Filesystem (Host)/Terminal (PC) werden alle Transaktionen auf dem Host vorgenommen, während der PC über eine Emulation als Terminal genutzt wird. Damit dient der PC als reines Ein-/Ausgabegerät für Daten.

Sollen Daten in größeren Mengen auf den PC übernommen werden, so ist dazu ein recht großer Aufwand notwendig. Für die Datenübernahme muss ein Programm geschrieben und die Daten müssen transferiert werden.

Fragen, die geklärt werden müssen

Bevor die Übertragung beginnt, sollten allerdings einige wichtige Fragen zwischen Rechnungswesen und EDV geklärt sein:

- Welche Daten werden benötigt?
- Wo sind diese Daten zu finden?
- Welche Ausgabeform ist für den Import nach Excel zu wählen?
- Wie erfolgt die Übertragung?

Die Übertragung erfolgt meistens mittels des File Transfer Protocols (FTP) und einem so genannten FTP-Client. Ein solches Programm liefert Ihnen die gewünschten Daten in Ihre Excel-Umgebung in Form einer Datenliste (bspw. im ASCII-Format). Dabei muss das File allerdings sehr gut verdichtet sein, denn das Limit bei Excel-Tabellen liegt bei 16384 Zeilen und 256 Spalten (Excel 5.0/7.0) bzw. 65536 Zeilen (ab Excel 97)!

Probleme

Hier entstehen Probleme, da die Daten meistens aus unterschiedlichen Datenbeständen zusammengeführt werden, aus Bewegungs- und Bestandsdaten bestehen und zudem häufig noch redundante Informationen enthalten.

Häufig existiert bereits eine Liste, die einen Großteil der benötigten Informationen enthält und aus einer Druckdatei erzeugt wird.

Allerdings weisen solche Listen zahlreiche nicht benötigte Informationen auf, Steuerzeichen, Beschriftungen oder mehrzeilige Datensätze, die sich kaum sinnvoll in Tabellenform bringen lassen.

Hier gibt es die Möglichkeit, diese Liste in eine Listendatei umzuleiten und diese Listendatei mit einem Tool zu bearbeiten. Mit Hilfe solcher Tools lassen sich die gewünschten Daten extrahieren und nach Excel exportieren.

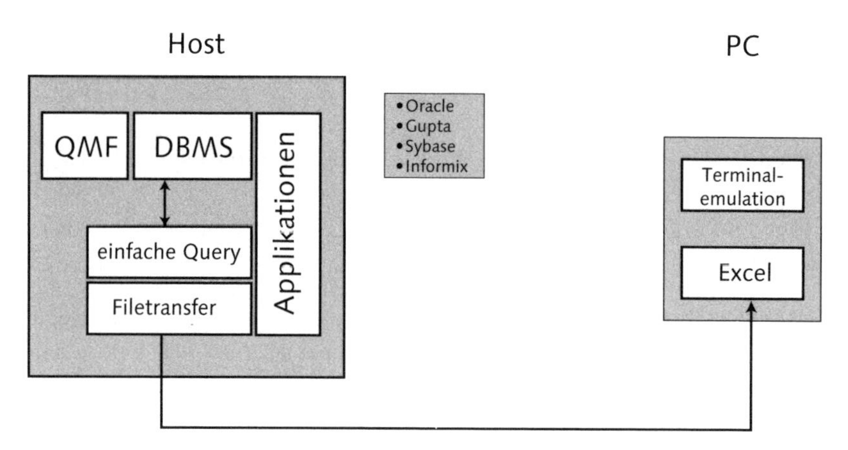

Abbildung 2.3 Ausgabe-Dateiformate der Vorsysteme

Format	Beschreibung
TXT	Das ist ein Austausch-Dateiformat mit reinen ASCII-Zeichen. Austauschformate sind aber nicht nur betriebssystemübergreifend gültig, sondern ermöglichen auch den Datenaustausch verschiedenster Programme aus unterschiedlichen Generationen von EDV-Systemen von Computertechnik. Dieses Format bietet meist die einzige Möglichkeit, Daten von einem IT-System auf ein anderes zu übertragen.
CSV	Dateien enthalten Daten in Form von ASCII-Texten, bei denen die Werte als »**C**omma **S**eparated **V**alue« dargestellt sind. Korrekt übersetzt werden müsste CSV als »Character Separated Value«, also durch (Trenn-)Zeichen getrennte Werte, denn vielfach werden auch Semikolons verwendet. Es ist ein Format, das bspw. von DATEV und SAP als Exportformat verwendet wird. CSV-Dateien können sofort in Excel geöffnet werden.
PRN	Das ist eigentlich eine (**PR**i**N**t-)Spool-Datei, die auf einem Drucker ausgegeben wird. Eine PRN-Datei beinhaltet genau diejenigen Steuerbefehle, die direkt vom Drucker verarbeitet werden.
XLS	Excel-Dateiformat (**Ex**cel **S**preadsheet)
ASC	ASC steht einfach nur für ASCII-Text (**A**merican **S**tandard **C**ode for **I**nformation **I**nterchange). In ASCII sind die verwendeten Zeichen festgelegt, so dass sich Buchstaben, Zahlen und Sonderzeichen elektronisch übertragen lassen. ASCII-Text nennt man einen Text, der keinerlei Formatierungen wie Fettgeschriebenes oder Sonderauszeichnungen enthält.

Tabelle 2.1 Übersicht über die Dateiformate

2.1.2 DBMS (Host)/Terminal (PC)

Ist auf dem Serversystem eine relationale Datenbank eingerichtet, dann können Sie relativ einfach einen einmaligen oder permanenten Datenimport vornehmen. Mit Hilfe der Datenbank kann man einfach die Zusammenstellung der notwendigen Daten vornehmen. Der Transfer wird dadurch *nicht* automatisch durchgeführt! Es muss nur i.d.R. keine Nachbearbeitung der Daten auf dem PC erfolgen!

DBMS

Ein DBMS (**D**ata**b**ase **M**anagement **S**ystem, Datenbankmanagementsystem) ist eine Software, die Zugriff auf strukturierte Daten realisiert. Ein DBMS ist eine Komponente einer relationalen Datenbank.

Beispiele für DBMS sind:

- IBM DB2
- Microsoft SQL Server
- Oracle Server
- Sybase SQL Server
- aber auch PC-Datenbankprodukte wie Microsoft Access, Borland Paradox

SQL

In diesem Fall kann mit Hilfe von SQL (**S**tructured **Q**uery **L**anguage) auf die Daten zugegriffen werden, da nahezu alle DBMS mit SQL arbeiten.

SQL ist eine Datenbanksprache für die Kommunikation mit einer relationalen Datenbank. Mit SQL können Sie Daten definieren, abfragen, ändern und steuern. Mit der SQL-Syntax können Sie eine Anweisung erstellen, die Datensätze anhand der von Ihnen spezifizierten Kriterien extrahiert.

SQL-Anweisungen beginnen mit einem »Verb«-Schlüsselwort wie z.B. CREATE oder SELECT. SQL ist eine äußerst leistungsfähige Sprache, bei der eine einzige Anweisung Auswirkungen auf eine gesamte Tabelle haben kann. SQL ist in vielen Versionen vorhanden, und jede wurde für ein bestimmtes DBMS entwickelt.

DML

Die Datenbankklassen verwenden einen Teil von SQL, der als Datenmanipulationssprache (Data Manipulation Language, DML) bezeichnet wird. Mit Hilfe dieser Befehle können Sie mit der gesamten Datenquelle oder einer Teilmenge davon arbeiten, neue Datensätze hinzufügen, Datensätze verändern und Datensätze löschen. Die folgende Tabelle führt die wichtigsten SQL-Schlüsselwörter auf und die Art, in der die Datenbankklassen diese Schlüsselwörter verwenden.

Schlüsselwort	Beschreibung
SELECT	Identifizieren der zu verwendenden Tabellen und Spalten in der Datenquelle.
WHERE	Anwenden eines Filters, der die Auswahl einschränkt.
ORDER BY	Anwenden einer Sortierreihenfolge für das Recordset.
INSERT	Hinzufügen neuer Datensätze zu einem Recordset.
DELETE	Löschen von Datensätzen aus einem Recordset.
UPDATE	Ändern der Felder eines Datensatzes.

Tabelle 2.2 Schlüsselwörter zum Verwalten der Datenbank

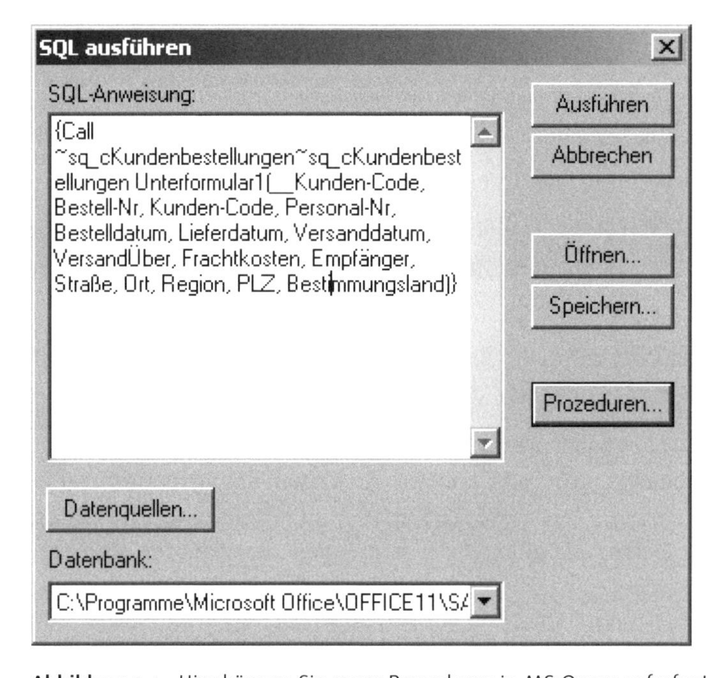

Abbildung 2.4 Hier können Sie sogar Prozeduren in MS Query aufrufen!

Auf der linken Seite finden Sie eine Übersicht über die wichtigsten SQL-Schlüsselwörter.

Außerdem erkennen die Datenbankklassen ODBC-**CALL**-Anweisungen, mit denen Sie eine vordefinierte Abfrage (oder gespeicherte Prozedur) für bestimmte Datenquellen aufrufen können. Der ODBC-Datenbanktreiber interpretiert diese Anweisungen und ersetzt sie durch die für das jeweilige DBMS passenden Befehle.

Recordset

Ein Recordset-Objekt ist eine Gruppe von Datensätzen, die aus einer Datenquelle ausgewählt wurden. Die Datensätze können aus einer Tabelle, einer Abfrage oder aus einer gespeicherten Prozedur, die auf eine oder mehrere Tabellen zugreift, stammen.

Ein Beispiel für ein Recordset, das auf einer Tabelle basiert, ist das Recordset *Alle Kunden*, das auf eine Tabelle mit Kunden zugreift.

Ein Beispiel für eine Abfrage ist *Alle Rechnungen an Muster AG*.

Ein Beispiel für ein Recordset, das auf einer gespeicherten Prozedur (manchmal auch als vordefinierte Abfrage bezeichnet) basiert, ist *Alle Konten des Zahlungsunwilligen*. Hiermit wird eine gespeicherte Prozedur in der Backend-Datenbank aufgerufen. Ein Recordset kann zwei oder mehrere Tabellen derselben Datenquelle miteinander verknüpfen, allerdings keine Tabellen aus verschiedenen Datenquellen.

Query

Für den Datenzugriff setzen Sie interaktive Endbenutzer-Tools (bei DB2 bspw. QMF, Query Management Facility) ein, die es ermöglichen, mit SQL Abfragen zu formulieren und das Ergebnis zu einem Bericht aufzubereiten. Die per Query ermittelten Daten werden mit einem Reportgenerator formatiert und ausgegeben. Die Query läuft davon aber unabhängig. Befehlsfolgen und Abfrageergebnisse können gespeichert werden, ebenso die Formate für die Reports.

Als Ergebnis erhält man eine Tabelle in einem Excel-lesbaren Dateiformat, die dann in Excel wiederum per Filetransfer importiert wird.

Bei dieser Lösung können beliebig große Datenvolumina übertragen werden.

Um Ihnen die Einarbeitung in SQL zu ersparen, bietet Microsoft Ihnen das Zusatzprogramm MS Query an, das Menübefehle in SQL umsetzt. Zusätzlich können Sie aber auch mit SQL-Befehlen und SQL-Funktionen arbeiten.

Unterstützte Treiber

ODBC-Treiber, in Microsoft Office:

- Microsoft SQL Server OLAP Services (OLAP-Anbieter) 7.0 und höher
- Microsoft Access 2000 und höher
- dBASE
- Microsoft FoxPro
- Microsoft Excel
- Oracle
- Paradox
- SQL Server
- Textdatei-Datenbanken

[!] Sie können ODBC-Treiber oder Datenquellentreiber von anderen Herstellern verwenden, um Informationen aus anderen Datenbanktypen abzurufen, die hier nicht aufgelistet sind. Dazu gehören auch andere Typen von OLAP-Datenbanken. Diese Treiberdateien finden Sie in der Regel in der Dokumentation zur Datenbank bzw. im Software-Paket.

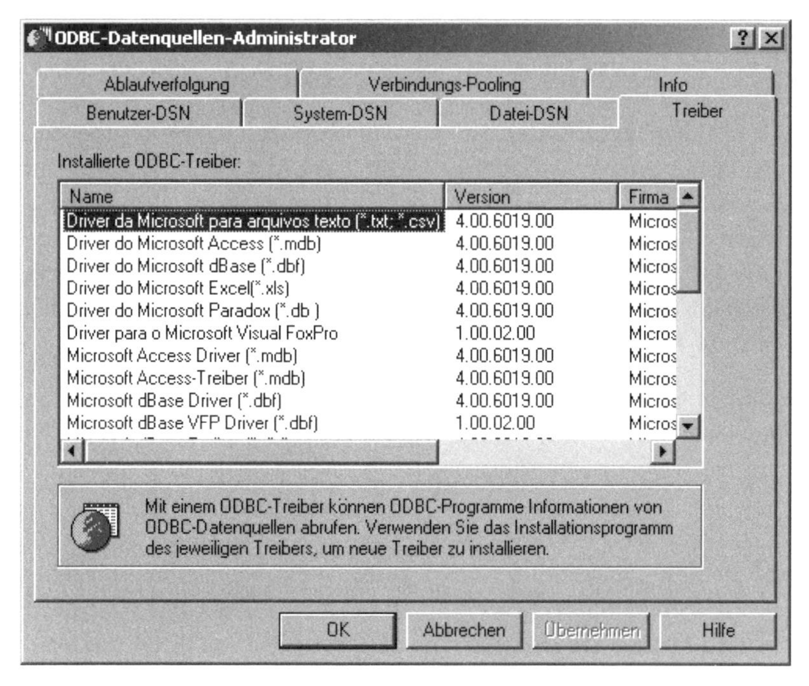

Abbildung 2.5 Über die Datenquellen (ODBC) in der Systemsteuerung können Sie ODBC-Treiber installieren.

2.1.3 File-/Application-Server und PC

Ist auf dem Server-System eine relationale Datenbank eingerichtet, dann können Sie relativ einfach einen einmaligen oder permanenten Datenimport vornehmen. In diesem Fall kann mit Hilfe von SQL (Structured Query Language) auf die Daten zugegriffen werden, da nahezu alle DBMS mit SQL arbeiten.

Bei diesem Konzept wird auf der Seite des PC eine Query erzeugt, per Interface an den Host gesendet, dort verarbeitet und das Ergebnis direkt an den PC zurückgegeben. Voraussetzung dafür ist, dass die Datenbank über eine ODBC-Schnittstelle verfügt.

ODBC

ODBC (= **O**pen **D**ata**b**ase **C**onnectivity) ist eine Standardschnittstelle für den Zugriff auf Daten in relationalen und nichtrelationalen DBMS. Mit Hilfe von ODBC können Applikationen auf Daten zugreifen, die in DBMS auf PC und Mainframes abgelegt sind, selbst wenn jedes dieser DBMS ein anderes Datenformat verwendet.

MS Query

Wählen Sie diese Methode, wenn Sie Daten außerhalb von Excel angezeigt und bearbeitet haben möchten. MS Query ist eine eigenständige, ODBC-unterstützte Anwendung mit grafischer Benutzeroberfläche für den Zugriff auf Daten. In MS Query können Sie eine Abfrage erstellen, die zum Auffinden bestimmter Daten in einer externen Datenbank oder Datensammlung benutzt wird.

Möglichkeiten von Query

Idealerweise setzen Sie Query für das Einlesen von Daten aus externen Datenbanken in Ihr Tabellenblatt, die Datenanalyse und das Erstellen von Berichten und Diagrammen ein. Dabei haben Sie folgende Möglichkeiten:

- Datensätze aus *mehreren* externen Datenquellen nach von Ihnen definierten Suchkriterien abzurufen
- angezeigte Felder für Ihre Excel-Tabelle zu übernehmen
- Abfrageergebnisse anzuzeigen, zu ordnen und zu bearbeiten, *bevor* sie an Excel zurückgegeben werden
- die Ergebnisse für Datensätze innerhalb einer Ergebnisreihe zu berechnen

Abrufbare Datentypen

Von der Installation Ihrer Excel-Umgebung sind die verfügbaren Typen von Datenquellen abhängig, auf die Sie extern zugreifen können. Bei der Excel-Installation auf Ihrem PC werden die auf der linken Seite genannten ODBC-Treiber installiert.

Abbildung 2.6 Darstellung von Queries

Abbildung 2.7 Business Information Warehouse

2.1.4 Datenimport aus SAP R/3

Die wichtigsten Auswertungswerkzeuge in SAP sind Reports und Queries:

Reports

Ein **Report** ist ein fest definiertes Auswertungswerkzeug zum Erstellen von Listen und Statistiken. Man unterscheidet zwischen Standardreports, die von SAP fertig zur Verfügung gestellt werden, und unternehmensspezifisch programmierten Reports. In der Regel sind unternehmensspezifisch programmierte Reports in der Anwendung den Standardreports sehr ähnlich. Der Report ist einerseits das am einfachsten zu bedienende, andererseits aber auch das am wenigsten flexible Werkzeug. Eine **Query** ermöglicht eine flexiblere Auswertung Ihrer Daten. Es gibt die Ad-hoc-Query und die SAP Query. Die Ad-hoc-Query ist auf Endanwender zugeschnitten und daher einfacher zu bedienen. Grundsätzlich erlaubt die Query eine flexiblere Gestaltung von Berichten als Reports, allerdings zum Preis einer aufwändigeren Handhabung.

Query

Business Information Warehouse (BW)

Das Business Information Warehouse (BW) ist ein sehr umfangreiches Auswertungs- und Analysewerkzeug. Es dient vor allem strategischen und kennzahlenbasierten Auswertungen und erlaubt die Kombination von Daten verschiedener Bereiche. Das BW ist kein Element des SAP R/3-Systems, sondern ein zusätzliches Produkt. Eine wesentliche Funktion zur Weiterverwendung eines Reports ist der Download, also der Transfer der Daten in Ihr Netzwerk. Sie können die Daten innerhalb des R/3-Systems als MS Excel-Tabelle darstellen.

Download

1. Klicken Sie auf den Button, um die Daten an Excel zu übergeben.
2. In Excel wählen Sie das Menü **Datei • Speichern unter**.

Mit Hilfe des Buttons können Sie Ihre Liste speichern als:

- Unkonvertiert (ASCII-Textdatei)
- Tabellenkalkulation (z. B. MS Excel oder Lotus 123)

Einige Reports bieten die oben angesprochenen Buttons nicht an. Dann ist ein Download oft über einen der beiden folgenden Menüs möglich:

- **System • Liste • Sichern • lokale Datei** (Variante 1)
- **Liste • Sichern/senden • Datei** (Variante 2)

[!]

Ein Beispiel für den Datenimport aus SAP BW finden Sie auf der Buch-CD. Es stellt ein BW-System mit den CO-PA-Daten (Modul in SAP R/3) dar und stammt aus dem bei SAP Press erschienen »Praxishandbuch SAP-Controlling«, mit freundlicher Genehmigung des Autors Uwe Brück.

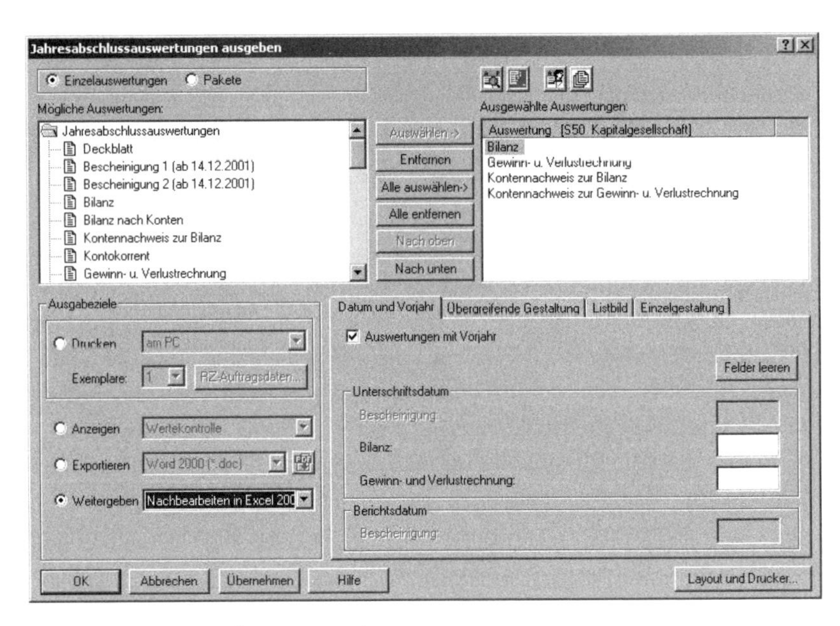

Abbildung 2.8 Einstellungen vornehmen ...

Microsoft Excel - KONAGU01.TXT

Datei Bearbeiten Ansicht Einfügen Format Extras Daten Fenster ?

A1 = KONTENNACHWEIS zur G.u.V. vom 01.01.2004 bis 31.03.2004

	A	B	C	D	E
1	KONTENNACHWEIS zur G.u.V. vom 01.01.2004 bis 31.03.2004				
2					
3	Karl F. Testholz GmbH (SKR 04)				
4	Schreinerei und Ladenbau				
5	Datenbestand für Musterauswertungen				
6	Nürnberg				
7					
8					
9				Geschäftsjahr	Vorjahr
10	Konto	Bezeichnung	Euro	Euro	Euro
11					
12		Umsatzerlöse			
13	4120	Steuerfr. Erlöse Furniere Drittland	16.923,65		37.953,59
14	4125	Steuerfr. EG-Erlöse Furniere	78.111,23		181.480,71
15	4300	Erlöse 7% USt	100,00		0,00
16	4400	Erlöse Furniere	379.077,04		1.035.929,51
17	4405	Erlöse beschichtete Platten	175.026,25		603.193,67
18	4406	Erlöse Modellbau	128.035,72		383.321,32
19	4407	Erlöse Messebau	154.497,89		359.392,79
20	4735	Gewährte Skonti 16% USt	-4.368,57	927.403,21	-16.753,25
21					
22		sonstige ordentliche			
23		Erträge			
24	4835	Sonst. Erlöse betr. u. regelmäßig		0,00	7.200,00
25					
26		Erträge aus dem Abgang von			
27		Gegenständen des Anlage-			
28		vermögens und aus Zuschrei-			
29		bungen zu Gegenständen des			
30		Anlagevermögens			
31	4845	Erlöse Sachanlageverkäufe 16% USt	0,00		30.830,00

Abbildung 2.9 ... und so sieht das Ergebnis aus!

2.1.5 Datenimport aus DATEV

Generell können Sie Daten aus DATEV auf zwei Wegen exportieren:

- Sie kopieren die Daten in die Zwischenablage und holen sie am Ziel (z. B. Excel) wieder aus der Zwischenablage.
- Sie erzeugen eine Datei in den Formaten *ASC oder *XLS. Es sind natürlich noch weitere Formate möglich, diese können Sie aber in Excel nicht öffnen.

Das folgende Beispiel bezieht sich auf das Produkt »Kanzlei Rechnungswesen«, den Teil »Rechnungswesen und Jahresabschluss« innerhalb von DATEV und dort speziell auf das Modul »Jahresabschlussauswertung«.

Weitergeben an Excel

1. Sie wählen z. B. Jahresabschluss mit einem Doppelklick für den Export aus.
2. Das Fenster **Jahresabschlussauswertung ausgeben** öffnet sich.
3. Entscheiden Sie sich mit **Auswählen** oder **Entfernen** für die Auswertungen, die Sie im Detail exportieren möchten.
4. Wählen Sie die Option **Weitergeben** aus und dort **Nacharbeiten in Excel**.
5. Klicken Sie auf **OK**.
6. Die gewählten Auswertungen werden in Excel als *.TXT-Datei geöffnet.
7. Mit **Datei • Speichern unter...** sichern Sie die Datei als Excel-Datei. Dazu stellen Sie den Dateityp auf *Microsoft Office Excel-Arbeitsmappe (*.xls)* ein.

Nacharbeit

Da auch DATEV hoch aggregierte Auswertungen liefert, die für den Ausdruck, nicht aber für eine Verarbeitung in Excel aufbereitet sind, folgt jetzt noch einiges an Nacharbeit. Leerzeilen müssen gelöscht, Ergebnisse in die richtige Zelle verschoben werden usw. Dazu können Sie die Text-Funktionen einsetzen (siehe Abschnitt 2.3.1), natürlich können Sie auch einen Standardablauf per VBA einmalig »festhalten« und auf Knopfdruck immer wieder starten (siehe Kapitel 8, *Automatisieren – Makros und VBA-Programmierung*).

Selbst wenn Sie die PRIMANOTA aus DATEV importieren, müssen Sie immer wieder die »lästigen« Summen- und Saldenzeilen eliminieren, um eine Datenliste zu erhalten, die Sie in Excel z. B. mit der Pivot-Tabelle (siehe Kapitel 3, *Datenanalyse mit Pivot-Tabelle*) auswerten können.

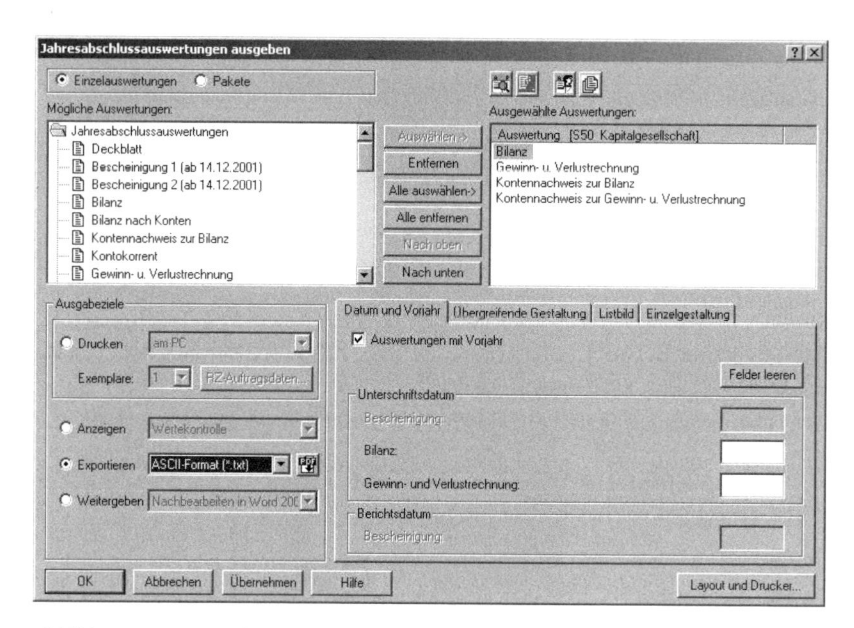

Abbildung 2.10 Zunächst erzeugen Sie eine Datei.

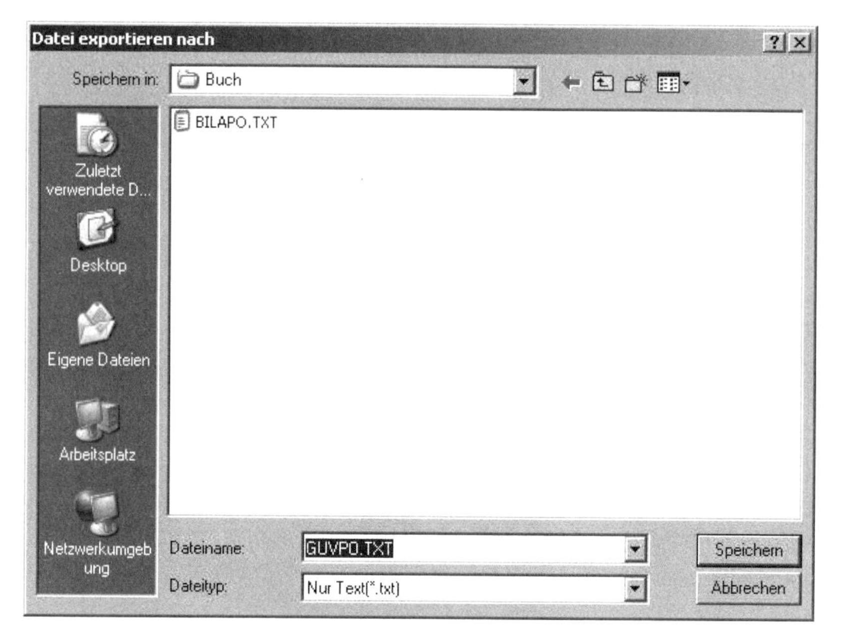

Abbildung 2.11 Die Datei wird im txt-Format gespeichert.

Das folgende Beispiel bezieht sich ebenfalls auf das Produkt »Kanzlei Rechnungswesen«, den Teil »Rechnungswesen und Jahresabschluss« innerhalb von DATEV und dort speziell auf das Modul »Jahresabschlussauswertung«.

txt-Datei erzeugen

1. Sie wählen z.B. Jahresabschluss mit einem Doppelklick für den Export aus.
2. Das Fenster **Jahresabschlussauswertung ausgeben** öffnet sich.
3. Entscheiden Sie sich mit **Auswählen** oder **Entfernen** für die Auswertungen, die Sie im Detail exportieren möchten.
4. Wählen Sie die Option **Exportieren** aus und dort *ASCII-Format (*.txt)*.
5. Klicken Sie auf **OK**.
6. Es öffnet sich das Fenster **Datei exportieren nach**, in dem Sie Dateiname und Speicherort der Auswertung angeben. Dateityp ist automatisch **.txt*.

txt-Datei in Excel öffnen

Wie Sie auf den folgenden Seiten lesen werden, lässt sich eine solchermaßen erzeugte txt-Datei ebenfalls in Excel öffnen.

Wozu das, wenn doch sowieso eine Excel-Datei als Ausgabeformat gewählt werden kann? Diese Möglichkeit ist vor einem anderen Hintergrund bedeutsam:

Wenn Sie sich – aus welchem Grund auch immer – dazu entschlossen haben, umfangreiche Datenbestände (z.B. PRIMANOTA) aus DATEV zu exportieren, und die Zahl der Datensätze übersteigt 65 536, dann können Sie kein Excel-Format wählen. Excel lässt eben nicht mehr als diese 65 536 Zeilen zu, hier gibt es keinen Trick.

Übergeben Sie also den gewünschten Datenbestand als Textdatei, und importieren oder verknüpfen Sie diese Datei in eine Datenbank als Tabelle. Dann können Sie über die ODBC-Schnittstelle (siehe Abschnitt 2.4) und die Pivot-Tabelle (Kapitel 3) trotzdem Auswertungen durchführen.

Der Vorteil:
Die Daten befinden sich in einem dafür geeigneten IT-Tool, Excel ist als Datenhaltungs-Tool – trotz aller »Datenbank-Funktionen« – eher ungeeignet.

Natürlich können Sie auch hierfür einen Standardablauf per VBA einmalig »festhalten« und auf Knopfdruck immer wieder starten (Kapitel 8).

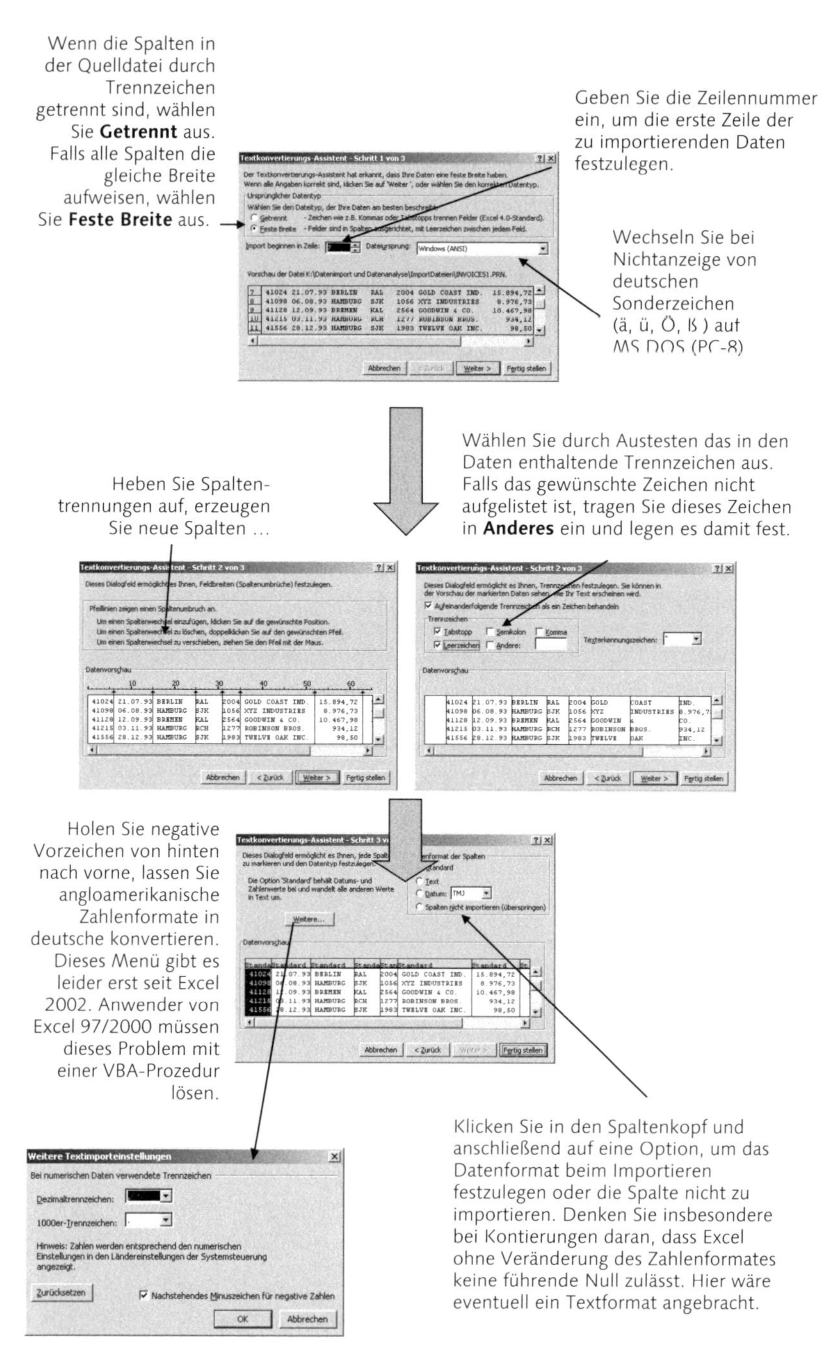

Abbildung 2.12 Die Schritte des Textkonvertierungs-Assistenten

2.2 Textdateien importieren

ASCII-Format

Mit dem Befehl **Öffnen** aus dem Menü **Datei** können Sie auch Dateien öffnen, die aus anderen Programmen stammen. Excel erkennt in diesem Fall das Format und konvertiert es automatisch. Man muss lediglich den passenden Dateityp angeben. Bei Dateien im Textformat ist es aber nicht von vornherein klar, wie die Daten auf die Zellen der Excel-Tabelle verteilt werden sollen.

Daher bietet Excel den Text-Assistenten an, wenn eine Datei im Textformat geöffnet werden soll. Im Textformat werden beispielsweise die Druckdateien aus den Großrechnersystemen geliefert.

Damit eine Textdatei (**.csv, *.txt, *.asc, *.prn*) sinnvoll in eine Tabelle einer Excel-Arbeitsmappe konvertiert werden kann, muss sie so aufgebaut sein, dass die einzelnen Textabschnitte eindeutig auf Zeilen und Spalten der Excel-Tabelle verteilt werden können. Die Trennung der Textteile kann entweder durch Trennzeichen (z. B. Semikolon, Tabulator) oder durch eine jeweils feste Textbreite (gleiche Anzahl von Zeichen) innerhalb jeder Spalte definiert sein. Diese und weitere Informationen fragt Excel mit Hilfe des Text-Assistenten ab.

Trennzeichen für Spalten

1. Öffnen Sie mit dem Befehl **Datei • Öffnen...** die Datei INVOICES.PRN. Dabei sollte der Dateityp auf *Textdateien* eingestellt sein.
2. Wählen Sie die Trennung der einzelnen Spalten, soweit sie Ihnen bekannt ist; im Zweifelsfall **Getrennt**.
3. Klicken Sie Weiter an.
4. Wählen Sie die Trennzeichen bzw. die Spaltenbreite aus.
5. Klicken Sie Weiter an.
6. Wählen Sie für jede Spalte das passende Datumsformat aus, bzw. markieren Sie die Spalten, die nicht importiert werden sollen.
7. Klicken Sie **Fertig stellen** an. Die Daten werden in eine Tabelle an der Stelle eingetragen, an welcher der Einfügerahmen sitzt.
8. Speichern Sie die Datei in einem Excel-Format (*.XLS).

Der Textkonvertierungs-Assistent weist in den verschiedenen Excel-Versionen geringfügig Unterschiede auf, die aber selbsterklärend sind. Der einzige gravierende Unterschied seit Excel 2002 ist die Schaltfläche **Weitere**. Vergleichen Sie dazu die Abbildung 2.12 auf der linken Seite.

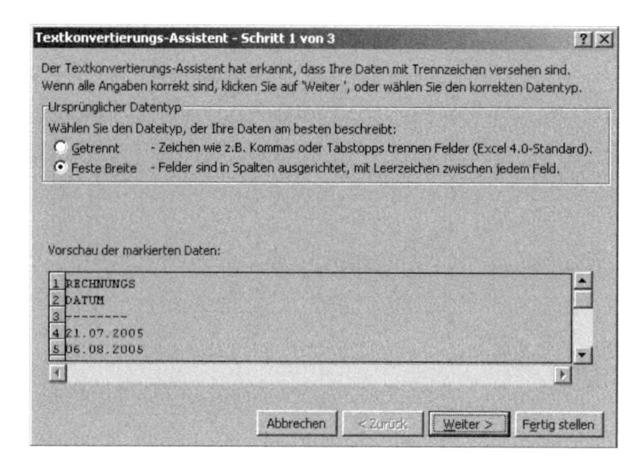

Abbildung 2.13 Textkonvertierungs-Assistent Schritt 1

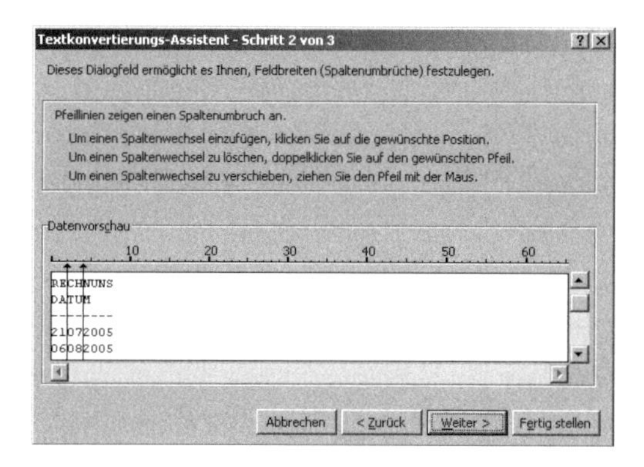

Abbildung 2.14 Textkonvertierungs-Assistent Schritt 2

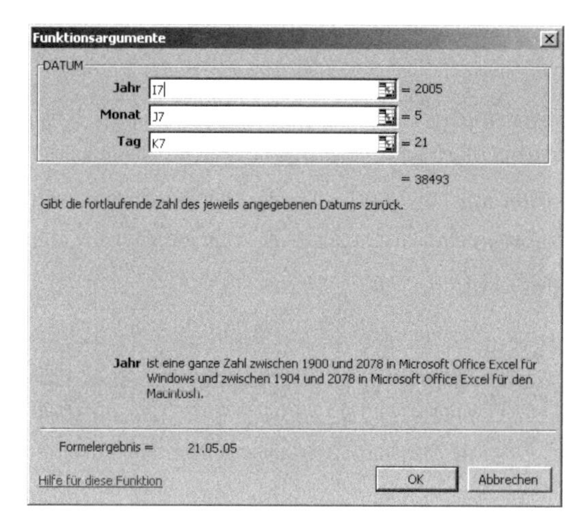

Abbildung 2.15 Funktionsargumente

2.3 Importdatei nachbearbeiten

Im Folgenden wollen wir Ihnen einige Möglichkeiten andeuten, mit denen Korrekturen nach einem Datenimport durchgeführt werden können. Dies sind hauptsächlich Text-Funktionen und der Menüpunkt **Datei • Text in Spalten**.

Änderungen

Folgendes muss an der soeben importierten Datei geändert werden:

- Die Rechnungsnummern wurden auf fünf Spalten verteilt, sollen aber in einer Spalte zusammengefasst werden (Funktion VERKETTEN).
- Die Druckzeit soll von einem Textformat wieder in ein Zeitformat verwandelt werden (Funktion ZEITWERT).
- Das Rechnungsdatum wurde in einem angloamerikanischen Datumsformat als Text geliefert (Funktion DATUM).
- Das Vertretungsgebiet und das Vertreterkürzel wurden in eine Spalte geschrieben, gehören aber auf zwei Spalten verteilt (Funktionen LINKS, RECHTS, LÄNGE).
- Die Firmennamen enthalten teilweise an führender Stelle Leerzeichen und teilweise Zeilenumbrüche (Funktionen GLÄTTEN, SÄUBERN).

1. Öffnen Sie mit **Datei • Öffnen...** die Datei INVOICES.XLS.
2. Markieren Sie den Zellbereich `I7:I28`.
3. Wählen Sie aus dem Menü **Daten • Text in Spalten...** aus.
4. Wählen Sie die Option **Feste Breite**, und klicken Sie die Schaltfläche **Weiter** an.
5. Teilen Sie das Datum entsprechend der Abbildung 2.14 in drei Spalten auf, und klicken Sie die Schaltfläche **Fertig stellen** an.

In vielen Fällen lassen sich auf diese Art und Weise Zeichen einer Zelle auf eine oder mehrere Spalten verteilen. Dabei können auch die Textfunktionen sehr hilfreich sein.

Zeichen verteilen

1. Markieren Sie den Zellbereich `L7:L28`.
2. Wählen Sie in dem Menü **Einfügen • Funktion** aus der Kategorie DATUM&ZEIT die Funktion DATUM aus.
3. Tragen Sie die Argumente so ein, wie in der Abbildung 2.15 dargestellt.
4. Beenden Sie die Eingabe mit [Strg] + [Enter].

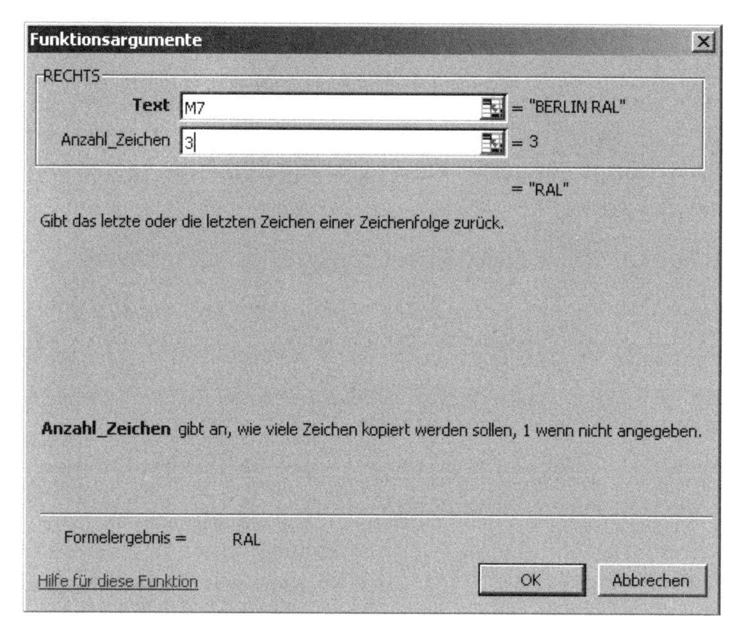

Abbildung 2.16 Die Funktion RECHTS

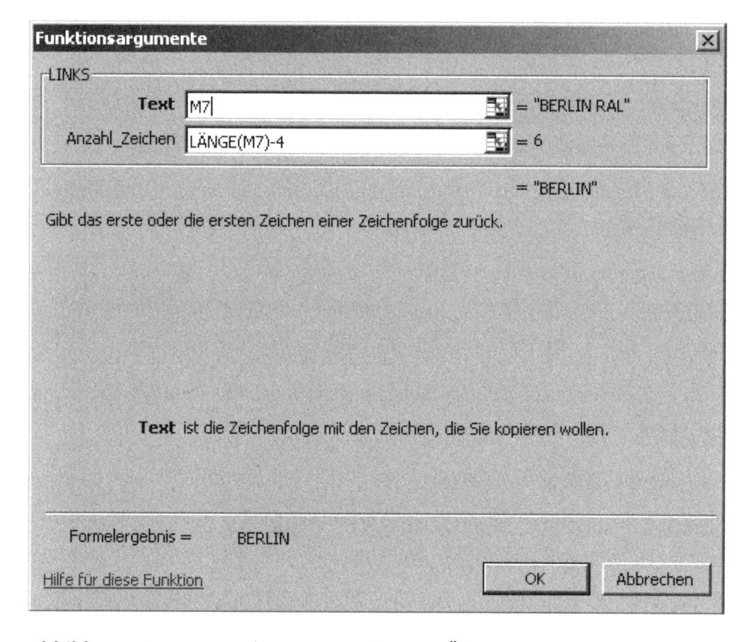

Abbildung 2.17 Die Funktionen LINKS und LÄNGE

Aus der Spalte M soll das Vertreterkürzel herausgelesen werden. Dies steht in der Zeichenfolge äußerst rechts. Daher lesen wir nun im Folgenden mit Hilfe der Funktion RECHTS() die äußersten drei Zeichen rechts aus und separieren das Vertreterkürzel in eine Zelle bzw. Spalte.

Rechts

1 Öffnen Sie mit **Datei • Öffnen...** die Datei INVOICES.XLS.
2 Markieren Sie den Zellbereich O7:O28.
3 Wählen Sie in dem Menü **Einfügen • Funktion** aus der Kategorie TEXT die Funktion RECHTS aus.
4 Tragen Sie die Argumente so ein, wie links abgebildet.
5 Beenden Sie die Eingabe mit [Strg] +[Enter].

Nun soll das Vertretungsgebiet ausgelesen werden. Dies steht links am Anfang der Zeichenfolge und hat eine variable Länge. Wir können aber die Anzahl der Zeichen mit der Funktion LÄNGE ermitteln und davon drei Zeichen abziehen. Also müssen wir zwei Funktionen miteinander verschachteln. Dies sind die Funktionen LINKS() und LÄNGE().

Links
Länge

1 Markieren Sie den Zellbereich N7:N28.
2 Wählen Sie in dem Menü **Einfügen • Funktion** aus der Kategorie TEXT die Funktion LINKS() aus.
3 Geben Sie im Feld TEXT die Zelle M7 an.
4 Im Feld ANZAHL_ZEICHEN wird die Funktion LÄNGE() mit den links abgebildeten Argumenten eingetragen.
5 Beenden Sie die Eingabe durch [Strg] + [Enter].

Jetzt ist die Spalte M eigentlich überflüssig, da wir den Inhalt auf zwei Spalten verteilt haben. Wenn Sie die Spalte M löschen, geht aber der Bezug für die eingefügten Funktionen verloren, und die Fehlermeldung #BEZUG! wird angezeigt. Also kopieren wir die Funktionen und fügen sie an gleicher Stelle als absoluten Wert wieder ein!

Bearbeiten und Inhalte einfügen

1 Markieren Sie den Zellbereich N7:N27.
2 Wählen Sie aus dem Menü **Bearbeiten** den Befehl **Kopieren** aus.
3 Klicken Sie die Zelle an, ab welcher der markierte Bereich eingefügt werden soll. Hier ist das die Zelle N7.
4 Wählen Sie aus dem Menü **Bearbeiten** den Befehl **Inhalte einfügen** und dort die Option »Werte« aus.
5 Klicken Sie **OK** an.

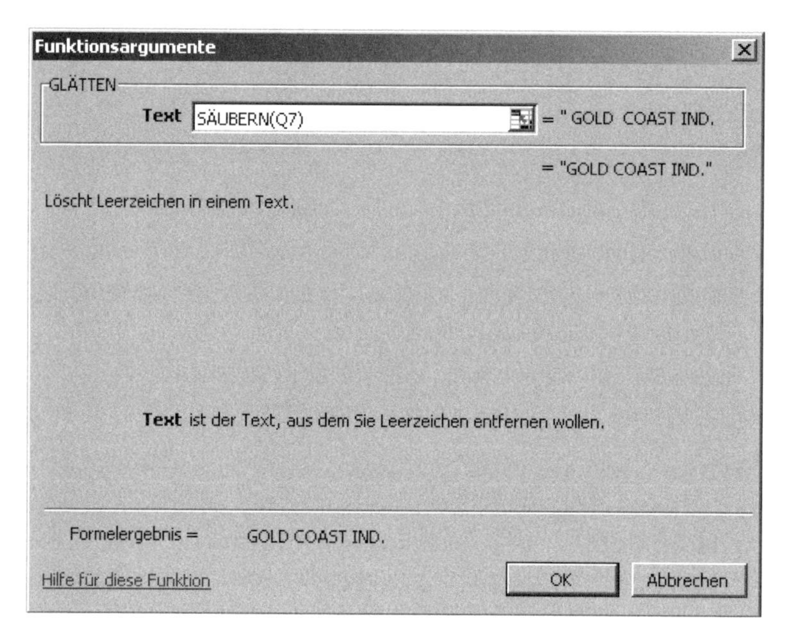

Abbildung 2.18 Die Funktionen GLÄTTEN und SÄUBERN

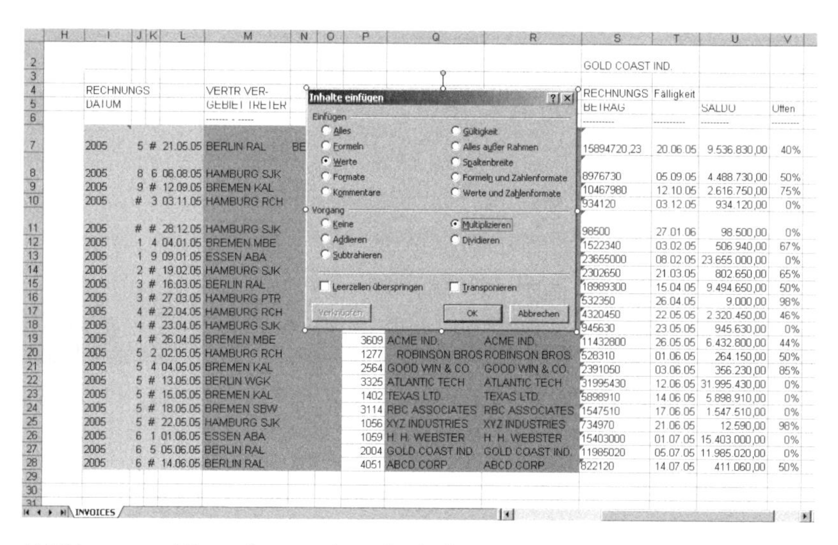

Abbildung 2.19 Werte »hart« in der Zelle direkt verändern

Bei dem Feld »Firma« haben wir das Problem, dass zum einen teilweise Leerzeichen am Anfang der Zeichenfolge existieren und zum anderen bei einigen Zellen Zeilenumbrüche vorhanden sind. Dieses Problem lässt sich mit den Funktionen GLÄTTEN – sie entfernt Leerzeichen – und SÄUBERN – entfernt nichtdruckbare Zeichen – lösen. Beide Funktionen werden wieder miteinander verschachtelt, und zwar so:

Glätten und säubern

1 Markieren Sie den Zellbereich R7:R28.
2 Wählen Sie in dem Menü **Einfügen • Funktion** aus der Kategorie TEXT die Funktion GLÄTTEN() aus.
3 Geben Sie im Feld TEXT die Funktion SÄUBERN() mit den in der Abbildung 2.18 dargestellten Argumenten ein.
4 Beenden Sie die Eingabe durch [Strg] + [Enter].

Nach einem Import von Text-Files kann es vorkommen, dass Werte in einem Textformat übernommen werden oder Werte mit einem negativen Vorzeichen, die eigentlich positiv dargestellt werden sollten. Durch eine einfache Umrechnung können Sie diese Werte nach Wunsch »verwandeln«.

Bearbeiten und Inhalte einfügen

1 Schreiben Sie in eine beliebige Zelle den Wert »1«.
2 Wählen Sie aus dem Menü **Bearbeiten** den Befehl **Kopieren** aus, und kopieren Sie damit die Zelle.
3 Markieren Sie den Zellbereich S7:S28.
4 Wählen Sie aus dem Menü **Bearbeiten** den Befehl **Inhalte einfügen** und dort die Optionen **Werte** und **Multiplizieren** aus.
5 Klicken Sie **OK** an.
6 Die Werte der Zellen des Zielbereichs werden mit 1 multipliziert und in Werte zurückverwandelt!

[!]

Wenn Sie aus SAP Daten downloaden, dann erhalten Sie unter Umständen negative Werte. Diese würden Sie gerne positiv umrechnen. Dazu multiplizieren Sie einfach über **Bearbeiten • Inhalte einfügen** und dort über die Optionen **Werte** und **Multiplizieren** die gewünschten Werte mit –1.

Diese Varianten der Nachbearbeitung von importierten Dateien müssen in der Regel periodisch durchgeführt werden. Nichts liegt näher, als solch einen Vorgang als Makro aufzuzeichnen und mit ein wenig VBA zu kombinieren. Dazu finden Sie in Kapitel 8 einige Anhaltspunkte. Danach funktioniert der monatliche Datenimport »auf Knopfdruck« und Sie sparen eine Menge wertvoller Zeit!

B	C	E	F
1.Zeichenfolge	2.Zeichenfolge	Funktion	Ergebnis
A-Klasse	A- Klasse	=IDENTISCH(B3;C3)	FALSCH

Abbildung 2.20 Die Zeichenfolge in der Zelle »C3« weist ein Leerzeichen mehr auf, daher sind beide Zeichenfolgen nicht identisch.

B	C	E	F
1.Zeichenfolge	2.Zeichenfolge	Funktion	Ergebnis
A-Klasse		=finden("K";B6;1)	3
A-Klasse		=teil(B7;e6;6)	Klasse

Abbildung 2.21 Die Zeichenfolge »Klasse« wird geliefert, egal an welcher Stelle im Text sie zu finden ist.

B	C	D	E	F
1.Zeichenfolge	2.Zeichenfolge	3.Zeichenfolge	Funktion	Ergebnis
A	-	Klasse	=VERKETTEN(B8;C8	A-Klasse
A	-	Klasse	=B9&C9&D9	A-Klasse

Abbildung 2.22 So fügen Sie Zeichen verschiedener Zellen zu einer Zeichenfolge zusammen.

B	C	E	F
1.Zeichenfolge	2.Zeichenfolge	Funktion	Ergebnis
A-Klasse		=Finden("K";B6;1)	3
A-Klasse		=Teil(B7;E6;6)	Klasse
A-Klasse		=Finden("k";B6;1)	#WERT!
A-Klasse		=Teil(B7;E6;6)	#WERT!
A-Klasse		=Suchen("k";B6;1)	3
A-Klasse		=Teil(B7;E6;6)	Klasse

Abbildung 2.23 Beachten Sie den Unterschied zwischen SUCHEN und FINDEN!

Textfunktionen

Sie haben bisher bereits einige Beispiele für den Einsatz von Textfunktionen kennen gelernt. Es gibt noch einige mehr, die wir hier leider aus Platzgründen nicht alle in dieser ausführlichen Form vorstellen können. Alle Textfunktionen haben aber den großen Vorteil, dass man sie sich sehr schön selbst erarbeiten kann, da sie im Grunde alle selbsterklärend sind.

Im Folgenden sollen hier einige weitere Textfunktionen mit einer Kurzerklärung vorgestellt werden.

Wichtige Textfunktionen

Textfunktion	Erklärung
CODE	Liefert die Codezahl des ersten Zeichens in einem Text.
ERSETZEN	Ersetzt Zeichen innerhalb einer Zeichenfolge.
FEST	Formatiert eine Zahl als Text mit einer festen Anzahl von Nachkommastellen.
FINDEN	Sucht eine Zeichenfolge innerhalb einer anderen (Groß-/Kleinschreibung wird beachtet).
GLÄTTEN	Entfernt führende Leerzeichen aus einem Text.
GROSS	Wandelt einen Text in Großbuchstaben um.
GROSS2	Wandelt den Anfangsbuchstaben aller Wörter einer Zeichenfolge in einen Großbuchstaben um.
IDENTISCH	Überprüft zwei Zeichenfolgen auf Übereinstimmung.
KLEIN	Wandelt einen Text in Kleinbuchstaben um.
LÄNGE	Liefert die Anzahl der Zeichen einer Zeichenfolge.
LINKS	Liefert die äußeren linken Zeichen einer Zeichenfolge.
RECHTS	Liefert die äußeren rechten Zeichen einer Zeichenfolge.
SÄUBERN	Entfernt alle nichtdruckbaren Zeichen aus einem Text.
SUCHEN	Sucht eine Zeichenfolge innerhalb einer anderen (Groß-/Kleinschreibung wird nicht beachtet).
TEIL	Liefert eine bestimmte Anzahl Zeichen einer Zeichenfolge ab der von Ihnen bestimmten Stelle.
TEXT	Formatiert eine Zahl und wandelt sie in Text um.
VERKETTEN	Verknüpft einzelne Textelemente zu einer Zeichenkette.
WECHSELN	Tauscht alten Text in einer Zeichenfolge durch neuen Text aus.
WERT	Wandelt ein als Text angegebenes Argument in eine Zahl um.
ZEICHEN	Liefert das der Codezahl entsprechende Zeichen.

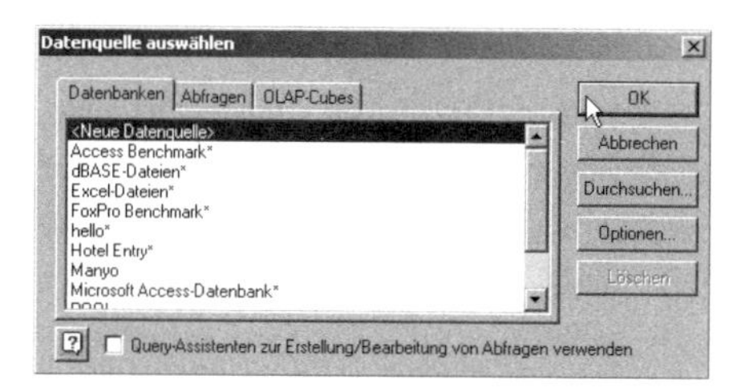

Abbildung 2.24 Datenquelle auswählen

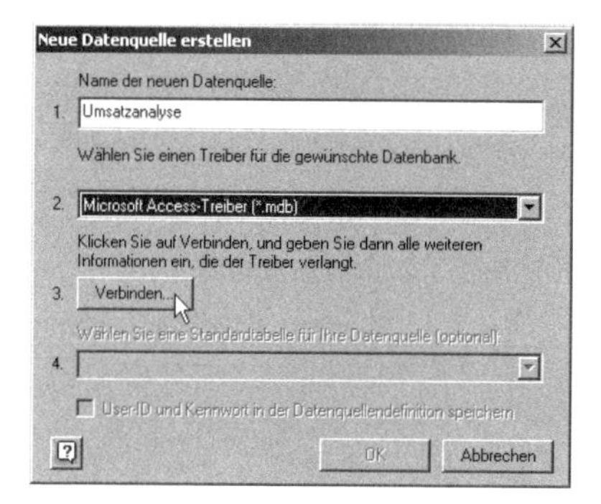

Abbildung 2.25 Neue Datenquelle erstellen

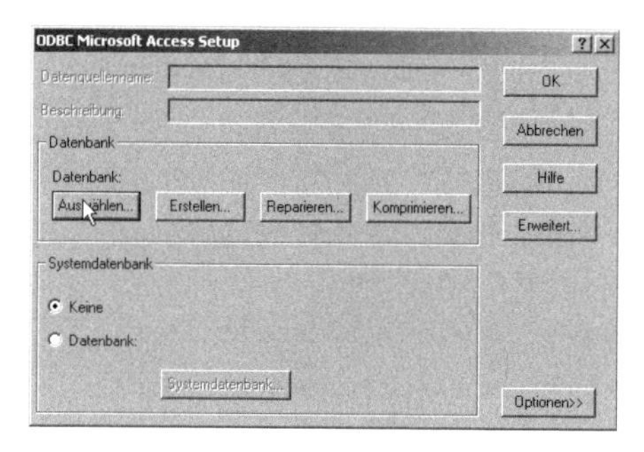

Abbildung 2.26 Das ODBC-Setup

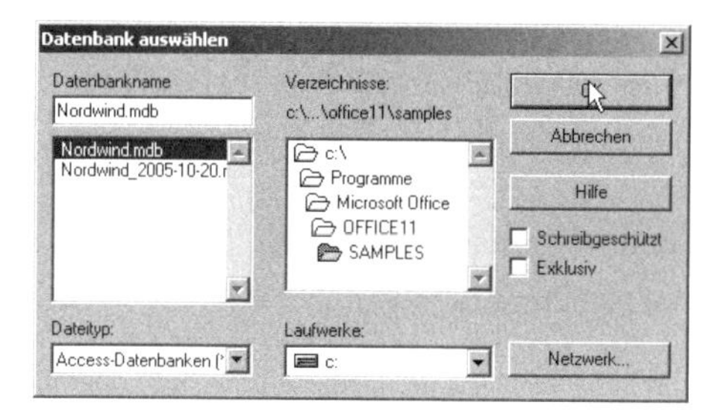

Abbildung 2.27 Der Pfad ist von der Version abhängig, hier Office 2003.

2.4 Verbindung per ODBC zu einer Datenbank aufbauen

Voraussetzungen

Um Ihnen die Technik des Datenimports über die ODBC-Schnittstelle näher zu bringen, haben wir uns für eine Access-Beispieldatenbank von Microsoft entschieden. Von der Zugriffstechnik her spielt es keine Rolle, ob Sie auf eine Access-Datenbank oder auf eine Oracle-Datenbank zugreifen.

Diese Beispieldatenbank mit dem Namen NORDWIND.MDB dürfte aber auf Ihrem Rechner vorhanden sein. Im folgenden Beispiel gehen wir davon aus, dass Sie eine dauerhafte Verbindung zur Datenquelle aufbauen möchten.

Datenquelle einrichten

1. Wählen Sie im Menü **Daten • Externe Daten importieren**, und klicken Sie dann auf **Neue Abfrage erstellen**. Das Dialogfenster **Datenquellen auswählen** wird geöffnet.
2. Wollen Sie eine neue Datenquelle einrichten, doppelklicken Sie auf **Neue Datenquelle**. Vorher überprüfen Sie, ob das Kontrollkästchen **Query-Assistenten für Erstellung/Bearbeitung von Abfragen verwenden** deaktiviert ist.
3. Klicken Sie dann auf **OK**. Das Dialogfenster **Neue Datenquelle erstellen** wird geöffnet.
4. Tragen Sie den Arbeitsnamen der gewünschten Datenquelle ein, hier *Umsatzanalyse*.
5. Wählen Sie aus dem Drop-down-Feld den passenden Treiber aus, hier **Microsoft Access-Treiber (*.mdb)**.
6. Klicken Sie auf **Verbinden**. Das Fenster **ODBC Microsoft Access-Setup** wird geöffnet.
7. Klicken Sie auf **Auswählen**, und wählen Sie die Datei NORDWIND.MDB aus dem Beispielverzeichnis Ihrer Office-Installation aus.
8. Haben Sie die erforderlichen Informationen eingegeben, so klicken Sie auf **OK**. Sie sind wieder im Fenster **ODBC Microsoft Access-Setup.**
9. Bestätigen Sie nun in allen Dialogfenstern mit **OK**, dass Sie Ihre Auswahl abgeschlossen haben. Zuletzt sollten Sie sich wieder im Dialogfenster **Datenquellen auswählen** befinden. Die Datenquelle ist eingerichtet.

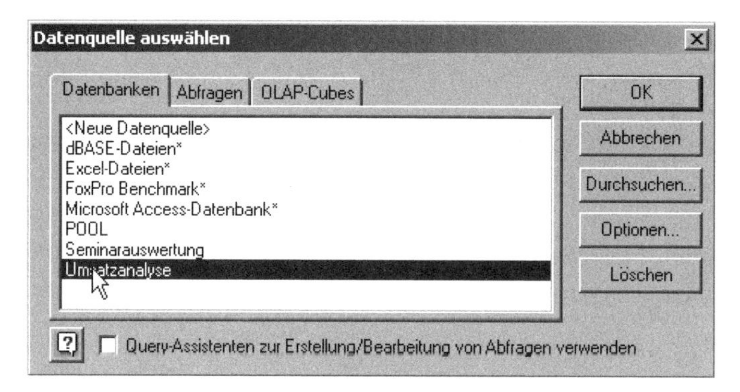

Abbildung 2.28 Wählen Sie die bereits eingerichtete Datenquelle aus.

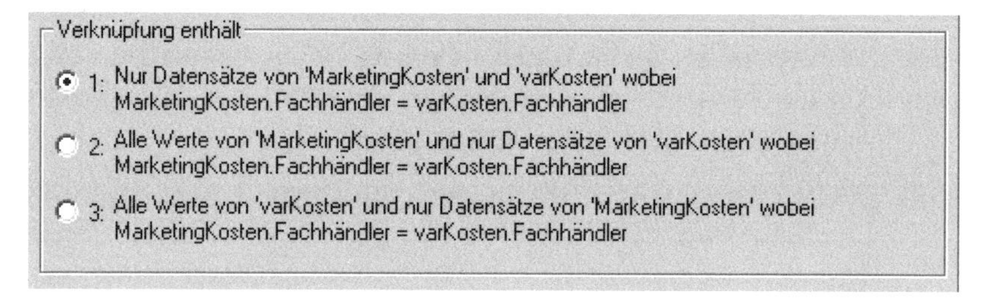

Abbildung 2.29 Daten und/oder Abfrage-Tabellen der Datenquelle auswählen

2.4.1 Abfrage gestalten

Eingabeaufforderung

Je nach Datenbanktyp werden Sie unter Umständen zur Eingabe eines Anmeldenamens, eines Kennwortes, der Version der verwendeten Datenbank, des Speicherortes der Datenbank oder anderer Informationen aufgefordert, die für den Datenbanktyp spezifisch sind, den Sie ausgewählt haben.

Wenn Sie den Anmeldenamen und das Kennwort beim Verwenden der Datenquelle nicht eingeben möchten, aktivieren Sie das Kontrollkästchen **UserID und Kennwort in der Datenquellendefinition speichern**. Falls das Kontrollkästchen nicht verfügbar ist, erkundigen Sie sich bei dem Datenbankadministrator, ob diese Option möglicherweise deaktiviert wurde.

Nachdem Sie eine dauerhafte Verbindung zu einer Datenquelle aufgebaut haben, legen Sie die Tabellen und Felder fest, aus denen Sie Daten abfragen.

Tabellen und Felder festlegen

1. Wählen Sie im Menü **Daten • Externe Daten**, und klicken Sie dann auf **Neue Abfrage erstellen**. Das Dialogfenster **Datenquellen auswählen** wird geöffnet.
2. Markieren Sie in der Registerkarte **Datenbanken** die Datenbank, aus der Sie die Daten abrufen möchten.
3. Klicken Sie dann auf **OK**. Microsoft Query wird geöffnet.
4. Wählen Sie in dem Fenster **Tabellen hinzufügen** die gewünschten Datenbank-Tabellen aus, aus denen Sie Daten abfragen möchten. Dazu klicken Sie die Tabellen und danach die einzelnen Felder doppelt an, um sie der Liste **Spalten in Ihrer Abfrage** hinzuzufügen. In diesem Beispiel sind dies folgende Tabellen und Felder:

Tabellen	Felder
BESTELLDETAILS	EINZELPREIS
BESTELLDETAILS	ANZAHL
BESTELLUNGEN	BESTELLDATUM
BESTELLUNGEN	EMPFÄNGER

5. Haben Sie die erforderlichen Tabellen und Felder für die Abfrage festgelegt, klicken Sie auf **Schließen**.
6. Dann wählen Sie die Option **Daten an Excel zurückgeben** und importieren damit die gewünschten Daten.

	A	B	C	D	E
1	Artikel-Nr	Einzelpreis	Anzahl	Bestelldatum	Firma
2	7	30	35	05.01.96 00:00	Ottilies Käseladen
3	7	30	90	06.11.95 00:00	QUICK-Stop
4	7	30	60	06.05.96 00:00	Folk och fä HB
5	7	30	40	28.05.96 00:00	Eastern Connection
6	7	30	20	09.05.96 00:00	Reggiani Caseifici
7	7	30	35	15.09.95 00:	
8	7	30	6	17.04.96 00:	
9	7	30	12	28.03.96 00:	
10	7	30	18	25.04.96 00:	
11	7	30	4	14.05.96 00:	
12	7	30	20	15.02.96 00:	
13	7	30	45	18.04.96 00:	
14	7	30	1	05.06.96 00:	
15	7	30	10	07.08.95 00:	
16	7	30	60	30.04.96 00:	
17	7	30	60	30.04.96 00:	
18	7	30	20	28.03.96 00:	
19	7	30	8	10.04.96 00:	
20	7	30	10	23.06.95 00:	
21	7	30	15	04.06.96 00:	
22	7	30	3	22.01.96 00:	
23	7	30	20	26.04.96 00:	
24	7	30	5	29.02.96 00:00	La corne d'abondance

Tabelle1

Ausschneiden
Kopieren
Einfügen
Inhalte einfügen...
Zellen einfügen...
Zellen löschen...
Inhalte löschen
Kommentar einfügen
Zellen formatieren...
Abfrage bearbeiten...
Datenbereich-Eigenschaften
Parameter...
Daten aktualisieren

Abbildung 2.30 Abfrage noch einmal verandern

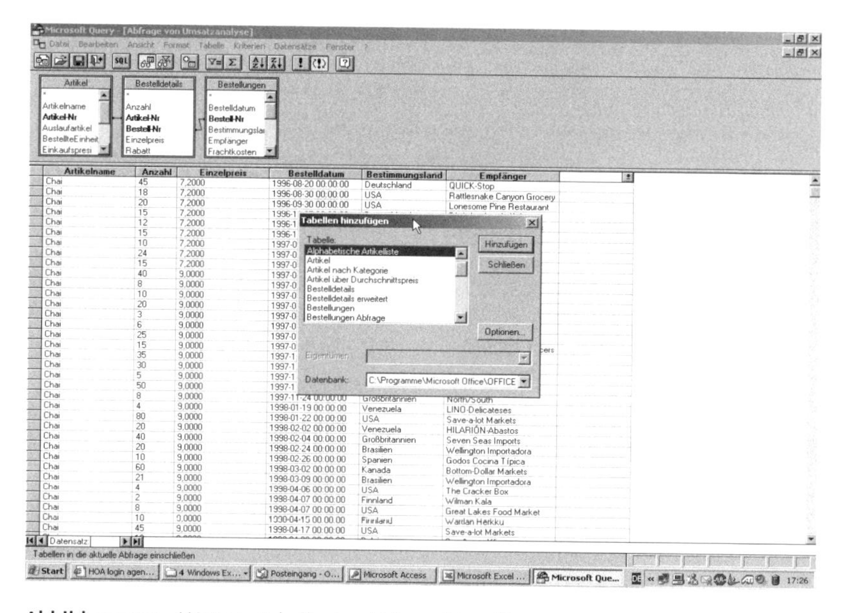

Abbildung 2.31 Weitere Tabelle der Abfrage hinzufügen

2.4.2 Abfrage bearbeiten

Möchten Sie nach dem Datenimport die Abfrage noch einmal nachbearbeiten, um z.B. die Kriterien zu verändern oder weitere Datentabellen der Abfrage hinzuzufügen, so ist das problemlos möglich.

Nachbearbeitung

1. Positionieren Sie den Einfügerahmen in der importierten Datenliste.
2. Wählen Sie im Menü **Daten • Externe Daten importieren**, und klicken Sie dann auf **Abfrage bearbeiten**.

3. Wählen Sie die gewünschten Tabellen aus, aus denen Sie Daten abfragen möchten. Dazu wählen Sie aus dem Menü **Tabelle • Tabelle hinzufügen**.
4. Durch Doppelklick auf die gewünschten Tabellen werden diese der Auswahl hinzugefügt.
5. Durch Doppelklick auf die Feldnamen werden diese ebenfalls der Auswahl hinzugefügt.
6. Danach wählen Sie aus dem Menü **Daten** die Position **Daten an Excel zurückgeben**.

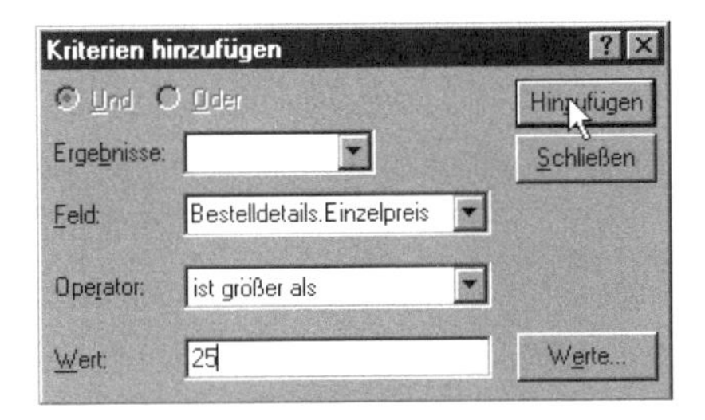

Filter einbauen

1. Positionieren Sie den Einfügerahmen in der importierten Datenliste.
2. Wählen Sie im Menü **Daten • Externe Daten**, und klicken Sie dann auf **Abfrage bearbeiten**.
3. Wählen Sie im Menü **Kriterien • Kriterien hinzufügen**, und wählen Sie alles so aus, wie hier abgebildet.
4. Danach wählen Sie aus dem Menü **Daten** die Position **Daten an Excel zurückgeben**.

Namenfeld

Excel legt automatisch für den importierten Datenbereich einen Bereichsnamen fest, der sich dem Umfang der importierten Daten anpasst! Sehen Sie sich dazu einmal die Datenbereich-Eigenschaften (siehe Abschnitt 2.4.7) näher an. Hier können Sie den Namen auch selbst bestimmen.

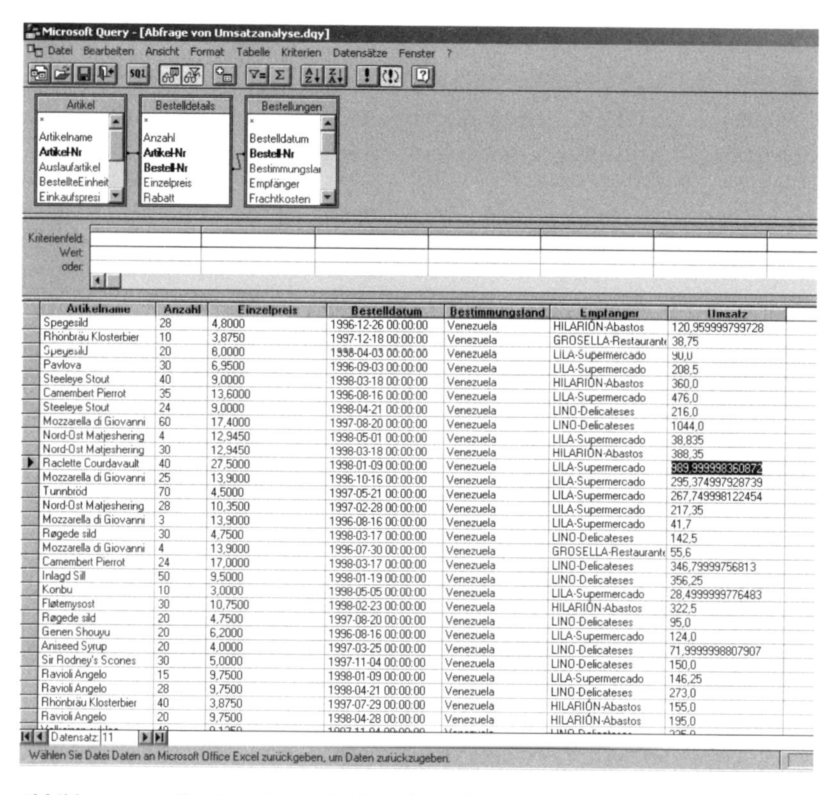

Abbildung 2.32 Das berechnete Feld wird angelegt.

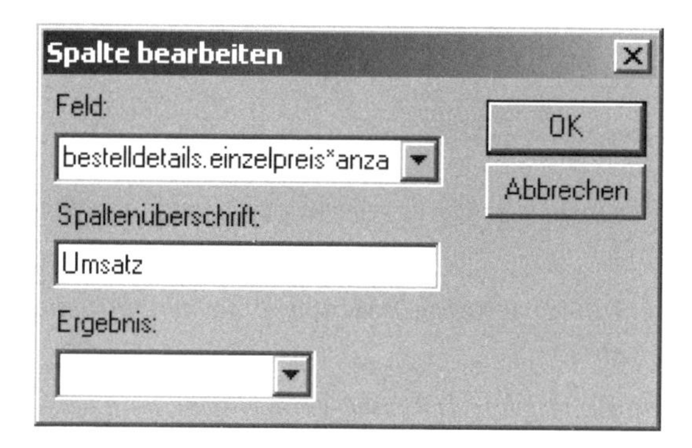

Abbildung 2.33 Das berechnete Feld wird umbenannt.

2.4.3 Berechnete Felder der Abfrage hinzufügen

Wenn Sie in diesem Beispiel den Umsatz berechnen möchten, so können Sie dies nach dem Import der Daten wunderbar in Excel erledigen. Allerdings sind Sie gezwungen, eine entsprechende Formel der Anzahl der Datensätze anzupassen. Dies können Sie mit einer kleinen Einstellung in dem Kontextmenü **Datenbereich-Eigenschaften** beeinflussen (siehe Abschnitt 2.4.7). Wenn Sie bereits in Query eine Formel einbauen, entfällt dieser Aufwand. Außerdem können Sie solch ein berechnetes Feld sehr gut als Datenfeld für eine Pivot-Tabelle (siehe Kapitel 3) verwenden.

Feld umbenennen

1. Positionieren Sie den Einfügerahmen in der importierten Datenliste.
2. Wählen Sie im Menü **Daten • Externe Daten**, und klicken Sie dann auf **Abfrage bearbeiten**.
3. Schreiben Sie in den ersten *leeren* Spaltenkopf die unten stehende Formel hinein. Groß- und Kleinschreibung spielt keine Rolle. Diese Schreibweise ist ähnlich der Schreibweise in Access für berechnete Felder.
4. Bestätigen Sie die Eingabe mit [Enter].
5. Durch Doppelklick auf den Spaltenkopf können Sie eine Spaltenbezeichnung eintragen (im Beispiel: = UMSATZ).
6. Klicken Sie auf **OK**.
7. Danach wählen Sie aus dem Menü **Daten** die Position **Daten an Excel zurückgeben**.

Die Formel für den Umsatz lautet folgendermaßen:

Formel für den Umsatz

```
bestelldetails.einzelpreis*(1-rabatt)*anzahl
```

Die Schreibweise schließt bei dem Feld »EINZELPREIS« noch den Namen der Datentabelle mit ein, da der Feldname »Einzelpreis« in dieser Datenbank zweimal vergeben ist. In dem einen Fall handelt es sich bei ARTIKEL.EINZELPREIS um den Einkaufspreis, in dem anderen Fall bei BESTELLDETAILS.EINZELPREIS um den Verkaufspreis. Diese Doppelnamensvergabe sollte bei Datenbanken unbedingt vermieden werden!

[!]

In der Excel-Liste taucht (Excel 97/2000) das neue Feld mit der Spaltenüberschrift EXPR1004 auf. Hierbei handelt es sich um einen nicht umgehbaren Fehler in MS Query. Ignorieren Sie diesen Fehler, er hat keinerlei Auswirkungen.

Verschiedene Ansichten von Kriterienfenstern

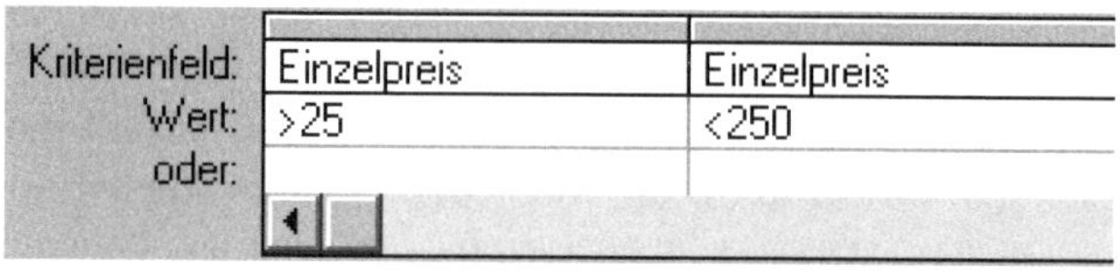

Abbildung 2.34 Einzelpreis liegt zwischen (=UND) 25 und 100 €

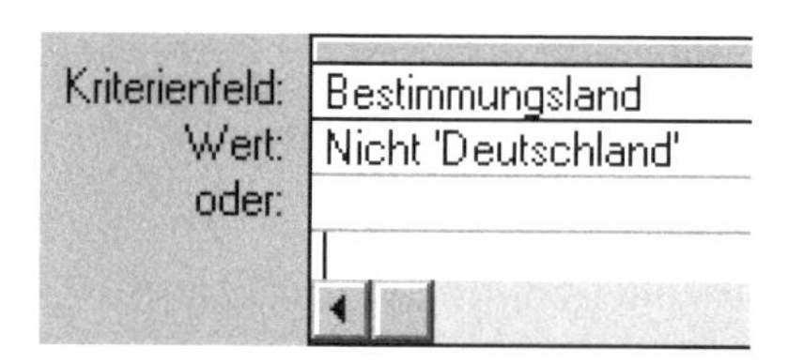

Abbildung 2.35 Bestimmungsland ist entweder (=ODER) USA oder Deutschland.

Abbildung 2.36 Alle Bestimmungsländer ohne (=NICHT) Deutschland

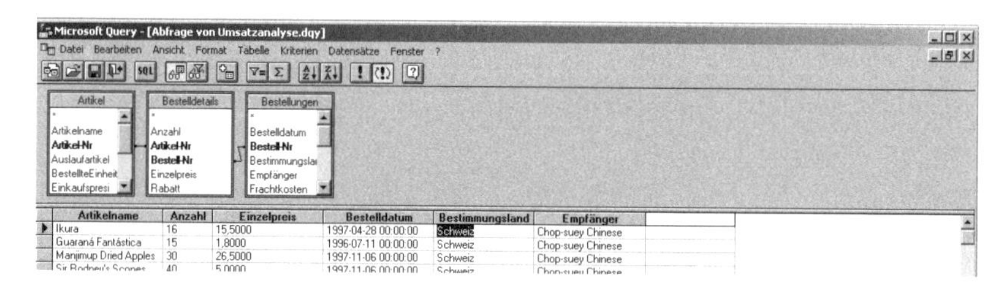

Abbildung 2.37 Verwendung eines auswahlbasierten Filters

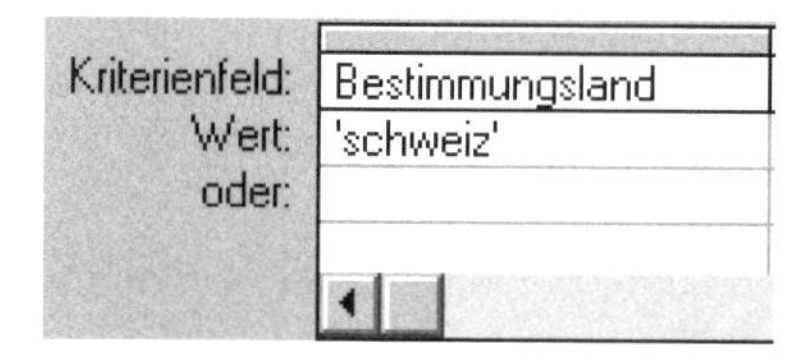

Abbildung 2.38 Spaltenkopf der Kriterientabelle markieren und löschen

2.4.4 Schreibweise von Abfragekriterien

In Abschnitt 2.4.2 haben Sie bereits Filter in Ihre Abfrage eingebaut. In der »Datenbankwelt« wird ein Filter als Kriterium bezeichnet. Kriterien sind Bedingungen, die Sie angeben, um bestimmte Datensätze in einer Datenbank oder einer Liste zu suchen. Mit der Verwendung von Kriterien beschränken Sie die Datensätze (oder Zeilen), die in die Ergebnismenge einer Abfrage aufgenommen werden.

Hinzufügen von Kriterien

Im Folgenden erhalten Sie einen Überblick über die Möglichkeiten zur Definition von Abfragekriterien. Abfragekriterien können Sie einerseits über das Menü **Kriterien • Kriterien hinzufügen** festlegen, Sie können Kriterien aber auch bei Verwendung der korrekten Schreibweise direkt in die »Kriterientabelle« schreiben. Dabei können beliebig viele Kriterien festgelegt und kombiniert werden. Wenn Sie die Kriterientabelle direkt beschreiben möchten, dann beachten Sie bitte folgende Schreibweise:

#	Datumsangaben werden zwischen zwei Rauten gesetzt.	#20.02.2000#
" "	Texte werden in der Regel automatisch erkannt und in Anführungszeichen gesetzt.	"Chai"
%	Ersetzt die folgenden Zeichen, verhält sich wie *.	A%

Wenn Sie nur einen Begriff ausfiltern möchten, so verwenden Sie am besten den auswahlbasierten Filter, weil er den markierten Feldinhalt ausfiltert. Dazu sollte natürlich das Feld, für das Sie Kriterien festlegen möchten, dem Datenfenster hinzugefügt sein.

1. Wir befinden uns in der Abfrage aus Abschnitt 2.4.2.
2. Klicken Sie in der Spalte BESTIMMUNGSLAND auf eine Zelle, die den Ausdruck *Schweiz* enthält.
3. Klicken Sie in der Symbolleiste auf die Schaltfläche **Kriterium wie Auswahl**. Es werden alle Datensätze für die Schweiz selektiert.

Kriterien können natürlich auch wieder gelöscht werden.

Entfernen von Kriterien

1. Klicken Sie im Kriterienfenster auf die Spaltenüberschrift der Spalte, welche die zu löschenden Kriterien enthält.
2. Drücken Sie [Entf].
3. Wiederholen Sie die Schritte 1 und 2 für alle zu entfernenden Kriteriensätze.
4. Um alle Kriterien in einem Schritt zu entfernen, klicken Sie im Menü **Kriterien** auf **Alle Kriterien entfernen**.

Bedeutung	Beispiel	Kriterienfeld	Vergleichs-operator
Gleich	Sucht Datensätze mit Kunden aus Deutschland.	Land	=Deutschland
Ungleich	Sucht Datensätze mit Lieferanten, die nicht aus den USA stammen.	Land	<>USA
Größer als	Sucht Datensätze mit Bestellungen, die nach einem bestimmten Datum in Auftrag gegeben wurden.	Bestelldatum	>30.6.1997
Kleiner als	Sucht Datensätze mit Bestellungen, die vor einem bestimmten Datum in Auftrag gegeben wurden.	Bestelldatum	<30.6.1997
Größer als oder gleich	Sucht Datensätze mit Bestellungen, die an einem bestimmten Datum oder danach in Auftrag gegeben wurden.	Bestelldatum	>=30.6.1997
Kleiner als oder gleich	Sucht Datensätze, die an einem bestimmten Datum oder davor in Auftrag gegeben wurden.	Bestelldatum	<=30.6.1997

Bedeutung	Beispiel	Kriterienfeld	Logischer Operator
Für die Datensätze in der Ergebnismenge müssen dieser und ein anderer Wert im gleichen Feld als **True** (Wahr) bewertet werden.	Abrufen von Datensätzen zu Bestellungen, die innerhalb eines bestimmten Datumsbereichs eingegangen sind.	Bestelldatum	>05.06.2000 UND <23.06.2000
Für die Datensätze in der Ergebnismenge müssen dieses und ein weiteres Kriterium als **True** (Wahr) bewertet werden.	Zum Abrufen von Datensätzen zu Lieferanten an einem von zwei Standorten.	Land	USA ODER Brasilien
Für die Datensätze in der Ergebnismenge darf dieses Kriterium nicht als **True** (Wahr) bewertet werden.	Abrufen von Datensätzen zu Lieferanten, die nicht in einem bestimmten Land ansässig sind.	Land	Nicht USA

Tabelle 2.3 und Tabelle 2.4 Operatoren, Kriterienfelder und Bedeutung

Vergleichsoperatoren

Größer oder kleiner als?

Vergleichsoperatoren werden auf zwei Argumente angewendet und liefern dabei einen Wahrheitswert. Zu diesen Operatoren zählen »gleich«, »ungleich«, »größer als«, »kleiner als«, »größer als oder gleich« und »kleiner als oder gleich«. Sie werden in Ausdrücken verwendet, die als Kriterien für die Auswahl von Datensätzen und für die Einschränkung einer Ergebnismenge eingesetzt werden. Beispielsweise können Sie mit Vergleichsoperatoren Bestellungen suchen, die vor einem bestimmten Datum in Auftrag gegeben wurden.

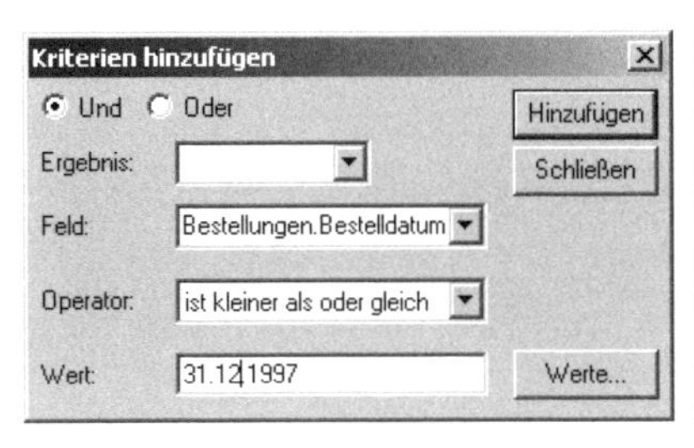

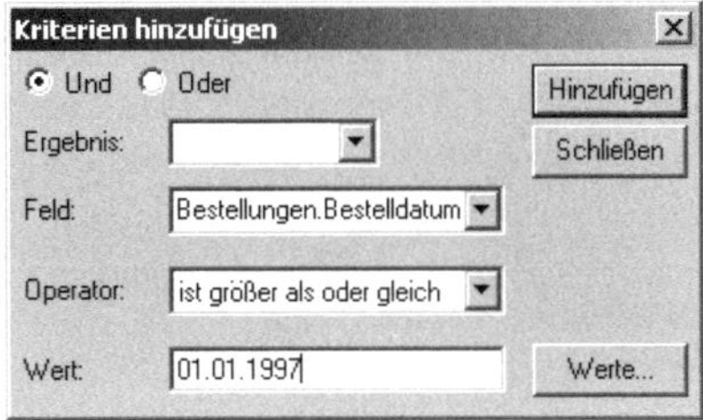

Abbildung 2.39 Zeitraum festlegen mit UND

Logische Operatoren

Und, oder?

Mit logischen Operatoren werden zwei Werte verglichen. Wenn Sie Kriterien in eine Zeile nebeneinander schreiben, so werden Sie durch UND miteinander verknüpft, d. h., *alle* Kriterien müssen erfüllt sein. Wenn Sie in zwei Zeilen der Kriterientabelle etwas eintragen, können beide Bedingungen wahr sein oder nur eine von beiden. Beispielsweise können Sie mit dem Audruck USA UND DEUTSCHLAND Lieferanten suchen, die in in einem der beiden Länder Ihren Sitz haben.

Andere Operatoren

Ist oder ist nicht?

In der folgenden Tabelle (Tabelle 2.5) sind Operatoren zur Auswahl von Werten aufgeführt, zur Suche von Werten, die mit einem beliebigen Wert übereinstimmen, um festzustellen, ob ein Datensatz einen Wert in einem angegebenen Feld enthält, oder um Datensätze mit Hilfe eines Platzhalterzeichens zu suchen. Zu den anderen Operatoren zählen »liegt zwischen«, »ist eine von«, »ist null«, »ist nicht null« und »wie«. So können Sie beispielsweise Einträge suchen, in denen das Feld »Vorgesetzter« gefüllt ist.

Operator	Beispiel	Kriterienfeld	Eingabe im Feld »Wert«
Liegt zwischen		Bestellwert	1997
Ist eine von	Kunden in Hamburg, Bremen und Köln	Stadt	In ('Hamburg', 'Bremen', 'Köln')
Ist null	Mitarbeiter, bei denen im Feld **Vorgesetzter** kein Eintrag vorhanden ist	Vorgesetzter	Ist null
Ist nicht null	Mitarbeiter, bei denen im Feld **Vorgesetzter** ein Eintrag vorhanden ist	Vorgesetzter	Ist nicht null
Wie	Bestimmungsländer, die mit dem Buchstaben *A* beginnen	Bestimmungsland	Wie 'A%'

Tabelle 2.5 Andere Operatoren

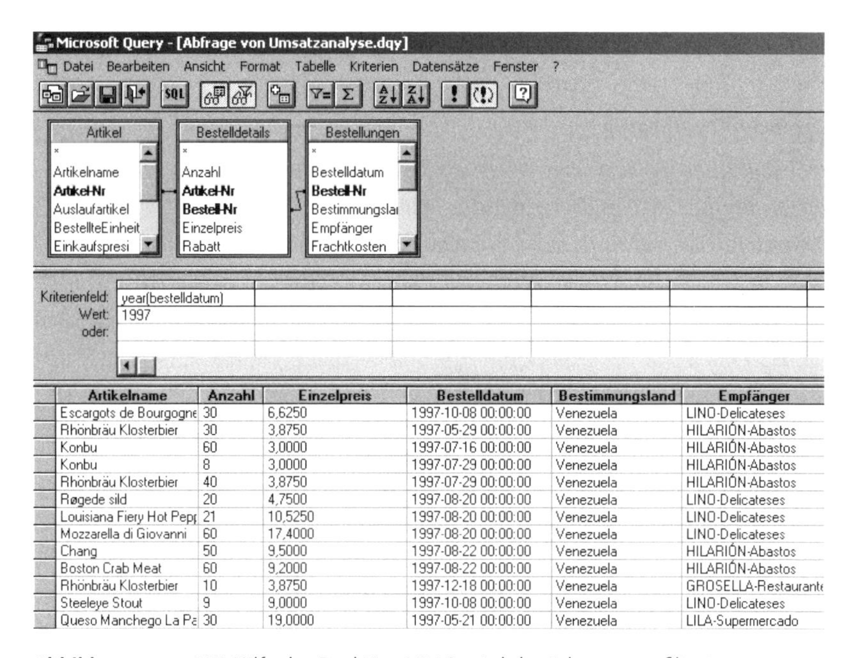

Abbildung 2.40 Mit Hilfe der Funktion YEAR wird das Jahr 1997 gefiltert.

2.4.5 Verwendung von Funktionen in Abfragen

In Abschnitt 2.4.1 haben Sie Filter in Ihre Abfrage eingebaut. Diese Abfragekriterien können Sie einerseits über das Menü **Kriterien • Kriterien hinzufügen** festlegen, aber auch bei Verwendung der korrekten Schreibweise direkt in die Kriterientabelle schreiben.

Funktionen verwenden

Durch den Einsatz von SQL-Funktionen (ODBC-Skalarfunktionen) kann z. B. das Festlegen von Zeiträumen vereinfacht werden. Dazu können Sie fast alle Datumsfunktionen in ihrer englischen Übersetzung verwenden. Schreiben Sie dazu die Funktionen direkt in die Kriterientabelle hinein.

1. Falls noch keine **Kriterientabelle** in MS Query zu sehen sein sollte, klicken Sie das entsprechende Symbol in der Symbolleiste an.
2. Schreiben Sie in die **Kriterientabelle** »YEAR(Bestelldatum)« in die Rubrik **Kriterienfeld** hinein.
3. Geben Sie in der Rubrik **Wert** das Jahr »1997« ein.
4. Danach wählen Sie aus dem Menü **Daten** die Position **Daten an Excel zurückgeben**.

Plan-Ist-Vergleich

Hier ein Beispiel für den monatlichen Plan-Ist-Vergleich, bei dem automatisch die Daten des Vormonates eines bestimmten Jahres selektiert werden sollen sowie alle Artikel, die entweder mit dem Buchstaben *A* oder *B* beginnen. Verwendete Funktionen sind MONAT und HEUTE().

Kriterienfeld:	year(bestelldatum)	month(bestelldatum)	Artikelname
Wert:	1997	month(now()-1)	wie 'a%'
oder:	1997	month(now()-1)	wie 'b%'

Um z. B. aus der Postleitzahl alle Datensätze zu selektieren, bei denen an der dritten Stelle eine »5« zu finden ist, kann die Funktion TEIL, engl. MID, verwendet werden (siehe Abschnitt 2.4.2).

Kriterienfeld:	year(bestelldatum)	month(bestelldatum)	mid(plz;3;1)
Wert:	1997	month(now()-1)	'5'
oder:	1997	month(now()-1)	'5'

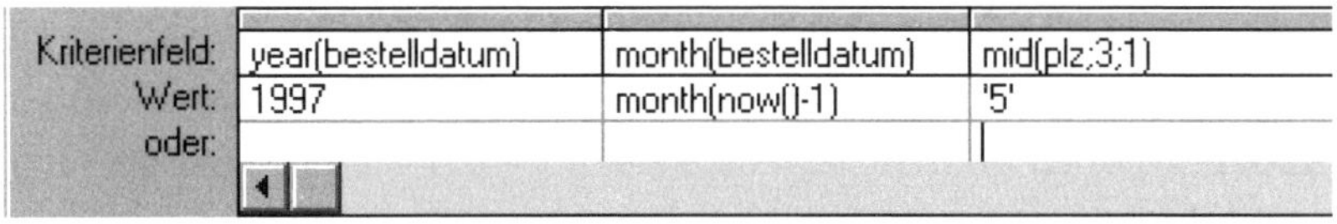

Kriterienfeld:	year(bestelldatum)	month(bestelldatum)	mid(plz;3;1)
Wert:	1997	month(now()-1)	'5'
oder:			

Abbildung 2.41 Speichern der Abfrage in einem definierten Verzeichnis

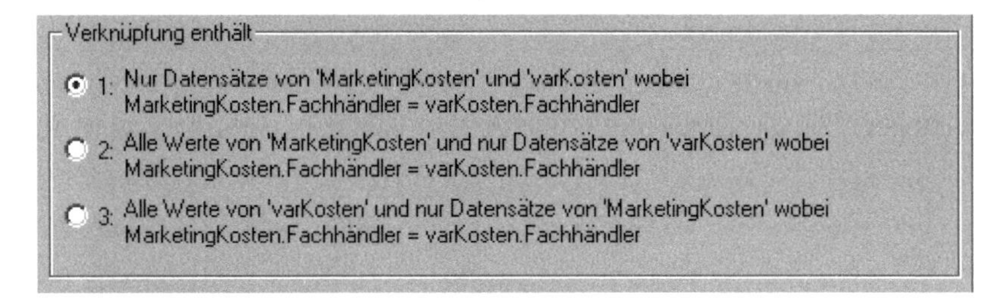

Abbildung 2.42 Zugriff auf eine gespeicherte Abfrage

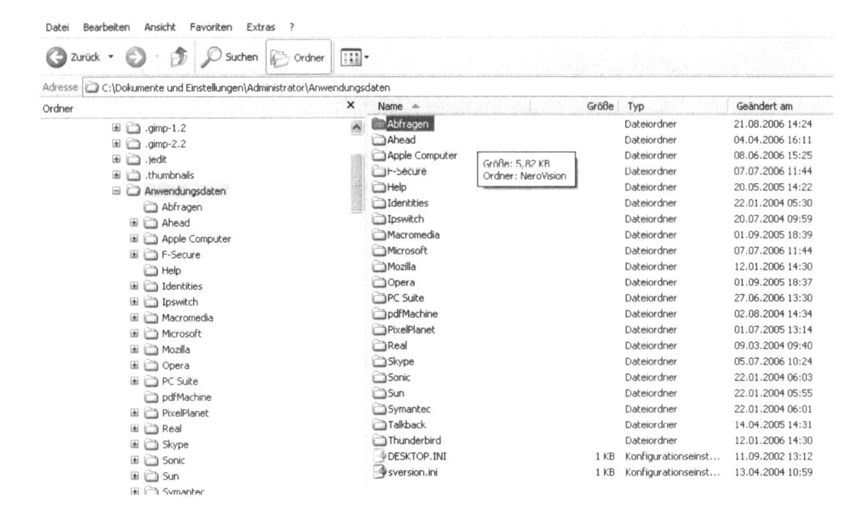

Abbildung 2.43 Hier speichern Sie Abfragen lokal

2.4.6 Abfragen speichern und wieder verwenden

Wenn Sie regelmäßig auf die gleiche Abfrage zugreifen wollen, um lediglich die Anzahl der Datensätze zu aktualisieren oder eine Abfrage Ihren Kolleginnen/Kollegen zur Verfügung zu stellen, dann empfiehlt es sich, diese zu speichern. Dazu gibt es zwei Möglichkeiten:

Zwei Möglichkeiten

- Sie können die Abfrage sichern, indem Sie die Excel-Datei speichern, in die Sie die Datensätze importiert haben. Dabei können Sie pro Tabellenblatt eine Abfrage speichern!
- Sie können bereits in MS Query die Abfrage als DQY-Datei (**D**ata**Q**uer**Y**) speichern. In dieser Variante können Sie Standardabfragen erzeugen, im Netz hinterlegen, so dass alle Kolleginnen/Kollegen darauf zugreifen können. Speichern Sie die Abfrage lokal, dann ist dafür das Standardverzeichnis vorhanden:

  C:\Dokumente und Einstellungen\USER\Anwendungsdaten\Microsoft\Abfragen

1. Positionieren Sie den Einfügerahmen in der importierten Datenliste.
2. Wählen Sie im Menü **Daten • Externe Daten**, und klicken Sie dann auf **Abfrage bearbeiten**.
3. Wählen Sie aus dem Menü **Daten • Speichern** aus.
4. Vergeben Sie einen Namen und legen Sie den Speicherort fest.
5. Drücken Sie auf **OK**.
6. Danach wählen Sie aus dem Menü **Daten** die Position **Daten an Excel zurückgeben**.

Abfrage öffnen

Um eine solche gespeicherte Abfragedatei zu öffnen, unternehmen Sie Folgendes:

1. Wählen Sie im Menü **Daten • Externe Daten**, und klicken Sie dann auf **Neue Abfrage erstellen**. Das Dialogfenster **Datenquellen auswählen** wird geöffnet.
2. Markieren Sie in der Registerkarte **Abfragen** die Abfrage, aus der Sie die Daten abrufen möchten.
3. Klicken Sie dann auf **OK**. Microsoft Query wird geöffnet.
4. Nehmen Sie eventuelle Änderungen vor.
5. Danach wählen Sie aus dem Menü **Daten** die Position **Daten an Excel zurückgeben**.

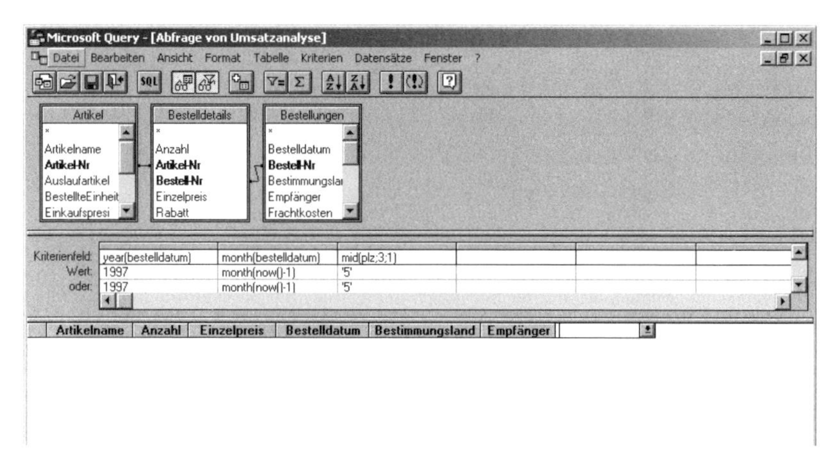

Abbildung 2.44 Wenn die Autoabfrage deaktiviert ist, werden erst mit der manuellen Aktualisierung Datensätze angezeigt. Dies kann zu Irritationen führen!

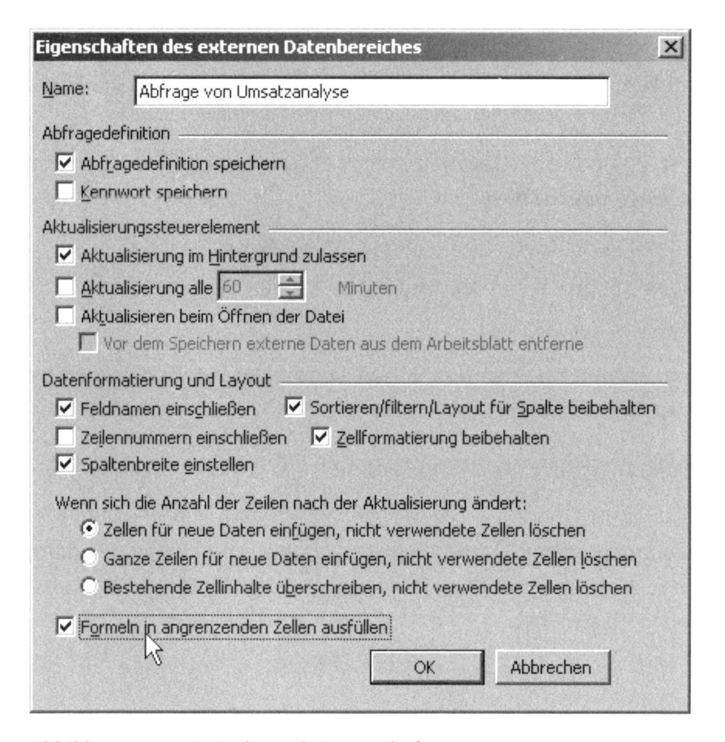

Abbildung 2.45 Datenbereich-Eigenschaften

2.4.7 Wichtige Hinweise zu Query

In diesem Beispiel arbeiten wir mit einer kleinen Datenbank mit knapp 2000 Datensätzen. Wenn Sie an Ihrem Arbeitsplatz auf eine Datenbank Ihres Unternehmens zugreifen, dann werden Sie auf wesentlich größere Datenmengen zugreifen.

Performance

Da dieser Zugriff über das Netzwerk Ihres Unternehmens stattfindet, leidet bei jedem Zugriff die Performance des Netzwerkes! Jedes Mal, wenn Sie Ihre Abfrage verändern, aktualisiert MS Query automatisch die Daten, und damit erfolgt ein neuer Zugriff auf Ihre Datenbank. Ab ca. 50000 bis 100000 Datensätzen, auf die Sie Zugriff haben, kann solch eine Aktualisierung schon einmal zehn Minuten dauern.

Dies ist natürlich auch abhängig von der Größe der einzelnen Datensätze. Eine Aktualisierung der Anzeige der Datensätze in Query ist aber nicht notwendig. Prinzipiell reicht eine Aktualisierung kurz vor Übergabe der Daten an MS Excel aus. Dazu ist eine kleine Voreinstellung notwendig:

Aktualisierung ausschalten

1. Wählen Sie in MS Query aus dem Menü **Datensätze** die Option **Jetzt abfragen** aus. Damit ist die automatische Aktualisierung ausgeschaltet.
2. Um diese Option wieder einzuschalten, wählen Sie aus dem Menü **Datensätze** die Option **AutoAbfrage** aus.

Datenbereich-Eigenschaften

Sehr wichtig ist das Kontextmenü **Datenbereich-Eigenschaften**. Es erfüllt folgende Funktionen:

- Hier können Sie beispielsweise einstellen, dass nach dem Datenimport in Excel eingefügte Formeln entsprechend der Anzahl der eingefügten Datensätze kopiert werden (Formeln in angrenzenden Zellen ausfüllen).
- Mit **Datenformatierung und Layout** können Sie erreichen, dass Ihre im Excel-Tabellenblatt eingestellten Formatierungen, unabhängig von denen in MS Query oder in der Datenbank eingestellten Formaten, erhalten bleiben.
- Wichtig ist auch das Thema Aktualisierung. Möchten Sie manuell aktualisieren (Kontextmenü), entweder beim Öffnen der Excel-Datei oder in Zeitintervallen?

- Schließlich können Sie noch den Bereichsnamen für den importierten Bereich verändern.

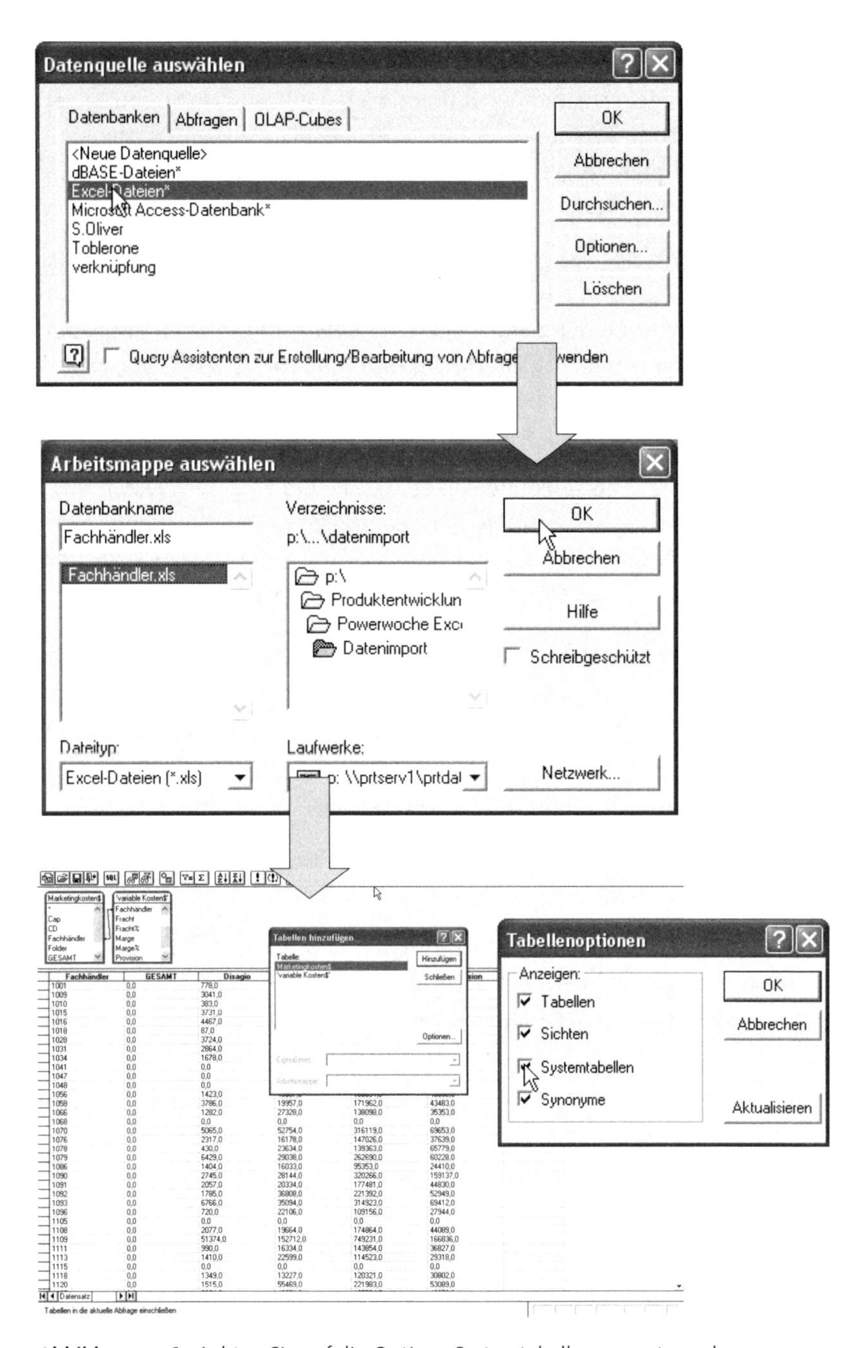

Abbildung 2.46 Achten Sie auf die Option »Systemtabellen«, sonst werden nur benannte Bereiche angezeigt, nicht aber Tabellenblätter!

2.5 Alternativen zu Verknüpfungen und SVERWEIS

Sie können Excel-Dateien über MS Query ebenfalls importieren. Das hat diverse Vorteile:

- Sie können verschiedene Excel-Tabellen zu einer zusammenführen und dabei auf Funktionen wie SVERWEIS oder die Technik der Verknüpfung verzichten!
- Jede über MS Query importierte Datenliste erhält automatisch einen sich selbst anpassenden Bereichsnamen. Dies kann ein großer Vorteil sein bei Verwendung der Datenbankfunktionen und der Pivot-Tabelle (siehe Kapitel 3)!

Dazu geben Sie im Menü **Daten • Externe Daten • Neue Abfrage erstellen** lediglich den ODBC-Treiber für Excel-Dateien an. Auch hier werden Ihnen die gewünschten Daten in Ihre Excel-Umgebung in Form einer Datenliste geliefert.

Datenquelle einrichten

1. Wählen Sie **Daten • Externe Daten • Neue Abfrage erstellen**. Das Dialogfenster **Datenquellen auswählen** wird geöffnet.
2. Wählen Sie aus der Liste der ODBC-Treiber **Excel-Dateien** aus.
3. Klicken Sie auf **OK**. Das Fenster **Arbeitsmappe auswählen** wird geöffnet. MS Query wird gestartet.
4. Wählen Sie FACHHÄNDLER.XLS aus und bestätigen Sie mit **OK**.
5. In dem Fenster **Tabellen hinzufügen** klicken Sie auf die Schaltfläche **Optionen** und aktivieren das Kontrollkästchen **Systemtabellen**.

6. Bestätigen Sie mit **OK**.
7. Durch Doppelklicken wählen Sie die Tabellen **Marketingkosten** und die Tabelle **Variable Kosten** aus.
8. Danach schließen Sie das Fenster **Tabellen hinzufügen** über die Schaltfläche **Schließen**.
9. Ziehen Sie das Feld **Fachhändler** in der Tabelle Marketingkosten auf das Feld **Fachhändler** in der Tabelle **Variable Kosten**. Eine Verbindung (Relation) entsteht!

10. Durch Doppelklicken wählen Sie die Felder aus.
11. Wählen Sie aus dem Menü **Daten an Excel zurückgeben** und importieren Sie damit die gewünschten Daten.

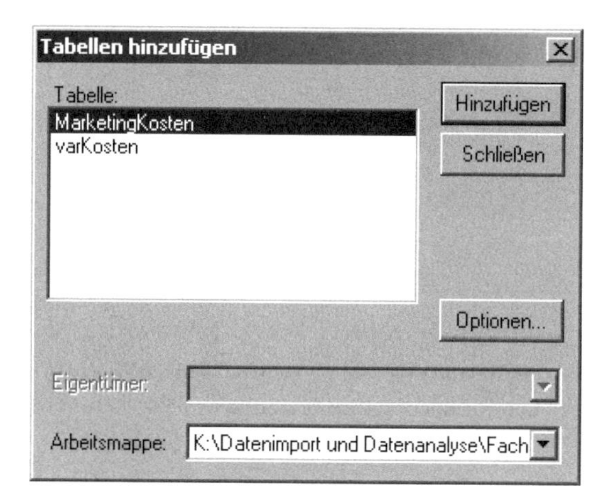

Abbildung 2.47 Die benannten Bereiche werden angezeigt.

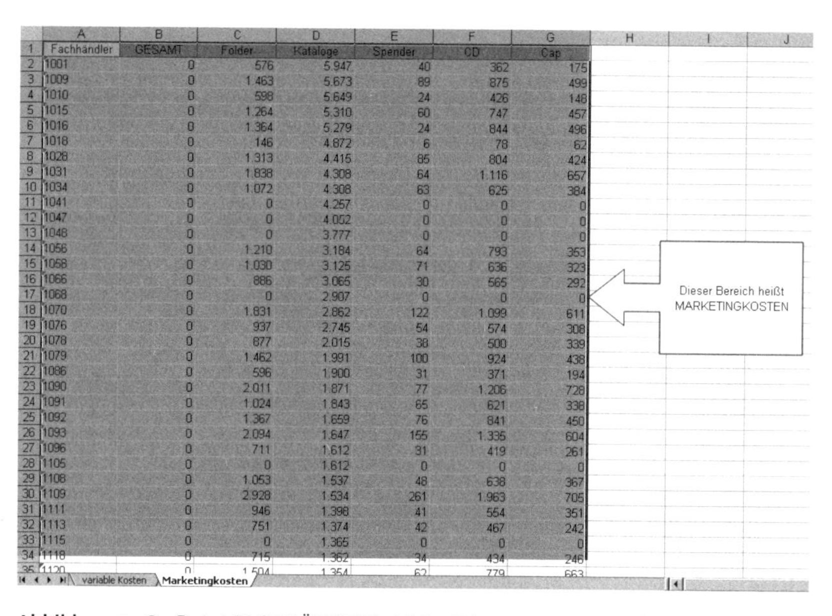

	A	B	C	D	E	F	G
1	Fachhändler	GESAMT	Folder	Kataloge	Spender	CD	Cap
2	1001	0	576	5.947	40	362	175
3	1009	0	1.463	5.673	89	875	499
4	1010	0	598	5.649	24	426	148
5	1015	0	1.264	5.310	60	747	457
6	1016	0	1.364	5.279	24	844	496
7	1018	0	146	4.872	6	78	62
8	1028	0	1.313	4.415	85	804	424
9	1031	0	1.838	4.308	64	1.116	657
10	1034	0	1.072	4.308	63	625	384
11	1041	0	0	4.257	0	0	0
12	1047	0	0	4.052	0	0	0
13	1048	0	0	3.777	0	0	0
14	1056	0	1.210	3.184	64	793	353
15	1058	0	1.030	3.125	71	636	323
16	1066	0	886	3.065	30	565	292
17	1068	0	0	2.907	0	0	0
18	1070	0	1.831	2.862	122	1.099	611
19	1076	0	937	2.745	54	574	308
20	1078	0	877	2.015	38	500	339
21	1079	0	1.462	1.991	100	924	438
22	1086	0	596	1.900	31	371	194
23	1090	0	2.011	1.871	77	1.206	728
24	1091	0	1.024	1.843	65	621	338
25	1092	0	1.367	1.659	76	841	450
26	1093	0	2.094	1.647	155	1.335	604
27	1096	0	711	1.612	31	419	261
28	1105	0	0	1.612	0	0	0
29	1108	0	1.053	1.537	48	638	367
30	1109	0	2.928	1.534	261	1.963	705
31	1111	0	946	1.398	41	554	351
32	1113	0	751	1.374	42	467	242
33	1115	0	0	1.365	0	0	0
34	1118	0	715	1.362	34	434	246
35	1120	0	1.504	1.354	62	779	663

Abbildung 2.48 Datei FACHHÄNDLER2.XLS mit benanntem Bereich

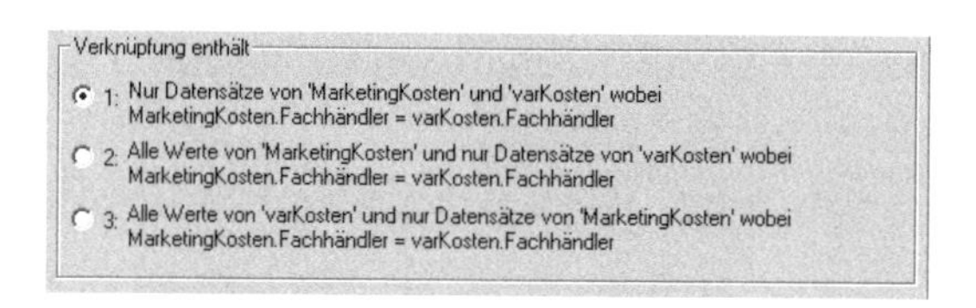

Abbildung 2.49 Die Verknüpfung enthält ...

Voraussetzungen für den erfolgreichen Umgang mit Excel-Queries

Um mit Excel-Queries sinnvoll und richtig umzugehen, sind einige Voraussetzungen nötig. Sie sollten darauf achten, dass folgende Punkte zutreffen:

Die Voraussetzungen

- Alle Tabellen müssen sich in einer einzigen Arbeitsmappe befinden.
- Spaltenüberschriften sollten sich vollständig in der ersten Zeile befinden. Oder zumindest sollten alle Spalten über eine Spaltenüberschrift verfügen, denn nur so können Felder für MS Queries definiert werden.
- In jeder Tabelle muss es eine Spalte oder ein Feld mit einem übereinstimmenden Kriterium bzw. mit übereinstimmenden Werten geben. Dazu eignen sich z. B. Felder wie Kunden-Nr., Buchungssatz-Nr., Nachname oder Produktbezeichnung und insgesamt Felder mit Werten, die eindeutig zuzuordnen sind.
- Die vorgenannten Kriterien dürfen nicht mehrfach vorkommen, sonst entsteht ein so genanntes Dynaset. Insofern eignen sich Excel-Queries nur in begrenztem Umfang zur Zusammenführung von Tabellen (siehe Abbildung 2.48).

Um das auf der vorhergehenden Seite geschilderte »Problem« mit den Systemtabellen zu vermeiden, sollten Sie vorher alle Datenbereiche benennen. Diese Namen erscheinen dann in dem Fenster **Tabellen** hinzufügen. Wiederholen Sie das Beispiel der Vorseite anhand der Datei FACHHÄNDLER2.XLS.

Benannter Bereich als Datenquelle

Ein aus MS Query stammender Datenbereich lässt sich sehr gut als Datenquelle für eine Pivot-Tabelle mit sich selbst erweiterndem Datenbereich verwenden. Allerdings können Sie die Gruppierungsfunktion der Pivot-Tabelle bei einer solchen Datenquelle nicht verwenden! Der Grund hierfür:

Der benannte Bereich umfasst immer alle Zellen, die mit Datensätzen gefüllt sind, zuzüglich einer sich anschließenden Leerzeile. Damit enthält der Datenbereich der Pivot-Tabelle einen leeren Datensatz und kann aus diesem Grund nicht gruppieren!

Genauso wie Excel-Queries können Sie auch Text-Queries verwenden. Dies könnte für Sie bspw. eine Variante sein, um verschiedene Textdateien zu einer Liste zusammenzuführen und so auf umfangreiche Nacharbeiten beim Import zu verzichten!

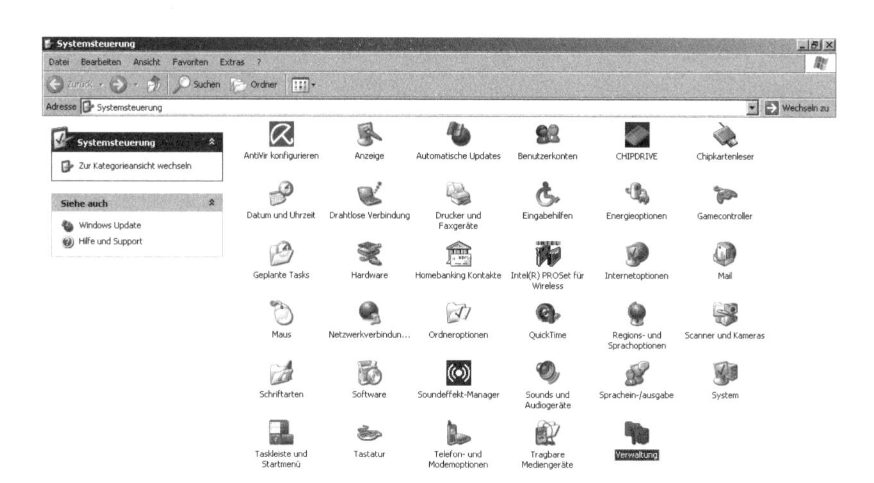

Abbildung 2.50 Datenbank-Verwaltung in der Systemsteuerung von Windows

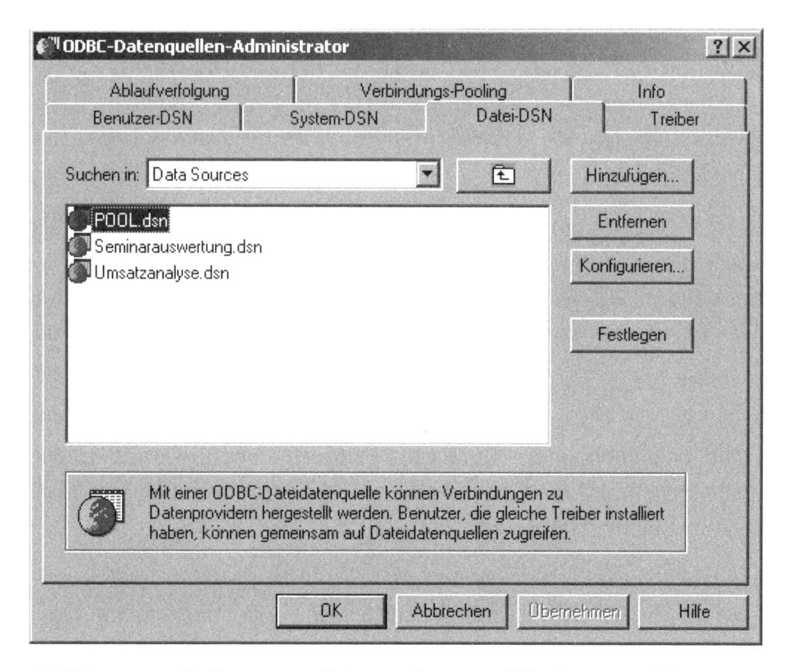

Abbildung 2.51 Entfernen von Datenquellen unter Windows 2000/XP

ODBC-Quellen verwalten

Wenn Sie einige Zeit mit MS Query gearbeitet haben, sammeln sich im Fenster **Datenquellen auswählen eine** ganze Reihe von Datenquellen an. Nun möchten Sie wahrscheinlich die eine oder andere Datenquelle aus dem Fenster wieder entfernen. Um die Quellen aus der Liste zu löschen müssen Sie unter Windows NT 4.0, 95 und 98 wie folgt vorgehen:

Datenquelle löschen Windows NT 4.0 Windows 95 Windows 98

1. Starten Sie die **Systemsteuerung**.
2. Aktivieren Sie **ODBC**. Der ODBC-Datenquellen-Administrator wird geöffnet.
3. Markieren Sie in der Registerkarte **Datei-DSN** die Abfrage oder die Datenbank, die Sie entfernen möchten. Dazu müssen Sie unter Umständen das Verzeichnis wechseln.
4. Klicken Sie dann auf **Entfernen** und **OK**.

[!]

Zunächst eine kurze Erklärung: Der Begriff *DSN* steht für **D**ata **S**ource **N**ame = »Datenquellenname«. System-DSNs sind Datenquellen, die lokal auf einem Computer gespeichert, jedoch nicht einem bestimmten Benutzer zugewiesen werden; jeder Benutzer mit entsprechenden Berechtigungen kann einen System-DSN verwenden.

Datei-DSNs sind Datenquellen, die alle Benutzer, die gleiche Treiber installiert haben, gemeinsam nutzen können. Diese Datenquellen müssen keinem Benutzer zugewiesen und nicht lokal auf einem Computer gespeichert sein.

Benutzer-DSNs sind lokal auf einem Computer gespeicherte Datenquellen. Das heißt: Nur der aktuelle Benutzer hat Zugriff auf die Benutzer-DSNs.

Falls Sie Windows 2000 oder XP nutzen, machen Sie folgende Schritte:

Datenquelle löschen Windows 2000 Windows XP

1. Starten Sie die **Systemsteuerung** und dort **Verwaltung**. Falls Sie den Punkt dort nicht auf Anhieb sehen, sollten Sie in der linken Seite **Zur klassischen Ansicht wechseln** anwählen.
2. Aktivieren Sie **Datenquellen (ODBC)**. Der ODBC-Datenquellen-Administrator wird geöffnet.
3. Markieren Sie in der Registerkarte **Datei-DSN** die Abfrage oder die Datenbank, die Sie entfernen möchten. Dazu müssen Sie unter Umständen das Verzeichnis wechseln.
4. Klicken Sie dann auf **Entfernen** und **OK**.

Beschreibung	Prozess	Office-Techniken
Daten der Niederlassungen per Mail an die Zentrale	Excel Sheets 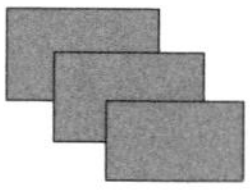	Outlook-Express

Zusammenfassung mit einfachem Makro und einer einfachen VBA-Schleife	Tabelle	▸ einfache Makro-Aufzeichnung des Kopiervorganges und Einfügen der Daten in einer anderen Excel-Datei
		▸ einfache VBA-Schleife
		`Do until isempty(activecell)`
		`activecell.offset(1,0).select`
		`Loop`

Verknüpfung der Tabelle mit einer Datenbank	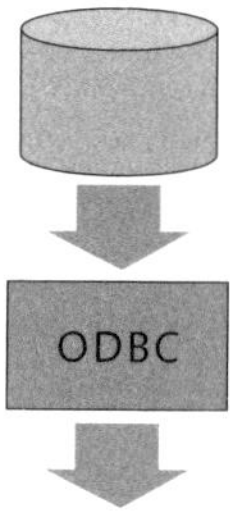 ODBC	Access (z.B.) ▸ DATEI • EXTERNE DATEN • TABELLE VERKNÜPFEN ▸ Automatische Aktualisierung ▸ Großer Datenspeicher ▸ Daten stehen für zukünftige Auswertungen bereit ▸ Daten können mit SAP-Daten »vermengt« werden
Datenverdichtung und Datenanalyse	Pivot-Tabelle 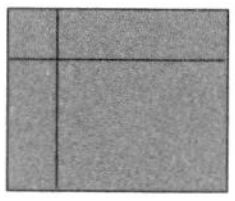	Pivot-Tabelle als Oberfläche der Datenbank ▸ Keine Datenliste in Excel (65 000 Datensätze!) ▸ Flexible Auswertung ▸ Zusammenfassung der Daten für Berichte ▸ Autoformat für Berichte ▸ Variables Diagramm
Berichte und Auswertungen	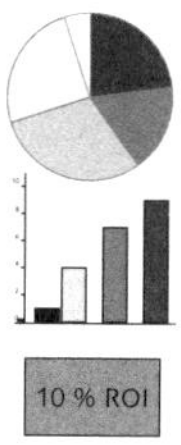 10 % ROI	▸ Excel-Tabellen und Diagramme ▸ Schaltflächen und Datenselektion ▸ SVERWEIS, INDEX, BEREICH.VERSCHIEBEN, MTRANS, VERGLEICH ▸ Bedingte Formatierung ▸ Solver ▸ Szenario-Manager

Abbildung 2.52 Modellaufbau mit einfachen Excel-Techniken

2.6 Beispiel für ein Planungsmodell

Um Ihnen ein Gefühl dafür zu geben, wie Sie diese Techniken im Alltag nutzen können, hier ein kleines Beispiel aus einem unserer Projekte:

Beschreibung

Bei einem Unternehmen wurde monatlich von 22 Vertriebsniederlassungen weltweit jeweils eine Excel-Datei per Mail »eingesammelt«. Diese Dateien enthalten in einem vorgegebenen Formular Planungsdaten zur Einschätzung des Vertriebspotenzials, die in der Unternehmenszentrale durch das Vertriebscontrolling verdichtet werden. Jede Datei enthält 30 relevante Zahlen für die Potenzialanalyse. Diese Zahlen wurden bisher manuell kopiert und in einer weiteren Datei zusammengefasst, damit für die Vertriebsleitung diverse Auswertungen erstellt werden konnten.

Problem

Das Unternehmen befindet sich seit ca. zwei Jahren in einem permanenten Umbruch, die Strukturen verändern sich mit. Daher können diese Strukturen auch nicht in SAP – dem Primärsystem – abgebildet werden, es ist zu aufwändig. Dennoch werden die aktuellen Informationen benötigt. Erschwerend kommt hinzu, dass die Vertriebsgebiete sich selbst permanent verändern.

Zustand vorher

Manuelles Zusammenfassen der 22 * 30 Werte zu einer Liste (Copy & Paste), danach manuelle Überarbeitung von 22 Berichten und Überarbeitung der Potenziale. Die Berichte enthalten Tabellen, Kennzahlen und Diagramme. Die Dauer des Prozesses betrug bisher drei Arbeitstage. Aufgrund der Sicherung der Vergangenheitsdaten war die Grenze von 65 000 Datensätzen in »Sichtweite«.

Aufgabenstellung

Verbesserung des bisherigen Prozesses und Aufbau eines ganz einfachen Modells, da dieses wahrscheinlich maximal ein Jahr genutzt werden würde.

Lösung

Im Rahmen eines Vormittages wurden die 22 * 30 Einzelwerte zu einer Liste (einfache Makroaufzeichnung) zusammengefasst, in einer Datenbank verknüpft, mit Hilfe der Pivot-Tabelle verdichtet und analysiert sowie an diverse Berichte und Diagramme übergeben. Im Rahmen des Nachmittags wurden die verschiedenen Berichte »automatisch« gestaltet.

Dauer des Prozesses jetzt: **Fünf Minuten!**

Dauer der Erstellung: **Ein Manntag!**

Planung und Vorbereitung: **Ein Manntag!**

Die Datenanalyse ist ein wichtiger Vorprozess zur Planung. Die Pivot-Tabelle ist ein hervorragendes Instrument dafür. Eine Pivot-Tabelle ist eine interaktive Tabelle, in der Daten schnell zusammengefasst, berechnet und formatiert werden können.

3 Datenanalyse mit Pivot-Tabelle

»Pivotieren«

Die Zeilen- und Spaltenköpfe dieser Tabellenart »pivotieren« (drehen sich) dabei um den inneren Datenbereich. So lassen sich diese Daten aus verschiedenen Perspektiven betrachten, ohne großen Aufwand nach verschiedenen Aspekten verdichten und analysieren.

Die Pivot-Tabelle ist ein ungeheuer leistungsfähiges Instrument, mit dem Sie außer der Datenanalyse auch interaktive Informationssysteme aufbauen können. Nicht ohne Grund verwenden die meisten Data-Warehouses die Pivot-Tabelle von MS Excel als Oberfläche. Zusätzlich zu den technischen Möglichkeiten sollen Ihnen auch Einsatzmöglichkeiten im Controlling/Rechnungswesen beispielhaft vorgestellt werden.

So lernen Sie in diesem Kapitel Beispiele kennen für

- eine Auftragsanalyse
- eine ABC-Analyse
- ein Benchmarking
- ein Data-Warehouse
- eine statistische Analyse

Wichtige Funktionen der Pivot-Tabelle

An diesen Beispielen sollen Sie wichtige Funktionalitäten der Pivot-Tabelle kennen lernen. Da sich die Pivot-Tabelle seit Excel 2000 in ihrem Erstellungsprozess durch die Reihenfolge der einzelnen Schritte des Assistenten verändert hat, werden wir in diesem Buch das Erstellen einer Pivot-Tabelle für Excel 97 und für Excel 2000, 2002, 2003 darstellen. Der Rest der Möglichkeiten wird in ihrem Handling mit größtmöglicher Übereinstimmung erläutert. Der eine oder andere Anwender wird dabei sicherlich schnellere und andere Verfahren im Detail kennen und bereits anwenden. Diese verkürzte Darstellung ist aber dem vorhandenen Platz in diesem Buch geschuldet.

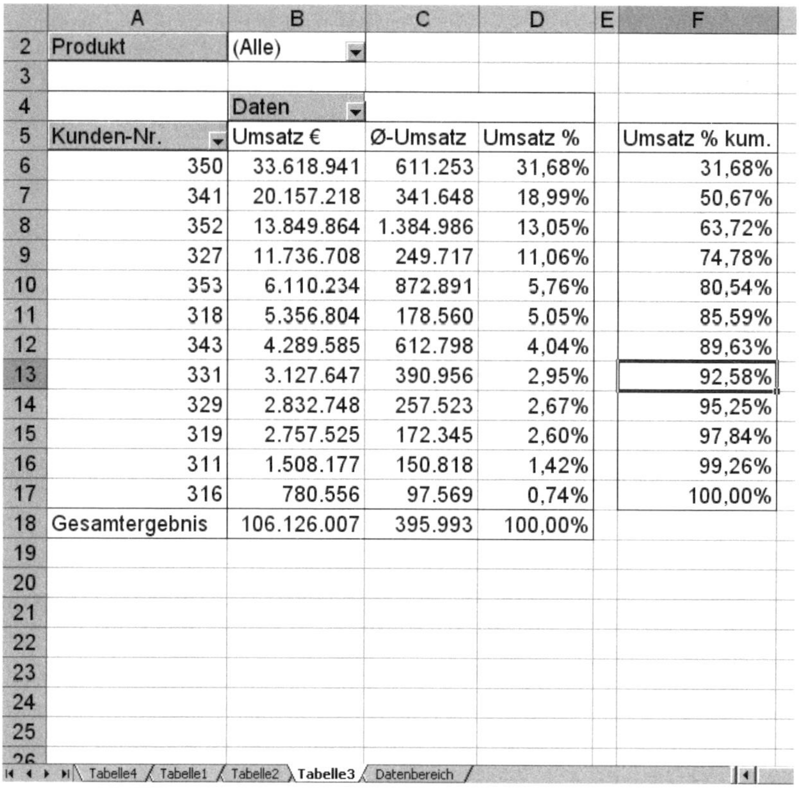

	A	B	C	D	E	F
2	Produkt	(Alle)				
3						
4		Daten				
5	Kunden-Nr.	Umsatz €	Ø-Umsatz	Umsatz %		Umsatz % kum.
6	350	33.618.941	611.253	31,68%		31,68%
7	341	20.157.218	341.648	18,99%		50,67%
8	352	13.849.864	1.384.986	13,05%		63,72%
9	327	11.736.708	249.717	11,06%		74,78%
10	353	6.110.234	872.891	5,76%		80,54%
11	318	5.356.804	178.560	5,05%		85,59%
12	343	4.289.585	612.798	4,04%		89,63%
13	331	3.127.647	390.956	2,95%		92,58%
14	329	2.832.748	257.523	2,67%		95,25%
15	319	2.757.525	172.345	2,60%		97,84%
16	311	1.508.177	150.818	1,42%		99,26%
17	316	780.556	97.569	0,74%		100,00%
18	Gesamtergebnis	106.126.007	395.993	100,00%		
19						
20						
21						
22						
23						
24						
25						

Tabelle4 | Tabelle1 | Tabelle2 | Tabelle3 | Datenbereich

Abbildung 3.1 ABC-Analyse mit der Pivot-Tabelle

Klasse	Bedeutung
A	Mit ca. 10–20 % der Kunden werden ca. 70–80 % des Deckungsbeitrages erzielt. Das sind Top-Kunden/Key Accounts. Die Betreuung erfolgt durch Key-Account-Manager bzw. durch Key-Account-Teams.
B	Mit ca. 20–50 % der Kunden werden ca. 20–30 % des Deckungsbeitrages erzielt. Können vielleicht zu A-Kunden ausgebaut werden, Betreuung durch spezielle Vertriebsmitarbeiter.
C	50–80 % der Kunden erzielen 10–20 % des Deckungsbeitrages. Werden nicht aktiv betreut (Call-Center, Second-Level-Support) und nicht aktiv beworben.

Tabelle 3.1 Klassen und Bedeutung

3.1 Mögliche Einsatzgebiete der Pivot-Tabelle

Auftragsanalyse

Wichtige Fragestellungen im Vertriebscontrolling sind meist, ob Kundenaufträge überhaupt kostendeckend durchgeführt werden können. Ein wichtiges Instrument hierfür ist die Prozesskostenrechnung, liefert sie doch die Transaktionskosten eines Auftrages. Daraus lassen sich Mindestbestellmengen ableiten, die zur kostendeckenden Durchführung eines Auftrages notwendig sind.

ABC-Analyse

Mit Hilfe der ABC-Analyse werden Daten in Klassen eingeteilt. Ursprünglich stammt dieses Verfahren aus dem Beschaffungsbereich von Unternehmen und dient der Bewertung von Kaufteilen. Durch Bildung von Klassen (A-, B- und C-Klassen) werden Kaufteile nach ihrem Beschaffungswert und ihrem Lagerumschlag strukturiert. Das Ziel der ABC-Analyse besteht darin, dem Einkäufer Informationen für die wirklich wichtigen Kaufteile zu liefern und den Beschaffungsprozess zu optimieren, bzw. die Lagerkosten zu senken.

Typische Einsatzgebiete von ABC-Analysen sind Produkte, Kunden, Absatzgebiete, Absatzsegmente, Material (manche Firmen haben ein spezielles Materialkosten-Controlling aufgebaut!), Kostenarten und Lieferanten. (Zur Einteilung von Kunden in Klassen siehe Tabelle 3.1 auf der linken Seite.) Die Klassen helfen, Prioritäten zu setzen, indem sie zeigen, mit welchem Einsatz welche Wirkungen erzielt werden. Je nach Einsatzgebiet der ABC-Analyse lassen sich Aktivitätsschwerpunkte ableiten.

Benchmarking

Mit Benchmarking (*Benchmark*, engl. soviel wie »Eckwert«) ist ursprünglich der Vergleich mit einem Unternehmen gemeint, das einen bestimmten betrieblichen Prozess (z.B. Customer Service) am besten beherrscht. Da das »Best Practice«-Unternehmen kein Konkurrenzunternehmen ist, können der Prozess in Zusammenarbeit mit diesem Unternehmen analysiert und die Unterschiede zur eigenen Prozessdurchführung festgestellt werden. Dieser ursprüngliche Ansatz wird inzwischen zu Betriebsvergleichen in Konzernen herangezogen, zu Vergleichen von Profitcentern, Geschäftseinheiten etc. Der Branchenbeste, der Konzernbeste bzw. der Marktbeste stellt die *Benchmark*, den Vergleichsmaßstab dar. Meistens wird dann die eigene Kostenposition an diesem »Peer«-Unternehmen gemessen.

Problematisch ist natürlich der Vergleich, wenn (was meistens der Fall ist) keine Vergleichszahlen des Marktbesten erhältlich sind. Ebenfalls problematisch ist der Vergleich innerhalb eines Konzerns, wenn die untersuchten Werke, Proficenter und Geschäftseinheiten nicht vergleichbar sind.

Relative Häufigkeiten (Kontingenztabelle)

rel. Häufigkeiten	Warum						
Alter	Einkaufen	Arbeit	Sport	Gar nicht	Familie	keine Parkplätze	Gesamtergebnis
<15	0,0%	1,1%	1,1%	0,0%	0,0%	0,0%	2,2%
15-24	0,0%	2,5%	8,2%	0,7%	1,1%	5,1%	17,6%
25-34	0,9%	3,6%	6,0%	0,7%	2,2%	6,3%	19,7%
35-44	1,1%	4,0%	5,4%	0,0%	3,3%	5,1%	18,8%
45-54	0,5%	4,7%	2,7%	0,0%	2,2%	8,9%	19,0%
55-64	0,9%	6,5%	2,7%	0,7%	0,0%	3,8%	14,7%
65-74	0,2%	1,1%	2,2%	0,7%	0,0%	3,8%	8,0%
Gesamtergebnis	3,6%	23,6%	28,3%	2,9%	8,7%	33,0%	100,0%

Relative Spaltenhäufigkeiten (Kontingenztabelle)

rel. Häufigkeiten	Warum						
Alter	Einkaufen	Arbeit	Sport	Gar nicht	Familie	keine Parkplätze	Gesamtergebnis
<15	0,0%	4,6%	3,8%	0,0%	0,0%	0,0%	2,2%
15-24	0,0%	10,8%	28,8%	25,0%	12,5%	15,4%	17,6%
25-34	25,0%	15,4%	21,2%	25,0%	25,0%	19,2%	19,7%
35-44	30,0%	16,9%	19,2%	0,0%	37,5%	15,4%	18,8%
45-54	15,0%	20,0%	9,6%	0,0%	25,0%	26,9%	19,0%
55-64	25,0%	27,7%	9,6%	25,0%	0,0%	11,5%	14,7%
65-74	5,0%	4,6%	7,7%	25,0%	0,0%	11,5%	8,0%
Gesamtergebnis	100,0%	100,0%	100,0%	100,0%	100,0%	100,0%	100,0%

Relative Zeilenhäufigkeiten (Kontingenztabelle)

rel. Häufigkeiten	Warum						
Alter	Einkaufen	Arbeit	Sport	Gar nicht	Familie	keine Parkplätze	Gesamtergebnis
<15	0,0%	50,0%	50,0%	0,0%	0,0%	0,0%	100,0%
15-24	0,0%	14,4%	46,4%	4,1%	6,2%	28,9%	100,0%
25-34	4,6%	18,3%	30,3%	3,7%	11,0%	32,1%	100,0%
35-44	5,8%	21,2%	28,8%	0,0%	17,3%	26,9%	100,0%

Abbildung 3.2 Statistische Analyse

Definition(en) Data Warehouse	
1	Generell ermöglicht ein Data-Warehouse eine globale Sicht auf Datenbestände, die in verschiedensten Systemen und Formen im Unternehmen vorhanden sind.
2	Der Inhalt eines Data-Warehouse entsteht durch Kopieren und Aufbereiten von Daten aus unterschiedlichen (Datenbank-)Quellen.
3	Ein Data-Warehouse ist das Ergebnis einer Aggregation von betrieblichen (Kenn-)zahlen und Analysen innerhalb mehrdimensionaler Matrizen, dem so genannten Online Analytical Processing (OLAP). Dazu bedarf es spezieller (OLAP-)Datenbanken. Hier ist über Jahre hinweg ein Standard enstanden. Der status quo wird regelmäßig in Studien des Business Application Research Centers (www.BARC.de) der Uni Würzburg veröffentlicht.
4	Ein Data-Warehouse ist häufig Ausgangsbasis für sogenanntes Data Mining. Damit ist die Anwendung mathematischer Methoden zur Erkennung von Zusammmenhängen und Mustern bei großen Datenmengen gemeint.
5	In der Regel operieren die Anwendungen mit anwendungsspezifisch konstruierten Auszügen aus dem Data-Warehouse, den so genannten Data Marts. Hier bietet Micrsoft Query einen OLAP Cube an, der einen lokalten DataMart darstellt.

Tabelle 3.2 Data Warehouse-Definitionen

In solchen Fällen ist eine aufwändige Überleitungsrechnung notwendig, um eine Vergleichbarkeit herzustellen. In der Praxis wird bei Wertorientierten Unternehmen in solchen Fällen als Benchmark der WACC (weighted avarage costs of capital), der durchschnittlich gewichtete Kapitalkostensatz, herangezogen.

Natürlich kann auch über Gesamtkostenvolumina oder ausgewählte Kostenarten verglichen werden. Durch Überleitung auf Beschäftigungsstunden oder Ausbringungseinheiten können Kennziffern gebildet werden. Interessant sind in diesem Zusammenhang auch Vergleiche der Kostenstrukturen, z.B. Anteil der Vertriebskosten an den Gesamtkosten im Vergleich zu anderen Unternehmen. Sehr problematisch ist ein Benchmarking für KMUs, da Zahlen von anderen KMUs in der Regel nicht veröffentlicht werden. Hier können Vergleiche mit den von (Branchen-) Verbänden bekannt gegebenen Durchschnittszahlen hilfreich sein.

Data-Warehouse

Ein Data-Warehouse (engl. Daten-Kaufhaus) ist eine zentrale Einrichtung (Datenbank + Informationssystem), das Informationen wie in einem Kaufhaus anbietet. Der »Kunde« des Kaufhauses sucht eine bestimmte »Fachabteilung« auf, greift auf das entsprechende »Regal« zu und »zieht« die gewünschten Informationen aus dem Regal.

Hinter diesem Komfort stecken Daten aus unterschiedlichen Datenquellen des Unternehmens, die über verschiedene Stufen abgeglichen, verdichtet und in das Data-Warehouse kopiert werden. Dort stehen sie in Form von Abfragen vor allem für die Datenanalyse und zur betriebswirtschaftlichen Entscheidungshilfe gespeichert zur Verfügung. Dazu gibt es verschiedene Konzepte und Anbieter, eine Reihe von Aspekten sind aber einheitlich gelöst (siehe Tabelle 3.2 auf der linken Seite). Es gibt derzeit keine einheitliche Definition für den Data-Warehouse-Begriff. Eine Auflistung der Auffassungen, über die man sich weitgehend einig ist, finden Sie in Tabelle 3.2.

Statistische Analyse

Ein wichtiges Instrument in der Planung ist die statistische Analyse der im Unternehmen vorhandenen Daten. Die zentralen Fragen, die eine solche Analyse beantworten kann, sind: Gibt es Auffälligkeiten? Gibt es Zusammenhänge? Und wenn ja, welche Prognosen lassen sich daraus ableiten? Diese in der Betriebswirtschaft natürlich sehr zentralen Fragen können durch die verschiedenen Gebiete der deskriptiven und induktiven Statistik erklärt werden. Excel bietet in diesem Umfeld zahlreiche Funktionen und die Pivot-Tabelle an, die Ihnen solche Analysen erleichtern. Wir möchten Ihnen das anhand eines Beispiels verdeutlichen, in dem eine Kundenbefragung analysiert werden soll.

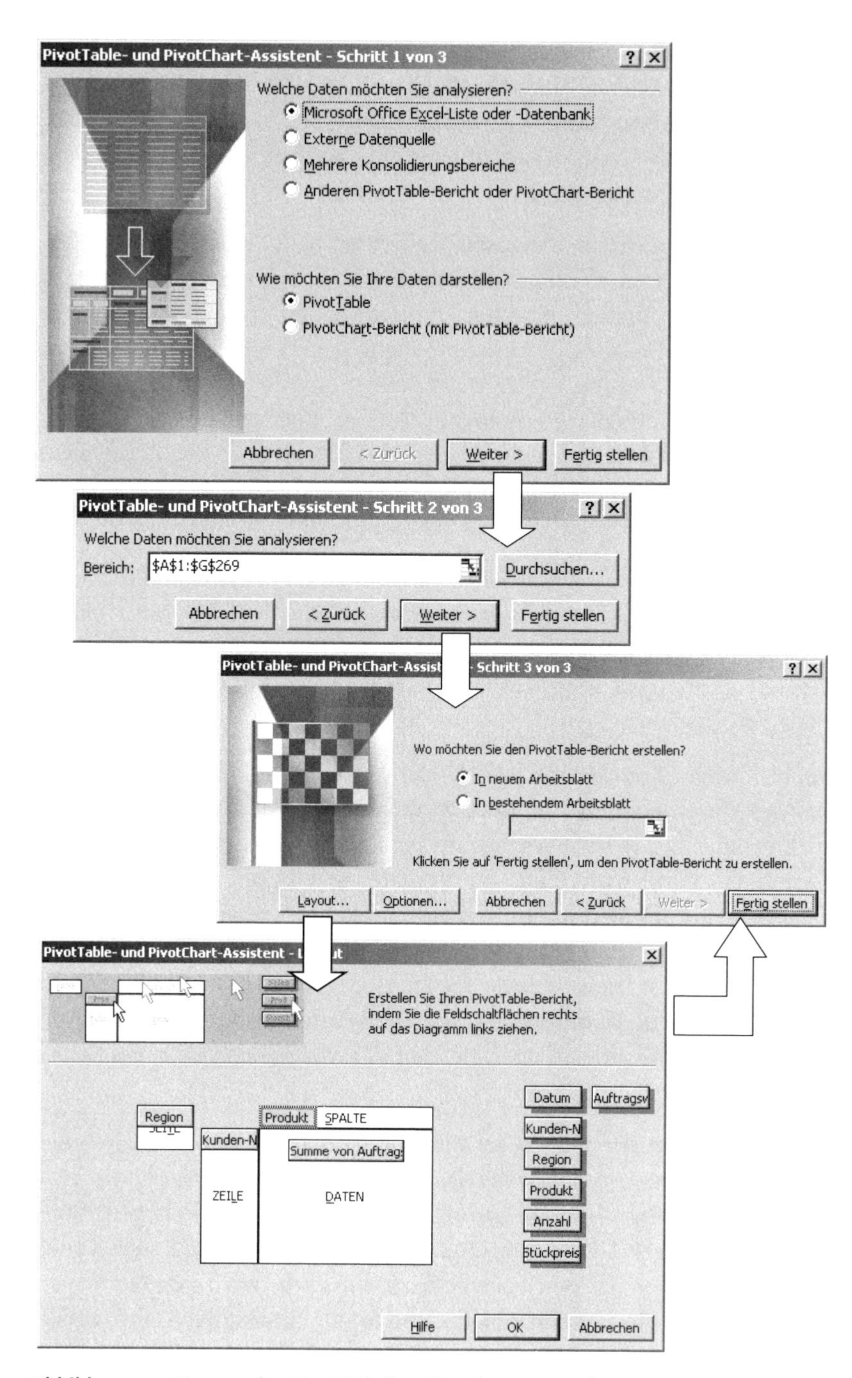

Abbildung 3.3 Prozess der Pivot-Tabellen-Erstellung in Excel 2003

3.2 Pivot-Tabelle in Excel 2000/2002/2003 erstellen

Wir kehren zu unserem Beispiel-Unternehmen zurück: *Die Auftragsdaten werden bei der Däumler-Binz AG in einer Liste erfasst. Diese Daten sollen mit Hilfe der Pivot-Tabelle ausgewertet werden. Die Geschäftsleitung möchte nämlich wissen*

Auswerten mit der Pivot-Tabelle

- *welche die umsatzstärkste Region ist,*
- *welche Stückzahlen verkauft wurden und*
- *welches Produkt am meisten verkauft wurde.*

Als Excel-Experte wissen Sie, dass Sie für diese Analyse die Pivot-Tabelle benutzen sollten. Der Pivot-Tabellen-Assistent unterstützt Sie dabei. Um die Aufgabe anhand unseres Beispiels zu bewältigen, gehen Sie folgendermaßen vor:

Ein Beispiel

1. Öffnen Sie die Arbeitsmappe **PIVOT.XLS**.
2. Setzen Sie den Einfügerahmen in die Tabelle DATENBEREICH, und wählen Sie **Daten • PivotTable und PivotChart-Bericht**. Der Pivot-Tabellen-Assistent wird gestartet.
3. Wählen Sie die Datenquelle aus, hier **MS Excel-Datenbank oder -Liste**, und klicken Sie auf die Schaltfläche **Weiter**.
4. Sie müssen sich für den zu analysierenden Tabellenbereich entscheiden. Übernehmen Sie den vorgeschlagenen Tabellenbereich, und klicken Sie die Schaltfläche **Weiter** an.
5. Klicken Sie die Schaltfläche **Layout** an, um den Aufbau der Pivot-Tabelle zu bestimmen.
6. Nun entscheiden Sie sich für den Aufbau der Pivot-Tabelle.
7. Ziehen Sie das Feld **Auftragswert** in den Bereich **Daten**.
8. Ziehen Sie das Feld **Kunden-Nr.** in den Bereich **Zeile**.
9. Ziehen Sie das Feld **Region** in den Bereich **Spalte**.
10. Ziehen Sie das Feld **Produkt** in den Bereich **Seite**.
11. Danach klicken Sie die Schaltfläche **OK** an.
12. Nun entscheiden Sie sich für den Ausgabebereich der Pivot-Tabelle. Übernehmen Sie die Eintragungen aus diesem Dialogfenster, und klicken Sie die Schaltfläche **Fertig stellen** an.
13. Falls die Symbolleiste **Pivot-Tabelle** nicht angezeigt wird, können Sie das über das Menü **Ansicht • Symbolleisten** nachholen.

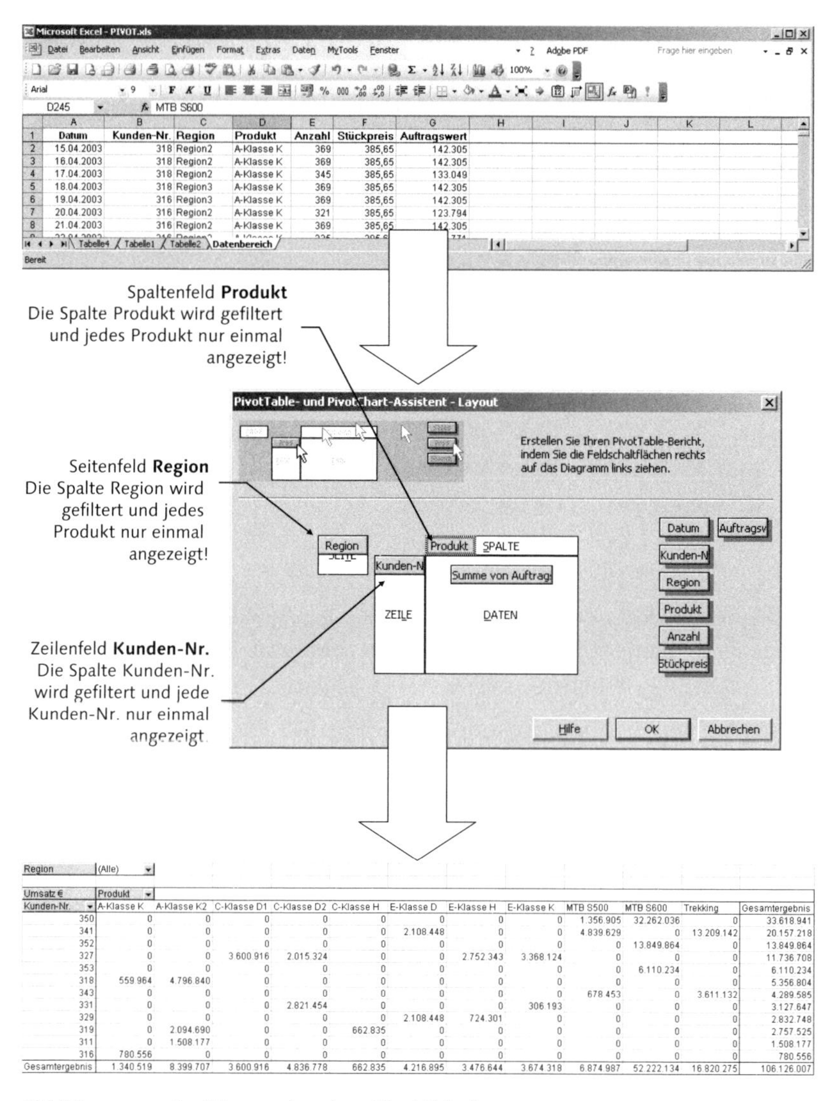

Abbildung 3.4 Funktionsweise einer Pivot-Tabelle

Aufbau einer Pivot-Tabelle

Sie haben nun eine erste Pivot-Tabelle erstellt. Dabei wurden Sie vom Pivot-Tabellen-Assistenten sehr gut unterstützt.

Quellen

1. Der Assistent fragt zunächst, aus welchen Quellen Sie eine Pivot-Tabelle erstellen möchten. Mit **externer Datenquelle** weisen Sie Excel an, die Daten einer externen Datenbank zu verwenden. Dies kann eine Datenbank aus den Programmen Access, dBase, FoxPro, ORACLE, SQL Server sein, ebenso aber auch jede Datenbank mit ODBC-Schnittstelle. Die Option **mehrere Konsolidierungsbereiche** legt fest, dass Sie eine Pivot-Tabelle erstellen möchten, die sich nicht nur auf eine einzige Datenliste aus Excel bezieht, sondern aus einer Reihe von Excel-Datenlisten zusammengefasst wird. Hier steckt seit mehreren Excel-Versionen ein Fehler!
2. Excel fragt den Bereich ab, der in die Pivot-Tabelle einbezogen werden soll. Aber wenn Sie nur einen Teil der Datenliste mit einbeziehen wollen, sollten Sie hier etwas ändern.

Das Layout der Tabelle

3. Dieser Schritt ist der wichtigste beim Anlegen einer Pivot-Tabelle. Hier bestimmen Sie über die Schaltfläche **Layout** das Aussehen der Tabelle. Die Pivot-Tabelle besteht dabei aus maximal vier Komponenten, die die Anordnung und Auswertung der Daten bestimmen:
   - **Seitenfelder:** Hier werden die Felder aus der Datenliste eingetragen, deren Daten zusammengefasst und analysiert werden sollen, sofern der Feldinhalt identisch ist. Die Felder entsprechen den Spaltenüberschriften.
   - **Spaltenfelder:** Hier werden die Datenfelder eingetragen, die in der Auswertung die Spalten bilden sollen. Die Felder entsprechen den Spaltenüberschriften.
   - **Zeilenfelder:** Hier werden die Datenfelder eingetragen, die in der Auswertung die Zeilen bilden sollen. Die Felder entsprechen den Spaltenüberschriften.
   - **Datenbereich:** Hier werden die Datenfelder eingetragen, die für die Auswertung zusammengefasst werden sollen. Enthält das gewählte Feld numerische Daten, so wird automatisch die Funktion SUMME verwendet, andernfalls die Funktion ANZAHL. Die verwendete Funktion kann aber später geändert werden.
   - **Ausgabebereich:** Hier legen Sie den Ausgabebereich der Pivot-Tabelle fest. Wenn Sie nichts eintragen, wird automatisch ein neues Tabellenblatt eingefügt.

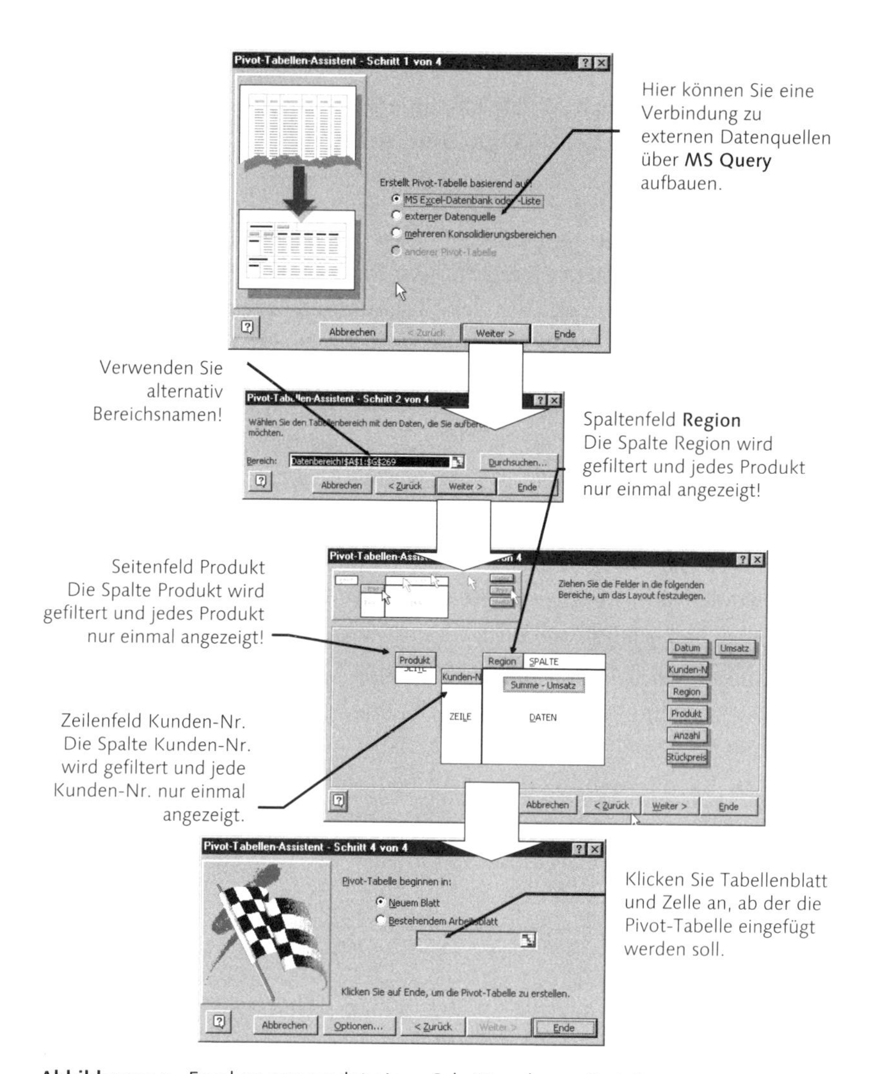

Abbildung 3.5 Excel 97 verwendet einen Schritt mehr zur Erstellung.

3.3 Pivot-Tabellen in Excel 97 erstellen

Grundsätzliche Unterschiede

Im Bereich des Pivot-Tabellen-Assistenten besteht eigentlich der größte Unterschied zwischen den Excel-Versionen. Wir wollen deshalb kurz darauf eingehen, wie Sie in Excel 97 Pivot-Tabellen erstellen. Die grundlegenden Unterschiede sind die folgenden:

- In Excel 97 wird ein Schritt mehr benötigt zur Erstellung der Pivot-Tabelle.
- Die Pivot-Tabelle wird noch auf Deutsch als solche bezeichnet.
- Es sind kaum Formatierungen möglich.

Es handelt sich also eher um marginale Unterscheide. Die Grundfunktionalitäten sind in allen Versionen identisch. Hier nun das Vorgehen in einzelnen Schritten:

Vorgehen in Excel 97

1. Öffnen Sie die Arbeitsmappe PIVOT.XLS.
2. Platzieren Sie den Einfügerahmen in die Tabelle DATENBEREICH, und wählen Sie den Menüpunkt **Daten • Pivot-Tabellenbericht**. Der Pivot-Tabellen-Assistent wird gestartet.
3. Wählen Sie die Datenquelle aus, hier **MS Excel-Datenbank oder -Liste**. Klicken Sie anschließend auf die Schaltfläche **Weiter**.
4. Sie müssen sich nun für den zu analysierenden Tabellenbereich entscheiden. Da Sie den Bereich bereits richtig ausgewählt haben, übernehmen Sie ganz einfach den vorgeschlagenen Tabellenbereich und klicken die Schaltfläche **Weiter** an.
5. Nun entscheiden Sie sich für den Aufbau der Pivot-Tabelle.
6. Ziehen Sie das Feld **Umsatz** in den Bereich **Daten**.
7. Ziehen Sie das Feld **Kunden-Nr.** in den Bereich **Zeile**.
8. Ziehen Sie das Feld **Region** in den Bereich **Spalte**.
9. Ziehen Sie das Feld **Produkt** in den Bereich **Seite**.
10. Danach klicken Sie die Schaltfläche **Weiter** an.
11. Nun entscheiden Sie sich für den Ausgabebereich der Pivot-Tabelle. Übernehmen Sie die Eintragungen aus diesem Dialogfenster, und klicken Sie die Schaltfläche **Ende** an. Die Pivot-Tabelle wird auf einem separaten Tabellenblatt ausgegeben und ist fertig.
12. Falls die Symbolleiste **Pivot-Tabelle** nicht angezeigt werden sollte, so können Sie das über das Menü **Ansicht • Symbolleisten** nachholen.

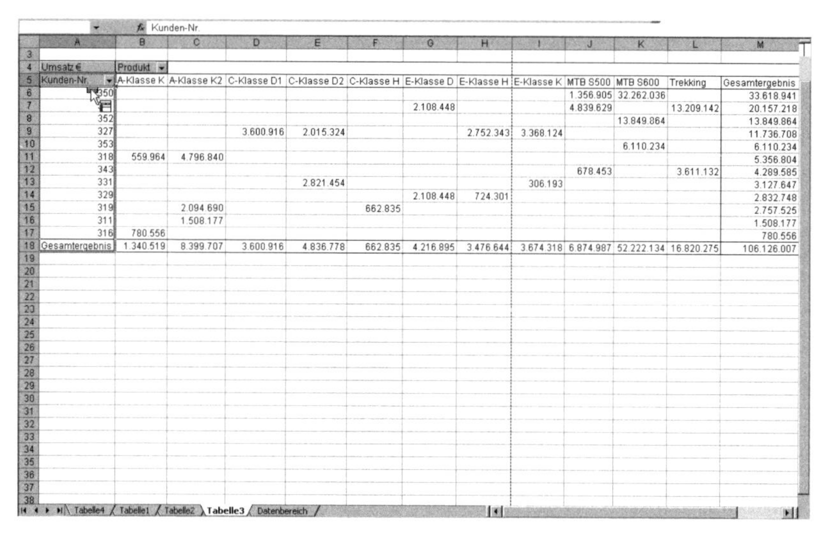

Umsatz €	Produkt											
Kunden-Nr.	A-Klasse K	A-Klasse K2	C-Klasse D1	C-Klasse D2	C-Klasse H	E-Klasse D	E-Klasse H	E-Klasse K	MTB S500	MTB S600	Trekking	Gesamtergebnis
350									1.356.905	32.262.036		33.618.941
						2.108.448			4.839.629		13.209.142	20.157.218
352										13.849.864		13.849.864
327			3.600.916	2.015.324			2.752.343	3.368.124				11.736.708
353										6.110.234		6.110.234
318	559.964	4.796.840										5.356.804
343									678.453		3.611.132	4.289.585
331				2.821.454				306.193				3.127.647
329						2.108.448	724.301					2.832.748
319		2.094.690			662.835							2.757.525
311		1.508.177										1.508.177
316	780.556											780.556
Gesamtergebnis	1.340.519	8.399.707	3.600.916	4.836.778	662.835	4.216.895	3.476.644	3.674.318	6.874.987	52.222.134	16.820.275	106.126.007

Abbildung 3.6 Das Feld »Region« wird auf »Kunden-Nr.« gezogen …

Umsatz €		Produkt										
Region	Kunden-Nr.	A-Klasse K	A-Klasse K2	C-Klasse D1	C-Klasse D2	C-Klasse H	E-Klasse D	E-Klasse H	E-Klasse K	MTB S500	MTB S600	Tr
Region1	350										7.128.606	
	341											
	327				1.612.259			1.593.462	3.368.124			
	353										5.091.862	
	343											
	331				2.821.454				306.193			
	329							144.860				
Region1 Ergebnis					4.433.713			1.738.322	3.674.318		12.220.468	
Region2	350									904.604	7.617.426	
	341									2.351.969		
	353										1.018.372	
	318	417.659	764.562									
	311		513.199									
	316	638.251										
Region2 Ergebnis		1.055.910	1.277.761							3.256.573	8.635.798	
Region3	318	142.305										
	316	142.305										
Region3 Ergebnis		284.610										
Region4	318											
Region4 Ergebnis												
Region5	350									452.302	16.293.958	
	341						2.108.448			2.487.660		
	352										13.035.166	
	327			900.229				1.158.881				
	318		2.356.526									
	343									678.453		
	329						2.108.448	579.441				
	319		1.047.345									
	311		523.673									
Region5 Ergebnis			3.927.544	900.229			4.216.895	1.738.322		3.618.414	29.329.124	
Region6	319		523.673									
Region6 Ergebnis			523.673									
Region7	327			300.076								

Abbildung 3.7 … worauf die Pivot-Tabelle so aussieht!

3.4 Pivot-Tabelle schnell ändern

Zunächst einmal analysieren Sie die fertige Pivot-Tabelle hinsichtlich Kunden und Regionen. Dies können Sie für alle Produkte tun oder für ein einziges. Da die Pivot-Tabelle eine dynamische Angelegenheit ist, kann man sehr schnell zwischen der Spalten- und der Zeilenanordnung wechseln. Der Vorteil der Pivot-Tabelle ist dabei, dass sämtliche Ergebnisse blitzschnell neu berechnet werden.

Felder tauschen

1. Klicken Sie mit der Maus auf das Pivot-Feld REGION, und ziehen Sie dieses auf die Zelle A4, wo das Pivot-Feld KUNDEN-NR. zu sehen ist.
2. Klicken Sie mit der Maus auf das Pivot-Feld KUNDEN-NR., und ziehen Sie dieses auf die Zelle B3. Die Pivot-Tabelle ist komplett umgebaut.
3. Jetzt ziehen Sie das Pivot-Feld KUNDEN-NR. auf die Zelle A4. Die Felder REGION und KUNDEN-NR. stehen nebeneinander in einer Zeile.
4. Danach ziehen Sie das Pivot-Feld PRODUKT auf die Zelle C3. Jetzt haben Sie eine Übersicht über den Umsatz aller Produkte, aller Kundennummern und aller Regionen.
5. Stellen Sie danach die ursprüngliche Struktur wieder her.

Wenn Sie ein Feld löschen möchten, dann gehen Sie folgendermaßen vor:

Feld löschen

1. Wählen Sie im Kontextmenü **PivotTable Assistent...** aus. Der Pivot-Tabellen-Assistent, Schritt 3 von 3, erscheint.
2. Klicken Sie die Schaltfläche **Layout** an.
3. Ziehen Sie das gewünschte Feld aus dem Datenbereich heraus.
4. Klicken Sie auf **OK**.
5. Klicken Sie auf **Fertig stellen**.

Element löschen ab Excel 2000

Möchten Sie nur ein Element (MTBS600), nicht das gesamte Feld löschen, so können Sie die Listenfelder verwenden.

1. Wählen Sie das Spaltenfeld PRODUKT aus.
2. Klicken Sie das Kontrollkästchen vor dem jeweiligen Element an.
3. Bestätigen Sie mit **OK**.
4. Das Element wird nicht mehr in der Pivot-Tabelle angezeigt.

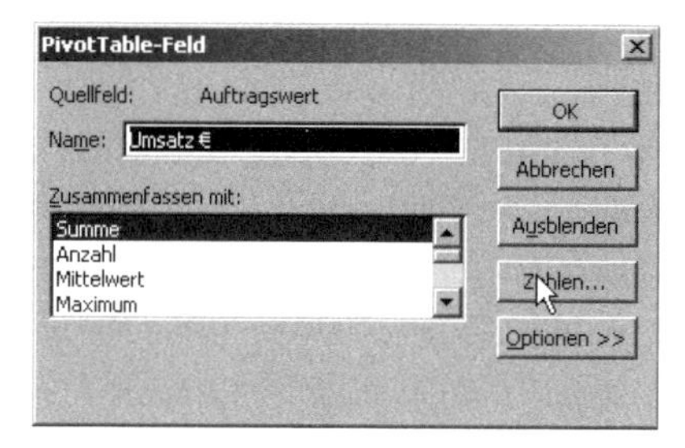

Abbildung 3.8 Das Fenster PivotTable-Feld

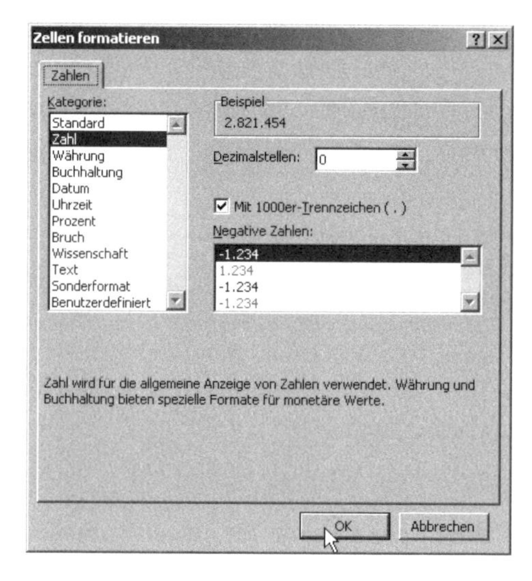

Abbildung 3.9 Wählen Sie ein Zahlenformat.

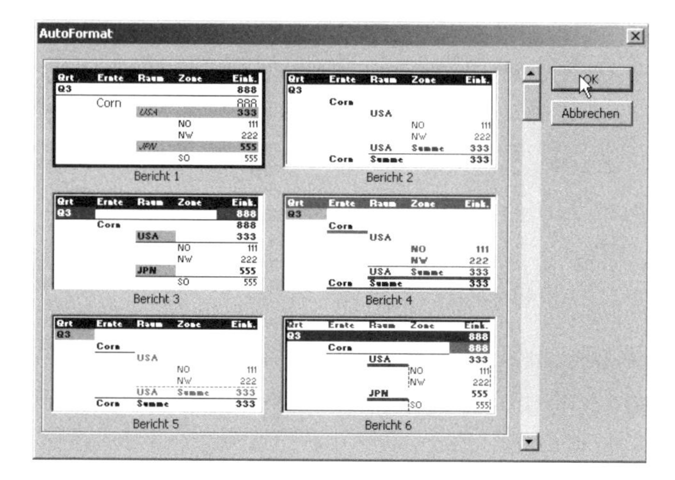

Abbildung 3.10 Wählen Sie für die gesamte Pivot-Tabelle ein Format.

Sie wissen bereits, dass Sie mit dem Menü **Format • Zellen... • Zahlen** einzelnen Zellen oder Bereichen ein Zahlenformat zuweisen können. In der Pivot-Tabelle haben Sie selbstverständlich dieselben Möglichkeiten. Allerdings sollten Sie dabei beachten, dass bei der geringsten Änderung in der Anordnung der Felder oder bei einer Aktualisierung der Daten diese eingestellten Zahlenformate wieder aufgehoben werden (Excel 97/2000). In diesem Fall wählen Sie besser eine andere Strategie und verwenden die Schaltfläche ZAHLEN im Dialogfeld **PivotTable-Feld,** um permanent ein Zahlenformat einzustellen.

Wenn Sie eine Pivot-Tabelle erstellen, formatiert Excel den Datenbereich mit dem Zahlenformat, das in der Formatvorlage STANDARD des Tabellenblattes festgelegt ist. Um diese Vorlage zu ändern, gehen Sie folgendermaßen vor:

Zahlenformat ändern

1. Positionieren Sie den Einfügerahmen in die Pivot-Tabelle im Datenbereich.
2. Lassen Sie sich durch Drücken der rechten Maustaste das Kontextmenü anzeigen.
3. Wählen Sie im Kontextmenü **Feld...** aus. Das Dialogfenster **PivotTable-Feld** erscheint.
4. Klicken Sie die Schaltfläche **Zahlen**... an. Das Dialogfenster **Zahlen** wird geöffnet.
5. Wählen Sie aus der Kategorie **Prozent** das Format `0%` aus.
6. Klicken Sie **OK** und noch einmal **OK** an. Nun werden alle Werte ohne Dezimalstellen und prozentual angezeigt.

Möchten Sie dagegen die gesamte Pivot-Tabelle formatieren, so empfehlen sich die Autoformate aus dem Menü **Format**. Diese sind seit Excel 2002 in der Symbolleiste PivotTable als Schaltfläche **Bericht formatieren** integriert (siehe Abbildung).

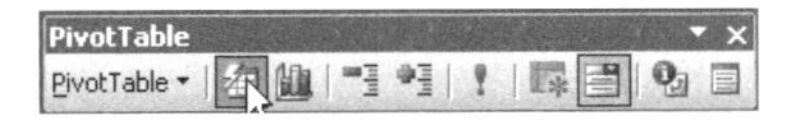

Tabellenoptionen

Wenn Sie solch ein Autoformat einer Pivot-Tabelle zugewiesen haben, können Sie es nur durch ein anderes ersetzen oder über das Kontextmenü der Pivot-Tabelle **(Tabellenoptionen)** ganz aufheben. Indem Sie das Kontrollkästchen **Tabelle autoformatieren** deaktivieren, wird das Standardformat der Pivot-Tabelle wiederhergestellt.

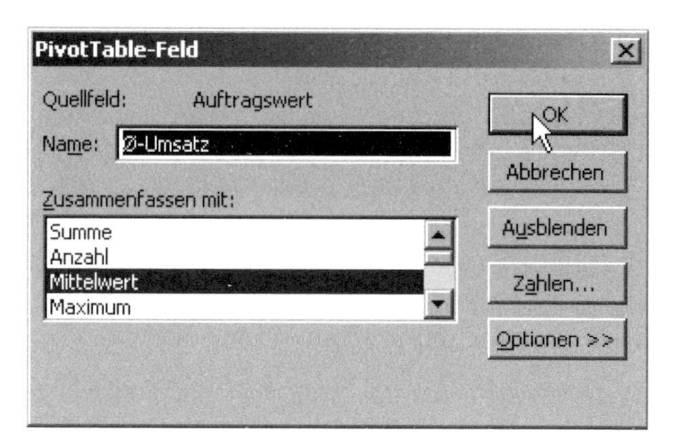

Abbildung 3.11 Funktion wechseln und mit [Alt] + 0216 das Ø-Zeichen erzeugen

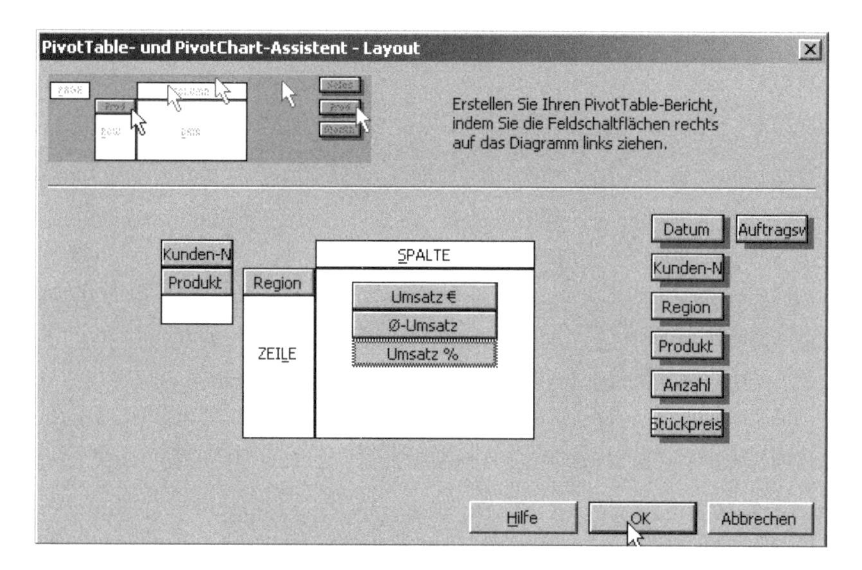

Abbildung 3.12 In den Bereichen können beliebig viele Felder angeordnet werden.

3.5 Auftragsanalyse

Auch die Geschäftsleitung der Däumler-Binz AG möchte eine Änderung, nämlich Informationen über den Umsatz pro Kunden, den durchschnittlichen Auftragswert und über den Umsatz in %.

Feld hinzufügen

1. Positionieren Sie den Einfügerahmen in die Pivot-Tabelle.
2. Lassen Sie sich per Rechtsklick das Kontextmenü anzeigen.
3. Wählen Sie im Kontextmenü **PivotTable Assistent...** aus. Der Pivot-Tabellen-Assistent, Schritt 3 von 3, erscheint.
4. Klicken Sie die Schaltfläche **Layout** an.
5. Ziehen Sie das Feld AUFTRAGSWERT noch zweimal in den Datenbereich hinein. Nun haben Sie die Tabelle angepasst.
6. Klicken Sie auf **OK**.
7. Klicken Sie auf **Fertig stellen**.

Jetzt soll ein Feld der Pivot-Tabelle umbenannt werden. Dabei achten Sie bitte darauf, dass der neue Name nicht aus einem Teilnamen des Feldes besteht. Wenn im aktuellen Beispiel der Feldname SUMME-AUFTRAGSWERT lautet, so darf das Feld weder in »Summe« noch »Auftragswert« umbenannt werden.

Funktion ändern und Felder umbenennen

1. Klicken Sie doppelt auf das Datenfeld SUMME-AUFTRAGSWERT.
2. Überschreiben Sie SUMME-AUFTRAGSWERT mit »Umsatz €«.
3. Klicken Sie auf das Datenfeld SUMME-AUFTRAGSWERT2.
4. Überschreiben Sie SUMME-AUFTRAGSWERT2 mit »Ø-Umsatz €«. Dazu geben Sie für das Zeichen [Ø] über den Nummernblock Ihrer Tastatur folgenden Code ein: [Alt] + [0] [2] [1] [6].
5. Wählen Sie für die Zusammenfassung dieses Datenfeldes die Funktion MITTELWERT aus.
6. Klicken Sie auf das Zeilenfeld SUMME-AUFTRAGSWERT3.
7. Überschreiben Sie SUMME-AUFTRAGSWERT3 mit »Umsatz in %«.

Die Geschäftsleitung ist ebenfalls an der Höhe des durchschnittlichen Auftragswertes interessiert, daher musste die Funktion für das Datenfeld ausgetauscht werden. In einer weiteren Analyse könnte man die Prozesskosten für die Durchführung eines Auftrages feststellen, so dass unter Umständen Mindestbestellgrößen abzuleiten wären. Eine wichtige Information für den Vertrieb!

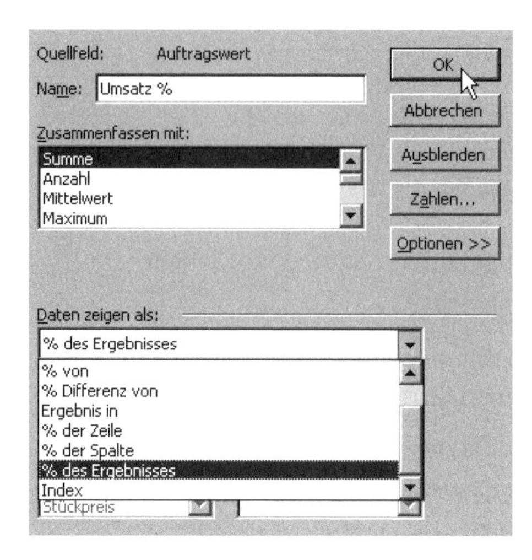

Abbildung 3.13 Wählen Sie eine Berechnungsart aus ...

Berechnungsart	Ergebnis in der Pivot-Tabelle
% der Zeile	Zeigt die Daten in einer Zeile als Prozentwerte bezüglich des Zeilengesamtergebnisses an.
% der Spalte	Zeigt die Daten in einer Spalte als Prozentwerte bezüglich des Spaltengesamtergebnisses an.
% des Ergebnisses	Zeigt alle Daten im Datenbereich als Prozentwerte bezüglich des Gesamtergebnisses aller Daten in der Pivot-Tabelle an.

Tabelle 3.3 Diese Berechnungsarten sind für eine prozentuale Darstellung geeignet.

	A	B	C	D	E	F
2	Produkt	(Alle)				
3						
4		Daten				
5	Kunden-Nr.	Umsatz €	Ø-Umsatz	Umsatz %		Umsatz % kum.
6	350	33.618.941	611.253	31,68%		31,68%
7	341	20.157.218	341.648	18,99%		50,67%
8	352	13.849.864	1.384.986	13,05%		63,72%
9	327	11.736.708	249.717	11,06%		74,78%
10	353	6.110.234	872.891	5,76%		80,54%
11	318	5.356.804	178.560	5,05%		85,59%
12	343	4.289.585	612.798	4,04%		89,63%
13	331	3.127.647	390.956	2,95%		92,58%
14	329	2.832.748	257.523	2,67%		95,25%
15	319	2.757.525	172.345	2,60%		97,84%
16	311	1.508.177	150.818	1,42%		99,26%

Abbildung 3.14 So sieht die fertige Pivot-Tabelle aus!

3.5.1 ABC-Analyse durchführen

Die Geschäftsleitung der Däumler-Binz AG ist an einer ABC-Analyse der umsatzstärksten Kunden interessiert. Dazu müssen die Kunden absteigend nach Umsatzanteil sortiert werden. Danach sollten die Umsatzanteile kumuliert werden.

Berechnungsart ändern

1. Positionieren Sie den Einfügerahmen in der Pivot-Tabelle auf die Zelle C7 »Umsatz %«.
2. Lassen Sie sich durch Drücken der rechten Maustaste das Kontextmenü anzeigen.
3. Wählen Sie im Kontextmenü **Feldeigenschaften...** aus.
4. Das Dialogfenster **PivotTable-Feld** erscheint.
5. Klicken Sie die Schaltfläche **Optionen** an. Das Dialogfenster wird erweitert.
6. Wählen Sie unter **Daten zeigen als** die Angabe **% des Ergebnisses**.

ABC-Analyse

Nun sollen die Umsätze in % kumuliert werden.

1. Positionieren Sie den Einfügerahmen in der Pivot-Tabelle.
2. Lassen Sie sich durch Drücken der rechten Maustaste das Kontextmenü anzeigen.
3. Wählen Sie im Kontextmenü **PivotTable Assistent...** aus. Der Pivot-Tabellen-Assistent, Schritt 3 von 3, erscheint.
4. Klicken Sie die Schaltfläche **Layout** an.
5. Ziehen Sie das Feld REGION aus dem Spaltenfeldbereich heraus.
6. Klicken Sie auf **OK**.
7. Klicken Sie auf **Fertig stellen**.
8. Nun ziehen Sie das Feld DATEN etwas nach rechts (etwa `C4`). Es darf nicht durchgestrichen dargestellt werden!
9. Sortieren Sie das Feld UMSATZ IN % absteigend.
10. Fügen Sie in der Spalte F den **kumulierten Umsatz in %** mit einer Berechnung ein `=SUMME($E$6:E6)`.

Führen Sie die ABC-Analyse auch für Produkte und Regionen durch, indem Sie die Felder durch Ziehen einfach austauschen! Sie werden dazu jedes Mal das Feld UMSATZ % aufs Neue absteigend sortieren müssen. Falls Sie sich gefragt haben, warum die Kumulation in der Spalte F stattfindet: Durch das Austauschen der Felder entsteht vorübergehend eine größere Pivot-Tabelle, die dann die Spalte E überschreiben würde!

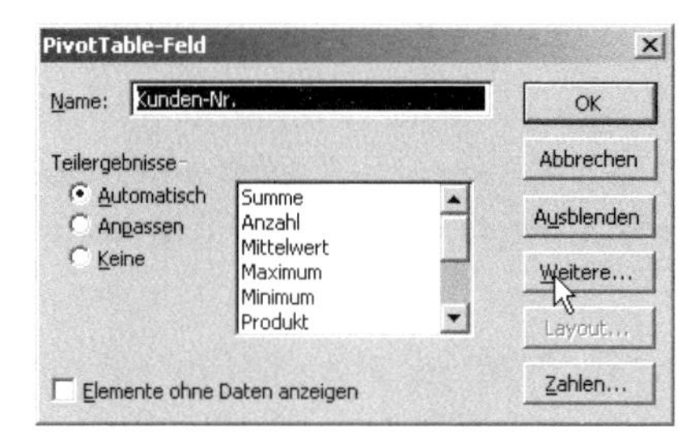

Abbildung 3.15 Auf dem Weg zur automatischen Sortierung

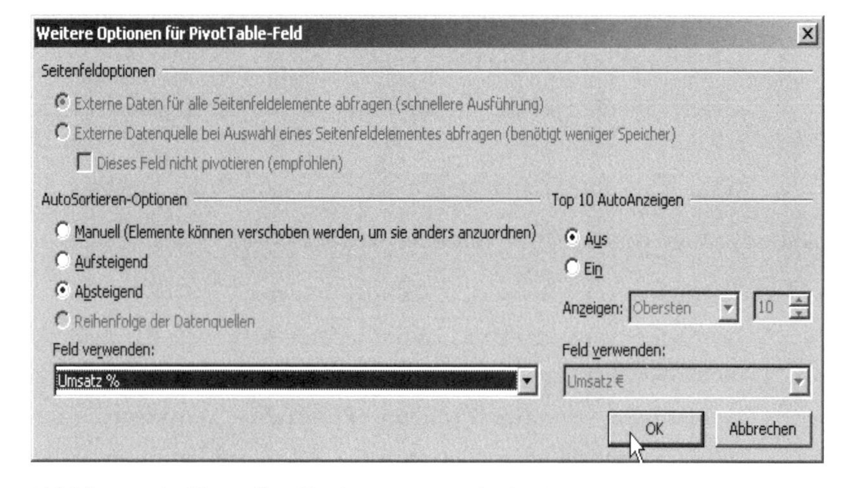

Abbildung 3.16 Hier stellen Sie eine automatische Sortierung ein

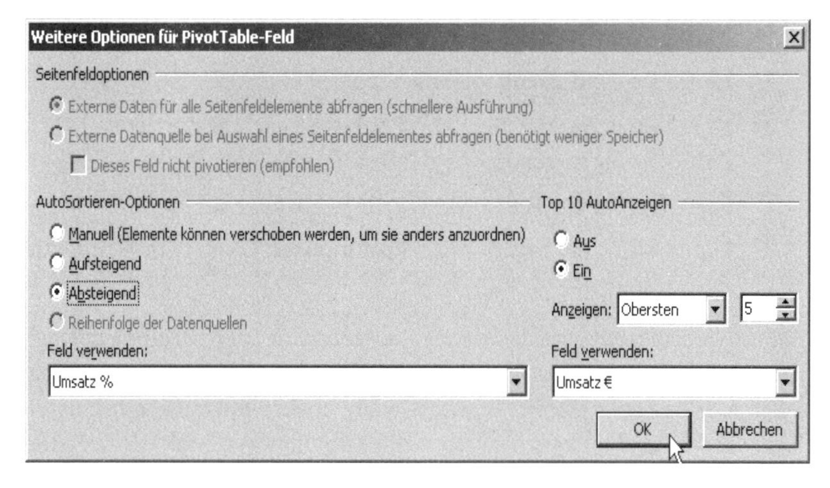

Abbildung 3.17 Hier selektieren Sie die Top-Kunden

3.5.2 Pivot-Tabelle automatisch sortieren

Wir haben gerade eine spontane ABC-Analyse durchgeführt. Wenn wir, wie in diesem Beispiel, immer wieder die gleiche Pivot-Tabelle verwenden und geringfügig verändern, dann müssen wie jedes Mal das Feld »Umsatz %« aufs Neue absteigend sortieren. Mit einer kleinen Voreinstellung kann man dies automatisieren.

1. Klicken Sie doppelt auf das Feld »Kunden«.
2. Im Fenster **PivotTable Assistent** klicken Sie auf **Weitere**.
3. Im Fenster **Weitere Optionen für PivotTable-Feld** stellen Sie die **Autosortieroption** auf **Absteigend** und bei **Feld verwenden** das Feld »Umsatz%« ein.
4. Bestätigen Sie die Auswahl mit **OK**.
5. Bestätigen Sie die Einstellungen für das Feld mit **OK**.

Jetzt haben Sie eine automatische absteigende Sortierung solange das Feld »Umsatz%« Bestandteil dieser Pivot-Tabelle ist. Diese Einstellung ist besonders dann vorteilhaft, wenn Sie sich die Pivot-Tabelle als Oberfläche für eine permanent aktualisierbare Datenquelle eingerichet haben. Nach jeder Aktualisierung der Pivot-Tabelle verändert sich sonst die Sortierung!

Diese automatische Sortierung können Sie ebenfalls verwenden, um sich Ihre Top-Kunden anzeigen zu lassen.

Top 10 anzeigen

1. Klicken Sie doppelt auf das Feld »Kunden«.
2. Im Fenster **PivotTable Assistent** klicken Sie auf **Weitere.**
3. Im Fenster **Weitere Optionen für PivotTable-Feld** stellen Sie die **Top 10 Autoanzeigen** ein. Danach **Anzeigen** auf die obersten 5 und bei **Feld verwenden** wählen Sie das Feld »Umsatz %«
4. Bestätigen Sie die Auswahl mit **OK**.
5. Bestätigen Sie die Einstellungen für das Feld mit **OK**.

[!]

Sie bekommen die nach Umsatzgröße ersten fünf Kunden angezeigt. Beachten Sie bitte, dass nach dieser Einstellung die Bezeichnung des Feldes »Kunden« in blauer Schriftfarbe engestellt wird. Daran können Sie erkennen, dass für dieses Feld ein solcher Filter eingestellt ist.

Diesen Filter können Sie für jedes Feld mit Ausnahme des Datenfeldes einstellen. Ebenso können Sie sich auf diesem Weg auch die 5 oder 10 umsatzschwächsten Kunden (oder kleinsten Elemente) anzeigen lassen.

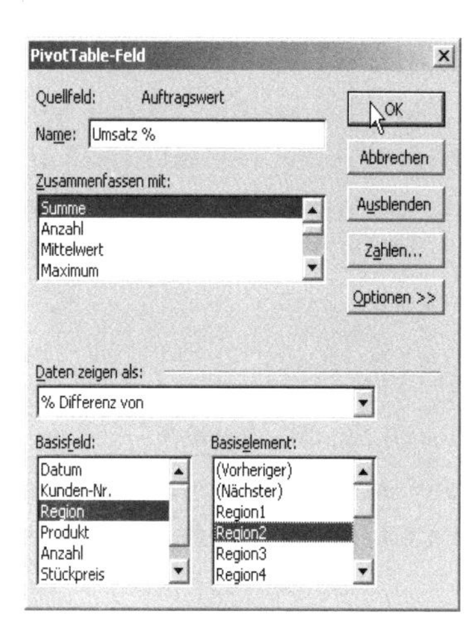

Abbildung 3.18 So stellen Sie Differenzen dar

Berechnungsart	Ergebnis in der Pivot-Tabelle
Differenz von	Zeigt alle Daten im Datenbereich als absolute Differenz zu einem angegebenen Feld und Element an.
% von	Zeigt alle Daten im Datenbereich als Prozentwert bezogen auf ein angegebenes Feld und Element an.
% Differenz von	Verwendet die gleiche Rechenmethode wie die Berechnungsart »Differenz von«, zeigt aber alle Daten im Datenbereich als Prozentwert bezüglich der zugrunde liegenden Daten an.

Tabelle 3.4 Berechnungsarten in Pivot-Tabellen

	A	B	C
3			
4	Umsatz €		
5	Region	Ergebnis	
6	Region1	162,77%	
7	Region2	100,00%	
8	Region3	1,41%	
9	Region4	3,89%	
10	Region5	216,35%	
11	Region6	2,59%	
12	Region7	2,30%	
13	Region8	3,68%	
14	Region9	3,68%	
15	Region10	7,93%	
16	Region11	20,44%	
17	Gesamtergebnis		
18			

Abbildung 3.19 So sieht die Differenz mit der Einstellung »% von«

3.5.3 Benchmarking durchführen

Im Rahmen eines Projektes wurde in der Region 2 als Testregion ein Customer Relation Management (CRM) erprobt. Davon werden eine Verbesserung der Kundenbindung und damit eine verbesserte Potenzialausschöpfung erwartet. Nach einem Jahr sollen die erzielten Umsätze mit denen der anderen Vertriebsregionen verglichen werden.

Benchmarking

1 Positionieren Sie den Einfügerahmen in der Pivot-Tabelle auf eine Zelle im Datenbereich »Umsatz €«.

2 Lassen Sie sich durch Drücken der rechten Maustaste das Kontextmenü anzeigen.

3 Wählen Sie im Kontextmenü **Feldeigenschaften...** aus.

4 Das Dialogfenster **PivotTable-Feld** erscheint.

5 Klicken Sie die Schaltfläche **Optionen** an.

6 Wählen in Sie in **Daten zeigen als** »% Differenz von« aus.

7 Stellen Sie als Basisfeld »Regionen« ein und als Basiselement »Region2«.

8 Klicken Sie auf **OK**.

Wenn Sie mit diesen Berechnungsarten arbeiten, dann sollten Sie Folgendes beachten: Das Feld, innerhalb dessen die Unterschiede der einzelnen Elemente gezeigt werden sollen, muß als Zeilen- oder als Spaltenfeld definiert sein. Es darf nur ein Feld als Zeilen- oder als Spaltenfeld positioniert sein.

Das Feld, innerhalb dessen die Unterschiede der einzelnen Elemente gezeigt werden sollen, muss als Zeilen- oder als Spaltenfeld definiert sein. Es darf nur ein Feld als Zeilen- oder als Spaltenfeld positioniert sein. Um darzustellen, wie groß die relative Differenz von der Region 2 zu den anderen Regionen ist, wählen Sie die folgende Vorgehensweise:

14 Positionieren Sie den Einfügerahmen in der Pivot-Tabelle auf eine Zelle im Datenbereich »Umsatz €«.

15 Lassen Sie sich das Kontextmenü anzeigen.

16 Wählen Sie im Kontextmenü **Feldeigenschaften...** aus.

17 Klicken Sie die Schaltfläche »Optionen« an.

18 Wählen in Sie in **Daten zeigen als** die Angabe »% von« aus.

19 Stellen Sie als Basisfeld »Regionen« und als Basiselement »Region2« ein.

20 Klicken Sie **OK** an.

Abbildung 3.20 Durch Ziehen die Reihefolge verändern oder ...

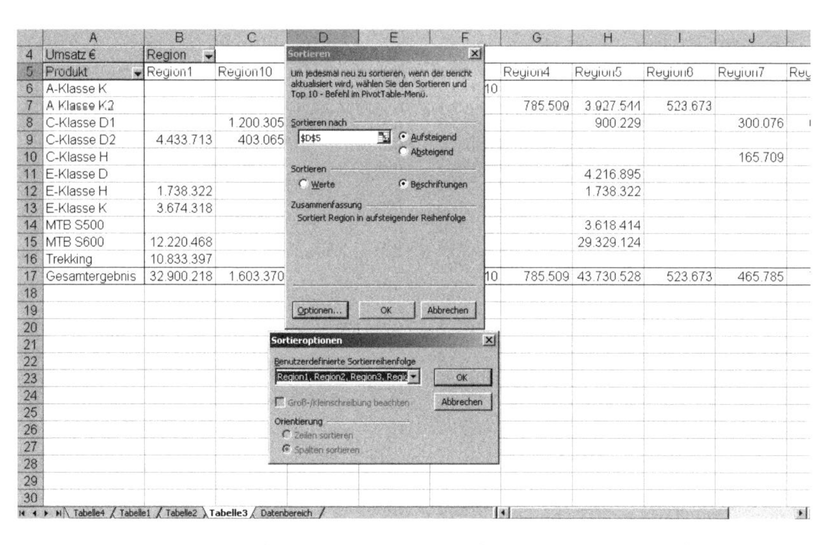

Abbildung 3.21 ... mit Hilfe der Sortierung vordefinierte Listen aufrufen!

3.6 Data-Warehouse »light« aufbauen

Perspektive ändern

Wenn Sie mit Excel 97 arbeiten, dann können Sie leider noch nicht die OLAP Cubes verwenden. Unabhängig von den Datenquellen und den IT-Prozessen, die mit dem Betrieb eines Data-Warehouses verbunden sind, ergibt sich dennoch für Sie als Anwender die Möglichkeit, durch einfache Klicks mit der Maus die Perspektiven der Daten zu verändern. Die hierbei verwendeten Begriffe »Slice and Dice« beschreiben die benutzerfreundlichen Auswertungsprinzipien von OLAP-Datenbeständen, da auf einfachste Weise das analysierte Ergebnis eingeschränkt oder erweitert (*Slice* = Scheibe) bzw. gekippt und gedreht (*Dice* = Würfel) werden kann.

Dies können Sie ebenfalls mit der Pivot-Tabelle erreichen, wenn Sie Felder gruppieren = zusammenfassen.

Die Anordnung der Zeilen- oder Spaltenfeldelemente können Sie bestimmen.

Reihenfolge ändern

1. Positionieren Sie den Einfügerahmen in der Pivot-Tabelle im Datenbereich.
2. Lassen Sie sich durch Drücken der rechten Maustaste das Kontextmenü anzeigen.
3. Wählen Sie im Kontextmenü **PivotTable Assistent...** aus. Das Dialogfenster **PivotTable-Feld** erscheint.
4. Ziehen Sie das Feld DURCHSCHNITT aus dem Datenbereich ganz heraus.
5. Klicken Sie **Ende** an.
6. Markieren Sie in der Pivot-Tabelle das Spaltenfeldelement REGION 11.
7. Bewegen Sie den Mauszeiger auf den Rand der Markierung, bis ein weißer Zeiger erscheint, und ziehen Sie dann REGION 11 an das Ende der Pivot-Tabelle.
8. Wiederholen Sie diesen Vorgang noch für die REGION 10, so dass die Regionen aufsteigend sortiert sind.

[!]

Sie können auch die benutzerdefinierte Sortierreihenfolge auf die Pivot-Tabelle anwenden, wenn Sie über **Daten • Optionen** im Register **Benutzerdefinierte Listen** bzw. im Register **AutoAusfüllen** (Excel 97/2000) eine solche Reihenfolge festgelegt haben. Um sie einzusetzen, verwenden Sie das Menü **Daten • Sortieren • Optionen**.

Kunden-Nr.	(Alle)								
Umsatz €		Region							
Klassen	Produkt	Region1	Region2	Region3	Region4	Region5	Region6	Region7	Region8
A-Klasse	A-Klasse K		1.055.910	284.610					
	A-Klasse K2		1.277.761		785.509	3.927.544	523.673		
C-Klasse	C-Klasse D1					900.229		300.076	600.153
	C-Klasse D2	4.433.713							
	C-Klasse H							165.709	144.095
E-Klasse	E-Klasse D					4.216.895			
	E-Klasse H	1.738.322				1.738.322			
	E-Klasse K	3.674.318							
MTB	MTB S500		3.256.573			3.618.414			
	MTB S600	12.220.468	8.635.798			29.329.124			
Trekking	Trekking	10.833.397	5.986.877						
Gesamtergebnis		32.900.218	20.212.918	284.610	785.509	43.730.528	523.673	465.785	744.247

Abbildung 3.22 Produkte zu Klassen zusammenfassen

Umsatz €	Region								
Produkt	Region1	Region10	Region11	Region2	Region3	Region4	Region5	Region6	Region7
A-Klasse K				1.055.910	284.610				
A-Klasse K2			1.885.221	1.277.761		785.509	3.927.544	523.673	
C-Klasse D1		1.200.305					900.229		300.076
C-Klasse D2	4.433.713	403.065							
C-Klasse H			208.937						165.709
E-Klasse D							4.216.895		
E-Klasse H	1.738.322						1.738.322		
E-Klasse K	3.674.318								
MTB S500				3.256.573			3.618.414		
MTB S600	12.220.468		2.036.745	8.635.798			29.329.124		
Trekking	10.833.397			5.986.877					
Gesamtergebnis	32.900.218	1.603.370	4.130.903	20.212.918	284.610	785.509	43.730.528	523.673	465.785

Abbildung 3.23 Datumsfeld zu Zeitintervallen gruppieren

3.6.1 Pivot-Felder gruppieren

Nun sollen die einzelnen Produkte der *Däumler-Binz* AG zu Produktklassen zusammengefasst werden. Sollten die gewünschten Elemente nicht neben- oder untereinander stehen, so können Sie diese auch mit der [Strg]-Taste markieren (Mehrfachauswahl).

Nach Begriffen gruppieren

1. Markieren Sie in der Pivot-Tabelle die gewünschten Zeilenfeldelemente (A-KLASSE K und A-KLASSE K2).
2. Wählen Sie im Kontextmenü **Gruppierung und Gliederung • Gruppierung...** aus.
3. Als weiteres Zeilenfeld wird GRUPPE1 hinzugefügt. GRUPPE1 wird mit A-KLASSE überschrieben.
4. Fassen Sie auf diese Art und Weise alle Produktklassen zusammen.
5. Entfernen Sie das Feld PRODUKT aus dem Datenbereich.
6. Klicken Sie doppelt auf das Zeilenfeldelement PRODUKT2. Das Dialogfenster **PivotTable-Feld** erscheint.
7. Klicken Sie bei der Auswahl **Teilergebnisse** das Optionsfeld **Automatisch** oder **Benutzerdefiniert** an.
8. Klicken Sie **OK** an. Nun werden alle Produktklassen mit Ergebnissen angezeigt.

Wenn in Ihrer Datenliste Felder Datumsangaben enthalten, so lassen sich diese zu Intervallen zusammenfassen.

Nach Datum gruppieren

1. Positionieren Sie den Einfügerahmen in die Pivot-Tabelle im Datenbereich.
2. Lassen Sie sich durch Drücken der rechten Maustaste das Kontextmenü anzeigen.
3. Wählen Sie im Kontextmenü **PivotTable Assistent...** aus. Das Dialogfenster **PivotTable-Feld** erscheint.
4. Ersetzen Sie das Feld REGION im Spaltenfeldbereich durch das Feld DATUM.
5. Klicken Sie **Ende** an.
6. Markieren Sie in der Pivot-Tabelle ein Spaltenfeldelement.
7. Wählen Sie im Kontextmenü **Gruppierung und Gliederung • Gruppierung...** aus.
8. Im Dialogfenster **Gruppierung** tragen Sie als Intervall **Monat** ein.
9. Klicken Sie **OK** an.

	A	B	C	D	E	F	G	H	I	J	K
1	Kunden-Nr.	(Alle)									
2											
3	Umsatz €		Datum								
4	Klassen	Produkt	Jan	Feb	Mrz	Apr	Mai	Jun	Jul	Aug	Gesamtergebnis
5	A-Klasse					2.188.869	7.551.357				9.740.226
6	C-Klasse	C-Klasse D1						3.600.916			3.600.916
7		C-Klasse D2						4.836.778			4.836.778
8		C-Klasse H					576.378	86.457			662.835
9	E-Klasse	E-Klasse D	1.757.040							2.459.855	4.216.895
10		E-Klasse H							3.042.064	434.581	3.476.644
11		E-Klasse K						612.386	3.061.931		3.674.318
12	MTB	MTB S500	452.302	4.387.327	2.035.358						6.874.987
13		MTB S600			17.923.353	20.041.568	14.257.213				52.222.134
14	Trekking	Trekking	16.820.275								16.820.275
15	Gesamtergebnis		19.029.616	4.387.327	19.958.711	22.230.437	22.384.948	9.136.537	6.103.995	2.894.436	106.126.007

Tabelle4 / Tabelle1 / Tabelle2 / Tabelle3 / Datenbereich

Abbildung 3.24 Ausgeblendete Detaildaten der A-Klasse

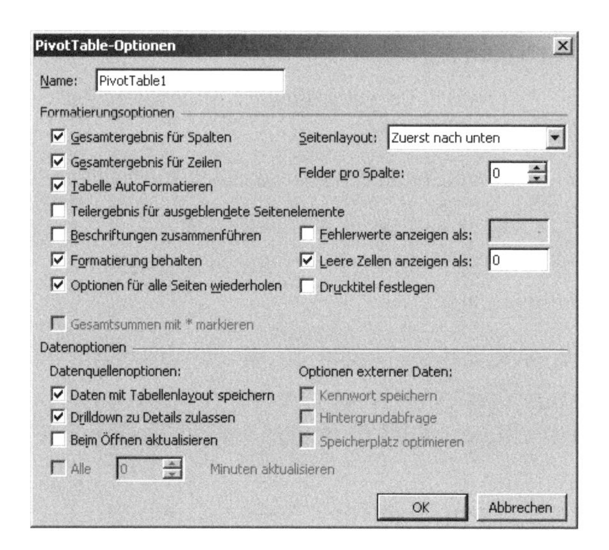

Abbildung 3.25 Leere Zellen werden als »0« angezeigt.

Abbildung 3.26 Die Intervallgröße beträgt drei Jahre.

Wenn Sie Felder der Pivot-Tabelle so gruppiert haben wie eben beschrieben, dann können Sie durch Doppelklick auf die einzelnen Elemente Daten ein- und ausblenden.

1 Klicken Sie das Zeilenfeld REGION2 doppelt an und benennen Sie es um in »Regionen«.

2 Wählen Sie **OK**.

3 Klicken Sie doppelt auf das Zeilenfeldelement A-KLASSE (Zelle A6), um die Details auszublenden.

4 Klicken Sie wiederum doppelt auf das Zeilenfeldelement A-KLASSE (Zelle A6), um die Details wieder einzublenden.

Einige Zellen im Datenbereich sind leer, weil dort offensichtlich kein Umsatz zu verbuchen ist. Sie können solche leeren Zellen durch Werte, z. B. die Zahl »0«, darstellen.

Tabellenoptionen

1 Lassen Sie sich durch Drücken der rechten Maustaste das Kontext-menü anzeigen, und wählen Sie **Tabellenoptionen** aus. Das Dialogfenster **PivotTable-Optionen** erscheint.

2 Wählen Sie das Kästchen **Leerzellen als** aus und tragen Sie eine »0« ein.

3 Bestätigen Sie Ihre Auswahl mit **OK**.

Wenn in Ihrer Datenliste Felder numerische Angaben enthalten, so lassen sich diese zu Intervallen zusammenfassen.

Numerisch gruppieren

1 Öffnen Sie die Zusammenfassung JAHRE.XLS.

2 Markieren Sie in der Pivot-Tabelle ein Spaltenfeldelement (Jahreszahl).

3 Wählen Sie im Kontextmenü **Gruppierung und Gliederung • Gruppierung...** aus.

4 Im Dialogfenster **Gruppierung** tragen Sie als Intervall »3« ein.

5 Klicken Sie **OK** an.

Soll eine Gruppierung von Daten wieder aufgehoben werden, so wählen Sie im Menü **Daten • Gruppierung und Gliederung • Gruppierung aufheben** aus.

[!]

Wenn Sie eine Pivot-Tabelle nach Datum oder nach numerischen Angaben gruppieren, darf das jeweilige Feld bzw. die Spalte keine leere Zelle enthalten.

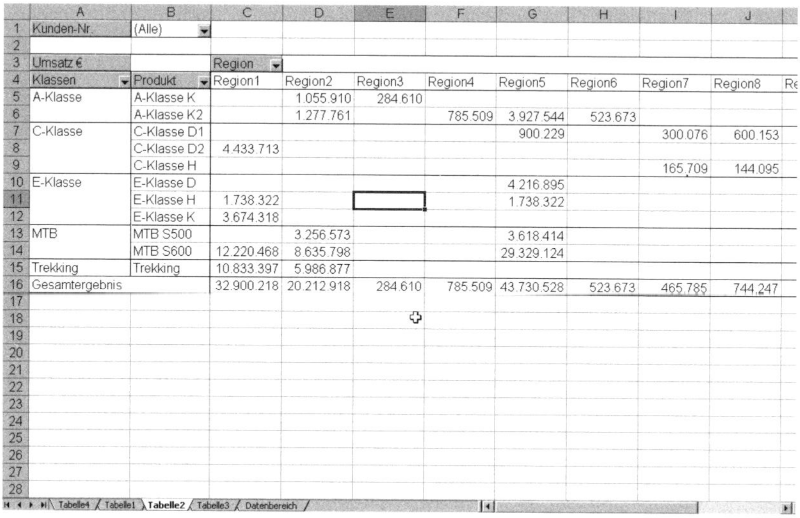

Kunden-Nr.	(Alle)								
Umsatz €		Region							
Klassen	Produkt	Region1	Region2	Region3	Region4	Region5	Region6	Region7	Region8
A-Klasse	A-Klasse K		1.055.910	284.610					
	A-Klasse K2		1.277.761		785.509	3.927.544	523.673		
C-Klasse	C-Klasse D1					900.229		300.076	600.153
	C-Klasse D2	4.433.713							
	C-Klasse H							165.709	144.095
E-Klasse	E-Klasse D					4.216.895			
	E-Klasse H	1.738.322				1.738.322			
	E-Klasse K	3.674.318							
MTB	MTB S500		3.256.573			3.618.414			
	MTB S600	12.220.468	8.635.798			29.329.124			
Trekking	Trekking	10.833.397	5.986.877						
Gesamtergebnis		32.900.218	20.212.918	284.610	785.509	43.730.528	523.673	465.785	744.247

Tabelle4 / Tabelle1 / Tabelle2 / Tabelle3 / Datenbereich

Abbildung 3.27 Doppelklick auf Zeilenfeld »Klassen«

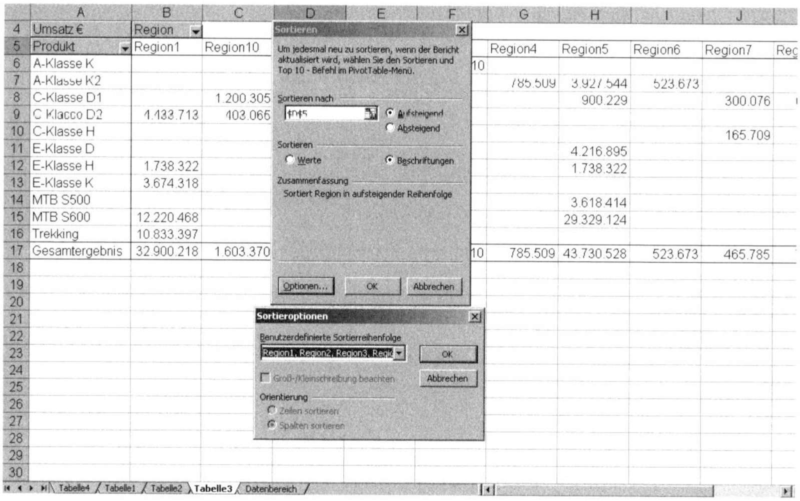

Umsatz €	Region		Region4	Region5	Region6	Region7
Produkt	Region1	Region10				
A-Klasse K						
A-Klasse K2			785.509	3.927.544	523.673	
C-Klasse D1		1.200.305		900.229		300.076
C-Klasse D2	4.433.713	403.066				
C-Klasse H						165.709
E-Klasse D				4.216.895		
E-Klasse H	1.738.322			1.738.322		
E-Klasse K	3.674.318					
MTB S500				3.618.414		
MTB S600	12.220.468			29.329.124		
Trekking	10.833.397					
Gesamtergebnis	32.900.218	1.603.370	785.509	43.730.528	523.673	465.785

Sortieren

Um jedesmal neu zu sortieren, wenn der Bericht aktualisiert wird, wählen Sie den Sortieren und Top 10 - Befehl im PivotTable-Menü.

Sortieren nach: Aufsteigend / Absteigend

Sortieren: Werte / Beschriftungen

Zusammenfassung: Sortiert Region in aufsteigender Reihenfolge

Optionen... | OK | Abbrechen

Sortieroptionen

Benutzerdefinierte Sortierreihenfolge: Region1, Region2, Region3, Regi

OK | Abbrechen

Groß-/Kleinschreibung beachten

Orientierung: Zeilen sortieren / Spalten sortieren

Tabelle4 / Tabelle1 / Tabelle2 / Tabelle3 / Datenbereich

Abbildung 3.28 Die Sortieroptionen ändern

3.6.2 Zwischenergebnisse ein-/ausblenden

Je nach Aufbau einer Pivot-Tabelle stören eventuell die Zwischenergebnisse in der Ansicht. Man kann sie ausblenden. Befolgen Sie dazu folgende Anleitung:

Teilergebnisse und Felder ein-/ausblenden

1. Positionieren Sie den Einfügerahmen in die Pivot-Tabelle im Datenbereich.
2. Lassen Sie sich durch Drücken der rechten Maustaste das Kontextmenü anzeigen.
3. Wählen Sie im Kontextmenü **PivotTable Assistent...** aus. Das Dialogfenster **PivotTable-Feld** erscheint.
4. Klicken Sie auf **Layout**.
5. Ziehen Sie das Feld PRODUKT aus dem Bereich des Seitenfeldes in den des Zeilenfeldes hinein.
6. Klicken Sie **OK** an.
7. Wählen Sie **Fertig stellen**.
8. Klicken Sie in der Pivot-Tabelle das Zeilenfeldelement A-KLASSE K an.
9. Wählen Sie im Kontextmenü **Feld...** aus. Das Dialogfenster **PivotTable-Feld** erscheint.
10. Klicken Sie bei der Auswahl **Teilergebnisse** das Optionsfeld **Keine** an.
11. Klicken Sie **OK** an. Nun werden alle Produkte ohne Ergebnisse angezeigt.

Um umgekehrt die Zwischenergebnisse wieder einzublenden, müssen Sie folgendermaßen vorgehen:

Teilergebnis einblenden

1. Klicken Sie in der Pivot-Tabelle das gewünschte Zeilenfeldelement an (bspw. A-KLASSE K).
2. Wählen Sie im Kontextmenü **Feld...** aus. Das Dialogfenster **PivotTable-Feld** erscheint.
3. Klicken Sie bei der Auswahl **Teilergebnisse** das Optionsfeld **Automatisch** an. Sie können ebenfalls das Feld **Benutzerdefiniert** auswählen.
4. Klicken Sie **OK** an. Nun werden alle Produkte mit Ergebnissen angezeigt.

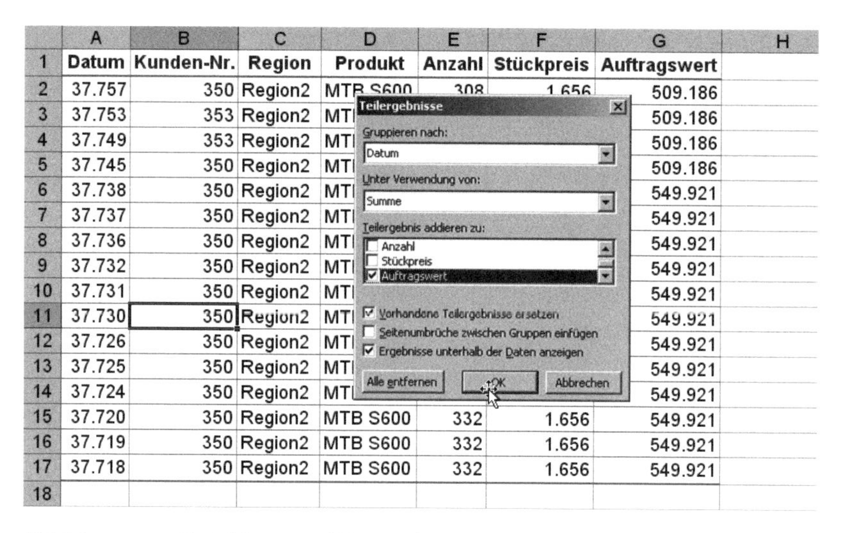

	A	B	C	D	E	F	G	H
1	Datum	Kunden-Nr.	Region	Produkt	Anzahl	Stückpreis	Auftragswert	
2	37.757	350	Region2	MTB S600	308	1.656	509.186	
3	37.753	353	Region2	MTI			509.186	
4	37.749	353	Region2	MTI			509.186	
5	37.745	350	Region2	MTI			509.186	
6	37.738	350	Region2	MTI			549.921	
7	37.737	350	Region2	MTI			549.921	
8	37.736	350	Region2	MTI			549.921	
9	37.732	350	Region2	MTI			549.921	
10	37.731	350	Region2	MTI			549.921	
11	37.730	350	Region2	MTI			549.921	
12	37.726	350	Region2	MTI			549.921	
13	37.725	350	Region2	MTI			549.921	
14	37.724	350	Region2	MTI			549.921	
15	37.720	350	Region2	MTB S600	332	1.656	549.921	
16	37.719	350	Region2	MTB S600	332	1.656	549.921	
17	37.718	350	Region2	MTB S600	332	1.656	549.921	
18								

Abbildung 3.29 Detaildaten und Verwendung von **Daten • Teilergebnis**

Aufsteigend sortieren
Absteigend sortieren
(Alle)
(Top 10...)
(Benutzerdefiniert...)
Region1
Region2

	A	B	C	D	E	F	G	H	I
1	Datu	Kunden-N	Region	Produk	Anza	Stückpre	Auftragswe		
2	37.757			MTB S600	308	1.656	509.186		
3	37.753			MTB S600	308	1.656	509.186		
4	37.749			MTB S600	308	1.656	509.186		
5	37.745			MTB S600	308	1.656	509.186		
6	37.738			MTB S600	332	1.656	549.921		
7	37.737			MTB S600	332	1.656	549.921		
8	37.736			MTB S600	332	1.656	549.921		
9	37.732	350	Region1	MTB S600	332	1.656	549.921		
10	37.731	350	Region1	MTB S600	332	1.656	549.921		
11	37.730	350	Region1	MTB S600	332	1.656	549.921		
12	37.726	350	Region1	MTB S600	332	1.656	549.921		
13	37.725	350	Region1	MTB S600	332	1.656	549.921		
14	37.724	350	Region1	MTB S600	332	1.656	549.921		
15	37.720	350	Region1	MTB S600	332	1.656	549.921		
16	37.719	350	Region1	MTB S600	332	1.656	549.921		
17	37.718	350	Region1	MTB S600	332	1.656	549.921		
18									
19									
20									
21									
22									

Abbildung 3.30 Detaildaten und Verwendung von **Daten • Autofilter**

3.6.3 Details der Pivot-Tabelle anzeigen

Die Pivot-Tabelle ist sehr beeindruckend, fasst sie doch eine Liste von Daten als Gruppierung zusammen, berechnet Teilergebnisse für Gruppierungen, lässt sich schnell und einfach umbauen.

Nachdem eine Pivot-Tabelle ihre endgültige Form gefunden hat, sind ab und zu doch einige Details aus diesen Gruppierungen interessant.

Kein Problem! Schnell und einfach lassen sich Details auf einem Extra-Tabellenblatt als Liste ausgeben. Eventuell gewünschte Funktionen zur Berechnung der Summe oder des Durchschnitts muss man allerdings selbst hinzufügen.

Sie präsentieren die aktuellen Zahlen mittels eines Datenprojektors, der an Ihr Notebook angeschlossen ist. Während Ihres Vortrags möchte die Geschäftsleitung Details über die Umsätze der Region 1 wissen.

Für Sie kein Problem, auch wenn Sie nichts vorbereitet haben:

Detaildaten anzeigen lassen

1. Wechseln Sie wieder zur Datei PIVOT.XLS.
2. Doppelklicken Sie auf die Zelle in der Pivot-Tabelle, die den Schnittpunkt zwischen März und dem Kunden 350 darstellt.
3. Nach wenigen Sekunden erzeugt Excel eine Datenliste auf einem neuen Tabellenblatt nur für den März. Alle Daten werden angezeigt.

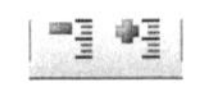

4. Nun können Sie dieses Tabellenblatt umbenennen, eventuell noch die Funktionen SUMME und MITTELWERT für den Umsatz einfügen.
5. Wenn Sie möchten, können Sie so für alle Regionen Detaildaten anzeigen lassen.

Nur eine Kopie!

Die erzeugte Liste ist nur eine Kopie der Quelldatenliste. Änderungen, die in dieser Liste durchgeführt werden, wirken sich weder auf die Pivot-Tabelle noch auf die Quelldatenliste aus. Umgekehrt auch nicht.

Diese Liste können Sie theoretisch wiederum mit einer Pivot-Tabelle auswerten. Interessanterweise werden Datumsangaben ohne Formatierung als serielle Zahl angezeigt!

Für »Quick & Dirty«-Lösungen empfehlen sich aus dem Menü **Daten** die Menüpunkte:

- **Filter • Autofilter**
- **Filter • Spezialfilter**
- **Teilergebnis**

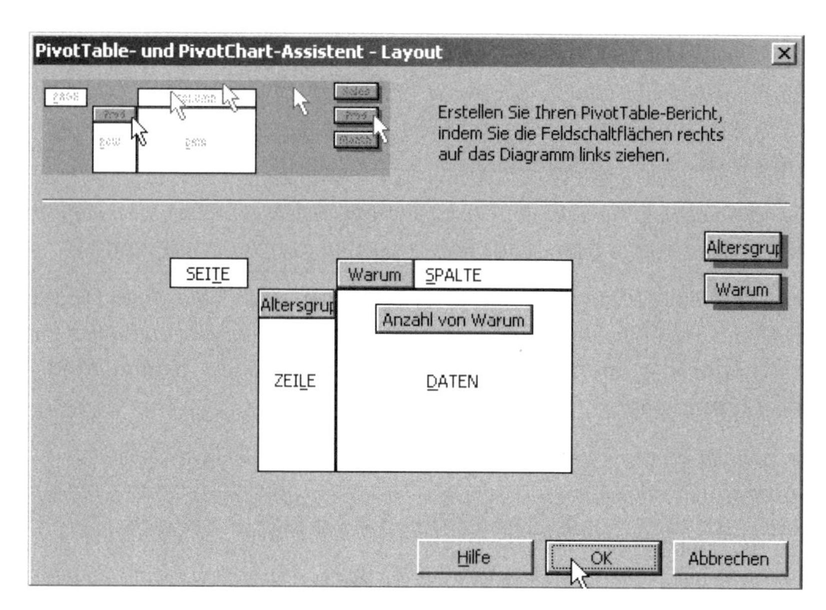

Abbildung 3.31 Aufbau der Pivot-Tabelle

	A	B	C	D	E	F	G	H	I
1	Warum fahren Sie mit Ihrem Fahrrad?								
2	Frage 3:	Codierung	Kurzfassung						
3	fehlende Werte	0		9					
4	Zum Einkaufen ist es bequemer	1	Einkaufen	20	10,9%				
5	Um zur Arbeit zu gelangen	2	Arbeit	65	35,3%				
6	Zur sportlichen Betätigung	3	Sport	52	28,3%				
7	Gar nicht	4	Nicht	4	2,2%				
8	Weil nirgends Parkplätze vorhanden sind	5	Parkplätze	8	4,3%				
9	Familienausflug	6	Familie	26	14,1%				
10									
11	Summe Nennungen			184					
12	Modus			2					
13	Median			2					
14									
15									
16	rel. Häufigkeiten	Warum							
17	Altersgruppe	0	Einkaufen	Arbeit	Sport	Nicht	Parkplätze	Familie	Gesamtergebnis
18	0			3	2				5
19	18			2	1				3
20	19			1	1				2
21	20	1		1	3	1			6
22	21			2	2				4
23	22				2			2	4
24	23			1	4			1	6
25	24				2		1	1	4
26	25	2		1	1		1	1	6
27	26				2				2
28	27		1		4				5

Überschreiben

Datenmatrix | Frage 3

Abbildung 3.32 Überschreiben der Felder

3.7 Bivariante Datenanalyse

Die Auswertung einzelner Merkmale (univariant) bei einer statistischen Analyse ist zwar recht aufschlussreich, jedoch erst dann interessant, wenn Merkmale zusammen (bivariant) betrachtet werden.

Hier sollen Sie eine Kundenbefragung der Däumler-Binz AG auswerten. Diese Befragung wurde von dem Markforschungsinstitut »BIKE CONSULT« erstellt und auf der letzten IFMA durchgeführt. 184 Fragebögen liegen vor, sie enthalten Antworten auf 15 Fragen, von denen zwölf nicht offen waren. Alle Antworten sind so erfasst, dass sie numerisch auswertbar sind. So soll jetzt die Frage 3 hinsichtlich der Motive für das Fahrradfahren in Zusammenhang mit dem Alter ermittelt werden. Dazu werden die Daten in sog. Kontingenz-/Assoziations-/Korrelationstabellen zusammengefasst. Als Parameter werden hierbei Häufigkeiten, relative Randhäufigkeiten sowie diverse Koeffizienten berechnet.

Feld überschreiben

1. Öffnen Sie die Datei MARKTSTUDIE.XLS.
2. Aktivieren Sie das Blatt FRAGE3.
3. Ersetzen Sie bei den Spaltenfeldern die numerischen Bezeichnungen durch die Kurzfassungen entsprechend dem Zellbereich `B4 : C9`. Dazu können Sie in der Pivot-Tabelle die Werte einfach überschreiben!
4. Markieren Sie in der Pivot-Tabelle ein Zeilenfeldelement (Alter).
5. Wählen Sie im Kontextmenü **Gruppierung und Gliederung • Gruppierung...** aus.
6. Im Dialogfenster **Gruppierung** tragen Sie als Startalter »10« ein.
7. Klicken Sie **OK** an.

Nun können Sie ablesen, welche Altersgruppe welche Motivation zum Fahrradfahren hat.

Keine Angaben zum Alter oder zum Motiv für das Fahrradfahren wurden mit dem Wert 0 erfasst. In den Spalten- und Zeilenfeldern der Pivot-Tabelle werden nicht erwünschte Werte (0) angezeigt. Diese sollen ausgeblendet werden:

Elemente ausblenden

1. Öffnen Sie in der Pivot-Tabelle das Spaltenfeld ALTER.
2. Deaktivieren Sie das Kontrollfeld für »0«.
3. Klicken Sie **OK** an.
4. Wiederholen Sie diesen Schritt für das Zeilenfeld WARUM.

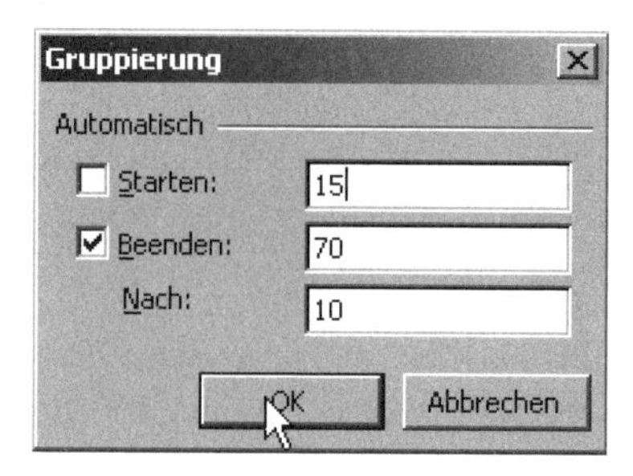

Abbildung 3.33 Bildung der Altersklassen

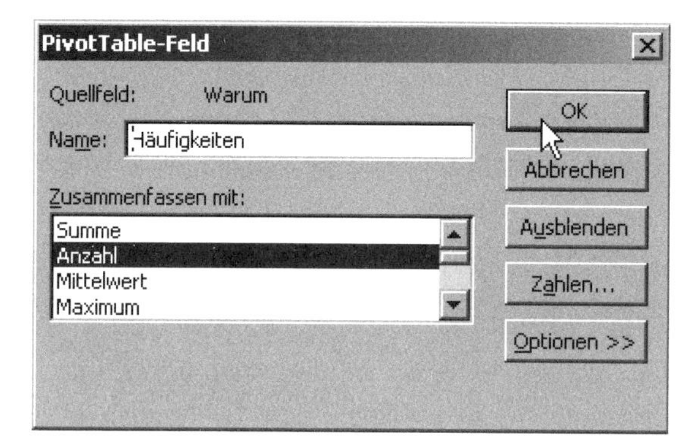

Abbildung 3.34 Feld WARUM in »Häufigkeiten« umbenennen

	A	B	C	D	E	F	G	H
14								
15								
16	Häufigkeiten	Warum						
17	Alter	Einkaufen	Arbeit	Sport	Nicht	Parkplätze	Familie	Gesamtergebnis
18	<15	0,00%	1,71%	1,14%	0,00%	0,00%	0,00%	2,86%
19	15-24	0,00%	4,00%	8,57%	0,57%	0,57%	2,29%	16,00%
20	25-34	2,86%	5,71%	6,29%	0,57%	1,14%	2,86%	19,43%
21	35-44	3,43%	6,29%	5,71%	0,00%	1,71%	2,29%	19,43%
22	45-54	1,71%	7,43%	2,86%	0,00%	1,14%	4,00%	17,14%
23	55-64	2,86%	10,29%	2,86%	0,57%	0,00%	1,71%	18,29%
24	65-74	0,57%	1,71%	2,29%	0,57%	0,00%	1,71%	6,86%
25	Gesamtergebnis	11,43%	37,14%	29,71%	2,29%	4,57%	14,86%	100,00%
26								
27								
28								
29								
30								
31								
32								
33								
34								
35								

Datenmatrix / Frage 3

Abbildung 3.35 Die Daten in der Ansicht

Um eine Gruppierung vorzunehmen, müssen Sie folgende Schritte befolgen:

1. Markieren Sie in der Pivot-Tabelle das Zeilenfeldelement (ALTER).
2. Wählen Sie im Kontextmenü **Gruppierung und Gliederung • Gruppierung...** aus.
3. Im Dialogfenster **Gruppierung** tragen Sie als Intervall »10« ein und als Start »15«.
4. Klicken Sie **OK** an.

Wir haben bisher die absoluten Häufigkeiten ausgezählt. Nun sollen auch die relativen Häufigkeiten ermittelt werden.

Feld hinzufügen

1. Wählen Sie im Kontextmenü den **PivotTable Assistent...** aus. Der Pivot-Tabellen-Assistent, Schritt 2 von 3, erscheint.
2. Klicken Sie auf die Schaltfläche **Layout**.
3. Ziehen Sie das Feld HÄUFIGKEITEN in den Datenbereich hinein.
4. Klicken Sie auf **Fertig stellen**.

Damit die Zahlen besser zu interpretieren sind, sollen Sie relativ (in Prozent) dargestellt und formatiert werden. Dazu kann nun in Pivot-Tabellen nicht das normale Menü **Format • Zellen** verwendet werden. Speziell für die Pivot-Tabelle gibt es ein eigenes Menü, um das Zahlenformat zu verändern. Die Formatierung erfolgt über die Einstellung der Optionen für Pivot-Tabellen:

Berechnungsart eines Datenfeldes ändern

1. Wählen Sie im Kontextmenü **Feldeigenschaften...** aus.
2. Das Dialogfenster **PivotTable-Feld** erscheint.
3. Benennen Sie das Feld wie links abgebildet um.
4. Klicken Sie die Schaltfläche **Optionen** an. Das Dialogfenster wird erweitert.
5. Wählen Sie unter **Daten zeigen als** die Angabe **% des Ergebnisses** aus.
6. Klicken Sie die Schaltfläche **Zahlen...** an. Das gleichnamige Dialogfenster wird geöffnet.
7. Wählen Sie aus der Kategorie **Prozent** das Format **0%** aus.
8. Klicken Sie zweimal auf **OK**.

Berechnungsart	Ergebnis in der Pivot-Tabelle
% der Zeile	Zeigt die Daten in einer Zeile als Prozentwerte bezüglich des Zeilengesamtergebnisses an.
% der Spalte	Zeigt die Daten in einer Spalte als Prozentwerte bezüglich des Spaltengesamtergebnisses an.
Index	Zeigt die Daten entsprechend folgendem Algorithmus an: $$\frac{\text{(Wert in Zelle) x (Gesamtergebnis)}}{\text{(Zeilengesamtergebnis) x (Spaltengesamtergebnis)}}$$ Dies ist nach unserer Meinung eine andere Form zur Berechnung der statistischen Unabhängigkeit!

Tabelle 3.5 Berechnungsarten

	A	B	C	D	E	F	G	H
15								
16			Relative Häufigkeiten (Kontingenztabelle)					
17								
18	rel. Häufigkeiten	Warum						
19	Alter	Einkaufen	Arbeit	Sport	Gar nicht	Familie	keine Parkplätze	Gesamtergebnis
20	<15	0,0%	1,1%	1,1%	0,0%	0,0%	0,0%	2,2%
21	15-24	0,0%	2,5%	8,2%	0,7%	1,1%	5,1%	17,6%
22	25-34	0,9%	3,6%	6,0%	0,7%	2,2%	6,3%	19,7%
23	35-44	1,1%	4,0%	5,4%	0,0%	3,3%	5,1%	18,8%
24	45-54	0,5%	4,7%	2,7%	0,0%	2,2%	8,9%	19,0%
25	55-64	0,9%	6,5%	2,7%	0,7%	0,0%	3,8%	14,7%
26	65-74	0,2%	1,1%	2,2%	0,7%	0,0%	3,8%	8,0%
27	Gesamtergebnis	3,6%	23,6%	28,3%	2,9%	8,7%	33,0%	100,0%
28								
29								
30			Relative Spaltenhäufigkeiten (Kontingenztabelle)					
31								
32	rel. Häufigkeiten	Warum						
33	Alter	Einkaufen	Arbeit	Sport	Gar nicht	Familie	keine Parkplätze	Gesamtergebnis
34	<15	0,0%	4,6%	3,8%	0,0%	0,0%	0,0%	2,2%
35	15-24	0,0%	10,8%	28,8%	25,0%	12,5%	15,4%	17,6%
36	25-34	25,0%	15,4%	21,2%	25,0%	25,0%	19,2%	19,7%
37	35-44	30,0%	16,9%	19,2%	0,0%	37,5%	15,4%	18,8%
38	45-54	15,0%	20,0%	9,6%	0,0%	25,0%	26,9%	19,0%
39	55-64	25,0%	27,7%	9,6%	25,0%	0,0%	11,5%	14,7%
40	65-74	5,0%	4,6%	7,7%	25,0%	0,0%	11,5%	8,0%
41	Gesamtergebnis	100,0%	100,0%	100,0%	100,0%	100,0%	100,0%	100,0%
42								
43			Relative Zeilenhäufigkeiten (Kontingenztabelle)					
44								
45	rel. Häufigkeiten	Warum						
46	Alter	Einkaufen	Arbeit	Sport	Gar nicht	Familie	keine Parkplätze	Gesamtergebnis
47	<15	0,0%	50,0%	50,0%	0,0%	0,0%	0,0%	100,0%
48	15-24	0,0%	14,4%	46,4%	4,1%	6,2%	28,9%	100,0%
49	25-34	4,6%	18,3%	30,3%	3,7%	11,0%	32,1%	100,0%
50	35-44	5,8%	21,2%	28,8%	0,0%	17,3%	26,9%	100,0%
51	45-54	2,9%	24,8%	14,3%	0,0%	11,4%	46,7%	100,0%
52	55-64	6,2%	44,4%	18,5%	4,9%	0,0%	25,9%	100,0%
53	65-74	2,3%	13,6%	27,3%	9,1%	0,0%	47,7%	100,0%
54	Gesamtergebnis	3,6%	23,6%	28,3%	2,9%	8,7%	33,0%	100,0%
55								
56								

Frage 1 / Frage 3 / Frage 15 / Korrelationen / Häufigkeiten / Nutzwertanalyse / Datenmatrix

Abbildung 3.36 Die Pivot-Tabelle

Nehmen wir an, dass Sie jetzt zusätzlich noch die relativen Randhäufigkeiten berechnen möchten. Auch das ist mit einigen wenigen Schritten möglich. Dazu muss zunächst die Pivot-Tabelle zweimal kopiert und eingefügt und danach für die eine Kopie die relative Spaltenhäufigkeit, für die andere die relative Zeilenhäufigkeit ermittelt werden.

Kopieren

1. Markieren Sie die Pivot-Tabelle. Dazu wählen Sie aus dem Kontextmenü **Markieren • Ganze Tabelle**.
2. Wählen Sie im Menü **Bearbeiten • Kopieren...** aus.
3. Positionieren Sie den Cursor einige Zeilen tiefer.
4. Wählen Sie im Menü **Bearbeiten • Einfügen...** aus.

Relative Spaltenhäufigkeit

In welche Alterklassen fallen diejenigen Käufer, die Einkaufen als Grund zum Fahrradfahren angegeben haben?

1. Positionieren Sie den Einfügerahmen in die Pivot-Tabelle im relativen Datenfeld.
2. Lassen Sie sich durch Drücken der rechten Maustaste das Kontextmenü anzeigen.
3. Wählen Sie im Kontextmenü **Feldeigenschaften...** aus.
4. Das Dialogfenster **PivotTable-Feld** erscheint.
5. Klicken Sie die Schaltfläche **Optionen** an. Das Dialogfenster wird erweitert.
6. Wählen Sie unter **Daten zeigen als** die Angabe **% der Spalte** aus.
7. Klicken Sie auf **OK**.

Wie verteilt sich die Nutzung des Fahrrads innerhalb der Altersklassen?

Relative Zeilenhäufigkeit

1. Positionieren Sie den Einfügerahmen in die Pivot-Tabelle im relativen Datenfeld.
2. Lassen Sie sich durch Drücken der rechten Maustaste das Kontextmenü anzeigen.
3. Wählen Sie im Kontextmenü **Feldeigenschaften...** aus.
4. Das Dialogfenster **PivotTable-Feld** erscheint.
5. Klicken Sie die Schaltfläche **Optionen** an. Das Dialogfenster wird erweitert.
6. Wählen Sie unter **Daten zeigen als** die Angabe **% der Zeile** aus.
7. Klicken Sie auf **OK**.

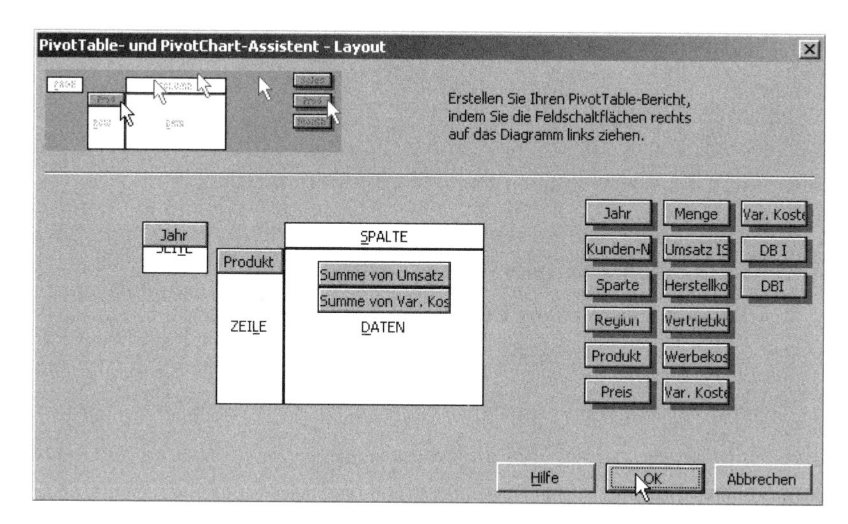

Abbildung 3.37 Zunächst die Basisfelder in den Datenbereich ziehen ...

	Region Ost	8518500	8933150	8896200	9113400	9520000	44981250
	Region Süd	14095250	14706650	15150300	15989500	16700000	76641700
	Region West	23075650	23761800	24419000	25538200	26640000	123434650
nis		60984900	63005300	64726100	67239000	70155000	326110300
	Region Europa	955700	809500	684500	812250	922000	4183950
	Region Nord	647000	1003450	1561150	1869200	2125000	7205800
	Region Ost	961600	1879500	2780000	3062600	3455000	12138700
	Region Süd	4792400	7401800	12611500	13917800	14620000	53343500
	Region West	2647250	4568700	6955100	7948000	8855000	30974050
nis		10003950	15662950	24592250	27609850	29977000	10784[illegible]
ergebnis		73298850	81047050	92021050	97543750	102992000	44690[illegible]

PivotTable
PivotTable ▾

Zellen formatieren...
PivotChart
PivotTable Assistent
Daten aktualisieren
Ausblenden
Markieren ▸
Gruppierung und Detail anzeigen ▸
Reihenfolge ▸
Feldeigenschaften...
Tabellenoptionen...
PivotTable-Symbolleiste ausblenden
Feldliste einblenden

Abbildung 3.38 ... danach die Pivot-Tabelle fertig stellen

3.8 Berechnetes Feld in der Pivot-Tabelle

Wenn Sie im Rahmen der Pivot-Tabelle mit Feldern rechnen möchten, so ist auch das kein Problem: Bilden Sie einfach eine Formel aus den Feldern, die Sie in das Datenfeld hineinziehen. Dabei können Sie alle Grundrechenarten verwenden.

Deckungsbeitragsrechnung

Im Folgenden werden wir anhand einer Beispieldatei eine produktbezogene Deckungsbeitragsrechnung durchführen:

1. Öffnen Sie die Datei ABC-ANALYSE.XLS.
2. Erzeugen Sie eine Pivot-Tabelle. Auf der Abbildung auf der linken Seite können Sie erkennen, wie die Pivot-Tabelle aufgebaut sein soll. Übernehmen Sie diesen Aufbau.
3. Positionieren Sie den Einfügerahmen in die Pivot-Tabelle im Datenbereich.
4. Wählen Sie im Menü **Einfügen • Berechnetes Feld** aus (Excel 2002/2003) oder
5. wählen Sie im Kontextmenü (rechte Maustaste) den Punkt **Formeln • Berechnetes Feld** aus (Excel 97/2000).
6. Schreiben Sie in das Feld NAME »DBI«.
7. Positionieren Sie die Einfügemarke im Feld FORMEL.
8. Klicken Sie in der Liste FELDER doppelt auf UMSATZ IST und geben Sie ein Minuszeichen ein.
9. Anschließend klicken Sie in der Liste FELDER doppelt auf VAR.KOSTEN GESAMT.
10. Klicken Sie auf **Hinzufügen**.
11. Das neue Feld wird der Liste der Felder hinzugefügt.
12. Klicken Sie **OK** an.

[!]

Abschließend noch ein wichtiger Hinweis zur Berechnung in Pivot-Tabellen:

Sie sollten bei der Bildung von berechneten Feldern beachten, dass in der Pivot-Tabelle die Berechnungen nicht auf der Ebene der Datensätze, sondern auf der Ebene der Teilergebnisse durchgeführt werden. Diese Berechnungsgrundlage führt bei der Multiplikation zu erheblichen Ungenauigkeiten im Ergebnis.

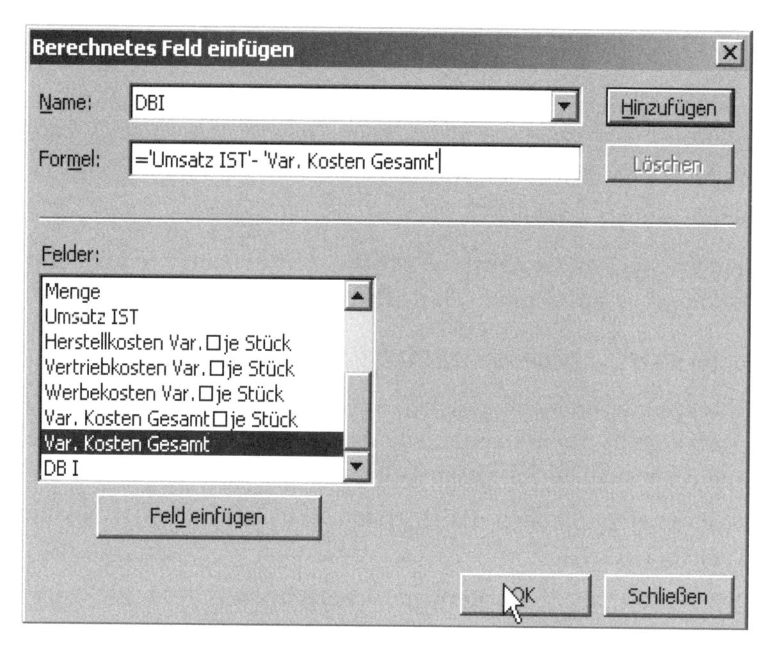

Abbildung 3.39 Hier finden Sie die Funktion **Pivotdaten zuordnen**

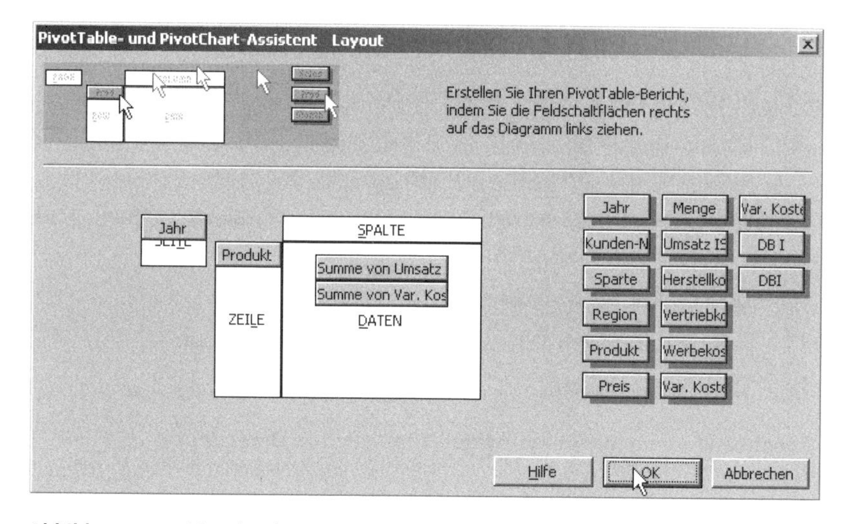

Abbildung 3.40 Verschiedene Beispiele für **Pivotdaten zuordnen** in Excel 97/2000

3.9 Feste Bezüge auf eine Pivot-Tabelle

Für Berechnungen und Auswertungen kann man sich mittels Verknüpfungen auf einzelne Zellen der Pivot-Tabelle beziehen. Da die Pivot-Tabelle aber sehr schnell in ihrer Struktur verändert werden kann, führen solche Bezüge rasch zu unsinnigen Ergebnissen. Seit der Version Excel 97 wird daher eine Funktion PIVOTDATENZUORDNEN aus der Kategorie Matrix angeboten. PIVOTDATENZUORDNEN gibt Daten aus einem PivotTable-Bericht zurück. Allerdings ist diese Funktion seit Excel 2002 mit einer neuen Syntax versehen worden und leider nicht abwärtskompatibel.

Daher wird diese Funktion im Folgenden ausführlich für beide Varianten beschrieben. Es folgen noch einige Hinweise für die Berechnungen in den einzelnen Excel-Versionen:

Excel 97/2000

- Berechnete Felder oder Elemente und benutzerdefinierte Berechnungen werden von der Funktion PIVOTDATENZUORDNEN berücksichtigt.
- Entspricht der Name nicht der Syntax zur Beschreibung eines sichtbaren Feldes, ist der Name nicht angegeben oder umfasst der Name ein Seitenfeld, das nicht angezeigt wird, gibt PIVOTDATENZUORDNEN #REF! zurück.

Regeln

- Formeln für berechnete Felder können sich auf jedes beliebige Feld in den Quelldaten für die Pivot-Tabelle beziehen, einschließlich der ausgeblendeten Felder.
- Formeln für berechnete Felder können sich auf einen oder mehrere Feldnamen beziehen. Formeln für berechnete Elemente können jeweils nur Elemente aus dem Feld enthalten, in dem das berechnete Element erstellt wird.
- In einem Namen, der mehr als ein Feld einschließt, können die Felder in beliebiger Reihenfolge auftreten.
- Schließen Sie Namen, die aus mehr als einem Wort bestehen oder Sonderzeichen enthalten, in einfache Anführungszeichen ein.
- Wenn ein Element eine Datumsangabe enthält, muss der Wert als serielle Nummer angegeben oder mit Hilfe der DATUM-Funktion gefüllt worden sein, damit der Wert erhalten bleibt, wenn das Arbeitsblatt mit anderen Ländereinstellungen geöffnet wird.
- Formeln können sich nicht auf Ergebnisse beziehen.

Excel 97/2000

```
PIVOTDATENZUORDNEN(PivotTable;Name)
```

Wert	Erklärung
PivotTable	ist ein Bezug zu einer Zelle im PivotTable-Bericht. PivotTable kann eine Zelle oder ein Zellbereich im Bericht, der Name des Bereiches, der den PivotTable-Bericht enthält, oder die Beschriftung einer Zelle über dem PivotTable-Bericht sein.
Name	ist ein mit geraden Anführungszeichen (" ") versehener Begriff, der die Koordinate im PivotTable-Bericht, dessen Wert abgerufen werden soll, beschreibt.

Tabelle 3.6 Werte in der Pivot-Tabelle – Excel 97/2000

Excel 2002/2003

```
PIVOTDATENZUORDNEN(Datenfeld; PivotTable; Feld1; Element1;
Feld2; Element2; ...)
```

Wert	Erklärung
Datenfeld	stellt den Namen in Anführungszeichen für das Datenfeld dar, das die Daten enthält, die Sie abrufen möchten.
PivotTable	stellt einen Bezug auf eine Zelle, einen Zellbereich oder einen benannten Zellbereich in einem PivotTable-Bericht dar. Diese Informationen werden dazu verwendet zu ermitteln, welcher PivotTable-Bericht die Daten enthält, die Sie abrufen möchten.
Feld1, Element1, Feld2, Element2	stehen für Paare aus Feld- und Elementnamen (zwischen 1 und 14), welche die Daten beschreiben, die Sie abrufen möchten. Diese Paare können in einer beliebigen Reihenfolge auftreten. Feld- und Elementnamen, die nicht aus Datumsangaben oder Zahlen bestehen, werden in Anführungszeichen eingeschlossen. Für OLAP PivotTable-Berichte können Elemente den Quellnamen der Dimension sowie den Quellnamen des Elements enthalten.

Tabelle 3.7 Werte in der Pivot-Tabelle – Excel 2002

[!] Um beim Anklicken einer Pivot-Tabelle wieder eine Verknüpfung zu erhalten, verwenden Sie die Symbolschaltfläche **GetPivotData** im Menü **Ansicht • Symbolleisten**, dort wiederum das Register **Befehle** in der Kategorie **Daten**. Damit können Sie zwischen relativem Zellbezug und festem Bezug durch PIVOTDATENZUORDNEN umschalten. Die Schaltfläche sollten Sie Ihrer persönlichen Symbolleiste hinzufügen (siehe Kapitel 1)!

- Sie können den Feldnamen in einen Bezug auf ein Element einschließen. Der Elementname muss in eckigen Klammern stehen, beispielsweise Produkt[Fleisch].

  Verwenden Sie dieses Format, um Fehlerwerte des Typs #NAME? zu vermeiden, wenn zwei Elemente in zwei unterschiedlichen Feldern in einem Bericht denselben Namen besitzen.
- Sie können einen Bezug auf ein Element erstellen, indem Sie dessen aktuell angezeigte Position im Bericht angeben. Produkt[1] ist Fleisch und Produkt[2] sind Meeresfrüchte. Ausgeblendete Elemente werden in diesem Index nicht gezählt.
- Sie können relative Positionen verwenden, um einen Bezug auf Elemente zu erstellen. Die Positionen werden relativ zu dem berechneten Element ermittelt, das die Formel enthält. Wenn Qrtl.3 das aktuelle Quartal ist, ist Quartal[–1] gleich Qrtl.2; wenn Qrtl.2 das aktuelle Quartal ist, ergibt Quartal[+1] den Wert Qrtl.3.

  Ein berechnetes Element könnte beispielsweise die Formel `'Verkäufer'[-1] * 3%` verwenden. Wenn die angegebene Position vor dem ersten Element oder hinter dem letzten Element in dem Feld liegt, gibt die Formel den Fehlerwert #BEZUG! aus.

Excel 2002/2003

Sie können eine einfache PIVOTDATENZUORDNEN-Formel schnell eingeben, indem Sie »=« in die Zelle eingeben, in die Sie den Wert zurückgeben möchten. Anschließend klicken Sie im PivotTable-Bericht auf die Zelle, welche die Daten enthält, die Sie zurückgeben möchten.

Hinweise

- Berechnete Felder oder Elemente und benutzerdefinierte Berechnungen werden berücksichtigt.
- Ist PivotTable ein Bereich, der zwei oder mehr PivotTable-Berichte enthält, werden die Daten aus dem in diesem Bereich zuletzt erstellten Bericht abgerufen.
- Wenn die Feld- und Elementargumente eine einzelne Zelle beschreiben, so wird deren Wert zurückgegeben, unabhängig davon, ob es sich um eine Zeichenfolge, eine Zahl, einen Fehler o. Ä. handelt.
- Wenn ein Element eine Datumsangabe enthält, muss der Wert als serielle Nummer angegeben oder mit Hilfe der DATUM-Funktion gefüllt worden sein, damit der Wert erhalten bleibt, wenn das Arbeitsblatt mit anderen Ländereinstellungen geöffnet wird.

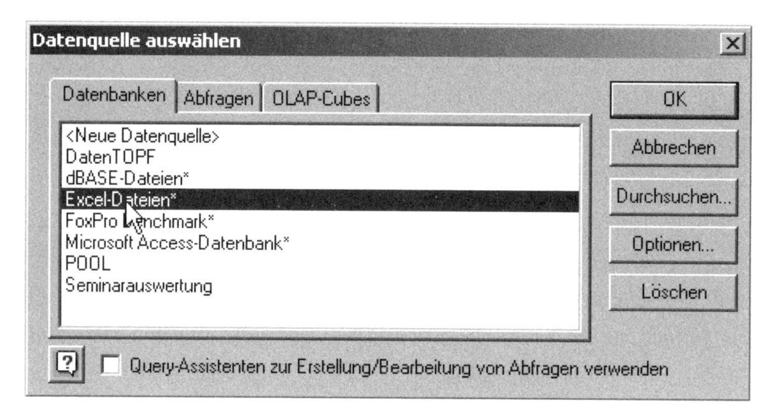

Abbildung 3.41 ODBC-Datenquelle in Excel

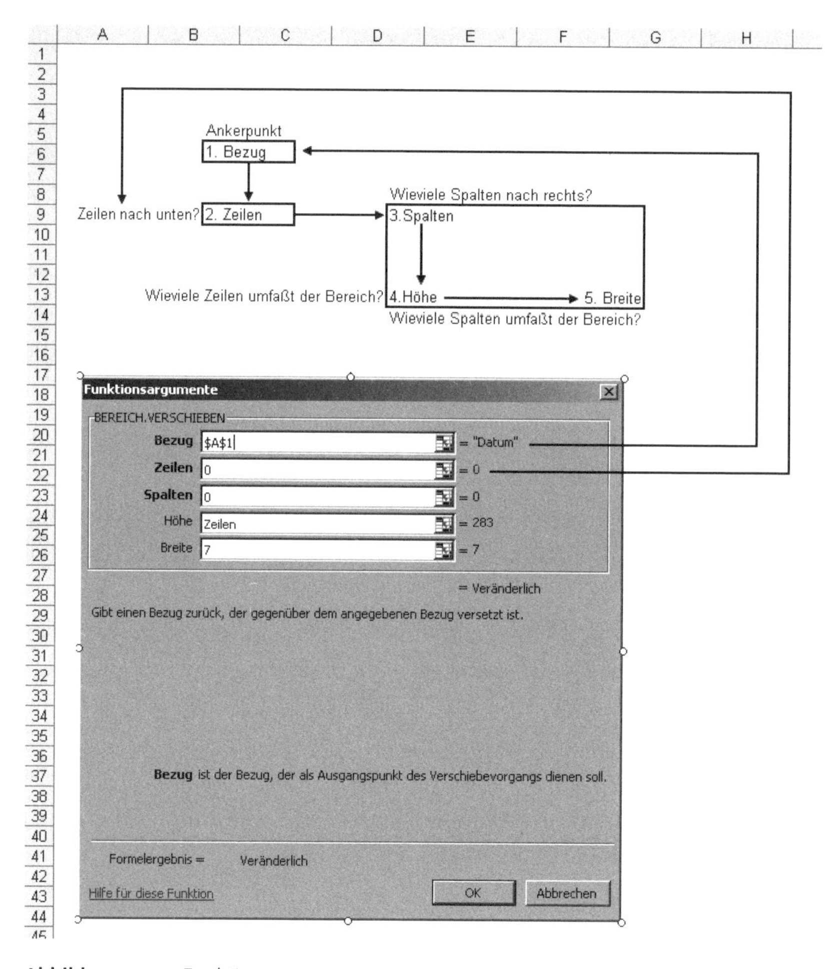

Abbildung 3.42 Funktionsargumente

3.10 Datenquellen einer Pivot-Tabelle

Wenn Sie eine Pivot-Tabelle erstellen, erkennt der PivotTable-Assistent den gesamten Datenbereich automatisch. Erweitert sich diese Datenliste regelmäßig (z. B. monatlich), so wird dieser Bereich durch den Assistenten nicht automatisch erweitert. In solchen Fällen müsste ein variabler, sich permanent anpassender Pivot-Datenbereich geschaffen werden.

Alle Zeilen markieren

Dies können Sie umgehen, indem Sie von Anfang an alle Spalten bei der Festlegung des Pivot-Bereichs markieren. Dadurch erhalten Sie eine Rubrik **Leere Datensätze**, die sich ausblenden lässt, und so nicht weiter »stört«. Allerdings lassen sich Datumsfelder beim Vorhandensein leerer Datensätze nicht mehr gruppieren!

MS Query

Wenn Sie eine Excel- oder Textdatei über MS Query (**Daten • Externe Daten importieren • Neue Abfrage erstellen**) importieren, entsteht ein Bereichsname für den Abfragebereich (siehe Kapitel 2). Diesen sich selbst anpassenden Bereichsnamen können Sie als Datenbereich im PivotTable-Assistenten angeben. Aus einem nicht bekannten Grund lässt sich bei dieser Variante die Gruppierung allerdings teilweise nicht verwenden!

Variable Datenbereiche für Pivot-Tabelle

Eine gute Alternative ist es, Funktionen zu verwenden und diesen einen Namen zu geben. Dieser Name wird dann als Datenbereich im Pivot-Tabellen-Assistenten eingetragen.

Diesen variablen Bereich erhalten Sie durch eine Kombination der Funktionen ANZAHL2() (Anzahl nichtleerer Zellen in einem Bereich) und BEREICH.VERSCHIEBEN sowie der Namen für Zellbereich und Funktionen.

Anzahl2()

1. Öffnen Sie die Arbeitsmappe PIVOT.XLS.
2. Markieren Sie die Spalte A.
3. Vergeben Sie für den markierten Bereich mit Hilfe des Menüs **Einfügen • Namen definieren** den Namen DATUM.
4. Wählen Sie aus dem Menü **Einfügen** den Befehl **Funktion** aus. Der Funktions-Assistent wird gestartet.
5. Aus der Kategorie STATISTIK wählen Sie die Funktion ANZAHL2() aus.
6. Bestätigen Sie mit **OK**.
7. Geben Sie als Bereich den Namen DATUM an. Dazu drücken Sie die [F3]-Taste.
8. Bestätigen Sie mit **OK**.

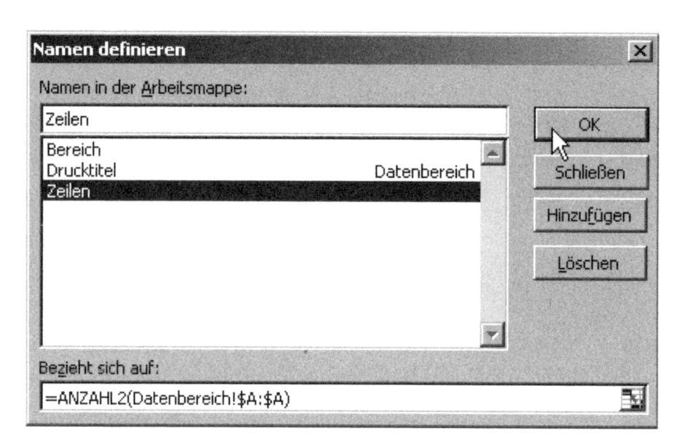

Abbildung 3.43 Namen für die Funktion ANZAHL2() festlegen, …

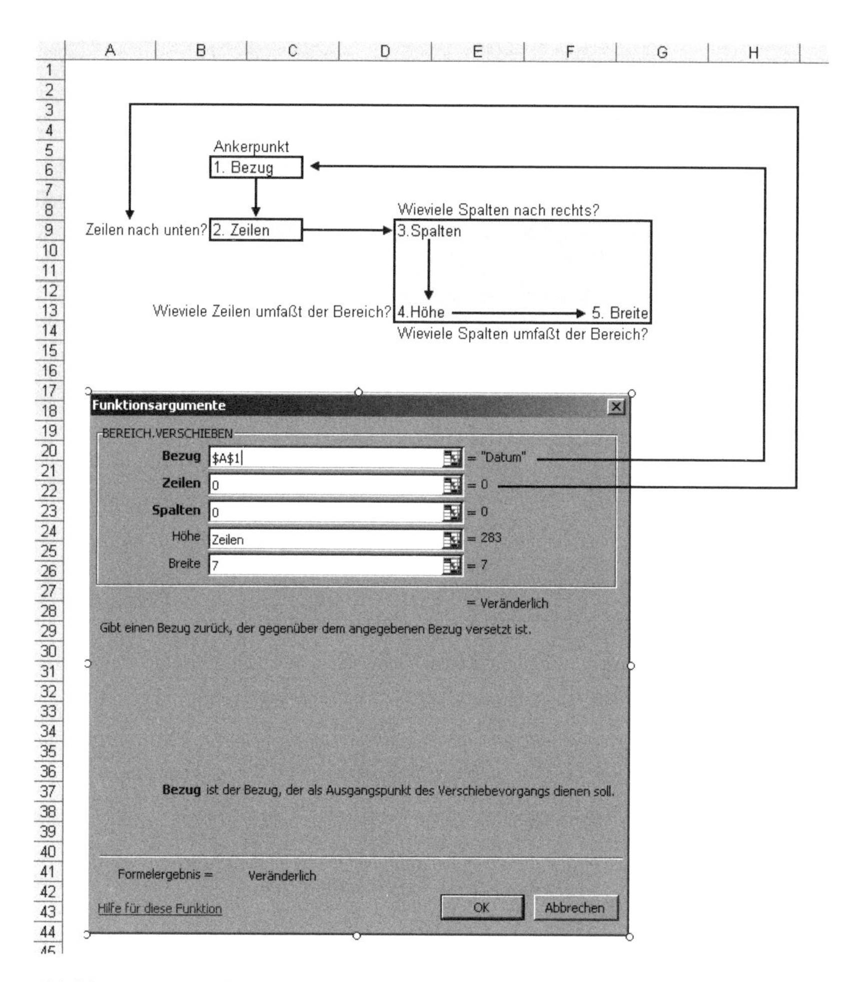

Abbildung 3.44 … der dann in dieser Funktion die Anzahl der Zeilen (Höhe) festlegt.

Damit wir eine funktionierende Gesamtfunktion erhalten, die tatsächlich der Pivot-Tabelle einen sich erweiternden Bereich liefert, müssen Sie jedem Bereich und jeder Funktion einen Namen geben bzw. mit absoluten ($-Zeichen) Zellbezügen arbeiten.

Anwender von Excel 97 beachten bitte, dass die Schritte im Menü dazu **Einfügen • Namen • Festlegen** lauten.

Namen für Funktion festlegen

1 Klicken Sie die Zelle an, in die Sie die Funktion ANZAHL2() eingetragen haben, und aktivieren Sie die Bearbeitungsleiste mit der [F2]-Taste.
2 Markieren Sie in der Bearbeitungsleiste den Inhalt der Zelle, und kopieren Sie ihn in die Zwischenablage.
3 Schließen Sie die Bearbeitungsleiste wieder mit [ESC].
4 Wählen Sie aus dem Menü **Einfügen • Namen • Definieren** aus.
5 Fügen Sie im Feld **Bezieht sich auf** den Inhalt der Zwischenablage ein, und fügen Sie im Feld **Namen in der Arbeitsmappe** den Namen **Zeilen** ein.

Den variablen Datenbereich erhalten wir mit der Funktion BEREICH. VERSCHIEBEN (engl. LOOKUP).

Diese Funktion verschiebt weder Zellen, noch ändert sie die Markierung (Auswahl); sie liefert lediglich einen Bezug. BEREICH.VERSCHIEBEN kann bei jeder Funktion eingesetzt werden, die als Argument einen Bezug erwartet.

BEREICH.VERSCHIEBEN kann aber genauso dort eingesetzt werden, wo variable Bereiche benötigt werden.

Bereich verschieben

1 Markieren Sie eine beliebige Zelle.
2 Wählen Sie aus dem Menü **Einfügen** den Befehl **Funktion** aus. Der Funktions-Assistent wird gestartet.
3 Aus der Kategorie MATRIX wählen Sie die Funktion BEREICH. VERSCHIEBEN aus.
4 Bestätigen Sie mit **OK**.
5 Geben Sie die Argumente, wie links abgebildet, an.
6 Bestätigen Sie mit **OK**.

Weitere Anwendungsbeispiele für diese Funktion BEREICH.VERSCHIEBEN finden Sie in Kapitel 6.

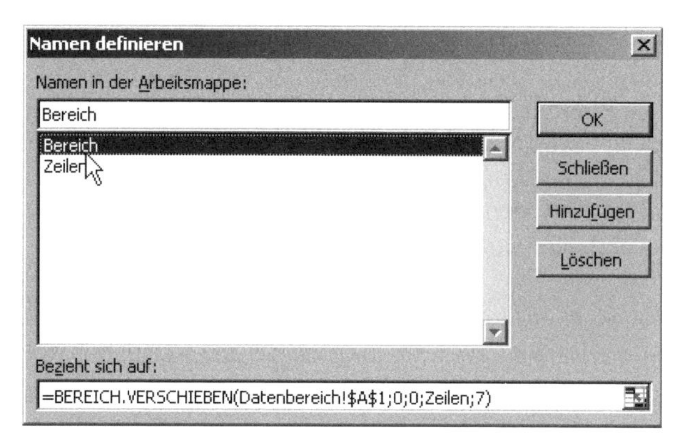

Abbildung 3.45 Die Funktion BEREICH.VERSCHIEBEN wird benannt.

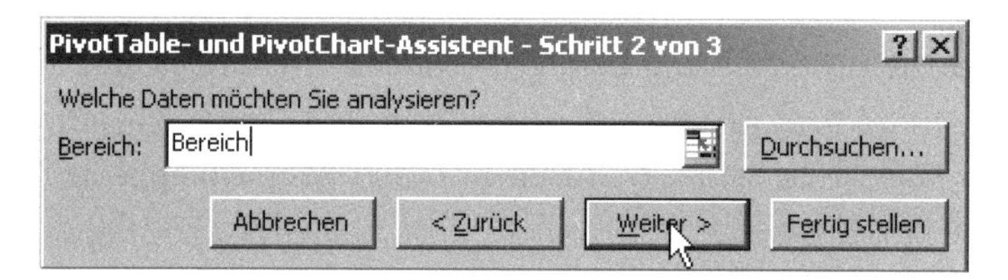

Abbildung 3.46 Mit der F3 Taste tragen Sie den Namen ein!

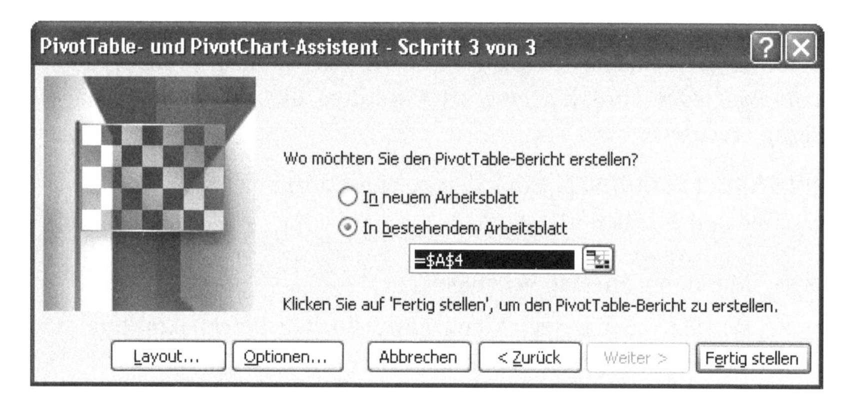

Abbildung 3.47 Pivot Table Assistent-Schritt 3 von 3

Anwender von Excel 97 beachten bitte, dass die Schritte im Menü dazu **Einfügen • Namen • Festlegen** lauten.

Namen für Funktion festlegen

1. Klicken Sie die Zelle an, in der Sie die Funktion BEREICH.VERSCHIEBEN eingetragen haben, und aktivieren Sie die Bearbeitungsleiste mit einem Klick auf die entsprechende Schaltfläche.
2. Markieren Sie in der Bearbeitungsleiste den Inhalt der Zelle, und kopieren Sie ihn in die Zwischenablage.
3. Schließen Sie die Bearbeitungsleiste wieder mit [ESC].
4. Wählen Sie aus dem Menü **Einfügen • Namen • Definieren** aus.
5. Fügen Sie im Feld **Bezieht sich auf** den Inhalt der Zwischenablage ein, und fügen Sie im Feld **Namen in der Arbeitsmappe** den Namen »Bereich« ein.

Namen einsetzen

Mit den vorherigen Schritten haben wir einen variablen Datenbereich für die Pivot-Tabelle geschaffen, der automatisch alle Zeilen umfasst. Sie können nun die Datenliste beliebig oder regelmäßig, z. B. wöchentlich oder monatlich, ergänzen – die Pivot-Tabelle zeigt immer die Auswertung aller Daten an.

1. Positionieren Sie den Einfügerahmen in die Pivot-Tabelle.
2. Lassen Sie sich durch Drücken der rechten Maustaste das Kontextmenü anzeigen.
3. Wählen Sie im Kontextmenü **PivotTable Assistent...** aus. Der Pivot-Tabellen-Assistent, Schritt 3 von 3, erscheint.
4. Klicken Sie die Schaltfläche **Zurück** an.
5. Ersetzen Sie den aktiven Bezug durch den Namen BEREICH.
6. Klicken Sie auf **Fertig stellen**.

☑ Beim Öffnen aktualisieren

Wenn Sie nun noch im Kontextmenü **Tabellenoptionen** das Kontrollkästchen **Beim Öffnen aktualisieren** wählen, dann erhalten Sie mit dem Öffnen der Datei aktuelle Daten.

Die Alternative wäre, die Pivot-Tabelle manuell zu aktualisieren über das Menü **Daten • Daten aktualisieren**.

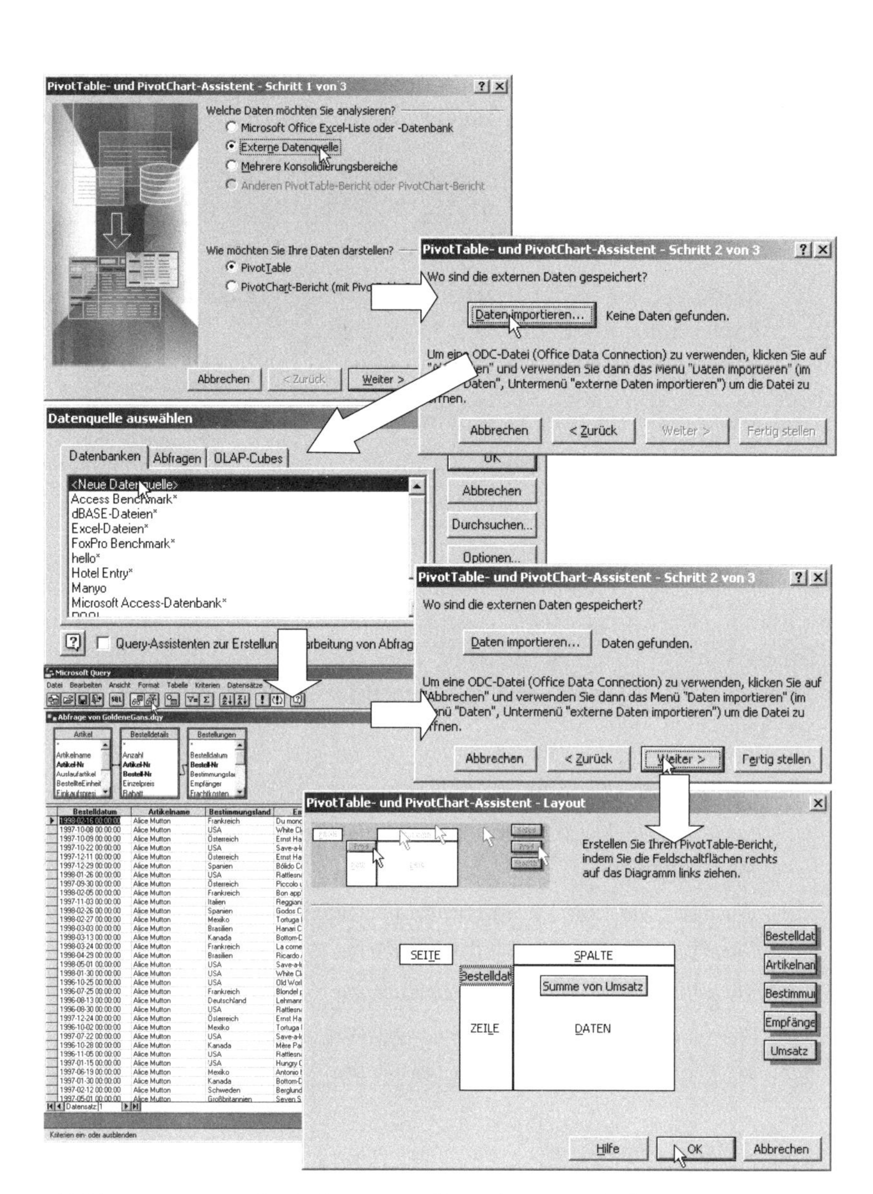

Abbildung 3.48 Datenbank als Datenquelle für die Pivot-Tabelle

3.10.1 Datenbank als Quelle einer Pivot-Tabelle

Bisher haben wir im Rahmen dieses Buches mit einer Pivot-Tabelle gearbeitet, die auf einer Excel-Datenliste basiert. Diese Datenlisten können seit der Version Excel 97 maximal 65 384 Datensätze umfassen. Dies ist sehr viel, kann aber in manchen Anwendungsfällen sehr wenig sein. Sie haben jedoch die Möglichkeit, über die ODBC-Schnittstelle die relevanten Daten in der Datenbank zu belassen und mit Hilfe der Pivot-Tabelle in Excel zu verdichten.

65 384 Datensätze maximal

1. Öffnen Sie eine leere Arbeitsmappe mit **Datei • Neu**.
2. Setzen Sie den Einfügerahmen in eine beliebige Zelle, und wählen Sie **Daten • Pivot-Tabellenbericht**.
3. Der Pivot-Tabellen-Assistent wird gestartet.
4. Wählen Sie als Datenquelle **Externe Datenquelle** aus und klicken Sie auf **Weiter**.
5. Sie sind im zweiten Schritt des Pivot-Tabellen-Assistenten angelangt.
6. Klicken Sie die Schaltfläche **Externe Daten abrufen** an, um die ODBC-Schnittstelle zu aktivieren.
7. Das Fenster **Datenquelle auswählen** wird geöffnet.
8. Wählen Sie die gewünschte Datenquelle aus, richten Sie eine neue ein (siehe Kapitel 2), oder wählen Sie eine gespeicherte Abfrage aus. Hier ist das die Abfragedatei ABFRAGE1 DER UMSATZDATENBANK.
9. Klicken Sie **OK** an und MS Query wird gestartet.
10. Übergeben Sie die Daten an Excel.
11. Sie sind wieder im zweiten Schritt des Pivot-Tabellen-Assistenten.
12. Klicken Sie auf **Weiter** und wählen Sie den Aufbau der Tabelle.
13. Ziehen Sie das Feld UMSATZ in den Bereich DATEN.
14. Ziehen Sie das Feld BESTELLDATUM in den Bereich ZEILE.
15. Danach klicken Sie die Schaltfläche **Weiter** an.
16. Nun entscheiden Sie sich für den Ausgabebereich der Pivot-Tabelle. Übernehmen Sie die Eintragungen aus diesem Dialogfenster, und klicken Sie die Schaltfläche **Ende** an. Die Pivot-Tabelle wird auf einem separaten Tabellenblatt ausgegeben und ist fertig.

Gruppierung

Nun können Sie alle bereits vorgestellten Techniken auch auf diese Pivot-Tabelle anwenden. Sie könnten gleich das Datumsfeld nach Monaten, Quartalen oder Jahren gruppieren!

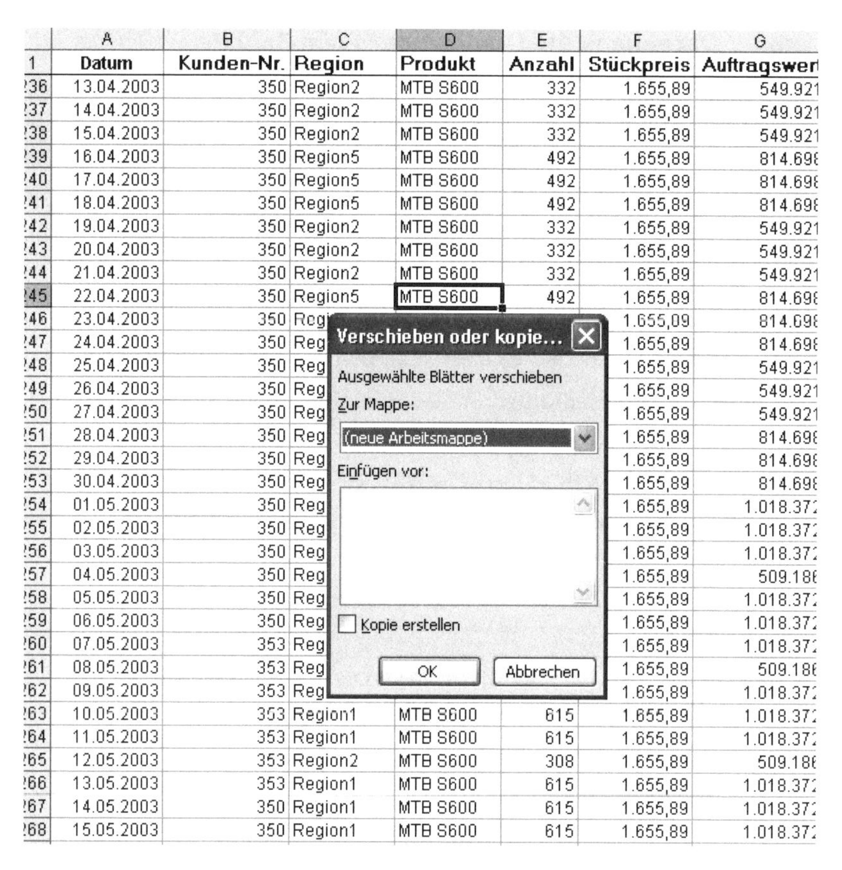

	A	B	C	D	E	F	G
1	Datum	Kunden-Nr.	Region	Produkt	Anzahl	Stückpreis	Auftragswert
36	13.04.2003	350	Region2	MTB S600	332	1.655,89	549.921
37	14.04.2003	350	Region2	MTB S600	332	1.655,89	549.921
38	15.04.2003	350	Region2	MTB S600	332	1.655,89	549.921
39	16.04.2003	350	Region5	MTB S600	492	1.655,89	814.69
40	17.04.2003	350	Region5	MTB S600	492	1.655,89	814.69
41	18.04.2003	350	Region5	MTB S600	492	1.655,89	814.69
42	19.04.2003	350	Region2	MTB S600	332	1.655,89	549.921
43	20.04.2003	350	Region2	MTB S600	332	1.655,89	549.921
44	21.04.2003	350	Region2	MTB S600	332	1.655,89	549.921
45	22.04.2003	350	Region5	MTB S600	492	1.655,89	814.69
46	23.04.2003	350	Reg			1.655,09	814.69
47	24.04.2003	350	Reg			1.655,89	814.69
48	25.04.2003	350	Reg			1.655,89	549.921
49	26.04.2003	350	Reg			1.655,89	549.921
50	27.04.2003	350	Reg			1.655,89	549.921
51	28.04.2003	350	Reg			1.655,89	814.69
52	29.04.2003	350	Reg			1.655,89	814.69
53	30.04.2003	350	Reg			1.655,89	814.69
54	01.05.2003	350	Reg			1.655,89	1.018.37
55	02.05.2003	350	Reg			1.655,89	1.018.37
56	03.05.2003	350	Reg			1.655,89	1.018.37
57	04.05.2003	350	Reg			1.655,89	509.18
58	05.05.2003	350	Reg			1.655,89	1.018.37
59	06.05.2003	350	Reg			1.655,89	1.018.37
60	07.05.2003	353	Reg			1.655,89	1.018.37
61	08.05.2003	353	Reg			1.655,89	509.18
62	09.05.2003	353	Reg			1.655,89	1.018.37
63	10.05.2003	353	Region1	MTB S600	615	1.655,89	1.018.37
64	11.05.2003	353	Region1	MTB S600	615	1.655,89	1.018.37
65	12.05.2003	353	Region2	MTB S600	308	1.655,89	509.18
66	13.05.2003	353	Region1	MTB S600	615	1.655,89	1.018.37
67	14.05.2003	350	Region1	MTB S600	615	1.655,89	1.018.37
68	15.05.2003	350	Region1	MTB S600	615	1.655,89	1.018.37

Abbildung 3.49 Trennung von Datenquelle und Auswertung

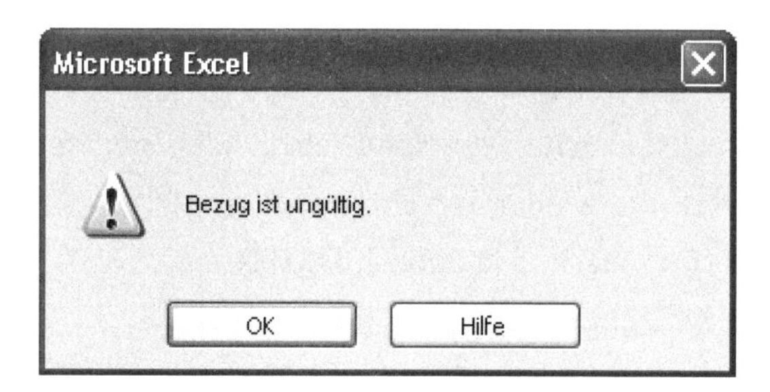

Abbildung 3.50 Diese Meldung wird angezeigt, wenn ein Name für den Datenbereich in einer anderen Datei existiert.

3.10.2 Datenquelle und Pivot-Tabelle trennen

Noch ein Hinweis zur besseren Performance, wenn Sie mit umfangreicheren Dateien arbeiten. Je nach Größe einer Datentabelle, die Sie mit einer Pivot-Tabelle auswerten, wächst auch die Größe der Excel-Datei entsprechend. Daher ist es empfehlenswert, Pivot-Tabelle und Datenquelle in zwei verschiedenen Dateien zu speichern. Beide Dateien bleiben verknüpft, so dass Sie die Pivot-Tabelle also jederzeit aktualisieren können.

Zudem ergibt sich durch die Trennung noch ein anderer Vorteil: Sie können in einer Datei verschiedene Pivot-Tabellen durch Kopieren, Einfügen und Ändern erzeugen und speichern, die sich auf dieselbe Datenquelle beziehen. Auf diese Art und Weise können Sie ein ganzes Informationssystem aufbauen.

Um Datenquelle und Pivot-Tabelle zu trennen, gehen Sie in folgender Reihenfolge vor:

Frontend/Backend

1. Öffnen Sie die Datei BACKEND.XLS.
2. Markieren Sie das zu verschiebende Blatt.
3. Aktivieren Sie das Kontextmenü mit der rechten Maustaste.
4. Wählen Sie **Verschieben/Kopieren...** Das Dialogfeld **Blatt verschieben/kopieren...** wird geöffnet.
5. Bestimmen Sie das Ziel der Aktion (neue Arbeitsmappe). Soll das Ziel eine andere Arbeitsmappe sein, so muss diese bereits geöffnet sein!
6. Legen Sie fest, vor oder nach welcher Tabelle das Blatt eingefügt wird.
7. Bestimmen Sie, ob Sie kopieren oder verschieben möchten.
8. Speichern Sie die neue Arbeitsmappe unter dem Namen FRONTEND.XLS.

Automatische Aktualisierung

Wenn Sie nun noch im Kontextmenü **Tabellenoptionen** das Kontrollkästchen **Beim Öffnen aktualisieren** wählen, dann haben Sie permanent aktuelle Daten ausgewertet. Verwenden Sie allerdings einen sich selbst anpassenden Datenbereich, so funktionieren weder das Aktualisieren noch irgendeine Veränderung der Pivot-Tabelle. In diesem Fall empfiehlt es sich, mit Hilfe einer Makroaufzeichnung die Datenquelle zu öffnen (siehe Kapitel 8, *Autmatisieren – Makros und VBA-Programmierung*).

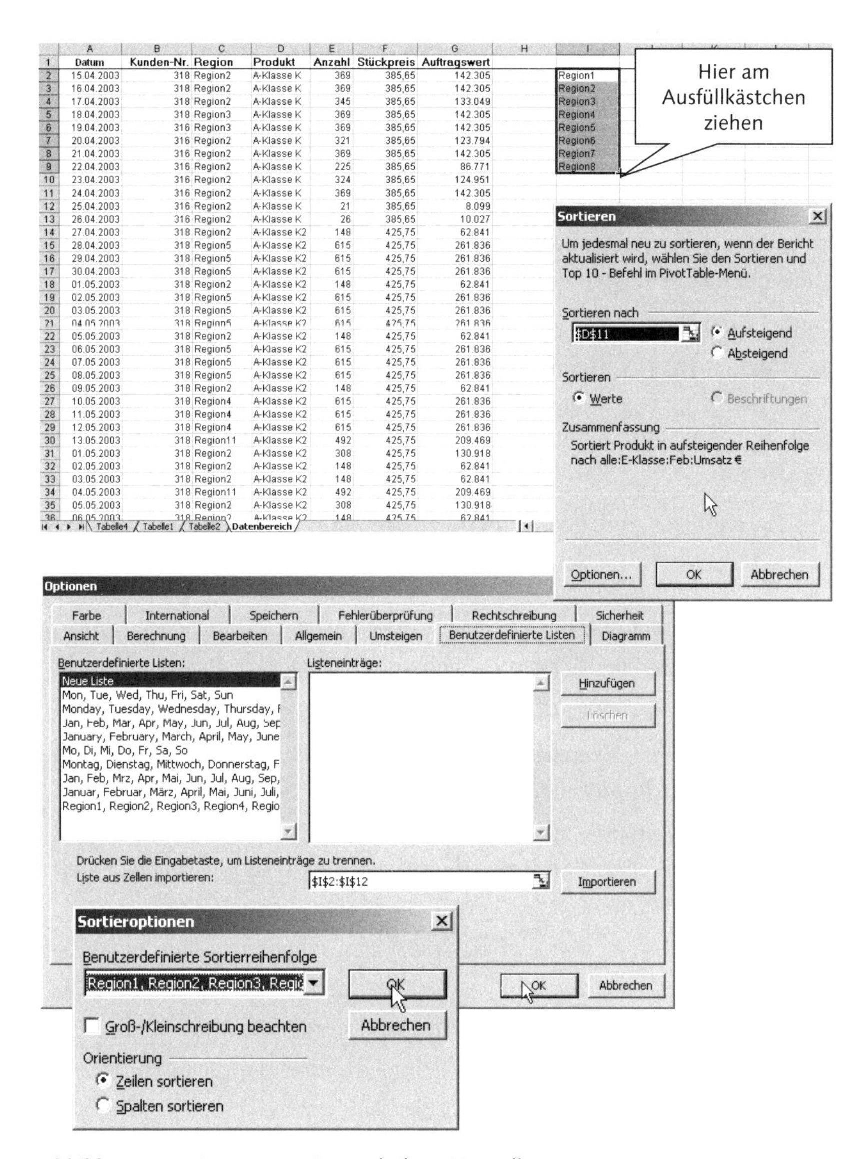

Abbildung 3.51 So sortieren Sie nach Ihren Vorstellungen.

3.11 Pivot-Tabellen sortieren

Pivot-Tabellen kann man natürlich auch auf- oder absteigend sortieren. Wir wollen Sie nun nicht mit den einfachen Sortiermethoden langweilen, denn wahrscheinlich gehört dieser Vorgang für Sie zur alltäglichen Arbeit.

Selbstdefinierte Sortierreihenfolgen

Wenn Sie allerdings Sortierreihenfolgen haben, die nicht einer alphanumerischen Logik unterliegen, dann hilft Ihnen die Sortierung aus dem Menü Daten auch nicht weiter. Für solche Fälle bietet Ihnen Excel selbst definierte, also so genannte benutzerdefinierte Sortierreihenfolgen an. Diese Sortierreihenfolgen können Sie nicht nur auf jede Datenliste, sondern auch auf die Pivot-Tabelle anwenden!

Die benutzerdefinierte Reihenfolge wird in der lokalen Excel-Installation gesichert. Um eine Sortierreihenfolge aus der Liste der Möglichkeiten zu wählen, gehen Sie so vor:

1. Öffnen Sie die Arbeitsmappe FILTER.XLS.
2. Setzen Sie den Einfügerahmen in eine beliebige Zelle, und schreiben Sie die verschiedenen Regionen untereinander. Die Schreibweise muss identisch mit der Schreibweise in der Liste sein.
3. Sie können natürlich auch die untereinander liegenden Zellen automatisch als Reihe ausfüllen. Dazu schreiben oder kopieren Sie in die erste Zelle REGION 1 und ziehen dann am Ausfüllkästchen eine Reihe bis zur REGION 11.
4. Markieren Sie den Zellbereich, in dem nun die Regionen eingetragen sind, und gehen Sie in das Menü **Extras • Optionen**, Register **Benutzerdefinierte Listen**.
5. Klicken Sie die Schaltfläche **Importieren** an.
6. Verlassen Sie mit **OK** das Dialogfenster.
7. Wählen Sie nun das Menü **Daten • Sortieren...** aus und dort die Schaltfläche **Optionen**.
8. Wählen Sie eine benutzerdefinierte Sortierreihenfolge aus.
9. Klicken Sie zweimal **OK** an.

Excel 97/2000

Arbeiten Sie mit Excel 97/2000, so unterscheidet sich das Menü **Extras • Optionen** geringfügig. Hier müssen Sie das Register **AutoAusfüllen** zum Importieren der Liste bemühen.

	A	B	C	D	E	F	G	H
1	Datum	Kunden-Nr.	Region	Produkt	Anzahl	Stückpreis	Auftragswert	
24	14.01.03	318	Region1	E-Klasse D	1.000	865,75		
25	14.01.03	311	Region1	C-Klasse D2	3.000	655,39		
26	14.01.03	319	Region1	E-Klasse D	2.000	865,75		
27	14.01.03	316	Region1	C-Klasse D2	3.000	655,39		
28	18.01.03	341	Region1	Trekking	935	965,75		
29	19.01.03	341	Region1	Trekking	935	965,75		
30	20.01.03	341	Region1	Trekking	935	965,75		
31	21.01.03	341	Region1	Trekking	935	965,75		
32	21.01.03	327	Region1	C-Klasse D2	4.000	655,39		
33	21.01.03	329	Region1	C-Klasse D2	4.000	655,39		
34	21.01.03	327	Region1	MTB S500	3.000	1.225,75		
35	21.01.03	327	Region1	MTB S600	1.600	1.665,89		
36	21.01.03	327	Region1	A-Klasse K2	2.000	425,75		
37	21.01.03	327	Region1	C-Klasse H	1.750	585,75		
38	21.01.03	327	Region1	C-Klasse D2	4.000	655,39		
39	21.01.03	327	Region1	E-Klasse K	1.000	711,25		
40	21.01.03	327	Region1	A-Klasse K	2.500	385,65		
41	21.01.03	327	Region1	C-Klasse D2	3.000	655,39		
42	22.01.03	341	Region1	Trekking	935	965,75		
43	23.01.03	341	Region1	Trekking	935	965,75		
44	24.01.03	341	Region1	Trekking	935	965,75		

Abbildung 3.52 So bewegen Sie sich mit Doppelklick auf den Rahmen.

	A	B	C	D	E	F	G	H
1	Datum	Kunden-Nr.	Region	Produkt	Anzahl	Stückpreis	Auftragswert	
2	15.04.2003	318	Region2	A-Klasse K	369	385,65	142.305	
3	16.04.2003	318	Region2	A-Klasse K	369	385,65	142.305	
4	17.04.2003	318	Region2	A-Klasse K	345	385,65	133.049	
5	18.04.2003	318	Region3	A-Klasse K	369	385,65	142.305	
6	19.04.2003	316	Region3	A-Klasse K	369	385,65	142.305	
7	20.04.2003	316	Region2	A-Klasse K	321	385,65	123.794	
8	21.04.2003	316	Region2	A-Klasse K	369	385,65	142.305	
9	22.04.2003	316	Region2	A-Klasse K	225	385,65	86.771	
10	23.04.2003	316	Region2	A-Klasse K	324	385,65	124.951	
11	24.04.2003	316	Region2	A-Klasse K	369	385,65	142.305	
12	25.04.2003	316	Region2	A-Klasse K	21	385,65	8.099	
13	26.04.2003	316	Region2	A-Klasse K	26	385,65	10.027	
14	27.04.2003	318	Region2	A-Klasse K2	148	425,75	62.841	
15	28.04.2003	318	Region5	A-Klasse K2	615	425,75	261.836	
16	29.04.2003	318	Region5	A-Klasse K2	615	425,75	261.836	
17	30.04.2003	318	Region5	A-Klasse K2	615	425,75	261.836	
18	01.05.2003	318	Region2	A-Klasse K2	148	425,75	62.841	
19	02.05.2003	318	Region5	A-Klasse K2	615	425,75	261.836	
20	03.05.2003	318	Region5	A-Klasse K2	615	425,75	261.836	
21	04.05.2003	318	Region5	A-Klasse K2	615	425,75	261.836	
22	05.05.2003	318	Region2	A-Klasse K2	148	425,75	62.841	
23	06.05.2003	318	Region5	A-Klasse K2	615	425,75	261.836	
24	07.05.2003	318	Region5	A-Klasse K2	615	425,75	261.836	
25	08.05.2003	318	Region5	A-Klasse K2	615	425,75	261.836	
26	09.05.2003	318	Region2	A-Klasse K2	148	425,75	62.841	

Abbildung 3.53 So kopieren Sie mit Doppelklick auf das Ausfüllkästchen.

3.12 Umgang mit großen Datenlisten

Zum Abschluss des Themas Pivot-Tabelle, möchten wir Ihnen gerne noch einige Tipps & Tricks zum Umgang mit großen Datenlisten zeigen. Short-Cuts können die Arbeit mit Excel extrem erleichtern und vor allen Dingen verkürzen. Hier eine kleine Übersicht über die nützlichsten Tastenkombinationen und Ihre Wirkung:

Bewegen mit der Tastatur

Tastenkombination	Wirkung
[Strg] + [↓]	setzt den Einfügerahmen nach unten auf die letzte Zelle.
[Strg] + [↑]	setzt den Einfügerahmen nach oben auf die letzte Zelle.
[Strg] + [←]	setzt den Einfügerahmen nach rechts auf die letzte Zelle.
[Strg] + [→]	setzt den Einfügerahmen nach links auf die letzte Zelle.
[⇧] + [Strg] + [↓]	erzeugt eine Markierung.

Bewegen mit der Maus

Ein Doppelklick auf den unteren Teil des Einfügerahmens setzt ihn nach unten auf die letzte Zelle. Bei einem Doppelklick auf den linken, oberen oder rechten Teil des Einfügerahmens erfolgt eine entsprechende Bewegung.

Markieren mit der Tastatur

Tastenkombination	Wirkung
[⇧] + [Strg] + [↓]	erzeugt eine Markierung.
[Strg] + [*]	markiert den gesamten Datenbereich.

Markieren mit der Maus

Ein Doppelklick auf den unteren Teil des Einfügerahmens bei gedrückter [⇧]-Taste erzeugt eine Spaltenmarkierung. Bei einem Doppelklick auf den linken, oberen oder rechten Teil des Einfügerahmens erfolgt eine entsprechende Markierung.

Kopieren

1. Öffnen Sie die Arbeitsmappe PIVOT.XLS.
2. Setzen Sie den Einfügerahmen in die Zelle G2.
3. Geben Sie eine Formel ein (=E2*F2), um den Auftragswert zu berechnen.
4. Um die Formel zu kopieren, klicken Sie das Ausfüllkästchen am Einfügerahmen doppelt an.
5. Die Formel wird so lange nach unten kopiert, bis in der Spalte links daneben die erste leere Zelle auftaucht.

Die Unternehmensplanung ist ein aufwändiger, alle Unternehmensbereiche umfassender betriebswirtschaftlicher Prozess. Im Zuge der Planung ist eine Abstimmung einzelner Teilpläne notwendig, aber sehr mühevoll. Dies gilt insbesondere bei einer Wiederholung der Planung im Rahmen eines Planungsprozesses bzw. bei einer Planung in mehreren Szenarien.

4 Planung

Viele Unternehmen verwenden SAP und nutzen dabei zur Abbildung ihrer Geschäftsprozesse die vorhandene Integration dieser Software. In der Planung hingegen, die eine Integration analog zu den Abläufen im Ist erfordert, wird die in SAP R/3 vorhandene Integration selten bzw. gar nicht genutzt. Dies liegt häufig daran, dass den Mitarbeitern aus Produktion, Einkauf und Vertrieb das Verständnis oder aber auch das Interesse für die Notwendigkeiten des Controllings fehlt, während sich die Controller nicht ausreichend mit den logistischen Abläufen beschäftigen.

Bottom-up

Beim Planungsprozess wird im Rahmen der ersten Planungsrunden festgelegt, welcher Absatz möglicherweise erzielt wird, wie sich die Rahmenbedingungen für die Kosten- und Preisentwicklung auf den verschiedenen Märkten gestalten. Diese Informationen können in ein (Excel-)Modell eingesetzt, ausgerechnet und so festgestellt werden, welcher Unternehmenserfolg damit erzielt werden kann.

Damit hat man einen »Was-wäre-wenn«-Ansatz gewählt, bzw. einen Bottom-Up-Ansatz, in dem man zuerst die Basiswerte bestimmt und danach die daraus resultierenden **Ergebniswerte** betrachtet. Für diesen Ansatz empfiehlt sich die Szenario-Technik.

Top-down

Eine andere Vorgehensweise beim Planungsprozess gibt einen Zielwert vor (z.B. Umsatz) und ermittelt, wie sich die Basiswerte darstellen müssen, damit dieser Zielwert erreicht wird. Man beantwortet damit die Frage: »Was ist zu tun, damit ...« Kombiniert man beide Verfahren, so lassen sich dadurch die »Denkfehler« im Planungsansatz aufdecken.

In Excel lassen sich beide Verfahren mit dem **Szenario-Manager** (*Bottom-up*) und dem **Solver** (*Top-down*) durchführen.

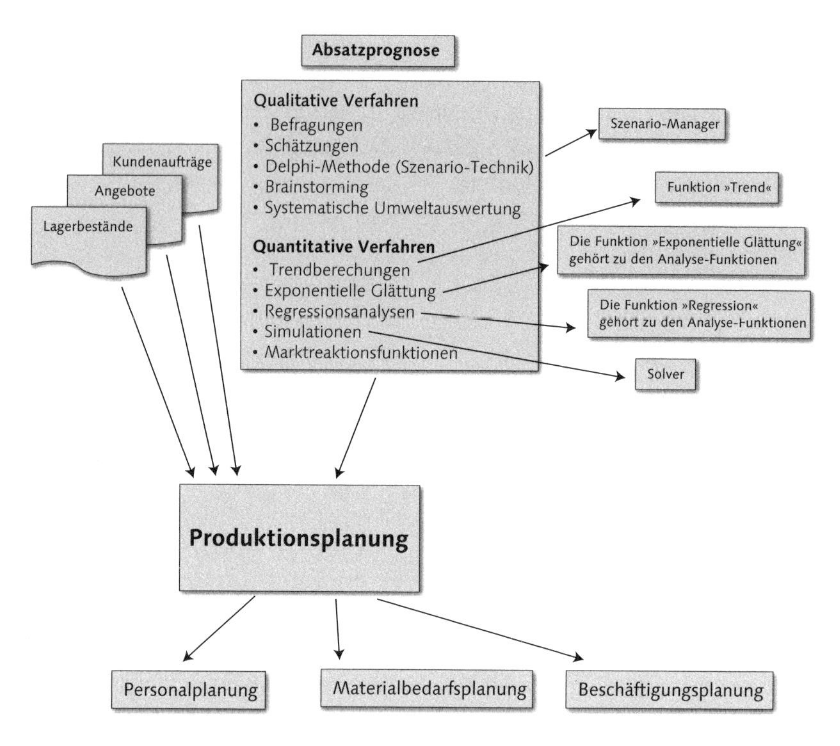

Abbildung 4.1 Planungsverfahren und Unterstützung durch Excel

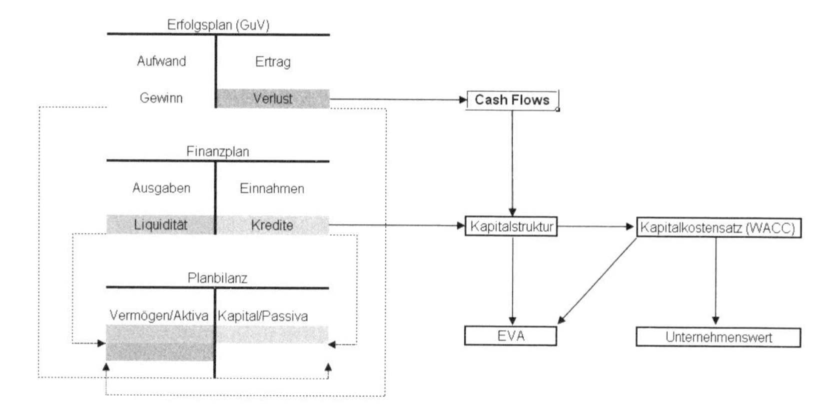

Abbildung 4.2 Von Teilplanungen abgeleitete Finanzplanung

4.1 Zukunftsplanung und Steuerung

Böse Zungen behaupten, dass »Planung den Zufall durch Irrtum ersetze«. Wenn man sich die Dauer des Planungsprozesses in den Unternehmen ansieht, dann scheint das unvorstellbar. Wenn man andererseits beobachtet, wie viele börsennotierte Unternehmen ihre Planzahlen nach unten korrigieren müssen, dann erscheint diese Aussage zuzutreffen. Nicht ohne Grund stehen die »neuen« Verfahren des Better, Advanced and Beyond Budgeting in der Diskussion. Stellen sie doch (scheinbar) ein Allheilmittel für Planungsfehler dar. Kann trotzdem zuverlässig geplant werden?

Verfahren

Generell können quantitative (= *mathematische*) und qualitative (z.B. Delphi-Methode) Planungsverfahren unterschieden werden. Bei den mathematischen Verfahren werden als Grundlage für die Prognose und Planung aus Zeitreihen Schlüsse für die Zukunft gezogen.

Zu den bekannten Prognose-Verfahren die auf der Basis von Beobachtungsergebnissen aus vergangenen Zeitperioden gehören:

- Vorhersage aufgrund des gleitenden Durchschnitts
- Vorhersage aufgrund des gewichteten gleitenden Durchschnitts;
- Vorhersage aufgrund einer exponentiellen Glättung (*exponential smoothing*)
- Vorhersage aufgrund von wahrscheinlichkeitstheoretischen Betrachtungen (*Erwartungswerte, Risikoanalyse, Realoptionen-Modell*)
- Vorhersage aufgrund einer Regression
- Vorhersage aufgrund von Simulationen (z.B. Monte-Carlo-Simulation)

Diese Verfahren lassen sich in mehr oder weniger komplex lineare und nichtlineare Gleichungssysteme (z.B. Absatz-Reaktions-Funktionen) einbauen.

Top-down

Das Top-down-Verfahren ist eine Form der wert- und mengenmäßigen Planung, bei der ein Zielwert (z.B. EBIT) vorgegeben und deren Basisparameter durch Rückrechnung angepasst werden. Eine Variante der Top-down-Planung kann darin bestehen, dass die Planung der anderen Teilpläne an einem Engpass des Unternehmens ausgerichtet wird. Dies kann gerade in der aktuellen Situation die Fertigungskapazität bei produzierenden Unternehmen, bzw. die Personalkapazität bei Dienstleistungsunternehmen sein. Gerade in Zeiten des permanenten Abbaus von Kapazitäten (Rezession) und des zögerlichen Ausbaus von Kapazitäten ist dies der Fall.

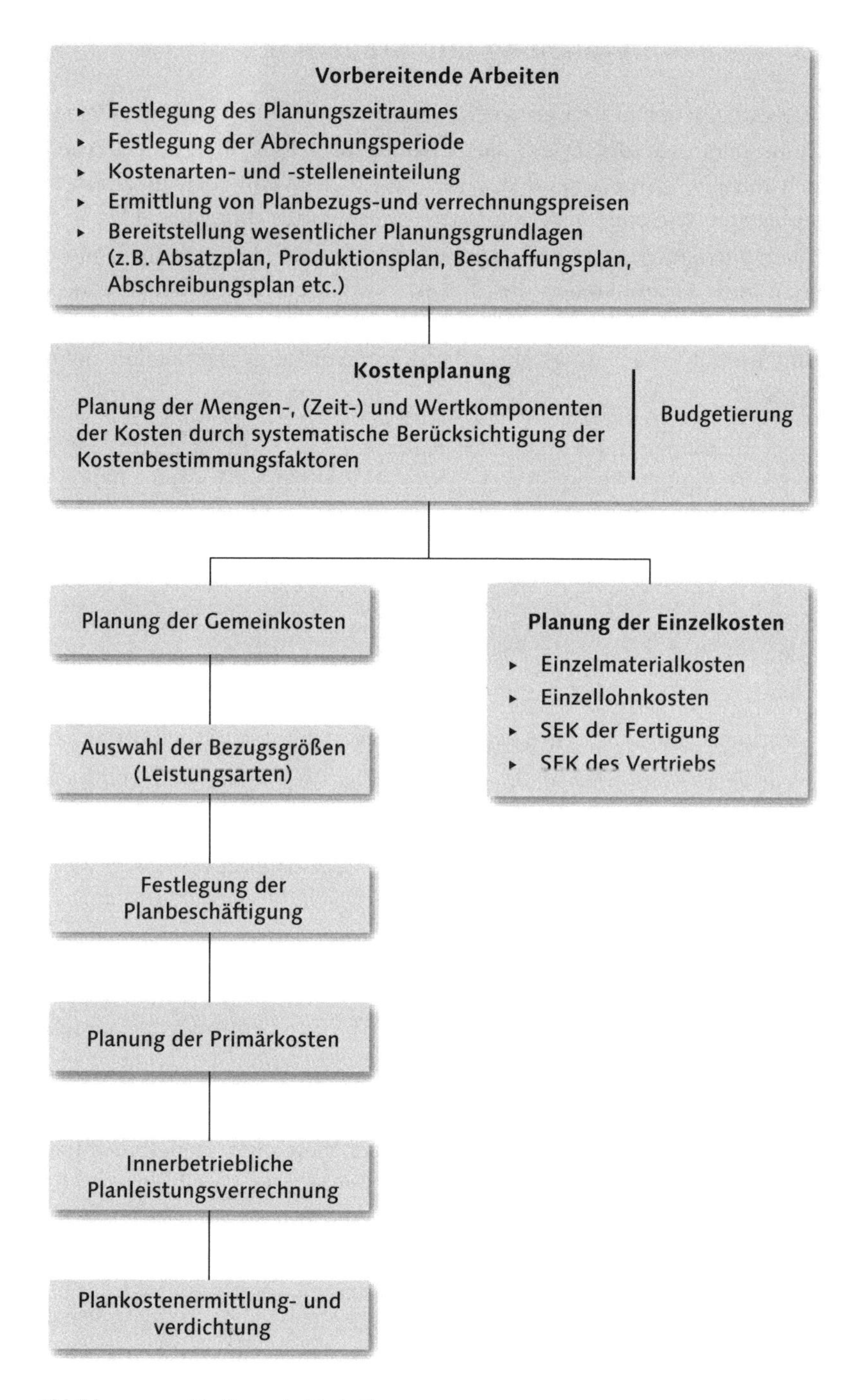

Abbildung 4.3 Die Szenario-Technik

Die Szenario-Technik wird in Unternehmen durchgehend angewendet. Dank der Unterstützung durch moderne IT-Verfahren können leicht Ursache-Wirkungsketten gerechnet werden und »Was-wäre-wenn« durchgespielt werden. So können auf der Ebene der Teilpläne Veränderungen von Absatz, Umsatz, Kosten, Auslastung, Kapitalkosten, Werbebudget und anderen Variablen angenommen werden und gleichzeitig die Auswirkungen auf Cash-Flows, Unternehmenswert, Marktanteile etc. durchgerechnet werden. Parallel werden noch ein Dutzend anderer Szenarien durchgerechnet.

Szenario-Technik

Das ist angewandte Szenario-Technik oder das Durchrechnen von Ursache-Wirkungsketten bis zu der Stelle, an der sich der Erfolg bemerkbar macht, der Liquidität, dem EBITDA. Die Szenario-Technik lässt sich wunderbar als Bottom-up-Verfahren installieren und mit der Top-down-Methode zum Gegenstromverfahren kombinieren.

Bottom-up

Das Gegenstück zur Top-down-Planung ist die Bottom-up-Planung. Die Wert- oder Mengenplanung beginnt auf der untersten Ebene der jeweiligen Controllingobjekte und wird von Ebene zu Ebene verdichtet. Auf Basis der Fachbereiche werden Teilpläne definiert, die Schritt für Schritt zu einem Gesamtplan des Unternehmens zusammengefügt und verdichtet werden. Folgende Teilplanungen gibt es klassischerweise im Unternehmen:

- Absatz- und Umsatzplanung
- Beschaffungsplanung
- Produktionsplanung
- Kostenplanung
- Ergebnisplanung
- Investitionsplanung
- Finanz- und Liquiditätsplanung
- Personalplanung
- Logistikplanung

Beteiligungs-Controlling

Bei Konzernen/Holdings wird im Rahmen der Beteiligungsplanung nicht mehr auf unterster Ebene mit der Planung begonnen, sondern Beteiligungsergebnisse geplant und für den Konzern/Holding konsolidiert. Beteiligungsergebnis ist an dieser Stelle ein »Sammelbegriff«, da in den Konzernen/Holdings unterschiedliche (Ergebnis-)Beiträge der Tochterunternehmen erwartet werden. Meist sind diese Ergebnisse an der Wertsteigerung (EVA) des Unternehmens orientiert.

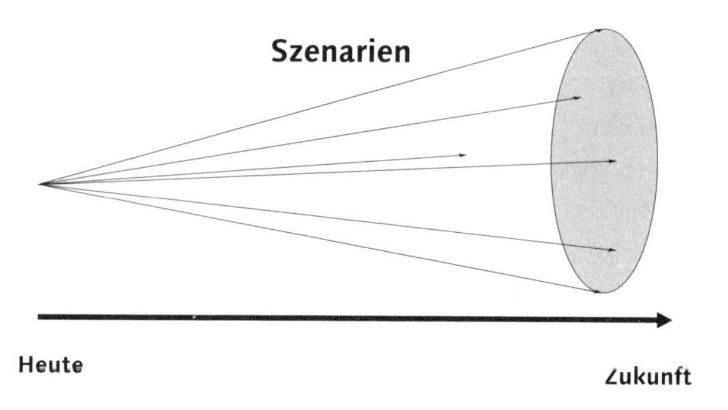

Abbildung 4.4 Mögliche Zukunftsbilder bzw. Szenarien

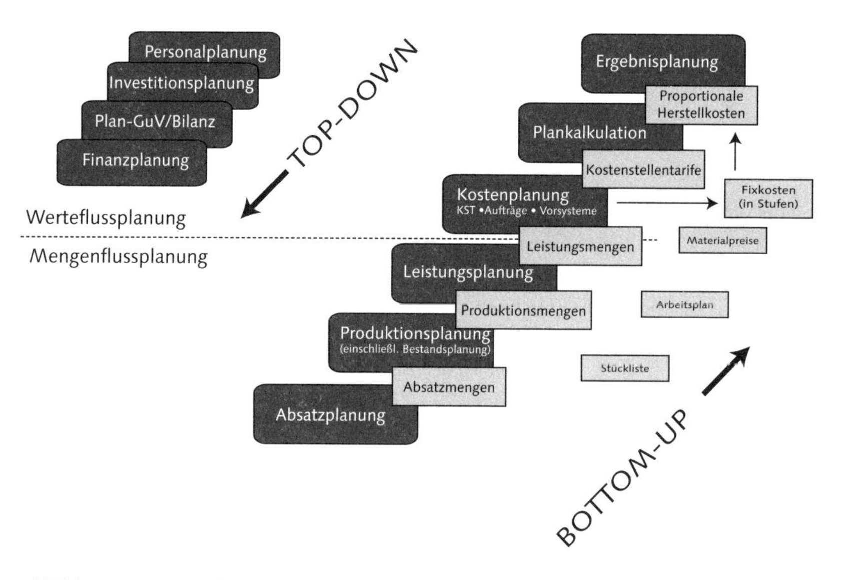

Abbildung 4.5 Top-down- und Bottom-up-Analyse (aus Der »Controlling-Berater«, Dr. Andreas Klein, Prof. Dr. Kurt Viskes und Dr. Karl Zehetner, Haufe-Verlag).

4.2 Szenario-Technik

Die (Unternehmens-)Umwelt weist eine immer größere Dynamik und Unberechenbarkeit auf. Für Unternehmen einiger Branchen macht eine herkömmliche Planung fast keinen Sinn mehr. Die Anzahl der Fehlprognosen steigt. Viele mögliche (multiple) Entwicklungen der näheren und ferneren Zukunft sind vorstellbar. Die Praxis vieler Unternehmen zeigt jedoch, dass die Berücksichtigung einer multiplen Zukunft bei dem Planungsprozess ignoriert wird. In Langfristplänen werden aktuelle Trends fortgeschrieben. Die Zukunft ist entweder rosarot oder tiefschwarz.

Das Szenario-Management basiert auf dem »Denken in Szenarien«. Dabei kann nicht einfach die Vergangenheit per Extrapolation fortgeschrieben werden. Ein Szenario ist ein Zukunftsbild, dessen mögliches Eintreten nicht mit Sicherheit vorhersagbar ist. Es basiert daher nicht auf Prognosen, sondern vor allem auf Projektionen und Vorhersagen.

Ein Szenario ist ein komplexes Zukunftsbild, weil es auf den Entwicklungsmöglichkeiten vieler, miteinander vernetzter Größen und Variablen basiert. Da die Unternehmensumwelt immer komplizierter und dynamischer ist, kann nicht in einem Planungsverfahren die Zukunft als einfaches System beschrieben werden. Für jedes erarbeitete Szenario sollte eine Eventualplanung und ein Maßnahmenkatalog erarbeitet werden.

Vorgehensweise

In der **Szenario-Vorbereitung** werden die Erstellung und die Anwendung der Szenarien vorbereitet. Hierzu gehört vor allem die Festlegung der Planungsteams (»Experten«).

Im Rahmen der **Szenariofeld-Analyse** werden die Schlüsselfaktoren des Szenariofeldes identifiziert und festgelegt.

Für die Schlüsselfaktoren werden im Rahmen der **Szenario-Prognostik** mehrere alternative Entwicklungsmöglichkeiten erarbeitet und vor allem dokumentiert.

Aus diesen Zukunftsprojektionen wird in der **Szenario-Bildung** eine Anzahl Szenarien herausgearbeitet und beschrieben.

Im **Szenario-Transfer** werden auf der Grundlage der erstellten Szenarien Leitbilder, Strategien und Ziele entwickelt. Dabei sollte zwischen lang- und kurzfristigen Szenarien unterschieden werden. Ein gutes Instrument hierfür ist die Balanced Scorecard, die Strategien hervorragend über Kennzahlen und Ursache-Wirkungsketten im Unternehmen kommuniziert.

Abbildung 4.6 Gehe zu ...

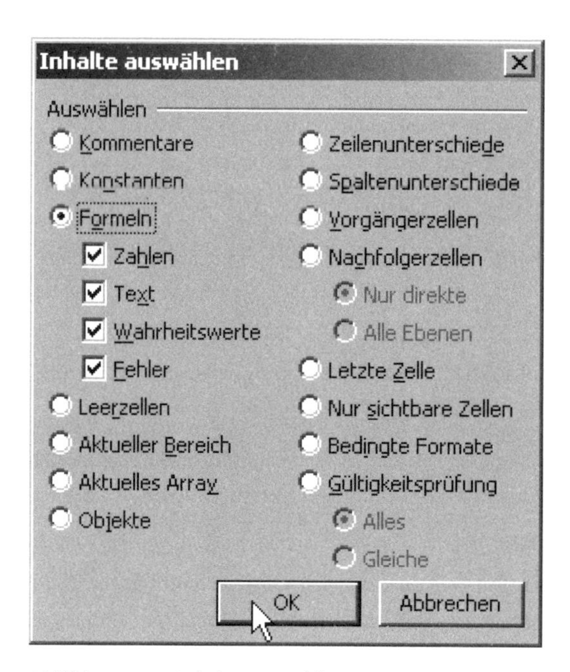

Abbildung 4.7 Inhalte auswählen

4.3 Szenario-Manager

Voraussetzungen

Sie können mit dem Szenario-Manager Gruppen von Werten aus veränderbaren Zellen zur Verwendung in einem Szenario erstellen. Jedes Szenario stellt eine Reihe von Was-wäre-wenn-Annahmen dar, die zur Prognose des Ergebnisses eines Tabellenmodells verwendet werden können.

Mit dem Szenario-Manager können Sie zwei Aufgaben ausführen:

- Erstellen mehrerer Szenarien, mit bis zu 32 veränderbaren Zellen für jedes Szenario
- Erstellen eines Übersichtsberichts der Eingabewerte und Ergebnisse

Der Szenario-Manager arbeitet immer mit einem bereits bestehenden Tabellenmodell. Auf dieser Grundlage berechnet er modellhaft, wie sich die Veränderungen einzelner Werte auf das Gesamtergebnis auswirken würden. Dabei legen Sie fest, welche Werte *veränderlich* sind und welche Werte angenommen werden sollen.

Namen festlegen

Im Vorfeld sollten für die veränderbaren Zellen und die möglichen Ergebniszellen Namen festgelegt werden. Andernfalls werden im Szenario-Manager nur Zellbezüge angezeigt.

Veränderbare Zellen

Zur Analyse einer unbekannten Arbeitsmappe ist es praktisch, die so genannten »veränderbaren Zellen« zu identifizieren. Dies sind Zellen, in denen keine Formeln, Funktionen oder Bezüge enthalten sind, also Eingabezellen. Ist Ihnen das Modell nicht bekannt, so gibt es eine sehr einfache Möglichkeit, veränderbare Zellen festzustellen!

Markieren von Formeln

1. Um im aktiven Tabellenblatt alle Zellen zu markieren, die bestimmte Kriterien hinsichtlich des Inhaltes erfüllen, klicken Sie auf eine beliebige Zelle.
2. Klicken Sie im Menü **Bearbeiten** auf **Gehe zu** oder [F5].
3. Wählen Sie **Inhalte...** aus.
4. Wählen Sie die gewünschten Optionen wie links abgebildet aus. Die Zellen, die Formeln enthalten, werden automatisch markiert.

	Ausgangswerte	worst case	normal case	best case
A_Klasse_K	290	261	297	329
A_Klasse_K2	449	404	460	510
C_Klasse_D1	480	432	492	545
C_Klasse_H	142	128	146	162
E_Klasse_D	406	365	416	461
E_Klasse_H	185	167	190	210
E_Klasse_K	431	388	442	489
MTB_S500	216	194	221	245
MTB_S600	392	353	402	445

Abbildung 4.8 Eine Szenario-Tabelle

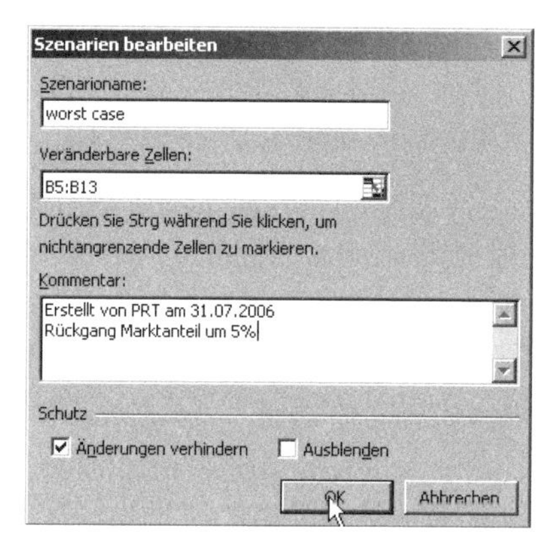

Abbildung 4.9 Nutzen Sie das Kommentarfeld für Ihre Annahmen!

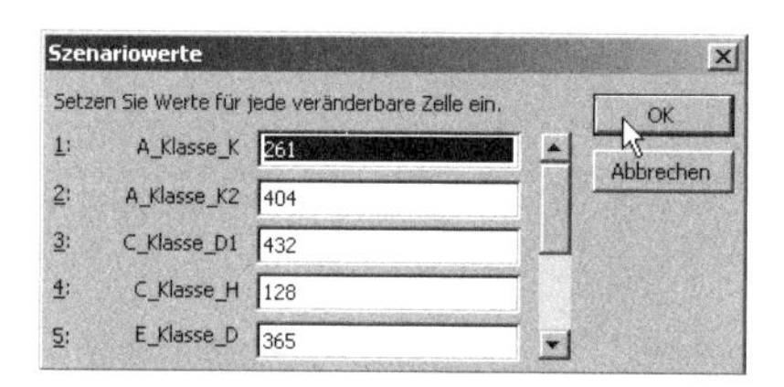

Abbildung 4.10 [Tab]-Taste, um zum nächsten Feld zu gelangen

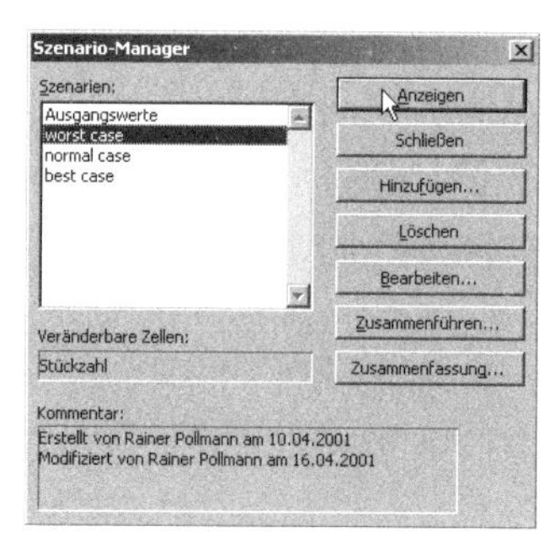

Abbildung 4.11 Nun sind alle Szenarien angelegt.

4.3.1 Erstellen eines Szenarios

Um Ihnen das Planen mittels der Szenario-Technik und das Erstellen eines Szenarios verdeutlichen zu können, kehren wir wieder zu unserem Beispiel-Unternehmen zurück.

Der Budget-Entwurf für die Vertriebsregion 1 der Däumler-Binz AG liegt vor. Da Ihnen bereits einige Eckdaten bekannt sind, können Sie darauf gewisse Annahmen aufbauen, die bereits zu drei Szenarien in dem gleichnamigen Tabellenblatt und in der Datei SZENARIOLOESUNG.XLS zusammengefasst sind.

Szenario erstellen

Um anhand des Beispiels ein Szenario zu erstellen und nachvollziehen zu können, gehen Sie wie folgt vor:

1. Öffnen Sie die Datei SZENARIO.XLS.
2. Klicken Sie im Menü **Extras** auf **Szenarien...**
3. Klicken Sie im Dialogfenster auf **Hinzufügen**.
4. Geben Sie im Feld **Szenarioname** den Namen *worst case* für das Szenario ein.
5. Geben Sie im Feld **Veränderbare Zellen** die Bezüge der zu ändernden Zellen ein. Dazu klicken Sie die entsprechenden Zellen einfach an.
6. Bestätigen Sie mit **OK**.
7. Geben Sie im Dialogfeld **Szenariowerte** die gewünschten Werte für die veränderbaren Zellen ein.
8. Bestätigen Sie mit **OK**.
9. Für das nächste Szenario klicken Sie wiederum auf **Hinzufügen** und wiederholen die Schritte 4 bis 8.
10. Entwickeln Sie noch die Szenarien *normal case* und *best case*.
11. Klicken Sie **Schließen** an.

Wenn Sie alle Szenarien eingegeben haben, können Sie sich die Auswirkungen anzeigen lassen:

Szenario anzeigen

1. Klicken Sie im Menü **Extras** auf **Szenarien...**
2. Wählen Sie im Dialogfenster ein Szenario aus.
3. Klicken Sie auf **Anzeigen**. Das Szenario wird in das Modell eingesetzt und angezeigt.
4. Zum Beenden klicken Sie **Schließen** an.

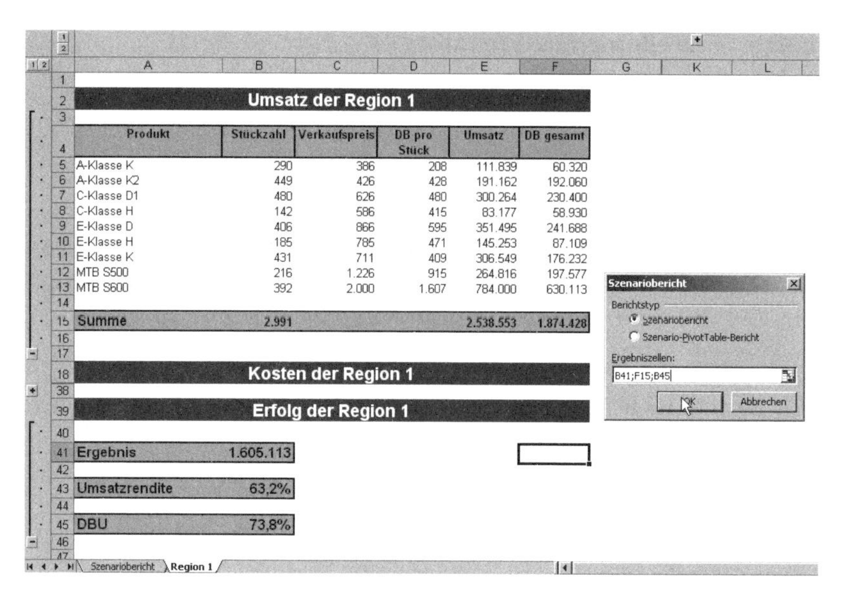

Umsatz der Region 1

Produkt	Stückzahl	Verkaufspreis	DB pro Stück	Umsatz	DB gesamt
A-Klasse K	290	386	208	111.839	60.320
A-Klasse K2	449	426	428	191.162	192.060
C-Klasse D1	480	626	480	300.264	230.400
C-Klasse H	142	586	415	83.177	58.930
E-Klasse D	406	866	595	351.495	241.688
E-Klasse H	185	785	471	145.253	87.109
E-Klasse K	431	711	409	306.549	176.232
MTB S500	216	1.226	915	264.816	197.577
MTB S600	392	2.000	1.607	784.000	630.113
Summe	2.991			2.538.553	1.874.428

Kosten der Region 1

Erfolg der Region 1

Ergebnis	1.605.113
Umsatzrendite	63,2%
DBU	73,8%

Abbildung 4.12 Legen Sie Ihre Ergebniszellen fest.

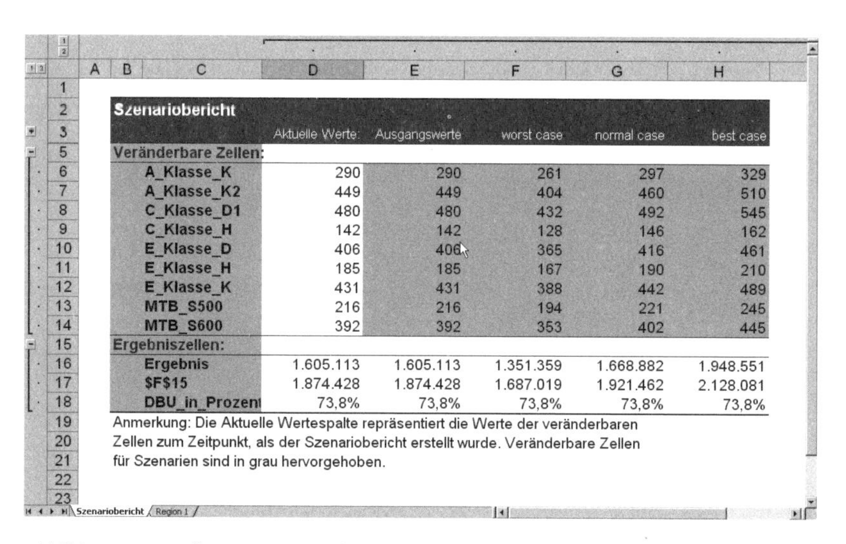

Szenariobericht

	Aktuelle Werte:	Ausgangswerte	worst case	normal case	best case
Veränderbare Zellen:					
A_Klasse_K	290	290	261	297	329
A_Klasse_K2	449	449	404	460	510
C_Klasse_D1	480	480	432	492	545
C_Klasse_H	142	142	128	146	162
E_Klasse_D	406	406	365	416	461
E_Klasse_H	185	185	167	190	210
E_Klasse_K	431	431	388	442	489
MTB_S500	216	216	194	221	245
MTB_S600	392	392	353	402	445
Ergebniszellen:					
Ergebnis	1.605.113	1.605.113	1.351.359	1.668.882	1.948.551
$F$15	1.874.428	1.874.428	1.687.019	1.921.462	2.128.081
DBU_in_Prozent	73,8%	73,8%	73,8%	73,8%	73,8%

Anmerkung: Die Aktuelle Wertespalte repräsentiert die Werte der veränderbaren Zellen zum Zeitpunkt, als der Szenariobericht erstellt wurde. Veränderbare Zellen für Szenarien sind in grau hervorgehoben.

Abbildung 4.13 Alle Szenarien nebeneinander

4.3.2 Übersichtsbericht für Szenarien

Der Szenario-Manager ist in der Lage, aus allen verfügbaren Szenarien ein Tabellenblatt zu erstellen. Dieses Tabellenblatt ist eine große Hilfe, um die Übersicht zu behalten.

Übersichtstabellenblatt

Dieses Übersichtstabellenblatt ist eine neue Tabelle, in der vergleichend die veränderbaren Zellen und die dazugehörigen Ergebnisse aller verfügbaren Szenarien nebeneinander dargestellt werden. Um dieses Blatt zu erstellen, gehen Sie folgendermaßen vor:

1. Öffnen Sie die Datei SZENARIOLOESUNG.XLS.
2. Klicken Sie im Menü **Extras** auf **Szenarien**.
3. Klicken Sie im Dialogfenster auf **Zusammenfassung**.
4. Wählen Sie im Dialogfenster **Zusammenfassung** als Ergebniszellen das Ergebnis, die Summe der Produkt-Deckungsbeiträge und den DBU in % aus.
5. Klicken Sie **OK**, und der Übersichtsbericht wird als zusätzliches Tabellenblatt der Arbeitsmappe hinzugefügt.

[!]

Noch ein Hinweis, um die Darstellung zu optimieren: Die Namen, die Sie für alle Zellen einsetzen, werden in mit dem Szenario verbundenen Dialogfeldern und Berichten verwendet. Sollten Sie keine Namen verwenden, werden an diesen Stellen nur die Bezüge angezeigt. Es empfiehlt sich also in der Regel, mit sprechenden Namen zu arbeiten.

Details einblenden

Links neben den Zeilenköpfen auf dem Szenariobericht sehen Sie so genannte Gliederungssymbole (siehe Kapitel 1 und die folgende Abbildung). Damit können Sie Details des Szenarioberichtes einblenden:

So lassen sich die festgelegten Kommentare einblenden, und man kann die Annahmen, die für dieses Szenario getroffen wurden, ablesen.

Beachten Sie, dass mit jedem Einsetzen eines Szenarios die Werte in den veränderbaren Zellen überschrieben werden. Daher empfiehlt es sich, die Ausgangswerte ebenfalls als Szenario festzuhalten. So verfügt man über eine »Sicherungskopie« und kann man den Ausgangspunkt der Simulation jederzeit wiederherstellen.

Abbildung 4.14 Fügen Sie ein Szenario hinzu.

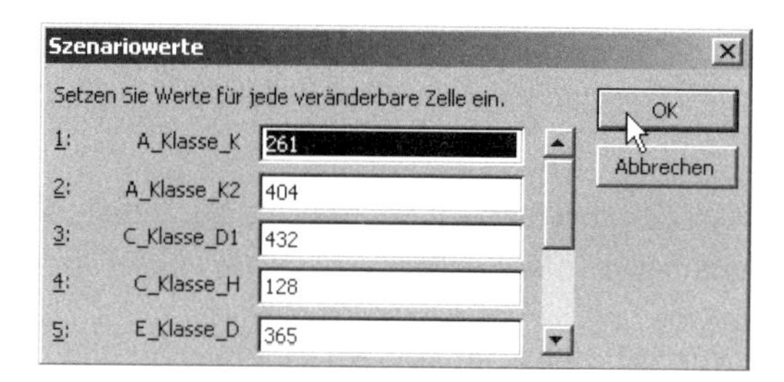

Abbildung 4.15 Geben Sie die Szenariowerte ein.

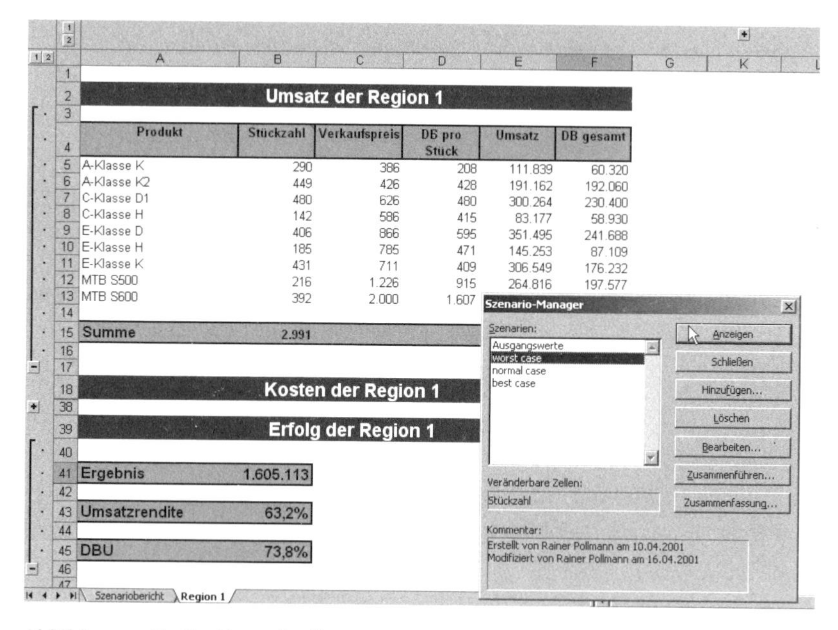

Umsatz der Region 1

Produkt	Stückzahl	Verkaufspreis	DB pro Stück	Umsatz	DB gesamt
A-Klasse K	290	386	208	111.839	60.320
A-Klasse K2	449	426	428	191.162	192.060
C-Klasse D1	480	626	480	300.264	230.400
C-Klasse H	142	586	415	83.177	58.930
E-Klasse D	406	866	595	351.495	241.688
E-Klasse H	185	785	471	145.253	87.109
E-Klasse K	431	711	409	306.549	176.232
MTB S500	216	1.226	915	264.816	197.577
MTB S600	392	2.000	1.607		
Summe	2.991				

Kosten der Region 1

Erfolg der Region 1

Ergebnis	1.605.113
Umsatzrendite	63,2%
DBU	73,8%

Abbildung 4.16 Der Szenario-Manager

4.3.3 Verändern eines Szenarios

Nachdem ein Szenario erstellt wurde, kann es natürlich durchaus vorkommen, dass Änderungen nötig sind. So erscheinen – um bei unserem Beispiel zu bleiben – einige Werte im Szenario »worst case« doch etwas zu pessimistisch zu sein. Sie sollen geändert werden. Der Leiter der Vertriebsregion wünscht eine Anpassung des Worst-case-Szenarios.

Szenario verändern

Um das Szenario aus unserem Beispiel nachträglich zu verändern, sind folgende Schritte notwendig:

1. Klicken Sie im Menü **Extras** auf **Szenarien**.
2. Wählen Sie den Namen des zu bearbeitenden Szenarios »worst case« aus, und klicken Sie dann auf **Bearbeiten**.
3. Lassen Sie die »veränderbaren Zellen« und den Namen des Szenarios unverändert und bestätigen Sie mit **OK**.
4. Nehmen Sie an den Szenariowerten die gewünschten Änderungen vor.
5. Geben Sie für das Feld A-Klasse K den Wert »310« ein.
6. Klicken Sie auf **OK**, um die Änderungen zu speichern. Um zum Dialogfeld **Szenario-Manager** zurückzukehren, ohne das aktuelle Szenario zu ändern, klicken Sie auf **Abbrechen**.
7. Um nun einen neuen Bericht zu erhalten, klicken Sie im Dialogfenster auf **Bericht**.
8. Wählen Sie im Dialogfenster **Bericht** als Ergebniszellen das Ergebnis, die Summe der Produkt-Deckungsbeiträge und den DBU in % aus.
9. Klicken Sie **OK**, und der Übersichtsbericht wird als ÜBERSICHTSBERICHT (2) der Arbeitsmappe hinzugefügt.
10. Löschen Sie den vorhergehenden Bericht.

Der vorhergehende Übersichtsbericht ist jetzt mit neuen Daten ersetzt worden.

Hinweis zu älteren Versionen

Noch ein Hinweis für Leser, die mit Excel 97 oder Excel 2000 arbeiten: In diesen Versionen finden Sie den Szenario-Manager unter dem Menüpunkt **Extras • Szenario-Manager**. (Warum Microsoft ohne irgendeine weitere funktionelle oder designerische Änderung die Umbenennung durchgeführt hat, bleibt allerdings rätselhaft.)

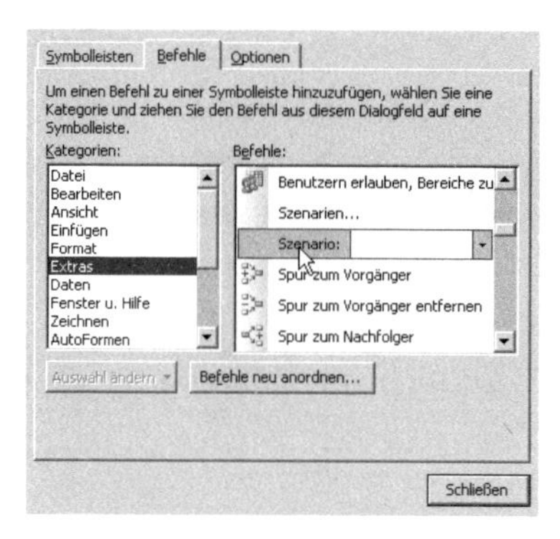

Abbildung 4.17 Das Listenfeld »Szenario« der Menüleiste hinzufügen

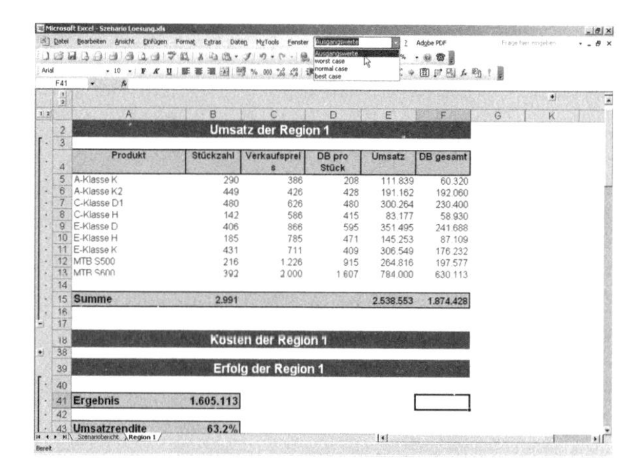

Abbildung 4.18 Auswahl eines Szenarios über das »neue« Listenfeld

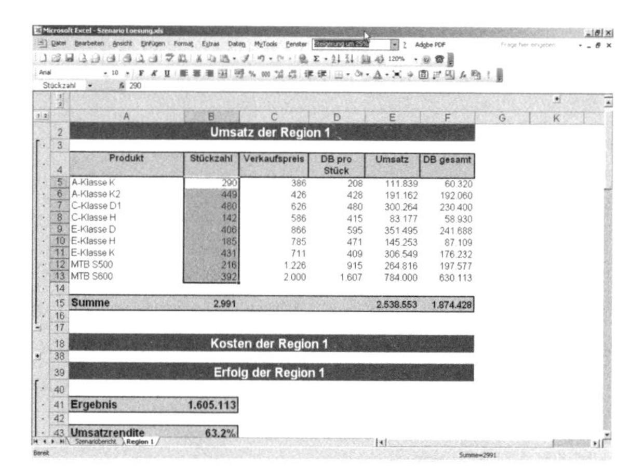

Abbildung 4.19 Szenario mit Listenfeld festlegen

4.3.4 Szenarien mit Listenfeld anzeigen und erzeugen

Sind Szenarien erst einmal festgelegt und man möchte im Kollegenkreis die verschiedenen Varianten »durchspielen«, dann kann es etwas lästig sein, immer wieder das Menü **Extras • Szenarien** aufzurufen, um die Szenarien anzuzeigen. Um hier Abhilfe zu schaffen, kann man ein Listenfeld einer Symbolleiste hinzufügen. Dies ist insbesondere für Excel-unerfahrene Anwender praktisch, wird Ihnen doch ein Menü-Aufruf erspart und dem Prinzip de Visualisierung Rechnung getragen.

Listenfeld einer Symbolleiste hinzufügen

1. Öffnen Sie die Mappe, in der bereits Szenarien angelegt sind.
2. Klicken Sie im Menü **Ansicht** auf **Symbolleisten** und **Anpassen...**
3. Wählen Sie im Fenster **Anpassen** das Register **Befehle** aus.
4. In der Kategorie der Befehle, wählen Sie die Kategorie **Extras** und dort **Szenario** aus.
5. Ziehen Sie das Listenfeld »Szenario« in eine Symbolleiste hinein.
6. Klicken Sie auf **Schließen**.
7. Danach können Sie festgelegte Szenarien auswählen.

Wenn Sie das entsprechende Listenfeld einer Symbolleiste hinzugefügt haben, können Sie Szenarien direkt mit dem Listenfeld festlegen:

1. Öffnen Sie die Mappe, in der bereits Szenarien angelegt sind.
2. Markieren Sie den Zellbereich, der als »veränderbare Zellen« dienen soll.
3. Tragen Sie in die Zellen die gewünschten Werte ein.
4. Klicken Sie in das Szenario-Listenfeld und legen Sie den Namen des Szenarios fest.
5. Bestätigen Sie die Eingabe mit [Enter]. Das Szenario wird damit festgelegt.

Bei dieser Technik müssen Sie nur darauf achten, dass Sie stets alle veränderbaren Zellen markieren, bevor Sie über das Listenfeld ein Szenario festlegen. Sie verändern nämlich sonst auch die Definition der veränderbaren Zellen selbst. Das Listenfeld ist nun dauerhaft Ihrem Excel-Programmfenster zugeordnet. Diese Veränderung, so wie jede Veränderung von Symbolleisten und der Menüleiste werden in einer bestimmten Datei (Versionsabhängig) gespeichert. Als Alternative für dieses Listenfeld wäre per Makroaufzeichnung jeweils ein Szenario in das Modell einzufügen und dieses Makro per Schaltfläche zu aktivieren (siehe Kapitel 8).

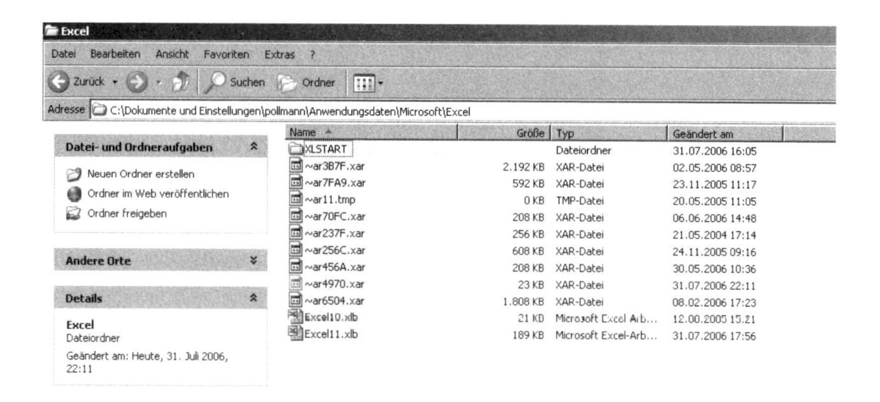

Abbildung 4.20 Hier finden Sie die EXCEL11.XLB.

Version	Speicherort
Excel 97	C:\Programme\Microsoft Office\Office\EXCEL.XLB
Excel 2000	C:\Programme\Microsoft Office\Office\1031\EXCEL.XLB
Excel 2002	C:\Dokumente und Einstellungen\Benutzername\Anwendungsdaten\ Microsoft\Excel\EXCEL10.XLB
Excel 2003	C:\Dokumente und Einstellungen\Benutzername\Anwendungsdaten\ Microsoft\ Excel\EXCEL11.XLB
Oder	C:\Windows (wenn kein anderes Verzeichnis von der Administration festgelegt wurde)

Tabelle 4.1 Speicherorte der EXCEL.XLB nach Version

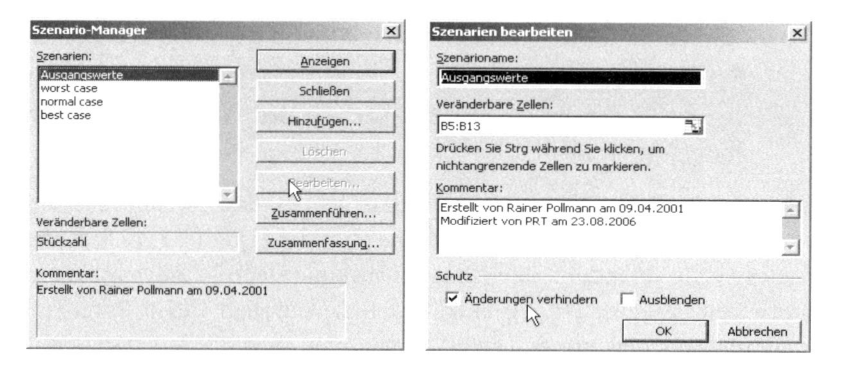

Abbildung 4.21 Bei aktiviertem Blattschutz können Szenarien nicht verändert werden. Die Schaltflächen **Löschen** und **Bearbeiten** sind gesperrt

Die Datei und den Speicherort für die Einstellungen von Menü- und Symbolleisten finden Sie auf der linken Seite abgebildet. Wird diese Datei gelöscht, so haben Sie wieder die Standardeinstellungen von Excel (siehe Kapitel 1) hergestellt. Möchten Sie also die Datei mit den festgelegten Szenarien per Mail an Kollegen verteilen, so finden diese auf keinen Fall dieses Listenfeld in Ihrer Excel-Oberfläche vor.

Hier wäre wieder eine kleine VBA-Prozedur hilfreich, die beim Öffnen der die Szenarien enthaltenden Datei dieses Listenfeld der Menüleiste hinzufügt (ebenfalls möglich), beim Schließen der Datei diese Schaltfläche wieder entfernt (siehe Kapitel 8).

Szenarien schützen

Szenarien können vor Veränderungen geschützt werden. Damit verfügen Sie über die Möglichkeit unwillkommene Änderungen durch die Anwender zu verhindern, denen Sie Ihre ausgearbeiteten Szenarien zur Verfügung stellen.

Dazu bedarf es einiger Vorarbeit:

1. Sie dürfen beim Erstellen eines Szenarios das Kontrollkästchen **Änderungen verhindern** nicht deaktivieren.
2. Sie müssen die »veränderbaren Zellen« markieren und über das Menü **Format • Zellen Register »Schutz«** das Kontrollkästchen Gesperrt deaktivieren (siehe Kapitel 1.13).
3. Danach schalten Sie über das Menü **Extras • Schutz • Blatt schützen...** den Tabellenblattschutz ein.

Wenn Sie beim Erstellen eines Szenarios das Kontrollkästchen **Ausblenden** aktivieren, wird dieses Szenario beim Einschalten des Tabellenblattschutzes nicht mehr angezeigt.

Szenarien zusammenführen

Vielleicht vermissen Sie bei der Beschreibung des Szenario-Managers in diesem Buch die Erklärung der Schaltfläche **Zusammenführen**. Mit dieser Schaltfläche können Sie Szenarien verschiedener Tabellenblätter und Dateien zusammenführen. Diese Möglichkeit setzt voraus, dass die so einbezogenen Tabellenblätter und Dateien gleich aufgebaut sind und vor allem die »veränderbaren Zellen« für die exakt gleichen Zellbezüge definiert sind. Wenn dies der Fall sein sollte, dann können Sie eigentlich gleich alle Szenarien in einer Datei und auf einem Tabellenblatt anlegen.

Deshalb bietet nach unserer Meinung die Schaltfläche **Zusammenführen** eigentlich keinen Mehrnutzen. Daher verzichten wir an dieser Stelle auf eine tiefer gehende Darstellung dieser Funktionalität.

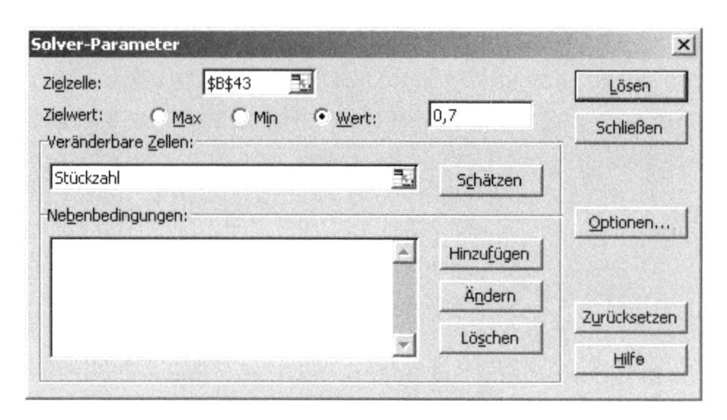

Abbildung 4.22 Geben Sie die Parameter ein!

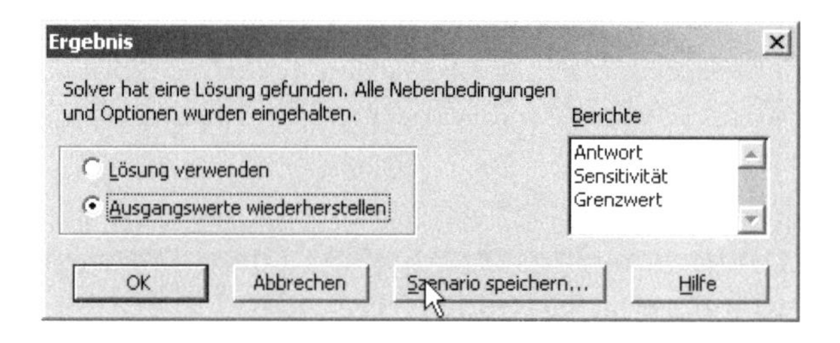

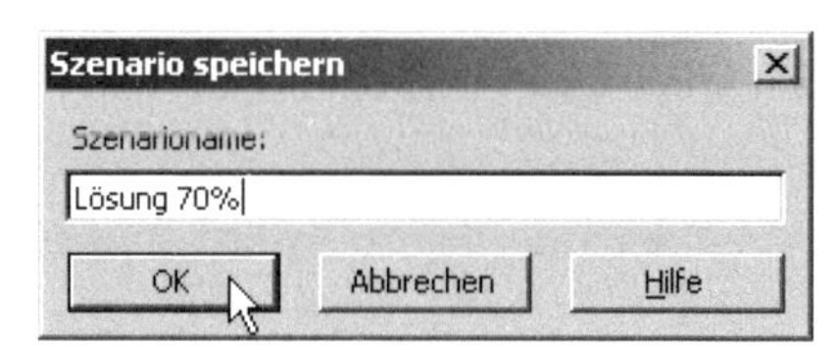

Abbildung 4.23 Speichern Sie die Lösung als Szenario

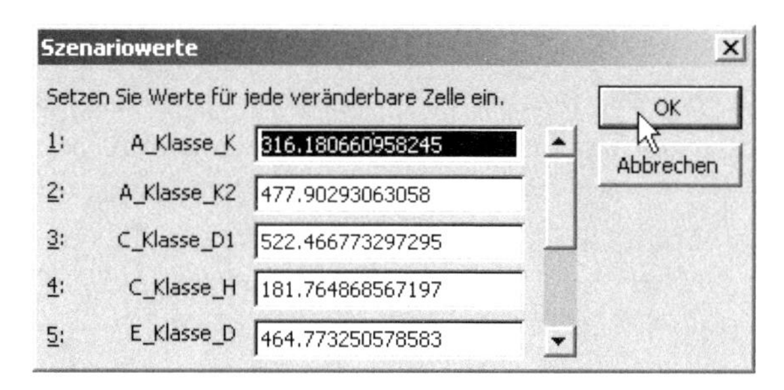

Abbildung 4.24 Dezimaltrennzeichen Punkt durch Komma ersetzen

4.4 Zielwert vorgeben

Top-down

Wir haben bisher verschiedene Szenarien für die Absatzzahlen entwickelt, in den Szenario-Manager eingetragen und nacheinander in das Modell eingesetzt oder als Zusammenfassung angezeigt.

Wenn ein Zielwert erreicht werden soll, dann lässt sich das mit Hilfe der Szenario-Technik nur durch Ausprobieren erreichen. Mit Hilfe des Solvers lässt sich der zu erreichende Zielwert vorgeben und damit die Basiswerte (veränderbare Zellen) iterativ errechnen:

1. Öffnen Sie die Datei REGION1LOESUNG.XLS.
2. Falls Sie das erste Mal mit dem Solver arbeiten, aktivieren Sie über **Extras • Add-Ins...** das Solver Add-in.
3. Klicken Sie im Menü **Extras** auf **Solver**.
4. Wählen Sie in den **Solver-Parametern** die Angaben, wie sie links abgebildet sind.
5. Klicken Sie auf die Schaltfläche **Lösen**. Der Solver ermittelt eine Lösung und zeigt dies in einem Fenster an.
6. Wählen Sie die Option **Ausgangswerte wiederherstellen** und klicken Sie danach auf die Schaltfläche **Szenario speichern...**
7. Geben Sie einen Szenarionamen ein und klicken Sie auf **OK**.

Setzen wir das neue, vom Solver ermittelte Szenario mit Hilfe des Szenario-Managers ein, so werden in den veränderbaren Zellen die Zeichen ##### angezeigt. Der Solver errechnet bei der Anpassung der veränderbaren Zellen mit sehr vielen Nachkommastellen und übergibt dies an den Szenario-Manager. Als Dezimalzeichen wird der Punkt (angloamerikanisch) verwendet. Im Szenario-Manager müssen die Punkte jeweils durch ein Komma ersetzt werden.

1. Klicken Sie im Menü **Extras** auf **Szenarien**.
2. Wählen Sie den Namen des zu bearbeitenden Szenarios aus und klicken Sie dann auf **Bearbeiten**.
3. Lassen Sie die »veränderbaren Zellen« und den Namen des Szenarios unverändert und bestätigen mit **OK**.
4. Nehmen Sie an den Szenariowerten die gewünschten Änderungen vor, indem Sie die Punkte jeweils durch ein Komma ersetzen.
5. Klicken Sie auf **OK**, um die Änderungen zu speichern.

Ziel (max)	$1200_{x1} + 1500_{x2} + 2350_{x3}$ = Gesamt-DB	Zielfunktion
Werkstatt1	$5_{x1} + 15_{x2} + 10_{x3} <= 480$	Randbedingung 1
Werkstatt2	$10_{x1} + 9_{x2} + 8_{x3} <= 480$	Randbedingung 2
Werkstatt3	$15_{x1} + 18_{x2} + 9_{x3} <= 480$	Randbedingung 3

Abbildung 4.25 So sieht das mathematisch formulierte Modell aus

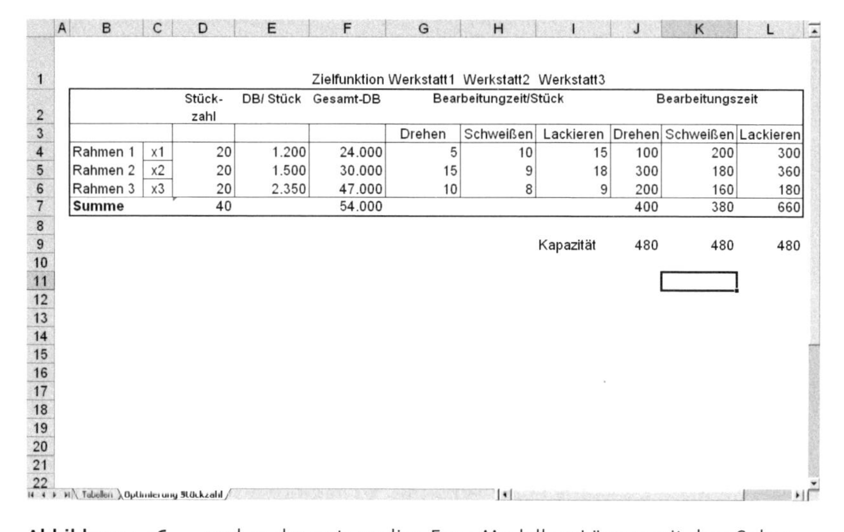

		Stück-zahl	DB/ Stück	Zielfunktion Gesamt-DB	Werkstatt1 Bearbeitungzeit/Stück	Werkstatt2	Werkstatt3	Bearbeitungszeit		
					Drehen	Schweißen	Lackieren	Drehen	Schweißen	Lackieren
Rahmen 1	x1	20	1.200	24.000	5	10	15	100	200	300
Rahmen 2	x2	20	1.500	30.000	15	9	18	300	180	360
Rahmen 3	x3	20	2.350	47.000	10	8	9	200	160	180
Summe		40		54.000				400	380	660
							Kapazität	480	480	480

Abbildung 4.26 ... und so das notwendige Exce-Modell zu Lösung mit dem Solver

Ziel	Deckungsbeitrag maximieren
Bedingung	Fertigungszeiten dürfen 480 Minuten in keiner Werkstatt überschreiten

Abbildung 4.27 So die von der Geschäftsleitung gestellte Aufgabe ...

4.5 Sensitivitäten

Unter dem Begriff »Operations Research« (*Unternehmensforschung*) versteht man eine Reihe von Verfahren zur Lösung betriebswirtschaftlicher und anderer Fragestellungen mit Hilfe von mathematischen Modellen. Ziel des Operations Research ist es, Prozesse und Verfahren zu optimieren. Je nach Art der verwendeten Funktionen und der möglichen Variablen unterscheidet man zwischen linearer, nichtlinearer und ganzzahliger Optimierung.

Optimierung

Unter einer Optimierung versteht man die Suche nach den Werten für eine Reihe von Variablen, so dass

- eine Zielfunktion, deren Wert von den Variablen abhängt, einen in bestimmter Weise optimalen Wert annimmt
- und gewisse Randbedingungen erfüllt bleiben.

Hängt der Wert einer Zelle von Werten verschiedener anderer Zellen ab, können Sie dessen Optimum in Excel mit Hilfe des Solvers ermitteln. Sind bei Berechnungen bestimmte Grenzwerte einzuhalten, so kann auch hierfür der Solver eingesetzt werden.

Für viele betriebswirtschaftliche Problemstellungen ist es vorteilhaft, die Abhängigkeit solch einer ermittelten Lösung von den Zielkoeffizienten, in diesem Fall die veränderbaren Zellen, und/oder den Koeffizienten der Nebenbedingungen zu untersuchen. So kann man beispielsweise untersuchen, inwieweit diese Werte veränderbar sind, ohne dass die optimale Lösung verändert wird (Streuungsbereich).

Sensitivitätsanalyse

Meistens ist aber die Fragestellung interessant, wie empfindlich die Lösung auf Veränderungen der Parameter reagiert. Diese Fragestellungen werden durch die **Sensitivitätsanalyse** beantwortet.

Die meisten Optimierungsprobleme beziehen sich auf eine lineare Beziehung zwischen den Variablen. Die grafische Darstellung eines linearen Problems ist eine Gerade.

Allgemein ausgedrückt wird ein Optimierungsproblem in Form einer so genannten Zielfunktion:

$$y = a_1x_1 + a_2x_2 + \ldots + a_nx_n$$

Dabei sind in der Regel noch Nebenbedingungen einzuhalten.

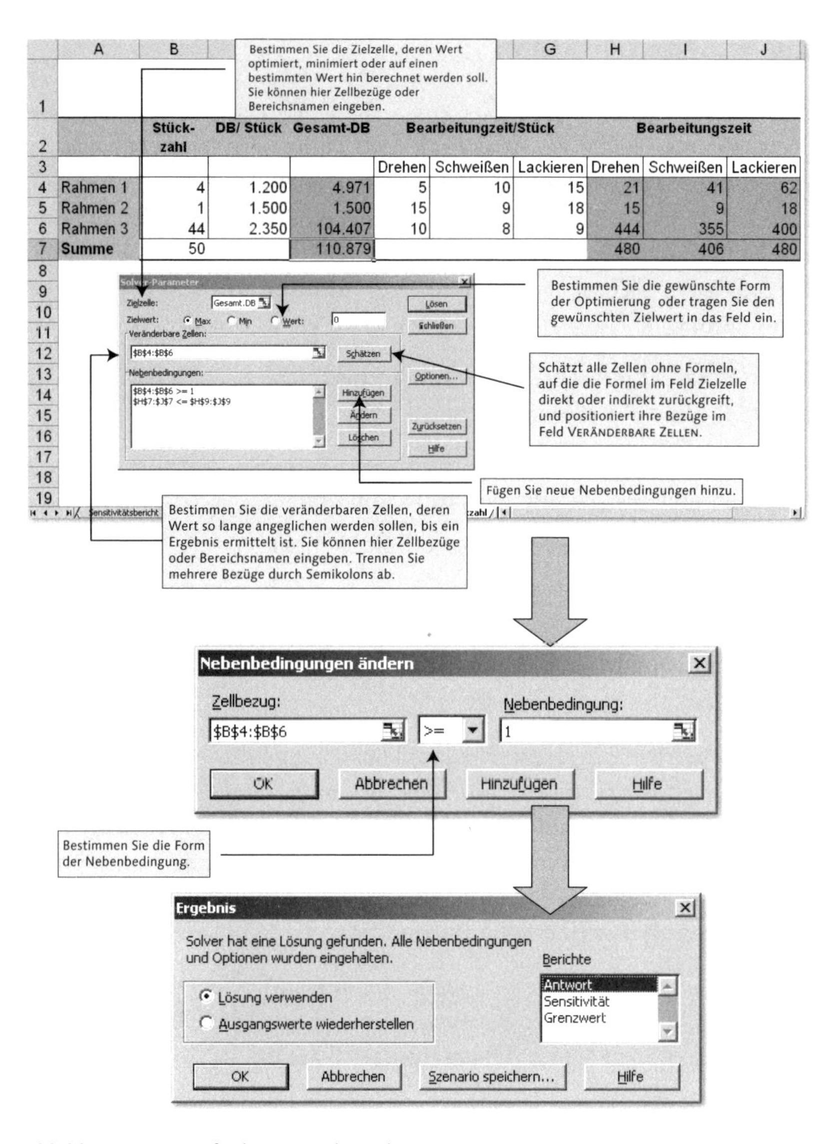

Abbildung 4.28 So funktioniert der Solver!

4.5.1 Optimierungen mit dem Solver

Die Däumler-Binz AG hat einen Hersteller von hochwertigen Fahrradrahmen gekauft und versucht nun durch ein Projektteam, die Fertigung zu optimieren. Der Betrieb stellt drei Typen von Fahrradrahmen her. Von jeder Gruppe werden zur Zeit 11 Rahmen pro Tag produziert. Diese Rahmen erwirtschaften einen bestimmten Deckungsbeitrag.

Um einen Rahmen zu fertigen, durchläuft er die Fertigungsstufen Drehen, Schweißen und Lackieren. In der teilweise NC-gesteuerten Fertigung werden unterschiedliche Fertigungszeiten benötigt. Derzeit werden die Rahmen im Einschicht-Betrieb hergestellt; die Kapazitätsgrenze liegt daher bei 480 Minuten pro Tag.

Solver – Ein Beispiel

Geplant ist nun, den Ausstoß auf 20 Rahmen pro Tag und Typ zu erhöhen, was zu Überstunden führen würde. Der Betriebsrat steht Überstunden ablehnend gegenüber und hat bereits signalisiert, dass er diese nicht genehmigen wird. Ihr Auftrag ist es aber, den Gesamtdeckungsbeitrag zu optimieren.. Wenn Sie sich das Modell in Ruhe ansehen, dann werden Sie feststellen, dass der Gesamtdeckungsbeitrag nur über eine Erhöhung der Produktionsmenge zu verbessern ist, was wiederum zu noch mehr Überstunden führen würde. Es sieht also zunächst einmal nach unvereinbaren Zielen aus.

1. Öffnen Sie die Datei SOLVER.XLS.
2. Wählen Sie aus dem Menü **Extras • Solver.**
3. In dem Dialogfenster **Solver-Parameter** nehmen Sie folgende Einstellungen vor:
4. Bestimmen Sie als Zielzelle `D7` (Gesamtdeckungsbeitrag).
5. Legen Sie MAX als Zielwert fest.
6. Durch Markieren in der Tabelle legen Sie als veränderbare Zellen `C4:C6` fest.
7. Klicken Sie auf die Schaltfläche **Nebenbedingungen** und legen Sie folgende Nebenbedingungen fest: `B4 : B6 >= 0`
8. Klicken Sie auf die Schaltfläche **Hinzufügen** und legen die zweite Nebenbedingung fest: `H7 : J7 <= H9 : J9`
9. Klicken Sie auf **OK**, um die Eingabe von Nebenbedingungen zu beenden.
10. Klicken Sie die Schaltfläche **Lösen** an. Das Ergebnis wird in dem Dialogfenster **Solver-Parameter** angezeigt.

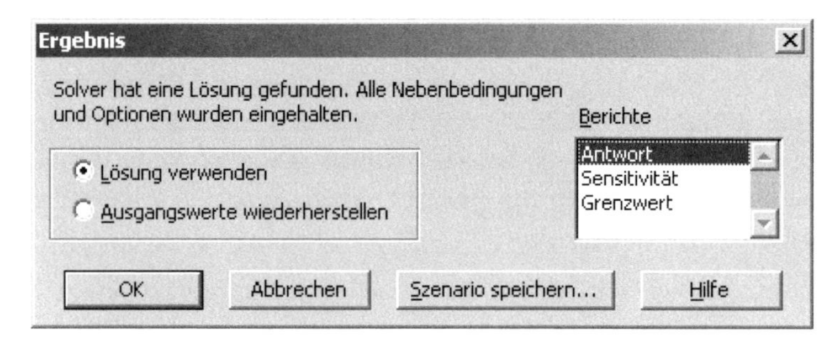

Abbildung 4.29 Hier wird die Lösung eingesetzt in das Modell ...

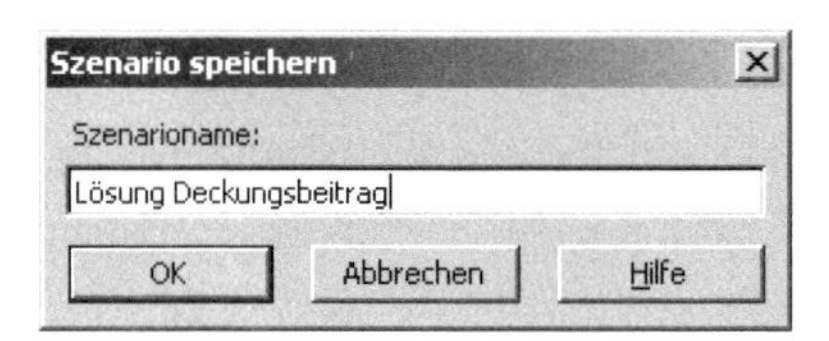

Abbildung 4.30 ... hier als Szenario gespeichert ...

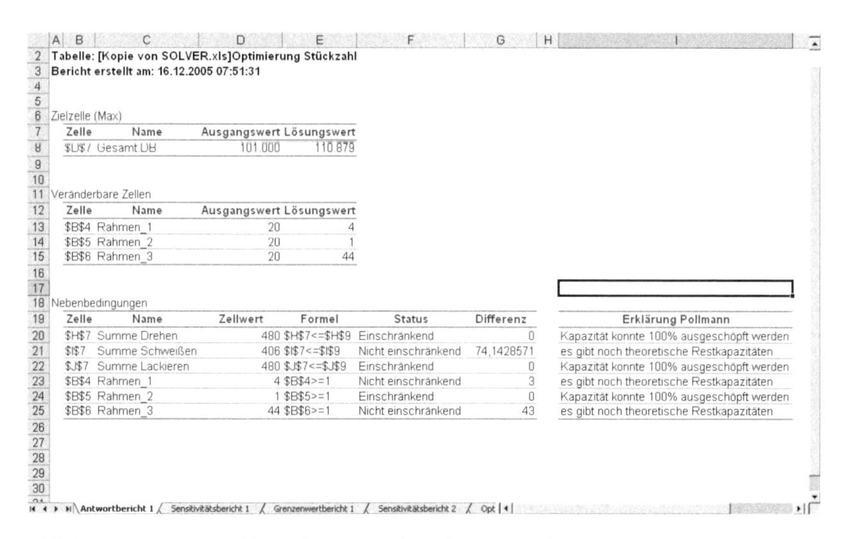

Tabelle: [Kopie von SOLVER.xls]Optimierung Stückzahl
Bericht erstellt am: 16.12.2005 07:51:31

Zielzelle (Max)

Zelle	Name	Ausgangswert	Lösungswert
$U$7	Gesamt DB	101.000	110.879

Veränderbare Zellen

Zelle	Name	Ausgangswert	Lösungswert
$B$4	Rahmen_1	20	4
$B$5	Rahmen_2	20	1
$B$6	Rahmen_3	20	44

Nebenbedingungen

Zelle	Name	Zellwert	Formel	Status	Differenz	Erklärung Pollmann
$H$7	Summe Drehen	480	$H$7<=$H$9	Einschränkend	0	Kapazität konnte 100% ausgeschöpft werden
$I$7	Summe Schweißen	406	$I$7<=$I$9	Nicht einschränkend	74,1428571	es gibt noch theoretische Restkapazitäten
$J$7	Summe Lackieren	480	$J$7<=$J$9	Einschränkend	0	Kapazität konnte 100% ausgeschöpft werden
$B$4	Rahmen_1	4	$B$4>=1	Nicht einschränkend	3	es gibt noch theoretische Restkapazitäten
$B$5	Rahmen_2	1	$B$5>=1	Einschränkend	0	Kapazität konnte 100% ausgeschöpft werden
$B$6	Rahmen_3	44	$B$6>=1	Nicht einschränkend	43	es gibt noch theoretische Restkapazitäten

Antwortbericht 1 / Sensitivitätsbericht 1 / Grenzwertbericht 1 / Sensitivitätsbericht 2 / Opt

Abbildung 4.31 ... und hier als Antwortbericht ausgegeben.

Wenn vom Solver eine Lösung gefunden werden kann, wird dies im Dialogfeld **Ergebnis** angezeigt. Diese Lösung können Sie in die Tabelle einsetzen lassen und damit die Ausgangswerte überschreiben. Sie können zusätzlich Berichte erstellen und die Lösung an den Szenario-Manager übergeben.

Lösung verwenden

Sie haben im Fenster **Solverparameter** durch Klicken auf die Schaltfläche **Lösen** eine Lösung erzielt, was durch das Ergebnisfenster angezeigt wird. Sollten Sie bereits auf der vorhergehenden Seite das Beispiel nachvollzogen haben, so befinden Sie sich exakt in dieser Situation.

1. Wählen Sie die Option **Ausgangswerte wiederherstellen** aus.
2. Speichern Sie die gefundene Lösung als »Szenario« ab.
3. Wählen Sie aus der Liste »Berichte erstellen« **Antwort**.
4. Bestätigen Sie anschließend die Auswahl mit **OK**. Nach kurzer Zeit gibt Ihnen »Antwortbericht 1« als neues Tabellenblatt detaillierte Informationen über die gefundene Lösung.

In diesem Bericht werden aufgeführt:

Antwortbericht

- Die Zielzelle
- Ausgangs- und Lösungswerte der veränderbaren Zellen
- Die Nebenbedingungen mit den zugehörigen Informationen

In den Spalte »Status« und »Differenz« finden Sie Informationen zu den Nebenbedingungen. Sie können dort ablesen, inwieweit diese eingehalten wurden.

Die Spalte »Status« enthält eine der folgenden Informationen:

- **Einschränkend**: Der Lösungswert stimmt mit dem Wert der Nebenbedingung überein. Im Beispiel bedeutet das, das die Fertigungszeit zu 100% genutzt werden konnte.
- **Nicht Einschränkend**: Die Nebenbedingung wird eingehalten, aber der Lösungswert stimmt nicht mit dem Wert der Nebenbedingung überein. Im Beispiel bedeutet das, das theoretische Restkapazitäten vorhanden wären, diese aber nicht für die Herstellung eines weiteren Rahmens genutzt werden können. Es gibt leider einen Engpass beim Schweißen. Möglicherweise ein mathematischer Hinweis auf eine notwendige Prozessoptimierung.

In der Spalte »Differenz« wird die Differenz zwischen Lösungswert und der ursprünglich festgelegten Nebenbedingung angezeigt. Im Kapitel 4.5.5 finden Sie weitere Informationen zu dem Thema »Berichte«.

Nebenbedingungen hinzufügen

Zellbezug: $B$5 | >= | Nebenbedingung: 5

OK | Abbrechen | Hinzufügen | Hilfe

Abbildung 4.32 Die Nebenbedingung für den Vertrieb ...

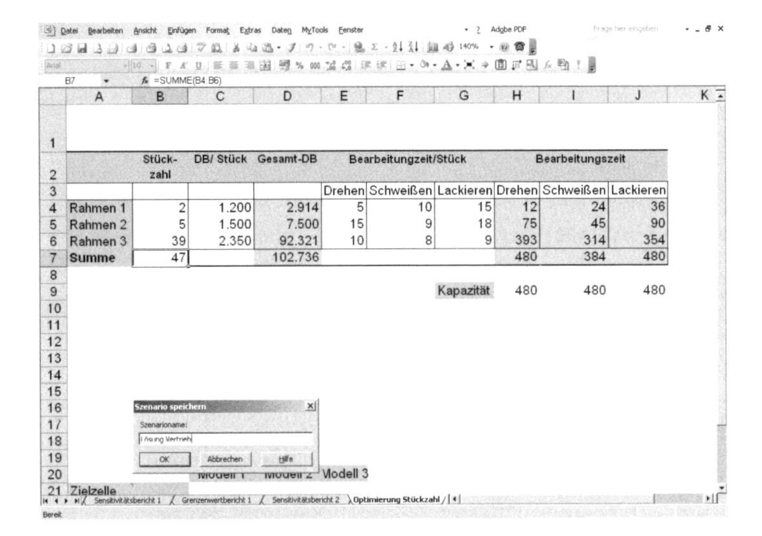

	Stückzahl	DB/ Stück	Gesamt-DB	Bearbeitungzeit/Stück			Bearbeitungszeit		
				Drehen	Schweißen	Lackieren	Drehen	Schweißen	Lackieren
Rahmen 1	2	1.200	2.914	5	10	15	12	24	36
Rahmen 2	5	1.500	7.500	15	9	18	75	45	90
Rahmen 3	39	2.350	92.321	10	8	9	393	314	354
Summe	47		102.736				480	384	480
						Kapazität	480	480	480

Szenario speichern

Szenarioname: Lösung Vertrieb

OK | Abbrechen | Hilfe

Abbildung 4.33 ... wird als weiteres Szenario gespeichert.

Szenariobericht

	Aktuelle Werte:	base case	Lösung DB	Lösung Vertrieb
Veränderbare Zellen:				
Rahmen_1	4	20	4	2
Rahmen_2	1	20	1	5
Rahmen_3	44	20	44	39
Ergebniszellen:				
Gesamt.DB	110.879	101.000	109.700	101.550

Anmerkung: Die Aktuelle Wertespalte repräsentiert die Werte der veränderbaren Zellen zum Zeitpunkt, als der Szenariobericht erstellt wurde. Veränderbare Zellen für Szenarien sind in grau hervorgehoben.

Abbildung 4.34 Szenario »base case« über Listenfeld festlegen

4.5.2 Konträre Ziele abstimmen

Überarbeitung des Modells

Wir haben eine Lösung ermittelt, die den Gesamtdeckungsbeitrag maximiert und den Betriebsrat zufrieden stellt. Allerdings ist der Vertrieb mit dieser Lösung nicht einverstanden, da ihm bereits Bestellungen vorliegen, die eine tägliche Produktion von 5 Einheiten des Rahmens 2 notwendig macht.

Bisher war der Lösungsansatz ergebnisorientiert (Deckungsbeitrag). Der Vertrieb weist mit seinem Einwand nun auf die marktorientierte Sichtweise (Marktanteil, Kundenzufriedenheit) hin. Welches Ziel soll bevorzugt werden?

Zunächst soll der gewählte Lösungsansatz überarbeitet werden, um überhaupt eine zahlenbasierte Entscheidungsgrundlage zu erhalten.

1. Wählen Sie aus dem Menü **Extras • Solver**.
2. In dem Dialogfenster **Solver-Parameter** klicken Sie auf die Schaltfläche Nebenbedingungen und legen die folgende zusätzliche Nebenbedingung fest: `B5 >= 5`
3. Klicken Sie **OK** an.
4. Klicken Sie die Schaltfläche **Lösen** an. Das Ergebnis des Lösungsprozesses wird in dem Dialogfenster **Solver-Parameter** angezeigt.
5. Wählen Sie die Option **Ausgangswerte wiederherstellen** aus.
6. Speichern Sie die gefundene Lösung als »Szenario« ab, indem Sie die Schaltfläche **Szenarien** anklicken
7. Nennen Sie das Szenario »Vertriebslösung«.
8. Bestätigen Sie anschließend die Auswahl mit **OK**.

Szenario-Manager

Nun haben wir eine weitere Lösung mit Hilfe des Solvers ermittelt und wollen alle Lösungen miteinander vergleichen. Dies soll mit Hilfe des Übersichtsberichtes des Szenario-Managers geschehen. Vorher sichern wir noch die Ausgangswerte der Gesamtdeckungsbeitragsoptimierung als Szenario ab. Dies könnte nun ganz schnell vonstatten gehen:

1. Sie markieren die Zellen `B4:B6`.
2. Sie schreiben die Zahl »20« in die Zelle `B4` und schließen die Eingabe mit `Strg` + `Enter` ab.
3. Behalten Sie die Markierung bei und klicken in das Listenfeld »Szenario«, geben den Szenarionamen »base case« und bestätigen mit `Enter`.

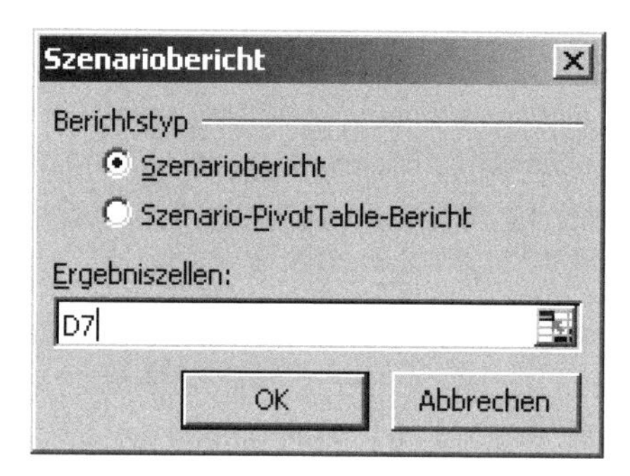

Abbildung 4.35 Ergebniszelle ist der Gesamt-Deckungsbeitrag

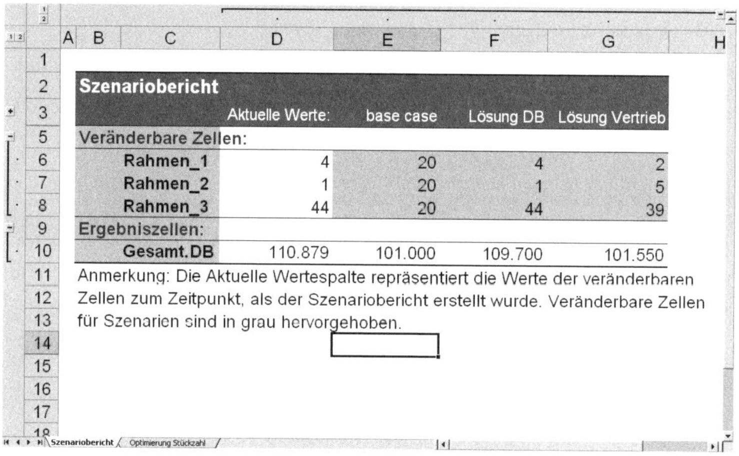

Szenariobericht	Aktuelle Werte:	base case	Lösung DB	Lösung Vertrieb
Veränderbare Zellen:				
Rahmen_1	4	20	4	2
Rahmen_2	1	20	1	5
Rahmen_3	44	20	44	39
Ergebniszellen:				
Gesamt.DB	110.879	101.000	109.700	101.550

Anmerkung: Die Aktuelle Wertespalte repräsentiert die Werte der veränderbaren Zellen zum Zeitpunkt, als der Szenariobericht erstellt wurde. Veränderbare Zellen für Szenarien sind in grau hervorgehoben.

Abbildung 4.36 Alle Varianten auf einen Blick!

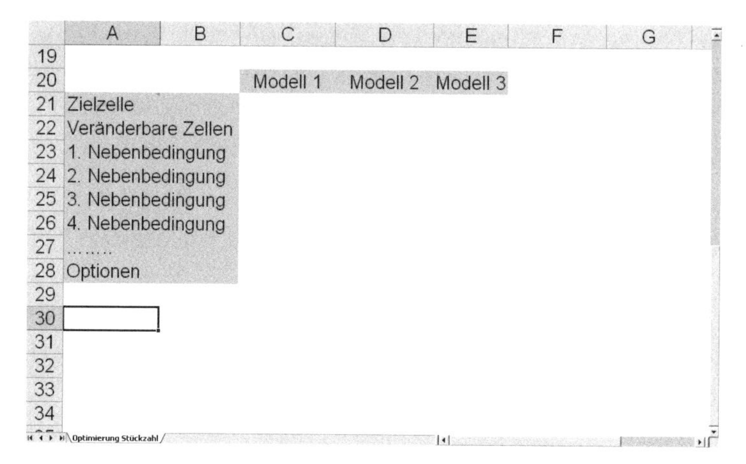

Abbildung 4.37 So könnte ein Modellbereich im Tabellenblatt aussehen!

Falls Sie noch kein Listenfeld »Szenario« in Ihren Menü- oder einer Symbolleiste hinzugefügt haben, so finden Sie dazu im Kapitel 4.3.4 die entsprechenden Hinweise. Ansonsten wählen Sie die auf der folgenden Seite beschriebene Vorgehensweise.

Szenario definieren

1. Markieren Sie die Zellen `B4:B6`.
2. Klicken Sie im Menü **Extras** auf **Szenarien**.
3. Klicken Sie im Dialogfenster auf **Hinzufügen**.
4. Geben Sie im Feld »Szenarioname« den Namen »base case« für das Szenario ein.
5. Im Feld »Veränderbare Zellen« sollten die Bezüge der zu ändernden Zellen (`B4:B6`) zu sehen sein.
6. Bestätigen Sie mit **OK**.
7. Geben Sie im Dialogfeld »Szenariowerte« die gewünschten Werte (20) für alle veränderbaren Zellen ein.
8. Bestätigen Sie mit **OK**.
9. Klicken Sie die Schaltfläche **Zusammenfassung** an und erzeugen Sie einen Szenario-Bericht. Ergebniszelle soll die Zelle `D7` sein.
10. Klicken Sie **OK** und der Szenario-Bericht wird als zusätzliches Tabellenblatt der Arbeitsmappe hinzugefügt.

Wir haben nun eine Lösung ermittelt, die den Gesamtdeckungsbeitrag maximiert sowie den Betriebsrat und den Vertrieb zufrieden stellt. Dabei haben wir den ursprünglichen Auftrag der Projektgruppe etwas aus den Augen verloren: Geplant ist eigentlich, den Ausstoß auf 20 Rahmen pro Tag und pro Rahmen-Typ zu erhöhen.

Neuer Ansatz

Wir haben bei den verschiedenen Lösungsansätzen gesehen, dass dies mit den aktuellen Fertigungszeiten nicht möglich ist. Also muss der Fertigungsprozess so optimiert werden, dass das Fertigungsprogramm von 20 Stück pro Tag und Rahmentyp realisierbar ist.

Dazu muss allerdings das Solver-Modell vollständig neu formuliert werden. Damit nicht alle Parameter des Solvers verloren gehen, bietet der Solver die Möglichkeit, das gesamte Modell zu speichern. Diese Speicherung ist etwas eigentümlich gelöst, da das Modell einfach in einem Zellbereich auf dem gleichen Tabellenblatt gesichert, auf dem auch das Solver-Modell aufgestellt wurde. In der Abbildung 4.37 können Sie erkennen, nach welcher Systematik die einzelnen Parameter gesichert werden.

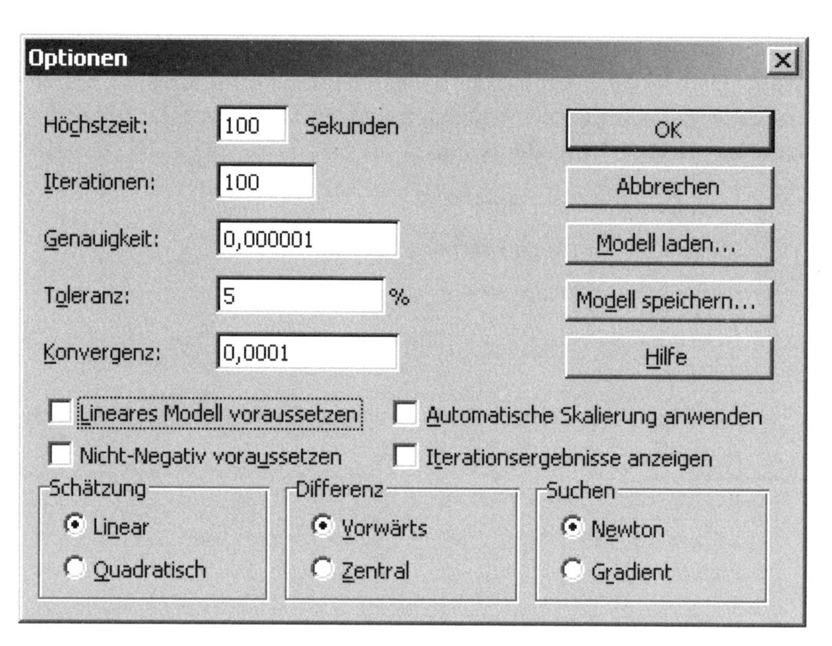

Abbildung 4.38 Speichern von Modellen über die Solver-Optionen

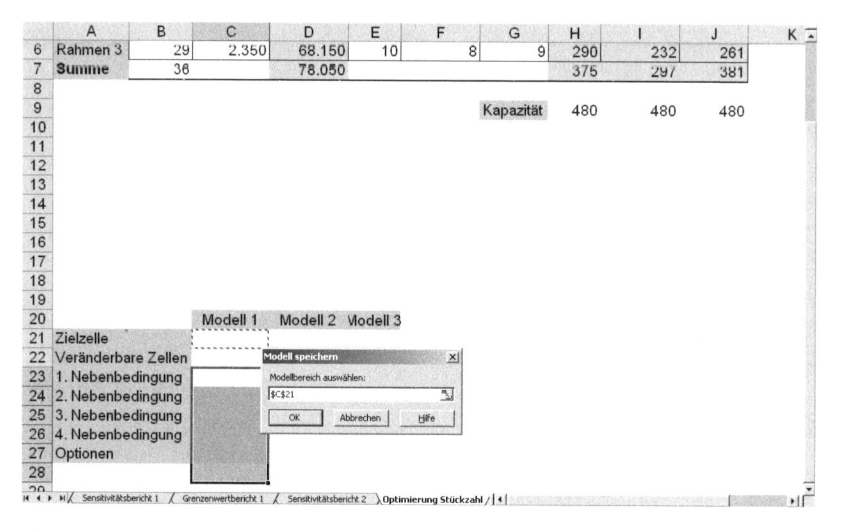

Abbildung 4.39 Speichern der Parameter in einem Tabellenbereich

Der Solver arbeitet genau wie der Szenario-Manager nur auf einem Tabellenblatt. Das bedeutet, dass Sie nicht mit Bezügen (Verknüpfungen) auf andere Tabellenblätter/Dateien arbeiten können. Sie sind gezwungen, das gesamte Modell auf einem Tabellenblatt aufzubauen.

Solver-Modell speichern

In jeder Tabelle einer Arbeitsmappe kann nur ein Solverproblem und eine unbegrenzte Anzahl an Modellen gespeichert werden.

So könnten Sie in einer Arbeitsmappe auf verschiedenen Tabellenblättern verschiedene Probleme definieren, die beim erneuten Öffnen dieser Arbeitsmappe wieder zur Verfügung stehen. Wenn Sie die Lösung jeweils als Szenario abspeichern, dann könnte in diesem Zusammenhang die Schaltfläche **Zusammenfassung** doch sinnvoll sein.

Alternativ können Sie verschiedene Solver-Einstellungen ausprobieren und jeweils als Modell abspeichern.

Dabei werden die »Zielzelle«, die »zu verändernden Zellen«, die »Nebenbedingungen« sowie die Solver-Parameter in einen Zellbereich der Tabelle geschrieben. Dessen Größe ist von der Anzahl der Nebenbedingungen abhängig.

Die Modelle werden mit der Schaltfläche **Modell laden** eingebunden. Dazu empfiehlt es sich, den Zellbereichen, in denen die Modelle gespeichert werden, einen Namen zu geben (siehe Kapitel 1.5).

1. Wählen Sie aus dem Menü **Extras • Solver**.
2. Klicken Sie die Schaltfläche **Optionen** an. Das Dialogfenster **Optionen** wird angezeigt.
3. Klicken Sie die Schaltfläche **Modell speichern** an. Das Dialogfenster **Modell speichern** wird angezeigt.
4. Geben Sie die Zelle `C21` als Anfang des Modellbereichs an.
5. Klicken Sie **OK** an. Die Solver-Parameter werden in den Zellbereich `C21:C26` eingetragen und das Dialogfenster **Optionen** wird angezeigt.

Parameter zurückrufen

6. Klicken Sie die Schaltfläche **Abbrechen** an. Das Dialogfenster **Solver-Parameter** wird angezeigt.
7. Klicken Sie die Schaltfläche **Zurücksetzen** an.
8. Alle Solver-Parameter werden gelöscht.
9. Nun können Sie ein neues Solvermodell aufstellen, lösen und eventuell als weiteres Modell auf dem Tabellenblatt speichern.

Solver-Parameter
Zielzelle:
Gesamt.DB
Zielwert:
Max
Min
Wert:
0
Veränderbare Zellen:
$B$4:$B$6
Schätzen
Nebenbedingungen:
$B$4:$B$6 >= 1
$H$7:$J$7 <= $H$9:$J$9
Hinzufügen
Ändern
Löschen
Lösen
Schließen
Optionen...
Zurücksetzen
Hilfe

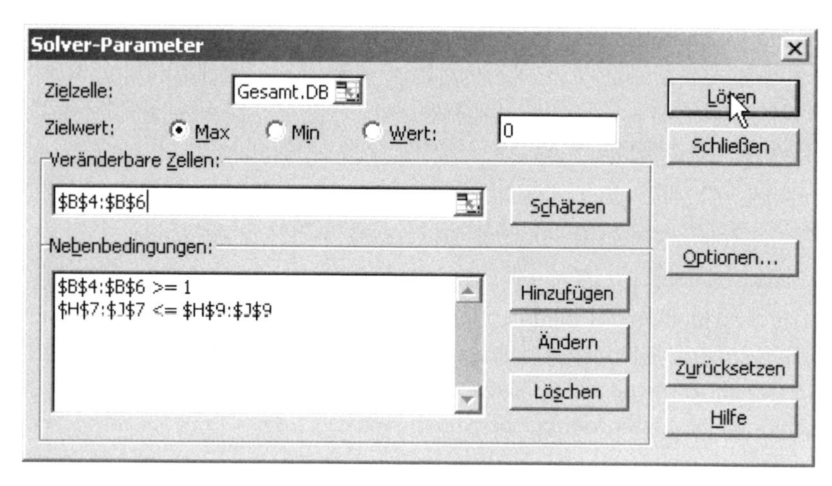

Abbildung 4.40 Solver-Parameter neu bestimmern

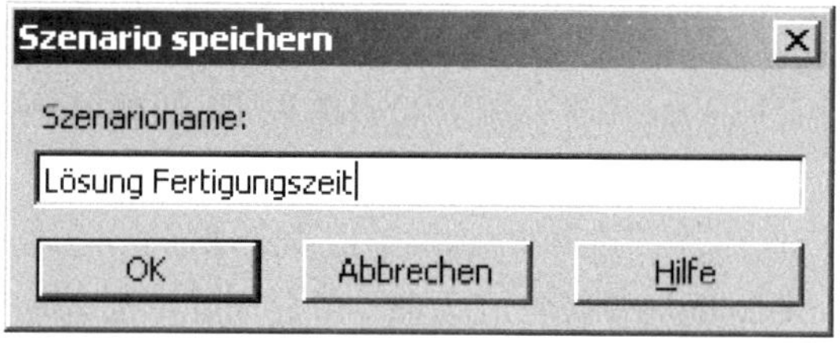

Szenario speichern
Szenarioname:
Lösung Fertigungszeit
OK
Abbrechen
Hilfe

Abbildung 4.41 Solver-Lösung als Szenario speichern

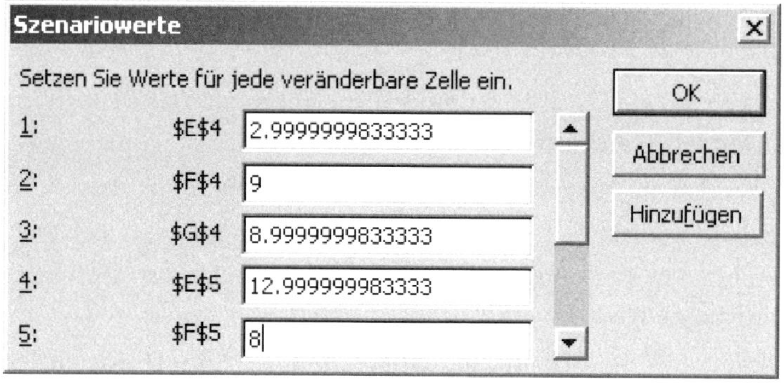

Szenariowerte
Setzen Sie Werte für jede veränderbare Zelle ein.
1: $E$4 2.9999999833333
2: $F$4 9
3: $G$4 8.9999999833333
4: $E$5 12.999999983333
5: $F$5 8
OK
Abbrechen
Hinzufügen

Abbildung 4.42 Punkt als Dezimaltrennzeichen – durch Komma ersetzen

Die Fertigungszeiten sollen durch den Solver so berechnet werden, dass die Kapazitäten für den Einschichtbetrieb optimal ausgenutzt werden können. Dies ist im ersten Schritte eine rein mathematische Lösung. Im zweiten Schritt muß dann überprüft werden, ob diese mathematisch korrekte Lösung auf die Praxis übertragbar ist.

Kapazitäten optimal ausnutzen

1. Wählen Sie das Menü **Extras • Solver**. In dem Dialogfenster **Solver-Parameter und** bestimmen Sie als Zielzelle `D7` (Gesamtdeckungsbeitrag). Legen Sie MAX als Zielwert und durch Markieren in der Tabelle als veränderbare Zellen `E4:G6` fest.
2. Klicken Sie auf die Schaltfläche **Nebenbedingungen** und legen fest:
   ```
   E4 : G6  >=      1
   H7 : J7  <=      H9 : J9
   ```
3. Klicken Sie **OK** an.
4. Klicken Sie die Schaltfläche **Lösen** an.
5. Wählen Sie in dem Dialogfenster **Solver-Parameter** die Option **Ausgangswerte wiederherstellen** aus.
6. Speichern Sie die gefundene Lösung als »Szenario« ab.
7. Bestätigen Sie mit **OK**, um ein Szenario einszusetzen.
8. Klicken Sie auf **Schließen**, um den Manager zu verlassen.

Es überrascht Sie wahrscheinlich, die Zelle `D7` als Zielzelle anzugeben, da die hier festgelegten veränderbaren Zellen keinen Einfluss auf die Zielzelle haben. Dies ist nur ein Trick, da in diesem Modell die Nebenbedingungen wichtig sind, beim Solver aber stets eine Zielzelle anzugeben ist. Eigentlich müssten wie alle Fertigungszeiten so minimieren, dass die Kapazitätsgrenze bei 20 Rahmen eingehalten wird. Da aber beim Solver immer nur eine Zielzelle angegeben werden kann, werden die eigentlichen Zielzellen als Nebenbedingung definiert.

Setzen wir das neue Szenario mit Hilfe des Szenario-Managers ein, so werden in den veränderbaren Zellen die Zeichen ##### angezeigt. Die Ursache ist wieder darin zu sehen, dass der Solver bei der Anpassung der veränderbaren Zellen mit sehr vielen Nachkommastellen gerechnet und an den Szenario-Manager übergeben hat. Dabei wird als Dezimaltrennzeichen der Punkt (angloamerikanische Formatierung) verwendet. Daher müssen im Szenario-Manager die Werte nachbearbeitet und die Punkte jeweils durch ein Komma ersetzt werden. Alternativ können Sie auch die Lösungswerte des Solvers erst in das Excel-Modell einsetzen und danach erst als Szenario übernehmen. Dann werden von Excel Kommata verwendet.

Ein Rechenverfahren, das es gestattet, alle Lösungen eines Gleichungssystems zu bestimmen, ist der Gaußsche-Algorhitmus. C.F. Gauss (1777-1855) war ein bedeutender deutscher Mathematiker, der dieses Rechenverfahren entwickelte. Durch Iterationen (Rechenschritte) wird dieses Gleichungssystem allmählich in eine Lösung überführt.

Beispiel

$+2x_1 + 2x_2 - 4x_3 = -18$

$-3x_1 - 5x_2 + 3x_3 = 19$

$+4x_1 + 9x_2 - 10x_3 = -54$

Schritt 1

Erste Zeile durch zwei teilen und als Ergebnis erhalten:

$x_1 + x_2 - 2x_3 = -9$

$-3x_1 - 5x_2 + 3x_3 = 19$

$+4x_1 + 9x_2 - 10x_3 = -54$

Schritt 2

Das Dreifache der ersten Zeile zur zweiten Zeile addieren und das (-4)-fache zur dritten Zeile:

Schritt 3

Analog zu den Schritten 1 und 2 dividieren wir die 2. Zeile durch (-2).

$x_1 + x_2 - 2x_3 = -9$

$x_2 + 1{,}5x_3 = 4$

$5x_2 - 2x_3 = -18$

Schritt 4

Danach multiplizieren wir die Zeile 2 mit (-1) und (-5) und addieren sie zu den Zeilen 1 und 3.

$x_1 - 3{,}5x_3 = -13$

$x_2 + 1{,}5x_3 = 4$

$-9{,}5x_3 = -38$

Schritt 5

Nach x_3 auflösen, das Ergebnis in die Restgleichung einsetzen und damit x_1 und x_2 errechnen.

$x_1 - 3{,}5x_3 = -13$

$x_2 + 1{,}5x_3 = 4$

$x_3 = 4$

$x_2 = -2$

$x_1 = 1$

Abbildung 4.43 So werden Iterationen in der Mathematik durchgeführt

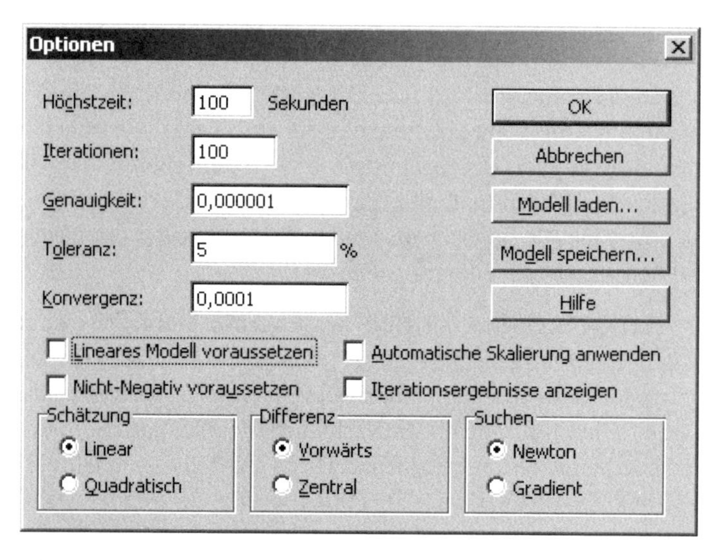

Abbildung 4.44 Einstellungen für die Berechnungen und das gewünschte mathematische Modell vornehmen

4.5.3 Das Prinzip des Solvers

Zielzelle

Anhand der Beispiele auf den vorhergehenden Seiten haben Sie einige der Prinzipien des Solvers erkannt: Zur Optimierung eines Tabellenmodells definieren Sie das zu lösende Problem (Zielfunktion), indem Sie eine »Zielzelle« bestimmen. Diese Zielzelle sollte sich am »Ende« eines Tabellenmodells befinden und über Formeln und Funktionen in Verbindung mit den veränderbaren Zellen stehen. Benötigen Sie eigentlich mehrere Zielzellen, so geben Sie nur eine von den »notwendigen« Zielzellen an, während die anderen über eine Nebenbedingung definiert werden.

Zielwert

Die Zielzelle kann durch Angabe eines linearen, nichtlinearen oder ganzzahligen Optimierungsproblems gelöst werden. Sie können aber auch einen Wert vorgeben. Prozentwerte können als »5%« oder als »0,05« angegeben werden. Vorsicht hier bei Excel 2000! Nach dem Lösungslauf werden »5%« in »500« umgewandelt!

Veränderbare Zellen

Sie können bis zu 200 verändernde Zellen festlegen. Wenn Sie das Modell allgemein optimieren möchten, sich aber hinsichtlich der zu verändernden Zellen nicht schlüssig sind, wählen Sie **Schätzen**. In diesem Fall schlägt Ihnen der Solver diese Zellen vor. Im Feld »veränderbare Zellen« geben sie Bezüge oder Bereichsnamen der Zellen ein, die durch die Optimierung verändert werden sollen. Mehre Bezüge werden durch Semikolon abgetrennt.

Nebenbedingungen

Außerdem können Sie bis zu 1024 »Nebenbedingungen« festlegen, die bei der Lösung Gültigkeit haben sollen. Bei aktiviertem Kontrollkästchen **Lineares Modell voraussetzen** im Dialogfeld Optionen ist die Zahl der Nebenbedingungen unbegrenzt. Zellbezüge für Nebenbedingungen dürfen nicht mit [Strg] oder mit [;] angegeben werden.

Iterationen

Nachdem Sie das Problem definiert und den Lösungsvorgang gestartet haben, ermittelt der Solver durch Iterationen die Werte, die die Nebenbedingungen erfüllen und den Wert der Zielzelle optimieren. Die Lösungswerte werden in Ihrer Tabelle angezeigt. Eine Iteration ist ein mathematisches Verfahren zur schrittweisen Annäherung an die exakte Lösung.

Für Mathematiker

Der Solver verwendet den nichtlinearen Optimierungscode GRG2 (Generalized Reduced Gradient), der von Leon Lasdon, University of Texas in Austin, und Allan Waren, Cleveland State University, entwickelt wurde. Bei linearen und ganzzahligen Problemen werden die Simplexmethode, bei der die Variablen Beschränkungen unterliegen, und die Branch-and-bound-Methode verwendet, die von John Watson und Dan Fylstra bei Frontline Systems, Inc. entwickelt wurde.

4.5.4 Solver-Optionen

In dem Dialogfeldfenster **Optionen** können Sie erweiterte Bedingungen für den Lösungsprozess treffen, Problemdefinitionen laden oder speichern und Parameter für lineare und nichtlineare Probleme definieren. Jede Option verfügt über eine Standardeinstellung, die für die meisten Probleme verwendet werden kann.

Höchstzeit	Begrenzt die für den Lösungsprozess zulässige Zeit. Obwohl Sie ein Maximum von 32767 eingeben können, ist der Standardwert von 100 Sekunden für die meisten kleineren Probleme ausreichend.
Iterationen	Eine Iteration ist ein mathematisches Verfahren zur schrittweisen Annäherung an die exakte Lösung. Begrenzt die zulässige Lösungszeit, indem die Anzahl der Zwischenberechnungen eingeschränkt wird. Obwohl Sie ein Maximum von 32767 eingeben können, ist der Standardwert 100 für die meisten kleineren Probleme ausreichend.
Genauigkeit	Bestimmt die Lösungsgenauigkeit, indem anhand der eingegebenen Zahl ermittelt wird, ob der Wert einer Nebenbedingungszelle den Zielwert erreicht. Die Genauigkeit wird mit einer Bruchzahl zwischen 0 (Null) und 1 angegeben. Je mehr Dezimalstellen die eingegebene Zahl aufweist, desto größer ist die Genauigkeit; 0,0001 führt beispielsweise zu größerer Genauigkeit als 0,01.
Toleranz	Stellt den zulässigen Prozentsatz dar, um den die Zielzelle einer die ganzzahligen Nebenbedingungen erfüllenden Lösung vom eigentlich optimalen Wert abweichen darf. Diese Option trifft nur auf Probleme mit ganzzahligen Nebenbedingungen zu. In der Regel beschleunigt eine höhere Toleranz den Lösungsprozess.
Konvergenz	Konvergenz bedeutet, dass eine mathematische Reihe einen Grenzwert besitzt, also nicht unendlich ist. Unterschreitet die relative Änderung in der Zielzelle die Zahl im Feld Konvergenz bei den letzten fünf Iterationen, hält der Solver an. Konvergenz trifft nur auf nichtlineare Probleme zu und wird durch eine Dezimalzahl zwischen 0 (Null) und 1 angegeben. Eine größere Anzahl von Dezimalstellen bei der eingegebenen Zahl deutet auf eine geringere Konvergenz hin; z. B. ist 0,0001 eine geringere relative Änderung als 0,01. Je kleiner der Konvergenzwert, desto länger braucht Solver zur Lösung.
Lineares Modell voraussetzen	Beschleunigt den Lösungsvorgang, wenn alle Beziehungen im Modell linear sind und ein lineares Optimierungsproblem gelöst werden soll.
Iterationergebnisse anzeigen	Unterbricht den Solver, um die Ergebnisse jeder einzelnen Iteration anzuzeigen.

Automatische Skalierung anwenden	Aktiviert die automatische Skalierung, wenn sich Ein- und Ausgaben in der Größenordnung stark unterscheiden, z. B. bei der Maximierung des prozentualen Gewinns auf der Grundlage von Investitionen in Millionenhöhe.
Nicht-Negativ voraussetzen	Der Solver nimmt als unteren Grenzwert die Zahl 0 (Null) für alle veränderbaren Zellen an.
Schätzung	Gibt den Lösungsansatz an, der bei der Ermittlung erster Schätzwerte der Grundvariablen bei jeder eindimensionalen Suche verwendet wird.
Linear	Wenn die zu berechnenden Zusammenhänge linear sind (keine Potenzen, Wurzeln, Sinus, Kosinus, Logarithmus etc.), dann bringt diese Option einen Geschwindigkeitsvorteil. Ist die Option bei einem nichtlinearen Modell aktiviert, funktioniert die Lösung nicht und der Solver meldet dies.
Quadratisch	Verwendet quadratische Extrapolation, die bei extrem nichtlinearen Problemen u. U. zu verbesserten Ergebnissen führt.
Differenzen	Legt die bei der Schätzung von Differenzteilen der Ziel- und Nebenbedingungsfunktionen verwendete Art der Differenzierung (partielle Ableitungen) fest. Zentraldifferenzieren ist zeitintensiver, sollte aber gewählt werden, wenn der Solver meldet, dass er das Ergebnis nicht mehr verbessern kann.
Vorwärts	Wird bei den meisten Problemen verwendet, bei denen sich die Werte der Nebenbedingungen relativ langsam verändern.
Zentral	Wird bei Problemen verwendet, bei denen sich die Nebenbedingungen vor allem in Grenzwertnähe schnell verändern. Obwohl diese Option mehr Berechnungen erfordert, erweist sie sich als hilfreich, wenn Solver eine Meldung ausgibt, dass die Lösung nicht verbessert werden konnte.
Suchen	Gibt die für die Iterationen verwendete Näherungsmethode an, um die Suchrichtung festzulegen.
Newton	Verwendet ein Quasi-Newton-Verfahren, das im Allgemeinen mehr Arbeitsspeicher aber weniger Iterationen als das Gradientenverfahren mit konjugierten Richtungen erfordert. Das Newtonsche Näherungsverfahren, auch Newton-Raphsonsche Methode, ist in der Mathematik das Standardverfahren zur numerischen Lösung von nichtlinearen Gleichungen und Gleichungssystemen.
Gradient	Der Gradient ist eine Verallgemeinerung der Ableitung für Funktionen von mehreren Variablen. Benötigt weniger Arbeitsspeicher als das Newton-Verfahren, erfordert im Allgemeinen jedoch eine größere Anzahl von Iterationen, um einen bestimmten Genauigkeitsgrad zu erzielen. Verwenden Sie diese Option, wenn das Problem umfangreich und der zur Verfügung stehende Speicherplatz eventuell nicht ausreichen oder wenn sich bei der Iteration nur ein allmählicher Fortschritt abzeichnet.

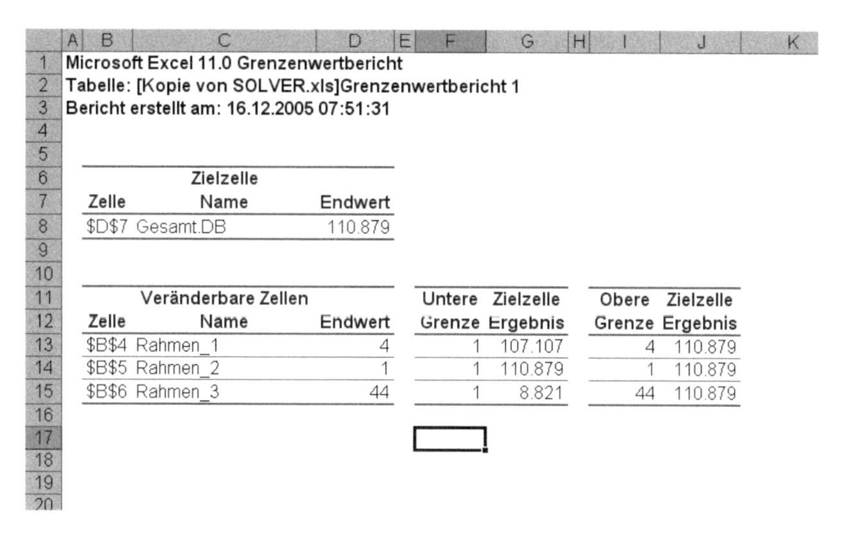

Microsoft Excel 11.0 Grenzenwertbericht
Tabelle: [Kopie von SOLVER.xls]Grenzenwertbericht 1
Bericht erstellt am: 16.12.2005 07:51:31

Zielzelle		
Zelle	Name	Endwert
$D$7	Gesamt.DB	110.879

Veränderbare Zellen						
Zelle	Name	Endwert	Untere Grenze	Zielzelle Ergebnis	Obere Grenze	Zielzelle Ergebnis
$B$4	Rahmen_1	4	1	107.107	4	110.879
$B$5	Rahmen_2	1	1	110.879	1	110.879
$B$6	Rahmen_3	44	1	8.821	44	110.879

Abbildung 4.45 Diese Informationen liefert der Antwortbericht.

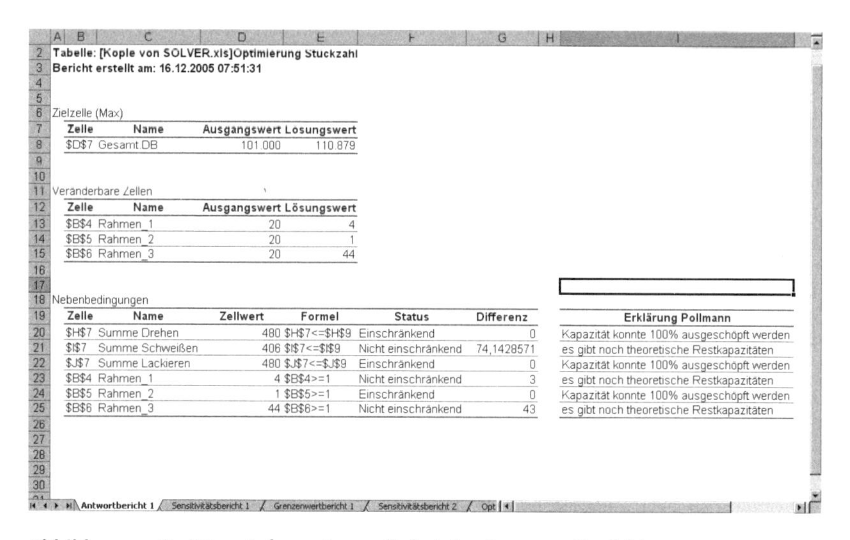

Tabelle: [Kopie von SOLVER.xls]Optimierung Stuckzahl
Bericht erstellt am: 16.12.2005 07:51:31

Zielzelle (Max)

Zelle	Name	Ausgangswert	Losungswert
$D$7	Gesamt.DB	101.000	110.879

Veränderbare Zellen

Zelle	Name	Ausgangswert	Lösungswert
$B$4	Rahmen_1	20	4
$B$5	Rahmen_2	20	1
$B$6	Rahmen_3	20	44

Nebenbedingungen

Zelle	Name	Zellwert	Formel	Status	Differenz	Erklärung Pollmann
$H$7	Summe Drehen	480	$H$7<=$H$9	Einschränkend	0	Kapazität konnte 100% ausgeschöpft werden
$I$7	Summe Schweißen	406	$I$7<=$I$9	Nicht einschränkend	74,1428571	es gibt noch theoretische Restkapazitäten
$J$7	Summe Lackieren	480	$J$7<=$J$9	Einschränkend	0	Kapazität konnte 100% ausgeschöpft werden
$B$4	Rahmen_1	4	$B$4>=1	Nicht einschränkend	3	es gibt noch theoretische Restkapazitäten
$B$5	Rahmen_2	1	$B$5>=1	Einschränkend	0	Kapazität konnte 100% ausgeschöpft werden
$B$6	Rahmen_3	44	$B$6>=1	Nicht einschränkend	43	es gibt noch theoretische Restkapazitäten

Antwortbericht 1 | Sensitivitätsbericht 1 | Grenzenwertbericht 1 | Sensitivitätsbericht 2 | Opt

Abbildung 4.46 Diese Informationen liefert der Grenzwertbericht.

4.5.5 Solver-Berichte

Zur Zusammenfassung und Darstellung der Ergebnisse einer Optimierung stehen drei Berichtstypen zur Verfügung.

Jeder dieser Berichte wird als eigenes Tabellenblatt in die Arbeitsmappe eingefügt und kann als Tabelle ausgedruckt werden.

Im Folgenden werden Ihnen die Berichtstypen **Antwortbericht und Grenzwertbericht** vorgestellt.

Antwortbericht

Im Antwortbericht In diesem Bericht werden aufgeführt:

- die Zielzelle
- Ausgangs- und Lösungswerte der veränderbaren Zellen
- die Nebenbedingungen mit den zugehörigen Informationen

In den Spalten STATUS und DIFFERENZ finden Sie Informationen zu den Nebenbedingungen. Sie können dort ablesen, inwieweit diese eingehalten wurden.

Die Spalte **Status** enthält eine der folgenden Informationen:

- Einschränkend – Der Lösungsweg stimmt mit dem Wert der Nebenbedingung überein.
- Nicht einschränkend – Die Nebenbedingung wird eingehalten, aber der Lösungswert stimmt nicht mit dem Wert der Nebenbedingung überein. Es gibt theoretische »Restkapazitäten«.

In der Spalte DIFFERENZ wird die Differenz zwischen dem Lösungswert und der ursprünglich festgelegten Nebenbedingung angezeigt.

Grenzwertbericht

Der Grenzwertbercht listet die Zielzelle und die veränderbaren Zellen mit ihrem jeweiligen Wert, dem oberen und unteren Grenzwert und dem Zielwert auf.

Der untere Grenzwert ist der kleinste Wert, den die veränderbare Zelle annehmen kann, während alle anderen veränderbaren Zellen unverändert bleiben und die Nebenbedingungen noch eingehalten werden. Entsprechend ist der obere Grenzwert, der größte Wert.

[!]

Wahrscheinlich fällt Ihnen auf, dass in den Berichten permanent absolute Zellbezüge angezeigt werden. Wenn Sie anstelle der Bezüge Namen einsetzen, sind im Antwortbericht alle Informationen eindeutig ablesbar.

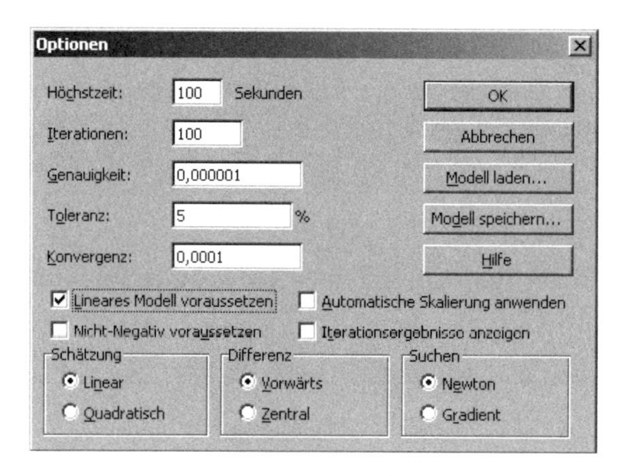

Abbildung 4.47 Mit diesen Voreinstellungen erhalten Sie ...

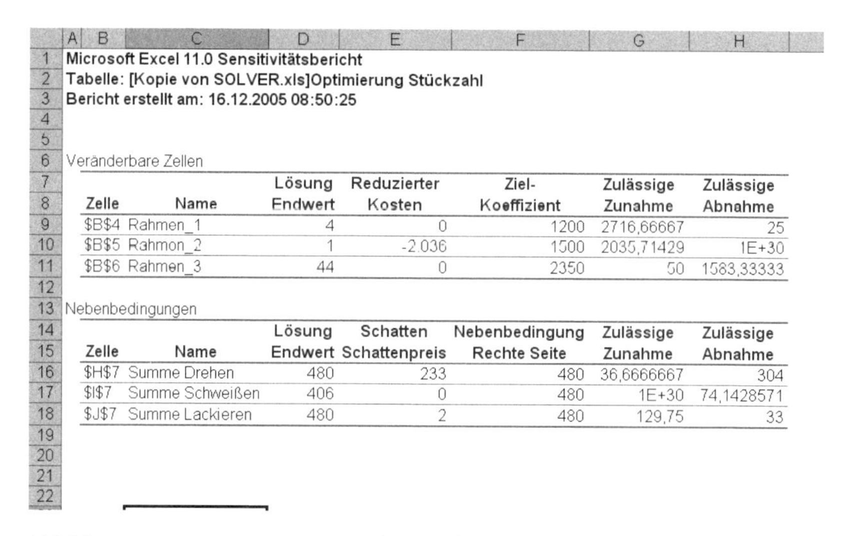

Microsoft Excel 11.0 Sensitivitätsbericht
Tabelle: [Kopie von SOLVER.xls]Optimierung Stückzahl
Bericht erstellt am: 16.12.2005 08:50:25

Veränderbare Zellen

Zelle	Name	Lösung Endwert	Reduzierter Kosten	Ziel-Koeffizient	Zulässige Zunahme	Zulässige Abnahme
$B$4	Rahmen_1	4	0	1200	2716,66667	25
$B$5	Rahmen_2	1	-2.036	1500	2035,71429	1E+30
$B$6	Rahmen_3	44	0	2350	50	1583,33333

Nebenbedingungen

Zelle	Name	Lösung Endwert	Schatten Schattenpreis	Nebenbedingung Rechte Seite	Zulässige Zunahme	Zulässige Abnahme
$H$7	Summe Drehen	480	233	480	36,6666667	304
$I$7	Summe Schweißen	406	0	480	1E+30	74,1428571
$J$7	Summe Lackieren	480	2	480	129,75	33

Abbildung 4.48 ... einen Sensitivitätsbericht für lineare Modelle.

[!] Enthalten die Spalten für die zulässige Zu- oder Abnahme beim Lösen eines linearen Problems extrem hohe Werte (z.B. 1E+30) und scheint das Ergebnis nicht korrekt zu sein, legen Sie für die veränderbaren Zellen als zusätzliche Nebenbedingung fest, dass diese <> 0 sein sollen.

Der Sensitivitätsbericht liefert Informationen darüber, wie empfindlich die Lösung auf geringfügige Änderungen in der Formel im Feld Zielzelle oder in den Nebenbedingungen reagiert. Bei linearen Modellen enthält der Bericht reduzierte Kosten, Schattenpreise, Zielkoeffizienten (mit zulässiger Erhöhung und Verminderung) der Nebenbedingung auf der rechten Seite.

Sensitivitätsbericht für ein lineares Modell

Bei einem linearen Problem werden für jede *veränderbare Zelle* folgende Informationen angezeigt:

- **Reduzierte Kosten:** Misst den Zuwachs in der *Zielzelle* pro Stückwachstum in der veränderbaren Zelle.

  → Um wie viel nimmt der Gesamtdeckungsbeitrag zu, wenn ein Rahmen mehr produziert wird?
- **Zielkoeffizient:** Misst die relative Beziehung (Hebelwirkung) zwischen einer veränderbaren Zelle und der Zielzelle.

  → Entspricht in diesem Beispiel dem Stückdeckungsbeitrag.
- **Zulässige Zunahme:** Zeigt an, um welchen Betrag der Zielkoeffizient zunehmen kann, bis sich der Optimalwert in einer der veränderbaren Zellen ändert.

  → Um wie viel darf der Stückdeckungsbeitrag zunehmen, ohne dass sich der Zielwert verändert?
- **Zulässige Abnahme:** Zeigt an, um welchen Betrag der Zielkoeffizient abnehmen kann, bis sich der Optimalwert in einer der veränderbaren Zellen ändert.

  → Um wie viel darf der Stückdeckungsbeitrag abnehmen, ohne dass sich der Zielwert verändert?

Für jede *Nebenbedingung* werden diese Informationen angezeigt:

Nebenbedingungen

- **Schattenpreis:** Misst den Zuwachs des objektiven Stückwachstums auf der rechten Seite der Nebenbedingungsgleichung.
- **Nebenbedingung rechte Seite:** Zeigt die Werte der Nebenbedingungen, wie Sie sie festgelegt haben.
- **Zulässige Zunahme:** Zeigt an, um welchen Betrag die rechte Seite der Nebenbedingungsgleichung zunehmen kann, bis sich der Optimalwert in einer der veränderbaren Zellen ändert.
- **Zulässige Abnahme:** Zeigt an, um welchen Betrag die rechte Seite der Nebenbedingunsgleichung abnehmen kann, bis sich der Optimalwert in einer der veränderbaren Zellen ändert.

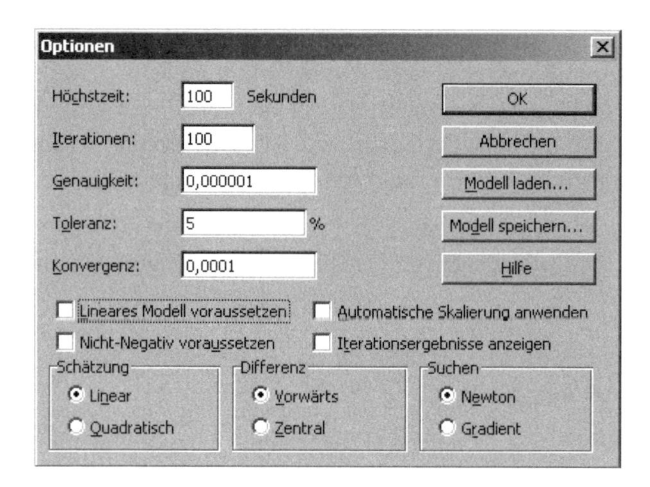

Abbildung 4.49 Mit diesen Voreinstellungen erhalten Sie ...

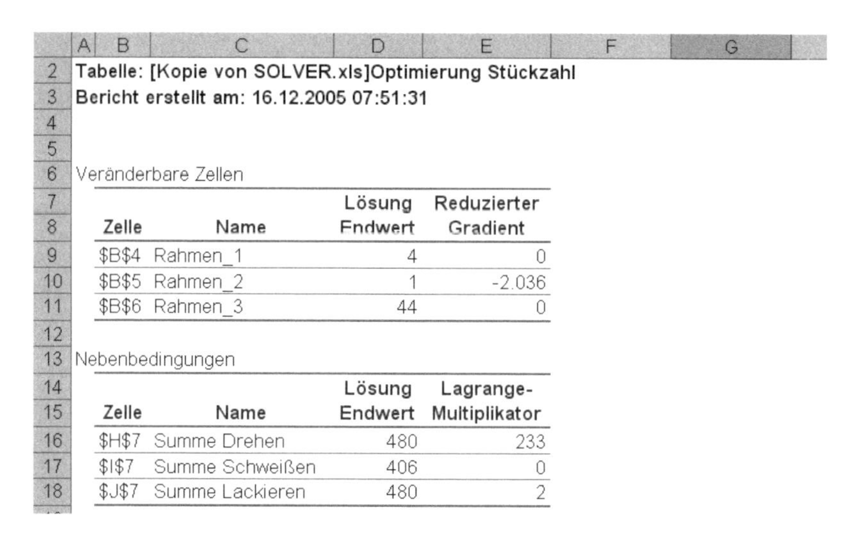

Tabelle: [Kopie von SOLVER.xls]Optimierung Stückzahl
Bericht erstellt am: 16.12.2005 07:51:31

Veränderbare Zellen

Zelle	Name	Lösung Endwert	Reduzierter Gradient
$B$4	Rahmen_1	4	0
$B$5	Rahmen_2	1	-2.036
$B$6	Rahmen_3	44	0

Nebenbedingungen

Zelle	Name	Lösung Endwert	Lagrange-Multiplikator
$H$7	Summe Drehen	480	233
$I$7	Summe Schweißen	406	0
$J$7	Summe Lackieren	480	2

Abbildung 4.50 ... diesen Sensitivitätsbericht für ein nichtlineares Modell.

Sensitivitätsbericht bei nichtlinearen Modellen

Der Sensitivitätsbericht liefert Informationen darüber, wie empfindlich die Lösung auf geringfügige Änderungen in der Formel im Feld »Zielzelle« oder in den Nebenbedingungen reagiert. Bei nichtlinearen Modellen liefert der Bericht Werte für reduzierte Gradienten und Lagrange-Multiplikatoren:

- Der **reduzierte Gradient** misst den Zuwachs in der Zielzelle pro Stückwachstum in der *veränderbaren Zelle*. Das bedeutet, dass der Gesamtdeckungsbeitrag zunimmt bei Mehrproduktion eines Rahmens.
- Der **Lagrange-Multiplikator** misst den Zuwachs in der Zielzelle pro Stückwachstum in der entsprechenden *Nebenbedingung*.

  → Wird die Fertigungszeit um eine Minute ausgedehnt, bedeutet dies eine Zunahme des Gesamtdeckungsbeitrags um insgesamt 235 €.

Lagrange-Multiplikator (zitiert nach Wikipedia.de)

Lagrange-Multiplikator

In der mathematischen Optimierung ist die Lagrange-Multiplikatorenregel (nach Joseph-Louis Lagrange) eine Methode, Optimierungsprobleme mit Nebenbedingungen umzuformulieren. Ein Optimierungsproblem mit Nebenbedingungen ist die Aufgabe, ein lokales Extrem einer Funktion in mehreren Veränderungen mit einer oder mehreren Nebenbedingungen zu finden, wobei die Nebenbedingungen durch Setzen von Funktionen auf gegebene Werte definiert seien. Diese Methode führt eine neue unbekannte skalare Variable für jede Nebenbedingung ein, die Lagrange-Multiplikatoren, und definiert eine Linearkombination, welche die Multiplikatoren als Koeffizienten einbindet. Das reduziert das Nebenbedingungsproblem auf ein Problem ohne Nebenbedingung.

- Wenn Sie in der Tabelle die Zellen vor der Lösung durch den Solver formatieren, werden die eingestellten Zahlenformate in allen Berichten übernommen, ebenso die von Ihnen im Vorfeld festgelegten Bereichsnamen!
- Der Solver wurde von dem Unternehmen Frontline Systems Inc. Für Microsoft entwickelt. Auf der Homepage (www.frontsys.com) dieses Unternehmens finden Sie zahlreiche Ergänzungs-Tools zum Solver, Erläuterungen und weitergehende Anwendungsbeispiele.
- Sie können den Solver natürlich auch im Rahmen von VBA einsetzen. Ähnlich wie beim Szenario-Manager können Sie natürlich das Lösen von Modellen per Makrorekorder aufzeichnen und per Schaltfläche starten.

[!]

Wenn Sie in der Tabelle die Zellen vor der Lösung durch den Solver formatieren, werden die eingestellten Zahlenformate in allen Berichten übernommen! Ebenso von Ihnen im Vorfeld festgelegte Bereichsnamen!

4.5.6 Solver-Meldungen

Solver kann die aktuelle Lösung nicht verbessern. Alle Nebenbedingungen wurden eingehalten.
Obwohl keine optimale Lösung gefunden werden konnte, können mit Hilfe des Iterationsvorgangs die angezeigten Werte nicht mehr verbessert werden. Es kann entweder keine höhere Genauigkeit erzielt werden oder die Einstellung der Genauigkeit ist zu niedrig gewählt.

Geben Sie für die Einstellung der Genauigkeit eine höhere Zahl ein, und führen Sie dann den Problemlösungsvorgang erneut durch.

Solver wurde beim Erreichen der Höchstzeit abgebrochen.
Die für den Lösungsvorgang vorgesehene Höchstzeit ist abgelaufen, bevor eine befriedigende Lösung gefunden werden konnte. Um die bisher ermittelten Werte zu speichern und um bei weiteren Neuberechnungen Zeit zu sparen, klicken Sie auf **Lösung verwenden** oder auf **Szenario speichern**.

Solver wurde beim Erreichen der Iterationsgrenze abgebrochen.
Die maximal vorgesehene Anzahl von Iterationen wurde erreicht, bevor eine befriedigende Lösung gefunden werden konnte. Durch Erhöhung der Anzahl maximal zulässiger Iterationen kann zwar Abhilfe geschaffen werden, Sie sollten jedoch zunächst zur Beurteilung des Problems die Endwerte überprüfen.

Um die bisher ermittelten Werte zu speichern und bei weiteren Neuberechnungen Zeit zu sparen, klicken Sie auf **Lösung verwenden** oder auf **Szenario speichern**.

Werte der Zielzelle konvergieren nicht.
Konvergenz bedeutet in der Mathematik die Annäherung an eine Grenze. Der Wert in der im Feld »Zielzelle« angegebenen Zelle wächst oder fällt gegen unendlich, obwohl alle Nebenbedingungen erfüllt werden. Sie haben bei der Definition des Problems in den Nebenbedingungen keine Obergrenze bzw. Untergrenze definiert.

Solver konnte keine realisierbare Lösung finden.
Solver konnte kein Zwischenergebnis ermitteln. Mit realisierbare Lösung ist gemeint, dass kein Ergebnis im Rahmen der Genauigkeitseinstellungen alle Nebenbedingungen erfüllt hätte.

Wahrscheinlich wurden widersprüchliche Nebenbedingungen festgelegt. Überprüfen Sie das Tabellenblatt auf Fehler in den Nebenbedingungsformeln oder auf Widersprüche in der Wahl der Nebenbedingungen.

Solver wurde auf Veranlassung des Anwenders unterbrochen.
Sie haben im Dialogfeld **Zwischenergebnis** auf die Schaltfläche **Stop** geklickt, nachdem Sie den Lösungsvorgang unterbrochen haben oder als Sie sich die Zwischenergebnisse schrittweise anzeigen ließen.

Zwischenergebnis

Die Linearitätsbedingung wurde nicht eingehalten.
Obwohl Sie das Kontrollkästchen »Lineares Modell voraussetzen« aktiviert haben, ergibt die letzte Neuberechnung Werte, die nicht mit dem linearen Modell übereinstimmen.

Die Lösung für die aktuellen Tabellenformeln ist nicht gültig. Deaktivieren Sie das Kontrollkästchen »Lineares Modell voraussetzen«, und führen Sie anschließend den Problemlösungsvorgang erneut durch.

Solver hat in einer Zielzelle oder in einer Nebenbedingung einen Fehlerwert gefunden.
Eine oder mehrere Formeln ergaben bei der letzten Berechnung einen Fehlerwert. Suchen Sie die fehlerhafte Ziel- oder Nebenbedingungszelle, und ändern Sie die darin enthaltene Formel, um einen brauchbaren numerischen Wert zu erhalten.

Im Dialogfeld **Nebenbedingungen hinzufügen** haben Sie »Ganzzahlig« im Feld »Nebenbedingung« eingegeben. Dadurch wird Solver mitgeteilt, dass die Zahl eine ganze Zahl sein soll oder null entsprechen muss.

Nebenbedingung hinzufügen

Um einem Wert die Nebenbedingung ganzzahlig zuzuordnen, klicken Sie im Dialogfeld **Nebenbedingungen hinzufügen** auf den Eintrag »ganzz.«, der sich in der Liste mit Vergleichsoperatoren befindet.

Die Solver-Coderessource steht nicht zur Verfügung. Sie können zwar Solver-Modelle definieren und bearbeiten, sie aber nicht lösen. Damit dies möglich wird, installieren Sie den Solver mit dem Setup-Programm neu.
Wahrscheinlich haben Sie mindestens eine weitere Datei geöffnet, die eine VBA-Prozedur beeinhaltet. Schließen Sie diese Datei und versuchen erneut das Modell zu lösen. Unter Umständen müssen Sie in einer neuen, leeren Datei ein Pseudo-Modell aufbauen und lösen. Danach steht der Solver wieder zur Verfügung.

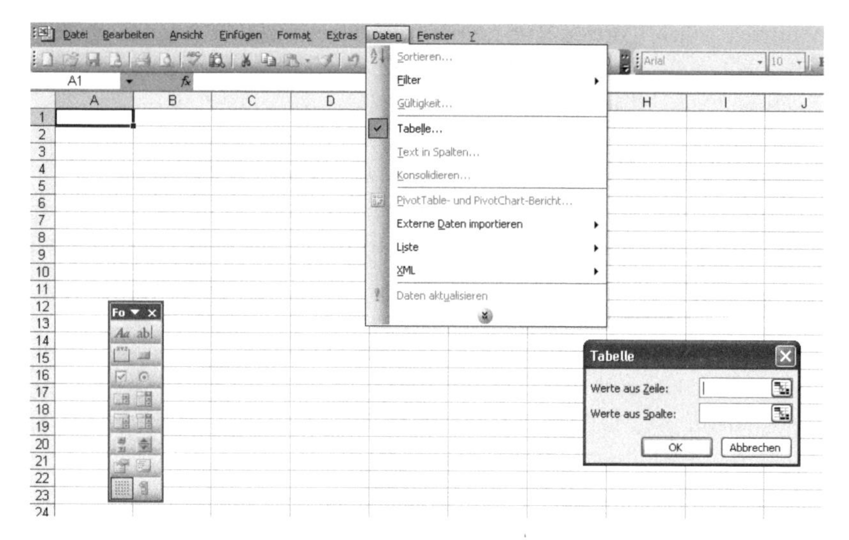

Abbildung 4.51 Das Tool Tabelle aus dem Menü Daten

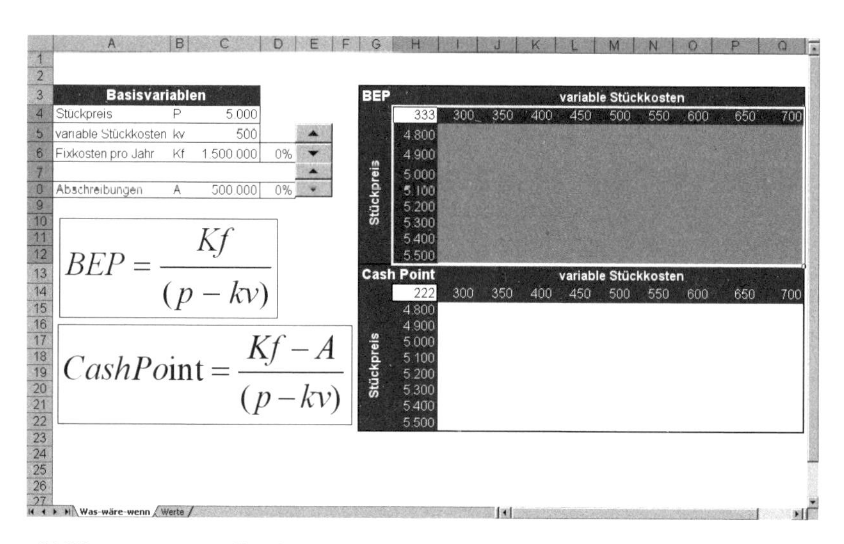

Abbildung 4.52 So sollte das Modell aufgebaut sein.

4.6 Sensitivitätsanalysen

Wie sensibel reagiert eine Zielgröße *ceteris paribus* (nur unter Änderung eines Parameters) auf Änderungen ihrer Einflussgrößen? Dies ist eine oft gestellte Frage im Controlling.

Der Szenario-Manager und der kombinierte Einsatz von Steuerfeldern sind eine hervorragende Möglichkeit, um Szenarien zu simulieren.

Häufig gibt es aber Problemstellungen, bei denen es notwendig wird, unterschiedliche Wertkombinationen durchzurechnen.

Dafür ist das Excel-Tool **Tabelle** aus dem Menü **Daten** hervorragend geeignet.

Eine Datentabelle ist ein Zellbereich, der anzeigt, wie das Ändern bestimmter Werte in Formeln das Ergebnis der Formeln beeinflusst. Datentabellen sind ein schnelles Verfahren zum Berechnen mehrerer Versionen in einer Operation und bieten die Möglichkeit, alle Ergebnisse der verschiedenen Variationen zusammen auf dem Tabellenblatt anzuzeigen und zu vergleichen.

Dies soll Ihnen am Beispiel einer Break-even-Berechnung dargestellt werden.

Um grundsätzlich in einer Tabelle Mehrfachoperationen zu verwenden, muss diese gewisse Voraussetzungen erfüllen. Die Tabelle benötigt Basiswerte, mit denen man Mehrfachoperationen durchführen will, und mindestens eine Formel, in welche die Basiswerte eingesetzt werden sollen.

Spaltenorientiert

Bei einer spaltenorientierten Mehrfachoperation verwendet Excel immer die Werte der linken Spalte des markierten Bereichs als Ausgangszahlen und die Formeln der obersten Zeile der Markierung als Ausgangsformeln für die Mehrfachoperation.

Zeilenorientiert

Bei einer zeilenorientierten Mehrfachoperation verwendet Excel immer die Werte der obersten Zeile des markierten Bereichs als Ausgangszahlen und die Formeln der linken Spalte der Markierung als Ausgangsformeln für die Mehrfachoperation.

Mehrdimensional

Dies bedeutet, dass sich sowohl in der obersten Zeile als auch in der linken Spalte der Markierung Ausgangszahlen befinden müssen.

[!]

In Excel 97 heißt dieser Menüpunkt nicht **Tabelle**, sondern **Mehrfachoperation**, ist aber ebenfalls im Menü **Daten** zu finden.

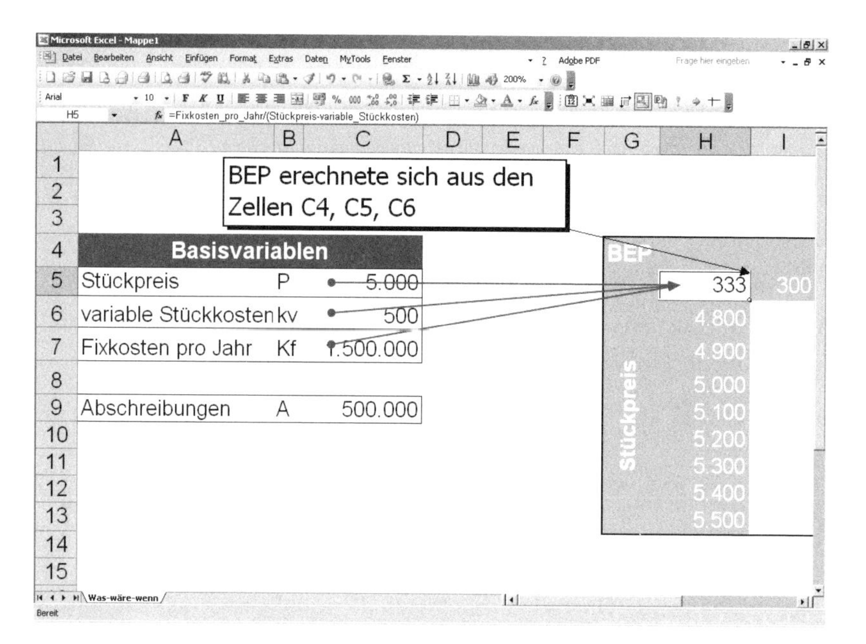

Abbildung 4.53 So sind die Zusammenhänge.

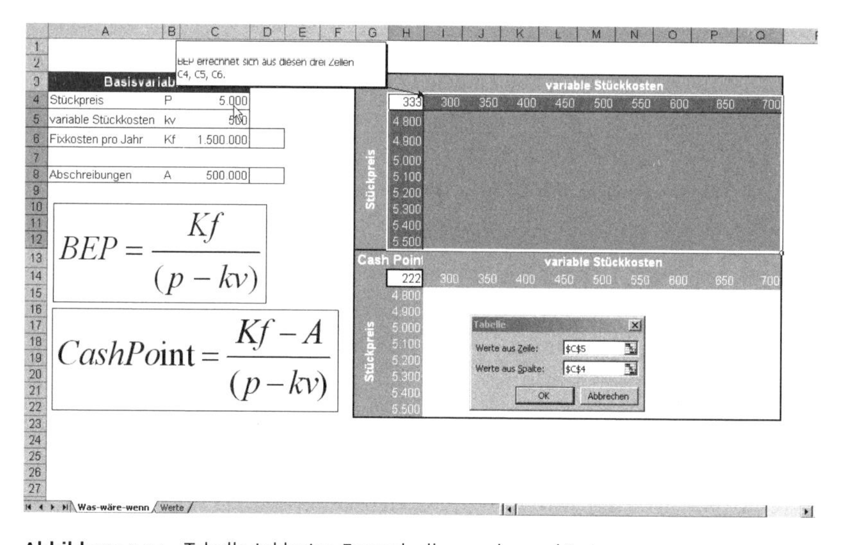

Abbildung 4.54 Tabelle inklusive Formelzelle wurde markiert.

Mehrfachoperationstabelle

Um mit der Mehrfachoperationstabelle arbeiten zu können, sollten Sie eine Ausprägungstabelle aufbauen, bei der in der ersten Zeile Werte als Verlauf eingetragen sind und in der ersten Spalte ebenfalls. Diese Werte werden abwechselnd in eine Formel eingesetzt, die sich im Schnittpunkt dieser ersten Zeile und Spalte in einer Zelle befindet, das Ergebnis aber in die Tabelle geschrieben. Diese Formel bezieht sich auf mindestens zwei Zellen auf dem aktuellen Tabellenblatt.

Break-even-Punkt

Die AG führt als erster Fahrradhersteller ein superleichtes MTB auf Basis von Titan und Carbon auf dem Markt ein. Damit soll der neuen Trend-Sportart »Bergrennen« Rechnung getragen werden. Da mit diesem neuen Produkt beträchtliche Risiken eingegangen werden, ist die Berechnung des voraussichtlichen Break-even-Punktes von großer Bedeutung.

Der Break-even hängt von der Höhe des voraussichtlichen Marktpreises und der variablen Kosten ab. Die Fixkosten sind mit der Beschaffung und dem Aufbau einer neuen Fertigungsinsel gegeben, während die variablen Kosten noch durch die F&E-Abteilung, durch Veränderungen im Fertigungs- und Beschaffungsprozess beeinflussbar sind.

Auch der Marktpreis ist nicht fixiert, kann sowohl steigen, wenn die AG ein Alleinstellungsmerkmal hat, kann aber natürlich auch sinken, wenn die Konkurrenz relativ schnell mit vergleichbaren Fahrradtypen antritt.

Mit den Dateien auf der Buch-CD können Sie dieses Beispiel nachvollziehen. Gehen Sie dazu folgendermaßen vor:

Mehrfachoperationen

1. Öffnen Sie die Datei MEHRFACHOPERATION.XLS.
2. Aktivieren Sie das Tabellenblatt WAS-WÄRE-WENN.
3. Markieren Sie den Bereich `H4:Q12`.
4. Wählen Sie aus dem Menü **Daten • Tabelle** aus.
5. Geben Sie die Werte für die Zeile und Spalte so ein, wie links abgebildet.
6. Klicken Sie **OK** an.

Damit können allerdings nur zwei Variablen in einem Modell berücksichtigt werden. Weitere Variablen lassen sich über Schaltflächen in das Modell einbringen. Dies soll im Folgenden am Beispiel der Fixkosten erläutert werden.

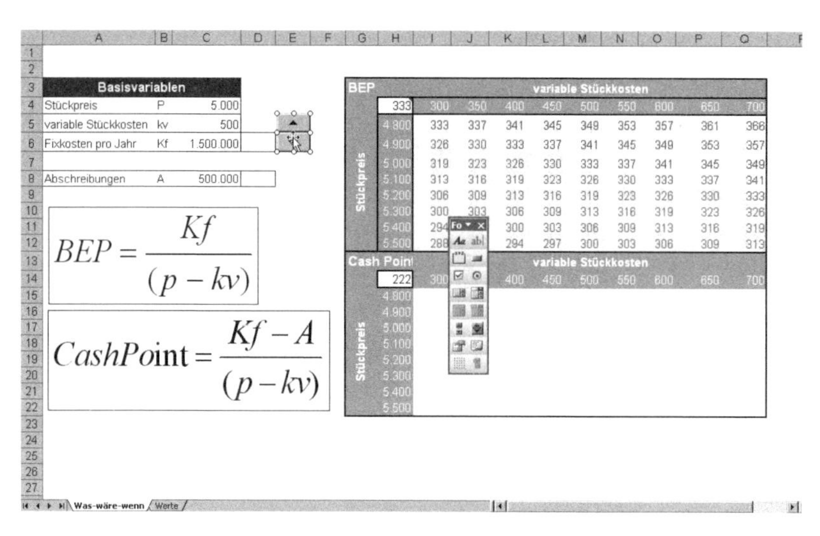

Abbildung 4.55 Drehfeld auf der Zelle E6 einfügen

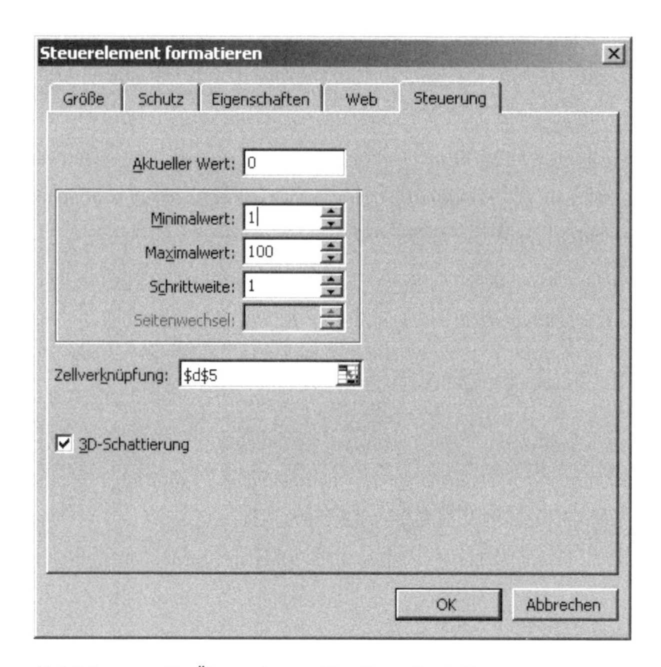

Abbildung 4.56 Übernehmen Sie diese Einstellungen.

Auf dem Tabellenblatt WAS-WÄRE-WENN sollen mit Hilfe von Schaltflächen die Fixkosten und Abschreibungen veränderbar gestaltet werden.

Durch Anklicken sollen die Schaltflächen jeweils Prozentwerte zwischen +1% und +100% anzeigen.

Schaltflächen erzeugen, wenn sie angeklickt werden, Werte – numerische oder die Wahrheitswerte WAHR/FALSCH – und schreiben sie anschließend in eine Zelle in das Tabellenblatt, wenn man dieses Blatt entsprechend über die »Zellverknüpfung« (»Ausgabeverknüpfung« in Excel 97/2000) angegeben hat.

Drehfeld einfügen

1. Schalten Sie die Symbolleiste **Formular** über das Menü **Ansicht • Symbolleisten • Anpassen...** ein.
2. Klicken Sie auf der Symbolleiste das Symbol für DREHFELDER an, und ziehen Sie ein Rechteck auf in der Zelle `E6`.
3. Wählen Sie das Drehfeld mit der rechten Maustaste an, und geben Sie die Parameter für die Steuerung ein, wie links abgebildet.
4. Klicken Sie die Schaltfläche **OK** an.
5. Bilden Sie in der Zelle `D6` die Formel `=D5/100`.
6. Formatieren Sie die Zelle `D6` in einem Prozent-Format.
7. Wiederholen Sie den Vorgang für die Abschreibungen.

Darstellung von Prozentwerten

Leider können Sie mit Hilfe von Schaltflächen nur ganzzahlige, numerische Werte in Zellen erzeugen. Für die Darstellung von Prozentwerten müssen wir einen kleinen Umweg wählen:

- Wenn Sie »ganzzahlige« Prozentwerte erzeugen möchten, so teilen Sie in einer Formel den Wert der Zellverknüpfung durch 100.
- Benötigen Sie Zinssätze, die in Intervallen von zehn Basispunkten verändert werden sollen, so teilen Sie in einer Formel den Wert der Zellverknüpfung durch 1 000.

Auf diese Art und Weise können Sie allerdings nur positive Werte erzeugen, da als kleinster Wert in den Formatierungen der Steuerfelder immer nur »0« angeben werden kann. Wenn Sie negative Prozentwerte benötigen, so müssen Sie einen anderen Weg gehen. Dieser Weg wird im nächsten Kapitel am Beispiel der Kennzahlen dargestellt.

Das Controlling hat die Aufgabe, Informationen zu produzieren und an interne Kunden zu vermitteln. Diese werden aber erst dann zu wirklich nützlichen Informationen, wenn sie am Bedarf der Empfänger orientiert sind.

5 Reporting mit Tabellen

Kontakt pflegen

Controller sollten einen guten Kontakt zu ihren »Kunden« pflegen, Rückmeldung suchen und ein offenes Ohr für Anregungen haben. Sehr hilfreich ist es auch, sich einmal auf den Standpunkt eines Kostenstellenleiters zu stellen und sich zu fragen, wie sein Arbeitsalltag aussieht:

- Sind die Berichte so gestaltet, dass sie in den Arbeitsalltag integriert werden können, wenn sie z. B. unter Zeitdruck, zwischen Telefonaten, auf Reisen oder in Besprechungen gelesen werden müssen?
- Sind die Informationen nachvollziehbar, oder muss man sie glauben?
- Sind die Berichte auch für »Nichtbetriebswirte« verständlich?

Entscheidungen des Managements sind an den Steuerungszielen ausgerichtet, so wie sie durch ein Führungssystem (z. B. Balanced Scorecard) vorgegeben werden. Auf der finanziellen Ebene können dies u. a.

- Produktivität/Effizienz,
- Deckungsbeiträge,
- (Kapital-)Rentabilität
- Wertzuwächse (EVA) sein.

Was ist Reporting?

Reporting ist nach unserer Auffassung die Vermittlung von Informationen durch das Controlling und die unternehmensinternen Kunden. Dazu wäre im Vorfeld zu überlegen:

- Wer ist der Empfänger dieser Informationen?
- Welche Informationen sollen vermittelt werden?
- In welcher Form sind die Informationen zu vermitteln?
- Wie oft sollen Informationen vermittelt werden?

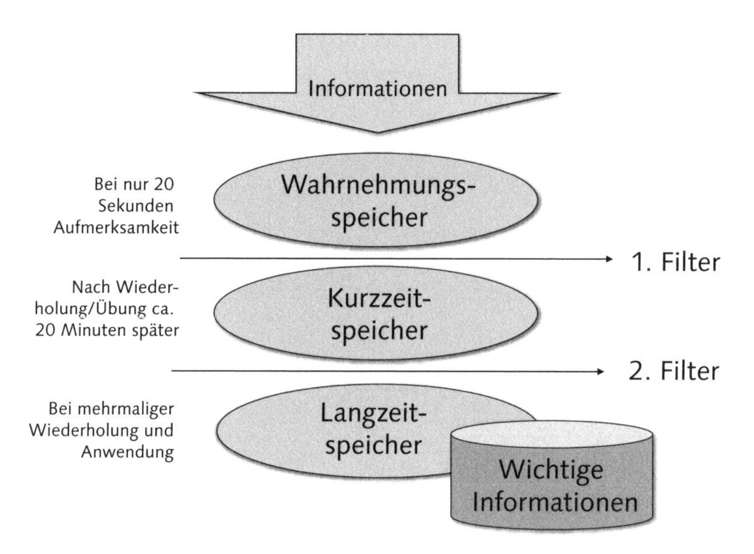

Abbildung 5.1 Das 3-Speicher-Modell

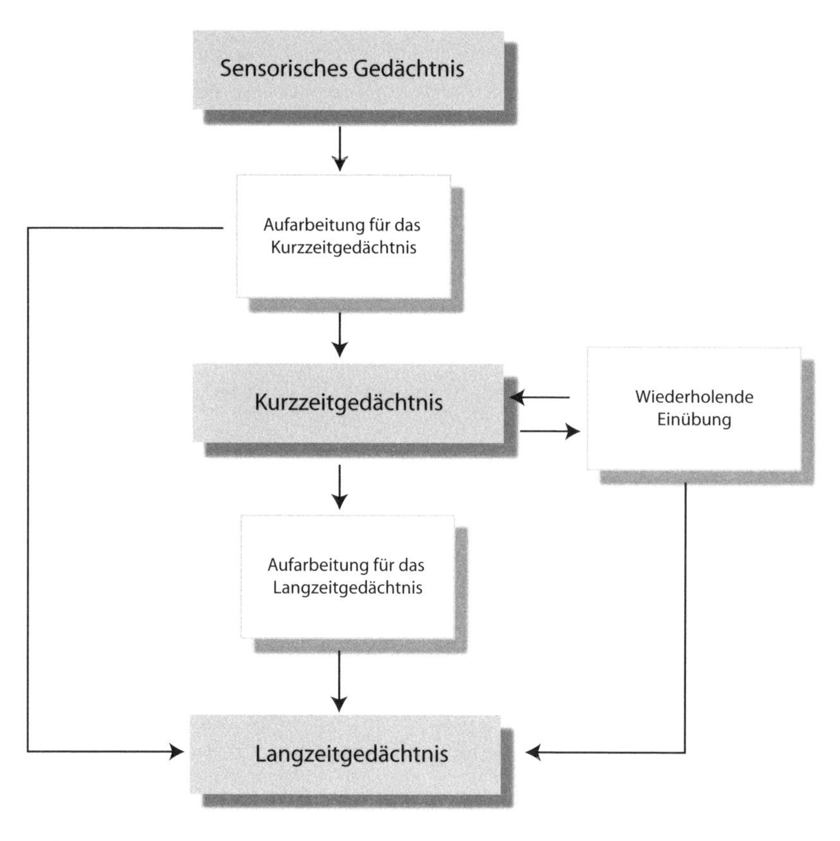

Abbildung 5.2 Hervorhebung durch Wiederholung

5.1 Aufnehmen und Behalten von Informationen

Sekunde für Sekunde liefern unsere Sinnesorgane über biochemische Prozesse etwa 10 Millionen Informationseinheiten an unser Gehirn. Man spricht dabei von Eingangskanälen, über die Informationen zum Gehirn gelangen. Deshalb sorgen zwei Filterstationen dafür, dass nur wichtige Informationen langfristig gespeichert werden.

Wahrnehmungsspeicher

Der Wahrnehmungsspeicher bildet den Pförtner für unser Gehirn. Wenn die ankommenden Informationen ohne Interesse sind und/oder keine Aufmerksamkeit vorhanden ist, werden sie vom Wahrnehmungsspeicher »abgewimmelt«.

Damit schützen wir uns vor einer Reizüberflutung. Findet im Wahrnehmungsspeicher keine Stabilisierung der Information statt, so wird sie nach ca. 20 Sekunden gelöscht.

Nur Eindrücke, die besonders hervorgehoben werden, führen zu einer dauerhaften Speicherung.

Dazu gehören:

- Eindrücke, die mit starken Emotionen verbunden sind.
- Eindrücke, die mit Assoziationen verbunden sind.
- Eindrücke, die wiederholt werden, auf die wir uns konzentrieren (Lernen)

Kurzzeitgedächtnis

Haben Informationen den »Pförtner« erfolgreich passiert, so gelangen sie ins Kurzzeitgedächtnis. Hier werden sie, wenn sie nicht durch besondere Eindrücke stabilisiert werden, nach etwa 20 Minuten wieder gelöscht. Dabei erfolgt die Hervorhebung durch die gleichen Eindrücke wie beim Wahrnehmungsspeicher:

- Interesse und Emotionen
- Assoziationen
- Wiederholungen und andere Lerntechniken

Langzeitgedächtnis

Haben Informationen erst einmal Wahrnehmungsspeicher und Kurzzeitspeicher passiert, so werden sie für immer gespeichert. Vorausgesetzt, durch Wiederholung und Anwendung erfolgt eine »Auffrischung« sonst werden die Informationen zwar nicht gelöscht, aber überlagert. Dabei werden die Informationen problemlos gespeichert, für die ein starkes Interesse besteht.

Visueller Typ

Auditiver Typ

Haptischer Typ

Abstrakter Typ

Abbildung 5.3 Die unterschiedlichen Lerntypen

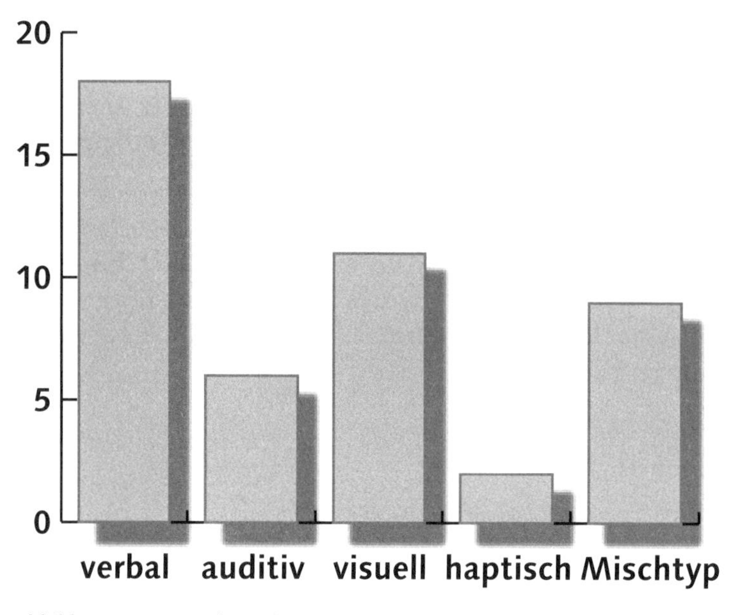

Abbildung 5.4 Verteilung der Lerntypen

5.1.1 Lerntypen

Als Controller sollte man sich dieser Vorgänge bewusst sein, wenn man seinen internen Kunden erfolgreich Wissen vermitteln möchte.

Motivation/ Interesse

Den Weg ins Langzeitgedächtnis finden Informationen, die persönlich wichtig erscheinen. Daher sollte bei den Teilnehmern das Interesse an den Themen geweckt und erhalten werden. Außerdem müssen sie für die Inhalte permanent motiviert werden!

Assoziationen

Den Weg ins Langzeitgedächtnis finden Informationen, die an Bekanntes anknüpfen. Daher sollte man so genannte Eselsbrücken bauen, Vergleiche bilden (Controller = Steuermann).

Den Weg ins Langzeitgedächtnis finden Informationen, die wiederholt und variiert werden. Variiert deswegen, weil es unterschiedliche Lerntypen gibt.

Das bedeutet, dass Empfänger über einen bestimmten Eingangskanal (Art und Weise, wie Informationen den Wahrnehmungsspeicher erreichen) Informationen besser aufnehmen können. Die meisten von uns sind keine reinen Lerntypen der einen oder anderen Art, sondern eher Mischtypen.

Lerntypen

Visueller Typ: Der visuelle Typ nimmt Informationen über das Sehen auf, etwa 10 Millionen Bit/s.

Auditiver Typ: Der auditive Typ nimmt Informationen über das Hören auf, etwa 1 Millionen Bit/s.

Haptischer Typ: Der haptische Typ nimmt Informationen über das Fühlen und Handeln auf, etwa 400 000 Bit/s.

Abstrakter Typ: Der abstrakte Typ nimmt Informationen über Buchstaben und/oder Zahlen auf. Diese Zeichen sind für unser Gehirn abstrakte Zeichen, die wir durch unsere Schulausbildung verstehen können. Aufnahmegeschwindigkeit = 5 000 Bit/s.

[!]

Wenn Sie also Ihren Kunden die Aufnahme von Informationen erleichtern wollen, so gilt es, gerade bei den Wiederholungen die verschiedenen Lerntypen zu berücksichtigen. Versuchen Sie häufig zu visualisieren, die meisten von uns sind stark visuell veranlagt. Falls Sie dieses Buch von der ersten bis zur letzten Seite durcharbeiten, wird Ihnen auffallen, dass einige Excel-Funktionalitäten (mit anderen Beispielen) wiederholt werden!

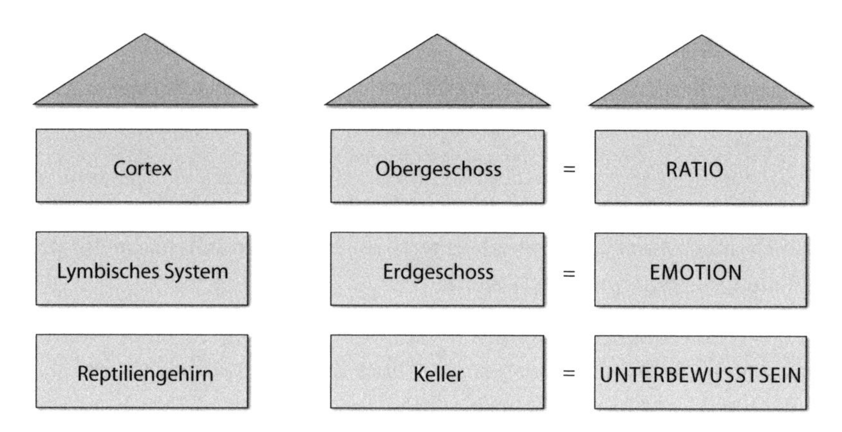

Abbildung 5.5 Architektur des menschlichen Gehirns

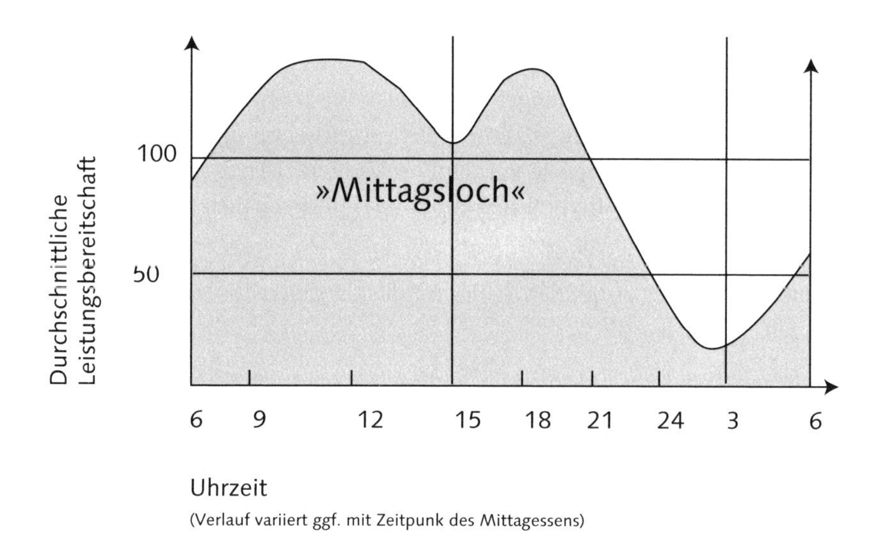

Abbildung 5.6 Die Leistungskurve in Abhängigkeit von der Tageszeit

5.1.2 Lernhemmungen

Im Idealfall gelangen Informationen ohne Störungen in die verschiedenen Speicher und werden problemlos verarbeitet und anschließend langfristig gespeichert.

Doch häufig funktioniert das nicht. Sie kennen es vielleicht aus eigenem Erleben. Es kommt vor, dass man regelrecht »blockiert« ist. Woran liegt das? Schauen wir uns dazu doch einmal das Gehirn näher an. Das menschliche Gehirn lässt sich mit einem Haus mit verschiedenen Bewohnern vergleichen:

Reptiliengehirn

Im Keller »wohnt« das Reptiliengehirn. Dieses steuert »vollautomatisch« alle lebensnotwendigen Systeme wie Herzschlag, Atmung, Organe, aber auch die Fluchtreflexe, sorgt für Schmerzempfinden etc. Das Reptiliengehirn sendet Signale, wenn Grundbedürfnisse zur Erhaltung des Organismus nicht erfüllt sind wie:

- Hunger und Durst
- Müdigkeit
- Schwitzen/Frieren

Deswegen sind die am frühen Nachmittag in vielen Unternehmen angesetzten Besprechungen und Präsentationen nicht sehr sinnvoll, da der ganze Organismus sich in einem »Koma« befindet, die Müdigkeit also die Informationsaufnahme behindert.

Lymbisches System

Im Erdgeschoss »wohnt« das lymbische System. Es ist der Sitz der Gefühle (Liebe, Sicherheit, Dominanz, Macht, Status).

Wenn also das Controlling einem Kostenstellenverantwortlichen »schlechte« Zahlen seines Bereiches präsentiert, dann ist es durchaus möglich, dass dieser die Informationen auf der emotionalen Ebene verarbeitet und sich persönlich »beschuldigt« fühlt. Auch dadurch ist dann die Aufnahme der Sachinformation blockiert.

Grosshirn/Cortex

Im ersten Obergeschoss »wohnt« der Cortex, welcher der Sitz des bewussten Denkens, der Informationsaufnahme, der langfristigen Informationsspeicherung ist.

Störungen auf der Ebene des Reptilienhirns und des lymbischen Systems führen zu Stresssituationen und vermindern oder blockieren sogar die Informationsaufnahme des Großhirns!

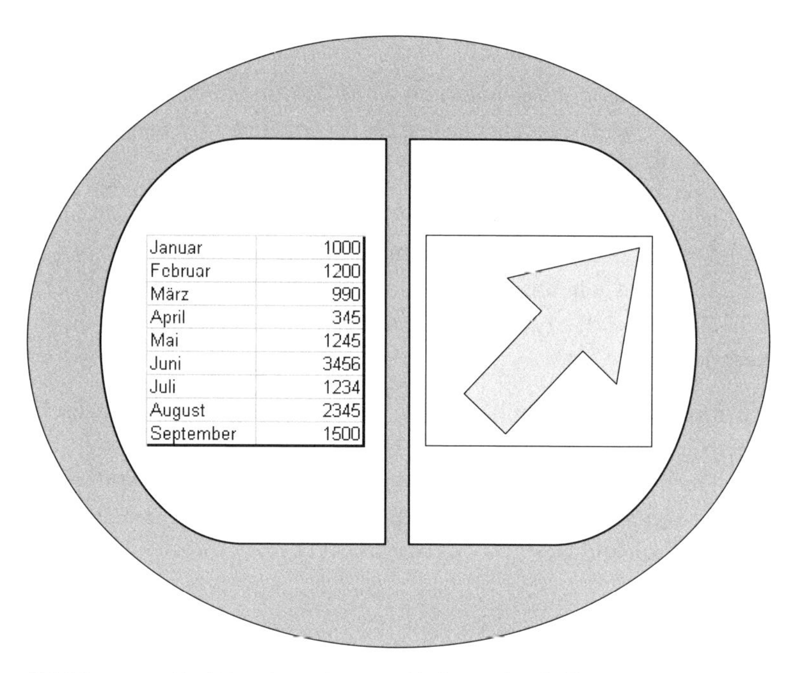

Abbildung 5.7 Funktion der rechten und linken Gehirnhälfte

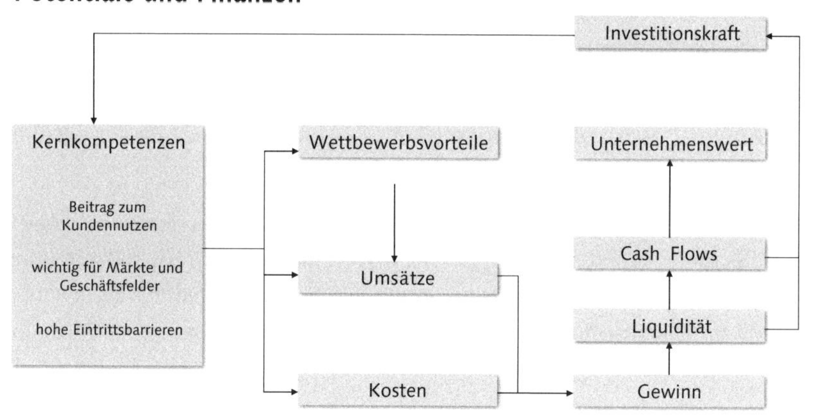

Abbildung 5.8 Strukturbild

5.1.3 Tabelle oder Grafik?

Kennen Sie eigentlich den Unterschied zwischen den beiden Gehirnhälften im Cortex? Wir wollen Sie kurz an den Unterschied zwischen links und rechts erinnern:

Linke und rechte Gehirnhälfte

- Die **linke Gehirnhälfte** ist verbal organisiert:

  Sie arbeitet mit Worten, Ziffern und abstrakten Symbolen, wie beispielsweise Rechenoperatoren (+/–).

  Worte, Ziffern, Rechenoperatoren sind erst aufgrund eines Lernprozesses in der Schule für uns verständlich.

  Die linke Gehirnhälfte arbeitet systematisch und zeitorientiert, bei der Lösung von Problemen untersucht sie Details und verwendet logische Schlussfolgerungen.
- Die **rechte Gehirnhälfte** funktioniert nonverbal: Sie nimmt Gegenstände, Ideen und Zusammenhänge ganzheitlich wahr und bringt sie miteinander in Beziehung, ohne Worte zu verwenden. Sie kann Muster erkennen, hat aber kein Zeitgefühl. Die rechte Gehirnhälfte entscheidet intuitiv nach Gefühl, nach Ahnungen, nach Eindrücken und **nach Bildern**.

Kommunikationsforscher sind sich einig:

Wir sind in der »westlichen« Kultur viel zu stark logisch-abstrakt und digital oder »linkshirnig« orientiert. Die rechte Gehirnhälfte wird viel zu wenig eingesetzt. Das kann zu dem entscheidenden Nachteil führen, dass unser kreatives, emotionales und spontanes Potenzial viel zu wenig genutzt wird.

Visuelle Aufbereitung

Unser Gehirn kann visuell aufbereitetes Material etwa 60000 Mal schneller aufnehmen als geschriebenen Text!

Die linke Gehirnhälfte entspricht den abstrakten visuellen Elementen, insbesondere den Texten und Tabellen. Sie ist »digital« organisiert.

[!]

Wenn der Betrachter sich also an **Zahlen** erinnern oder **Zahlen analysieren** soll, wenn er aus Einzelheiten Schlussfolgerungen ziehen soll, dann verwenden Sie am besten Text und Zahlen im Rahmen Ihres Reportings. In diesem Fall erzeugen Sie eine **Tabelle**!

Sollen dagegen vom Betrachter **Zusammenhänge**, Trends erkannt werden, die »analoge«, also rechte Gehirnhälfte angesprochen werden, dann verwenden Sie **Diagramme**.

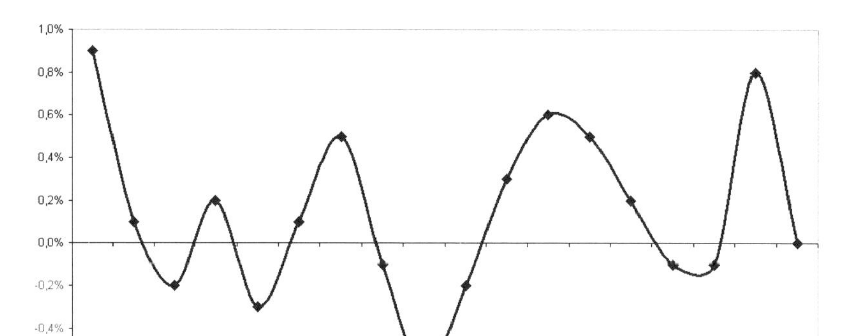

Abbildung 5.9 Ein voreilig erstelltes Diagramm

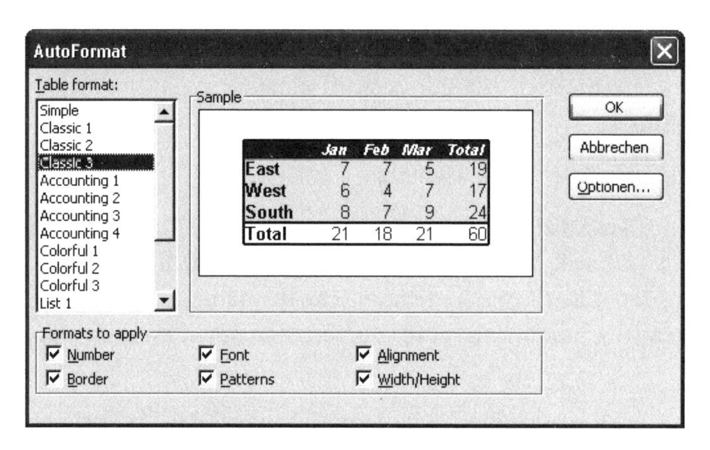

Abbildung 5.10 Autoformate in Excel 97/2000

5.1.4 Wo beginnt die Vorbereitung?

Schon bei der Vorbereitung passieren häufig Fehler, die, wenn sie vermieden werden könnten, eine Menge Einsparpotenzial (Zeit und Geld) bieten. Wir möchten Ihnen das anhand eines Beispiels demonstrieren. Angenommen, Sie möchten folgenden Gedanken darstellen:

Die Nachfrage in unserer Branche korreliert zeitversetzt mit dem Bruttoinlandsprodukt. Da dieses gerade wieder steigt, sollten wir jetzt Investitionen tätigen.

Ein wichtiger Gedanke. Aber wie könnten Sie sich die Visualisierung dieses Gedankens vorstellen?

Ich zeichne ein Liniendiagramm für die letzten zehn Jahre auf monatlicher Basis, das diese beiden Variablen in Abhängigkeit voneinander zeigt.

Effizient oder nicht?

An sich ist das eine einleuchtende und überzeugende Darstellung eines wichtigen Argumentes und stellt auch gar kein Problem dar, wenn Sie dieses Diagramm ohnehin monatlich erneuern und daher bereits in Ihrem Bestand haben. Wenn das aber nicht der Fall ist, haben Sie sich damit gerade selbst einen Auftrag zur Beschaffung und Abbildung von 240 Datenpunkten gegeben.

Ist dieser Beweis entscheidend für einen Bericht, dann müssen Sie ihn jetzt realisieren. Aber was, wenn er das nicht ist? So weit, diese Fragen beantworten zu können, sind Sie aber erst dann, wenn Sie sich einen Überblick über alle möglichen Informationen, Argumente usw. verschafft haben.

Wer zu früh Details recherchiert, Beweise ausarbeitet und Grafiken erstellt, verliert doppelt: Zeit und Geld in der Vorbereitung.

Planung der Grafik

Denn wahrscheinlich passt die Grafik nicht hundertprozentig oder ist mit Details überladen, weil ja sämtliche Eventualitäten berücksichtigt sein sollten. Mit einem Wort: Die Grafik muss geändert werden. Und damit sind Sie bereits an dem Punkt, an dem Sie unnötig Zeit investiert habe. Sie können Ihre Arbeit nicht wieder rückgängig machen.

Verbringen Sie deshalb lieber etwas mehr Zeit mit der Planung der Grafik!

Im Rahmen dieses Buches sollten Sie einige Anhaltspunkte zur zielgerichteten und effizienten Erstellung und Gestaltung von Tabellen und Diagrammen an die Hand bekommen!

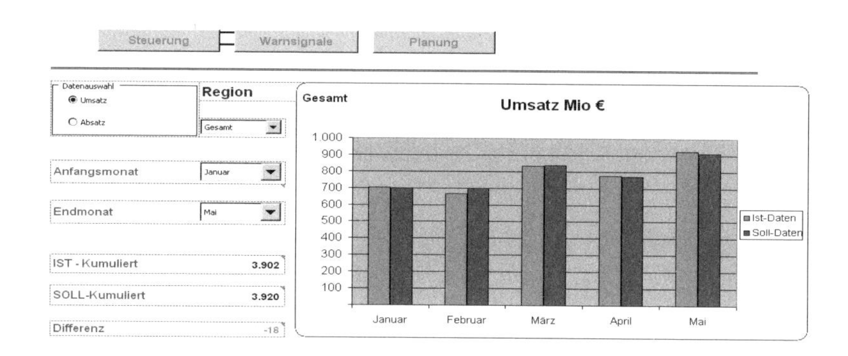

Abbildung 5.11 Soll-Ist-Vergleich für einen Zeitraum

working capital

	Angaben in TEUR	2007	2008	2009	2010
	Bestände (RHB, Fertigwaren)	10.296	11.670	10.660	9.930
+	Forderungen aus Lieferungen und Leistungen	4.842	5.500	5.750	5.140
-	Verbindlichkeiten aus Lieferungen und Leistungen	-6.777	-7.820	-7.240	-7.060
+	erhaltene Anzahlungen	0	0	0	0
-	geleistete Anzahlungen	-3.978	-4.780	-4.170	-4.060
	working capital	4.383	4.570	5.000	3.950

Reichweiten-Berechnung

Debitorenlaufzeit (DSO)	20 Tage	24 Tage	24 Tage	21 Tage
Days of working Capital (DWC)	18 Tage	19 Tage	18 Tage	18 Tage
Kreditorenlaufzeit (DPO)	28 Tage	34 Tage	30 Tage	29 Tage
Beständelaufzeit (DIO)	42 Tage	50 Tage	45 Tage	41 Tage
working capital/Bilanzsumme	3,59%	3,66%	3,73%	3,97%
Eigenkapitalquote	32,16%	31,93%	30,81%	29,53%
WACC	3,76%	4,37%	4,62%	4,52%

Abbildung 5.12 Working-Capital als Teil der Liquiditätssteuerung

5.1.5 Inhalte des Reportings

Soll-Ist-Vergleich

Der Soll-Ist-Vergleich zählt zu den traditionellen Instrumenten des operativen Controllings. Der auf dem Feedback-Prinzip aufbauende Controlling-Prozess verlangt die Integration des Soll-Ist-Vergleichs in das operative Berichtswesen.

Beim Aufbau einer Erfolgsrechnung kann die Kontrolle durchgeführt werden als:

- Zeitvergleich
- Betriebsvergleich
- Soll-Ist-Kostenvergleich

Zeitvergleich heißt, dass die Erfolge verschiedener Perioden einander gegenübergestellt werden. Neben dem Vergleich der Kosten des abgerechneten Monats zum Vormonat oder zu mehreren Vormonaten wird häufig das kumulierte laufende Jahr mit dem entsprechenden Zeitraum des Vorjahres verglichen.

Gelegentlich werden Zeitvergleiche auch über mehrere Vorjahre angestellt. Kritisch zum Zeitvergleich ist anzumerken, dass die Aussagekraft durch Veränderung der Vergleichsbasis leidet, wenn z.B. der Kostenstellen- oder Kostenartenplan geändert wurde.

Vorschlag für ein Reporting

Kategorie	Berichte	Häufigkeit
Unternehmenserfolg	Soll-Ist-Vergleich Ist-Rechnung Vorjahres-/Vormonats-vergleich Hochrechnung	monatlich und quartalsweise
Kostenstellenberichte und Center-Erfolgsrechnung	Soll-Ist-Vergleich Ist-Rechnung Vorjahres-/Vormonats-vergleich Hochrechnung	monatlich und quartalsweise
Vertriebspotenzial	Soll-Ist-Vergleich Hochrechnung	monatlich
Liquiditätsplanung Investitionsrechnung Wirtschaftlichkeitsrechnung		monatlich rollierend nach Bedarf

Däumler-Binz AG : SOLL/IST-Vergleich

Orga-Einheit/Produk	Umsatz Dif	Umsatz Diff	Kosten Diff	Kosten Diffe	DB 1 Differ	DB 1 Differe	Absatz Diff	Absatz Diff
Sparte A	600000	2%	2455000	10%	-1855000	-46%	150	2%
Sparte B	1550000	0%	53600000	8%	-52050000	-81%	1500	0%
Sparte C	-20230000	-6%	5069000	2%	-25299000	-84%	-13300	-4%
Region Nord	-500000	0%	10285000	10%	-10785000	-98%	-500	0%
Region Ost	1350000	1%	11625000	10%	-10275000	-86%	900	1%
Region West	-9050000	-2%	22080000	7%	-31130000	-86%	-5500	-1%
Region Süd	-10800000	-3%	9750000	3%	-20550000	-69%	-7000	-2%
Region Europa	920000	1%	7384000	9%	-6464000	-72%	450	0%
"Goldpfeil"	600000	2%	2455000	10%	-1855000	-46%	150	2%
A-Klasse K	-2250000	-16%	7610000	60%	-9860000	-704%	-3000	-6%
A-Klasse K2	-1500000	-8%	10000000	61%	-11500000	-719%	-5000	-8%
C-Klasse D1	-1840000	-3%	3160000	6%	-5000000	-100%	-400	0%
C-Klasse D2	390000	1%	4436000	7%	-4046000	-67%	700	1%
C-Klasse H	-6000000	-4%	6000000	5%	-12000000	-100%	-5000	-2%
E-Klasse D	-1760000	-1%	5431000	5%	-7191000	-60%	-700	0%
E-Klasse H	-9720000	-5%	1732000	1%	-11452000	-60%	-3400	-1%
E-Klasse K	-2000000	-3%	5800000	11%	-7800000	-195%	-3000	-3%
MTB S600	-4000000	-2%	-8500000	-5%	4500000	23%	-2000	-2%
Trekking	10000000	8%	23000000	20%	-13000000	-100%	10000	8%
Sp. A Region Nord	100000	5%	150000	9%	-50000	-25%	0	0%
Sp. A Region Ost	-100000	-3%	130000	4%	-230000	-46%	0	0%
Sp. A Region West	300000	5%	550000	11%	-250000	-36%	100	7%
Sp. A Region Süd	300000	2%	1600000	12%	-1300000	-52%	100	3%
Sp. A Region Europa	0	0%	25000	3%	-25000	-25%	-50	-17%
Sp. B Region Nord	250000	0%	8410000	10%	-8160000	-96%	1000	1%

Abbildung 5.13 So nicht!

	Werte in Mio €	Δ Umsatz	Δ Umsatz %	Δ Kosten	Δ Kosten %	Δ DB 1	Δ DB 1 %	Δ Absatz 1.000 Stück	Δ Absatz %
Sparten	A	0,6	2%	2,5	10%	-1,9	-46%	0,15	2%
	B	1,6	0%	53,6	8%	-52,1	-81%	1,50	0%
	C	-20,2	-6%	5,1	2%	-25,3	-84%	-13,30	-4%
Regionen	Nord	-0,5	0%	10,3	10%	-10,8	-98%	-0,50	0%
	Ost	1,4	1%	11,6	10%	-10,3	-86%	0,90	1%
	West	-9,1	-2%	22,1	7%	-31,1	-86%	-5,50	-1%
	Süd	-10,8	-3%	9,8	3%	-20,6	-69%	-7,00	-2%
	Europa	0,9	1%	7,4	9%	-6,5	-72%	0,45	0%
Produkte	"Goldpfeil"	0,6	2%	2,5	10%	-1,9	-46%	0,15	2%
	A-Klasse K	-2,3	-16%	7,6	60%	-9,9	-704%	-3,00	-6%
	A-Klasse K2	-1,5	-8%	10,0	61%	-11,5	-719%	-5,00	-8%
	C-Klasse D1	-1,8	-3%	3,2	6%	-5,0	-100%	-0,40	0%
	C-Klasse D2	0,4	1%	4,4	7%	-4,0	-67%	0,70	1%
	C-Klasse H	-6,0	-4%	6,0	5%	-12,0	-100%	-5,00	-2%
	E-Klasse D	-1,8	-1%	5,4	5%	-7,2	-60%	-0,70	0%
	E-Klasse H	-9,7	-5%	1,7	1%	-11,5	-60%	-3,40	-1%
	E-Klasse K	-2,0	-3%	5,8	11%	-7,8	-195%	-3,00	-3%
	MTB S600	-4,0	-2%	-8,5	-5%	4,5	23%	-2,00	-2%
	Trekking	10,0	8%	23,0	20%	-13,0	-100%	10,00	8%

Abbildung 5.14 So schon eher!

5.2 Gestaltung von Tabellen

Meistens sammelt man in einer Tabelle Daten, die später gestaltet werden, um sie als Folie, als Bericht zu präsentieren oder als Tabelle in Texten zu verwenden.

Dabei ist es wichtig, die Daten in der Tabelle so darzustellen, dass sie möglichst auf einen Blick erfasst werden können.

Bevor Sie damit beginnen, eine Tabelle zu formatieren, sollten Sie sich darüber im Klaren sein, was die Tabelle aussagen soll.

Aussage?

- Welche Aussage soll die Tabelle haben?
- Wie viel Zeit hat der Leser, um die Aussage der Tabelle zu erfassen?
- Ist die Zeit gegeben, um die Tabelle ausgiebig zu studieren, oder wird sie im Rahmen eines Vortrags kurz erläutert?

Datenmaterial?

Eng damit verbunden ist die Überlegung, welches Datenmaterial benötigt wird, um die gewünschte Aussage zu unterstützen.

- Welches Datenmaterial ist notwendig, welches überflüssig?
- Überfordern Sie den Leser nicht mit Details.
- Manipulieren Sie die Daten nicht und schaffen »neue« Wahrheiten.

Bezeichnungen?

Wählen Sie Texte einer Tabelle möglichst prägnant!

- Wiederholungen können vermieden werden, indem Sie wiederholten Text zur Tabellenüberschrift machen.
- Zu lange Beschriftungen können auch durch Fußzeilen vermieden werden.

Abkürzungen?

Viele Leute sind der Meinung, zahlreiche Abkürzungen sind professionell. Aber wenn Abkürzungen dem Betrachter nicht geläufig sind, bleibt der Blick auf den Abkürzungen hängen, und der Leser versucht, sie zu enträtseln, anstatt sich mit dem Inhalt der Tabelle zu befassen.

Bedenken Sie, dass Abkürzungen auch mit der Ausbildung des Betrachters korrespondieren. Die Abkürzung »Diff.« versteht der eine als »Differenz«, ein Chemiker als »Diffusion«, der Dritte gar nicht.

- Vermeiden Sie unbekannte Abkürzungen.
- Schreiben Sie Abkürzungen lieber aus, um eine schnelle Kommunikation zu fördern!

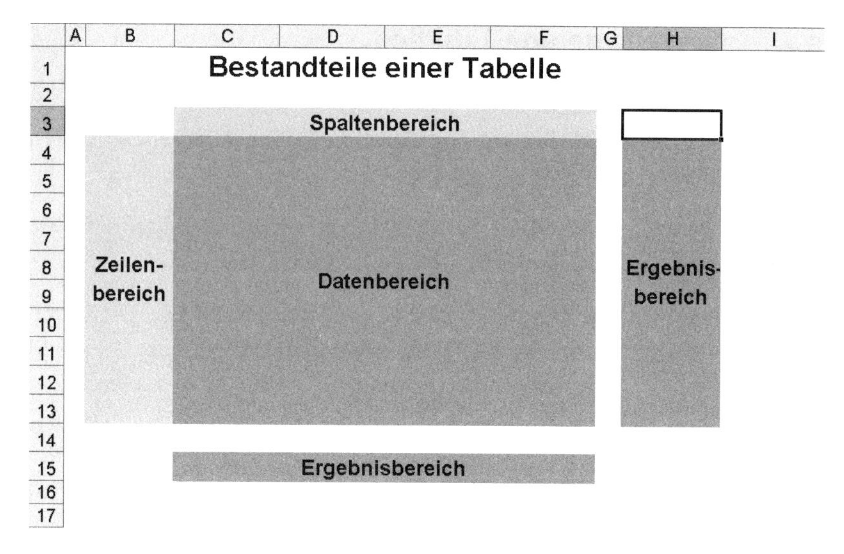

Abbildung 5.15 Unterscheidung der Tabellenteile durch Formatierung

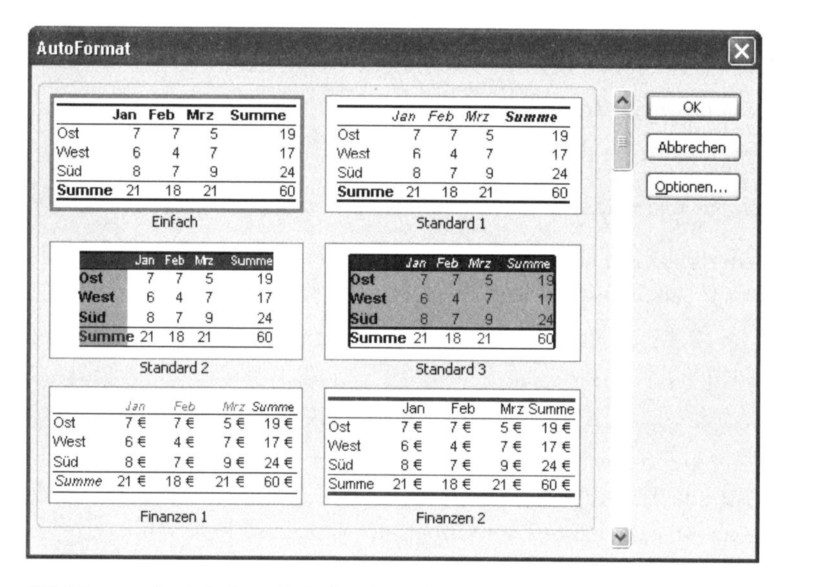

Abbildung 5.16 Autoformate in Excel 2002/2003

Tabellen bestehen in der Regel aus mehreren Bereichen:

- einem **Datenbereich**, in dem gerechnet und/oder Zahlen dargestellt werden
- einem **Beschriftungsbereich**, in dem spalten- und/oder zeilenorientiert Bezeichnungen zum Verständnis eingesetzt werden
- einem **Ergebnisbereich**, in dem die Ergebnisse zeilen- und/oder spaltenorientiert angezeigt werden

Wir empfehlen, diese Aufteilung durch eine entsprechende Formatierung zu unterstützen. Schaffen Sie sich eine eigene Systematik bei der Formatierung. Sie erreichen damit einen hohen Wiedererkennungseffekt und leisten einen Beitrag zum Selbstmarketing. Für Ihre internen Kunden ergibt sich daraus eine leichtere Ablesbarkeit der Informationen!

Wahrscheinlich arbeiten Sie schon recht lange mit Excel, und Sie beherrschen das Thema **Formatierung**. Trotzdem sollen Sie in diesem Abschnitt einige Gestaltungsrichtlinien in Verbindung mit einigen ausgewählten Techniken an die Hand bekommen.

Autoformat

Ausrichtung

Rahmen

Der schnellste Weg, eine Tabelle zu formatieren, ist sicherlich der, auf eines der von Excel mitgelieferten Autoformate zurückzugreifen. Diese Variante bietet sich an, wenn es um eine schnelle Lösung geht. Interessant sind auch die Möglichkeiten, die das Register »Ausrichtung« aus dem Menü **Format** unter dem Punkt **Zellen** bietet. Über das Register »Rahmen« lassen sich Bereiche oder einzelne Zellen unabhängig von den nur auf dem Bildschirm angezeigten Gitternetzlinien mit Rahmen versehen. Diese Rahmen sollten Sie so einsetzen, dass dem Auge eine Unterstützung bei der Unterscheidung der einzelnen Bereiche geboten wird.

Farben und Muster

Zum Hervorheben bestimmter Zellen und Bereiche stehen Ihnen Farben und Muster zur Verfügung. Setzen Sie diese sparsam ein, damit die Tabelle nicht überladen wird! Verwenden Sie Farben als Ordnungselement, um eine Tabelle lesbarer zu machen! Aber beachten Sie, dass Farben beim Betrachter – abhängig vom Kulturkreis – Assoziationen hervorrufen:

- **Rot** steht für Warnung, Gefahr, Liebe Hass.
- **Grün** wurde zur Farbe für eine reine Umwelt, bedeutet aber auch giftig und ist die Farbe des Geldes.
- **Blau** steht für sauber und rein, ist die Farbe des Umweltengels und wird auch mit Zuverlässigkeit in Verbindung gebracht. Blau gilt auch als elegant und kühl.
- **Grau** ist eine »Unfarbe«: mausgrau, unauffällig.

Mögliche Wirkungen und Bedeutungen von Farben

Farben	Assoziationen (abhängig vom Kulturkreis!), Gefühle
Rot	Blut, Feuer, Energie, Wärme, Liebe, Leidenschaft, Erotik, Sünde, Gefahr, Scham, Zorn **Politik:** Links, Sozialismus, Kommunismus, Revolution **Asien:** Glück **Signalfarbe:** verboten, stop, negativ
Grün	Gras, Natur, Unreife, Gift, Ökologiebewegung, Hoffnung, Frieden, Frische **Religion:** Islam (Farbe des Propheten) **Signalfarbe:** erlaubt, vorhanden, Start, o.k.
Blau	Wasser, Himmel, Freiheit, Kälte, Adel, Ferne, Sehnsucht, Treue, Wissen, Philosophie, Beständigkeit, Mäßigkeit **Religion: Israeliten:** Gott, Himmel, Glauben, Offenbarung
Gelb	Zitrone, Frische, Fröhlichkeit, Lebensfreude, Lebenskraft, Liberalismus, Neid, Hass, Eifersucht **Signalfarbe:** eingeschränkt, teilweise, Zwischenzustand, Warnung
Goldgelb	Sonne, Reichtum, Macht, Freude **Religion:** Ostkirchen: Himmel
Orange	Orange, Erfrischung, Fröhlichkeit, Jugend, Widerstand **Politik:** Ukraine – Revolution, Holland (Oranje => Haus Oranien) **Religion:** Buddhismus
Braun	Lehm, Erde, Dreck, Gemütlichkeit **Politik:** Nationalsozialismus
Violett	Frauenbewegung, Mystik, Alter, Trauer, Entsagung, Würde **Religion:** lutherischer Protestantismus, Katholiken: Buße
Weiß	Unschuld, Reinheit, Medizin, Neutral **Religion:** Katholiken/Israeliten: Heiligkeit **Asien** (bes. China)**:** Trauer
Grau	Maus, Farblosigkeit, Neutralität, Unauffälligkeit, Depression
Schwarz	Asche, Tod, Trauer, Bosheit **Politik:** Konservatismus **Religion:** (bes. Katholizismus): orthodox

(aus Wikipedia.de)

5.2.1 Verwendung von Farben

Farben haben außer der sachlichen Wahrnehmung des Farbtons (Farbe »Rot«, Farbe »Blau«) noch weitere, komplexere und farbspezifische psychologische Wirkungen. Einerseits haben diese Wirkungen etwas mit der Sozialisation eines Individuums in einem Kulturkreis zu tun, andererseits sind sie aber auch von persönlichen Aspekten abhängig.

Diese Farbwahrnehmung wird im Wirtschaftsleben in einigen Branchen (Werbung, Mode) gezielt zur Erzeugung bestimmter Effekte genutzt. Bei psychologischen Farbtests wird aus der Wahl einer bestimmten Farbe oder Farbkombination auf bestimmte Eigenschaften der Persönlichkeit des betreffenden Menschen geschlossen. Daraus resultiert z. T. auch eine persönliche Farb- und Stilberatung. In unserem Vokabular werden zahlreiche Redewendungen verwendet, die Farbassoziationen verwenden (»rotsehen«, »gelb vor Neid«, »grün hinter den Ohren«, »blauäugig« u. v. m.).

Es können zwei Arten von psychologischer Wirkung bei der Wahrnehmung von Farben unterschieden werden:

Assoziationen

- **Assoziationen:** Das sind Vorstellungen, die meistens aus Erinnerungen an zuvor Wahrgenommenes resultieren, z. B. Feuer (Rot), Gras (Grün), Zitrone (Gelb);

Gefühle

- **Gefühle** (Farbgefühl, Gefühlston). Diese kommen vor allem dann gut zum Ausdruck, wenn man Substantive in Adjektive verwandelt oder von vornherein Adjektive verwendet, die am ehesten Gefühle ausdrücken, wie in der nebenstehenden Tabelle z. B. gefährlich (Rot), giftig (Grün), frisch (Gelb).

Farbgefühle werden meist individuell und implizit (unbewusst, nicht erinnerbar) erlernt. Es sind vor allem diejenigen Gefühle, die der Mensch aufgrund seiner ererbten Triebstruktur und Daseinsthematik ursprünglich gegenüber bestimmten, überall vorkommenden »Universalobjekten« bzw. »Universalsituationen« entwickelt hat. Da diese eine bestimmte Eigenfarbe besitzen, treten als Folge eines Lernprozesses nach einiger Zeit die gleichen Gefühle bereits bei alleiniger Wahrnehmung dieser Farbe auf (entsprechend der Ausbildung »bedingter Reflexe« bei den Pawlowschen Hunden). Man denke an den Film »Marnie« mit Tipi Hedren und Sean Connery in den Hauptrollen, in dem die Heldin beim Anblick der Farbe »Rot« regelmäßig wie gelähmt erscheint, verursacht durch ein verdrängtes Erlebnis aus der Kindheit.

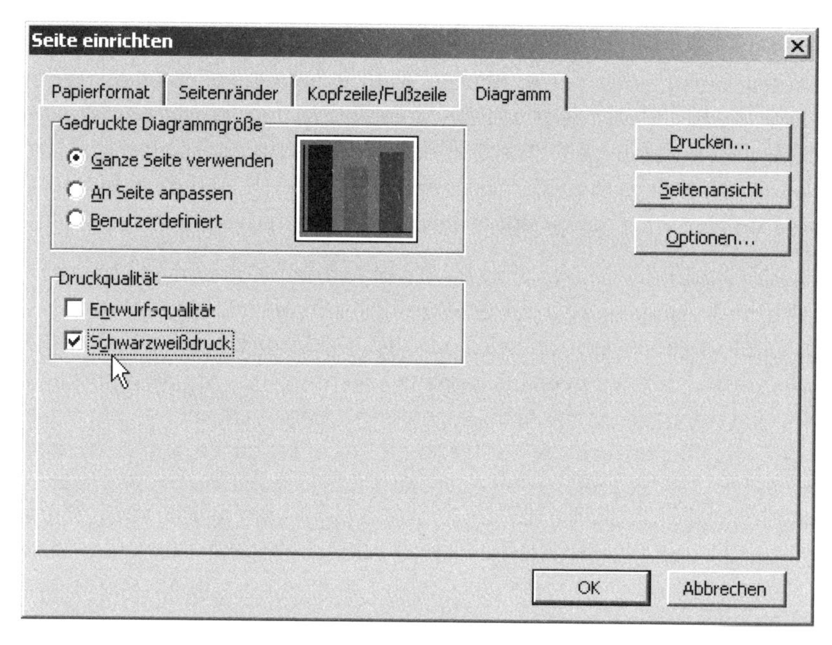

Abbildung 5.17 Testausdruck in Schwarzweiß

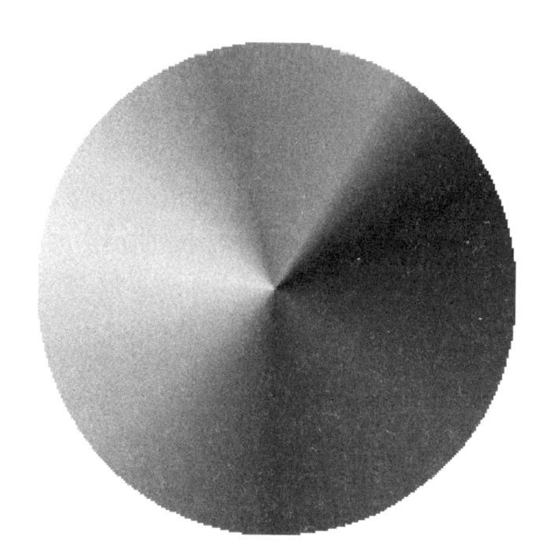

Abbildung 5.18 Helligkeitswerte des Farbkreises in Graustufen

Farbe	Komplementärfarbe
Rot (Red)	Cyan (Türkis)
Grün (Green)	Magenta (Purpur)
Blau (Blue)	Yellow (Gelb)

Tabelle 5.1 Grundfarben der additiven Farbmischung

Solche »Universalobjekte« sind der blaue Himmel, die grüne Vegetation, das rote Feuer und das rote Blut, die gelbe Sonne, der braune Erdboden und die braunen Fäkalien, der graue Felsen, die schwarzen Brandreste und die Universalsituationen, in denen sich der Mensch täglich befindet: die dunkle (schwarze) Nacht und der helle (weiße) Tag. Man erinnere sich hierbei an die Kinoreihe »Starwars«: Die dunkle Seite der Macht und die weißen Yedi-Ritter. Farben sollten einen guten Kontrast zwischen Text- und Hintergrund herausarbeiten. Dabei besteht der größte Kontrast zwischen Schwarz und Weiß. Vermeiden Sie Farbzusammenstellungen wie grün/blau, blau/rot, grün/rot sowie blau/schwarz.

Testausdruck in Schwarz-Weiß

Gut lassen sich blau/gelb, blau/grau, grau/rot kombinieren. Wenn Sie sich hinsichtlich des Kontrastes unsicher sind, drucken Sie die entsprechenden Farben zusammen als Schwarzweißdruck aus. Haben die entsprechenden Grautöne einen guten Kontrast, gilt das auch für die Farben.

Komplementärfarbe

Komplementärfarbe (*lat. complementum: Ergänzung*) ist ein Begriff aus der Farbenlehre. Komplementär ist eine Farbe immer in Bezug zu einer anderen: Im Farbkreis stehen sich Komplementärfarben genau gegenüber. Deshalb werden sie auch als »Gegenfarben« bezeichnet.

Komplementärkontrast

Der Komplementärkontrast (KK) ist der subjektive Kontrast, der zwischen zwei komplementären Farben entsteht. Farben, die sich auf dem Farbkreis gegenüberstehen, nennt man daher Komplementärfarben. Eine Komplementärfarbe ergänzt eine andere Farbe zu Weiß (bei Lichtfarben bzw. RGB-Farben) oder zu Schwarz (bei Körperfarben bzw. CMY-Farben). Die Komplementärfarbe von Magenta beispielsweise ist Grün. Wenn Magenta mit Grün gemischt wird, ergibt sich Schwarz. Und wenn Licht mit der Farbe Magenta und Licht mit der Farbe Grün überschneidend auf eine Fläche gehalten wird, ergibt das Weiß (Präsentationen!).

Sind zwei Farben komplementär, dann verstärken sie sich also gegenseitig in ihrer Leuchtkraft. Durch das Komplementärgesetz wird ein vollkommenes Gleichgewicht im Auge hergestellt. Physiologisch ist erwiesen, dass unser Auge zu einer Farbe die komplementäre Ergänzung sucht und sie selbstständig erzeugt, wenn sie nicht gegeben ist. Da einige Komplementärfarben denselben Helligkeitswert haben können, können sie von Menschen mit veränderter Farbsicht nicht immer unterschieden werden (Rot/Grün-Sehschwäche bzw. Farbenblindheit). Komplementärfarben können optische Täuschungen hervorrufen. Dies wird gezielt in der Werbung eingesetzt: Fleisch vor grünem oder Salat vor rötlichem Hintergrund sehen frischer aus. Bei Waschmitteln nehmen blaue Zusätze älterer weißer Wäsche den Gelbstich.

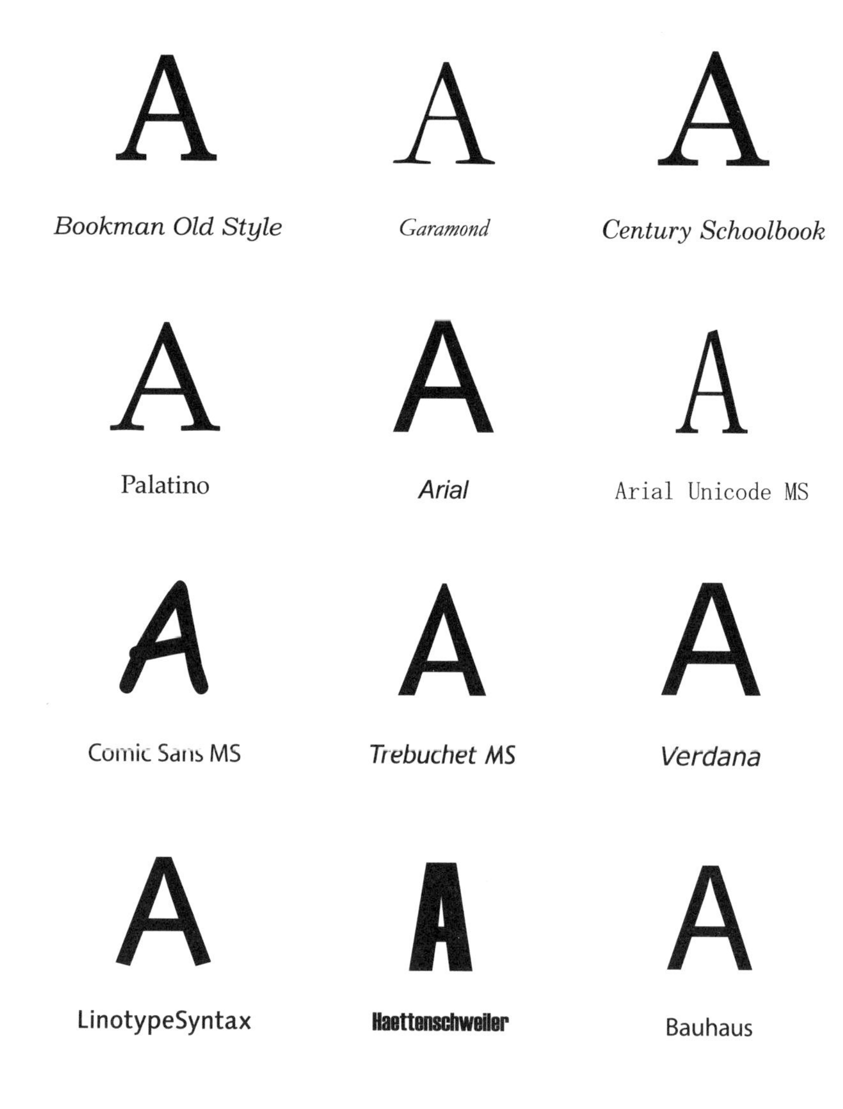

Abbildung 5.19 Verschiedene Schriftarten

5.2.2 Verwendung von Schriftarten und Texten

Schriftarten

Die Auswahl geeigneter Schriftarten ist ein wichtiger Schritt zu einem gelungenen Layout. Mittlerweile sind Sammlungen zu relativ geringen Preisen käuflich erwerbbar und so stehen den vielen PC-Anwendern Schriftarten in Hülle und Fülle zur Verfügung.

Versucht man, Schriftarten zu klassifizieren, so lassen sich in einem ersten Schritt zwei Arten von Schriften unterscheiden:

- Schriften mit Serifen
- Schriften ohne Serifen

Serifen sind die geschwungenen oder rechteckigen Enden eines Buchstabens. Sie helfen dem Auge, beim Lesen die Linie zu halten, und so sollten serifenlose Schriften eher für Überschriften oder kürzere Texte verwendet werden, Schriften mit Serifen dagegen für längere, vor allem gedruckte Texte.

Schriftgrad

Eine Schriftart wird durch ihre Schriftgröße, den Schriftgrad bestimmt. Eine Textzeile wird an einer imaginären Linie, der Grundlinie, ausgerichtet. Die Schriftgröße bestimmt sich aus der so genannten Mittel- und der Oberlänge.

Die Schriftgröße wird in Excel in Punkt angegeben, in anderen Programmen können hier auch Millimeter, Pica oder Points verwendet werden. Ein Punkt entspricht 0,351 mm. Eine typische Lesegröße beträgt 9 bis 12 Punkt.

Schriftbreite

Die Breite eines Buchstabens wird als Dickte oder Breite bezeichnet. Die meisten Druckschriften verwenden für unterschiedliche Buchstaben verschiedene Breiten. Man bezeichnet diese Schriften als Proportionalschriften. Sie lassen sich leichter lesen als Schriften mit gleich breiten Buchstaben (z. B. `Courier`).

Auszeichnung

Schriftauszeichnungen werden verwendet, um Teile des Textes besonders hervorzuheben. Die dezenteste Art, Text hervorzuheben, ist, ihn kursiv zu setzen. Auffälliger ist Text, wenn er fett dargestellt wird. Im Textfluss sollte man in der Regel darauf verzichten, Überschriften sollte man fett setzen, um eine plakative Wirkung zu erzielen.

Unterstreichungen wurden früher in den Zeiten der Schreibmaschine verwendet. Auch handschriftlich hat man kaum eine andere Möglichkeit, Text hervorzuheben. Vermeiden Sie viele verschiedene Auszeichnungen!

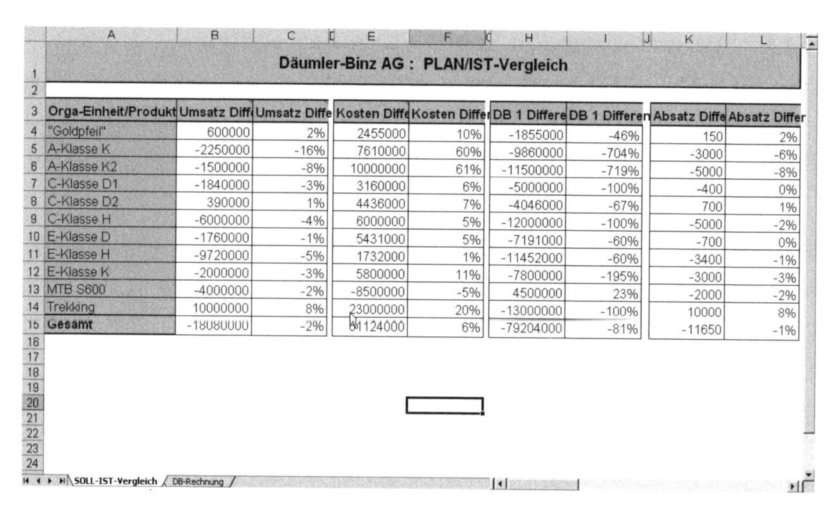

	A	B	C	E	F	H	I	K	L
1	Däumler-Binz AG : PLAN/IST-Vergleich								
2									
3	Orga-Einheit/Produkt	Umsatz Diff(	Umsatz Diffe	Kosten Diffe	Kosten Differ	DB 1 Differe	DB 1 Differen	Absatz Diffe	Absatz Differ
4	"Goldpfeil"	600000	2%	2455000	10%	-1855000	-46%	150	2%
5	A-Klasse K	-2250000	-16%	7610000	60%	-9860000	-704%	-3000	-6%
6	A-Klasse K2	-1500000	-8%	10000000	61%	-11500000	-719%	-5000	-8%
7	C-Klasse D1	-1840000	-3%	3160000	6%	-5000000	-100%	-400	0%
8	C-Klasse D2	390000	1%	4436000	7%	-4046000	-67%	700	1%
9	C-Klasse H	-6000000	-4%	6000000	5%	-12000000	-100%	-5000	-2%
10	E-Klasse D	-1760000	-1%	5431000	5%	-7191000	-60%	-700	0%
11	E-Klasse H	-9720000	-5%	1732000	1%	-11452000	-60%	-3400	-1%
12	E-Klasse K	-2000000	-3%	5800000	11%	-7800000	-195%	-3000	-3%
13	MTB S600	-4000000	-2%	-8500000	-5%	4500000	23%	-2000	-2%
14	Trekking	10000000	8%	23000000	20%	-13000000	-100%	10000	8%
15	Gesamt	-18080000	-2%	61124000	6%	-79204000	-81%	-11650	-1%

SOLL-IST-Vergleich / DB-Rechnung

Abbildung 5.20 Die Tabelle FORMATIERUNG.XLS

Symbol	Schriftart	Tastaturcode
Ø	System	Alt + 0216
€		AltGr + E
Δ	Symbol	D
☺	Wingdings	J
😐	Wingdings	K
☹	Wingdings	L
👌	Wingdings	B
👍	Wingdings	C
👎	Wingdings	D
⌫	Webdings	Alt + 0213
☁	Webdings	Alt + 0217
🌪	Webdings	Alt + 0221

Tabelle 5.2 Symbole, Schriftarten und Tastaturkürzel

Untersuchen wir einmal an einem Beispiel die Bezeichnungen in einer Tabelle. Öffnen Sie dazu die Datei FORMATIERUNG.XLS.

Betrachten Sie den Inhalt der Zelle B3: Umsatz Differenz absolut = 24 Zeichen. Es sind zu viele Zeichen, um die gesamte Spaltenüberschrift bei der aktuellen Spaltenbreite sichtbar zu machen. Natürlich könnte man mit einem Zeilenumbruch arbeiten, aber das Ziel ist hier ein ganz anderes:

Verkürzung des Textes?

Kann der Text sinnvoll verkürzt werden?

- Wenn Sie sich die anderen Spaltenüberschriften der Zeile 3 anschauen, dann wird überall das Wort »Differenz« verwendet sowie »absolut« bzw. »relativ«.
- Mit »absolut« ist offensichtlich eine Währung (hier €) gemeint.
- Relativ meint eine Darstellung der Differenz in Prozent, also lässt sich das Zeichen »%« verwenden.
- Differenz lässt sich sinnvoll verkürzen, indem das Zeichen für »Differenz« aus der Mathematik verwendet wird, nämlich der griechische Buchstabe Delta (Δ).
- Außerdem sollen die absoluten Werte verkürzt, d.h. in Millionen € dargestellt werden, um die Spaltenbreite zu verringern.

Redundante Informationen eliminieren

1. Öffnen Sie die Datei FORMATIERUNG.XLS.
2. Schreiben Sie in die Zelle A2 die Zeichenfolge »Werte in Mio. €«.
3. Löschen Sie aus der Zelle A1 den Ausdruck »Däumler-Binz AG«.

Damit haben wir redundante Informationen zentral eliminiert. Nun zu den Spaltenüberschriften.

1. Schreiben Sie in die Zelle B3 die Zeichenfolge `D Umsatz`.
2. Schreiben Sie in die Zelle C3 die Zeichenfolge `D Umsatz %`.
3. Markieren Sie anschließend nur das Zeichen D in der Bearbeitungsleiste und wählen Sie für dieses Zeichen die Schriftart *Symbol*.
4. Wiederholen Sie diesen Vorgang für alle Spaltenüberschriften.

Möchten Sie eines der auf der linken Seite dargestellten Währungssymbole in einem Zahlenformat verwenden, so geben Sie über die numerische Tastatur den ANSI-Code des betreffenden Währungssymbols ein. Diese Codes finden Sie über die Zeichentabelle (Charactermap) des Menüs **Zubehör** Ihrer Windows-Oberfläche (bis Windows NT 4.0) heraus.

Zahlenformat	Formatcode	Anzeige
10.000.000	#..	10
10.000	#.	10
900.000	0,0..	0,9
9.000	0,0.	0,9
12.000.000	#.0.	12.000

Tabelle 5.3 Anzeige von Zahlenformaten nach Formatcodes

Plan-Ist-Vergleich

Werte in Mio €

Produkt	Δ Umsatz	Δ Umsatz %	Δ Kosten	Δ Kosten %	Δ DB	Δ DB %
"Goldpfeil"	600000	2%	2,5	10%	-1,9	-0%
A-Klasse K	-2250000	-16%	7,6	60%	-9,9	-7%
A-Klasse K2	-1500000	-8%	10,0	61%	-11,5	-7%
C-Klasse D1	-1840000	-3%	3,2	6%	-5,0	-1%
C-Klasse D2	390000	1%	4,4	7%	-4,0	-1%
C-Klasse H	-6000000	-4%	6,0	5%	-12,0	-1%
E-Klasse D	-1760000	-1%	5,4	5%	-7,2	-1%
E-Klasse H	-9720000	-5%	1,7	1%	-11,5	-1%
E-Klasse K	-2000000	-3%	5,8	11%	-7,8	-2%
MTB S600	-4000000	-2%	-8,5	-5%	4,5	0%
Trekking	10000000	8%	23,0	20%	-13,0	-1%
Gesamt	-18,1	-33%	61,1	181%	-79,2	-21%

Abbildung 5.21 Besser formatiert und bezeichnet

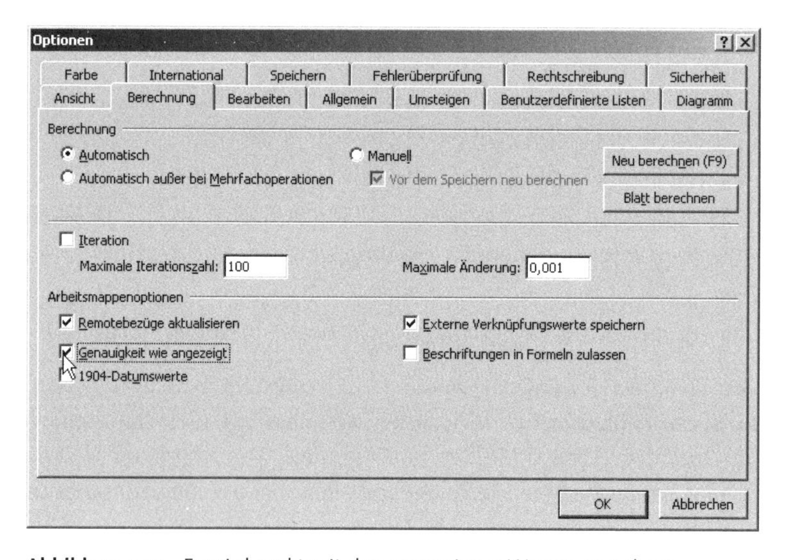

Abbildung 5.22 Es wird exakt mit den angezeigten Werten gerechnet.

5.2.3 Zahlenformate

Zahlen sind für das menschliche Gehirn zunächst einmal abstrakte Zeichen. Internationaler Standard ist dabei das Dezimalsystem (Grundzahl 10), wobei mit Hilfe der Zahlen 0, 1, 2, 3, 4, 5, 6, 7, 8, 9 jede beliebige Zahl in beliebiger Größe dargestellt werden kann.

Zur besseren visuellen Erfassung von Zahlen werden häufig Punkte an den Tausenderstellen verwendet, um die Zahlen in Gruppen von jeweils drei Ziffern zusammenzufassen.

Werte verkleinert darstellen

Nach einem Import von Daten werden meist sehr große, acht- bis zehnstellige Werte übernommen. Möchte man die Spaltenbreite verringern, so erfordert das kleinere Werte in den einzelnen Zellen. Die relevanten Werte werden verkürzt durch einen Maßstab dargestellt. Dazu benötigen Sie ein benutzerdefiniertes Zahlenformat. Ein solches Format erzeugen Sie folgendermaßen:

1. Öffnen Sie die Datei FORMATIERUNG.XLS.
2. Markieren Sie die relevanten Zellen, hier `B4:B15`.
3. Wählen Sie aus dem Menü **Format** den Befehl **Zellen** und dort im Register **Zahlen** die Kategorie **Benutzerdefiniert**.
4. Geben Sie das Format **0,0..** ein, um aus dem Wert 1000000 den Wert 10 zu erzeugen.
5. Klicken Sie **OK** an.

Die negativen Prozentwerte sollen in der Farbe Rot dargestellt werden, die Zahl Null mit dem Zusatz »+/-«.

Zahlen formatieren

1. Öffnen Sie die Datei FORMATIERUNG.XLS.
2. Markieren Sie die relevanten Zellen, hier `C4:C15`.
3. Wählen Sie aus dem Menü **Format** den Befehl **Zellen** und dort im Register **Zahlen** die Kategorie **Benutzerdefiniert**.
4. Geben Sie das Format `0%;[ROT]-0%;"+/-" 0` ein.
5. Klicken Sie **OK** an.

Diese Formatierungen übertragen Sie auf alle Spalten.

[!]

Um mit dem eingestellten Zahlenformat ohne Rundungsproblem rechnen zu können, wählen Sie aus dem Menü **Extras • Optionen** im Register **Berechnung** das Kontrollkästchen **Genauigkeit wie angezeigt** aus. Dies wirkt sich allerdings auf die gesamte Datei aus!

Abbildung 5.23 Textausrichtung auf 45 %

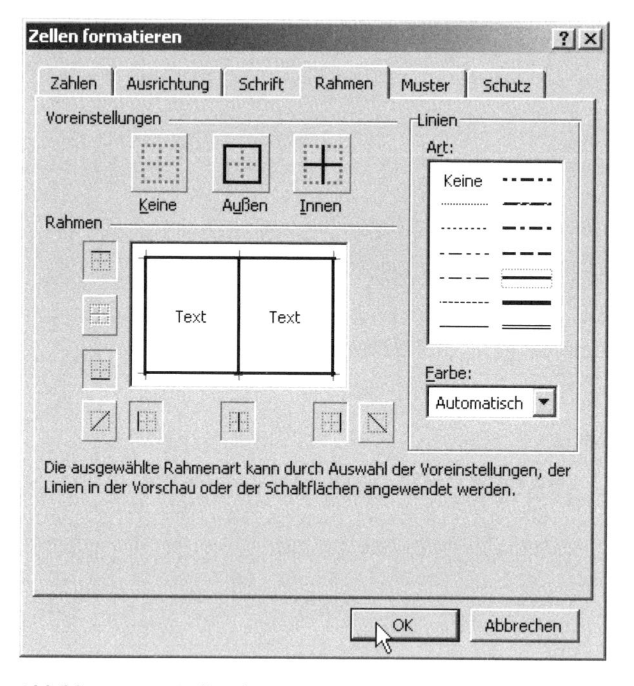

Abbildung 5.24 Zellen formatieren

5.2.4 Rahmen und Farben

Wenn Sie zur Darstellung von Spaltenüberschriften wenig Platz in der Breite, dafür aber nach oben haben, wenn Sie einen interessanten Effekt suchen, dann können Sie die Spaltenüberschriften »drehen« und mit Rahmen versehen.

Spaltenüberschriften drehen

1. Markieren Sie die Zellen `A3:I3`.
2. Wählen Sie im Menü **Format • Zellen** das Register **Ausrichtung** aus.
3. Verändern Sie die Textausrichtung auf **45°**.
4. Verändern Sie die horizontale Textausrichtung auf **zentriert**.
5. Wechseln Sie auf das Register **Rahmen** und wählen Sie dort **außen** und **innen**.
6. Klicken Sie **OK** an.

Der interessante Effekt ist im Augenblick noch nicht wirklich erkennbar, da sich leider die Zeilenhöhe nicht automatisch angepasst hat.

1. Markieren Sie die Zeile 3.
2. Wählen Sie das Menü **Format • Zeile • optimale Höhe** aus.
3. Markieren Sie die Zellen `A3:I3`.
4. Wählen Sie das Menü **Format • Spalte • optimale Breite** aus.

Druckbereich

Nach dieser Anpassung sollten Sie dem Druckbereich besondere Aufmerksamkeit schenken, da bei einer Textdrehung um 45° meistens die letzten beiden Spaltenüberschriften nicht mehr im zuletzt festgelegten Druckbereich enthalten sind. Dieser muss daher neu festgelegt werden!

1. Zum Abschluss markieren Sie die Zellen `A1:K1`.
2. Wählen Sie im Menü **Format • Zellen** das Register **Ausrichtung** aus.
3. Klicken Sie bei **Text-Steuerung** das Kontrollkästchen **Zellen verbinden** an.
4. Klicken Sie **OK** an.

Damit ist nun auch die Überschrift über der gesamten Tabelle zentriert!

Zum Schluss wählen Sie noch geeignete Farben für die einzelnen Tabellenbereiche aus. Dafür kommt im Menü **Format • Zellen** das Register **Muster** in Frage.

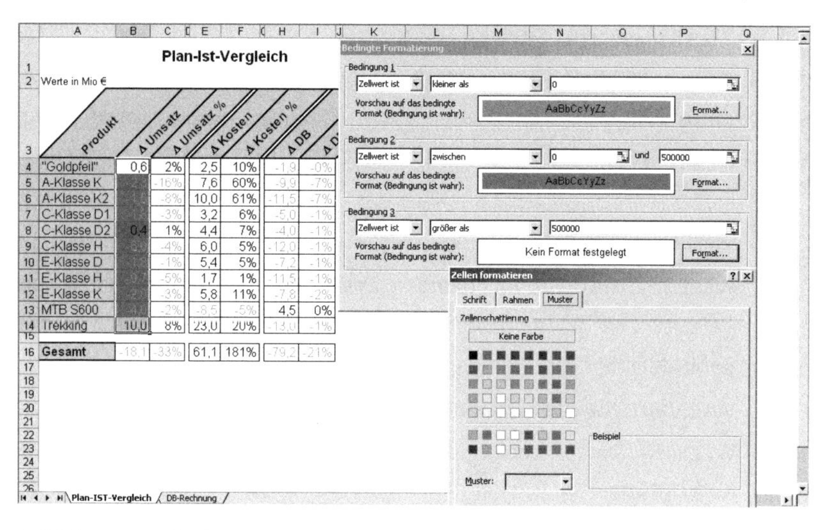

Abbildung 5.25 Bedingte Formatierung

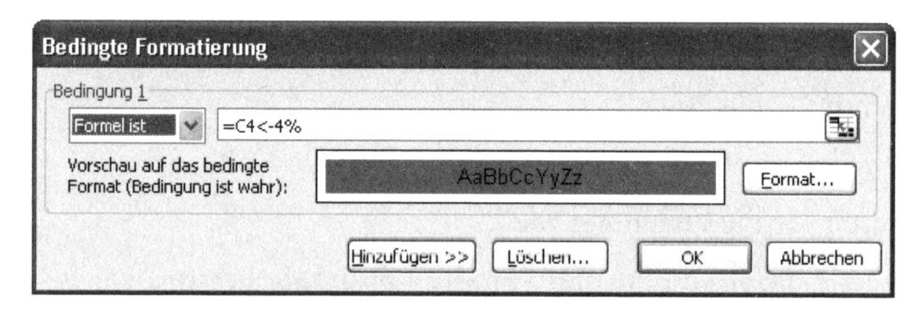

Abbildung 5.26 Bedingung ist wie eine Formel (=) beschrieben.

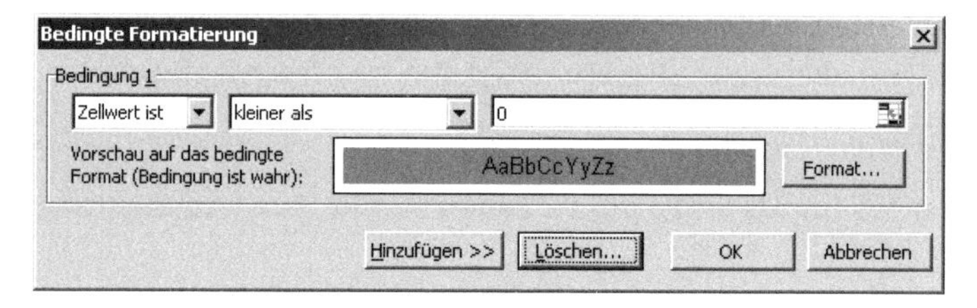

Abbildung 5.27 Bedingung »Zellwert ist«

5.2.5 Bedingte Formatierung

Um Zellformate, wie z.B. Farbschattierungen, in Abhängigkeit vom Zellwert auf Tabellenzellen anzuwenden, können Sie über den Befehl **Bedingte Formatierung** im Menü **Format** bedingte Formate definieren.

Dabei können Sie sich entweder auf den aktuellen Zellinhalt (Einstellung **Zellinhalt**) beziehen oder aber auf irgendeine Zelle (Einstellung **Formel**):

Zellinhalt

1. Öffnen Sie die Datei FORMATIERUNG2.XLS.
2. Markieren Sie das Tabellenblatt PLAN-IST-VERGLEICH.
3. Markieren Sie die Zellen `B4:B14`.
4. Klicken Sie im Menü **Format** auf **Bedingte Formatierung**.
5. Verwenden Sie die Bedingung **Zellinhalt ist**. Ein Beispiel können Sie auf der linken Seite erkennen.
6. Wählen Sie über die Schaltfläche **Format** ein Muster aus.
7. Um eine neue Bedingung hinzuzufügen, klicken Sie auf **Hinzufügen**.
8. Klicken Sie **OK** an, um die Einstellungen zu übernehmen.

Wie Sie an diesem Beispiel merken, sind bedingte Formatierungen »mächtiger« als »normale« Zellformatierungen. Um eine oder mehrere Bedingungen zu entfernen, klicken Sie auf **Inhalte löschen**, und aktivieren Sie dann das Kontrollkästchen für die zu löschenden Bedingungen.

Sie können auch mit Formeln in der Definition einer bedingten Formatierung arbeiten. Im folgenden Beispiel sollen alle Zellen rot formatiert werden, wenn es eine Abweichung von mehr als –4% gibt.

Formel ist

1. Öffnen Sie die Datei FORMATIERUNG2.XLS.
2. Markieren Sie das Tabellenblatt PLAN-IST-VERGLEICH.
3. Markieren Sie die Zellen `B4:B14`.
4. Klicken Sie im Menü **Format** auf **Bedingte Formatierung**.
5. Verwenden Sie die Bedingung ZELLWERT IST. Ein Beispiel können Sie auf der linken Seite erkennen.
6. Wählen Sie über die Schaltfläche **Format** ein Muster aus.
7. Klicken Sie **OK** an, um die Einstellungen zu übernehmen.

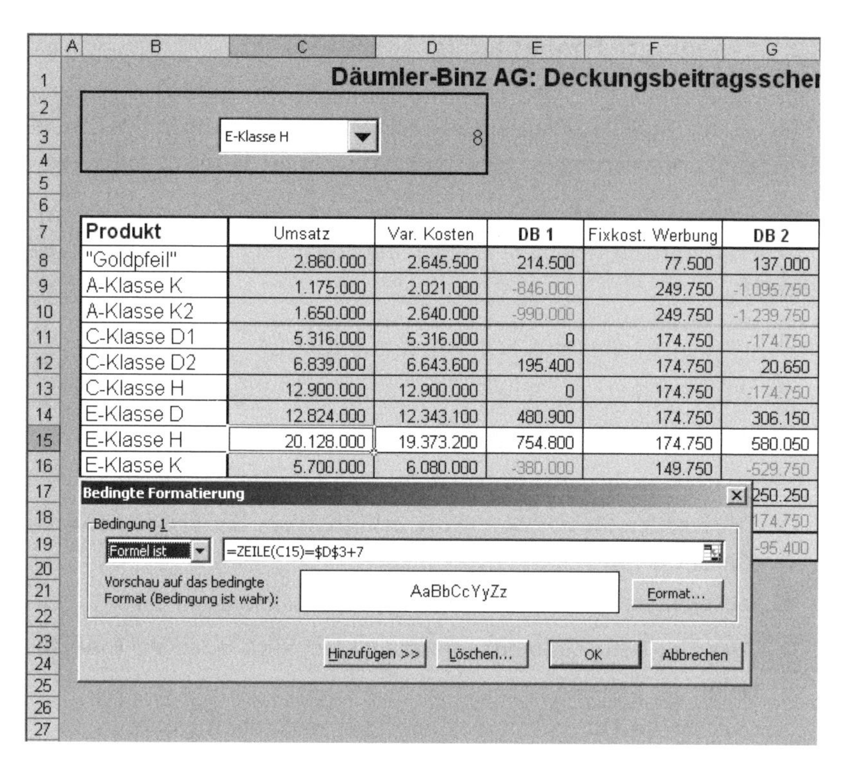

Däumler-Binz AG: Deckungsbeitragsschei

E-Klasse H 8

Produkt	Umsatz	Var. Kosten	DB 1	Fixkost. Werbung	DB 2
"Goldpfeil"	2.860.000	2.645.500	214.500	77.500	137.000
A-Klasse K	1.175.000	2.021.000	-846.000	249.750	-1.095.750
A-Klasse K2	1.650.000	2.640.000	-990.000	249.750	-1.239.750
C-Klasse D1	5.316.000	5.316.000	0	174.750	-174.750
C-Klasse D2	6.839.000	6.643.600	195.400	174.750	20.650
C-Klasse H	12.900.000	12.900.000	0	174.750	-174.750
E-Klasse D	12.824.000	12.343.100	480.900	174.750	306.150
E-Klasse H	20.128.000	19.373.200	754.800	174.750	580.050
E-Klasse K	5.700.000	6.080.000	-380.000	149.750	-529.750
					250.250
					174.750
					-95.400

Abbildung 5.28 Wichtig ist der variable Zellbezug für die Funktion ZEILE.

Deckungsbeitragsschema für Produkte

E-Klasse H 8

C-Klasse D2
C-Klasse H
E-Klasse D
E-Klasse H
E-Klasse K
MTB S600
Trekking
Gesamt

Produkt	Umsatz	Var. Kosten	DB 1	Fixkost. Werbung	DB 2	Fixkost. Vertr.	DB 3	Vertr.Leitg.	DB 4
"Goldpfeil"	[illegible]	2.645.500	214.500	77.500	137.000	760.000	-623.000	20.000	-643.000
A-Klasse K	[illegible]	2.021.000	-846.000	249.750	-1.095.750	894.000	-1.989.750	38.000	-2.027.750
A-Klasse K2	1.650.000	2.640.000	-990.000	249.750	-1.239.750	894.000	-2.133.750	38.000	-2.171.750
C-Klasse D1	5.316.000	5.316.000	0	174.750	-174.750	894.000	-1.068.750	38.000	-1.106.750
C-Klasse D2	6.839.000	6.643.600	195.400	174.750	20.650	894.000	-873.350	38.000	-911.350
C-Klasse H	12.900.000	12.900.000	0	174.750	-174.750	894.000	-1.068.750	38.000	-1.106.750
E-Klasse D	12.824.000	12.343.100	480.900	174.750	306.150	894.000	-587.850	38.000	-625.850
E-Klasse H	**20.128.000**	**19.373.200**	**754.800**	**174.750**	**580.050**	**894.000**	-313.950	**38.000**	-351.950
E-Klasse K	5.700.000	6.080.000	-380.000	149.750	-529.750	894.000	-1.423.750	38.000	-1.461.750
MTB S600	19.600.000	17.150.000	2.450.000	199.750	2.250.250	894.000	1.356.250	38.000	1.318.250
Trekking	14.000.000	14.000.000	0	174.750	-174.750	894.000	-1.068.750	38.000	-1.106.750
Gesamt	102.992.000	101.112.400	1.879.600	1.975.000	-95.400	9.700.000	-9.795.400	400.000	-10.195.400

Plan-IST-Vergleich | DB-Rechnung

Abbildung 5.29 Variable Benutzerführung für den Anwender

An dem vorhergehenden Beispiel haben Sie erkennen können, wie Sie Formeln zur Formulierung einer bedingten Formatierung verwenden können. Grundsätzlich wird dabei jeder Zellbezug absolut gesetzt, was Sie am $-Zeichen erkennen können.

Sie können aber auch die Tabellenfunktionen zur Formulierung einer bedingten Formatierung verwenden. Dazu müssen Sie diese allerdings »von Hand« in das betreffende Feld hineinschreiben.

Bedingte Formatierung

Ein Beispiel: Im Folgenden soll die bedingte Formatierung für eine optische Benutzerführung eingesetzt werden. Dazu gehen Sie in diesen Schritten vor:

1 Öffnen Sie die Datei FORMATIERUNG.XLS.
2 Markieren Sie das Tabellenblatt DB-RECHNUNG.
3 Markieren Sie den Zellbereich `C8:K19`.
4 Klicken Sie im Menü **Format** auf **Bedingte Formatierung**.
5 Legen Sie die links abgebildete Formel fest.
6 Klicken Sie **OK** an, um die Einstellungen zu übernehmen.

Wenn Sie danach ein Produkt auswählen, wird die betreffende Zeile »ausgeleuchtet«.

Modellbeschreibung

In der Zelle `D3` wird nun ein Wert von 1 bis 12 erzeugt; zwölf Elemente werden zur Auswahl bereitgehalten. Diese Zahl wird von der Schaltfläche erzeugt (siehe Abschnitt 5.3.4). Die Tabellenfunktion ZEILE aus der Kategorie MATRIX liefert die Zeilennummer eines Bezuges. Somit wird eine Zelle nur dann eingefärbt, wenn numerische Gleichheit zwischen dem Zeilenbezug und der Summe aus `D3` und der Zahl 7 herrscht.

Grundsätzlich lassen sich alle bedingten Formate auch auf andere Zellen übertragen:

1 Markieren Sie dazu den Bereich, aus dem die Formate kopiert werden sollen.
2 Klicken Sie das Symbol **Format übertragen** an.
3 Markieren Sie die Zellen, auf die das Format übertragen werden soll.

[!]

Um alle bedingten Formate und alle anderen Zellformate der markierten Zellen zu entfernen, gehen Sie im Menü **Bearbeiten** auf **Löschen**, und klicken Sie dann auf **Tabellenformat**.

Argumente	Bedeutung
Suchkriterium	Der Wert, der Zellbezug oder der Text, nach dem Sie in der ersten Spalte der Matrix suchen. Hier ist es der Inhalt der Zelle A2.
Matrix	Der Tabellenbereich, in dem Daten gesucht werden. Matrix muss so angegeben sein, dass in der ersten Spalte das Suchkriterium gefunden werden kann. Verwenden Sie bei Matrix einen Bezug oder einen Bereichsnamen. Hier ist es der Name MATRIX, der für den Zellbereich A2:J13 steht.
Spaltenindex	Die Nummer der Spalte in dem Bereich, den Sie bei MATRIX angegeben haben, aus dem Sie einen Zellinhalt zurückgegeben haben möchten. Hier ist es die zweite Spalte des Bereichs.
Bereich_Verweis	Gibt an, ob eine genaue Übereinstimmung gefunden werden soll oder nicht. Ist Bereich_Verweis gleich WAHR (oder = 1) oder nicht angegeben, wird eine größtmögliche Übereinstimmung geliefert. D.h., wenn keine genaue Übereinstimmung gefunden werden kann, wird der dem Suchkriterium nächstgelegene Werte geliefert. Dies ist meistens ein Wert der Zeile davor. Ist Bereich_Verweis gleich FALSCH (oder = 0) sucht SVERWEIS nach einer genauen Übereinstimmung. Andernfalls wird der Fehlerwert #NV geliefert. Geben Sie nichts an, wird WAHR (oder = 1) angenommen.

Tabelle 5.4 Argumente und deren Bedeutung

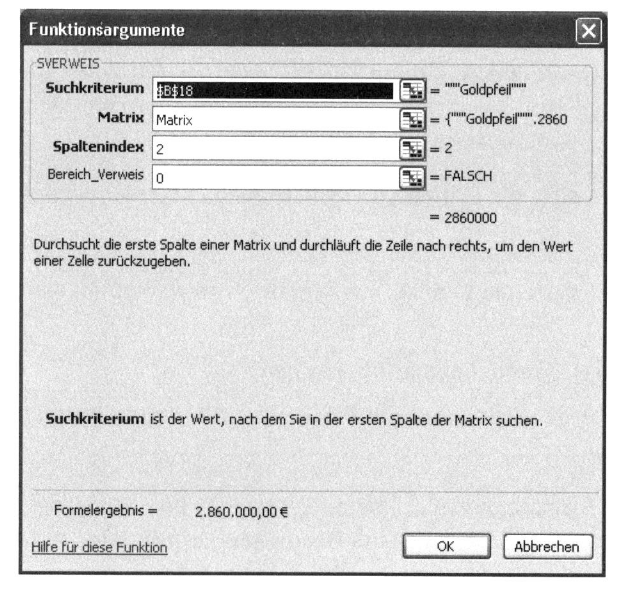

Abbildung 5.30 Weitere Funktionen

5.3 Kleine Informationssysteme

Um im Rahmen eines Reportings Informationen darstellen und zusammenführen zu können, sind die Matrixfunktionen sehr hilfreich.

Die Matrixfunktionen erlauben es Ihnen, bestimmte Bereiche einer Tabelle zu durchsuchen. Dabei können Sie verschiedene Suchkriterien festlegen. Grundlage dafür ist eine Tabelle in Form einer Liste, welche die Daten enthält. Eine solche Liste wird als Verweistabelle bezeichnet.

Im Folgenden einige Anwendungsbeispiele für Matrixfunktionen:

SVERWEIS

SVERWEIS durchsucht die erste Spalte einer Matrix und durchläuft die Zeile nach rechts, um den Wert einer Zeile zurückzugeben.

Um mit SVERWEIS arbeiten zu können, sollten sich alle Informationen, die Sie zurückgegeben haben wollen, rechts von der Spalte befinden, welche die erste Spalte Ihres Tabellenbereichs bildet.

Als Controller der Däumler-Binz AG sollen Sie ein Informationssystem aufbauen, bei dem der Anwender sich Daten aus einer mehrstufigen Deckungsbeitragsrechnung für verschiedene Produkte anzeigen lassen kann.

SVERWEIS anwenden

1. Öffnen Sie die Datei DB_ANALYSE1.XLS.
2. Markieren Sie den Zellbereich `C21`.
3. Wählen Sie im Menü **Einfügen • Funktion** aus der Kategorie **Matrix** die Funktion SVERWEIS aus.
4. Legen Sie die links abgebildeten Argumente fest.
5. Klicken Sie **OK** an, um die Einstellungen zu übernehmen.
6. Kopieren Sie die Funktion in die Zellen `C22:C29` und passen Sie jeweils die Spaltennummer an.

In der Zelle `B18` ist per Datengültigkeit bereits eine Auswahlmöglichkeit eingerichtet. Die Datentabelle oberhalb wird ausgeblendet, wodurch die Daten für das jeweils ausgewählte Produkt scheinbar aus dem Nichts erscheinen. Damit macht die Funktion SVERWEIS auf elektronischem Weg das, was Sie als Anwender vielleicht auf einem Blatt Papier tun würden: in der Spalte A nach dem Produkt suchen; wenn Sie das Produkt gefunden haben, in der gleichen Zeile bleiben, den Zeigefinger nach rechts auf die gewünschte Spalte führen und den gesuchten Zellinhalt ablesen.

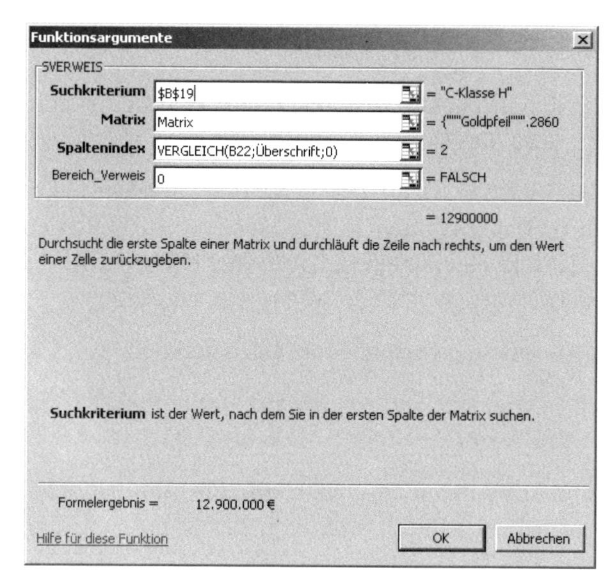

Abbildung 5.31 Die Funktionsargumente von SVERWEIS und VERGLEICH

Argument	Bedeutung
Suchkriterium	Der Wert, ein Text, ein Wahrheitswert oder ein Bezug auf eine Zelle.
Suchmatrix	(eigentlich richtig: Suchvektor) Ein zusammenhängender Zellbereich, der die gesuchten Informationen enthält. Suchmatrix ist ein Bezug oder Bereichsname, der als Zeile oder Spalte definiert werden muss!
Vergleichstyp	Die Zahlen –1, 0 oder 1. Vergleichstyp geben an, auf welche Weise die Werte in Suchmatrix verglichen werden. Ist Vergleichstyp gleich 1, liefert VERGLEICH den nächstgelegenen Wert (Zeile/Spalte davor). Die Elemente der Suchmatrix müssen in aufsteigender Reihenfolge angeordnet sein. Ist Vergleichstyp gleich 0, sucht VERGLEICH so lange, bis das Suchkriterium gefunden ist. Ist das Suchkriterium nicht vorhanden, wird die Fehlermeldung #NV! geliefert. Ist Vergleichstyp gleich –1, liefert VERGLEICH den nächstgelegenen Wert (Zeile/Spalte danach). Die Elemente der Suchmatrix müssen in absteigender Reihenfolge angeordnet sein. Fehlt das Argument Vergleichstyp, wird es als 1 angenommen. Ist Vergleichstyp gleich 0, und ist als Suchkriterium eine Zeichenfolge angegeben, darf das Suchkriterium die Platzhalter Sternchen (*) und Fragezeichen (?) enthalten. Ein Sternchen ersetzt beim Abgleichen eine beliebige Zeichenfolge, ein Fragezeichen ersetzt ein einzelnes Zeichen.

Tabelle 5.5 Argumente und deren Bedeutung

5.3.1 Informationssystem für Deckungsbeiträge

Beim Kopieren der SVERWEIS-Funktion wie eben beschrieben sind wir gezwungen, die Spaltennummer immer um eins zu erhöhen, da in der Zelle darunter von der Spalte 3 der Wert ausgegeben werden soll usw.

Spaltensuche

Dies soll automatisiert werden, indem die richtige Spaltennummer gesucht werden soll. Dazu benötigen wir die Funktion VERGLEICH aus der Kategorie MATRIX. Die Funktion VERGLEICH sucht nach einem Wert, einem Text, einem Wahrheitswert in einer Spalte oder Zeile und liefert als Ergebnis eine Positionsangabe. Nach der Suche wissen Sie also, in welcher Zeile oder Spalte der gesuchte Wert zu finden ist.

1. Öffnen Sie die Datei DB_ANALYSE2.XLS.
2. Markieren Sie die Zellbereiche C21.
3. Wählen Sie im Menü **Einfügen • Funktion** aus: Der Funktions-Assistent mit der Funktion SVERWEIS wird geöffnet.
4. Klicken Sie in das Feld SPALTENINDEX und danach in der Bearbeitungsleiste auf das Listenfeld, das die neun zuletzt verwendeten Funktionen anzeigt.
5. Wählen Sie aus der Liste oder über **Weitere Funktionen** die Funktion VERGLEICH aus der Kategorie MATRIX aus.
6. Legen Sie die links abgebildeten Argumente fest. Den Namen »Überschrift« tragen Sie mit Hilfe der Taste [F3] ein.
7. Klicken Sie **OK** an, um die Einstellungen zu übernehmen.
8. Kopieren Sie die Funktion in die Zellen C22:C29.

Vergleich

Die Funktion VERGLEICH sucht nun also jeweils nach dem Inhalt der Zellen B21, B22 usw. in dem Bereich, der den Namen Überschrift (= A1 : J1) trägt. In diesem Bereich ist der Begriff »Umsatz« in der zweiten Spalte zu finden, deswegen liefert VERGLEICH als Information die Zahl 2.

Die Funktion VERGLEICH liefert Ihnen als Ergebnis die relative Position, die ein Element innerhalb eines festgelegten Bereichs einnimmt. Diese Funktion bietet sich immer dann an, wenn Sie die Position eines übereinstimmenden Elementes benötigen und nicht das Element selbst.

VERGLEICH unterscheidet beim Abgleichen von Zeichenfolgen (Texten) nicht nach Klein- und Großbuchstaben.

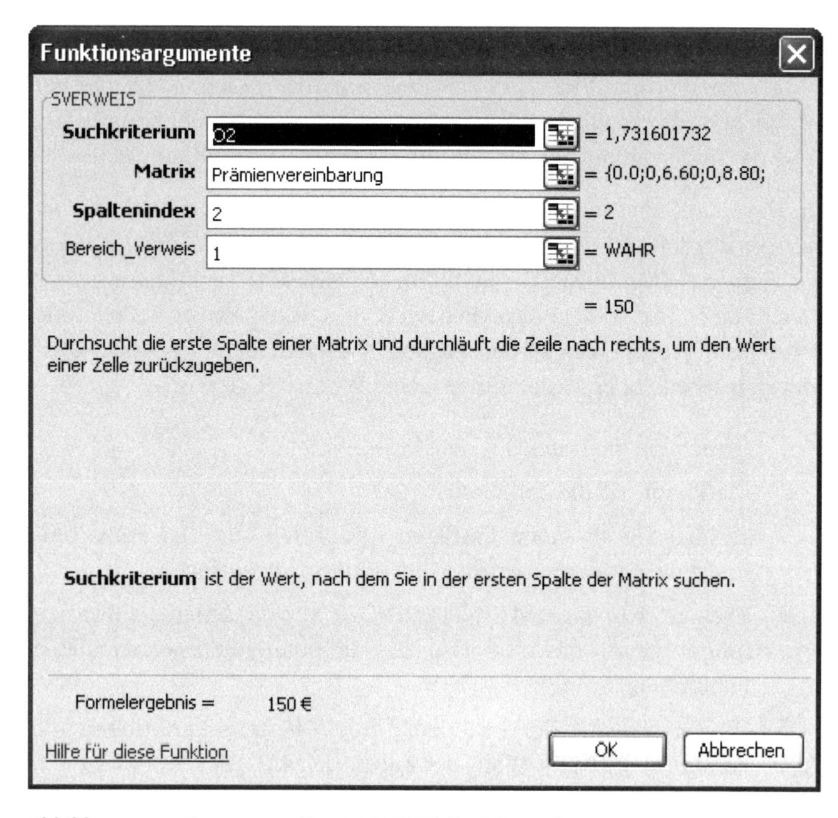

Abbildung 5.32 So ersparen Sie sich WENN-Funktionen!

	A	B	C	D
1		Prämienvereinbarung		
2				
3		Leistungs-grad [%]	Leistungs-prämie	
4		0%	0 €	
5		60%	60 €	
6		80%	80 €	
7		100%	100 €	
8		110%	125 €	
9		120%	150 €	
10				
11				
12				

Abbildung 5.33 Die Vereinbarung ist in der 1. Spalte aufsteigend sortiert.

5.3.2 Leistungsprämien zuordnen

Intervallprüfung

Im Finanz- und Rechnungswesen kommen häufig Aufgabenstellungen vor, in denen es darum geht, Intervalle auszulesen. Sicher haben auch Sie schon Erfahrungen mit solchen Aufgaben gemacht. Viele Excel-Anwender verwenden dafür mehrfach verschachtelte Wenn-Funktionen (siehe Abschnitt 5.3.4). Das ist durchaus möglich, kann aber eventuell etwas umständlich und unnötig kompliziert sein.

Es gibt auch eine einfachere Lösung: Sie können solch eine Tabelle auch mit einer SVERWEIS-Funktion auslesen, wenn Sie im Argument **Bereich_Verweis** WAHR (oder = 1) angeben.

Ist **Bereich_Verweis** gleich WAHR (oder = 1), müssen die in der ersten Spalte von Matrix stehenden Werte in aufsteigender Reihenfolge angeordnet sein. Ist ein Wert nicht zu finden, dann wird der nächstliegende Wert, nämlich der aus der Zeile davor, geliefert.

Wir wollen die Arbeit mit Intervalrechnungen einmal anhand eines Beispiels verdeutlichen:

Personal-Controlling

Bei der Däumler-Binz AG gibt es eine Vereinbarung mit dem Betriebsrat hinsichtlich Leistungsprämien in der Fertigung. Abhängig vom Leistungsgrad, den ein Mitarbeiter erreicht, erhält er eine Prämie.

Diese Vereinbarung wird einmal im Jahr getroffen und dann in jedem Jahr aktualisiert. Diese Vereinbarung ist auf dem Tabellenblatt LEISTUNGSPRÄMIE *hinterlegt und der Tabellenbereich mit* PRÄMIENVEREINBARUNG *benannt.*

Gehen Sie dazu folgendermaßen vor:

1. Öffnen Sie die Datei PRÄMIEN.XLS.
2. Markieren Sie das Tabellenblatt ÜBERSICHT.
3. Markieren Sie die Zelle `P2`.
4. Wählen Sie im Menü **Einfügen • Funktion** aus der Kategorie MATRIX die Funktion SVERWEIS aus.
5. Legen Sie die links abgebildeten Argumente fest. Im Feld MATRIX drücken Sie die F3-Taste, um den Bereichsnamen PRÄMIENVEREINBARUNG auszuwählen.
6. Klicken Sie **OK** an, um die Einstellungen zu übernehmen.
7. Kopieren Sie die Funktion in die Zellen `P3:P20`.

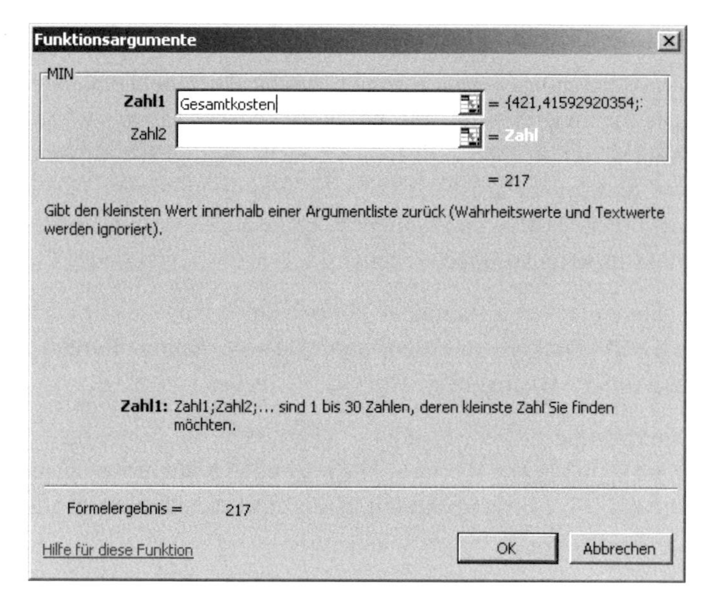

Abbildung 5.34 Verwenden Sie einen Bereichsnamen

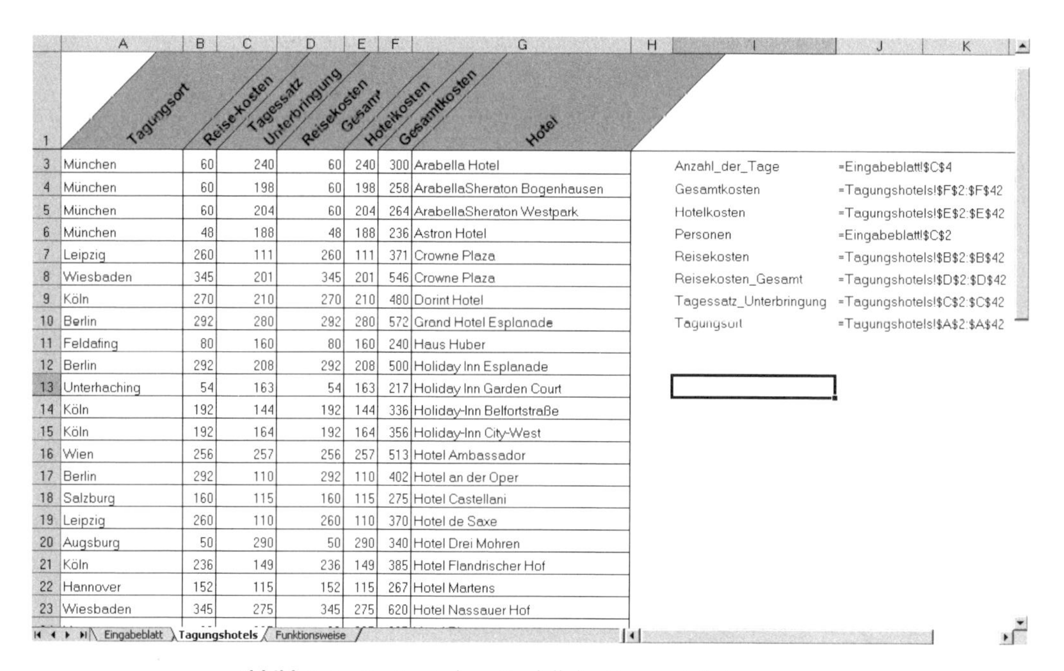

	Tagungsort	Reise-kosten	Tagessatz Unterbringung	Reisekosten Gesamt	Hotelkosten	Gesamtkosten	Hotel
3	München	60	240	60	240	300	Arabella Hotel
4	München	60	198	60	198	258	ArabellaSheraton Bogenhausen
5	München	60	204	60	204	264	ArabellaSheraton Westpark
6	München	48	188	48	188	236	Astron Hotel
7	Leipzig	260	111	260	111	371	Crowne Plaza
8	Wiesbaden	345	201	345	201	546	Crowne Plaza
9	Köln	270	210	270	210	480	Dorint Hotel
10	Berlin	292	280	292	280	572	Grand Hotel Esplanade
11	Feldafing	80	160	80	160	240	Haus Huber
12	Berlin	292	208	292	208	500	Holiday Inn Esplanade
13	Unterhaching	54	163	54	163	217	Holiday Inn Garden Court
14	Köln	192	144	192	144	336	Holiday-Inn Belfortstraße
15	Köln	192	164	192	164	356	Holiday-Inn City-West
16	Wien	256	257	256	257	513	Hotel Ambassador
17	Berlin	292	110	292	110	402	Hotel an der Oper
18	Salzburg	160	115	160	115	275	Hotel Castellani
19	Leipzig	260	110	260	110	370	Hotel de Saxe
20	Augsburg	50	290	50	290	340	Hotel Drei Mohren
21	Köln	236	149	236	149	385	Hotel Flandrischer Hof
22	Hannover	152	115	152	115	267	Hotel Martens
23	Wiesbaden	345	275	345	275	620	Hotel Nassauer Hof

Name	Bezug
Anzahl_der_Tage	=Eingabeblatt!$C$4
Gesamtkosten	=Tagungshotels!$F$2:$F$42
Hotelkosten	=Tagungshotels!$E$2:$E$42
Personen	=Eingabeblatt!$C$2
Reisekosten	=Tagungshotels!$B$2:$B$42
Reisekosten_Gesamt	=Tagungshotels!$D$2:$D$42
Tagessatz_Unterbringung	=Tagungshotels!$C$2:$C$42
Tagungsort	=Tagungshotels!$A$2:$A$42

Abbildung 5.35 So sind im Modell die Namen definiert

5.3.3 Kostenminimale Faktorenkombinationen

Im Folgenden soll ein Excel-Beispiel für ein Faktoren-Kombinationsmodell gezeigt werden. Im Unternehmen werden oft Faktoren so miteinander kombiniert, dass nicht eindeutig eine bestimmte Kombination kostenminimal oder -maximal ist. Solch eine Aufgabenstellung kann mit Hilfe von MATRIX-Funktionen gelöst und als Simulationsmodell erstellt werden.

In Kapitel 3 haben wir eine ABC-Analyse u. a. für die Vertriebsregionen der Däumler-Binz AG durchgeführt. Das Ergebnis war ziemlich erschreckend: Drei Regionen erzielen 90% des Umsatzes. Die Ursache hierfür sind unzureichend ausgebildete Mitarbeiter. Die Däumler-Binz AG führt nun regelmäßig für die Außendienstmitarbeiter der einzelnen Regionen Weiterbildungsmaßnahmen durch. Dazu sollen kostenminimale Tagungsorte gefunden werden.

Aufbau des Modells SVERWEIS.XLS

Auf dem EINGABEBLATT sollen die Anzahl der an der Veranstaltung teilnehmenden Personen sowie die Dauer eingetragen werden. Die Basisdaten sind auf dem Tabellenblatt TAGUNGSHOTELS zu finden, hier wird mit den Eingaben gerechnet.

Sie wollen jetzt nicht nur mit Hilfe von statistischen Funktionen die Gesamtkosten auswerten, sondern auch noch den Namen des Hotels und des Tagungsortes angezeigt bekommen. Excel bietet Ihnen zu diesem Thema eine Reihe von Funktionen an, die Sie ohne Theorie schnell nutzen können.

Mittelwert

Min und Max

MITTELWERT liefert als Ergebnis den »normalen« Mittelwert der Argumente. So würde beispielsweise die Funktion =MITTELWERT(2;4;6) das Ergebnis 4 liefern. MIN liefert als Ergebnis den kleinsten Wert der Argumente. So liefert die Funktion =MIN(2;4;6) den Wert 2. MAX liefert als Ergebnis den größten Wert der Argumente. So liefert die Funktion =MAX(2;4;6) den Wert 6.

1. Öffnen Sie die Datei SVERWEIS.XLS und verschaffen Sie sich zunächst einmal mit **Extras • Formelüberwachung** einen Überblick.
2. Aktivieren Sie das EINGABEBLATT.
3. Tragen Sie in die Zelle B7 die Funktion MIN mit dem Bezug GESAMTKOSTEN ein. Dazu betätigen Sie die [F3]-Taste.
4. Tragen Sie in die Zelle B8 die Funktion MAX mit dem Bezug GESAMTKOSTEN ein. Dazu betätigen Sie die [F3]-Taste.
5. Tragen Sie in die Zelle B9 die Funktion MITTELWERT mit dem Bezug GESAMTKOSTEN ein. Dazu betätigen Sie die [F3]-Taste.

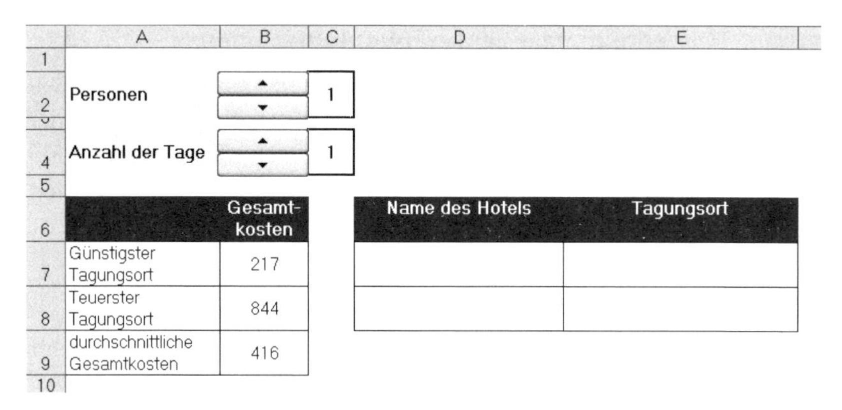

Abbildung 5.36 Nun können die Werte durch Klicken verändert werden.

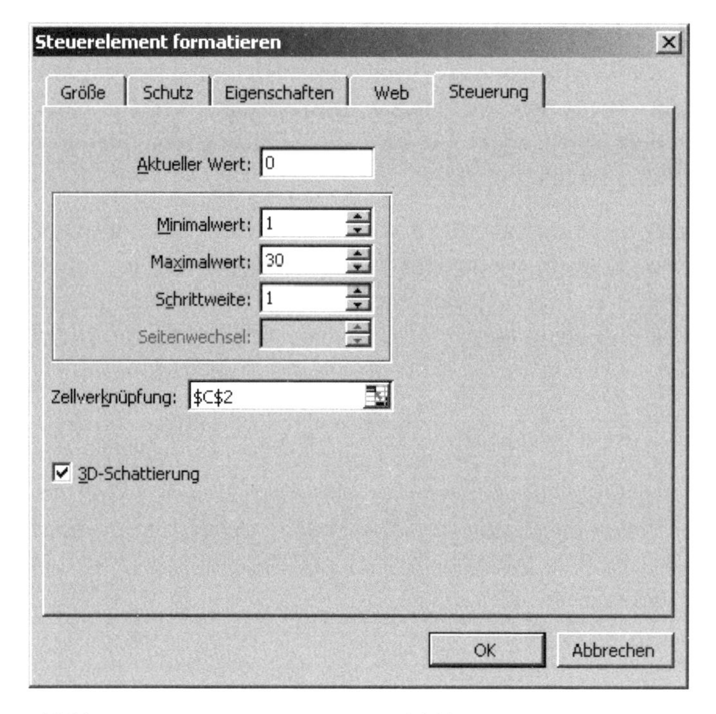

Abbildung 5.37 Formatierung eines Drehfeldes

Wenn Sie jetzt verschiedene Wertkombinationen auf dem Eingabeblatt ausprobieren, erhalten Sie permanent Informationen über die Höhe der Kosten. Auf Dauer ist es etwas zu umständlich, die Werte in den Zellen C2 und C4 durch Überschreiben zu verändern. Dies soll ab sofort per Schaltfläche geschehen.

Schaltflächen

Auf dem Tabellenblatt EINGABEBLATT soll mit Hilfe von so genannten Steuerfeldern und den Funktionen INDEX, SVERWEIS und VERGLEICH ein Modell zur Kombination von Kostenfaktoren, deren minimale Kombination nicht eindeutig ist, aufgebaut werden.

Drehfeld einfügen

1 Öffnen Sie die Datei SVERWEIS.XLS, und aktivieren Sie das Tabellenblatt EINGABEBLATT.
2 Schalten Sie die Symbolleiste **Formular** über das Menü **Ansicht • Symbolleisten • Anpassen...** ein.
3 Klicken Sie auf der Symbolleiste das Symbol für **Drehfeld** an, und positionieren Sie den Mauszeiger auf der Zelle B2.

4 Ziehen Sie mit gedrückter [Alt]-Taste ein Rechteck in der Zelle B2 auf. Das Drehfeld wird genau in der Größe der Zelle B2 eingefügt.
5 Klicken Sie das Drehfeld mit der rechten Maustaste an, und geben Sie die Parameter für die Steuerung ein, wie links abgebildet.
6 Klicken Sie auf **OK**, um die Eingabe abzuschließen.
7 Wiederholen Sie diesen Vorgang für die zweite Schaltfläche, oder kopieren Sie die Schaltfläche einfach. In beiden Fällen muss aber die Ausgabeverknüpfung geändert werden.

Ausgabeverknüpfung	Bedeutung
Aktueller Wert	Der aktuelle Wert in der Zellverknüpfung.
Minimalwert	Der niedrigste zulässige Wert für das Drehfeld (= 0).
Maximalwert	Der höchste zulässige Wert für das Drehfeld. Der größte mögliche Wert ist 30000.
Schrittweite	Der Betrag, um den sich das Drehfeld erhöht oder verringert, wenn auf die Pfeile geklickt wird. Muss mindestens 1 sein und ganzzahlig.
Zellverknüpfung	Schreibt die aktuelle Einstellung in eine Zelle. Diese kann in einer Formel oder einem Makro verwendet werden.
3D-Effekt	Zeigt das Drehfeld mit einem dreidimensionalen Schatteneffekt an.

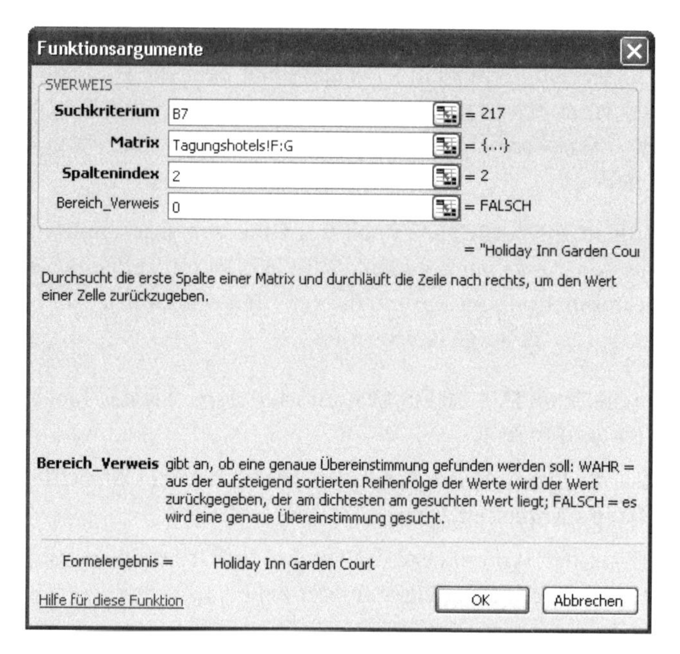

Abbildung 5.38 So wird SVERWEIS »gefüllt«.

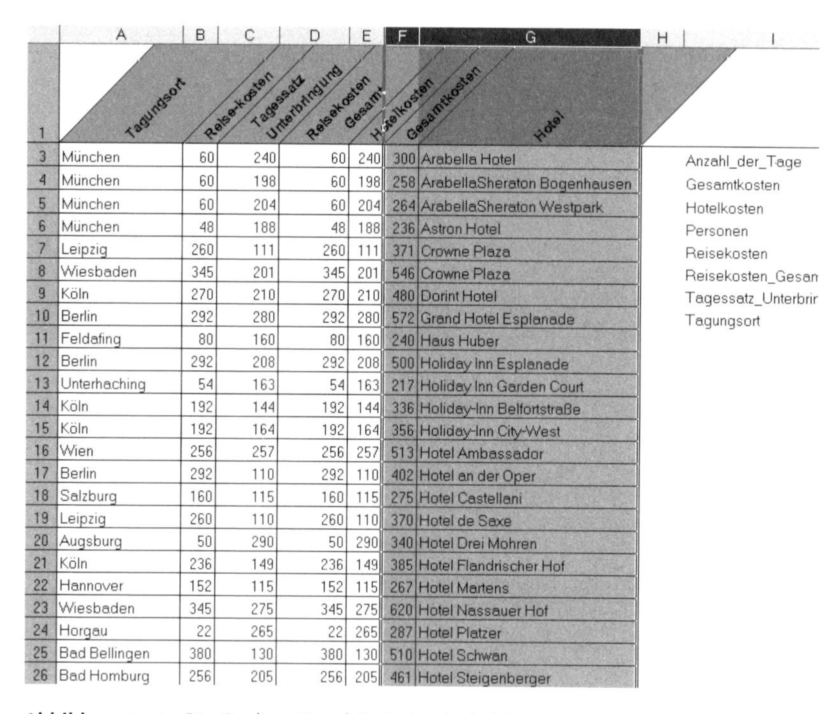

	A	B	C	D	E	F	G
1	Tagungsort	Reise-kosten	Tagessatz Unterbringung	Reisekosten Gesamt		Hotelkosten	Gesamtkosten Hotel
3	München	60	240	60	240	300	Arabella Hotel
4	München	60	198	60	198	258	ArabellaSheraton Bogenhausen
5	München	60	204	60	204	264	ArabellaSheraton Westpark
6	München	48	188	48	188	236	Astron Hotel
7	Leipzig	260	111	260	111	371	Crowne Plaza
8	Wiesbaden	345	201	345	201	546	Crowne Plaza
9	Köln	270	210	270	210	480	Dorint Hotel
10	Berlin	292	280	292	280	572	Grand Hotel Esplanade
11	Feldafing	80	160	80	160	240	Haus Huber
12	Berlin	292	208	292	208	500	Holiday Inn Esplanade
13	Unterhaching	54	163	54	163	217	Holiday Inn Garden Court
14	Köln	192	144	192	144	336	Holiday-Inn Belfortstraße
15	Köln	192	164	192	164	356	Holiday-Inn City-West
16	Wien	256	257	256	257	513	Hotel Ambassador
17	Berlin	292	110	292	110	402	Hotel an der Oper
18	Salzburg	160	115	160	115	275	Hotel Castellani
19	Leipzig	260	110	260	110	370	Hotel de Saxe
20	Augsburg	50	290	50	290	340	Hotel Drei Mohren
21	Köln	236	149	236	149	385	Hotel Flandrischer Hof
22	Hannover	152	115	152	115	267	Hotel Martens
23	Wiesbaden	345	275	345	275	620	Hotel Nassauer Hof
24	Horgau	22	265	22	265	287	Hotel Platzer
25	Bad Bellingen	380	130	380	130	510	Hotel Schwan
26	Bad Homburg	256	205	256	205	461	Hotel Steigenberger

Abbildung 5.39 Die Spalten F und G sind entscheidend.

Nun sollen in Abhängigkeit der in den Zellen `C6` und `C7` angezeigten Werte die entsprechenden Hotels ermittelt werden. Der in der Zelle ermittelte Wert stammt aus der Spalte F der Tabelle TAGUNGSINHALTE, während die gewünschte Information in der Nachbarspalte G zu finden ist.

SVERWEIS – Beispiel

1 Öffnen Sie die Datei SVERWEIS.XLS, und aktivieren Sie das EINGABEBLATT.

2 Tragen Sie in die Zelle `C6` die Funktion SVERWEIS mit Bezug auf den Bereich `F:G` im Tabellenblatt TAGUNGSHOTELS ein. Links sehen Sie die Argumente abgebildet.

3 Klicken Sie auf **OK**, um die Eingabe abzuschließen.

4 Für die Zelle `C7` wiederholen Sie diesen Vorgang.

Mit Hilfe der SVERWEIS-Funktion erhält man immer nur ein Hotel, niemals alle Hotels, die dem gesuchten Wert entsprechen. Diese Aufgabenstellung kann übrigens keine der MATRIX-Funktionen lösen! Man kann sich hier mit einer automatisch generierten Meldung weiterhelfen (siehe Seite 339, WENN, ZÄHLENWENN).

Bei großen Datenmengen benötigt SVERWEIS übrigens sehr viel Arbeitsspeicher, so dass Ihr Computer bei Aktualisierungen recht langsam werden kann. Außerdem kann sich SVERWEIS immer nur von links nach rechts bewegen.

In unserem Beispiel steht unglücklicherweise der Tagungsort in der Spalte A der Tabelle TAGUNGSHOTELS, also links vom SUCHKRITERIUM. Dies ist natürlich etwas, was Sie generell beim Aufbau einer Tabelle berücksichtigen sollten!

Kombination Index und Vergleich

Um neben dem Namen des Hotels auch den Tagungsort angezeigt zu bekommen, können Sie die Funktionen INDEX und VERGLEICH miteinander kombinieren. Dabei geben Sie für die Funktion INDEX den Bereich in Form einer Matrix an, in dem die gewünschte Information zu finden ist.

INDEX verlangt allerdings noch die Angabe einer Zeilen- und/oder Spaltennummer. Diese Information liefert die Funktion VERGLEICH, die Sie bereits kennen gelernt haben (siehe Abschnitt 5.3.1).

[!]

Eine SVERWEIS sehr ähnliche Funktion heißt VERWEIS. In der Regel empfiehlt es sich, anstelle von VERWEIS eine der Funktionen WVERWEIS oder SVERWEIS einzusetzen. Die Funktion VERWEIS steht nur aus Gründen der Kompatibilität mit anderen Tabellenkalkulationsprogrammen (Lotus 1-2-3) zur Verfügung.

Abbildung 5.40 VERGLEICH sucht nur in einer Zeile oder Spalte!

=INDEX(Tagungsort;Vergleich(B7;Gesamtkosten;0))

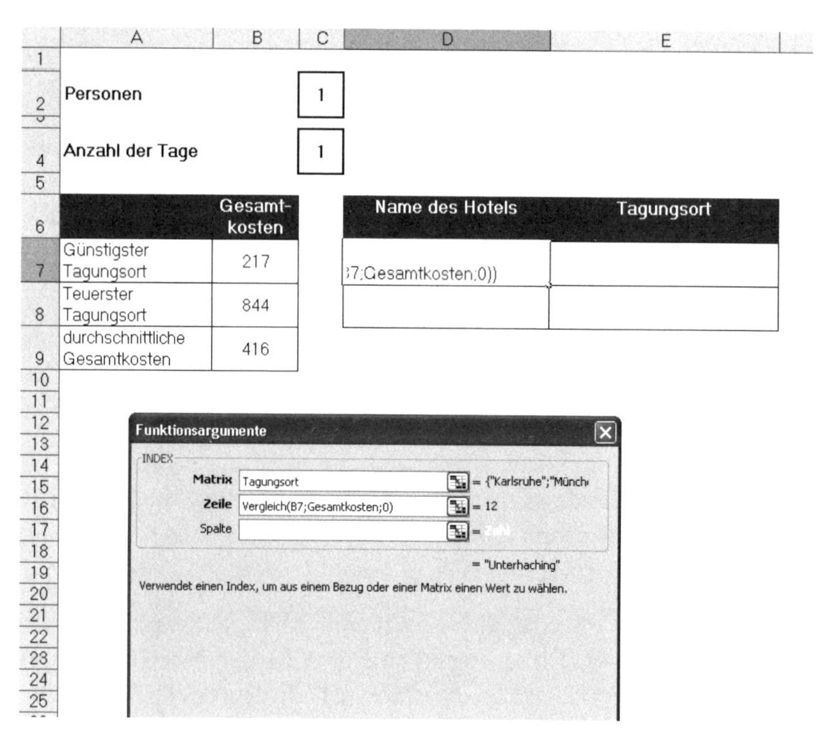

Abbildung 5.41 VERGLEICH liefert die benötigte Zeilennummer.

Etwas komplizierter wird die Abfrage von Werten aus einer Verweistabelle, wenn sich der gesuchte Wert in der ersten Spalte befindet. Dies ist hier der Fall, wenn Sie den Tagungsort mit anzeigen möchten. Für solche Aufgabenstellungen benötigen Sie die Funktionen INDEX und VERGLEICH. Diese werden so miteinander kombiniert, dass Sie die gewünschten Werte als Ergebnis erhalten.

Index

Die Funktion INDEX existiert in einer Matrix- und in einer Bezugsversion. Für das verwendete Beispiel ist nur die Matrixversion relevant. Diese arbeitet so, dass immer ein Zellinhalt als Ergebnis geliefert wird.

```
INDEX(Matrix;Zeile;Spalte)
```

Matrix ist ein Zellbereich, aus dem Sie den Inhalt einer Zelle angezeigt haben möchten.

Zeile ist die Zeile in der Matrix, aus der ein Wert geliefert werden soll. Diese Angabe kann sehr gut durch die Zellverknüpfung einer Schaltfläche oder durch die Funktion VERGLEICH erzeugt werden.

Spalte ist die Spalte in der Matrix, aus der ein Wert geliefert werden soll. Diese Angabe kann sehr gut durch die Zellverknüpfung oder auch durch die Funktion VERGLEICH einer Schaltfläche erzeugt werden.

Werden die beiden Argumente Zeile und Spalte gleichzeitig angegeben, liefert INDEX den Wert der Zelle, in der sich Zeile und Spalte schneiden (Koordinate). Besteht das Argument Matrix aus nur einer Zeile oder Spalte, ist das entsprechende Argument Zeile bzw. Spalte optional. Erstreckt sich Matrix über mehrere Zeilen und Spalten und ist nur eines der Argumente Zeile oder Spalte angegeben, liefert INDEX eine Matrix, die der gesamten zugehörigen Zeile oder Spalte von Matrix entspricht.

Vergleich

1. Wenn Sie es noch nicht getan haben, dann öffnen Sie die Datei SVERWEIS.XLS.
2. Aktivieren Sie das EINGABEBLATT.
3. Tragen Sie in die Zelle `D7` die Funktion INDEX in der Variante »Matrix;Zeile;Spalte« ein.
4. Wählen Sie im Feld MATRIX mit Hilfe der F3-Taste den Bereich TAGUNGSHOTEL aus.
5. Im Feld ZEILE fügen Sie die Funktion VERGLEICH ein. Dazu aktivieren Sie noch einmal den Funktionsassistenten.
6. Klicken Sie auf **OK**, um die Eingabe abzuschließen.
7. Für die Zelle `D8` wiederholen Sie diesen Vorgang.

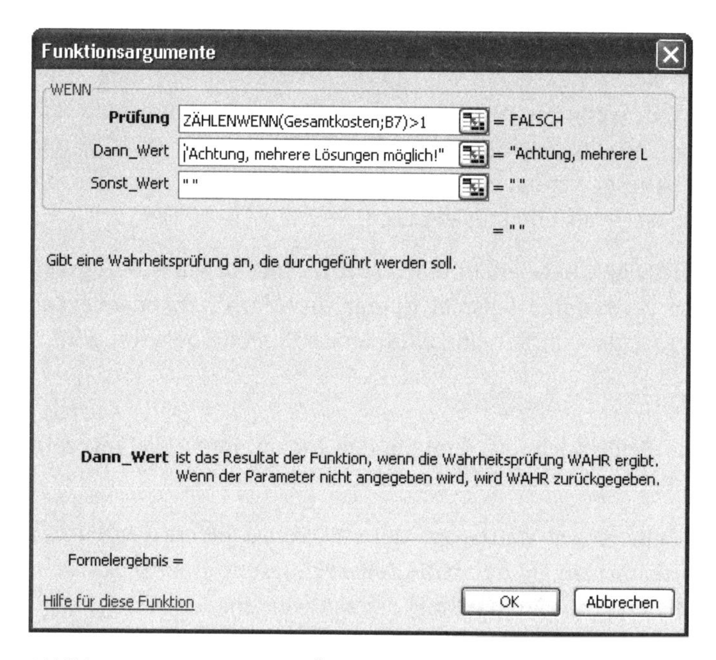

Abbildung 5.42 WENN und ZÄHLENWENN

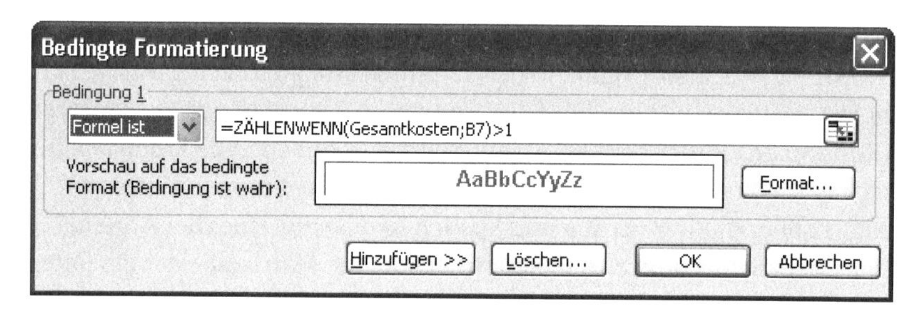

Abbildung 5.43 So erfolgt die bedingte Formatierung.

Mehrfachnennungen abfangen

Matrixfunktionen können nur einen Wert liefern. Dies ist ein Nachteil, wenn bei einem Modell vorher nicht bekannt ist, ob bestimmte Wertkombinationen immer zu einem eindeutigen (hier: kostenminimalen) Ergebnis führen oder nicht. In solchen Fällen lässt sich mit Hilfe der Funktionen WENN und ZÄHLENWENN eine Meldung in dem Modell einrichten.

Zählenwenn

Die Funktion ZÄHLENWENN (Bereich;Kriterien, Kategorie Statistik) zählt die nichtleeren Zellen eines Bereichs, deren Inhalte mit dem Suchkriterium übereinstimmen.

Bereich ist der Zellbereich, von dem Sie wissen möchten, wie viele seiner Zellen einen Inhalt haben, der mit den Suchkriterien übereinstimmt. **Kriterien** verlangt eine Zahl, einen Ausdruck oder eine Zeichenfolge. Diese Kriterien bestimmen, welche Zellen gezählt werden. Das Suchkriterium kann z. B. als 32, "32", ">32" oder "Hotels" formuliert werden.

Wenn

Die Funktion WENN(Prüfung;Dann_Wert;Sonst_Wert), Kategorie: LOGIK prüft einen Sachverhalt, liefert dann eine Meldung oder führt eine Berechnung aus, die vorher definiert wurde.

Prüfung ist ein beliebiger Wert oder Ausdruck, der WAHR oder FALSCH sein kann. Ist das Ergebnis der Prüfung = WAHR, so wird der Inhalt des Arguments **Dann_Wert** angezeigt oder ausgeführt. Ist das Ergebnis der Prüfung = FALSCH, so wird der Inhalt des Arguments **Sonst_Wert** angezeigt oder ausgeführt. Es können bis zu sieben WENN-Funktionen als Dann_Wert- und Sonst_Wert-Argumente geschachtelt werden.

Zellen verbinden

1. Öffnen Sie die Datei SVERWEIS2.XLS, und tragen Sie in die Zelle A12 vom **Eingabeblatt** die Funktion WENN ein.
2. Im Feld **Prüfung** fügen Sie die Funktion ZÄHLENWENN ein. Dazu aktivieren Sie noch einmal den Funktions-Assistenten. Wählen Sie im Feld **Bereich** mit Hilfe der F3-Taste den Bereich **Gesamtkosten**.
3. Wechseln Sie zur WENN-Funktion, und tragen Sie, so wie links abgebildet, eine Meldung im Feld DANN-WERT ein.
4. Definieren Sie in **Sonst_Wert** durch die Zeichen "" eine leere Zelle.
5. Verbinden Sie die Zellen A12:C12 durch **Format • Zellen** im Register **Ausrichtung**.
6. Definieren Sie für die verbundenen Zellen die nebenstehende bedingte Formatierung aus dem Menü **Format**.

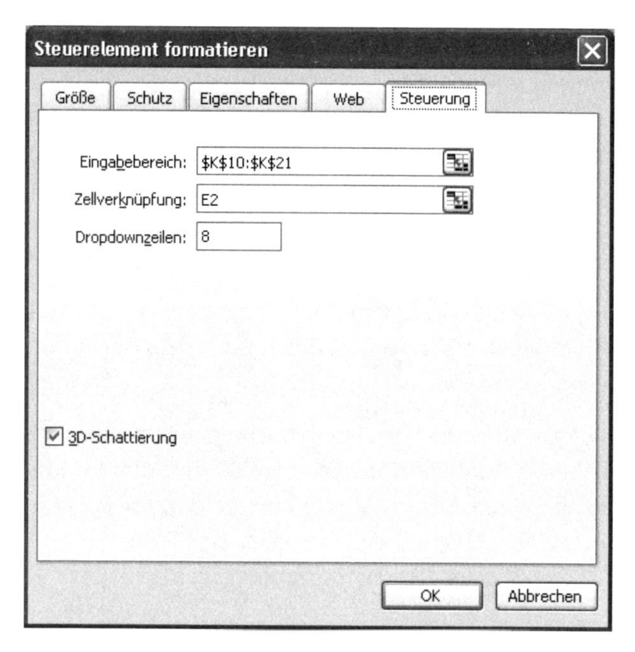

Abbildung 5.44 Hier tragen Sie Parameter für die Steuerung ein.

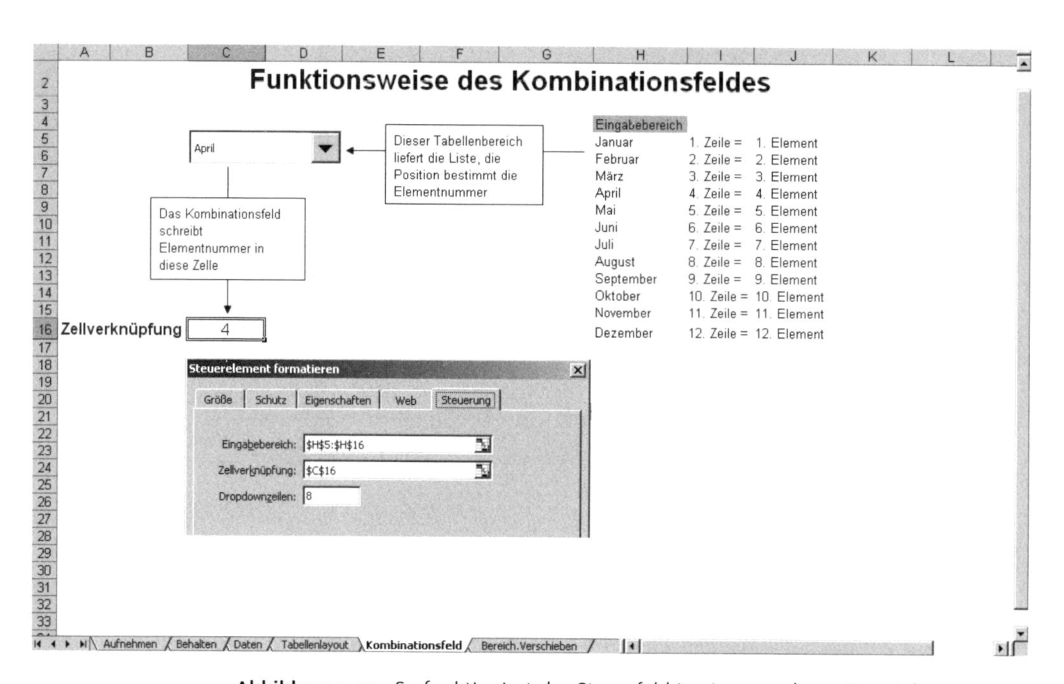

Abbildung 5.45 So funktioniert das Steuerfeld in einem anderen Beispiel.

5.3.4 Warnsignale im Reporting

Modellaufbau

Bei dem folgenden MODELL geht es darum, Informationen über Abweichungen bei Plan-Ist-Werten darzustellen und Abweichungen über eine festgelegte Grenze hinaus »ins Auge springen« zu lassen. In der Zelle E2 sollten Sie die Möglichkeit schaffen, die Werte nach einzelnen Monaten zu selektieren. Dies geschieht mit einem Kombinationsfeld, dessen Ausgabeverknüpfung in dieser Zelle erfolgt. Das Kombinationsfeld benötigt dazu die Monate als Liste. Auf dem Tabellenblatt sind die Monate im Bereich K10:K21 hinterlegt.

Kombinationsfeld

Ein Kombinationsfeld ist ein Drop-down-Listenfeld, das die Selektion eines Elementes der angebotenen Liste zulässt. Es gehört zu den so genannten Steuerfeldern. Der Eingabebereich ist ein Bezug auf den Tabellenbereich, der die Werte enthält, die in der Drop-down-Liste angezeigt werden sollen. Der Tabellenbereich darf nur eine Spalte, aber beliebig viele Zeilen umfassen!

Die Zellverknüpfung schafft die Verbindung zur Tabelle. In die Zelle, die hier angegeben wird, schreibt das Kombinationsfeld die Nummer des Elements, das gewählt wurde (das erste Element hat die Nummer 1). Sie können diese Nummer in einer Formel oder einem Makro verwenden, um das eigentliche Element aus dem Eingabebereich zurückzugeben.

Ampelfunktion

1. Öffnen Sie die Datei AMPELFUNKTION.XLS.
2. Aktivieren Sie das Tabellenblatt WARNSIGNALE.
3. Schalten Sie die Symbolleiste **Formular** über **Ansicht • Symbolleisten** ein.
4. Fügen Sie etwa auf der Zelle E2 ein Kombinationsfeld ein. Dazu klicken Sie in der Symbolleiste das Symbol an und ziehen etwa auf der Zelle E2 ein Rechteck auf.

5. Geben Sie die links abgebildeten Steuerungsparameter an.
6. Klicken Sie die Schaltfläche **OK** an.

Steuerelemente sind Grafikobjekte, die auf einer Zelle platziert werden können, um Daten anzuzeigen oder einzufügen, einen Vorgang auszuführen oder das Blatt lesbarer zu gestalten. Mit den ActiveX-Steuerelementen (Symbolleiste **Steuerelement-Toolbox**) funktionieren sowohl Makros, die mit VBA erstellt wurden, als auch Webskripte. Steuerelemente der Symbolleiste **Formular** sind kompatibel mit früheren Versionen von Excel (ab Excel Version 5.0) und können auf XLM-Makroblättern verwendet werden.

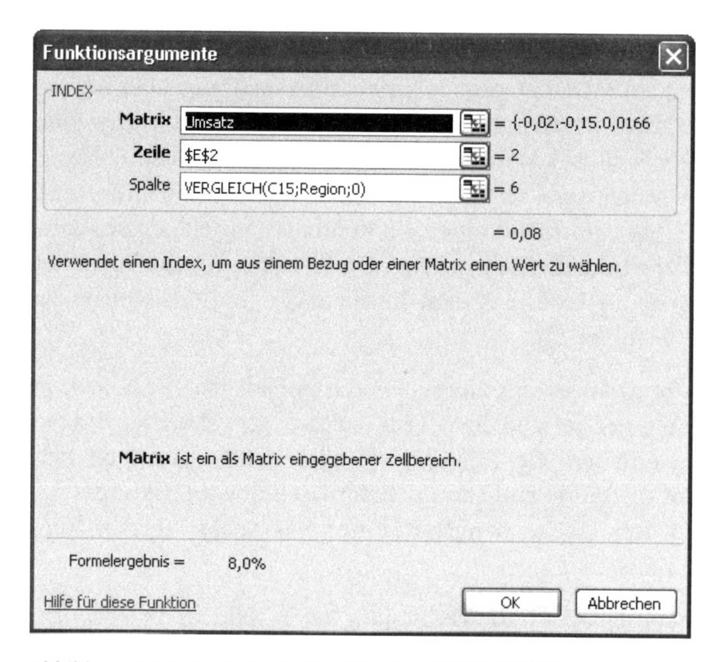

Abbildung 5.46 So sieht die Kombination INDEX/VERGLEICH aus.

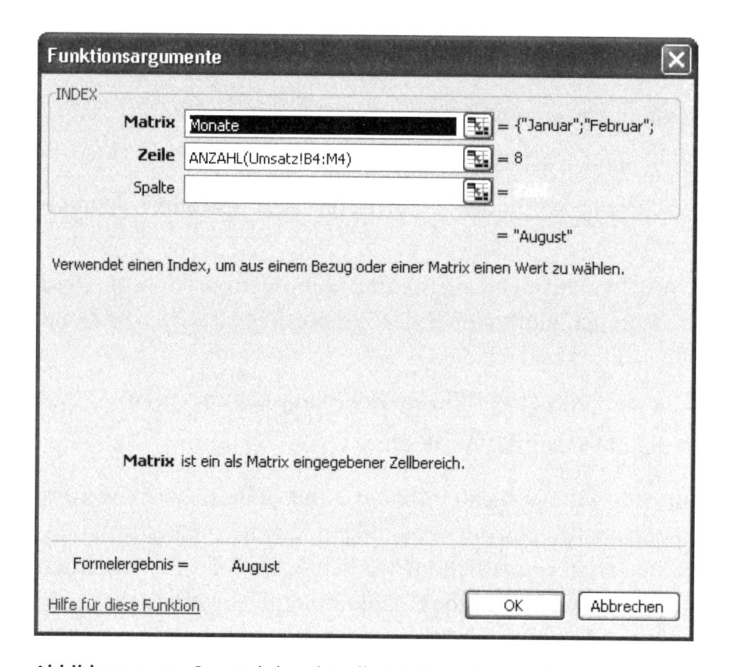

Abbildung 5.47 So wird der aktuelle Ist-Monat angezeigt.

In den Zellen D10:D15 soll für die Regionen mit Hilfe des Kombinationsfeldes monatlich die relative Differenz von IST zu SOLL für den Umsatz angezeigt werden.

Kombinationsfeld

Das Kombinationsfeld erzeugt in der Zellverknüpfung einen Wert, der von der Funktion INDEX als Spaltennummer verwendet werden kann. Die Funktion VERGLEICH sucht nach der Position der gewünschten Region und liefert damit die Zeilennummer.

1. Markieren Sie den Zellbereich D10:D15.
2. Wählen Sie über **Einfügen • Funktion** die Funktion INDEX aus der Kategorie MATRIX mit der Bezugsvariante MATRIX aus.
3. Klicken Sie in das Feld MATRIX, und geben Sie mit der [F3]-Taste den Namen »Umsatz« an.
4. Im Feld ZEILE geben Sie die Funktion VERGLEICH ein. Die Argumente sind links abgebildet.
5. Klicken Sie in das Feld SPALTE, und geben Sie die Ausgabeverknüpfung des Kombinationsfeldes (E2) an.
6. Drücken Sie die [F4]-Taste, um den Bezug absolut einzugeben.
7. Schließen Sie die Eingabe mit der Tastenkombination [Strg] + [Enter] ab.

Anzahl()

Stellen Sie in der Zelle J6 mit Hilfe einer verschachtelten INDEX- und ANZAHL-Funktion fest, bis zu welchem Monat die Daten in die Reports eingepflegt wurden.

Die Funktion ANZAHL (Kategorie STATISTIK) gibt die Anzahl von Zellen in einem Bereich wieder, die keine Zeichenfolge (Text) enthalten. Dabei berücksichtigt sie nur Argumente, die Zahlen, Null, Wahrheitswerte, Datumsangaben oder Zahlen in Textform sind. Argumente, die mit einem Fehlerwert oder mit einem Text belegt sind, der nicht in eine Zahl umgewandelt werden kann, werden nicht gezählt.

1. Markieren Sie die Zelle G2.
2. Wählen Sie über **Einfügen • Funktion** die Funktion INDEX aus der Kategorie MATRIX mit der Bezugsvariante MATRIX aus.
3. Klicken Sie in das Feld MATRIX, und geben Sie mit der [F3]-Taste den Namen »Monate« an.
4. Klicken Sie in das Feld ZEILE, und fügen Sie die Funktion ANZAHL mit dem Bereich B4:M4 auf dem Tabellenblatt UMSATZ ein.
5. Klicken Sie auf **OK**.

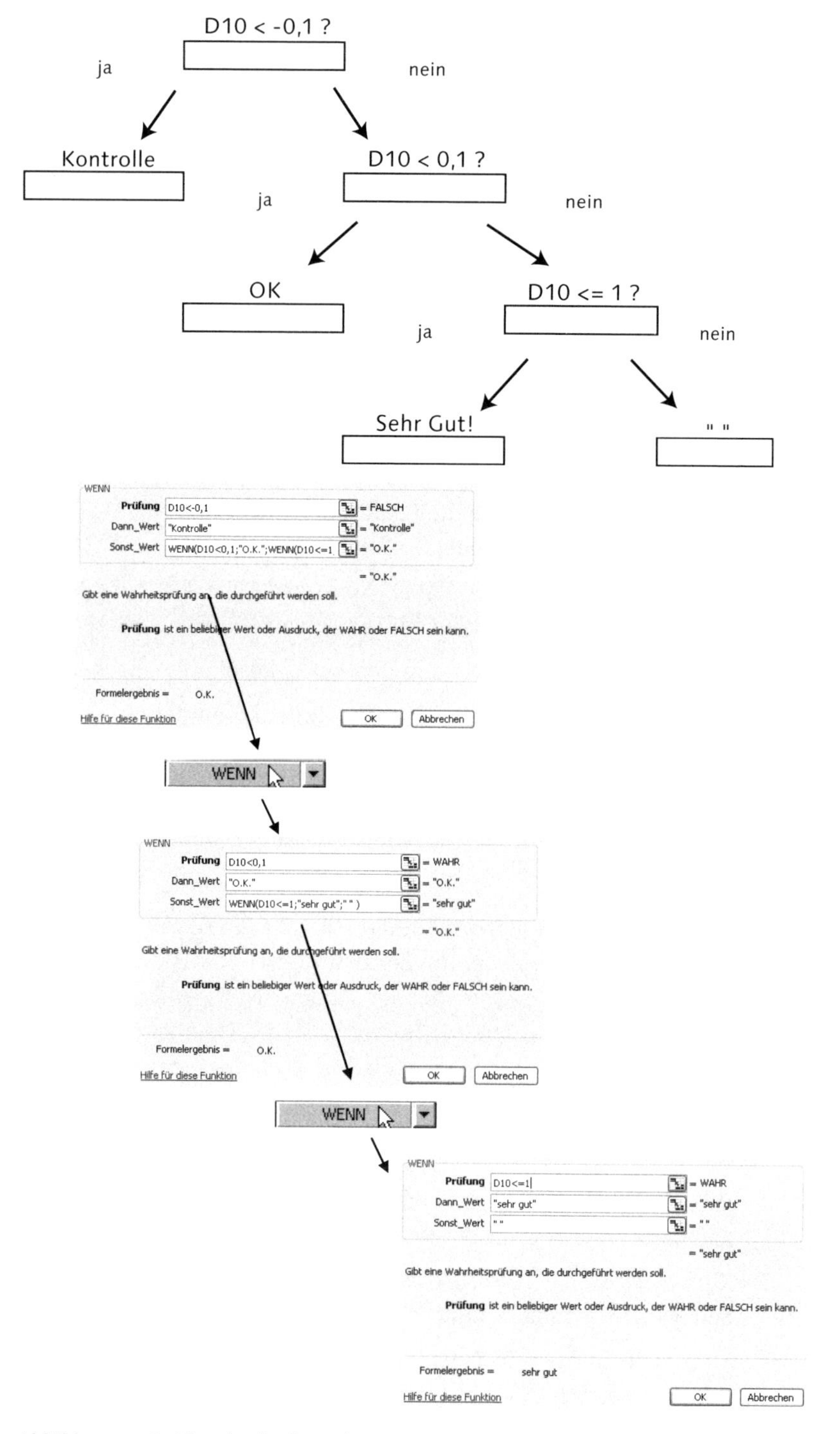

Abbildung 5.48 Verschachtelung der WENN-Funktionen

Nun soll eine Art »Ampelsystem« aufgebaut werden. Das Ampelsystem soll durch das automatische Anzeigen von Meldungen auf »ungebührliche« Abweichungen zwischen Soll- und Istwerten aufmerksam machen. Dazu werden die aus dem Straßenverkehr bekannten Farben Gelb, Rot und Grün als zusätzliche Erkennungsmerkmale eingeblendet.

In den Zellen `E10:E15` sollen folgende Warnmeldungen erscheinen:

Ampelfunktion

- Bei einer negativen Abweichung von mehr als 10% soll die Meldung »Kontrolle« erscheinen und die Zelle entsprechend mit roter Farbe hinterlegt werden.
- Liegt die Abweichung zwischen den Werten kleiner oder gleich –10% und größer oder gleich 10%, soll eine Meldung »O.K.« angezeigt werden. Die Zelle soll dann in gelber Farbe erscheinen.
- Übertrifft die Abweichung 10% nach oben, soll die Meldung »Sehr gut« erscheinen und die Zelle mit der positiven Signalfarbe Grün hinterlegt werden.
- Gibt es noch keine Istwerte, so soll nichts angezeigt werden. Auch dieser Punkt ist zu berücksichtigen.

Dazu setzen Sie eine dreifach verschachtelte WENN-Funktion ein. Die Argumente (siehe Abbildung 5.48):

- D10 > -0,1
- D10 < 0,1
- D10 <= 1

Visualisierung

Sie können dieses Bewertungssystem natürlich auch visualisieren, so dass keine Meldungen, sondern ausschließlich Grafiken oder Symbole angezeigt werden. Dazu benötigen Sie Zeichen aus einer Symbolschriftart. In den meisten Windows-Installationen finden Sie hierzu die Schriftarten *Symbol*, *Webdings* oder *Wingdings*. Die Tabelle 5.2 auf der Seite 314 zeigt Ihnen eine kleine Auswahl.

1. Markieren Sie den Zellbereich `D10:D15`.
2. Überarbeiten Sie die WENN-Funktion, indem Sie die Buchstaben L, K und J verwenden.
3. Danach richten Sie eine bedingte Formatierung ein, so wie es in der Abbildung 5.48 zu sehen ist. Bedingung 1 zeigt eine Variante.

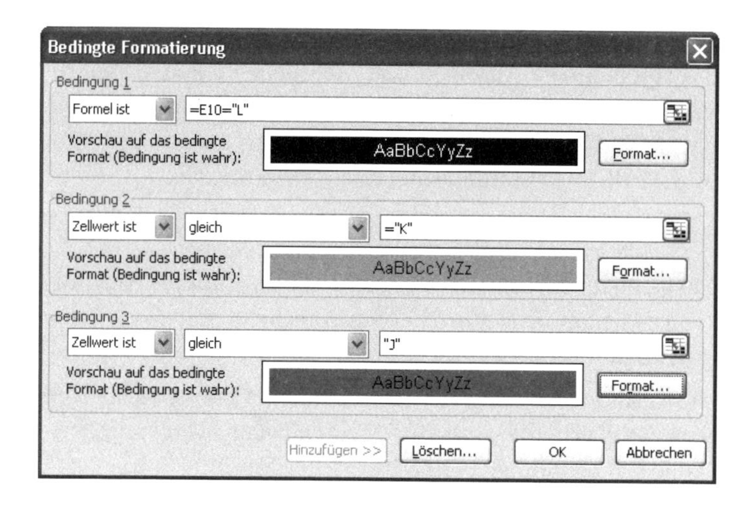

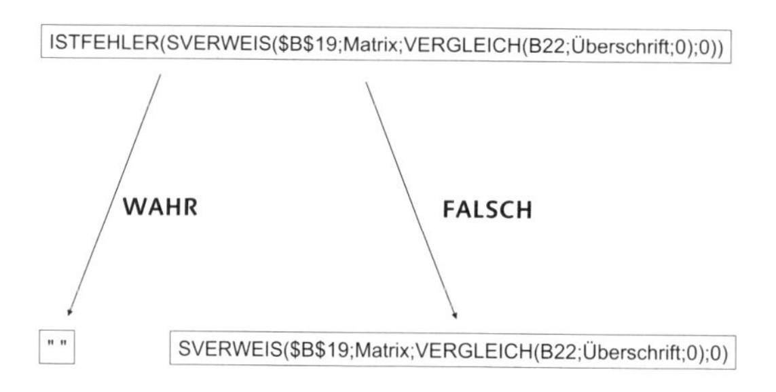

Abbildung 5.49 Schema dieser WENN-Funktion

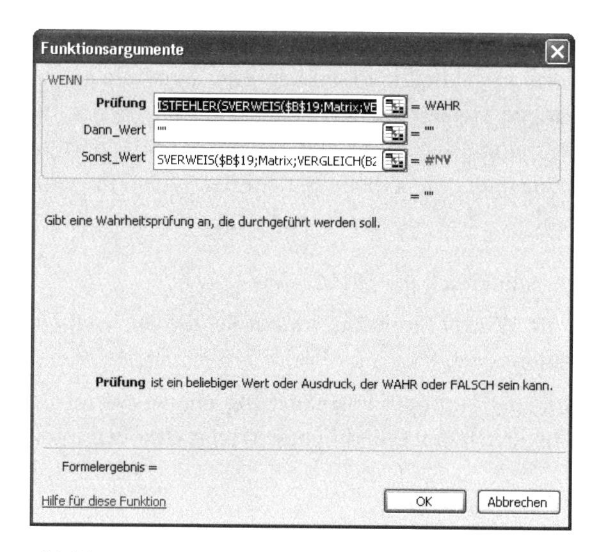

Abbildung 5.50 So sieht der Funktions-Assistent dazu aus.

Können die Funktion SVERWEIS oder VERGLEICH den als Suchkriterium angegebenen Wert nicht finden und ist Bereich_Verweis bzw. Vergleichstyp gleich FALSCH (oder = 0), liefert SVERWEIS/VERGLEICH den Fehlerwert #NV. Ist die Anzeige von #NV nicht erwünscht, so kann dies mit der Funktion ISTFEHLER (Kategorie INFORMATION) abgefangen werden.

Fehler abfangen

Die Funktion ISTFEHLER untersucht, ob in einer Zelle oder als Ergebnis einer Berechnung einer der Fehlerwerte (#NV, #WERT!, #BEZUG!, #DIV/0!, #ZAHL!, #NAME? oder #NULL!) entsteht. In diesem Fall gibt die Funktion ISTFEHLER die Information WAHR zurück. In Kombination mit der WENN-Funktion stellen Sie ein Verfahren zur Verfügung, mit dem Fehler in Formeln gesucht werden können.

Aufbau der Gesamtfunktion

Mit der WENN-Funktion wird überprüft, ob SVERWEIS einen fehlenden Wert feststellt und eine Fehlermeldung produziert =WENN(ISTFEHLER(SVERWEIS()).

Da ISTFEHLER als Ergebnis ein WAHR anzeigt, wenn ein Fehler vorliegt, führt das zu einem WAHR bei der WENN-Prüfung. Für diesen Fall wird im Feld DANN-WERT die Zahl »0« oder eine leere Zelle (" ") eingetragen. Sollte ISTFEHLER nicht WAHR zurückgeben, dann führt das auch bei der WENN-Prüfung zu einem FALSCH. In diesem Fall wird im Feld **Sonst_Wert** die Funktion SVERWEIS ausgeführt.

1. Öffnen Sie die Datei DB_ANALYSE3.XLS.
2. Markieren Sie die Zelle `C21`, schneiden Sie sich die Zeichenfolge der Funktion SVERWEIS aus, und bestätigen Sie diese Zellveränderung mit [Enter].
3. Wählen Sie mit dem Menü **Einfügen • Funktion** aus der Kategorie LOGIK die Funktion WENN aus.
4. Klicken Sie in das Feld **Prüfung** und danach in der Bearbeitungsleiste auf das Listenfeld, das die neun zuletzt verwendeten Funktionen anzeigt.
5. Wählen Sie aus der Liste oder über **Weitere Funktionen** die Funktion ISTFEHLER aus der Kategorie **Information** aus.
6. In das Feld **Wert** der Funktion ISTFEHLER fügen Sie die Funktion SVERWEIS ein, die Sie gerade ausgeschnitten haben.
7. Wechseln Sie zur Funktion WENN und ergänzen Sie die links abgebildeten Argumente.
8. Klicken Sie **OK** an, um die Einstellungen zu übernehmen.

Abbildung 5.51 Inhalte einfügen

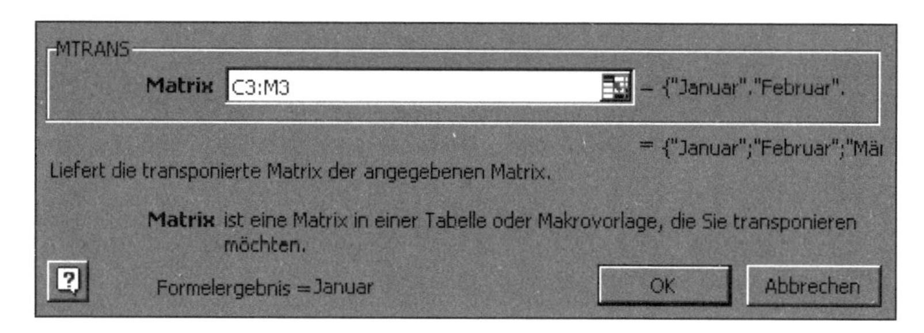

Abbildung 5.52 Matrix einstellen

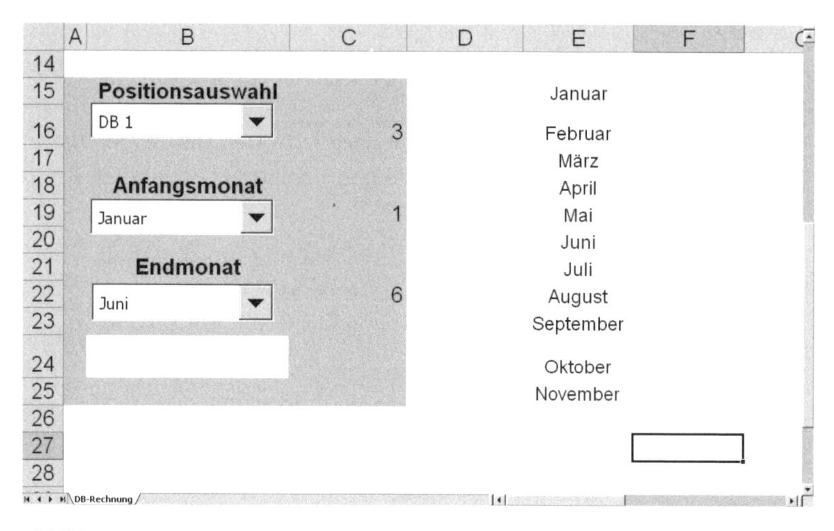

Abbildung 5.53 Monate auswählen/einstellen

Häufig hat man in der Praxis die Anforderung, dass man einen Teil einer Tabelle transponieren (d. h. um 90° drehen) möchte. Excel bietet dafür zwei Möglichkeiten an:

- eine statische Lösung (Transponieren) und
- eine dynamische Lösung (Funktion MTRANS)

Transponieren

1. Öffnen Sie die Datei BEREICH.VERSCHIEBEN.XLS.
2. Markieren Sie den Zellbereich `C3:N3`.
3. Wählen Sie aus dem Menü **Bearbeiten** den Befehl **Kopieren** aus.
4. Klicken Sie die Zelle an, ab welcher der markierte Bereich transponiert eingefügt werden soll. Hier ist das die Zelle `E15`.
5. Wählen Sie aus dem Menü **Bearbeiten** den Befehl **Inhalte einfügen** und dort die Option **Transponieren** aus.

MTRANS

Möchten Sie einen Zellbereich dynamisch transponieren, d. h., Änderungen an der Quelle werden sofort im Zielbereich transponiert, so benötigen Sie dazu die Funktion MTRANS aus der Kategorie STATISTIK.

Die Funktion MTRANS hat einige Voraussetzungen:

- Markieren Sie den gesamten Zielbereich. Dazu müssen Sie vorher ermitteln, wie viele Zeilen Sie in wie viele Spalten verwandeln. Hier: elf Spalten in elf Zeilen.
- Die Funktion Matrix muss immer mit der Tastenkombination [Strg] + [Enter] abgeschlossen werden. Der markierte Bereich ist nun eine Einheit (Matrix/Vektor) und kann immer nur vollständig verändert werden. Jede Veränderung muss mit der gleichen Tastenkombination abgeschlossen werden.

1. Öffnen Sie die Datei BEREICH.VERSCHIEBEN.XLS.
2. Markieren Sie den Zellbereich `E15:E25`.
3. Wählen Sie mit dem Menü **Einfügen • Funktion** die Funktion MTRANS aus der Kategorie MATRIX aus.
4. Geben Sie den Zellbereich `B3:N3` an.
5. Schließen Sie die Eingabe mit der Tastenkombination [Strg] + [⇧] + [Enter] ab.

Wenn Sie nun im Zellbereich `B3:N3` irgendetwas verändern, wirkt sich diese Veränderung im Zielbereich `E15:E25` sofort entsprechend aus.

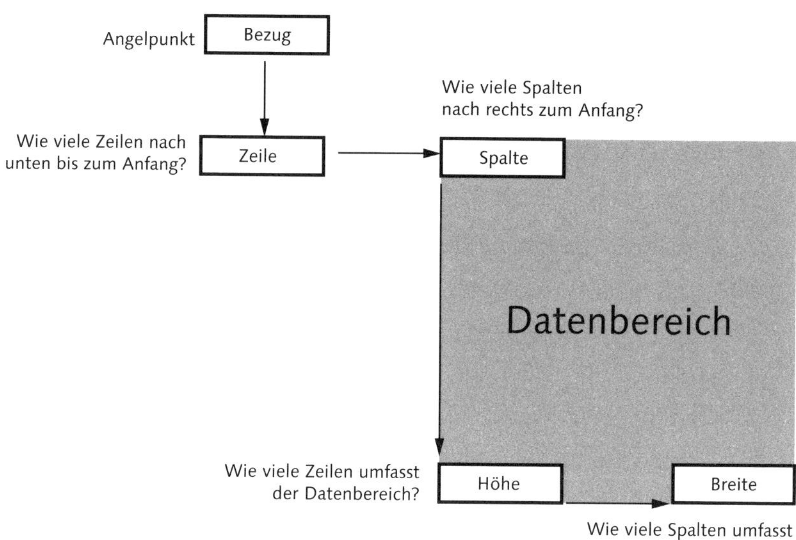

Abbildung 5.54 So funktioniert die Funktion BEREICH.VERSCHIEBEN.

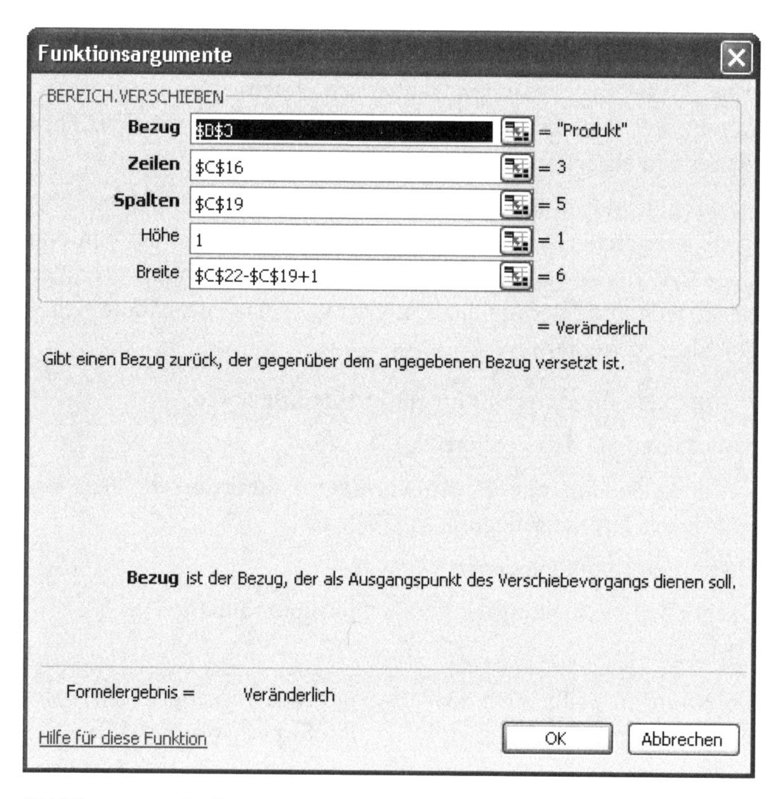

Abbildung 5.55 Funktionsargumente bearbeiten

5.3.5 Kumulationen im Informationssystem

Variable Bereiche für Funktionen

BEREICH.VERSCHIEBEN liefert einen Bezug, der gegenüber dem angegebenen Bezug versetzt ist. Der zurückgegebene Bezug kann eine einzelne Zelle oder ein Zellbereich sein. Sie können die Anzahl der zu liefernden Zeilen und Spalten festlegen. Die Funktion BEREICH.VERSCHIEBEN verschiebt weder Zellen, noch ändert sie die Markierung (Auswahl); sie liefert lediglich einen Bezug. BEREICH.VERSCHIEBEN kann dadurch mit jeder Funktion eingesetzt werden, die als Argument einen Bezug erwartet, aber auch bei Diagrammen, der Pivot-Tabelle, variablen Druckbereichen und variablen Namen.

1. Öffnen Sie die Datei BEREICH.VERSCHIEBEN.XLS.
2. Markieren Sie die Zelle B24.
3. Wählen Sie **Einfügen • Funktion** und dort aus der Kategorie MATRIX die Funktion BEREICH VERSCHIEBEN aus.
4. Bestätigen Sie mit **OK**.
5. Geben Sie die Argumente, wie links abgebildet, an.
6. Bestätigen Sie mit **OK**.
7. Setzen Sie noch die Funktion SUMME davor.

```
BEREICH.VERSCHIEBEN (Verweis;Zeilen;Spalten;Höhe;Breite)
```

Die Parameter

Verweis ist ein Zellbezug (Angelpunkt), der als Ausgangspunkt des Verschiebevorgangs dienen soll.

Zeilen ist die Anzahl der Zeilen, um die Sie den Angelpunkt nach oben (negativer Wert) oder nach unten (positiver Wert) verschieben wollen.

Spalten ist die Anzahl der Spalten, um die Sie den Angelpunkt nach links (negativer Wert) oder nach rechts (positiver Wert) verschieben wollen.

Wenn die Werte von Zeilen und Spalten zur Folge haben, dass der Verweis über den Rand der jeweiligen Tabelle hinaus versetzt wird, liefert BEREICH.VERSCHIEBEN den Fehlerwert #BEZUG!

Höhe ist die Höhe des neuen Bezuges in Zeilen. Höhe muss eine positive Zahl sein.

Breite ist die Breite des neuen Bezuges in Spalten. Breite muss eine positive Zahl sein.

Fehlt das Argument Höhe oder Breite, geht Excel davon aus, dass der neue Bezug dieselbe Höhe oder Breite wie Verweis hat.

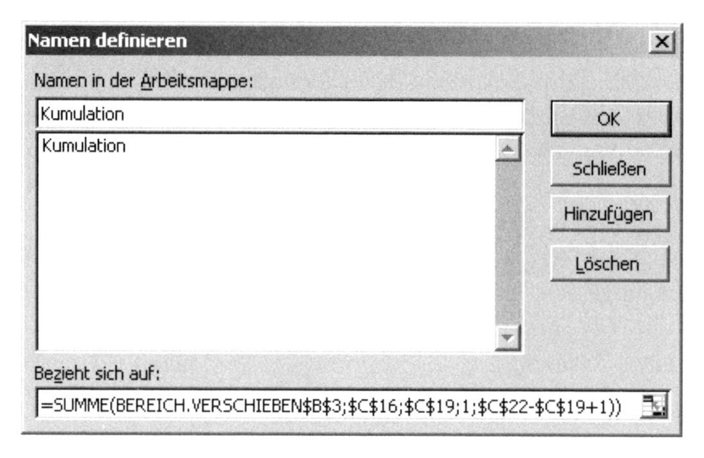

Abbildung 5.56 Funktion erhält einen Namen über Zeichenfolgen.

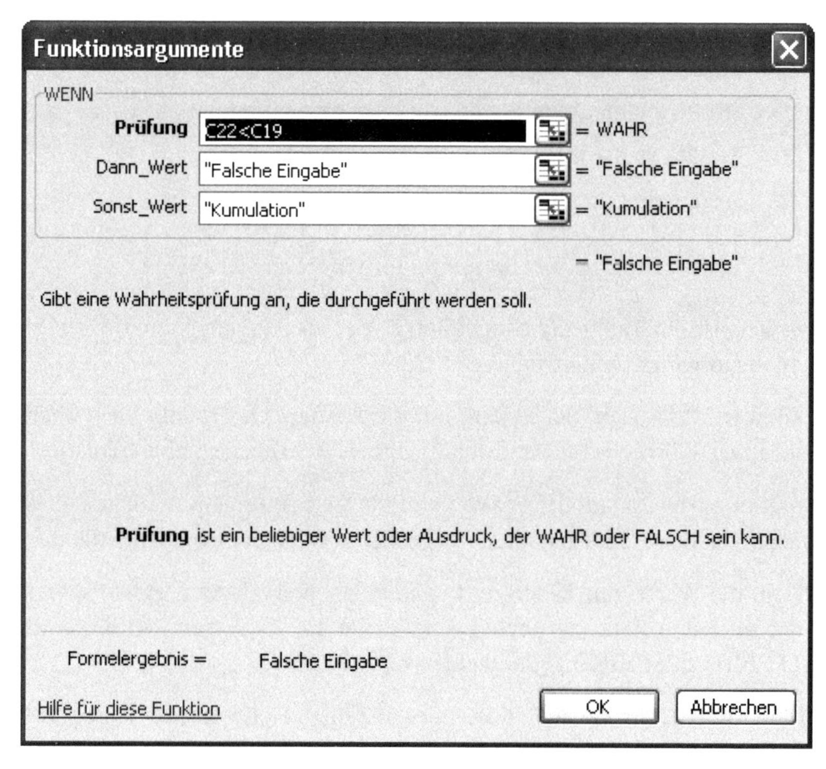

Abbildung 5.57 Abfangen von Fehleingaben

Wie Sie wahrscheinlich bemerken, führt der Einsatz der Funktion BEREICH.VERSCHIEBEN() zu sehr langen und unübersichtlichen Funktionen. Nun bietet Excel nicht nur die Möglichkeit, für Zellen und/oder Zellbereiche Namen zu vergeben, sondern auch für Funktionen.

Daher schreiben wir zunächst immer einmal diese Funktion in irgendeine Zelle, um die Funktionstüchtigkeit zu überprüfen. Dies ist eine Hilfskonstruktion, um an die Zeichenfolge der Funktion zu kommen. Diese wird in der Zelle ausgeschnitten und über das Menü **Einfügen • Namen • Definieren** wieder eingefügt.

Wichtig hierbei ist außerdem, dass jeder Zellbezug fixiert (mit $-Zeichen versehen) wird.

Namen für Funktion festlegen

1. Klicken Sie die Zelle B24 an, und aktivieren Sie die Bearbeitungsleiste mit der [F2]-Taste.
2. Markieren Sie in der Bearbeitungsleiste den Inhalt der Zelle B24, und kopieren Sie ihn in die Zwischenablage.
3. Schließen Sie die Bearbeitungsleiste wieder mit [ESC].
4. Wählen Sie aus dem Menü **Einfügen • Namen • Definieren** aus.
5. Fügen Sie im Feld BEZIEHT SICH AUF den Inhalt der Zwischenablage ein, und fügen Sie im Feld NAMEN IN DER ARBEITSMAPPE den Namen KUMULATION ein.
6. Löschen Sie den Inhalt der Zelle B24.
7. Klicken Sie auf das Symbol für die Funktion SUMME() und drücken Sie die [F3]-Taste.
8. Wählen Sie den Bereichsnamen KUMULATION aus.
9. Klicken Sie auf **OK**.

Fehleingaben abfangen

Um Fehleingaben durch den Anwender abzufangen, kombinieren wir nun noch die Funktion KUMULATION mit einer WENN-Funktion!

1. Wählen Sie aus dem Menü **Einfügen** den Befehl **Funktion** aus der Kategorie LOGIK und dann die Funktion WENN aus.
2. Geben Sie die Argumente, wie links abgebildet, an.
3. Bestätigen Sie mit **OK**.

Beachten Sie, wie kurz die Gesamtfunktion geworden ist.

Wir haben hier drei Funktionen verschachtelt!

Kennzahlen sind Zahlen, die sich auf bestimmte betriebliche Sachverhalte beziehen und eine besondere Aussagekraft beinhalten. Kennzahlen informieren in präziser und zusammengefasster Form über wichtige betriebswirtschaftliche Tatbestände und die Entwicklung eines Unternehmens, seiner Teilbereiche, seiner Funktionen oder seiner Prozesse.

6 Kennzahlen

Kennzahlen und Kennzahlensysteme stellen wichtige Instrumentarien zur Unterstützung des betrieblichen Planungs-, Steuerungs- und Kontrollprozesses dar. Mit den heutigen Möglichkeiten der DV und leistungsfähigen Softwaresystemen lassen sich problemlos Kennzahlen generieren. Die Erfassung der benötigten Basisdaten und die Errechnung der einzelnen Kennziffernwerte können damit weitgehend automatisiert erfolgen.

Excel als Werkzeug zur Kennzahlenbildung

Viele Unternehmensziele lassen sich in Kennzahlen ausdrücken. Beispiele sind Rendite, Marktanteil, Wachstum, Wertsteigerung. Excel ist geradezu prädestiniert, um als Werkzeug zur Kennzahlenbildung zu dienen; gerade wenn es darum geht, mittels eines Prototypen die Akzeptanz für ein MIS zu fördern oder die Informationsempfänger im Unternehmen bei der Auswahl geeigneter Kennzahlen einzubinden. Ist auf diese Art und Weise ein Kennzahlensystem und/oder MIS entstanden, so hat man damit gleich das Anforderungsprofil für die Beschaffung einer speziellen Software erstellt, und man kann die Vorstellungen wesentlich konkreter kommunizieren und spart damit Zeit und Geld.

Die Philosophie

Möglicherweise erfüllt das System in Excel aber seinen Sinn und Zweck, und auf die folgende Investition kann verzichtet werden. Mit der Zunahme der technischen Möglichkeiten scheint aber auch die Zahl der Kennzahlen zu explodieren. In diesem Kapitel möchten wir Ihnen unsere Philosophie der Kennzahlenbildung nahe bringen, ohne dass wir damit den Anspruch auf Vollständigkeit oder Perfektion erheben.

Wesentlich ist aber folgendes Prinzip bei der Kennzahlenbildung: Lieber Anregung zur Handlung als zehn neue, intelligente Kennzahlen ohne Aktion!

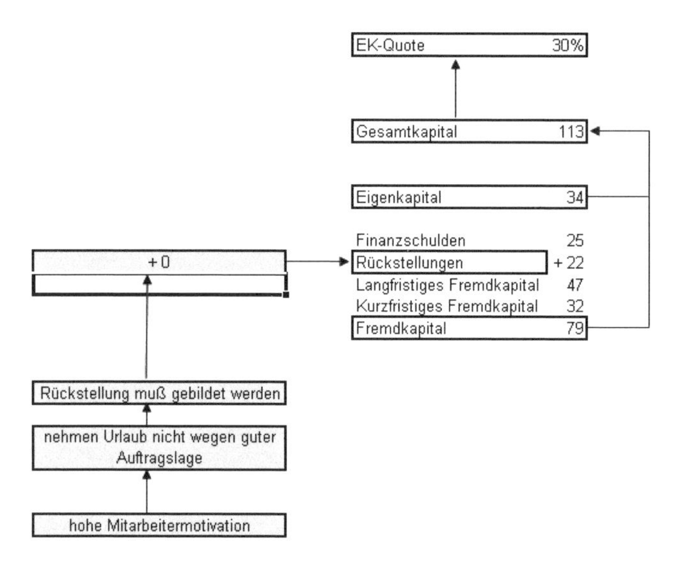

Abbildung 6.1 Keine Rückstellung wegen nicht genommenen Urlaubs

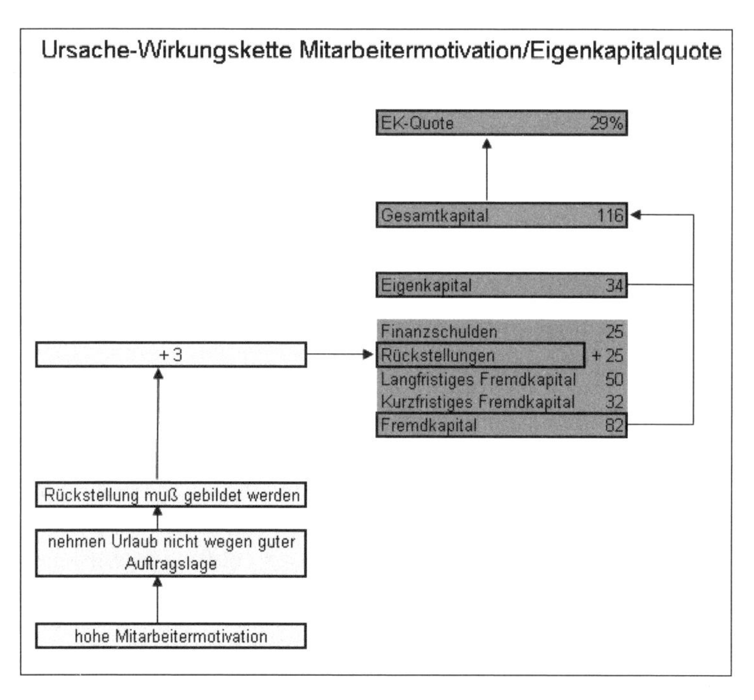

Abbildung 6.2 Rückstellung für nicht genommenen Urlaub gebildet

6.1 Systematik von Kennzahlen

Kennzahlen gibt es reichlich, und permanent werden neue entwickelt und veröffentlicht. Welche Kennzahl ist die richtige für Ihr Unternehmen?

Die Antwort auf diese Frage lautet: Das kommt darauf an!

Fragen

Folgende Fragen sollten Sie sich stellen, wenn Sie Kennzahlen und/oder Kennzahlensysteme in Ihrem Unternehmen entwickeln, ohne dass Sie bereits Vorgaben erhalten haben:

Intern/extern

Wo ist der Empfänger der Kennzahl anzutreffen (intern, extern)? Befindet sich der Empfänger einer Kennzahl innerhalb des Unternehmens, dann interessieren ihn andere Sachverhalte als einen Externen, der sich z.B. als Kreditgeber einen Überblick zur Bonität des Unternehmens verschaffen möchte.

Adressat

Wer ist der Empfänger der Kennzahl (Geschäftsleitung, Abteilungsleiter, Mitarbeiter)? In diesem Fall sollte die Kennzahl einen unterschiedlichen Detaillierungs- und Aggregationsgrad aufweisen. Einen Geschäftsführer eines produzierenden Unternehmens interessiert ein Verwurfsgrad/eine Ausschussquote sehr wohl, nicht allerdings pro Fertigungskostenstelle (Abteilungsleiter) oder pro Maschine (Maschinenführer).

Wertorientierung?

Ist Ihr Unternehmen börsennotiert, nicht börsennotiert, inhabergeführt? Je mehr Kapital sich ein Unternehmen auf dem Kapitalmarkt beschafft, desto wichtiger werden Kennzahlen, die einem Investor Informationen zur Vorteilhaftigkeit seiner Investition verraten, desto wichtiger werden Kennzahlen, wie sie nach gesetzlichen Vorschriften, IFRS und in der wertorientierten Unternehmensführung gefordert werden. Ein inhabergeführtes Unternehmen, das meist als Personengesellschaft firmiert kaum externes Kapital benötigt, unterliegt diesen Vorschriften nicht. Als Investor gibt es hier nur den Inhaber bzw. die Inhaberfamilie, die meistens nur an der Rendite ihrer Anteile interessiert ist.

Ansprüche

Welche Ansprüche werden an die Kennzahlen gestellt (periodisches Reporting, Umsetzung von Strategien/Maßnahmen im Unternehmen)? Soll die Kennzahl regelmäßig für monatliches Reporting ermittelt werden? Soll die Kennzahl über einen Zeitraum von bspw. drei Jahren die Umsetzung einer Maßnahme zeigen? Soll die Kennzahl in diesem Zusammenhang »nur« informieren, zu Handlungen anregen, eine Umsetzung einer Strategie, einer beschlossenen Maßnahme aufzeigen?

Entscheidung	Kennzahlen bilden die Grundlage für betriebswirtschaftliche Entscheidungen. Die Entscheider benötigen Informationen über mögliche Auswirkungen Entscheidungen. Die Informationen sollen auch das Erkennen von Problemen und Chancen ermöglichen. Dazu werden Kennzahlen übersichtlich gehalten. Bei der Aggregation der Daten ist jedoch zu beachten, dass dadurch Detailinformationen verloren gehen.
Verhaltenssteuerung	Vor allem in größeren Unternehmen werden Kennzahlen verwendet, um Mitarbeiter zu bestimmten, für das Unternehmen positiven Verhaltensweisen zu bewegen. Dabei ist zu beachten, dass bei einer Entlohnung auf Basis einer Kennzahl der Mitarbeiter vor allem an der Steigerung dieser Zahl interessiert ist. Eine falsch ausgewählte Kennzahl kann dadurch zu Fehlsteuerungen führen.
Benchmarking	Eine besondere Bedeutung haben Kennzahlen im Betriebsvergleich, dem so genannten Benchmarking. Die Kennzahl des »besten Unternehmens« stellt den Benchmark, den Wert »Best Practice« dar, an dem es sich zu orientieren gilt.
Orientierung	Kennzahlen orientieren sich meistens an finanziellen Aspekten des Unternehmens. Daher stehen meistens Aspekte wie Gewinn oder Unternehmenswertsteigerung im Mittelpunkt des Interesses. Gerade Kennzahlen zur Wertsteigerung entstanden aus dem Shareholder-Value-Ansatz und der Kritik an bilanztechnisch orientierten Kennzahlen wie beispielsweise dem ROI. Ein entscheidender Vorteil der unternehmenswertorientierten Kennzahlen ist ihre Berücksichtigung der Kapitalkosten, und damit des Verschuldungsgrades bzw. der Kapitaleffizienz. Zu den bekanntesten Kennzahlen in diesem Bereich zählt der Economic Value Added (EVA).

Tabelle 6.1 Ursache-Wirkungskette bei Kennzahlen

6.1.1 Thematische Systematisierung

In jedem Fall muss die Kennzahl zwei wichtige Kriterien erfüllen: Sie soll vom Verantwortlichen beeinflussbar sein, und sie muss einen Zusammenhang zwischen Ursache und Wirkung aufzeigen. Im letzteren Fall werden verschiedene Kennzahlen in einer Ursache-Wirkungskette dargestellt.

Wie schon gesagt, gibt es eine ganze Reihe von Kennzahlen, und Ihr Job als Controller ist es eben, die »richtige« Kennzahl unter diesen Tausenden zu finden. Auf den vorhergehenden Seiten haben wir einige Fragen gestellt, mit denen in gewisser Weise bereits Kategorien von Kennzahlen eingeteilt werden.

Diese Kategorisierung soll Ihnen als Anregung dienen und Ihnen dabei helfen, in der durchaus zahlreich vorhandenen Literatur, in den zahlreichen Portalen und Foren im Internet gezielt nach »Ihren« Kennzahlen zu suchen.

Funktionsbereiche

Wenn Sie Kennzahlen entlang der Wertkette bilden oder suchen wollen, dann orientieren Sie sich an den Funktionsbereichen in Ihrem Unternehmen.

Internes Rechnungswesen

Sie bilden also Kennzahlen für den Einkauf, den Vertrieb, die Produktion etc., um die Verantwortlichen mit den entsprechenden Informationen für ihren Bereich zu versorgen. Diese Kennzahlen wären dann für interne Zwecke gebildet.

Externes Rechnungswesen

Kennzahlen aus dem externen Rechnungswesen benötigen Sie, um sich aus externer Sicht einen Überblick über Ihre Unternehmen zu verschaffen. Im Zuge der Internationalisierung der Rechnungslegung (IFRS/US GAAP) veröffentlichen börsennotierte Unternehmen zunehmend Kennzahlen aus dem Rechnungswesen.

Wertorientierung

Kennzahlen aus der Wertorientierung benötigen Sie, wenn Ihr Unternehmen wertorientiert geführt wird und/oder die Nachhaltigkeit von Strategien dargestellt werden soll. Dies sind dann Kennzahlen, die sich in irgendeiner Form auf Cashflows, Kapitalkosten (z. B. WACC) o. Ä. beziehen.

Strategien/Maßnahmen

Wenn Sie Kennzahlen zur Umsetzung von Strategien/Maßnahmen suchen und bilden, entstehen diese Kennzahlen möglicherweise im Rahmen einer so genannten *Balanced Scorecard*. Mit »balanced« ist hier ein ausgewogener, aufeinander abgestimmter Satz von Kennzahlen gemeint. Die »Scorecard« zeichnet sich u. a. dadurch aus, dass mit ihr versucht wird, Strategien mittels Kennzahlen zu kommunizieren. Dies geschieht vielfach auch mit Kennzahlen aus »weichen«, also nicht-monetären Faktoren.

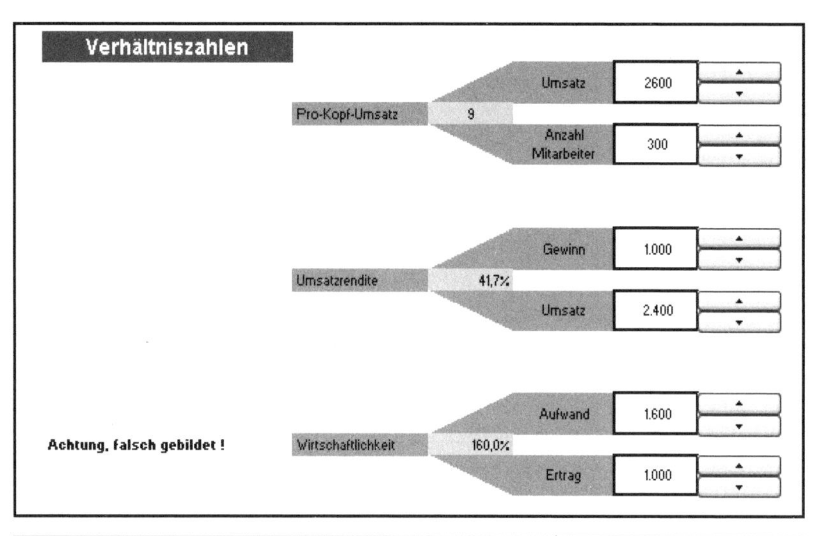

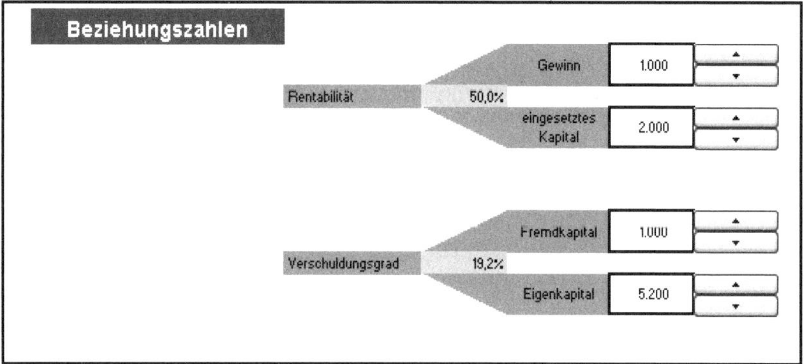

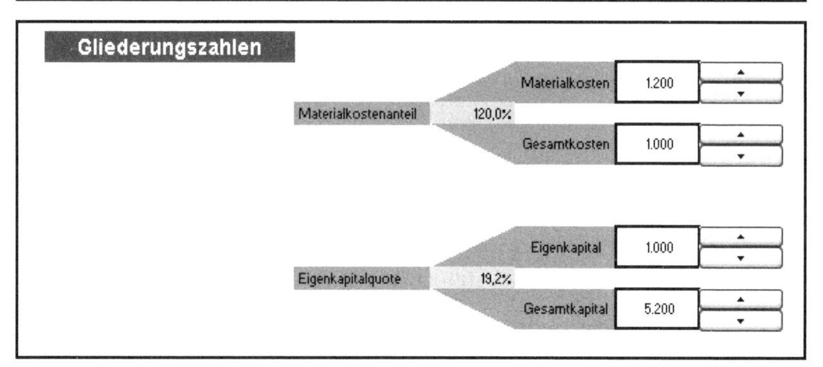

Abbildung 6.3 Verhältnis-, Beziehungs- und Gliederungszahlen

6.1.2 Mathematische Systematisierung

Unter mathematisch-statistischen Gesichtspunkten kann man unterscheiden, ob Kennzahlen als absolute Größen oder als Verhältniszahlen gebildet werden. Absolute Größen sind dabei Einzelzahlen wie z. B. Umsatz oder Absatz.

Einzelzahlen

- Kennzahlen können auch Ergebnisse darstellen, wie z. B. Bilanzsumme, Anlagevermögen, Umlaufvermögen.
- Kennzahlen können als Differenzen ausgewiesen werden, wie der Gewinn als Differenz zwischen Ertrag und Aufwendungen oder der Deckungsbeitrag als Differenz zwischen Umsatz und variablen Kosten.
- Kennzahlen können als Mittelwerte oder Durchschnittszahlen gebildet werden, wie z. B. die Anzahl der durchschnittlichen Bestellpositionen oder die durchschnittliche Anzahl der Mitarbeiter.

Verhältniszahlen

Verhältniszahlen werden durch Division aus zwei absoluten Zahlen gebildet. Die »zu messende« Größe wird im Zähler des Bruches, die als »Maß« dienende Größe im Nenner des Bruches abgebildet (z. B. Umsatz/Anzahl Mitarbeiter = Pro-Kopf-Umsatz).

Eine Verhältniszahl sollte so gebildet werden, dass durch Zuordnung der Einzelzahlen zu Zähler oder Nenner des Bruches die positive oder negative Veränderung der Kennzahl plausibel ausfällt. Dies lässt sich am Beispiel der Umsatzrendite verdeutlichen. Bei einem Gewinn von z. B. 100 000 000 €, der mit einem Umsatz von 500 000 000 € erzielt wird, ergibt sich eine Umsatzrendite von 20 %. Bei gleich bleibendem Umsatz und steigendem Gewinn vergrößert sich die Rendite. Genauso entwickelt sich die Kennzahl positiv bei gleich bleibendem Gewinn, der mit einem geringeren Umsatz erzielt wird.

Verhältniszahlen sollten aber so gebildet werden, dass ihre Lenkungsfunktion auch funktioniert. Wählt man als Kennzahl für die Wirtschaftlichkeit den links abgebildeten Bruch, so korrespondiert die Entwicklung der Kennzahl nicht mit der positiven oder negativen Veränderung der Wirtschaftlichkeit. Ein Anstieg des Aufwands bei gleich bleibendem Ertrag würde eine sinkende Wirtschaftlichkeit bedeuten. Bei den Verhältniszahlen lassen sich

- Beziehungszahlen
- Gliederungszahlen
- Indexzahlen

unterscheiden.

Betriebliche Funktionen	*Kennzahlen aus dem Bereich* Beschaffung · Lager · Produktion · Absatz · Service Logistik · Personal · Jahresabschluß · Finanzen · DV
Quellen im Rechnungswesen	*Kennzahlen aus* Buchhaltung · Bilanz · Kostenrechnung · Cash-Flow-Rechnung
Aussageumfang	Teilbetrieblich · Gesamtbetrieblich · Zwischenbetrieblich
Planungs-gesichtspunkte	Plan-Kennzahlen · Soll-Kennzahlen · Ist-Kennzahlen Operative Kennzahlen · Strategische Kennzahlen
Quantitative/ Zeitliche/ Inhaltliche Struktur	Gesamtgrößen · Teilgrößen Zeitpunktgrößen · Zeitraumgrößen Mengengrößen · Wertgrößen
Statistische / Methodische Gesichtspunkte	*Absolute Zahlen* Einzelzahlen · Summen · Differenzen · Mittelwerte *Verhältniszahlen* Beziehungszahlen · Gliederungszahlen · Relative Zahlen · Indexzahlen

Abbildung 6.4 Kennzahlensystematisierung (nach einem Schema aus »Controlling Office« aus dem Haufe Verlag)

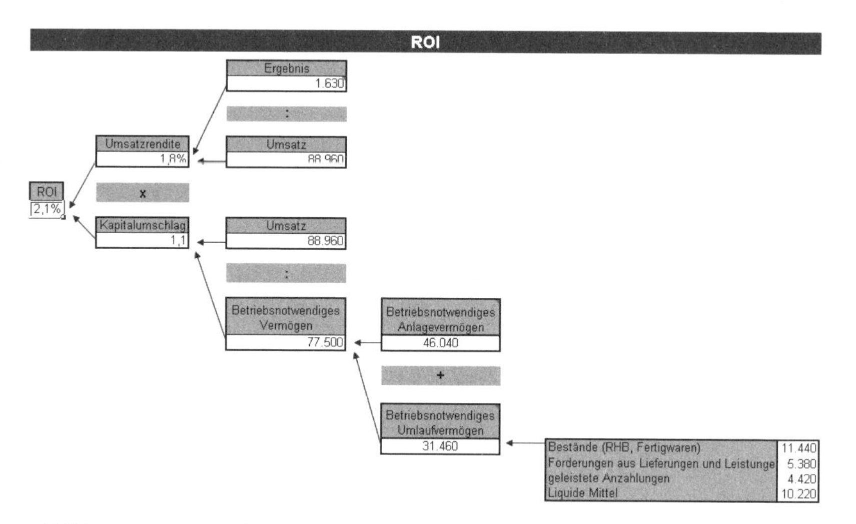

Abbildung 6.5 ROI-Schema

Gelegentlich kann man in der einschlägigen Fachliteratur lesen, dass nur Verhältniszahlen als Kennzahlen bezeichnet werden können, da erst mit dem Vergleich einer Zahl zu einer anderen Größe eine besondere Aussagekraft erreicht wird.

Dem können wir uns nicht anschließen, denn eine Kennzahl soll eine Steuerungsfunktion übernehmen. Wenn dieses Ziel bei einem KMU durch die Einzelzahlen Umsatz, Kosten und Gewinn erreicht werden kann, warum das Ganze unnötig verkomplizieren?

Beziehungszahlen

Beziehungszahlen setzen zwei unterschiedliche Größen, die sich auf den gleichen Zeitraum oder Zeitpunkt beziehen, zueinander ins Verhältnis.

Gliederungszahlen

Gliederungszahlen sollten eine Struktur der in Beziehung zueinander gesetzten Größen abbilden. Die in den Zähler gesetzte Zahl ist in der Regel eine Teilgröße der im Nenner aufgeführten Gesamtgröße.

Indexzahlen

Indexzahlen finden Verwendung, wenn man z. B. die zeitliche Entwicklung einer Größe darstellen will. Ein Jahreswert (z. B. Cash Flow) bildet die Basis (2005 = 100 %) und die folgenden Jahreswerte werden in Beziehung dazu gesetzt (2006 = 105 %, 2007 = 115 %).

Fachliche Gliederung

Unabhängig von der mathematisch/statistischen Bildung von Kennzahlen sind natürlich ebenfalls die unter fachlichen Aspekten gebildeten von Interesse. Unter diesem Gesichtspunkt geht es darum, Kennzahlen zu formulieren, die der Steuerung der verschiedenen Unternehmensbereiche, -funktionen oder -prozesse dienen (Vertrieb, Fertigung, F&E, Customer Care etc.).

Strategisch/ Operativ

Für den Controller ist der Planungsgesichtspunkt als Gliederungskriterium von Bedeutung. So lassen sich Kennzahlen zur Steuerung des operativen Geschäftes und solche zur strategischen Gestaltung (Balanced Scorecard) unterscheiden.

Dabei kann es sich um Kennzahlen handeln, die aus

- Vergangenheitsgrößen (Istwerte),
- Planwerten (Soll-Größen),
- oder Prognosewerten (»Wird«-Größen) abgeleitet sind.

1. Öffnen Sie die Datei KENNZAHLEN.XLS.
2. Wechseln Sie auf das Tabellenblatt MATHEMATIK.
3. Klicken Sie auf die Drehfelder, um die Kennzahlen zu verändern.

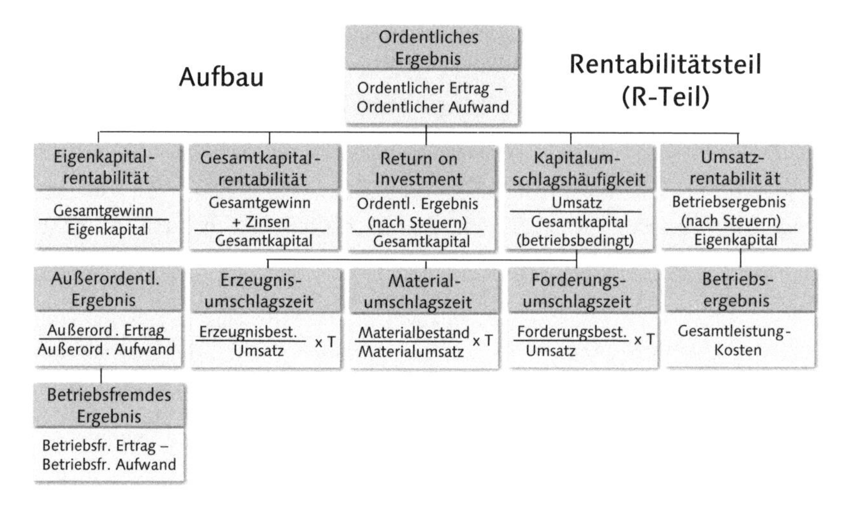

Abbildung 6.6 Rentabilität nach Reichmann/Lachnit

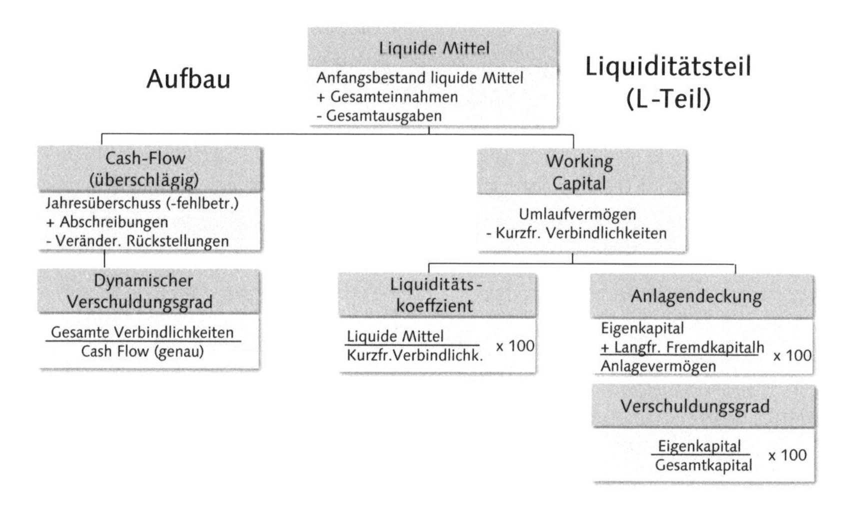

Abbildung 6.7 Liquidität nach Reichmann/Lachnit

6.1.3 Kennzahlensysteme

Kennzahlensysteme lassen sich ebenso wie Einzelkennzahlen nach unterschiedlichen Apekten einteilen. Unterscheidungsmerkmale sind dabei der Umfang der einbezogenen betrieblichen Funktionen und die Art der Verknüpfung der einzelnen Kennzahlenelemente. So lassen sich Kennzahlensysteme definieren, die sich auf das Gesamtunternehmen beziehen und solche, die betriebliche Teilfunktionen in den Mittelpunkt stellen. Seit ungefähr 10 Jahren werden Kennzahlensysteme, die der strategischen Unternehmensführung bzw. der Verknüpfung von strategischer und operativer Steuerung dienen (Balanced Scorecard), angewendet.

Rechensysteme

Im Hinblick auf die Art der Verknüpfung der Kennzahlenelemente lassen sich Rechensysteme und Ordnungssysteme unterscheiden. Rechensysteme stellen die im Kennzahlensystem verwendeten Einzelkennzahlen in einen mathematischen und sachlichen Zusammenhang zueinander. Ausgehend von einer so genannten Spitzenkennzahl werden weitere Kennzahlen durch mathematische Verknüpfung gebildet. Durch immer tiefer gehende Zerlegung der Spitzenkennzahl wird die Einbeziehung der Einflussfaktoren abgebildet. Das Ergebnis ist eine Kennzahlenpyramide, ein Kennzahlenbaum.

Das wohl bekannteste Beispiel hierzu ist das DuPONT- oder ROI-Schema, das auf einer Aufspaltung der Kapitalrentabilität in Umsatzrentabilität und Kapitalumschlagshäufigkeit beruht. Das DuPont-Schema kann als »Mutter« aller Rentabilitätskennzahlensysteme betrachtet werden. Ob es sich um das EVA-Schema (Economic Value Added, z. B. VW AG), das RONA-Schema (Return on Net Assets = DaimlerChrysler AG) oder das ROCE-Schema (Return on Capital Employed) handelt: Alle setzen eine Form des Ertrages ins Verhältnis zu einer Form des investierten Kapitals.

Ordnungssysteme

Ordnungssysteme sind Kennzahlensysteme, in denen die Einzelkennzahlen ohne mathematische Verknüpfung in einem sachlogischen Zusammenhang dargestellt werden. Ein Beispiel hierfür ist das RL-Kennzahlensystem (Reichmann/Lachnit), das seit den 70er Jahren ausschließlich in deutschen Unternehmen im Einsatz ist.

Kontinuität

Erfolgreich mit Kennzahlen und/oder Kennzahlensystemen zu arbeiten, setzt voraus, dass kontinuierlich mit den gleichen ausgewählten Kennzahlen gearbeitet wird und diese in das Berichtswesen integriert sind. Das zum Verständnis und zur Interpretation erforderliche betriebswirtschaftliche Wissen sollte durch das Controlling vermittelt werden, weil sonst der Informationscharakter für die Entscheider verloren geht.

6.1.4 Kennzahlen als Führungsinstrument

Die Bereitstellung von Kennzahlen als Führungsinstrument bedeutet, dass alle Führungsebenen eines Unternehmens auf geeignete Kennzahlen zurückgreifen, und damit steuern können. Im Rahmen der Balanced Scorecard werden Kennzahlen zur Umsetzung/Kommunikation einer Strategie u.U. sogar für einzelne Mitarbeiter bereitgestellt.

Ziele

Viele Unternehmensziele lassen sich in Kennzahlen mit finanziellem Hintergrund ausdrücken (z.B. Rendite, Marktanteil, Wachstum, EVA), bei Zielen wie Kunden oder Mitarbeiterzufriedenheit wird es schon aufwändiger.

Andere Ziele, die sich nicht in einer konkreten Kennzahl formulieren lassen, werden aber indirekt über Kennzahlen beschrieben oder durch die Formulierung von Risikoschwellenwerten oder Zielkorridoren festgemacht.

So lässt sich das Ziel der Liquiditätssicherung durch Liquiditätskennzahlen beschreiben (Cash-flow/Verbindlichkeiten) oder durch Risikogrenzwerte signalisieren (Eigenkapitalquote nicht unter 15%). Einen besonderen Vorteil bieten Kennzahlen, wenn sich an ihnen direkt das Maß der Zielerreichung ablesen lässt.

Kennzahlensysteme (siehe ROI, EVA, RONA, ROCE) zeigen bei entsprechendem Aufbau dann auch die Faktoren, die zu den Zielabweichungen geführt haben. Bei der Alternativensuche und der Prognose der Plandaten lassen sich über Kennzahlen oder mehr noch über Kennzahlensysteme die Auswirkungen veränderter Planungsannahmen simulieren.

Gerade für »Controlling-ferne« Entscheider lassen sich die Unsicherheiten der Planzahlen und deren mögliche Auswirkung auf die Planziele durchspielen und die Sensitivität der Planannahmen feststellen. Hierzu ist Excel ein geeignetes Instrument.

Um Entscheider an bestimmte Kennzahlen und/oder Kennzahlensystemen zu gewöhnen, sollte natürlich mit den gleichen Kennzahlen gearbeitet werden. Sollen Kennzahlen oder Kennzahlensysteme den Managementprozess im Unternehmen unterstützen, so sollte in erster Linie der Planungs- und Kontrollprozess unterstützt werden.

Unterscheidet man für den Planungsprozess die Phasen Zielsetzung, Problemerkenntnis, Alternativensuche, Prognose und Entscheidung, so ist es sinnvoll, für alle Phasen spezielle, kommunikative Kennzahlen bereitzuhalten.

6.2 Kennzahlen in Excel bilden

Da Kennzahlen durch mathematische Prozesse gebildet werden, somit mathematischen Gesetzen unterliegen, und die Stärken von Excel als Tabellenkalkulationsprogramm naturgemäß in der Mathematik liegen, bietet sich Excel geradezu für Kennzahlenbildung an. Aber warum in Excel, wenn doch DATEV, SAP, BAAN, NAVISON u.a. zur Verfügung stehen?

Wann Excel?

Excel bietet sich immer dann an, wenn es sich aufgrund der Unternehmensgröße nicht lohnt, Ihr Reporting mit komplexeren und kostspieligeren Tools zu betreiben. Es bietet sich aber auch an, wenn Sie permanent wechselnde Strukturen im Unternehmen haben, eine Abbildung der Prozesse und damit der Kennzahlen in SAP unrentabel wäre.

Ebenfalls ist Excel zur Kennzahlenbildung bestens geeignet, wenn Sie neue Kennzahlen hinsichtlich Akzeptanz und Steuerungseffizienz testen möchten. Auf jeden Fall sollten Sie die dazu notwendigen Daten bereits im Vorfeld verdichten.

Am Anfang steht aber wieder die Frage: Was wollen Sie?

Möchten Sie einmalig eine Kennzahl bilden, möchten Sie diese Kennzahl regelmäßig bilden, soll diese für Sie alleine bestimmt sein oder für einen internen »Kunden«? Davon hängt es ab, wie das Excel-Modell gebildet wird.

Im Folgenden möchten wir Ihnen drei Konzepte der (Excel-technischen) Bildung von Kennzahlen vorstellen:

Verdichtung

Verdichtung von Daten hin zu einer einzigen Zahl (IST) mit Gegenüberstellung des Planwertes und einer Bewertung der Differenz. Hierzu arbeiten wir mit der Pivot-Tabelle und der Funktion PIVOTDATENZUORDNEN (siehe Kapitel 3).

Mathematische Verknüpfung

Das betrifft die mathematische Bildung einer Kennzahl in einem Modell, bei dem die Daten bereits verdichtet sind. Hierzu arbeiten wir mit Namen für Zellbereiche (siehe Kapitel 1).

Visualisierung

Visualisierung einer Kennzahl am Beispiel des ROI. Hierzu verwenden wir Schaltflächen, Matrixfunktionen und einige Zeichnungsobjekte (siehe Kapitel 5, *Reporting mit Tabellen*).

Diese drei Konzepte möchten wir mit ein paar Anregungen betriebswirtschaftlicher Natur verbinden.

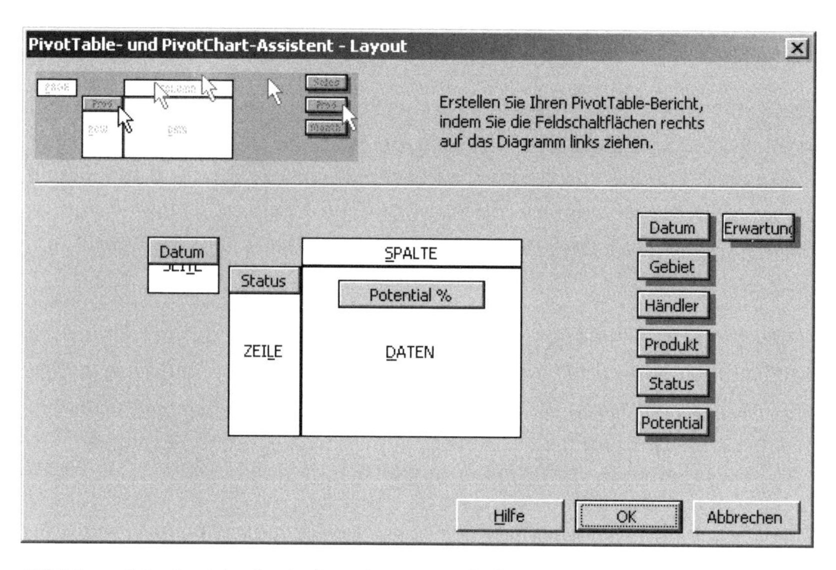

Abbildung 6.8 So sieht der Aufbau der Pivot-Tabelle aus.

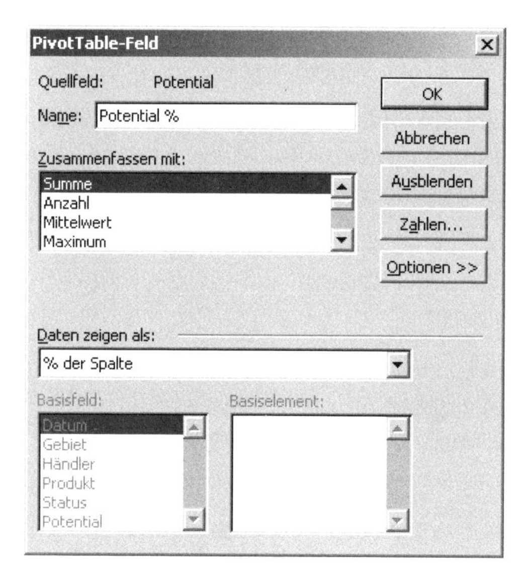

Abbildung 6.9 Ändern Sie Feldnamen und Berechnungsart.

6.2.1 Datenverdichtung für Plan-Ist-Vergleich

Ein Beispiel

Im folgenden Beispiel aus dem Bereich Vertriebscontrolling wird eine Datenliste zu einer einzigen Zahl verdichtet, der Planzahl gegenübergestellt und die Differenz anschließend mittels bedingter Formatierung visualisiert.

Wir wenden uns wieder unserem Beispiel-Unternehmen zu:

Bei der AG wird die Effizienz des Außendienstes mittels einer Potenzialanalyse gesteuert. Jeder Außendienstmitarbeiter trägt als Ergebnis eines Vertriebskontaktes (neben anderen Informationen) das geschätzte Volumen eines oder mehrerer möglicher Aufträge ein und kategorisiert dieses Volumen mit Interesse, Chance, Auftrag oder Absage. Damit kann ein theoretisch erzielbares Vertriebspotenzial errechnet werden, wobei der Anspruch besteht, davon mindestens 50 % Abschlussquote zu erzielen.

Datenverdichtung Schritt für Schritt

1. Öffnen Sie die Arbeitsmappe POTENTIAL.XLS.
2. Klicken Sie eine Zelle in dem Tabellenblatt DATENBEREICH an, und wählen Sie **Daten • PivotTable und PivotChart-Bericht**.
3. Wählen Sie die Datenquelle aus, hier **MS Excel-Datenbank oder -Liste**, und klicken Sie auf die Schaltfläche **Weiter**.
4. Sie müssen sich für den Datenbereich entscheiden. Übernehmen Sie den vorgeschlagenen Tabellenbereich, und klicken Sie die Schaltfläche **Weiter** an.
5. Klicken Sie die Schaltfläche **Layout** an, um den Aufbau der Pivot-Tabelle zu bestimmen.
6. Ziehen Sie das Feld POTENTIAL in den Bereich DATEN.
7. Klicken Sie das Feld POTENTIAL doppelt an, und ändern Sie den Namen auf »Potential %«.
8. Klicken Sie auf die Schaltfläche **Optionen**, und wählen Sie bei dem Feld **Daten zeigen als** »% der Spalte«.
9. Bestätigen Sie mit **OK**.
10. Ziehen Sie das Feld STATUS in den Bereich ZEILE.
11. Ziehen Sie das Feld DATUM in den Bereich SEITE.
12. Danach klicken Sie die Schaltfläche **OK** an.
13. Nun entscheiden Sie sich für den Ausgabebereich der Pivot-Tabelle. Übernehmen Sie die Eintragungen aus diesem Dialogfenster, und klicken Sie die Schaltfläche **Fertig stellen** an.

Abbildung 6.10 Spaltenberechnung aus-, Aktualisierung einschalten

```
=WENN((C6/D6)-1<-0,1;"L";WENN((C6/D6)-1<0,1;"K";"J"))
```

Abbildung 6.11 Geben Sie diese WENN-Funktion ein.

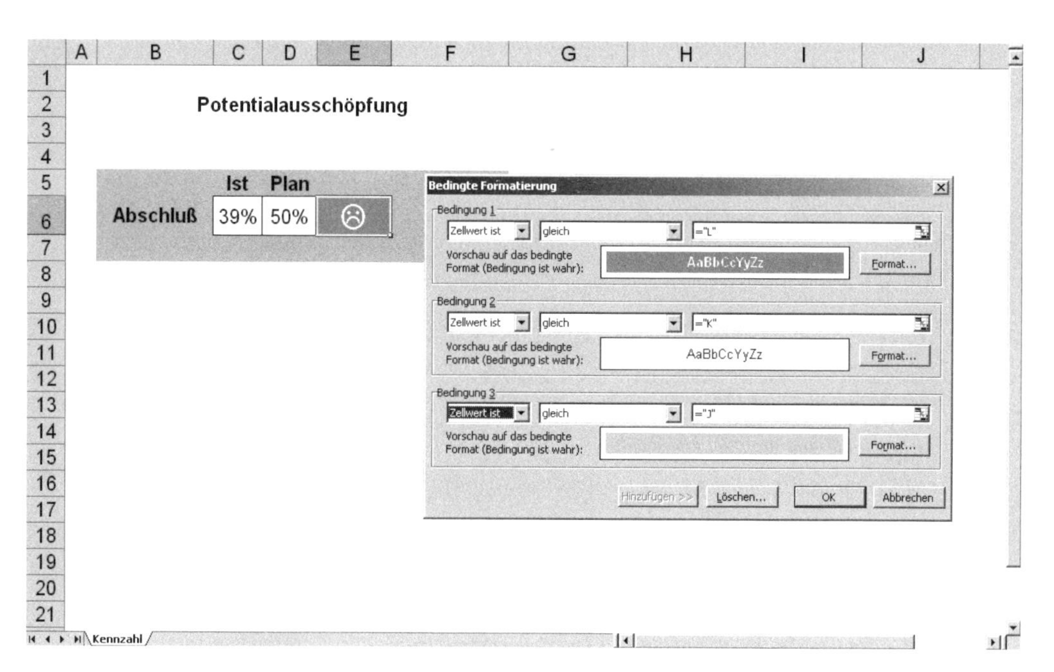

Abbildung 6.12 Bewertung visualisieren

1. Wählen Sie aus dem Kontextmenü der Pivot-Tabelle (rechte Maustaste!) den Menüpunkt **Tabellenoptionen** aus.
2. Deaktivieren Sie **Gesamtergebnis für Spalten** und aktivieren Sie **Beim Öffnen aktualisieren**.
3. Bestätigen Sie mit **OK**.

Pivotdaten zuordnen

Mit Hilfe der Funktion PIVOTDATEN ZUORDNEN (Kapitel 3) wird nun in einem Kennzahlenblatt der Istwert aus der Pivot-Tabelle ausgelesen und dem Planwert gegenübergestellt.

1. Markieren Sie die Zelle C6 des Tabellenblattes KENNZAHL.
2. Geben Sie ein »=« ein, und positionieren Sie sich auf dem Tabellenblatt mit der Pivot-Tabelle auf der Zelle B6.
3. Bestätigen Sie mit [Enter]. Automatisch wird die Funktion PIVOTDATENZUORDNEN eingefügt. Arbeiten Sie mit Excel 97/2000, dann müssen Sie an dieser Stelle die Funktion selbst aufbauen. Folgen Sie dazu dem Kapitel 3.
4. Ziehen Sie das Feld DATUM in den Zeilenbereich der Pivot-Tabelle hinein, um eine Zwölfmonatsdarstellung zu erhalten. Der Wert in der Zelle C6 auf dem Tabellenblatt KENNZAHL bleibt korrekt.

Abweichung der Istzahlen

Die Istzahlen sollen nicht mehr als 10% von den Planwerten abweichen. Dies wird mit einer WENN-Funktion überprüft und die Differenz mit Hilfe der bedingten Formatierung (Kapitel 1) visualisiert.

1. Positionieren Sie den Einfügerahmen auf der Zelle E6 des Tabellenblattes KENNZAHL.
2. Tragen Sie die nebenstehende WENN-Funktion ein. Die Buchstaben *J*, *K* und *L* stehen für die Zeichen ☺, 😐, und ☹ in der Schriftart *Wingdings*.
3. Formatieren Sie die Zelle in der Schriftart *Wingdings*.

Damit nur noch das Kennzahlenblatt zu sehen ist, blenden Sie die nicht notwendigen Tabellenblätter aus und schützen Sie die Struktur der Arbeitsmappe.

1. Markieren Sie alle Tabellenblätter mit Ausnahme von KENNZAHLEN.
2. Wählen Sie im Menü **Format • Blatt • Ausblenden**.
3. Im Menü **Extras • Schutz** wählen Sie **Arbeitsmappe schützen**.
4. Bestätigen Sie mit **OK**.

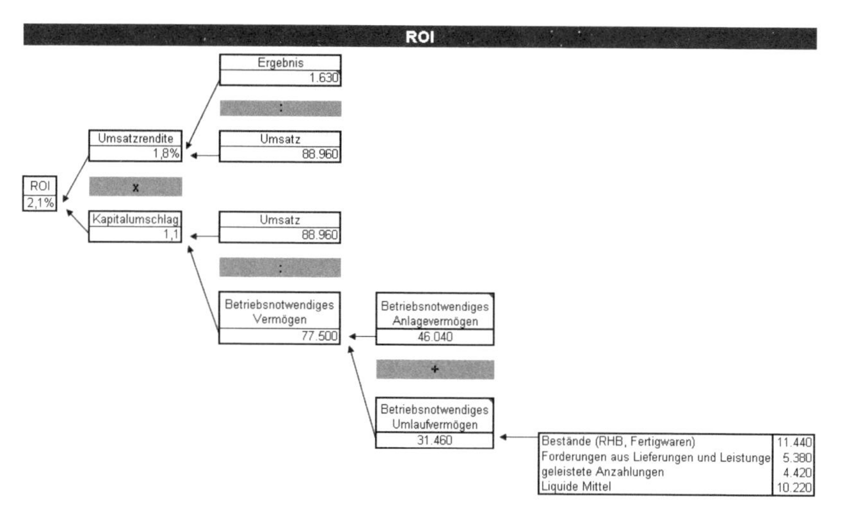

Abbildung 6.13 Leverage-Faktor tabellarisch

working capital

	Angaben in TEUR	2007	2008	2009	2010
	Bestände (RHB, Fertigwaren)	10.296	11.670	10.660	9.930
+	Forderungen aus Lieferungen und Leistungen	4.842	5.500	5.750	5.140
-	Verbindlichkeiten aus Lieferungen und Leistungen	-6.777	-7.820	-7.240	-7.060
+	erhaltene Anzahlungen	0	0	0	0
-	geleistete Anzahlungen	-3.978	-4.780	-4.170	-4.060
	working capital	4.383	4.570	5.000	3.950

Reichweiten-Berechnung

Debitorenlaufzeit (DSO)	20 Tage	24 Tage	24 Tage	21 Tage
Days of working Capital (DWC)	18 Tage	19 Tage	18 Tage	18 Tage
Kreditorenlaufzeit (DPO)	28 Tage	34 Tage	30 Tage	29 Tage
Beständelaufzeit (DIO)	42 Tage	50 Tage	45 Tage	41 Tage
working capital/Bilanzsumme	3,59%	3,66%	3,73%	3,97%
Eigenkapitalquote	32,16%	31,93%	30,81%	29,53%
WACC	3,76%	4,37%	4,62%	4,52%

Abbildung 6.14 Tabellarische Darstellung von Kennzahlen

6.2.2 Visualisierung von Kennzahlen

Kennzahlen in Form einer Tabelle zu präsentieren, ist sehr abstrakt. Gerade Fachfremde (Techniker, Naturwissenschaftler) unter den Informationsempfängern haben u.U. Schwierigkeiten, solche Zahlen nachzuvollziehen. Warum also solche Kennzahlen nicht visualisieren?

Die Visualisierung

Im Folgenden gehen wir von einer starken Visualisierung der Kennzahlen aus, da sie für interne Kunden bestimmt sind.

An dem Beispiel des ROI-Baums soll dies mit Hilfe von Excel-Techniken umgesetzt werden:

- PRT-Modellierung zur Organisation der Dateien (Kapitel 1)
- Bereichsnamen (Kapitel 1)
- Verknüpfungen (Kapitel 1)
- Datenimport (Kapitel 2)
- Datenverdichtung (Kapitel 3)
- Matrixfunktionen (Kapitel 5)
- Steuerfelder (Kapitel 5)

Mit diesen Techniken lassen sich die Daten aus den innerbetrieblichen Informationssystemen zu Kennzahlensystemen verdichten.

Dazu sind alle Informationen gemäß der Modellierung, so wie sie in Kapitel 1 beschrieben ist, hinterlegt und die relevanten Zellen benannt.

Diese Vergabe von Namen für einzelne Zellen oder Zellbereiche sowie die Verwendung von Matrixfunktionen und Schaltflächen sind für die folgenden Beispiele quasi »Basistechnologie«.

ROI-Schema

Das wohl bekannteste Kennzahlensystem der Welt ist das Return-on-Investment-Kennzahlensystem (Du-Pont-Kennzahlensystem).

Der Return on Investment (ROI) ist die Spitzenkennzahl, die der Kapitalrentabilität entspricht. Diese wird zunächst in Umsatzrentabilität und Kapitalumschlag und dann weiter in die einzelnen Faktoren Gewinn und Kapitalstruktur zerlegt.

In das ROI-Kennzahlenschema können Jahresabschlussgrößen oder auch Zahlen aus dem internen Rechnungswesen (Dehyle) einfließen. Entsprechend kann das Kennzahlensystem zur Analyse des Jahresabschlusses oder auch zur internen Steuerung und Kontrolle verwendet werden.

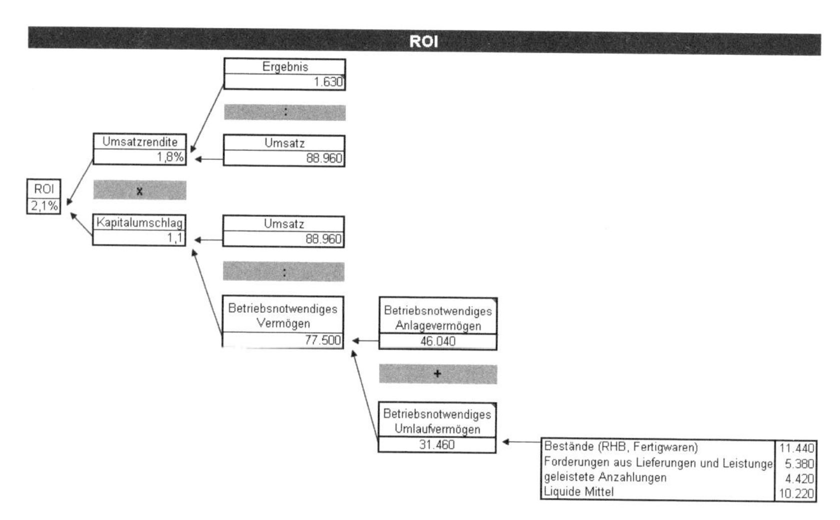

Abbildung 6.15 Visualisierung ROI

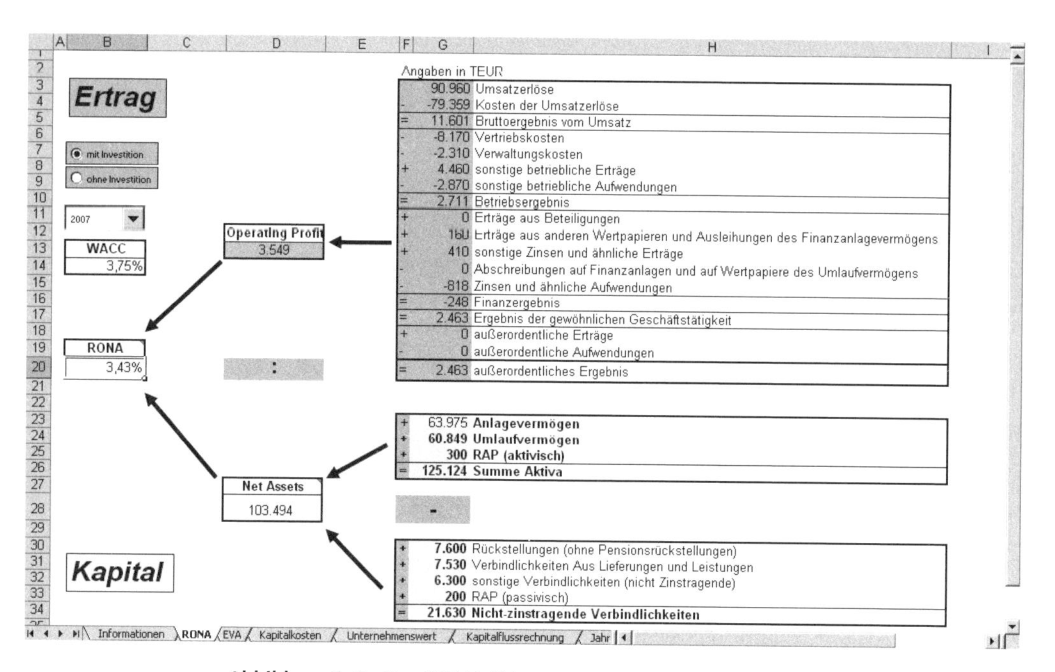

Abbildung 6.16 Das RONA-Schema

Im Mittelpunkt des Kennzahlensystems steht die Gesamtkapitalrendite (auch Return on Investment oder kurz: ROI), also die Ertragsrate des eingesetzten Kapitals. Oberstes Ziel der Unternehmensführung ist somit nicht die Gewinnmaximierung, sondern die Maximierung des Ergebnisses pro eingesetzter Kapitaleinheit. Die Orientierung an der Schlüsselgröße ROI soll im Sinne eines Performance-Managements eine wertorientierte Unternehmensführung ermöglichen.

Du-Pont-Schema

Alle heutigen Kennzahlsysteme (z. B. Return on Net Assets) basieren auf dem Grundgedanken des Du-Pont-Schemas. Die Motivation zur Entwicklung des Kennzahlensystems war der Wunsch nach einem geschlossenen Modell von sich gegenseitig bedingenden Zielgrößen. Damit sollen Abhängigkeiten und Wechselwirkungen analysierbar gemacht werden. Mit dem formalen System wendete man sich von bloßen Sammlungen isolierter Kennzahlen ab, da diese bezüglich der Analyseergebnisse häufig zu Inkonsistenzen führen.

Das Du-Pont-Kennzahlensystem hat den formalen Aufbau eines Rechensystems in Gestalt einer Kennzahlen-Pyramide. Der ROI wird aus dem Produkt der Kennzahlen Umsatzrentabilität und Kapitalumschlag ermittelt. Die Spitzenkennzahl ROI wird dabei in einer Baumstruktur zunächst in Umsatzrendite und Umschlagshäufigkeit des betriebsnotwendigen Kapitals aufgeteilt. In den folgenden Stufen werden die in den Zähler und Nenner dieser Verhältniskennzahlen (Ratios) eingehenden Größen in ihre absoluten Aufwands- und Ertragskomponenten sowie Vermögensbestandteile untergliedert. Die Umsatzrendite ist Gewinn durch Umsatz, der Kapitalumschlag berechnet sich aus dem Umsatz durch das durchschnittlich investierte Kapital (betriebsnotwendiges Vermögen). Diese Aufspaltung lässt sich fast unbegrenzt weitertreiben. Durch die mathematische Zerlegung der übergeordneten Zielgröße werden die verschiedenen Einflussfaktoren auf den Unternehmenserfolg übersichtlich dargestellt.

Steuerelement-Toolbox

ActiveX-Steuerelemente sind in der Symbolleiste **Steuerelement-Toolbox** zu finden und funktionieren sowohl mit Makros, die mit Microsoft Visual Basic für Applikationen (VBA) erstellt wurden, als auch mit Webskripten. Sie können ActiveX-Steuerelemente für die meisten Onlineformulare verwenden, und zwar besonders dann, wenn Sie verschiedene Ereignisse steuern müssen, die eintreten, wenn das Steuerelement verwendet wird. Beispielsweise können Sie einem Arbeitsblatt ein Listenfeld-Steuerelement hinzufügen und anschließend ein Makro für andere Vorgänge erstellen, in Abhängigkeit davon, welche Option der Benutzer aus der Liste auswählt. Diese Elemente bitte nicht mit denen der Symbolleiste Formular verwechseln!

Steuerelemente		
	Bezeichnungsfeld	Das Bezeichnungsfeld entspricht einem Textfeld.
	Guppenfeld	Gruppenfelder fassen verschiedene Optionsschaltflächen zusammen, die sich dann auf dieselbe Zellverknüpfung beziehen. Damit lassen sich mehrere Menüs aufbauen, die aus Optionsschaltflächen bestehen. Das Gruppenfeld muss insgesamt größer gestaltet werden als alle darin enthaltenen Optionsschaltflächen.
	Optionsschaltfläche	Optionsschaltflächen bieten Alternativen in einer Auswahl an. Es kann immer nur eine Option ausgewählt werden. Diese schreibt einen Wert (1, 2, 3 ...) in die als Zellverknüpfung definierte Zelle. Der Wert hängt von der Reihenfolge ab, in der die Optionsschaltfläche eingefügt wurde.
	Kontrollkästchen	Es besteht die Möglichkeit des Ein- und Ausschaltens. In der Ausgabezelle erfolgt entsprechend die Ausgabe WAHR oder FALSCH.
	Befehlsschaltfläche	Hier kann ein Makro oder eine Visual-Basic-Prozedur zugeordnet werden. Bei Betätigung der Schaltfläche erfolgt die Ausführung.
	Listenfeld	Das Listenfeld bietet eine Werteliste aus einem verknüpften Zellbereich an. In dem Register »Steuerung« wird der anzuzeigende Zellbereich eingestellt. In der Ausgabezelle erfolgt die Darstellung der relativen Position des Elementes als Zahl. Das Listenfeld gestattet eine Mehrfachauswahl.
	Kombinationsfeld	Das Kombinationsfeld funktioniert wie das Listenfeld. In Form eines aufklappbaren Drop-down-Feldes kann allerdings nur ein Element ausgewählt werden. In der Ausgabezelle erfolgt die Darstellung der relativen Position des Elementes als Zahl.
	Bildlaufleiste	Als Ausgabe erfolgt in der Verknüpfungszelle die relative Position des ausgewählten Zahlenwertes im eingestellten Zahlenintervall (0–30.000). Durch den bei »Seitenwechsel« eingegebenen Wert bestimmen Sie die Sprünge, wenn Sie direkt in die Bildlaufleiste klicken (bei Excel z. B. 20 Spalten nach rechts). Die Bildlaufleiste empfiehlt sich bei niedrigen Zeilen und relativ breiten Spalten.
	Drehfeld	Das Drehfeld gleicht der Bildlaufleiste. Es erzeugt ebenfalls in der Zellverknüpfung Werte zwischen 0 und 30000. Drehfelder empfehlen sich bei relativ hohen Zeilen und schmalen Spalten.

Tabelle 6.2 Steuerelemente

Der Vorteil des Du-Pont-Systems ist, dass die verwendeten Kennzahlen überwiegend aus dem betrieblichen Rechnungswesen bezogen werden und damit auch mit denen anderer Unternehmen vergleichbar sind. Ein wesentlicher Nachteil liegt in der ausschließlich rückblickenden Betrachtung. Die Ausrichtung an dem kurzfristigen Rentabilitätsziel berücksichtigt nicht langfristige Aspekte zur Unternehmenswertsteigerung. Auch kann nicht direkt auf die Produktivität des Unternehmens geschlossen werden, da auch Bilanzpolitik ausschlaggebend sein kann. Zudem wird die Monozielausrichtung kritisiert und darauf hingewiesen, dass bereichsorientierte ROI-Ziele zu Suboptima führen können:

Suboptima bei ROI-Zielen

- Vergangenheitsorientierung durch Abbildung buchhalterischer Daten
- Fehlende Berücksichtigung zukünftiger Entwicklungen.
- Investitionen (Desinvestitionen) in nicht bilanzierungsfähiges Vermögen (z. B. F&E-Aufwendungen) verfälschen den ROI kurz- bis mittelfristig und können zu einer Auszehrung des Unternehmens führen.
- »Off Balance Sheet«-Finanzierungen werden nicht berücksichtigt.
- Objektiven Zielvorgaben für die Höhe des ROI sind nicht ableitbar.
- Risiken von Investitionen werden nicht berücksichtigt.

ROI mit Excel

Steuerelemente sind Grafikobjekte, die auf einer Zelle platziert werden, um Daten anzuzeigen oder einzufügen, einen Vorgang auszuführen oder das Blatt lesbarer zu gestalten. Diese Objekte können aus Textfeldern, Listenfeldern, Optionsfeldern, Schaltflächen und anderen Elementen bestehen. Steuerelemente stellen Benutzern auswählbare Optionen oder anklickbare Schaltflächen zur Verfügung.

Formular

Steuerfelder können über die Symbolleiste FORMULAR eingefügt werden. Beim Einsatz werden in den Ausgabezellen der Steuerelemente Werte hinterlegt. Steuerelemente der Symbolleiste FORMULAR sind kompatibel mit früheren Versionen von Excel (ab 5.0) und können auf XLM-Makroblättern verwendet werden. Die Aufgabe von Steuerelementen besteht nun in der Verknüpfung von diesen zur Verfügung gestellten Werten mit der gewünschten Steuerung. Alle Steuerelemente können über das Kontextmenü der rechten Maustaste eingestellt werden, insbesondere bei nachträglicher Bearbeitung.

Von besonderer Wichtigkeit ist die »Ausgabeverknüpfung«. Hier wird die Ausgabezelle festgelegt. Die Ausgabezelle sollte sich im »Normalfall« hinter dem Steuerelement »verbergen«. Diese Werte können in Formeln und Funktionen (z. B. Matrixfunktionen) mathematisch verarbeitet werden. Jedem Element kann ein Makro zugewiesen werden.

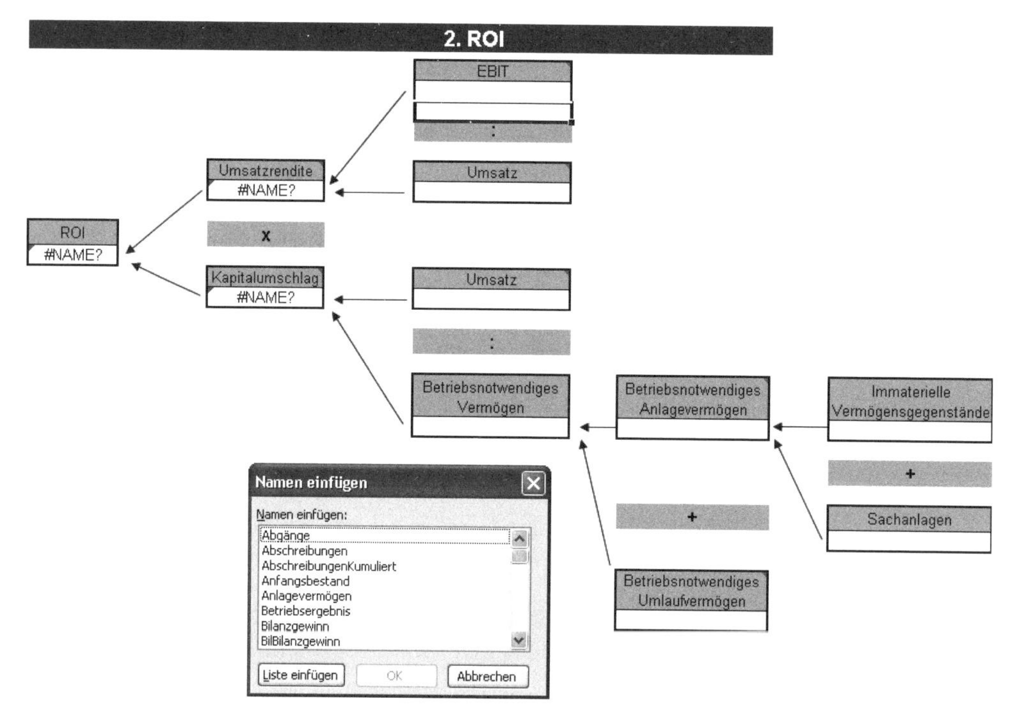

Abbildung 6.17 Formeln ergänzen

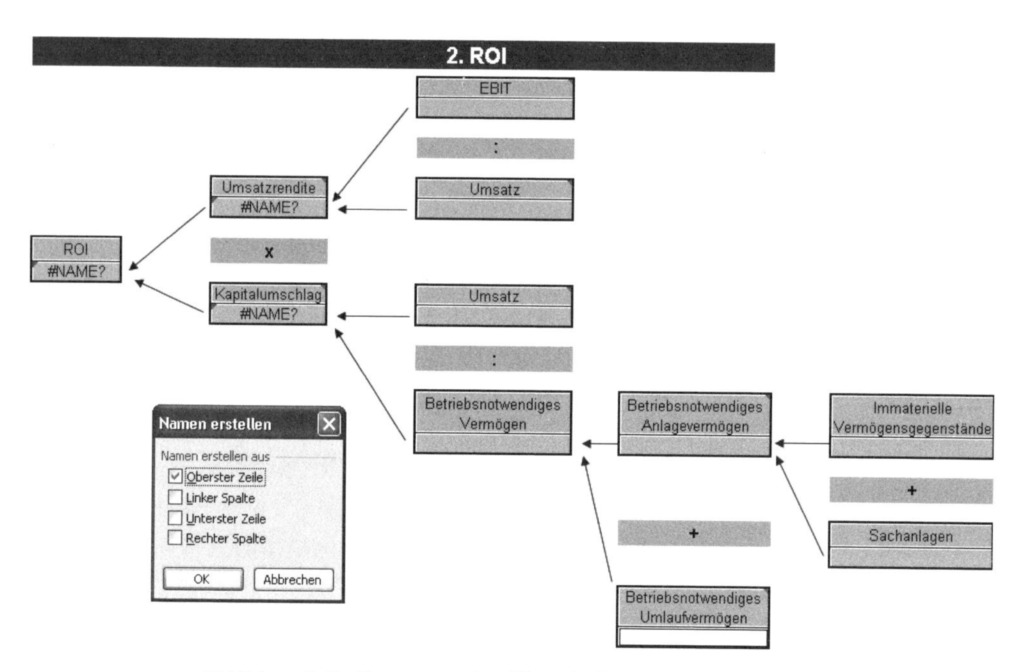

Abbildung 6.18 Namen aus den Überschriften festlegen

Modellaufbau

In der Datei ROI.XLS wollen wir im Folgenden in verschiedenen Varianten den ROI der Däumler-Binz AG berechnen.

Basisdaten

Auf dem Blatt BASISDATEN sind alle Rohdaten untergebracht und werden permanent durch einen Datenimport aktualisiert. Da die Daten in immer die gleichen Zellen eingetragen werden, können sie so benannt werden, was auch bereits geschehen ist.

Jahresabschluss

Auf dem Blatt JAHRESABSCHLUSS wird der eigentliche Jahresabschluss dargestellt, und Saldierungen werden gebildet. Auch hier sind für die Summenzeilen und Kontrollwerte Namen vergeben.

Liste der Namen

Das Blatt LISTE DER NAMEN enthält den Status quo der festgelegten Namen.

1. Öffnen Sie die Datei ROI.XLS.
2. Aktivieren Sie das Blatt ROI-SCHEMA.
3. Berechnen Sie nun den EBIT. Dazu positionieren Sie den Einfügerahmen auf die Zelle `F6`.
4. Wählen Sie das Menü **Einfügen • Namen • Einfügen...** aus. Dies entspricht der Taste [F3].
5. Wählen Sie den Namen *Betriebsergebnis* aus.
6. Mit **OK** übernehmen Sie den Zellbezug.
7. Wiederholen Sie diesen Vorgang für die Zellen `F10`; `F15`; `H20`; `H25`.

Noch nicht definierte Namen

Wie Sie an den Fehlermeldungen wahrscheinlich erkannt haben, sind einige Namen noch nicht definiert. Dies holen wir jetzt nach. Gleichzeitig können Sie an diesem Beispiel erkennen, wie mit einem geschickten Aufbau einer Tabelle Zeit (z. B. bei der Namensvergabe) gespart werden kann.

1. Markieren Sie die Bereiche `B12:B13`; `D9:D10`; `D14:D15`; `F4:F5`; `F9:F10`; `F19:F20`; `H19:H20`; `H24:H25`.
2. Aktivieren Sie das Menü **Einfügen • Namen • Erstellen...** Im Dialogfenster **Namen übernehmen** sollte die Option **Namen aus linker Spalte übernehmen** aktiviert sein.
3. Bestätigen Sie mit **OK**. Excel übernimmt die Namen aus den markierten Bereichen.
4. Ergänzen Sie die fehlenden Formeln.

Wenn nun per Datenimport die Daten auf dem Blatt BASISDATEN aktualisiert werden, erhalten Sie sofort einen aktuellen ROI.

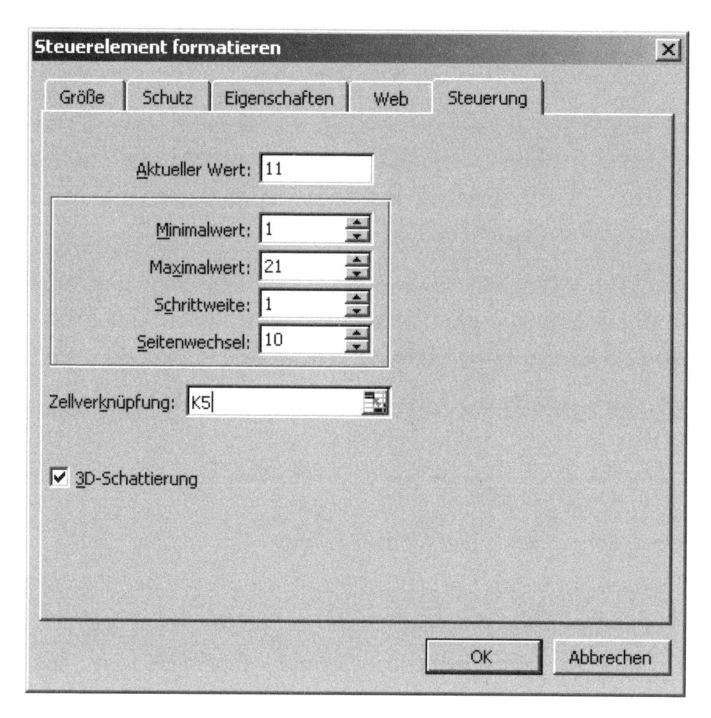

Abbildung 6.19 So füllen Sie das Register **Steuerung aus, weil ...**

	Prozente	
1. Zeile des Bereichs "Prozente"	-10%	
2. Zeile des Bereichs "Prozente"	-9%	
3. Zeile des Bereichs "Prozente"	-8%	
4. Zeile des Bereichs "Prozente"	-7%	
5. Zeile des Bereichs "Prozente"	-6%	
6. Zeile des Bereichs "Prozente"	-5%	
7. Zeile des Bereichs "Prozente"	-4%	
8. Zeile des Bereichs "Prozente"	-3%	
9. Zeile des Bereichs "Prozente"	-2%	
10. Zeile des Bereichs "Prozente"	-1%	
11. Zeile des Bereichs "Prozente"	+0%	in der 11. Zeile des Bereichs "Prozente" ist die Zahl "0%" zu finden!
12. Zeile des Bereichs "Prozente"	+1%	
13. Zeile des Bereichs "Prozente"	+2%	
14. Zeile des Bereichs "Prozente"	+3%	
15. Zeile des Bereichs "Prozente"	+4%	
16. Zeile des Bereichs "Prozente"	+5%	
17. Zeile des Bereichs "Prozente"	+6%	
18. Zeile des Bereichs "Prozente"	+7%	
19. Zeile des Bereichs "Prozente"	+8%	
20. Zeile des Bereichs "Prozente"	+9%	
21. Zeile des Bereichs "Prozente"	+10%	

Abbildung 6.20 ... mit dem aktuellen Wert = 11 wird zuerst »0 %« angezeigt!

Die gerade vorgestellte Kennzahlenbildung ist etwas statisch. Ein Entscheider kann nun zwar mathematisch den ihm unbekannten ROI herleiten, aber eine Kennzahl hat eine Steuerungsaufgabe, sie soll zum Handeln anregen. Wenn also bspw. ein ROI von mindestens 10% erzielt werden sollte, dann liefert das aktuelle Modell kaum Hinweise darauf, wie dieser Zielwert erreicht werden kann. Das soll sich ändern, indem Schaltflächen zur Verfügung gestellt werden, mit denen der Entscheider nach dem »Was-wäre-wenn«-Prinzip Werte verändert und die Auswirkung auf den ROI beobachtet.

Modellaufbau

Voraussetzung dafür ist natürlich, dass das Controlling die Zusammenhänge vorher ermittelt hat. Sehen Sie sich bitte noch einmal die Struktur in der Datei ROISIMULATION.XLS, genauer gesagt auf dem Tabellenblatt JAHRESABSCHLUSS an:

- Hier gibt es (der Einfachheit geschuldet) zwei Zellen, die sich proportional zu einer anderen Zelle verhalten (UMSATZ, MATERIALAUFWAND und RHB).
- In den gelb gefärbten Zellen ist außerdem eine Formel hinterlegt, in der die vorhandenen Werte mit einem Wert multipliziert werden, der sich in einer Zelle auf dem Blatt ROI-SCHEMA befindet.
- Auf dem Blatt ROI-Schema soll durch Schaltflächen für verschiedene Variablen eine relative Veränderung in ihrer Auswirkung auf den ROI eingestellt werden können.
- Auf dem Blatt »BASISWERTE sind 21 Prozentwerte hinterlegt, die einen Bereich von –10% bis +10% umfassen. Dieser Zellbereich heißt Prozente. Dieser Bereich umfasst 21 Zeilen und eine Spalte.

ROI-Simulation

1. Öffnen Sie die Datei ROISIMULATION.XLS.
2. Wählen Sie das Tabellenblatt ROI-SCHEMA aus.
3. Wählen Sie aus dem Menü **Ansicht • Symbolleisten** die Symbolleiste **Formular** aus.
4. Klicken Sie das Steuerelement **Bildlaufleiste** an, und fügen Sie es in der Tabelle etwa in der Zelle K5 durch Ziehen ein. Das Steuerelement kann mit der [Alt]-Taste und gleichzeitigem Markieren an der Zellgröße ausgerichtet werden.
5. Das Steuerelement mit rechter Maustaste anklicken und Einstellungen wie links abgebildet vornehmen.
6. Klicken Sie **OK** und kurz eine beliebige Zelle an, um die Markierung aufzuheben.

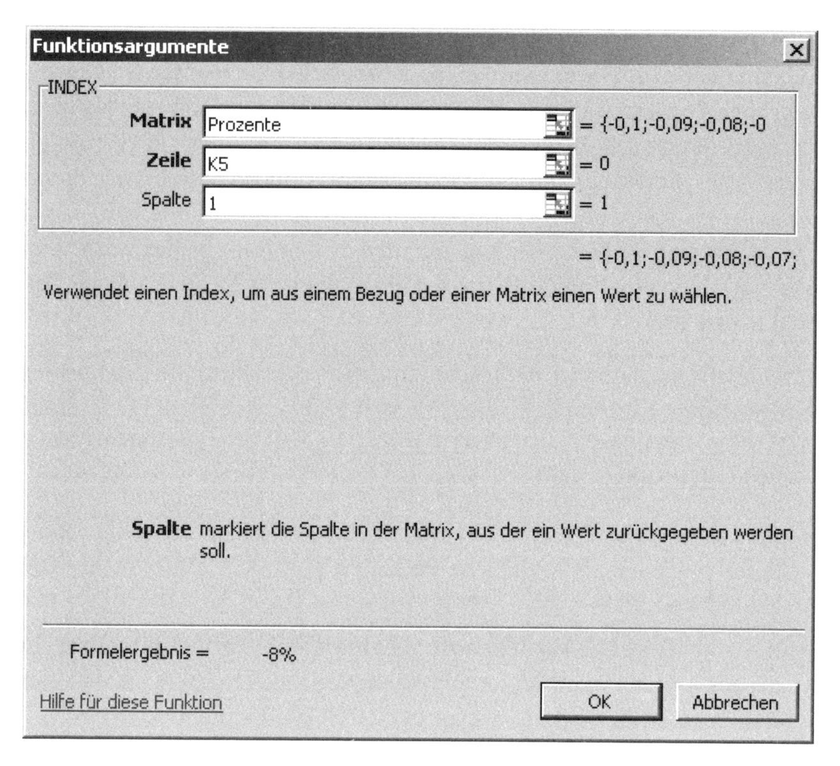

Abbildung 6.21 Dies sind die Argumente für die Funktion INDEX.

Abbildung 6.22 Zellverknüpfung über die Bearbeitungsleiste verändern

Für das aktuelle Excel-Modell benötigen wir außer den Steuerfeldern noch die INDEX-Funktion.

Funktion INDEX

Die Funktion INDEX liefert aus einem Tabellenbereich den Inhalt einer Zelle. Dazu muss genau die Nummer der Zeile und die Nummer der Spalte angegeben werden. Die Funktion INDEX wurde im Kapitel 5 an einem anderen Beispiel vorgestellt.

Der durch die Bildlaufleiste in der Ausgabeverknüpfung zur Verfügung gestellte Zahlenwert erzeugt die bei INDEX benötigte Zeilennummer.

Steuerelement und Matrixfunktionen

1. Markieren Sie auf dem Blatt ROI-SCHEMA die Zelle `L6`.
2. Wählen Sie aus dem Menü **Einfügen • Funktionen** über die Kategorie MATRIX die Funktion INDEX aus. Verwenden Sie die Variante MATRIX;ZEILE;SPALTE).
3. Geben Sie die Argumente, wie links abgebildet, ein.
4. Klicken Sie **OK** an.
5. Für die anderen Zellen wiederholen Sie den Vorgang:
   Umsatzerlöse `L5`
   Materialaufwand `L6`
   Personalaufwand `L7`
   Sonstiger Aufwand `L8`

Klicken Sie nun in die Bildlaufleiste nach links, werden negative Prozentwerte erzeugt, klicken Sie in den rechten Bereich, positive Prozentwerte. Durch die in dem Modell vorhandenen Verknüpfungen können Sie parallel die Veränderungen beim ROI mitverfolgen.

Damit stellen Sie einem Anwender ein Simulations- und Steuerungsmodell zur Verfügung, mit dessen Hilfe er sich (mathematisch) die geforderten Parameter einstellen kann.

Vereinfachung

Eine kleine Vereinfachung für alle Steuerfelder:

1. Positionieren Sie mit den Pfeiltasten den Einfügerahmen direkt auf der Zelle `K5`. Unter der Bildlaufleiste ist gerade noch das Ausfüllkästchen zu sehen.
2. Ziehen Sie den Einfügerahmen am Ausfüllkästchen bis zur Zelle `K8`. Die Bildlaufleisten werden identisch kopiert, auch die Zellverknüpfung.
3. Klicken Sie die gewünschte Bildlaufleiste mit der rechten Maustaste an und ändern Sie über die Bearbeitungsleiste die Zellverknüpfung.

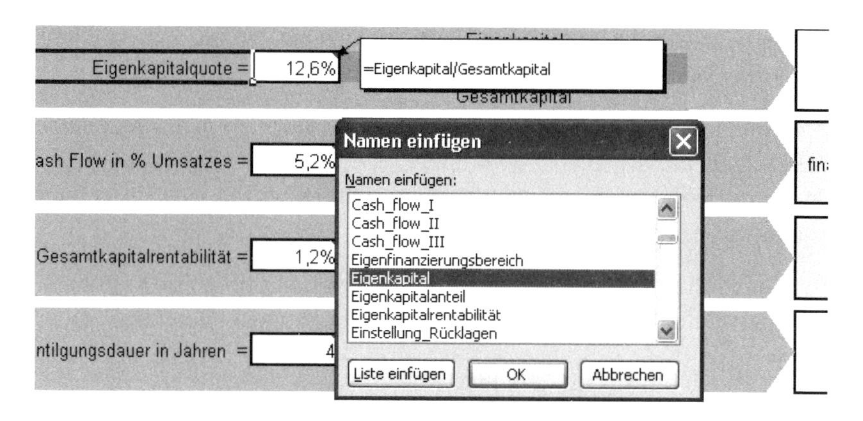

Abbildung 6.23 Die Eigenkapitalquote berechnen

Jahresabschluß

Angaben in TEUR — Däumler-Binz AG

1.1. Bilanz	**2003**	**2004**	**2005**
Immaterielle Vermögensgegenstände	10	15	13
Sachanlagen	2.484	2.676	2.780
Finanzanlagen	6	9	7
Anlagevermögen	**2.500**	**2.700**	**2.800**
Roh-, Hilfs- und Betriebsstoffe	180	234	318
Unfertige Erzeugnisse	1.560	2.028	2.756
Fertigerzeugnisse	1.260	1.638	2.226
Vorräte	**3.000**	**3.900**	**5.300**
Forderungen	3.400	3.390	3.840
Liquide Mittel	100	10	60
Umlaufvermögen	**6.500**	**7.300**	**9.200**
Vermögen	**9.000**	**10.000**	**12.000**
Nennkapital	500	500	500
Gewinnrücklagen	150	240	475
Bilanzgewinn	50	60	70
Eigenkapital	**700**	**800**	**1.045**
Rückstellungen für Pensionen	950	970	992
Sonstige Rückstellungen	25	30	33
Rückstellungen	**975**	**1.000**	**1.025**
lfr. Verbindlichkeiten	3.900	3.000	4.600
kfr. Verbindlichkeiten	3.425	5.200	5.330
Verbindlichkeiten	**7.325**	**8.200**	**9.930**
Kapital	**9.000**	**10.000**	**12.000**
Kontrollwert (Vermögen - Kapital)	0	0	0

1.2. Gewinn- und Verlustrechnung	**2003**	**2004**	**2005**

1.3. Zusatzangaben	**2003**	**2004**	**2005**

Abbildung 6.24 Kennzahlen in der Übersicht

6.2.3 Dateneckblatt für Kennzahlen

Werden Kennzahlen in einer Tabelle zusammengestellt, so empfiehlt es sich, dafür die in Kapitel 1 beschriebene Modellierung zu verwenden, Namen zu vergeben und dann an jeder Stelle des Gesamtmodells quasi »blind« Kennzahlen unter Verwendung von bereits festgelegten Namen zu bilden.

Zustandsanalyse

Im Folgenden entsteht ein Modell, das über vier Kennzahlen eine Zustandsanalyse eines Unternehmens erlaubt. Damit können Sie Ihr eigenes Unternehmen analysieren, aber auch die Unternehmen von Lieferanten und Kunden, sofern Daten aus dem Jahresabschluss zur Verfügung stehen. Durch die Auswahl von vier Kennzahlen, die das gesamte Informationspotenzial des Jahresabschlusses ausschöpfen, gewinnt man einen guten Eindruck von der Lage eines Unternehmens.

Die Kennzahlen

- Eigenkapitalquote
- Schuldentilgungsdauer
- Gesamtkapitalrentabilität
- Cashflow in % des Umsatzes

verdichten die Bereiche Finanzierung, Liquidität, Rentabilität und Erfolg.

Schritt für Schritt

1. Öffnen Sie die Datei DATENECKBLATT.
2. Aktivieren Sie das Blatt KENNZAHLEN.
3. Berechnen Sie nun die Eigenkapitalquote. Dazu positionieren Sie den Einfügerahmen auf die Zelle C7.
4. Wählen Sie das Menü **Einfügen • Namen • Einfügen...** aus. Dies entspricht der Taste [F3].
5. Wählen Sie den Namen »Eigenkapital« aus.
6. Drücken Sie **OK**. Die Bearbeitungsleiste ist immer noch aktiv!
7. Geben Sie ein: "/".
8. Drücken Sie die Taste [F3].
9. Wählen Sie aus dem Namensfeld »Gesamtkapital« aus, und bestätigen Sie mit der Eingabetaste.
10. Wiederholen Sie diesen Vorgang für die anderen Kennzahlen. Die Formel ist jeweils im Kommentar der Zelle abgebildet.

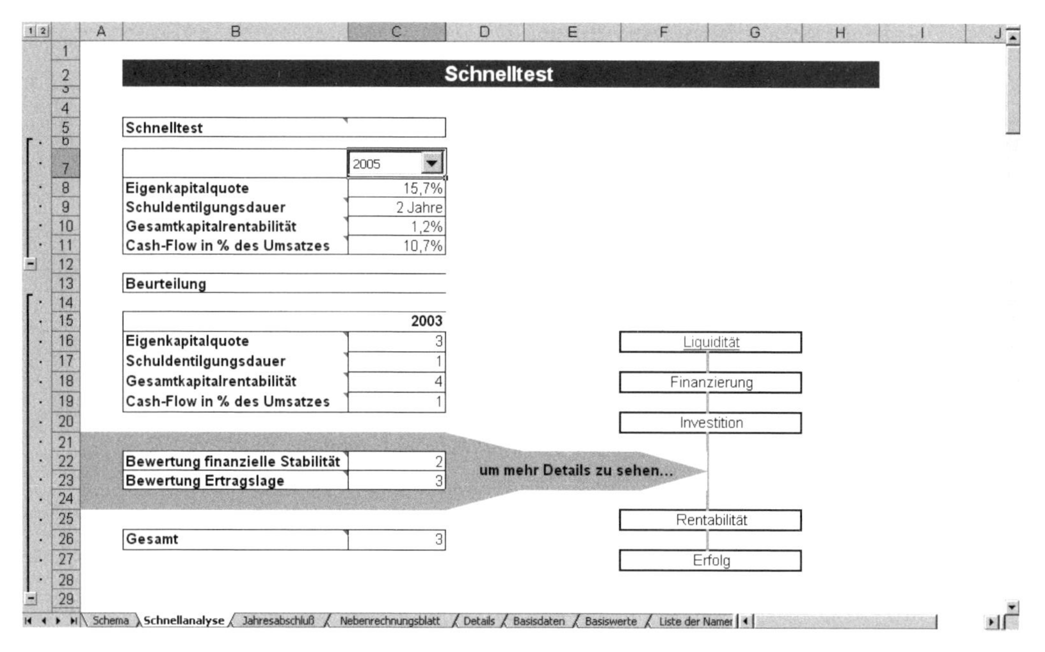

Abbildung 6.25 Bewertungssystem

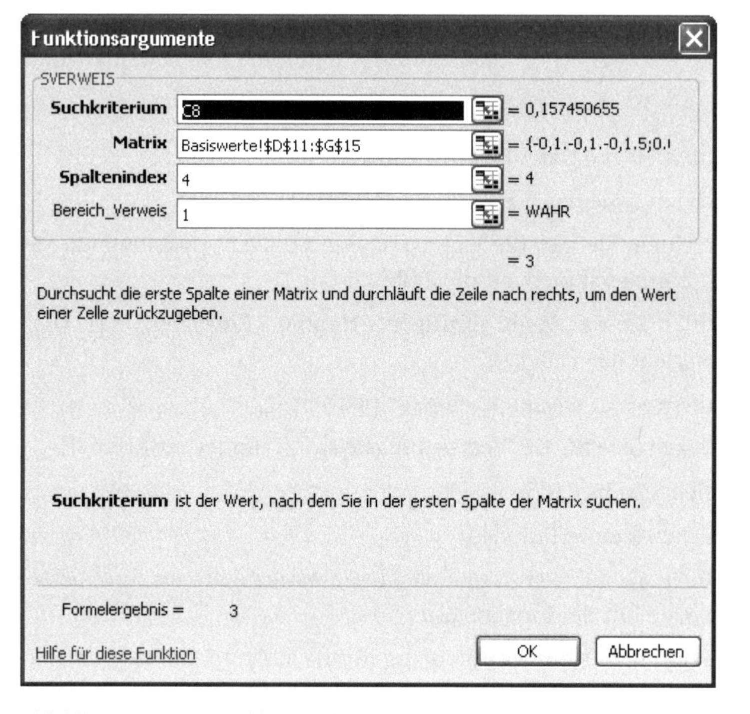

Abbildung 6.26 Kennzahlen-Analyse

6.2.4 Beispiel für ein Kennzahlensystem

Durch die Auswahl von vier Kennzahlen, die das gesamte Informationspotenzial des Jahresabschlusses ausschöpfen, gewinnt man einen guten Eindruck von der Lage eines Unternehmens.

Bewertungssystem

Durch ein hinterlegtes Bewertungssystem kann ein kleines »Rating« durchgeführt werden. Von den einzelnen Kennzahlen ausgehend, kann man sich dann mit den Details beschäftigen, um eine Ursachenforschung zu betreiben.

In diesem Beispiel wird diese Kennzahlenanalyse mit folgenden Excel-Funktionalitäten durchgeführt:

- Namen für Zellen und Bereiche (Kapitel 1)
- Funktion SVERWEIS (Kapitel 5)
- Funktion MITTELWERT
- Funktion WENN, Funktion UND, Funktion ODER
- Funktion ISTZAHL
- Funktion RUNDEN
- Bedingte Formatierungen (Kapitel 1)
- Hyperlinks

Führen Sie dazu folgende Schritte aus:

Kennzahlen-Analysen

1. Öffnen Sie die Datei DATENECKBLATT.XLS.
2. Aktivieren Sie die Tabelle SCHNELLANALYSE.
3. Zunächst einmal sind die Kennzahlen in den Zellen `C8:C11` zu berechnen. Dazu verwenden Sie die bereits festgelegten Namen.
4. Tragen Sie in die Zelle `C16` die Funktion SVERWEIS mit Bezug auf den Bereich `D11:G15` im Tabellenblatt BASISWERTE ein.
5. Für die Zellen `C17:C19` wiederholen Sie diesen Vorgang mit leicht geänderten Bezügen. Achten Sie auf die Kommentare!

Auf dem Blatt BASISWERTE ist ein Bewertungsschema hinterlegt. Damit es mit der Funktion SVERWWEIS ausgelesen werden kann, musste dieses Schema etwas umgewandelt werden. Durch die aufsteigende Sortierung ergibt sich eine obere Intervallgrenze, bei der SVERWEIS die entsprechende Note liefert.

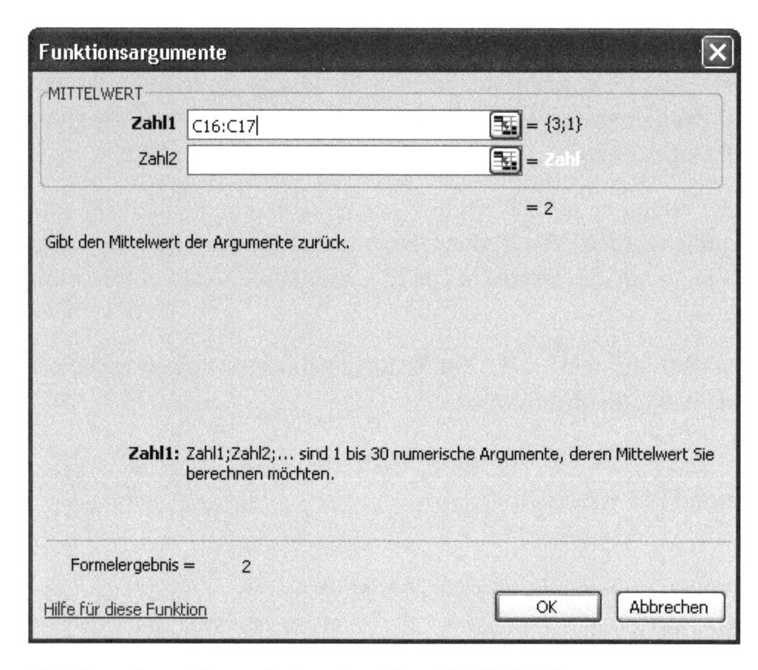

Abbildung 6.27 Die »vorläufige« Funktion MITTELWERT

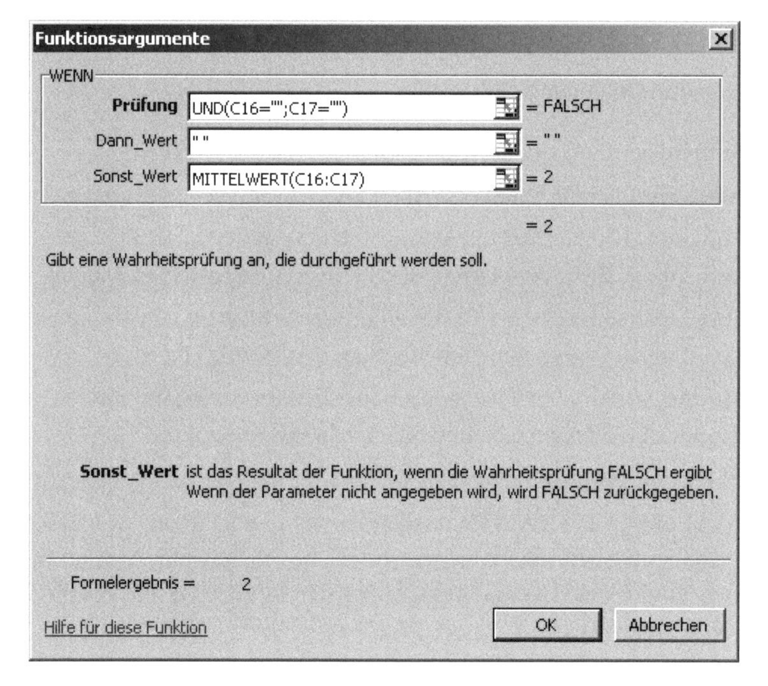

Abbildung 6.28 Die »vorläufige« Funktion UND mit MITTELWERT

Funktion MITTELWERT

Die Funktion Mittelwert gibt das geometrische Mittel eines markierten Bereiches oder einer Auswahl von Zellen oder Zahlen an.

SYNTAX MITTELWERT(Zahl1;Zahl2;...)

Zahl1; Zahl2; ... sind 1 bis 30 numerische Argumente, deren Mittelwert Sie berechnen möchten. Argumente können Zellen, Zahlen oder Zellbereiche sein. Natürlich können Sie auch Namen verwenden.

Als Argumente sollten entweder Zahlen oder Namen, Matrizen oder Bezüge angegeben werden, die Zahlen enthalten. Enthält ein als Matrix oder Bezug angegebenes Argument Text, Wahrheitswerte oder leere Zellen, wird die Fehlermeldung #DIV/0! angezeigt. Zellen, die den Wert 0 enthalten, werden dagegen berücksichtigt.

Mit Hilfe der Funktion MITTELWERT sollen im ersten Schritt Durchschnittsnoten für die finanzielle Stabilität und für die Ertragslage berechnet werden. Danach wird über diese beiden Werte der Durchschnitt berechnet.

1. Aktivieren Sie die Tabelle SCHNELLANALYSE.
2. In der Zelle `C22` wird zunächst die Funktion MITTELWERT eingetragen. Die Bezüge sehen Sie links abgebildet.

Solange noch keine Bewertungen in den Zellen eingetragen sind, sind die relevanten Zellen leer, und MITTELWERT produziert die Fehlermeldung #DIV/0!. Um diese Möglichkeit abzufangen, soll die Funktion WENN überprüfen, ob eine leere Zelle vorliegt. Wenn ja, dann soll ein leeres Zeichen eingesetzt werden. Ansonsten soll der MITTELWERT berechnet werden.

1. Aktivieren Sie die Tabelle SCHNELLANALYSE.
2. In der Zelle `C22` wird die Funktion UND eingetragen. Die Bezüge sehen Sie links abgebildet.

Funktion UND

Gibt WAHR zurück, wenn alle Argumente WAHR sind. Sind die Aussagen eines oder mehrerer Argumente FALSCH, gibt diese Funktion den Wert FALSCH zurück.

Verwenden Sie die UND-Funktion, wenn zwei oder mehr Bedingungen erfüllt sein müssen.

SYNTAX UND(Wahrheitswert1;Wahrheitswert2;...)

Wahrheitswert1; Wahrheitswert2; ... sind bis zu 30 Bedingungen, die überprüft werden sollen und jeweils WAHR oder FALSCH sein können.

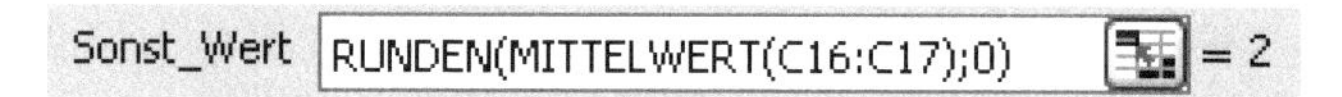

Abbildung 6.29 Die Verbindung von RUNDEN und MITTELWERT

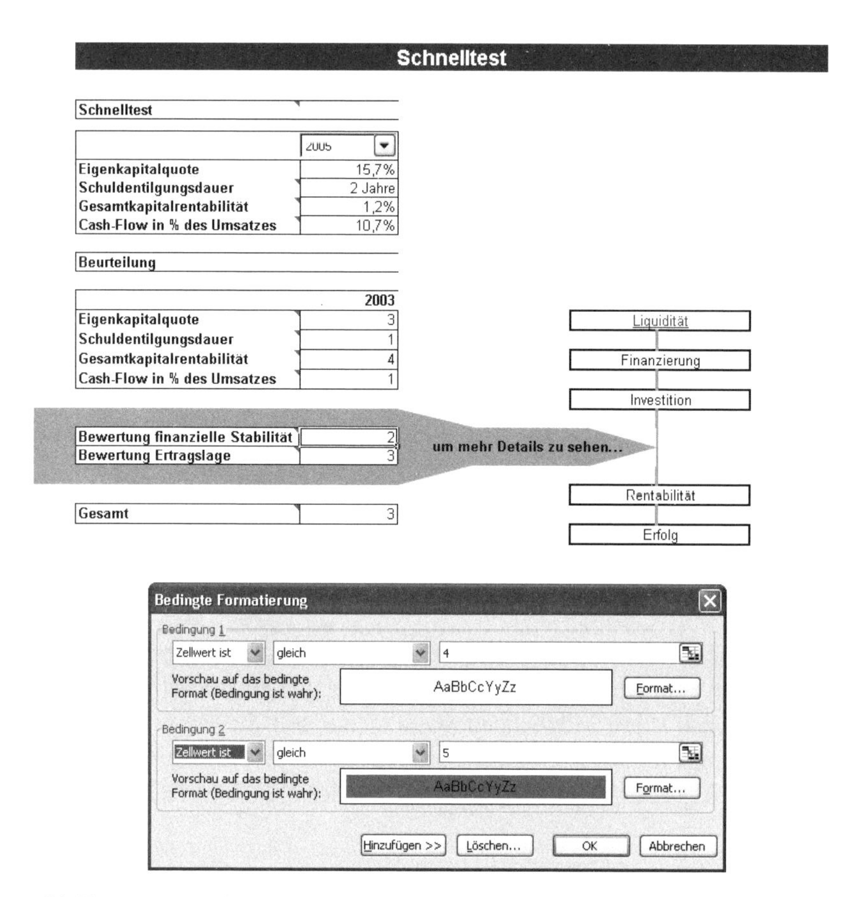

Abbildung 6.30 Bedingte Formatierung

Bei einer Mittelwert-Berechnung entstehen naturgemäß auch nicht ganze Zahlen. Für ein »Ratingsystem« mit Schulnoten sollten aber trotzdem immer ganze Zahlen erzeugt werden. Dies geschieht mit der Funktion RUNDEN aus der Kategorie STATISTIK.

1 Aktivieren Sie die Tabelle SCHNELLANALYSE.
2 In der Zelle C22 wird zunächst die Funktion RUNDEN, bezogen auf das Ergebnis von MITTELWERT, eingetragen. Die Bezüge sehen Sie links abgebildet.

Funktion »Runden«

Rundet eine Zahl auf eine bestimmte Anzahl von Dezimalstellen.

```
RUNDEN(Zahl;Anzahl_Stellen)
```

- **Zahl** ist die Zahl, die Sie auf- oder abrunden möchten.
- **Anzahl_Stellen** gibt an, auf wie viele Dezimalstellen Sie die Zahl auf- oder abrunden möchten.

Hinweise

Ist Anzahl_Stellen größer 0 (null), wird die Zahl auf die angegebene Anzahl von Dezimalstellen gerundet.

Ist Anzahl_Stellen gleich 0, wird die Zahl auf die nächste ganze Zahl gerundet.

Ist Anzahl_Stellen kleiner 0, wird der links des Dezimalzeichens stehende Teil der Zahl gerundet.

Dies reicht natürlich noch nicht ganz. Die vollständige Funktion sehen Sie ebenfalls links abgebildet.

Bedingte Formatierung

In unserem Beispiel sollen Warnsignale eingebaut werden. Sollte eine Kennzahl mit der Note 4 versehen werden, so soll die betreffende Zelle mit einem gelben Muster formatiert werden. Ist die Note sogar 5, soll Rot verwendet werden.

1 Markieren Sie das Tabellenblatt SCHNELLANALYSE.
2 Markieren Sie die Zelle C22 oder einen Bereich, für den Sie ein bedingtes Format einrichten möchten.
3 Wählen Sie im Menü **Format • Bedingte Formatierung**.
4 Nehmen Sie die abgebildeten Einstellungen vor.
5 Um eine neue Bedingung hinzuzufügen, klicken Sie auf **Hinzufügen**.
6 Klicken Sie **OK** an, um die Einstellungen zu übernehmen.
7 Übertragen Sie diese bedingte Formatierung auch auf die Zelle C23.

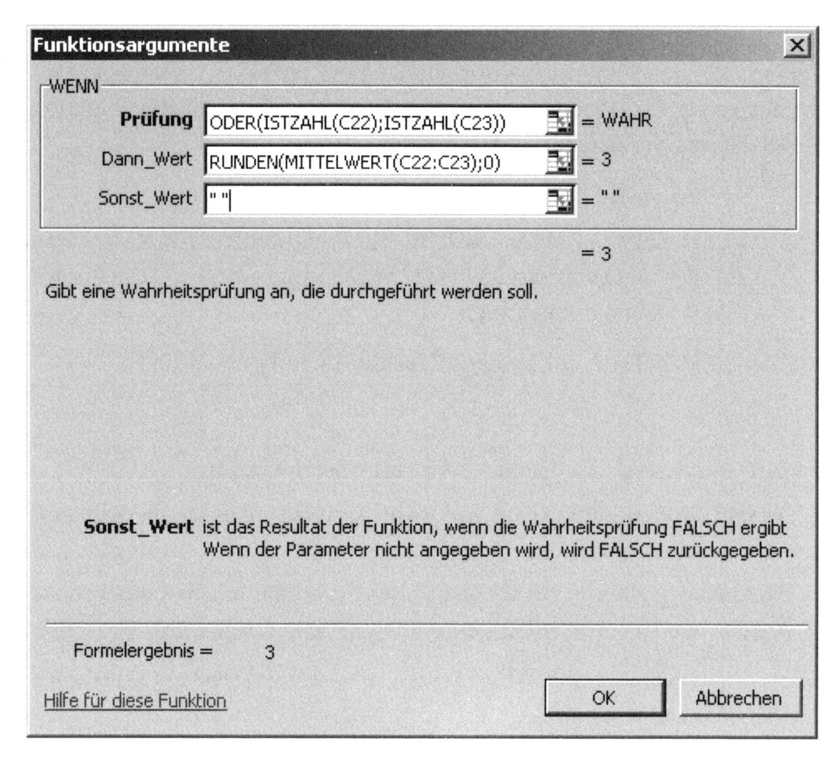

Abbildung 6.31 Funktionsargumente eingeben

	Prüfung1	Prüfung2	Ergebnis
Funktion UND	WAHR	WAHR	**WAHR**
Funktion UND	WAHR	FALSCH	**FALSCH**
Funktion UND	FALSCH	FALSCH	**FALSCH**

wenn nur eine Prüfung FALSCH ergibt, wird FALSCH als Ergebnis geliefert

	Prüfung1	Prüfung2	Ergebnis
Funktion ODER	WAHR	WAHR	**FALSCH**
Funktion ODER	WAHR	FALSCH	**WAHR**
Funktion ODER	FALSCH	FALSCH	**WAHR**

wenn nur eine Prüfung FALSCH ergibt, wird WAHR als Ergebnis geliefert

Abbildung 6.32 So funktionieren die Funktionen UND und ODER.

In der Zelle C36 soll ein Gesamtergebnis der Bewertung ausgewiesen werden. Da die Funktion MITTELWERT verwendet wurde, ist es möglich, dass auch die Fehlermeldung #DIV/0! erscheinen könnte. Diese soll diese Meldung abgefangen werden. Die IST-Funktionen eignen sich in Formeln zum Testen des Ergebnisses einer Berechnung. In Kombination mit der WENN-Funktion stellen sie ein Verfahren zur Verfügung, mit dem Fehler in Formeln gesucht werden können.

Ist-Funktionen

Jede dieser Funktionen, die zusammen als IST-Funktionen bezeichnet werden, überprüft den Typ eines Wertes und gibt je nach Ergebnis WAHR oder FALSCH zurück. So gibt die ISTZAHL-Funktion den Wahrheitswert WAHR zurück, wenn der Wert einen Bezug auf eine mit einer Zahl oder Formel gefüllten Zelle darstellt; in allen anderen Fällen wird FALSCH zurückgegeben.

Funktionen ODER

Die Funktion ODER gibt WAHR zurück, wenn ein Argument WAHR ist, oder FALSCH, wenn alle Argumente FALSCH sind. Die ODER-Funktion sollten Sie deshalb also in den Fällen verwenden, in denen von mehreren Bedingungen mindestens eine erfüllt sein muss. Die Formel ist folgendermaßen aufgebaut: `ODER(Wahrheitswert1;Wahrheitswert2;...)`

Wahrheitswert1; Wahrheitswert2; ... sind 1 bis 30 Bedingungen, die überprüft werden sollen und entweder WAHR oder FALSCH sind.

[!]

Die Argumente müssen als Wahrheitswerte, WAHR oder FALSCH, oder in Matrizen oder Bezügen ausgewertet werden, die Wahrheitswerte enthalten –, sonst gibt ODER den Fehlerwert #WERT! zurück.

Sie können unter Verwendung einer ODER-Matrixformel prüfen, ob ein bestimmter Wert innerhalb einer Matrix vorhanden ist. Drücken Sie zum Eingeben einer Matrixformel [Strg] + [⇧] + [↵].

Der Anwender dieses »Ratings« soll sich jederzeit auch Detaildaten ansehen können. Dazu soll er sich in den entsprechenden Bereich des Tabellenblattes »Details« bewegen können.

Bewegen in der Datei

Mit Hyperlinks wird eine Verknüpfung oder ein Sprung erstellt, über die ein auf einem Netzwerkserver, in einem Intranet oder im Internet gespeichertes Dokument geöffnet wird. Beim Klicken auf die Zelle, welche die HYPERLINK-Funktion enthält, öffnet Microsoft Excel die in der Hyperlinkadresse gespeicherte Datei.

[!]

Um einen Hyperlink zu einer Position in der aktuellen Arbeitsmappe oder in einer anderen Arbeitsmappe zu erstellen, können Sie entweder einen Namen für die Zielzellen definieren oder einen Zellbezug verwenden.

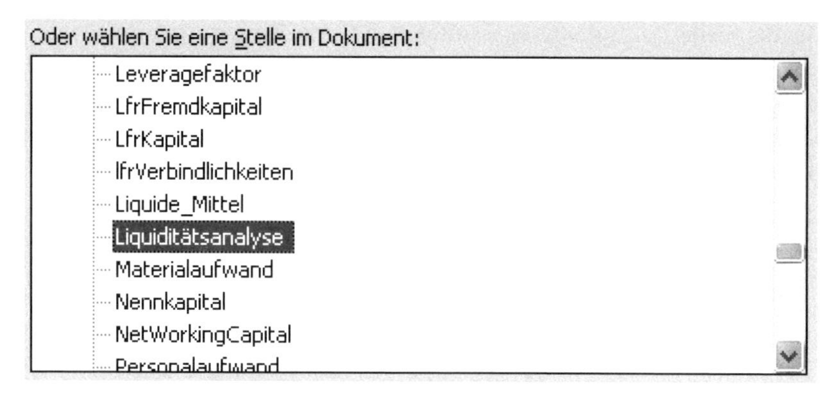

Abbildung 6.33 Linkziel auswählen über Bereichsnamen

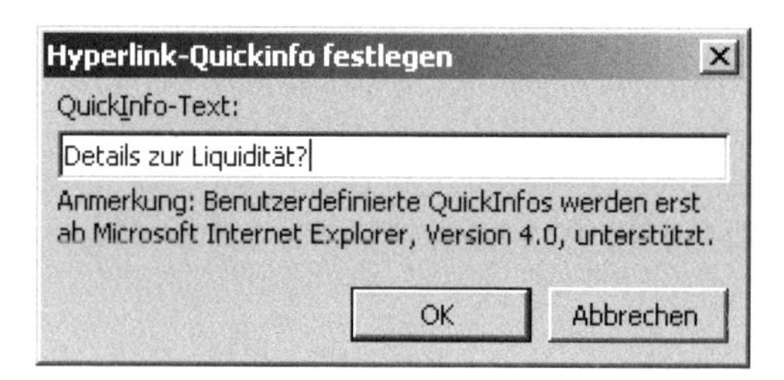

Abbildung 6.34 Beschriftung des Hyperlinks festlegen

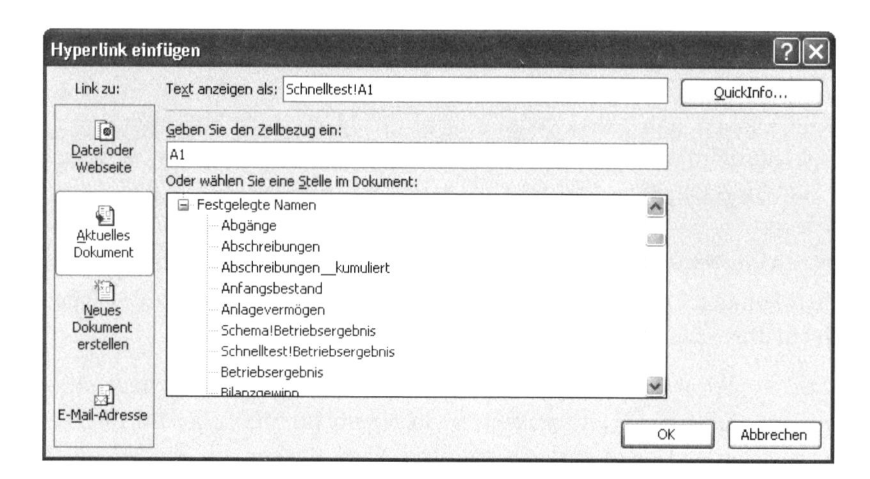

Abbildung 6.35 Hyperlinks nutzen, um in die Details zu wechseln

Hyperlink erstellen

1. Markieren Sie das Tabellenblatt SCHNELLANALYSE.
2. Markieren Sie eine Zelle oder einen Bereich, für den Sie einen Hyperlink einrichten möchten.
3. Klicken Sie im Menü **Einfügen** auf **Hyperlink**.
4. Klicken Sie auf die Schaltfläche **QuickInfo**, um eine Meldung einzutragen. Diese Meldung wird angezeigt, sobald der Mauszeiger über den Hyperlink bewegt wird.
5. Klicken Sie **OK** an, um die Einstellungen zu übernehmen.
6. Klicken Sie auf **Textmarke**, um den Hyperlink auf einen bereits festgelegten Namen zu beziehen, und wählen Sie diesen Namen aus.
7. Klicken Sie **OK** an, um die Einstellungen zu übernehmen.
8. Klicken Sie auf den Link, um zur angegebenen Zelle zu gelangen.

Hyperlink formatieren

1. Um eine Zelle mit einem Hyperlink zu markieren, ohne zu dessen Ziel zu wechseln, klicken Sie auf die Zelle und halten Sie die Maustaste gedrückt, bis der Cursor zu einem Kreuz wird. Dann lassen Sie die Taste wieder los. Klicken Sie das Symbol **Format übertragen** an.
2. Rufen Sie mit der rechten Maustaste das Kontextmenü auf, und wählen Sie dort das Menü **Zellen formatieren** aus.
3. Nehmen Sie die gewünschten Formatierungen vor.

Im Augenblick nehmen wir lediglich für ein Bilanzjahr eine Bewertung vor. Auf dem Tabellenblatt JAHRESABSCHLUSS ist aber von drei Jahren der Jahresabschluss hinterlegt. Im Folgenden soll mittels eines Kombinationsfeldes und mehrerer INDEX-Funktionen das Jahr wählbar gemacht werden. Jahreszahlen sind als Liste auf dem Blatt WERTE hinterlegt.

Schnellanalyse

1. Wählen Sie das Tabellenblatt SCHNELLANALYSE aus.
2. Wählen Sie aus dem Menü **Ansicht • Symbolleisten** die Symbolleiste **Formular** aus.
3. Klicken Sie das Steuerelement **Kombinationsfeld** an, und fügen Sie es in der Tabelle etwa in der Zelle `C7` durch Ziehen ein. Das Steuerelement kann mit der [Alt]-Taste und gleichzeitigem Markieren an der Zellgröße ausgerichtet werden.
4. Kombinationsfeld mit rechter Maustaste anklicken und Einstellungen wie links abgebildet vornehmen.
5. Klicken Sie **OK** und kurz eine beliebige Zelle an, um die Markierung aufzuheben.

	1. Spalte	2.Spalte	3.Spalte
Eigenkapital	700	800	1.045

Tabelle 6.3 Werte für das Eigenkapital

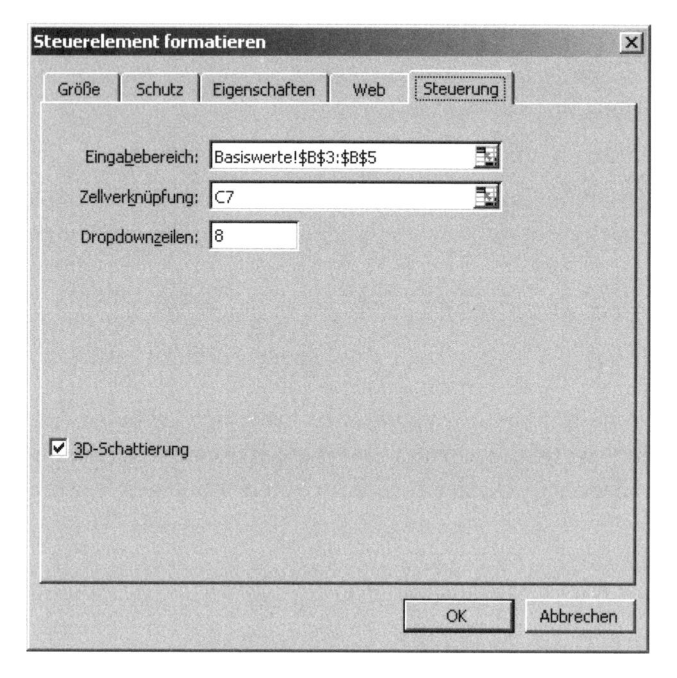

Abbildung 6.36 Steuerung für das Kombinationsfeld

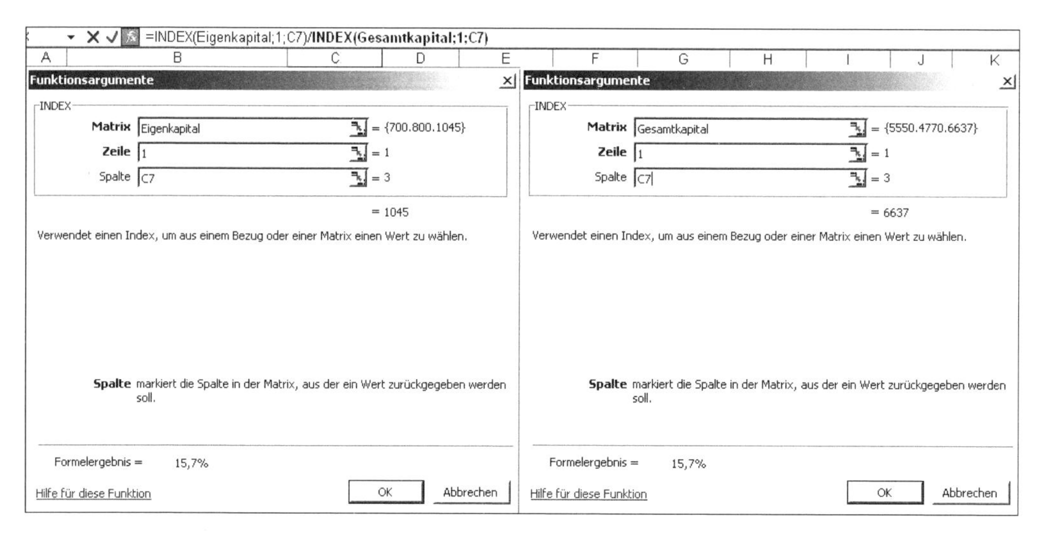

Abbildung 6.37 So wird die Eigenkapitalquote gerechnet.

Bisher haben wir die Formel zur Berechnung der Eigenkapitalquote mit Namen gebildet. Hier kommt noch die Funktion INDEX hinzu. Sie soll aus dem Bereich EIGENKAPITAL den Wert eines Jahres durch den entsprechenden Wert des Bereichs Gesamtkapital dividieren.

Der durch die Bildlaufleiste in der Ausgabeverknüpfung zur Verfügung gestellte Zahlenwert erzeugt die bei INDEX benötigte Spaltennummer.

Steuerelement und Matrixfunktionen

1. Markieren Sie auf dem Blatt SCHNELLANALYSE die Zelle `C8`.
2. Löschen Sie die darin enthaltene Funktion.
3. Wählen Sie aus dem Menü **Einfügen • Funktionen** über die Kategorie **Matrix** die Funktion INDEX aus. Verwenden Sie die Variante **Matrix;Zeile;Spalte**.
4. Geben Sie die Argumente, wie links abgebildet, ein.
5. Klicken Sie **OK** an.
6. Für die anderen Zellen wiederholen Sie den Vorgang:
   Schuldentilgungsdauer `C9`
   Gesamtkapitalrentabilität `C10`
   Cashflow in % des Umsatzes `C11`

Welcher Controller hat noch nicht die Situation erlebt, dass ein Diagramm kritisiert wurde (hinsichtlich der Gestaltung), aber weniger über die Informationen diskutiert wurde, die es vermitteln sollte? Diagramme/Grafiken sollen Informationen im Überblick vermitteln, sie sollen dem Informationsempfänger einen Eindruck in kurzer Zeit über den Sachverhalt vermitteln. Deshalb ist es wichtig, einige Punkte bei der Auswahl des geeigneten Diagrammtyps und seiner Gestaltung zu beachten.

7 Reporting mit Diagrammen

Einfache Beispiele

In diesem Kapitel erfahren Sie, wie Sie bei der Auswahl und Gestaltung von Diagrammen vorgehen sollten, und welche Excel-Techniken möglich oder erforderlich sind. Daher sind die Beispiele in diesem Kapitel sehr einfach dargestellt, da es uns mehr um die Technik und die gestalterische Basis geht als um perfektes Aussehen, »Knalleffekte« und viele Farben. Diagramme (*griechisch: diagramma = geometrische Figur, Umriss*) sind die Visualisierung von Daten in grafischer Form. Mathematisch betrachtet dienen Diagramme zur Veranschaulichung der Zusammenhänge zwischen zwei oder mehr voneinander abhängigen Werten oder Größen.

Mit Hilfe eines Koordinatensystems lassen sich die Positionen von Punkten im Raum angeben. Die Position wird durch Angabe von Koordinaten eindeutig bestimmt. Die Koordinate dient dann als »Scheitelpunkt« für eine grafische Umsetzung in Form einer Säule, Linie etc.

Das Kartesische Koordinatensystem

Für jede dazustellende Dimension wird eine Achse angelegt, häufig zwei. Das so entstandene und am häufigsten verwendete Koordinatensystem ist das so genannte Kartesische Koordinatensystem. Benötigt man mehr Dimensionen, verwendet man eine Z-Achse, bzw. bei n-Dimensionen ein Netz-Diagramm, wie z. B. bei der Balanced Scorecard. Der Punkt, bei dem alle Koordinaten den Wert 0 annehmen, nennt man den Koordinatenursprung. Die horizontale Achse wird als x-Achse, Abszisse oder Rubrikenachse bezeichnet. Die vertikale Achse heißt entsprechend y-Achse, Ordinate oder Größenachse. Die räumliche Achse, wenn man ein 3D-Diagramm verwendet, wird z-Achse, Applikate (in der Geographie: Kote) genannt.

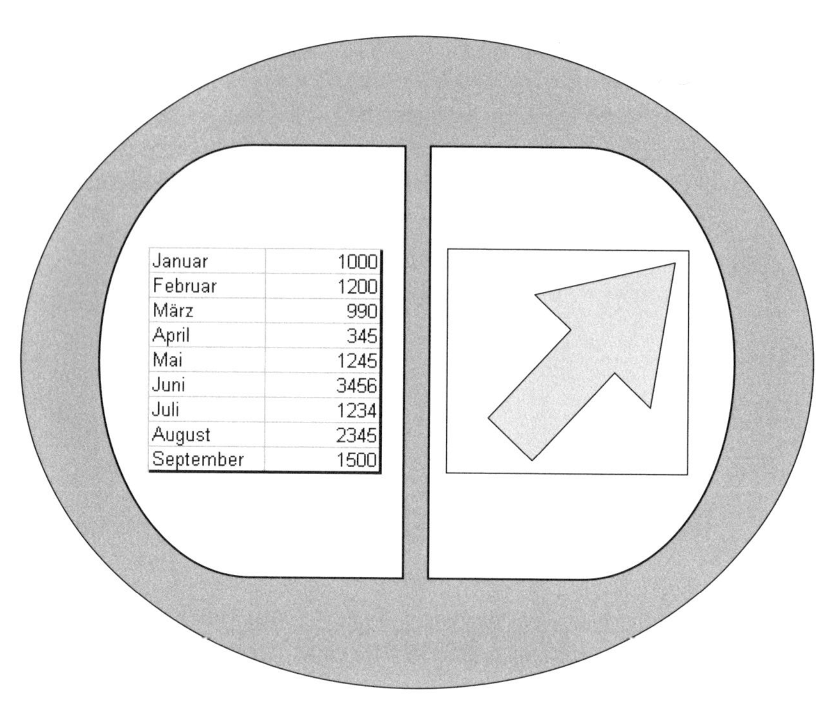

Abbildung 7.1 Links Zahlen, rechts grafische Abbildungen

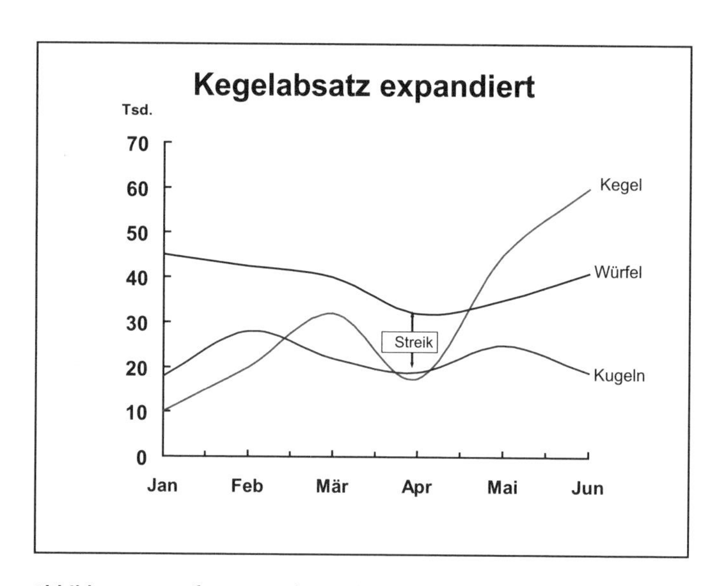

Abbildung 7.2 Informationshierarchien, durch Formatierung betont

7.1 Welcher Diagrammtyp?

Zahlen sind reine Abstrakta, sie sprechen unsere analoge (rechte) Gehirnhälfte nicht an. Dazu müssen Sie erst die Zahlen in grafische Darstellungen umwandeln: in Kreis-, Balken-, Säulen-, Flächen-, Liniendiagramme und andere.

Um den für Ihre Zwecke passenden Diagrammtyp auszuwählen, müssen Sie sich zunächst folgende Fragen stellen:

Zweck?

- **Was** beabsichtigen Sie mit dem Diagramm?
  Die Bandbreite der Antwortmöglichkeiten reicht von »möglichst sachlich informieren« bis zu »überzeugen, vertuschen, dramatisieren – manipulieren«. Sie können mit einem Diagramm einschläfernd beruhigen oder alarmieren, aufregen.

Zielgruppe?

- Für **wen** ist das Diagramm bestimmt?
  Sind Ihre Leser an Diagramme gewöhnt, wie beispielsweise Finanzfachleute, Wissenschaftler, Techniker? Oder handelt es sich um »normale« Menschen, die nicht so oft mit abstrakten Informationen dieser Art konfrontiert werden?

  Den Ersteren können Sie vielleicht einen logarithmischen Achsenmaßstab zumuten, den Letzteren sicher nicht.

Aussage?

- **Was** soll das Diagramm aussagen?
  Dies ist von allen drei Fragen die wichtigste! Welchen Gedanken wollen Sie ausdrücken? Mit der Auswahl der Diagrammart bieten Sie bereits eine Interpretationsmöglichkeit an!

Informationshierarchien

Generell kann man bei einem Diagramm drei Informationsebenen unterscheiden, die durch die Gestaltung (Formatierung) entsprechend betont werden:

- Die erste Ebene trägt die Hauptinformation und wird durch den Diagrammtyp dargestellt.
- In der zweiten Ebene wird die Information durch die Bezeichnungen der Achsen, den Diagrammtitel, die Legende und Datenreihen im Detail vermittelt und erst verständlich/interpretierbar gemacht. Deswegen sollten die Elemente dieser Ebene durch die Formatierung auch deutlich zurückgenommen werden!
- In der dritten Ebene kommen erläuternde Informationen zum Tragen, die den einen oder anderen Sachverhalt erläutern. Diese Ebene wird z. B. durch Textfelder, Pfeile etc. repräsentiert.

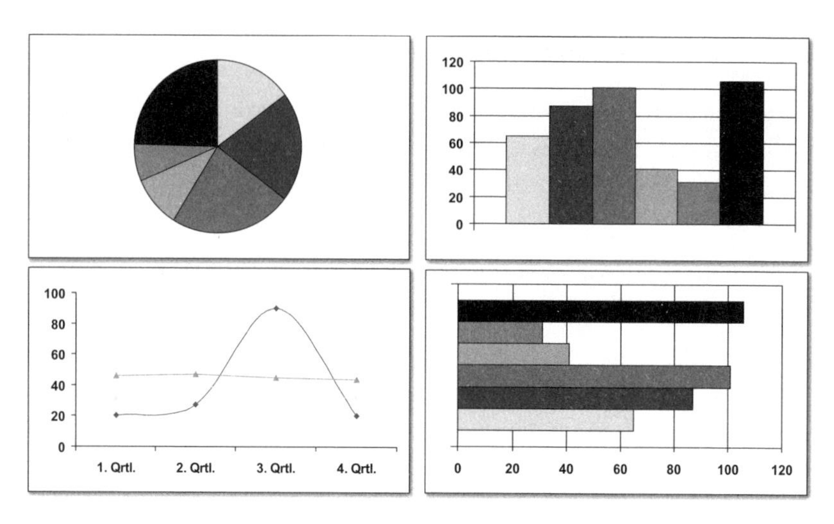

Abbildung 7.3 Die Diagramm-Grundtypen

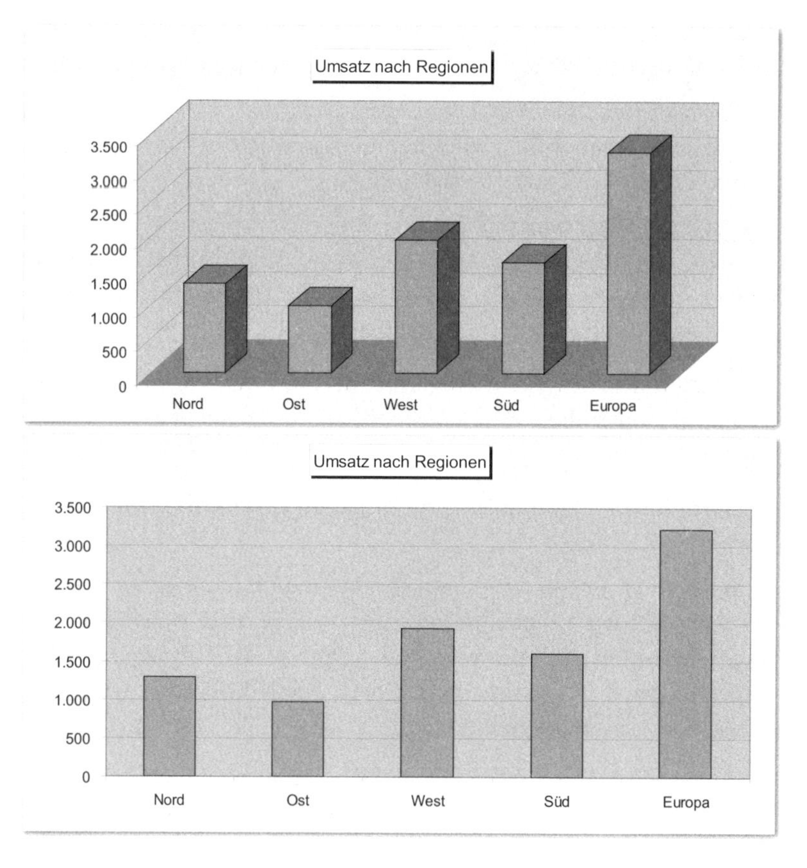

Abbildung 7.4 Zwei- und dreidimensionales Diagramm

7.2 Grundsätzliche Überlegungen

Schwierig ist immer die Frage nach dem geeigneten Diagrammtyp. Ist er gut oder schlecht? Dabei muss eigentlich immer die Frage gestellt werden, welcher Typ für die zu vermittelnde Information der geeignete ist.

Grundsatzfragen

Spielt die **Zeit** in der Darstellung eine Rolle oder nicht? Soll der gewählte **Diagrammtyp** zweidimensional oder dreidimensional dargestellt werden? Geht es um die **Darstellung** von Anteilen, sollen Kontraste, Beziehungen und/oder Kumulationen dargestellt werden? Ist der Zeitablauf das vorrangige **Interpretation**skriterium?

Basis-Diagrammtypen

Liniendiagramm: Die Punkte werden miteinander durch Linien (Geraden, Kurven) verbunden; ist die Fläche zwischen Achse und Linie gefüllt, spricht man von einem Flächendiagramm. Daher stellt das Liniendiagramm für das Unterbewusstsein häufig die Oberkante einer (nicht vorhandenen) Fläche dar. Am besten geeignet, um Verläufe dazustellen.

Säulendiagramm: Der Abstand zwischen Achse und Datenpunkt wird mit einer senkrecht auf der x-Achse stehenden rechteckigen Fläche dargestellt und wirkt daher fast wie ein Körper. Je nach Helligkeit der verwendeten Farbe und Breite der Säule wirkt sie leichter (helle Farbe, schmale Säule) oder massiger (dunkle Farbe, breite Säule). Bedeutsam ist auch die Menge (Anzahl Datenpunkte) und der Abstand der Säulen.

Balkendiagramm: Ähnlich dem Säulendiagramm, allerdings sind hier x- und y-Achse vertauscht. D.h. die Säulen sind von links nach rechts angeordnet. Ein Balken liegt und stellt daher eine Strecke, weniger eine Größe dar. Balken scheinen zu schweben, wirken daher leichter.

Kreisdiagramm: Sind die Einzelwerte Teile eines Ganzen, so kann man die Werte in Form von Kreissegmenten zeichnen, um die Größenverhältnisse ihrer Anteile darzustellen; wird der Kreis als dreidimensionale Scheibe gezeichnet, spricht man auch von einem Tortendiagramm. Ideal in der zweidimensionalen Form, da vollkommene Fläche. Jeder Punkt des Randes ist gleich weit weg vom Mittelpunkt.

Dimensionen

Generell haben Sie bei Excel immer die Möglichkeit, anstelle eines zweidimensionalen ein dreidimensionales Diagramm zu verwenden. Dies sieht nett aus, ist aber unter der Prämisse der sachlichen Vermittlung von Informationen nicht zu empfehlen. Durch die dritte Dimension wird die Betrachtungsperspektive verzerrt und vom Betrachter zusätzlich Interpretationsleistung verlangt. Lediglich beim Kreisdiagramm trifft dies nicht zu!

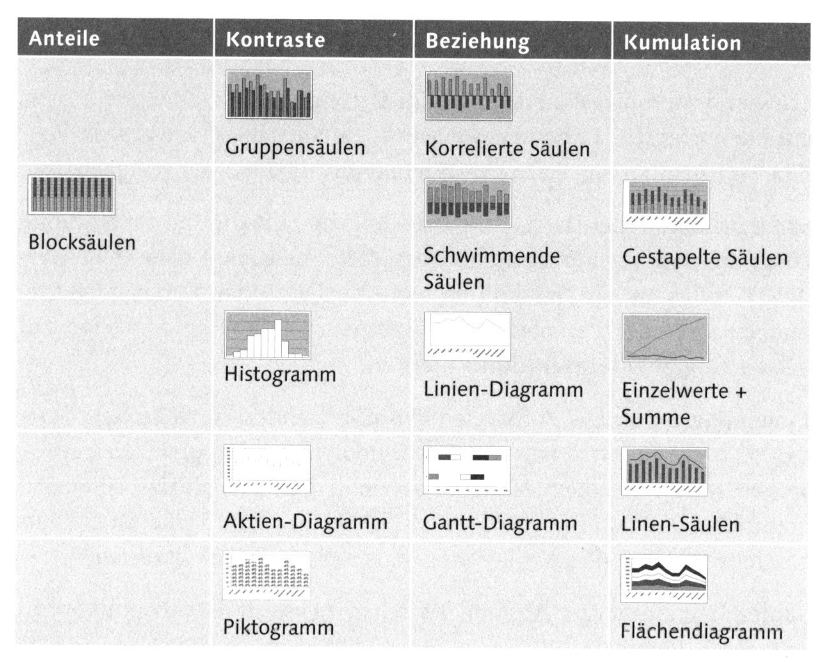

Anteile	Kontraste	Beziehung	Kumulation
	Gruppensäulen	Korrelierte Säulen	
Blocksäulen		Schwimmende Säulen	Gestapelte Säulen
	Histogramm	Linien-Diagramm	Einzelwerte + Summe
	Aktien-Diagramm	Gantt-Diagramm	Linen-Säulen
	Piktogramm		Flächendiagramm

Tabelle 7.1 Zeitabhängige Diagrammtypen

Anteile	Kontraste	Beziehung	Häufigkeit
Kreis		Doppelkreis	
Balkenblock	Balken	Schiebebalken	
Stapelsäulen		Säulenpaar	Säulen
	Linie	Funktion	Gauss-Kurve
Kreis-Säulen	Piktogramm	Blasen-Diagramm	Streudiagramm
Tacho-Scheiben	Bilanzstruktur	Radial-Diagramm	

Tabelle 7.2 Zeitunabhängige Diagrammtypen

7.2.1 Zeitabhängige Diagrammaussagen

Geht es Ihnen darum, eine Entwicklung über einen bestimmten Zeitraum, einen Trend zu zeigen? In unserem europäisch geprägten Kulturkreis lesen wir von links nach rechts. Daher nimmt unser Unterbewusstsein eine Anordnung von Elementen von links nach rechts als Bewegung, Entwicklung wahr.

Zeitreihen-Diagramm

Für die Darstellung der Zeit benötigen Sie ein Zeitreihen-Diagramm. Die x-Achse ist die Zeitachse.

Aber was soll über einen bestimmten Zeitraum hinweg gezeigt werden?

- Anteilsveränderungen? Marktanteilsgewinne oder -verluste?
- Kontraste, die größer oder kleiner werden können?
- Beziehungen (Korrelationen), die sich verändern oder gleich bleiben?
- Kumulationen – sich visuell addierende Größen?

Das links abgebildete Schema soll Ihnen helfen, das passende Diagramm zu finden.

Alle diese Diagramme können Sie mit Hilfe von Excel erzeugen. Beim Gantt-Diagramm und beim Piktogramm müssen Sie allerdings etwas in die Trickkiste greifen.

7.2.2 Zeitunabhängige Diagrammaussagen

Wenn Sie bei Ihrer Grundsatzfrage festgestellt haben, dass der Faktor Zeit keine Bedeutung für Ihre Darstellung hat, sondern Daten zu einem Zeitpunkt dargestellt werden sollen, dann fragen Sie sich Folgendes:

Zentrale Fragen

- Geht es um Anteile an einem Ganzen?
- Geht es um Kontraste – wollen Sie genau zeigen, um wie viel etwas größer oder kleiner ist als etwas anderes?
- Ist die Beziehung zwischen zwei oder mehreren Größen das Entscheidende?
- Wollen Sie eine Aussage über die Häufigkeit (Frequenz) von Ereignissen treffen?

Falls ja, dann wählen Sie einen Diagrammtyp aus dem links abgebildeten Schema aus!

Gruppensäulen	Zwei oder mehrere Vergleichsgrößen werden zu verschiedenen Zeiten gezeigt (z. B. nominales und inflationsbereinigtes Einkommen). Die Werte können positiv oder negativ sein, müssen aber in der gleichen Messgröße angegeben sein (z. B. €).
Korrelierte Säulen	Die Werte oberhalb und unterhalb der horizontalen Achse sind inhaltlich konträr. Andere Einheiten, andere Bedeutung. Zum Beispiel Versorgungsaufwand in Millionen (nach oben) und Säuglingssterblichkeit (nach unten).
Block-Diagramm	Veranschaulicht die Entwicklung von Anteilen der Zeit. Hauptsächlich zur Darstellung der Veränderungen von Marktanteilen angewendet.
Schwimmende Säulen	Jede Säule ist ein aus zwei Teilen zusammengesetztes Ganzes, das sich über die Zeit sowohl absolut als auch bezogen auf die x-Achse angeben lässt. Beispiel: Jede Säule entspricht dem Werbebudget zu einem bestimmten Zeitpunkt, der obere Teil den Media-Ausgaben, der untere den Rabatten.
Summensäulen	Für die absolute Entwicklung einer zusammengesetzten Größe (z. B. Gesamtzahl der Unfälle nach ihren Ursachen). Dabei können Sie auch die Korrelation zwischen dem untersten Abschnitt und der Summe zeigen. Verändert sich die Summe nur wenig, ist ein Blockdiagramm sinnvoller.
Histogramm	Für die (sprunghafte) Veränderung zwischen (homogenen) Abschnitten: saisonale Produktionsauslastung, monatliche Regenmenge.
Fieberkurve	Messwerte einer kontinuierlichen Entwicklung über die Zeit, dargestellt als Liniendiagramm.
Flächendiagramm	Flächendiagramme eignen sich vor allem zur Darstellung von Gesamtmengen, weniger zur Wiedergabe von Veränderungen.
Linien-Säulen	Spezialdiagramm für die Darstellung absoluter Werte pro Zeiteinheit **und** ihres kumulierten Effektes (z. B. Monatsverkäufe und Verkäufe seit Jahresbeginn). In Excel als Verbund-Diagramm vorhanden.
Hi-Low-Chart (Aktien-Diagramm)	Spezialdiagramm für Aktienkurse; die senkrechten Striche entsprechen den Schwankungen des Kurses (Spannweite), der Querstrich dem Abschlusskurs.

Tabelle 7.3 Die wichtigsten Diagrammtypen in der Übersicht

Gantt-Diagramm	Ein Gantt-Diagramm oder Balkendiagramm ist ein nach dem amerikanischen Berater Henry L. Gantt (1861–1919) benanntes Instrument des Projektmanagements, das die zeitliche Abfolge von Aktivitäten grafisch in Form von Balken auf einer Zeitachse darstellt. Im Unterschied zum Netzplan ist die Dauer der Aktivitäten im Gantt-Diagramm deutlich sichtbar. Ein Nachteil des Gantt-Diagramms ist, dass die Abhängigkeiten zwischen Aktivitäten nur eingeschränkt darstellbar sind. Sie können das auch für die Urlaubsplanung, Kapazitätsbelegung und dergleichen verwenden.
Piktogramm	Bei Piktogrammen werden Datenreihen in Diagrammen durch Grafiken dargestellt (bspw. Geldsäcke). Dazu benötigen Sie Grafikdateien oder grafische Elemente. So könnten Sie z. B. Produktdarstellungen Ihres Unternehmens als Grafikdatei hinterlegen und dadurch entsprechende Datenreihen darstellen.
Doppelkreis	Damit zeigen Sie gewissermaßen die zwei Seiten einer Medaille, z. B. Umsatz und Gewinn. Der eine Kreis zeigt die Umsatzverteilung nach Produkten, der andere den Gewinn für diese Produkte. Wird von Excel nicht als eigenständiger Diagrammtyp angeboten. Dazu müssten Sie zwei Kreisdiagramme erzeugen.
Balkendiagramm	Das Balkendiagramm ist einer der häufigsten Diagrammtypen. Es ist dem Säulendiagramm sehr ähnlich, stellt die Datenreihen allerdings durch waagerecht liegende Balken dar. Es eignet sich sehr gut zur Veranschaulichung von Rangfolgen. Dazu müssten Sie die Daten aber sortieren, sonst geht die Aussage verloren.
Schiebebalken	Die Teile links und rechts der Achse bilden ein Ganzes (z. B. links Export, rechts Inland) – verglichen werden drei Geschäftsbereiche.
Säulenpaar/ Staffelbalken	Damit machen Sie die Zusammensetzung zweier Summen transparent, wenn die absoluten Werte interessant sind.
Gauss-Säule/ Häufigkeits-verteilung	Die senkrechten Werte geben an, wie oft ein horizontaler Wert vorkommt. Die Linie verwenden Sie für ein Verteilungsschema (z. B. Normalverteilung), die Säulen für konkrete Messergebnisse in definierten Klassen. In Excel verwenden Sie dazu am besten die Analysefunktion **Histogramm**.
Kartogramm	Dient der Darstellung von geografischen Daten. Von Excel bis zur Version 2000 angeboten, aber wenig empfehlenswert.

Tabelle 7.3 Die wichtigsten Diagrammtypen in der Übersicht (Forts.)

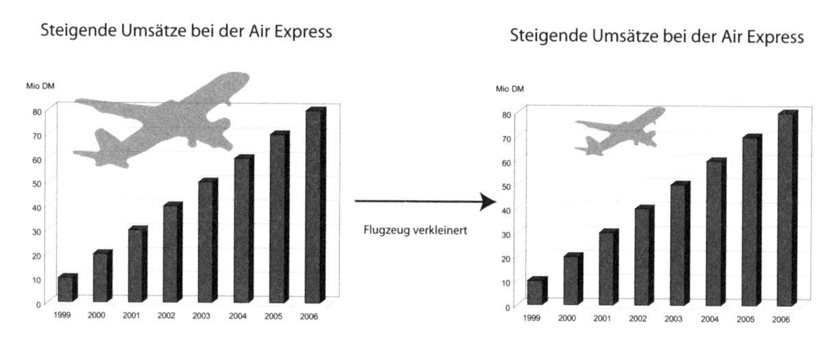

Abbildung 7.5 Proportionen

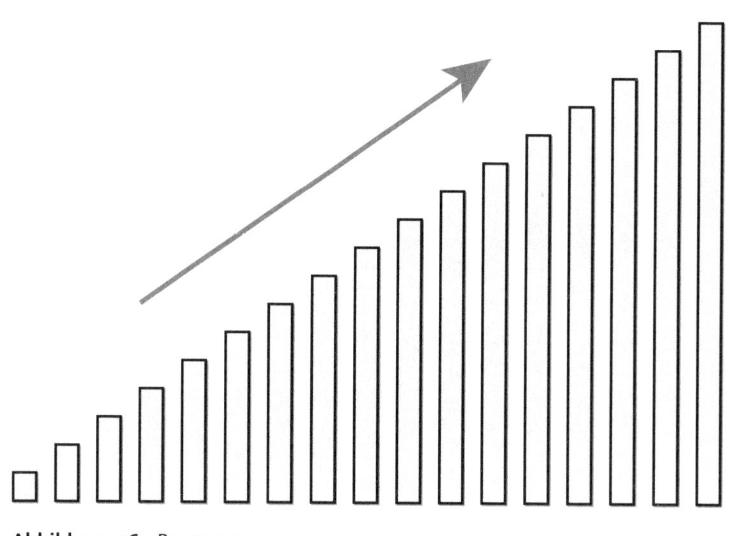

Abbildung 7.6 Bewegung

7.2.3 Gestaltung von Diagrammen

Wie viele Datenreihen sind sinnvoll darstellbar?

Zahl der Datenreihen

- Bei **Linien-/Flächendiagramm** sollten nicht mehr als 15 bis 20 Datenpunkte, maximal vier Datenreihen gezeigt werden.
- Bei **Säulen-/Balkendiagramm** sollten es nicht mehr als drei Säulen/Balken pro Einteilung auf der x-Achse sein!
- Bei **Kreis-/Tortendiagramm** sollten es maximal sechs Segmente sein! Gibt es mehr Segmente, so empfiehlt es sich, mit der Variante Kreis-Säulen zu arbeiten.

Wie sollten die einzelnen Säulen- bzw. Balkenabschnitte, die verschiedenen Sektoren bei Kreisen angeordnet werden?

Anordnung

- **Stapelsäulen oder -balken:** Die größten Anteile unten bzw. links!
- **Kreis-/Tortendiagramm**: Im Uhrzeigersinn vom größten zum kleinsten, beginnend bei 12 Uhr. Wichtige Segmente werden herausgezogen oder befinden sich in der 15 Uhr-Position.
- **Balkendiagramm**: Aufsteigend, absteigend oder alphabetisch geordnet.
- Im **Liniendiagramm** sollten Sie möglichst unterschiedliche Farben für die Linien verwenden. Stehen nur die Farben Schwarz und Weiß zur Verfügung, sollte man durch die Strichstärke unterscheiden, nicht durch unterschiedliche Punkt-Strich-Punkt-Muster! Außerdem sollten Sie eine Legende am Ende einer jeden Datenreihe anbringen.

Wie gestaltet man Linien und Flächen am wirkungsvollsten?

Gestaltung

- Je größer die Fläche, desto heller das Muster.
- Je kleiner die Fläche, je dünner das Muster, desto intensiver.
- Vermeiden Sie optische Täuschungen!
- Keine horizontalen und vertikalen Schraffuren, gegenläufige Schraffuren nicht unmittelbar und eng nebeneinander!
- Generell gilt für die Strichstärke: Ist die Variable stärker als die Achse, sollte diese wieder stärker als die Gitternetzlinie erscheinen.

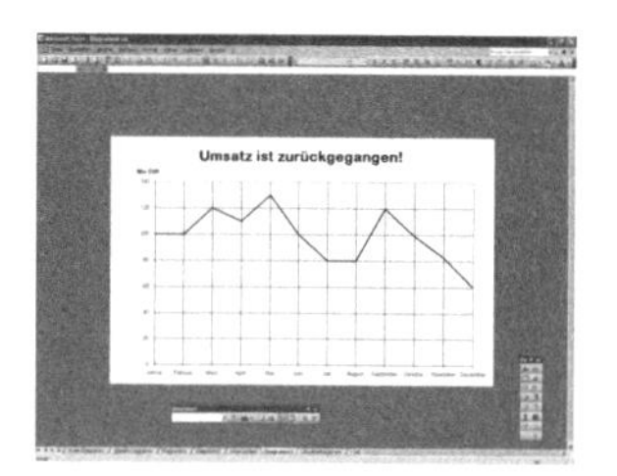

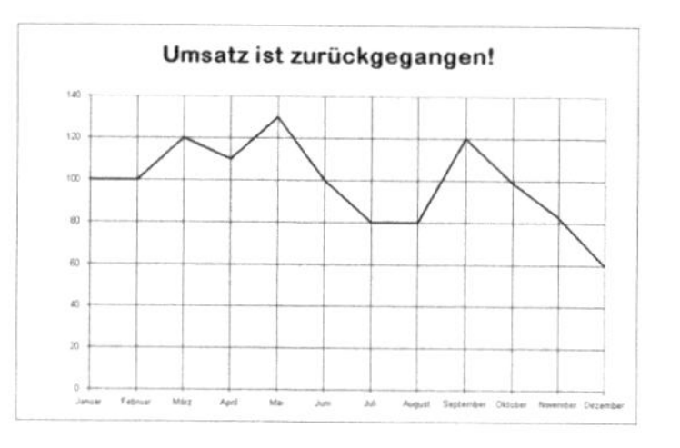

Abbildung 7.7 Sachlicher und betonender (Headline) Diagrammtitel

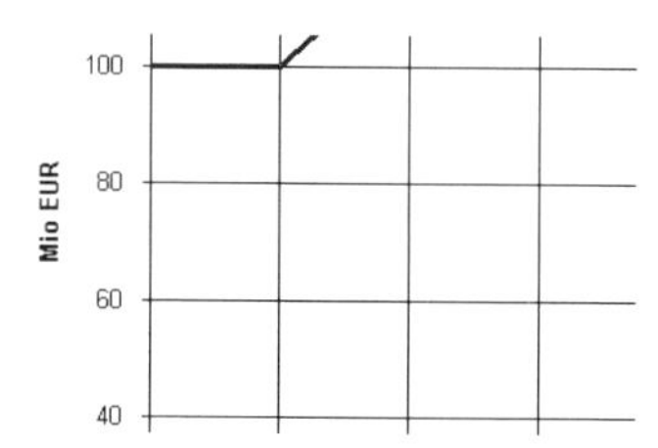

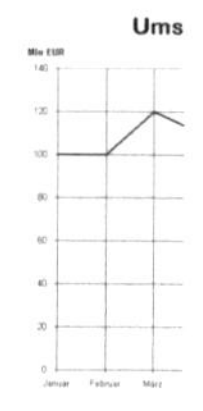

Abbildung 7.8 y-Achsentitel in der »Excel-Variante« und korrekt

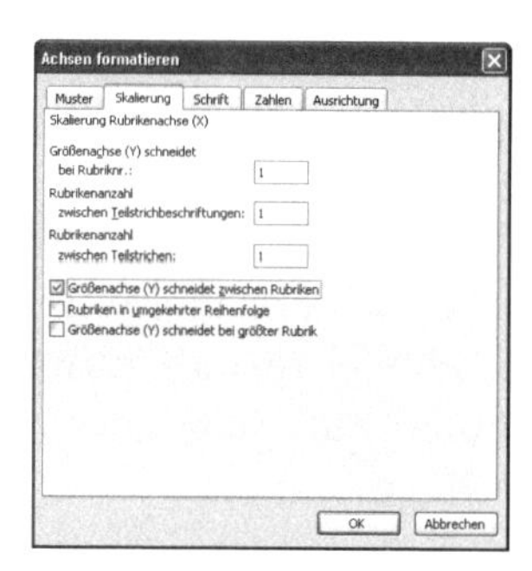

Abbildung 7.9 Deaktivieren Sie das Kontrollkästchen.

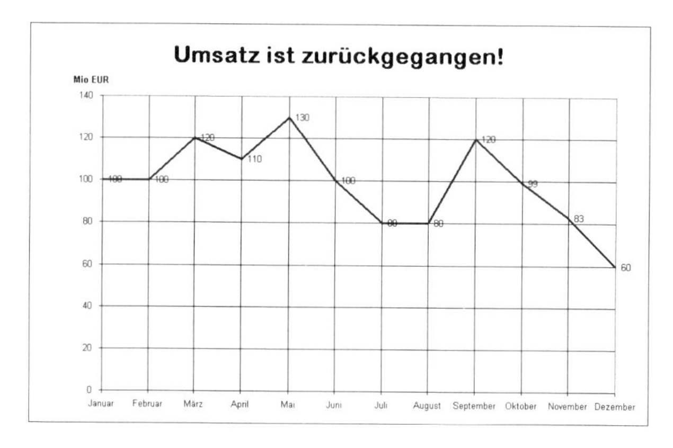

Abbildung 7.10 So nicht!

7.2.4 Diagrammbeschriftungen

Wie geht man bei der Beschriftung vor? Dies ist ein Thema mit vielen »Fußangeln«. Wenn Sie sich für ein Diagramm als Informationsmedium entschieden haben, dann stört abstrakte Information (Zahlen/Text). Sie sollte so wenig wie möglich verwendet werden. Natürlich benötigen wir erläuternden Text, sonst kann das Diagramm nicht verstanden werden. Diagramme benötigen an verschiedenen Stellen Beschriftungen: als Diagrammüberschrift (Titel), als Bezeichnungen an den Achsen (y-Achse/x-Achse), als Legende und als Zusatztext (frei positionierte Textfelder).

Wie sollten Diagrammbeschriftungen formuliert werden?

Titel

Auf jeden Fall aussagekräftig und prägnant. Versuchen Sie, für Ihr Diagramm einen Titel zu finden, der Ihrer geplanten Aussage schlagzeilenmäßig entspricht. Oder Sie verwenden einen Titel, der sachlich über das Thema informiert.

y-Achsentitel

Beschriften Sie lesbar! Am besten am oberen Ende und waagerecht. Excel-Diagramme verwenden automatisch den Titel um 90° Grad gedreht und in der Mitte der y-Achse. Dies muss korrigiert werden. Betrachter eines Diagramms verdrehen ungern den Kopf, um Bezeichnungen lesen zu können!

Bei Zeitreihen überlegen Sie, ob die horizontale Achse Zeitabschnitte oder Zeitpunkte enthält. Dementsprechend setzen Sie die Jahreszahl zwischen die Teilungsstriche oder exakt zu den Teilungsstrichen. Dazu sollten Sie im Menü **Format • Markierte Achse** im Register **Skalierung** das Kontrollkästchen **Größenachse (Y) schneidet zwischen den Achsen** deaktivieren.

Signale/Blickfänger

Gehen Sie sparsam mit Pfeilen oder Hinweistexten um! Diese sollten nur zur Hervorhebung von Sachverhalten dienen und daher nur dort wo es wirklich sinnvoll ist, eingesetzt werden.

Zahlen

Grundsätzlich sollten Sie keine Ziffern in ein Diagramm schreiben. Diese abstrakte Zeichen stören den grafischen Eindruck und erhöhen die Komplexität. Auf keinen Fall sollten Sie eine Datentabelle unter dem Diagramm anbringen, auch wenn dies technisch möglich ist! Wer ein Diagramm als Information nutzen möchte, benötigt die gleiche Information nicht in Form einer Tabelle und umgekehrt.

Wenn Sie Zahlen im Diagramm darstellen, dann nur wichtige Werte. Verwenden Sie maximal zwei Dezimalstellen!

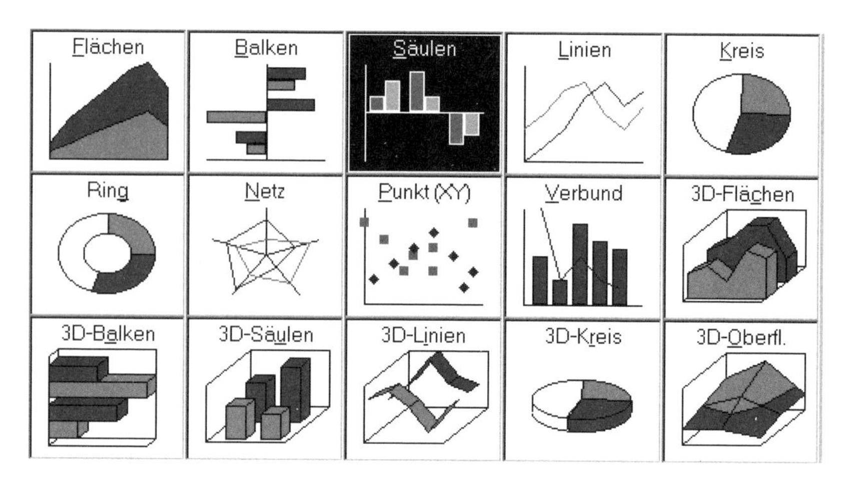

Abbildung 7.11 Excel-Standard-Diagrammtypen

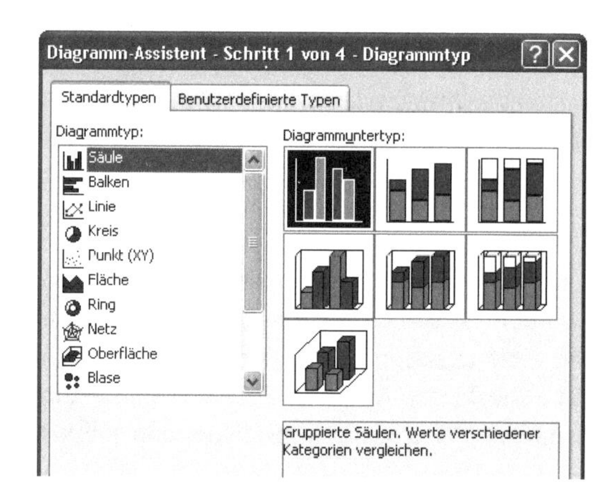

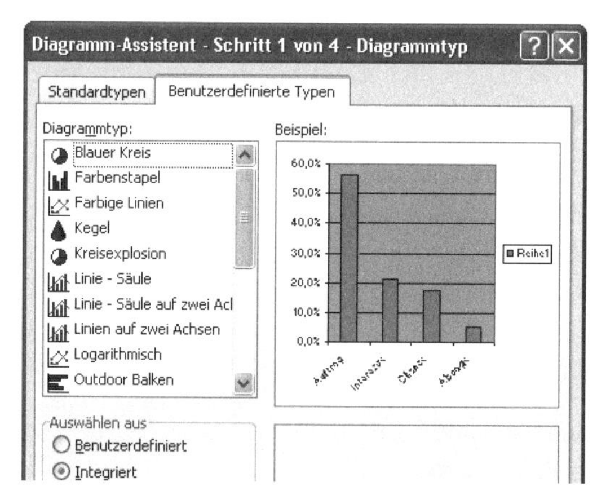

Abbildung 7.12 Standard- und benutzerdefinierte Diagrammtypen

7.2.5 Excel-Diagrammtypen

Flächen

Flächendiagramme zeigen Entwicklungen. Sie addieren verschiedene Komponenten, beispielsweise Kosten. Sie eignen sich deshalb besonders gut zur Darstellung von Gesamtentwicklungen. Zwar lassen sich auch die Entwicklungen der einzelnen Komponenten erkennen, aber Einzelheiten sind nur schwer abzulesen.

Balken und Säulen

Balken sind horizontale Säulen. Sie eignen sich gut, um Rangfolgen und Vergleiche darzustellen. Säulen dagegen eignen sich gut zum Darstellen von Rangfolgen in Verbindung mit Zeitabläufen.

Linien und Kreis

Das Liniendiagramm ist die bevorzugte Darstellung von Zeitabläufen. Wertänderungen fallen durch die Linie leichter ins Auge als bei Säulendiagrammen. Das Kreisdiagramm (Tortendiagramm) zeigt eine anteilige Verteilung innerhalb einer Gesamtheit an.

Ring

Das Ringdiagramm ist eine Form des Kreisdiagramms. Es zeigt die Entwicklung von Daten in Form von Ringen an, wobei jeder Ring einen Zeitabschnitt darstellt. Man könnte sie mit den Jahresringen eines Baumes vergleichen. Sie zeigen allerdings nur eine verhältnismäßige Verteilung an, und das ist deshalb bei Umsatzentwicklungen irreführend. Diese Diagrammform wird im asiatischen Raum benutzt.

Punkt

Mit einem Punktdiagramm (XY-Diagramm) erzeugen Sie einen Sternenhimmel, ideal für die Darstellung von Häufigkeitsverteilungen. Bei dieser Diagrammart benötigen Sie für die x-Achse ebenfalls Werte.

Verbund und Netz

Diese Form kombiniert Säulen, Linien und Flächendiagramme miteinander. Durch die Kombination mit einer anderen Diagrammart können Sie eine bestimmte Entwicklung hervorheben. Bei einem Netzdiagramm wird jede Kategorie durch eine eigene Größenachse dargestellt. Alle Größenachsen gehen von einem gemeinsamen Mittelpunkt aus. Alle Werte derselben Datenreihe werden durch eine Linie miteinander verbunden. wodurch eine an ein Spinnennetz erinnernde Form entsteht. Auch dieser Diagrammtyp stammt aus dem asiatischen Raum.

3D-Diagramme

Die Flächen-, Balken-, Säulen-, Linien- und Kreisdiagramme können auch dreidimensional dargestellt werden. Die Aussage wird dadurch allerdings etwas verzerrt.

Generell können Sie mit Hilfe von Excel nahezu jede grafische Abbildung erzeugen. Es stellt sich nur die Frage nach dem zeitlichen Aufwand. Bieten die Menüs nichts mehr, so kann man ja immer noch mit VBA arbeiten. Doch ist dies noch effizient?

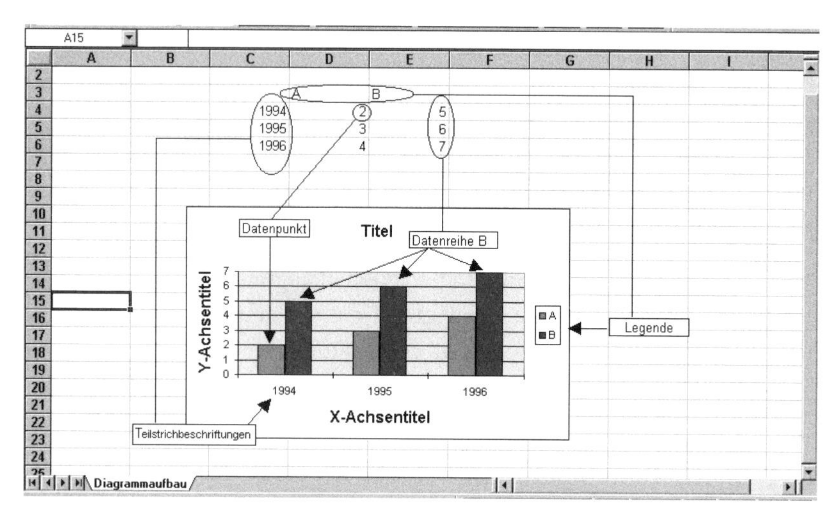

Abbildung 7.13 Diagrammaufbau

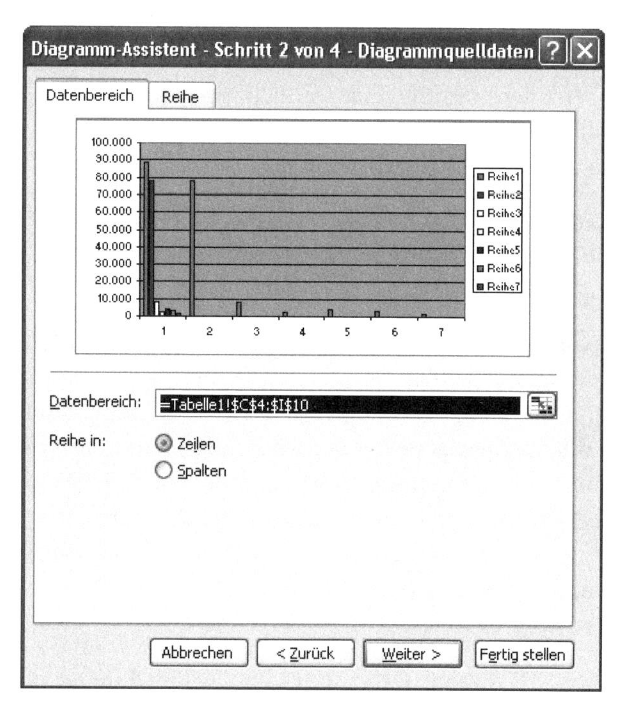

Abbildung 7.14 Diagramm »drehen«

7.3 Arbeiten mit Excel-Diagrammen

Excel verwendet zur Darstellung von Diagrammen ein Koordinatensystem. Falls Sie sich nicht mehr so genau an Ihren Mathematikunterricht erinnern können, sollten Sie Ihre Erinnerungen jetzt ein wenig auffrischen. Wir helfen Ihnen dabei. Gleichzeitig erklären wir Ihnen die Begriffe, die Excel für die einzelnen Bestandteile des Koordinatensystems verwendet.

Datenreihe

Eine Datenreihe besteht aus mehreren zusammengehörigen Zahlen. Diese werden in einem Diagramm durch gleichfarbige Säulen oder eine Linie, Fläche etc. dargestellt.

Datenreihenname

Datenreihennamen sind die Namen, die Sie in der Datentabelle für eine Datenreihe in der 1. Spalte vergeben. Diese Namen werden in der Legende dargestellt.

Datenpunkt

Der Datenpunkt ist ein einzelner Wert aus einer Datenreihe, abgelesen aus dem Inhalt einer Zelle in der Datentabelle.

Achsen

Die Achsen bilden das Koordinatenkreuz. Bestandteile sind die Teilstriche, welche die Achsen in Abschnitte einteilen.

x-Achse

Die x-Achse verläuft horizontal (von links nach rechts). Sie wird immer bei Zeitabläufen benutzt. Bei Excel wird sie Rubrikenachse genannt.

y-Achse

Die y-Achse verläuft vertikal (senkrecht). Sie zeigt immer die Größen an. Bei Excel wird sie Größenachse genannt.

z-Achse

Die z-Achse gibt es nur bei 3D-Diagrammen. In diesem Fall ist sie die Größenachse.

Teilstrich

Durch die Teilstriche kann man das Diagramm besser lesen. Sie zeigen die Einteilung der Achsen an. Es handelt sich dabei um eine kleine Linie, die eine Achse schneidet und eine Rubrik, eine Teilung oder eine Datenreihe abgrenzt. Eine Teilstrichbeschriftung ist ein zugeordneter Text zur Identifizierung eines Teilstrichs.

Legende

Die Legende ist eine Hilfe, um das Diagramm besser lesen zu können. Durch sie werden die Datenreihen erklärt. Die Legende zeigt zu jeder Datenreihe den Namen an.

Titel

Die Beschriftung des Koordinatensystems (Überschrift, Achsentitel) erfolgt über das Menü **Diagramm** und den Befehl **Diagramm-Optionen** im Register **Titel**.

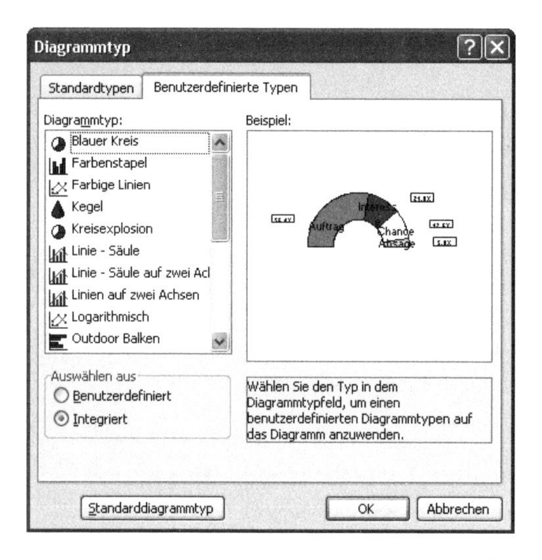

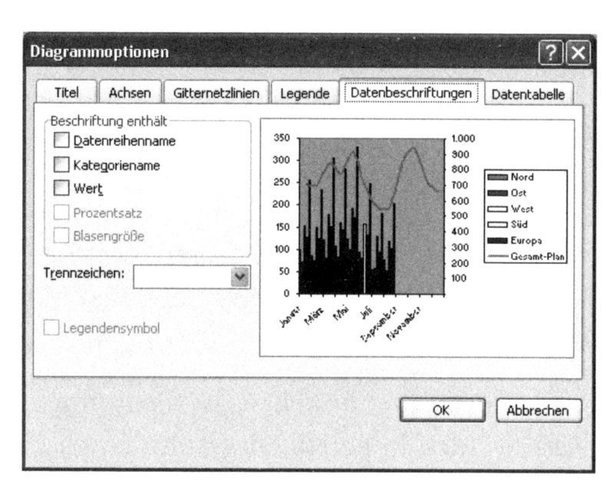

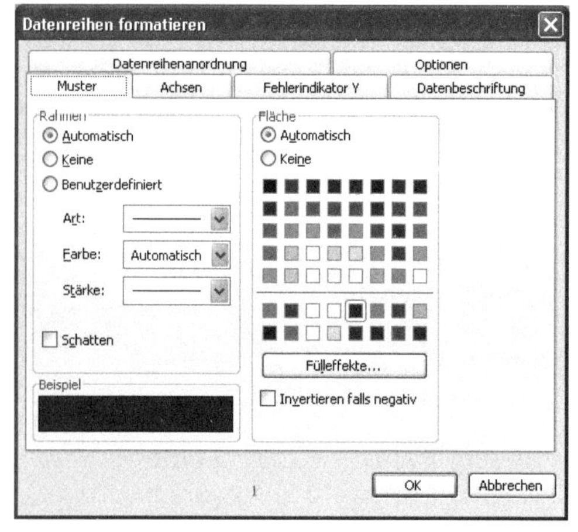

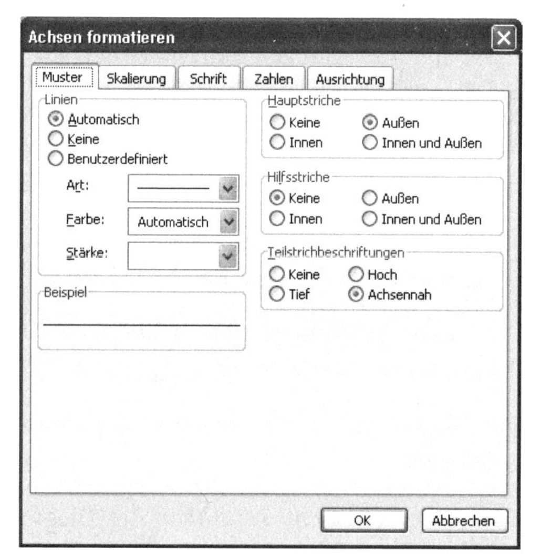

Abbildung 7.15 Kontextmenü bei Diagrammen

7.3.1 Systematik zur Diagrammerstellung

Sie haben in Excel zwei Möglichkeiten, ein Diagramm zu erzeugen, nämlich als:

- Diagrammblatt
- Diagrammobjekt auf einem Tabellenblatt

In beiden Fällen unterstützt Sie dabei der Diagramm-Assistent, indem er Sie Schritt für Schritt bei der Umsetzung Ihrer Daten in ein aussagefähiges Diagramm führt. Excel bedient sich dabei der Technik des OLE (Object Linking and Embedding), indem es Diagramme als Objekte integriert. OLE bedeutet in diesem Fall, dass Diagramme nur als Objekte in Excel existieren.

Möchten Sie das Diagramm bearbeiten, so müssen Sie es doppelt anklicken. Erst dann wird die Quellanwendung wieder aktiviert.

Fenster aktivieren

Durch einfaches Anklicken der Diagrammfläche wird das Diagramm aktiviert. Daraufhin erscheint das Diagramm mit einem grauen Rahmen. Jetzt kann es über das Menü **Diagramm** bearbeitet werden.

Hier noch ein paar praktische Hinweise zur Arbeit mit Diagrammen:

Arbeit mit Diagrammen

- **Diagrammblatt erzeugen**: F11 Erzeugt ein Diagrammblatt mit dem festgelegten Standardtyp.
- **Typ wechseln**: Das Menü **Diagramm • Diagrammtyp** ermöglicht es Ihnen, den Diagrammtyp zu wechseln. Entweder wählen Sie aus den **Standardtypen** oder aus den **Benutzerdefinierten Typen**. Diese sind lediglich Variationen der **Standardtypen**.
- **Datenbereich verändern**: Das Menü **Diagramm • Datenquelle** ermöglicht Ihnen die Nachbearbeitung des Ursprungs Ihres Diagramms. Sie können die Zuordnung der Daten zum Diagramm über Spalten/Zeilen verändern, Datenreihen hinzufügen oder entfernen.
- **Diagrammelemente bearbeiten oder hinzufügen**: Mit dem Menü **Diagramm • Diagrammoptionen** können Sie alle, auch noch nicht vorhandene Diagrammelemente im Diagramm bearbeiten oder hinzufügen.
- **Formatierung von Elementen**: Ein Doppelklick auf das jeweilige Diagrammelement ermöglicht Ihnen die Bearbeitung wichtiger Diagrammelemente wie Titel, Achsen, Legende usw.

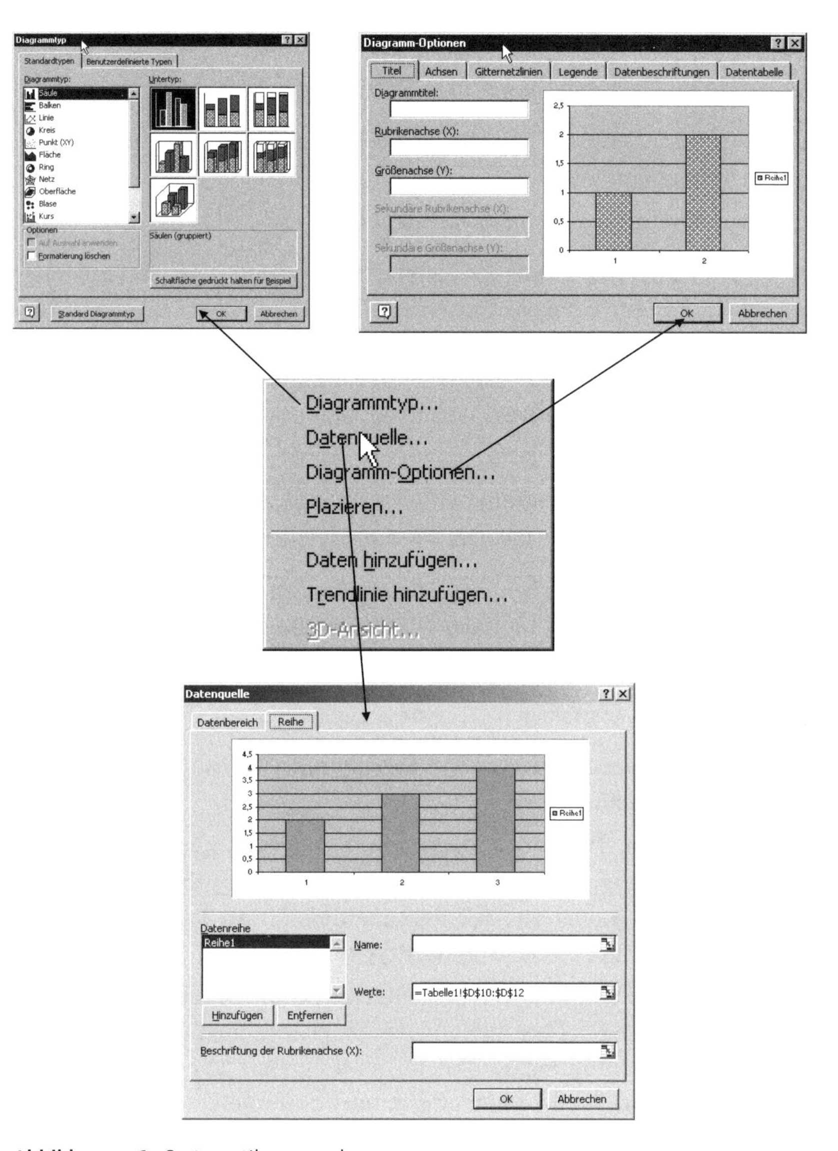

Abbildung 7.16 Systematik anwenden

7.3.2 Systematik anwenden

Im Folgenden finden Sie noch einige Schritt-für-Schritt-Anleitungen und Beispiele, wie Sie diese Systematik in der Praxis anwenden:

Erzeugen

Erzeugen

1. Öffnen Sie die Datei UEBUNGSDIAGRAMM.XLS.
2. Markieren Sie den Bereich `A5:B15` und drücken Sie die [F11]-Taste.

Diagrammtyp

Diagrammtyp

1. Wählen Sie **Diagramm • Diagrammtyp** und dann aus den **Benutzerdefinierten Typen** den Typ **Linie und Säulen auf zwei Achsen**.
2. **OK** schließt die Änderung ab.

Elemente hinzufügen

Elemente hinzufügen

1. Öffnen Sie das Menü **Diagramm • Diagrammoptionen**, und wählen Sie das Register **Titel** aus.
2. Tragen Sie die links abgebildeten Titel als Platzhalter ein.
3. **OK** schließt die Änderung ab.

Elemente ändern

Elemente ändern

1. Klicken Sie doppelt auf das zu verändernde Element. Es erscheint ein Dialogfenster, das unterschiedliche Register anbietet.
2. Nehmen Sie die Einstellungen vor, wie links abgebildet.
3. Klicken Sie auf **OK**.
4. Nehmen Sie beim Register **Zahlenformat** die Einstellungen vor, wie links abgebildet.
5. Klicken Sie auf **OK**.

Titel verändern und verknüpfen

Titel verändern und verknüpfen

1. Markieren Sie den Diagrammtitel.
2. Geben Sie ein »=« ein, und klicken Sie die Zelle `A1` auf dem Tabellenblatt DATEN an.
3. Bestätigen Sie die Verknüpfung mit [Enter]. Durch einen Doppelklick auf den Diagrammtitel wird ein Dialogfenster mit vier Registern geöffnet: **Muster** erlaubt es Ihnen, den Diagrammtitel mit Rahmen, Hintergrundmustern, Schatten usw. zu versehen. **Schrift** erlaubt das Ändern von Schriftart, Schriftgröße und Auszeichnung.

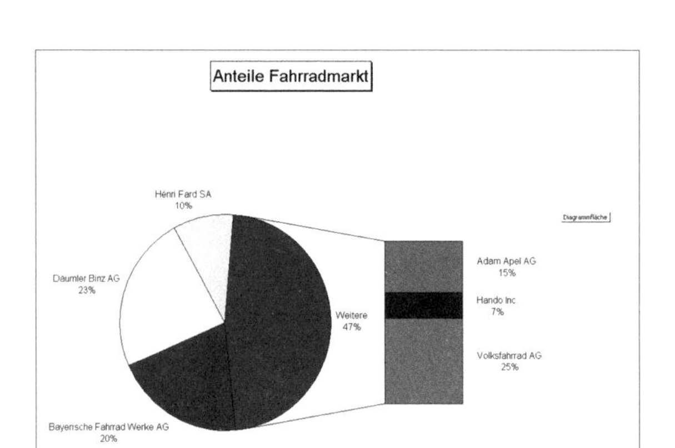

Abbildung 7.17 Das Kreisdiagramm

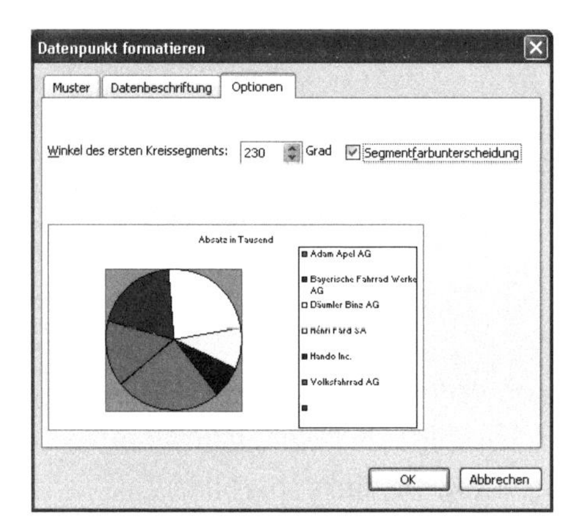

Abbildung 7.18 Datenpunkt formatieren

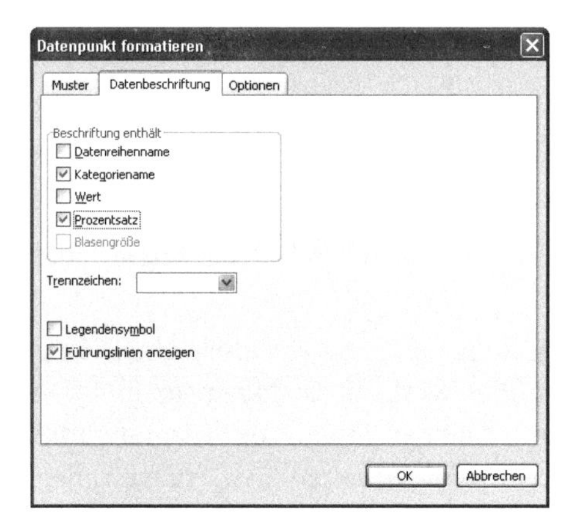

Abbildung 7.19 Datenreihen formatieren

7.3.3 Kreisdiagramm

Kreisdiagramme sind für die Darstellung von Anteilen an einem Ganzen gedacht. Jeder Anteil wird als so genanntes Kreissegment dargestellt. Dabei sollte sich das für Sie wichtigste Segment in der so genannten »3-Uhr-Position« befinden. Excel selbst ordnet den ersten Wert aus der Datentabelle in die »15-Uhr-Position« ein. Wenn Sie nicht Ihre Datentabelle entsprechend umsortieren möchten, müssen Sie das Diagramm ein wenig verändern. Wird bei einem Kreisdiagramm die 3D-Variante gewählt, spricht man von einem Tortendiagramm.

Kreisdiagramm erzeugen

1. Öffnen Sie die Datei DIAGRAMME.XLS.
2. Wählen Sie das Tabellenblatt MARKTANTEILE aus.
3. Markieren Sie den Bereich `A3:B10` und erzeugen Sie mit F11 ein Diagrammblatt.
4. Wählen Sie aus dem Menü **Diagramm • Diagrammtyp »Kreis«** aus.
5. Von den **Untertypen** wählen Sie den ersten aus.
6. **OK** schließt die Diagrammerzeugung ab.

Nun befindet sich das Segment der Däumler-Binz AG überhaupt nicht in der »15-Uhr-Position«. Die Ursache ist, dass immer der erste Wert der Datenbasis in der Position abgebildet wird. Nun könnten Sie natürlich die Tabelle »umgestalten«. Sie können aber auch den Kreis drehen:

Segmentposition ändern

1. Klicken Sie ein Segment doppelt an.
2. Wählen Sie das Register **Optionen**.
3. Stellen Sie den Winkel auf **230°** ein.
4. **OK** schließt die Änderung ab.

Bei Kreisdiagrammen ist es ratsam, auf die Legende zu verzichten, da sonst das Auge immer zwischen Legende und Segment »hin- und her irrt«. Besser ist, Sie lassen sich alle gewünschten Informationen direkt am Kreis anzeigen. Deswegen ist es sehr wichtig, dass Ihr Kreis nicht mehr als fünf oder sechs Segmente aufweist, denn sonst entsteht ein Informationschaos.

Daten anzeigen

1. Klicken Sie ein Segment doppelt an.
2. Klicken Sie auf das Register **Datenbeschriftung**.
3. Wählen Sie die Optionen **Beschriftung und Prozent** anzeigen.
4. **OK** schließt die Änderung ab.

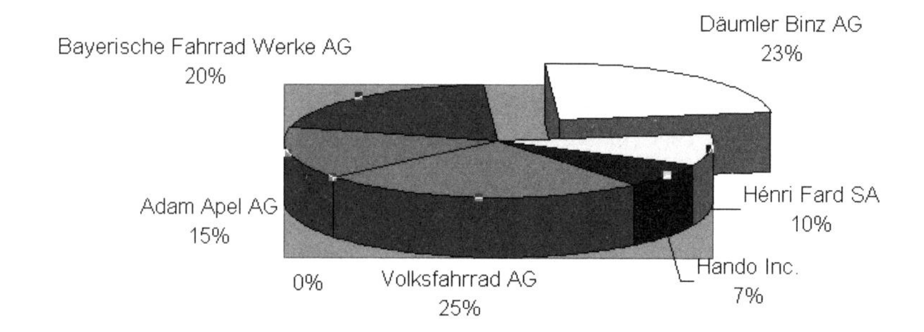

Abbildung 7.20 Segment »herausziehen«

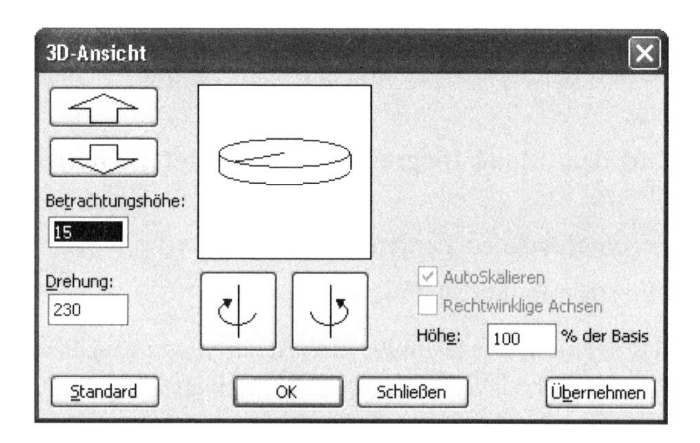

Abbildung 7.21 Betrachtungshöhe verändern

Wenn Sie ein Segment aus dem Diagramm noch mehr in den Vordergrund stellen wollen, dann müssen Sie es vom Kreis absetzen. Dazu kann dieses Segment aus dem Kreis sozusagen »herausgezogen« werden. Das können Sie folgendermaßen bewerkstelligen:

Segment herausziehen

1. Klicken Sie das gewünschte Diagramm mit einem verzögerten Doppelklick an. Danach sind um dieses Segment Markierungspunkte zu sehen sein. Achten Sie dabei darauf, dass tatsächlich nur um das entsprechende Segment die Markierungen zu sehen sind.
2. Ziehen Sie das Segment anschließend mit der Maus heraus.

Wenn Sie damit experimentieren, werden Sie merken, dass hierbei die Markierung entscheidend ist. Wenn Sie lediglich den Kreis anklicken, sind alle Segmente markiert, und Sie ziehen den Kreis auseinander: Er wirkt regelrecht zerlegt.

Wenn Sie sich bei einem Kreisdiagramm für die 3D-Variante entschieden haben, dann erscheint Ihnen die Darstellung als Torte möglicherweise nicht optimal.

Vielleicht ist Ihnen das Tortendiagramm zu wuchtig. Um diesem Eindruck entgegen zu wirken, sollten Sie die Betrachtungshöhe des Diagramms verändern:

Betrachtungshöhe verändern

1. Falls Sie es noch nicht getan haben, wechseln Sie den Unterdiagrammtyp auf einen 3D-Kreis.
2. Wählen Sie aus dem Menü **Diagramm • 3D-Ansicht**.
3. Verändern Sie die **Höhe % der Basis**. Sie können hier einen Wert zwischen 5% und 500% eingeben. Damit wird das Diagramm zur Scheibe oder zum Zylinder.
4. Wie bei den Optionen drehen Sie den Kreis.
5. Wenn Sie mehr von oben oder mehr von unten auf den Kreis sehen möchten, verändern Sie die **Betrachtungshöhe**.
6. **OK** schließt die Änderung ab.

Tortendiagramme sind übrigens die einzigen dreidimensionalen Diagramme, die wir verwenden. Wir raten Ihnen dazu, ansonsten niemals 3D-Diagramme zu verwenden, da durch die dritte Dimension eine Verzerrung entsteht. Die Werte sind dann nicht mehr objektiv dargestellt und ablesbar.

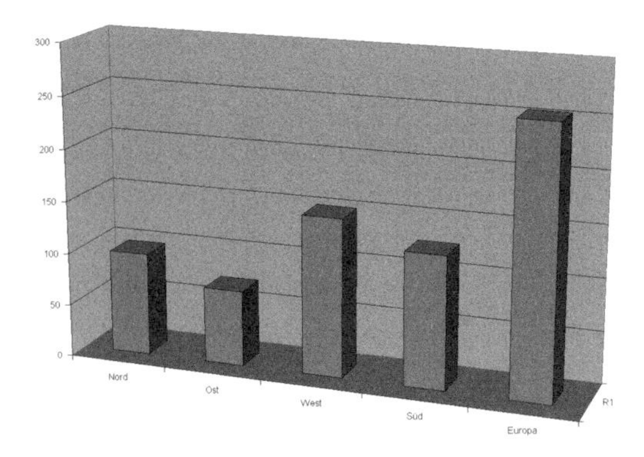

Abbildung 7.22 Umsatz nach Kategorien

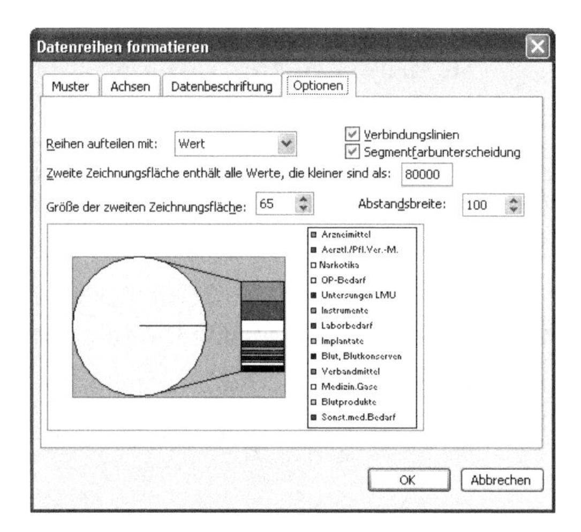

Abbildung 7.23 Datenreihen formatieren

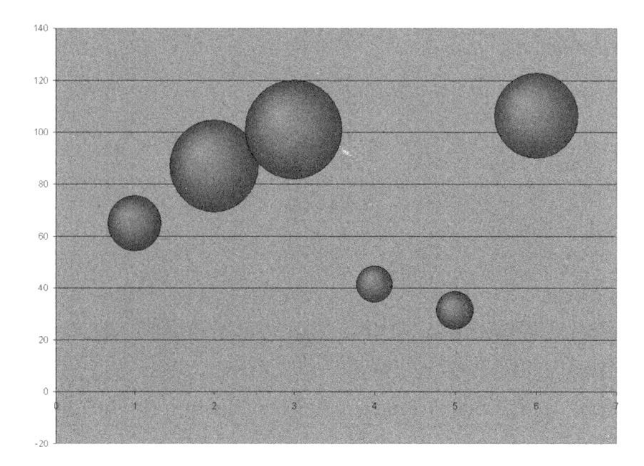

Abbildung 7.24 Das fertige Kreisdiagramm

7.3.4 Kombination Kreis-Säulen

Einige der Kreissegmente werden innerhalb des Kreises zu einem Segment zusammengefasst. Dessen ursprüngliche Unterteilung wird in eine benachbarte Stapelsäule übertragen. Dieser Diagrammtyp ist nach unserer Meinung in zwei Fällen sinnvoll:

Sinnvoller Diagrammtyp?

1. Sie haben so viele Daten, dass Sie weit mehr als die empfohlenen fünf bis sechs Kreissegemente erhalten würden. Von den darzustellenden Daten befinden sich zahlreiche Daten im einstelligen und nur wenige im zweistelligen Zahlenbereich (%). In diesem Fall fassen Sie die »kleinen« Werte zu einem Segment zusammen und zeigen die Details in einer Säule.
2. Ihnen kommt es bei der Darstellung der Daten nur auf zwei bis drei Segemente an, der Rest wird zusammengefasst dargestellt.

Sie können in folgender Weise darauf Einfluss nehmen, welche Segmente der Säule zugeordnet werden:

Segmente zuordnen

- **Position**: Sie geben an, welche Werte, vom Ende der Datentabelle aus gesehen, der Säule zugeordnet werden.
- **Wert**: Sie geben an, bis zu welcher absoluten Grenze die Segmente zugeordnet werden. Die Reihenfolge/Position spielen keine Rolle.
- **Prozentwert**: Sie geben an, bis zu welcher Grenze die Segmente zugeordnet werden. Die Reihenfolge/Position spielen keine Rolle.
- **Benutzerdefiniert**: Sie ziehen die gewünschten Segmente in die Säule.

1 Öffnen Sie die Datei DIAGRAMME.XLS.
2 Wählen Sie das Tabellenblatt MEDIZINISCHER BEDARF aus.
3 Markieren Sie den Bereich `A3:B20` und erzeugen Sie mit [F11] ein Diagrammblatt.
4 Wählen Sie **Diagramm • Diagrammtyp »Kreis«**.
5 Von den **Untertypen** wählen Sie den sechsten, **Balken aus Kreis,** aus.
6 **OK** schließt die Diagrammerzeugung ab.
7 Klicken Sie ein beliebiges Segment doppelt an.
8 Klicken Sie auf das Register **Optionen**, und nehmen Sie die links abgebildeten Einstellungen vor.
9 Mit **OK** werden die Änderungen abgeschlossen.

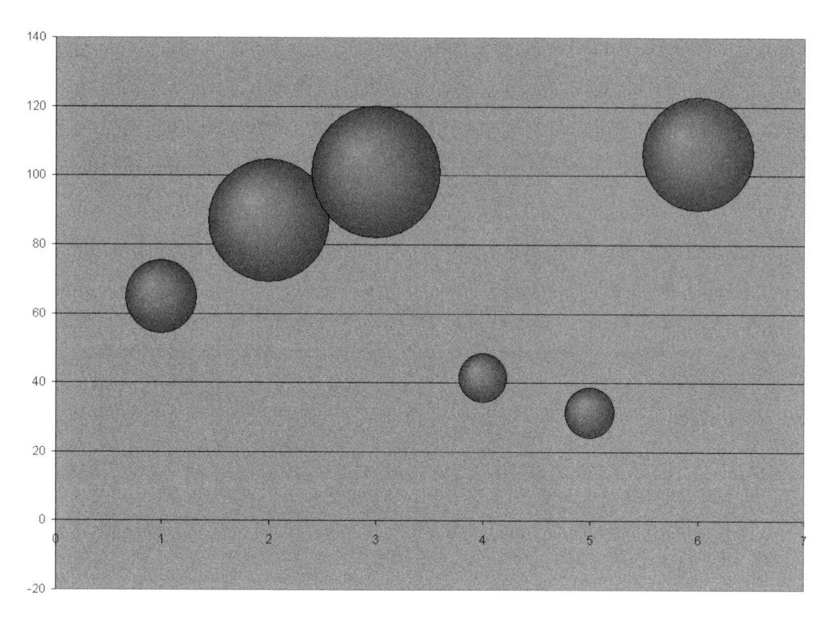

Abbildung 7.25 Marktanteile als Blasendiagramm

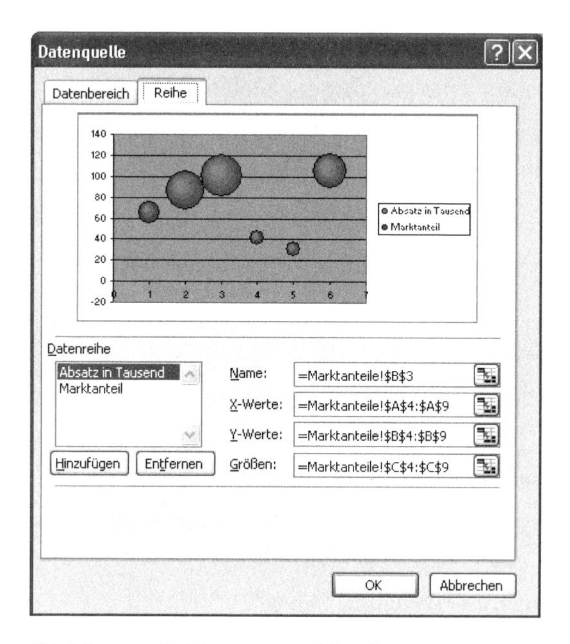

Abbildung 7.26 Diagramm nachbearbeiten

7.3.5 Blasen-Diagramm

Der Diagrammtyp **Blasen-Diagramm** ist sehr gut geeignet, um Daten in einer dritten Dimension darzustellen. Leider ist das Blasendiagramm ein recht »eigenwilliger« Diagrammtyp, der relativ intensiv nachbearbeitet werden muss. Dafür bietet dieser Diagrammtyp eine informative Darstellung von Daten, nämlich eine Portfolio-Darstellung. Wir wollen nun die Marktanteile auf dem Fahrradmarkt darstellen. Dazu sollen die

Marktanteile darstellen

- Umsatzzahlen auf der y-Achse,
- die Absatzzahlen auf der x-Achse und
- der Marktanteil als Blase

dargestellt werden.

Die Datentabelle muss so aufgebaut sein, wie links gezeigt. Die Legendenbezeichnungen werden aus der ersten Spalte der Markierung, die Werte für die x-Achse aus der zweiten Spalte, die Werte für die y-Achse aus der dritten Spalte und die Werte der Blase aus der vierten Spalte gelesen.

1. Öffnen Sie die Datei DIAGRAMME.XLS.
2. Wählen Sie das Tabellenblatt MARKTANTEILE aus.
3. Markieren Sie den Bereich `A3:D10` und erzeugen Sie ein Diagrammblatt (F11).
4. Wählen Sie **Diagramm • Diagrammtyp »Blase«**.
5. **OK** schließt die Diagrammerzeugung ab.

Jetzt muss das Diagramm nachbearbeitet werden. Die Datenreihen müssen korrigiert werden:

Datenquelle ändern

1. Wählen Sie aus dem Menü **Diagramm • Datenquelle** aus.
2. Ändern Sie die Interpretation der Reihen von SPALTEN auf ZEILEN.
3. Klicken Sie auf das Register **Reihe**.
4. Ändern Sie die Datenreihe **DB AG** ab:
   - Name: `= Marktanteile!$A$4`
   - x-Werte: `=Marktanteile!$B$4`
   - y-Werte: `=Marktanteile!$C$4`
   - Größen: `=Marktanteile!$D$4`
5. Nehmen Sie die Änderungen auch für die anderen Datenreihen vor.
6. **OK** schließt die Änderung ab.

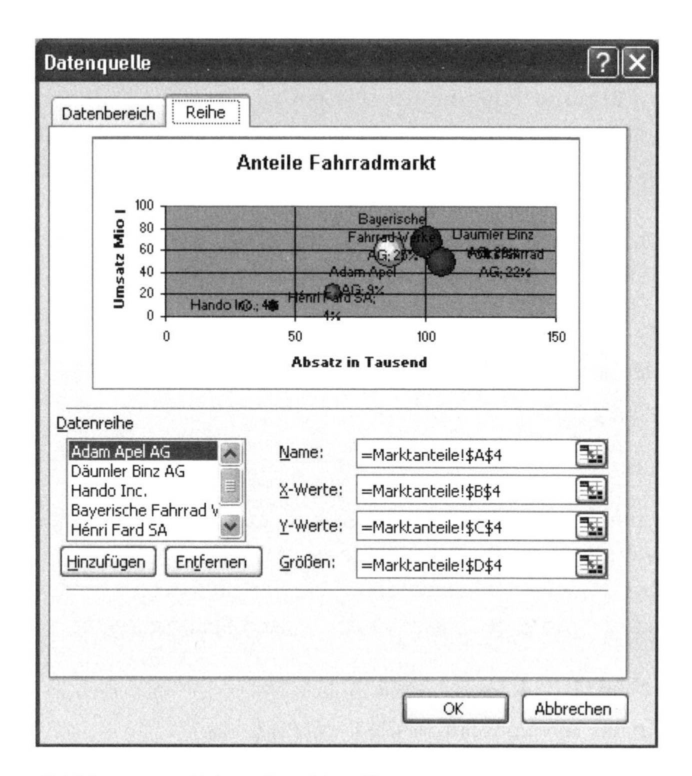

Abbildung 7.27 Datenreihen hinzufügen

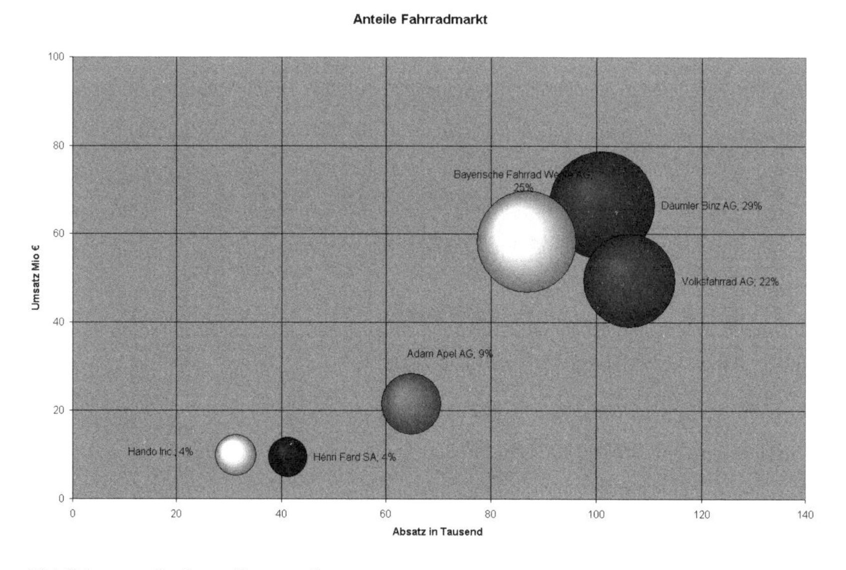

Abbildung 7.28 So soll's aussehen.

Einige Datenreihen sind »verloren« gegangen!

Datenreihe hinzufügen

1. Wählen Sie aus dem Menü **Diagramm • Datenquelle** aus.
2. Klicken Sie auf das Register **Reihe**.
3. Klicken Sie auf die Schaltfläche **Hinzufügen**.
4. Name: `=Marktanteile!$A$5`
5. x-Werte: `=Marktanteile!$B$5`
6. y-Werte: `=Marktanteile!$C$5`
7. Größen: `=Marktanteile!$D$5`
8. Fügen Sie noch die fehlenden anderen Datenreihen ein.
9. **OK** schließt die Änderung ab.

Die Tabelle bietet zahlreiche mögliche Achsenbeschriftungen an!

Diagramm gestalten

1. Wählen Sie aus dem Menü **Diagramm • Diagramm-Optionen** aus.
2. Klicken Sie auf das Register **Titel**.
3. Fügen Sie die Titel für die Überschrift, x-Achse, y-Achse hinzu.
4. Klicken Sie auf **Legende**. Wechseln Sie die Anordnung auf **Unten**.
5. Klicken Sie auf das Register **Gitternetzlinien**. Stellen Sie die Gitternetzlinie für die Größenachse (x) ein.
6. Klicken Sie auf **Datenbeschriftungen** und stellen Sie **Blasengröße anzeigen** ein.
7. **OK** schließt die Änderung ab.

Bei guten Diagrammen werden maximal dreistellige Werte angezeigt:

Diagrammachsen formatieren

1. Klicken Sie die y-Achse doppelt an.
2. Klicken Sie auf das Register **Skalierung**.
3. Stellen Sie den Kleinstwert auf `0`, den Höchstwert auf `100 000 000` und das Hauptintervall auf `25 000 000` ein.
4. Klicken Sie auf das Register »Zahlen«.
5. Wählen Sie **Benutzerdefiniert** und geben Sie das Format `0.` ein.
6. Klicken Sie die x-Achse doppelt an.
7. Klicken Sie auf das Register **Zahlen**.
8. Wählen Sie die Kategorie **Benutzerdefiniert** aus, und geben Sie das Zahlenformat »#.« ein.
9. **OK** schließt die Änderung ab.

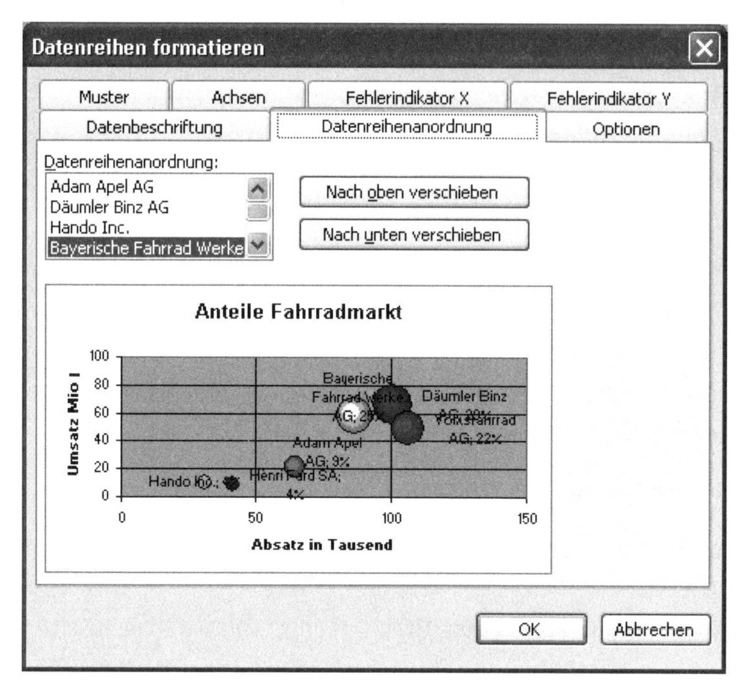

Abbildung 7.29 So ändern Sie die Reihenfolge.

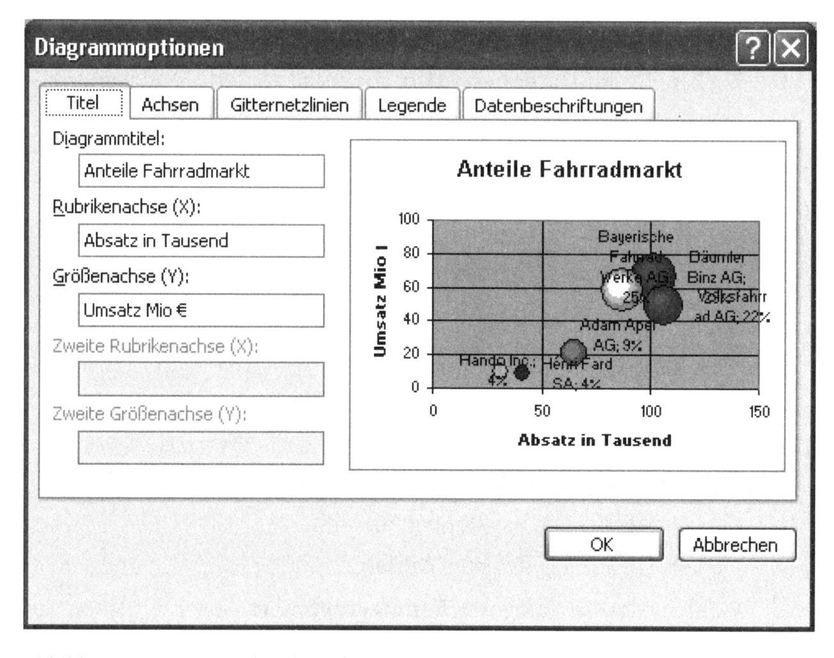

Abbildung 7.30 Die Titel verknüpfen

Wie bei jedem Diagramm können Sie natürlich auch bei einem Blasendiagramm die Reihenfolge der Datenreihen verändern.

Reihenfolge der Datenreihen ändern

1. Klicken Sie eine Datenreihe (Blase) doppelt an.
2. Klicken Sie auf das Register **Datenreihen**.
3. Markieren Sie eine Datenreihe, und verändern Sie mit den Schaltflächen **nach oben** und/oder **nach unten** die Reihenfolge in der Legende. Diese soll alphabetisch sein.
4. **OK** schließt die Änderung ab.

Wenn potenzielle Achsenbeschriftungen in Ihrer Datentabelle schon vorhanden sind, ist es unnötig, diese Titel noch einmal in das entsprechende Register des Menüs **Diagramm • Diagramm-Optionen** einzutragen. Richten Sie einfach eine Verknüpfung auf die entsprechenden Zellen ein.

Titel verändern und verknüpfen

1. Markieren Sie den Diagrammtitel.
2. Geben Sie »=« ein, und klicken Sie die Zelle `A1` auf dem Tabellenblatt MARKTANTEILE an.
3. Bestätigen Sie die Verknüpfung mit [Enter].
4. Markieren Sie den y-Achsentitel.
5. Geben Sie »=« ein, und klicken Sie die Zelle `C3` auf dem Tabellenblatt MARKTANTEILE an.
6. Bestätigen Sie die Verknüpfung mit [Enter].
7. Markieren Sie den x-Achsentitel.
8. Geben Sie »=« ein, und klicken Sie die Zelle `B3` auf dem Tabellenblatt »Marktanteile« an.
9. Bestätigen Sie die Verknüpfung mit [Enter].
10. Durch einen Doppelklick auf den jeweiligen Titel wird ein Dialogfenster mit vier Registern geöffnet: Das Register **Muster** erlaubt es Ihnen, den Titel mit Rahmen, Hintergrundmustern, Schatten usw. zu versehen. Das Register **Schrift** erlaubt das Ändern von Schriftart, Schriftgröße, Auszeichnung.

Musterdatei

Da der Aufbau eines Blasendiagramms ziemlich aufwändig ist, ist es empfehlenswert, die so geschaffene Datei als Musterdatei für Blasendiagramme zu speichern. Sie müssten lediglich die Datentabelle mit den Werten überschreiben. Benötigen Sie eine Datenreihe mehr, so fügen Sie sie (wie gezeigt) hinzu. Diese Musterdatei kann eine »normale« Arbeitsmappe (*.XLS) sein, aber auch eine Mustervorlage (*.XLT) von Excel.

Gewichtete Tabelle								
Kriterien	**Adam Apel AG**	**BFW AG**	**DB AG**	**Hénri Fard SA**	**Hando Inc.**	**VF AG**	Gewichtung	**Rang DB**
Bekanntheitsgrad	0,03	0,01	0,01	0,03	0,03	0,01	0,10	4
Produktqualität	0,07	0,05	0,02	0,09	0,07	0,05	0,15	6
Produktverfügbarkeit	0,02	0,02	0,03	0,01	0,01	0,02	0,10	1
Technische Unterstützung	0,03	0,05	0,06	0,05	0,06	0,05	0,13	1
Vertriebspersonal	0,05	0,05	0,05	0,05	0,03	0,03	0,13	1
Preis	0,02	0,09	0,09	0,05	0,07	0,07	0,15	1
Qualität der Leitung	0,01	0,01	0,01	0,01	0,01	0,01	0,05	3
Fertigungs-Know-how	0,01	0,01	0,01	0,01	0,01	0,01	0,05	4
Bewußtseinsanteil	0,01	0,01	0,00	0,01	0,01	0,01	0,05	6
Zuneigungsanteil	0,01	0,01	0,01	0,01	0,01	0,01	0,05	5
Werbung	0,01	0,01	0,01	0,01	0,00	0,01	0,05	1
Gesamt	**0,25**	**0,28**	**0,29**	**0,31**	**0,30**	**0,25**	**1,00**	3

Abbildung 7.31 Gewichtete Tabelle

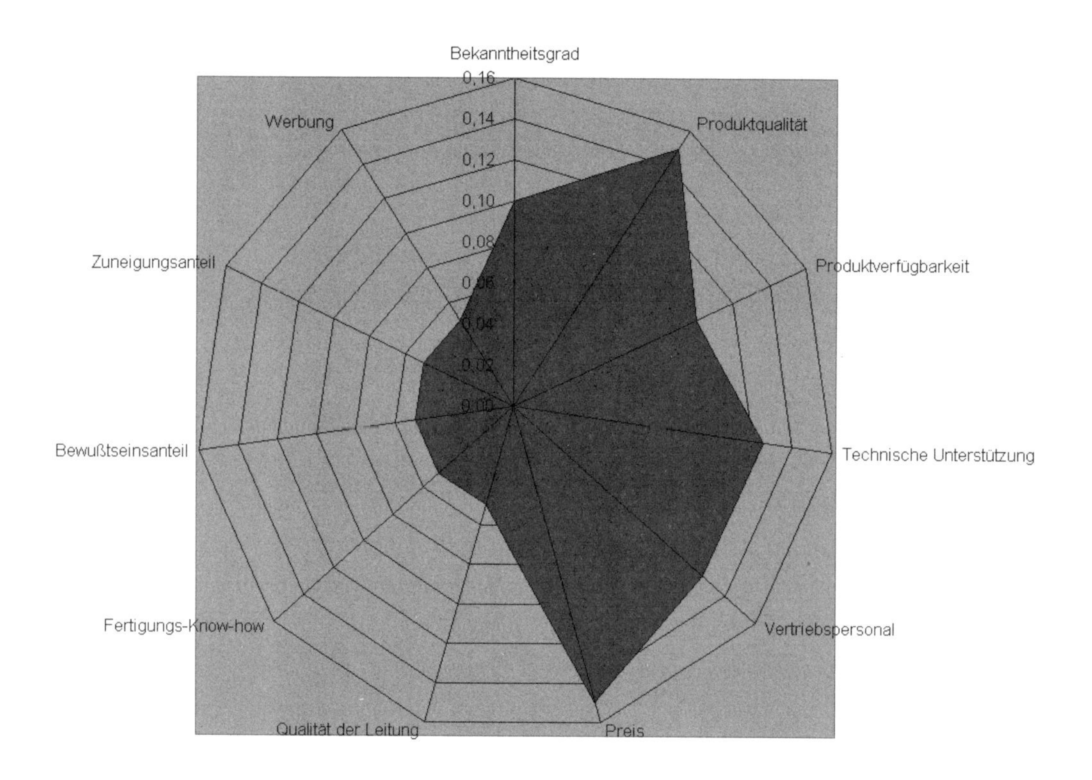

Abbildung 7.32 Wo ist die Däumler-Binz AG besser?

7.3.6 Netzdiagramm

In Netzdiagrammen werden Änderungen oder relative Häufigkeiten von Daten gezeigt. Dabei werden Änderungen untereinander und zu einem gemeinsamen Mittelpunkt sichtbar. Netzdiagramme eignen sich gut für Vergleiche, die eine beste Lösung dokumentieren sollen. Die Datenreihe, die den größten Bereich abdeckt, besitzt den höchsten Zielerreichungsgrad.

Achsen des Netzdiagramms

Bei größeren Datenreihen wird für jeden Wert eine Achse gezeichnet, und die Achsen werden gleichmäßig auf 360° um den Nullpunkt verteilt; die Werte werden dann auf die Achsen eingetragen und miteinander durch Geraden verbunden.

Bei einem Netzdiagramm wird jede Kategorie durch eine eigene Größenachse dargestellt. Alle Größenachsen gehen von einem gemeinsamen Mittelpunkt aus. Alle Werte derselben Datenreihe werden durch eine Linie miteinander verbunden, wodurch eine an ein Spinnennetz erinnernde Form entsteht. Mit einem Netzdiagramm kann man die Ausprägungen mehrerer Datenreihen miteinander vergleichen. Die Datenreihe, welche die größte Fläche einnimmt, erfüllt alle Anforderungen am besten.

Bei der Däumler-Binz AG sollen die Ergebnisse einer Studie hinsichtlich der Erfüllung von Kundennutzen grafisch dargestellt werden. Dafür ist ein Netzdiagramm gut geeignet. Dabei soll die AG nur mit den wichtigsten Konkurrenten (BFW; VF) verglichen werden.

Netzdiagramm erzeugen

1. Öffnen Sie die Datei DIAGRAMME.XLS.
2. Wählen Sie das Tabellenblatt KONKURRENZVERGLEICH aus.
3. Markieren Sie mit [Strg] die Bereiche `A25:A36`, `C25:D36`, `H25:H36`.
4. Erzeugen Sie mit Hilfe von [F11] ein Diagrammblatt.
5. Wählen Sie aus dem Menü **Diagramm • Diagrammtyp »Netz«** aus.
6. Wählen Sie den dritten Untertyp aus.
7. **OK** schließt die Diagrammerzeugung ab.

Mögliche Einsatzgebiete für das Netzdiagramm sind:

- Strategisches Controlling (Balanced Scorecard)
- Einkaufs-Controlling (Lieferantenbewertung)
- Personal-Controlling (qualitative Bewertung von Mitarbeiterpotenzial)
- Risiko-Controlling (Darstellung der Einzelrisiken)

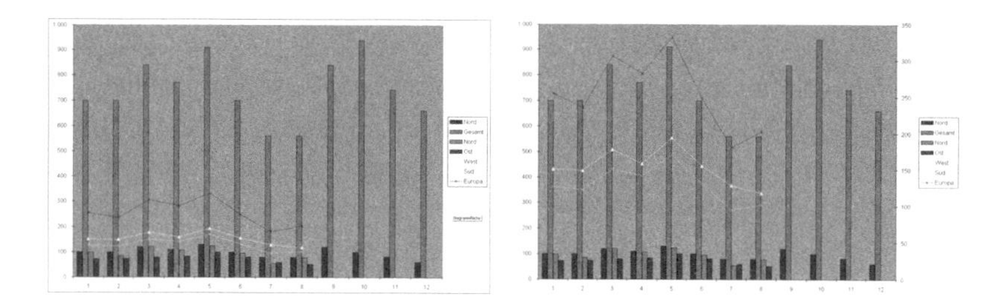

Abbildung 7.33 Kombinationstypen (benutzerdefinierte Diagramme)

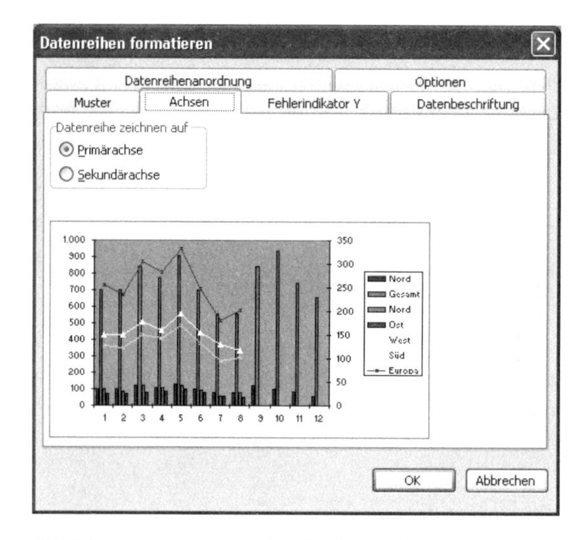

Abbildung 7.34 Datenreihe der Sekundärachse zuweisen

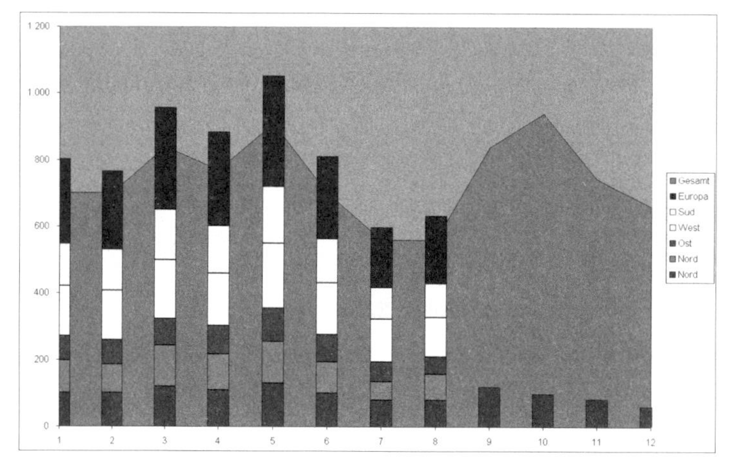

Abbildung 7.35 Verschiedene Diagrammtypen kombinieren

7.3.7 Excel-Diagramme miteinander kombinieren

Ein Kombinationsdiagramm verwendet zwei oder mehr Diagrammtypen, um hervorzuheben, dass das Diagramm verschiedene Arten von Informationen enthält. Um diesen Überlagerungseffekt zu erzielen, wählen Sie im Diagramm-Assistenten einen benutzerdefinierten Diagrammtypen.

Sekundärachse

Im folgenden Beispiel sollen die Istwerte einzelner Vertriebsregionen den Planwerten in Summe gegenübergestellt werden. Während sich die Monatswerte im zwei- bis dreistelligen Bereich bewegen, liegen die Gesamtwerte im vierstelligen Bereich. Daher versuchen wir zunächst einmal die Darstellung über eine zweite Größenachse.

1. Öffnen Sie die Datei DIAGRAMME.XLS.
2. Wählen Sie das Tabellenblatt UMSÄTZE REGIONEN aus.
3. Markieren Sie mittels [Strg] die Bereiche `A2:M2`, `A8:M8`, `A12:M16`.
4. Erzeugen Sie mit Hilfe von [F11] ein Diagrammblatt.
5. Wählen Sie aus dem Menü **Diagramm • Diagrammtyp** im Register **Benutzerdefinierte Typen** die Option **Linie-Säule auf zwei Achsen** aus.
6. **OK** schließt die Diagrammerzeugung ab.

Zuordnung korrigieren

Offensichtlich hat Excel nicht automatisch alle Datenreihen richtig zugeordnet. Hier müssen wir ein wenig nachhelfen:

1. Klicken Sie im Diagramm die Datenreihe NORD doppelt an. Das Menü **Format • Datenreihen formatieren** wird geöffnet.
2. Weisen Sie in dem Register ACHSEN die Datenreihe NORD der Sekundärachse zu.
3. **OK** schließt die Zuweisung ab.
4. Weisen Sie die Datenreihe OST genauso der Sekundärachse zu.

Die Darstellung ist immer noch unbefriedigend, da die Daten scheinbar gleich groß sind. Wir müssen ein anderes Konzept wählen.

1. Wählen Sie für das gesamte Diagramm aus dem Menü **Diagramm • Diagrammtyp »Säulen« • Gestapelte Säulen«** aus.
2. **OK** schließt die Diagrammerzeugung ab.
3. Klicken Sie die Datenreihe GESAMT an.
4. Wählen Sie **Diagramm • Diagrammtyp »Flächen«** aus.
5. **OK** schließt die Diagrammerzeugung ab.

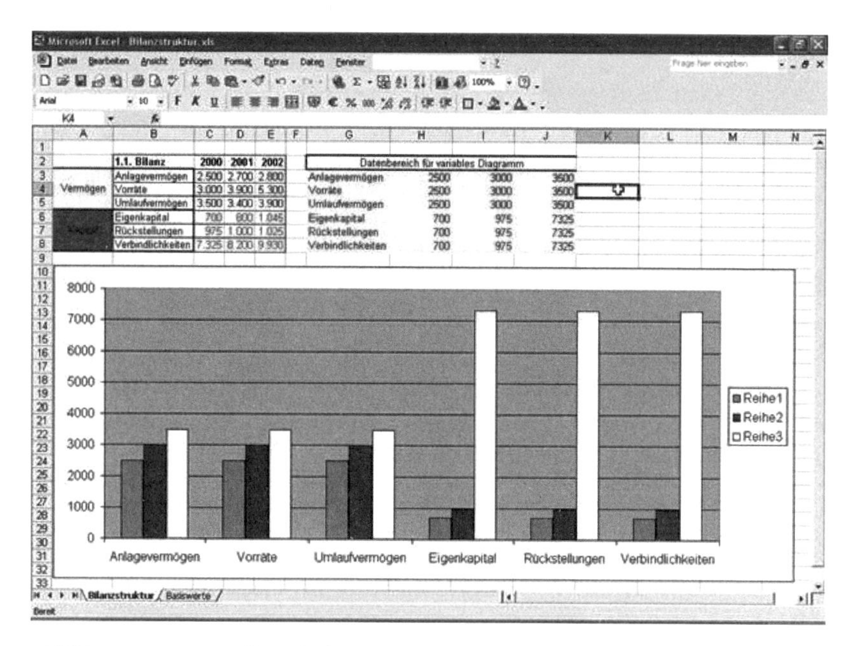

Abbildung 7.36 Spezieller Tabellenaufbau

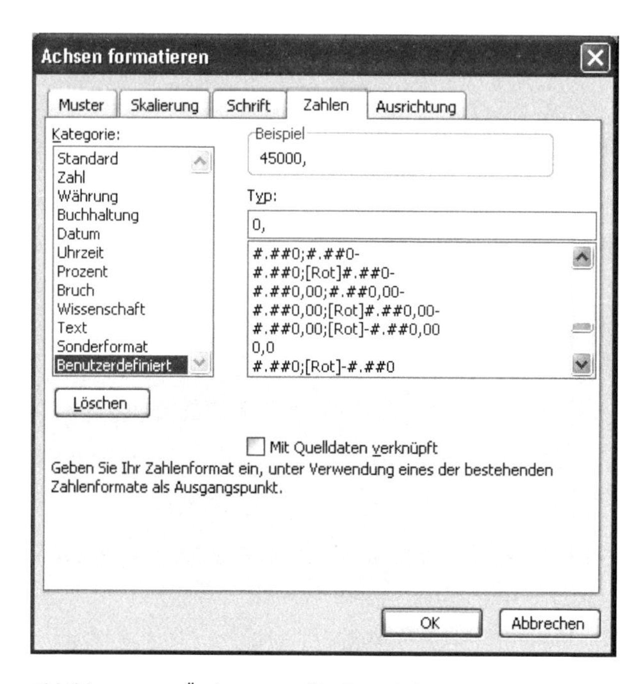

Abbildung 7.37 Änderungen für die y-Achse

7.4 Spezialdiagramme

Viele Diagramme, die Sie in Tabelle 7.1 und 7.2 gesehen haben (Seite 404), scheint es in Excel nicht zu geben. Mit einigen kleinen Tricks lassen sich aber auch diese »Spezialdiagramme« erzeugen.

7.4.1 Bilanzstruktur-Diagramm

Um eine Bilanz in ihren wesentlichen Bestandteilen darzustellen, gibt es das Bilanzstruktur-Diagramm. Es zeigt das Gewicht der einzelnen Positionen von Aktiva und Passiva. Die Darstellung in gegenläufigen Pfeilen bringt das Gleichgewicht zum Ausdruck. Um dieses Diagramm zu erzeugen, benötigen wir die Daten in einer speziellen Tabellenanordnung!

Diagramm erzeugen

1. Öffnen Sie die Datei BILANZSTRUKTUR.XLS.
2. Wählen Sie das Tabellenblatt BILANZSTRUKTUR aus.
3. Markieren Sie den Bereich `G3:J8` und erzeugen Sie mit [F11] ein Diagrammblatt.
4. Wählen Sie **Diagramm • Diagrammtyp »Balken«**.
5. Aus den **Untertypen** wählen Sie den zweiten (gestapelte Balken).
6. **OK** schließt die Diagrammerzeugung ab.

Die Werte sollen in einer umgekehrten Reihenfolge angezeigt werden.

Diagrammachsen formatieren

1. Klicken Sie die x-Achse doppelt an.
2. Klicken Sie auf das Register **Skalierung**.
3. Aktivieren Sie das Kontrollkästchen **Rubriken in umgekehrter Reihenfolge**.
4. **OK** schließt die Änderung ab.

Die Werte der y-Achse werden nur noch mit drei Ziffern und mit einem kleineren Schriftgrad dargestellt:

Zahlenformat der y-Achse ändern

1. Klicken Sie die y-Achse doppelt an.
2. Klicken Sie auf das Register **Zahlen**.
3. Wählen Sie die Kategorie **Schriftgrad** aus und geben Sie »10« ein.
4. Klicken Sie auf das Register **Zahlen**.
5. Wählen Sie die Kategorie **Benutzerdefiniert** aus, und geben Sie das Zahlenformat »0.« ein.
6. **OK** schließt die Änderung ab.

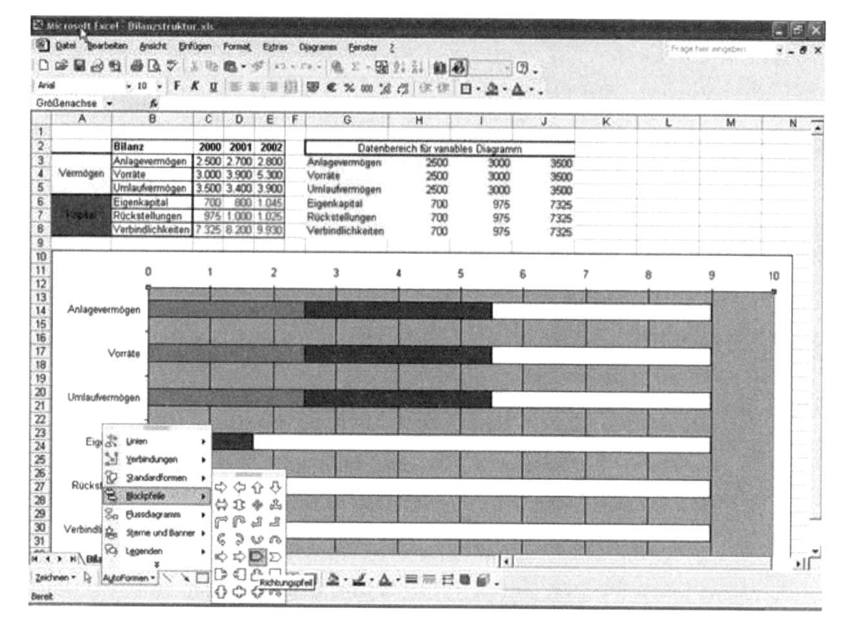

Abbildung 7.38 Bis hierher könnte es ein Gantt-Diagramm werden!

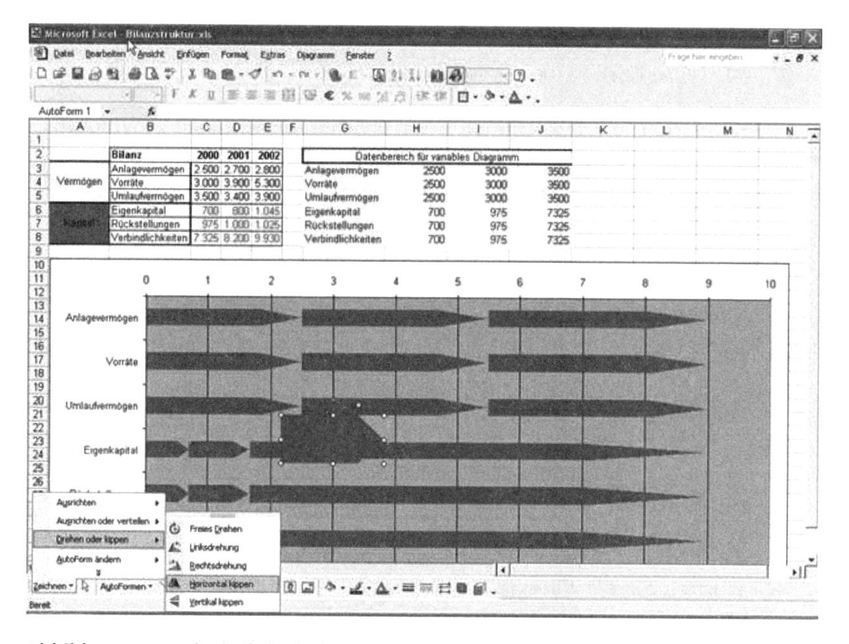

Abbildung 7.39 Blockpfeile drehen

Eine Legende wird bei diesem Beispiel nicht benötigt:

Legende löschen

1 Klicken Sie die Legende einfach an.
2 Drücken die Taste Entf.

Bei Piktogrammen werden Datenreihen in Diagrammen durch Grafiken dargestellt (bspw. Geldsäcke). Dazu benötigen Sie Grafikdateien. So könnten Sie z. B. Produktdarstellungen Ihres Unternehmens als Grafiken hinterlegen und entsprechende Datenreihen dadurch darstellen. Sie können aber auch jedes beliebige Objekt als Ersatz für Säulen verwenden.

Objekt erzeugen und formatieren

1 Aktivieren Sie die Symbolleiste **Zeichnen** über das Menü **Ansicht • Symbolleisten**.
2 Wählen Sie aus dem Menü **Autoformen** unter Blockpfeile das Element **Richtungspfeil** aus, und ziehen Sie den Pfeil als Rechteck auf.
3 Klicken Sie den Blockpfeil doppelt an.
4 Das Dialogfenster **Autoform formatieren** wird geöffnet.
5 Stellen Sie im Register **Farben und Linien** ein:
   - Ausfüllen = BLAU
   - Linie = KEINE
6 **OK** schließt die Formatierung ab.

Generell kopieren Sie das gewünschte Objekt in die Zwischenablage, klicken danach die Datenreihen oder -punkte an und fügen es ein.

Piktogramm erzeugen

1 Kopieren Sie den Blockpfeil in die Zwischenablage mit **Bearbeiten • Kopieren**.
2 Klicken Sie eine Datenreihe einfach an.
3 Wählen Sie aus dem Menü **Bearbeiten • Einfügen** aus.
4 Die erste Datenreihe wird durch den Blockpfeil ersetzt.
5 Wiederholen Sie den Vorgang für die anderen Datenreihen.

Alle grafischen Objekte können sowohl in PowerPoint als auch in Excel mit der Symbolleiste **Zeichnen** bearbeitet werden.

Objekt kippen

1 Klicken Sie den Blockpfeil einfach an.
2 Wählen Sie aus dem Menü **Zeichnen • Drehen oder Kippen • Horizontal kippen** aus.
3 Danach formatieren Sie den Blockpfeil auf Farbe = GELB.
4 **OK** schließt die Änderung ab.

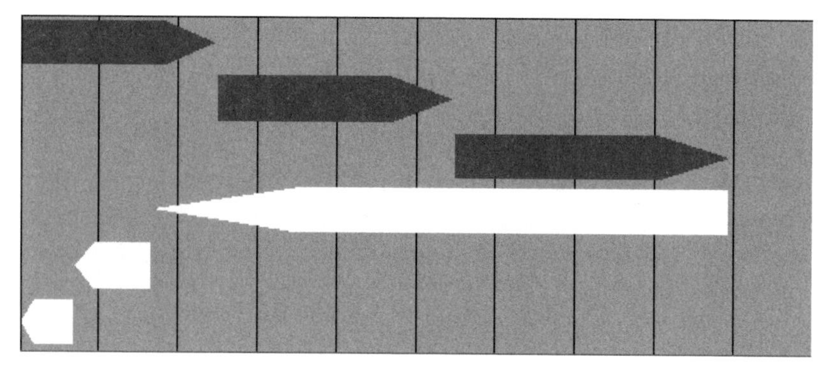

Abbildung 7.40 So sollte die Bilanzstruktur aussehen.

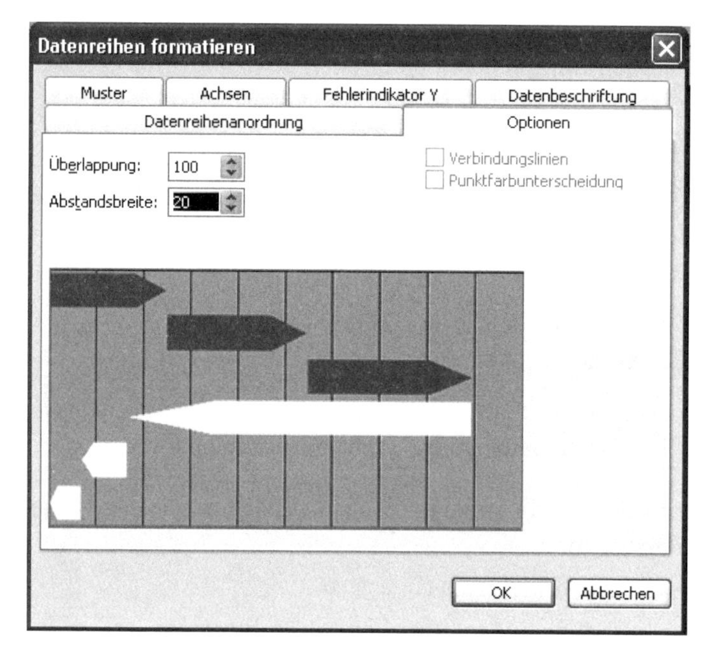

Abbildung 7.41 Die Pfeile werden wuchtiger durch die Optionen.

Nachdem nun das grafische Objekt so formatiert ist, wie es die einzelnen Datenpunkte/Datenreihen darstellen soll, kann es kopiert werden.

Objekt kopieren

1. Kopieren Sie den Blockpfeil in die Zwischenablage mit **Bearbeiten • Kopieren**.
2. Klicken Sie bei der Position EIGENKAPITAL den dritten Pfeil zweimal einfach an (kein Doppelklick!).
3. Wählen Sie aus dem Menü **Bearbeiten • Einfügen** aus.
4. Das Eigenkapital wird durch den gekippten Blockpfeil ersetzt.
5. Nun markieren Sie bei der Position **Rückstellung** den mittleren Pfeil und fügen den Inhalt der Zwischenablage ein.

Nun soll bei jedem Teilstrich der x-Achse nur noch jeweils ein Pfeil zu sehen sein. Die anderen müssen daher »unsichtbar« formatiert werden.

Unsichtbar formatieren

1. Klicken Sie bei der Position ANLAGEVERMÖGEN den zweiten Pfeil zweimal einfach an (kein Doppelklick!).
2. Klicken Sie ihn danach doppelt an. Das Dialogfenster **Datenpunkt formatieren** wird geöffnet.
3. Stellen Sie im Register **Muster** ein: **Rahmen** und **Fläche** = KEINE
4. **OK** schließt die Formatierung ab.
5. Diesen Vorgang wiederholen Sie so lange, bis das Piktogramm so aussieht, wie links abgebildet.

Die Pfeile wirken zu »schlank«. Sie sollen »wuchtiger« dargestellt werden. Dazu verringern wir bei den Optionen der Datenreihen die Abstände der Pfeile zueinander.

Pfeile »wuchtiger« darstellen

1. Klicken Sie bei der Position ANLAGEVERMÖGEN den zweiten Pfeil zweimal einfach an (kein Doppelklick!).
2. Klicken Sie ihn danach doppelt an.
3. Das Dialogfenster **Datenpunkt formatieren** wird geöffnet.
4. Stellen Sie im Register **Optionen** die Abstandsbreite auf »20« ein. Die Pfeile werden breiter dargestellt.
5. **OK** schließt die Formatierung ab.
6. Diesen Vorgang wiederholen Sie so lange, bis das Piktogramm so aussieht, wie links abgebildet.

[!] Wenn Sie auf die Verwendung der grafischen Objekte verzichten, können Sie auf diesem Weg auch ein Gantt-Diagramm erzeugen!

Fahrradfahrer		
Alter	weiblich	männlich
<10	3	1
10-19	4	1
20-29	22	20
30-39	27	14
40-49	15	20
50-59	12	12
60-70	13	17
Alter	weiblich	männlich
<10	-3	1
10-19	-4	1
20-29	-22	20
30-39	-27	14
40-49	-15	20
50-59	-12	12
60-70	-13	17

Abbildung 7.42 Tabellenaufbau

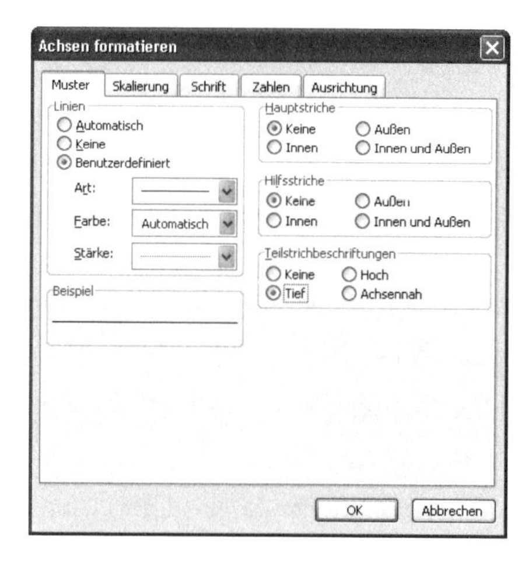

Abbildung 7.43 Gestaltung x-Achse

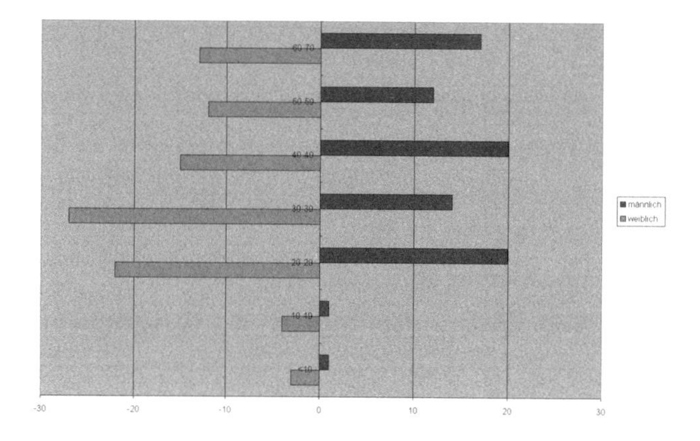

Abbildung 7.44 So sollte das Diagramm bis hierher aussehen.

7.4.2 Alterspyramide

Bei einigen Diagrammen sollen Gegensätze, Profile gezeigt werden. Beispiele hierfür sind eine Potenzialanalyse oder auch die bekannte Alterspyramide. Voraussetzung dafür ist eine Tabelle, in der getrennt nach Geschlecht die Altersklassen zusammengestellt sind. Für ein Geschlecht werden die Werte dann in negative Werte verwandelt (siehe hierzu Kapitel 1).

Kundenbefragung

Bei der letzten IFMA (Internationale Fahrradmesse) hat die BikeConsult GmbH im Auftrag der Däumler-Binz AG eine Kundenbefragung durchgeführt. Im folgenden Beispiel sollen die Altersklassen der Befragten getrennt nach Geschlechtern gezeigt werden.

1. Öffnen Sie die Datei DIAGRAMME.XLS.
2. Wählen Sie das Tabellenblatt ALTERSKLASSEN aus.
3. Markieren Sie den Bereich `B13:D20` und erzeugen Sie mit F11 ein Diagrammblatt.
4. Wählen Sie aus dem Menü **Diagramm • Diagrammtyp Balken** aus.
5. Von den **Untertypen** wählen Sie den ersten aus.
6. **OK** schließt die Diagrammerzeugung ab.

Die Werte an den Achsen benötigen wir nur teilweise. Die Altersklassen sollten nicht direkt an der Achse angezeigt werden, sondern links vom Diagramm. Dies entspricht der Leserichtung.

1. Klicken Sie die x-Achse doppelt an.
2. Klicken Sie auf das Register **Muster**.
3. Nehmen Sie die links abgebildeten Änderungen vor.
4. **OK** schließt die Änderung ab.

Die Werte der y-Achse sollen nur noch mit drei Ziffern und mit einem kleineren Schriftgrad dargestellt werden. Dadurch wird die Diagrammfläche proportional größer.

Beschriftungen ausschalten

1. Klicken Sie die y-Achse doppelt an.
2. Klicken Sie auf das Register **Muster**.
3. Klicken Sie bei allen Teilstrichbeschriftungen **Keine** an.
4. **OK** schließt die Änderung ab.

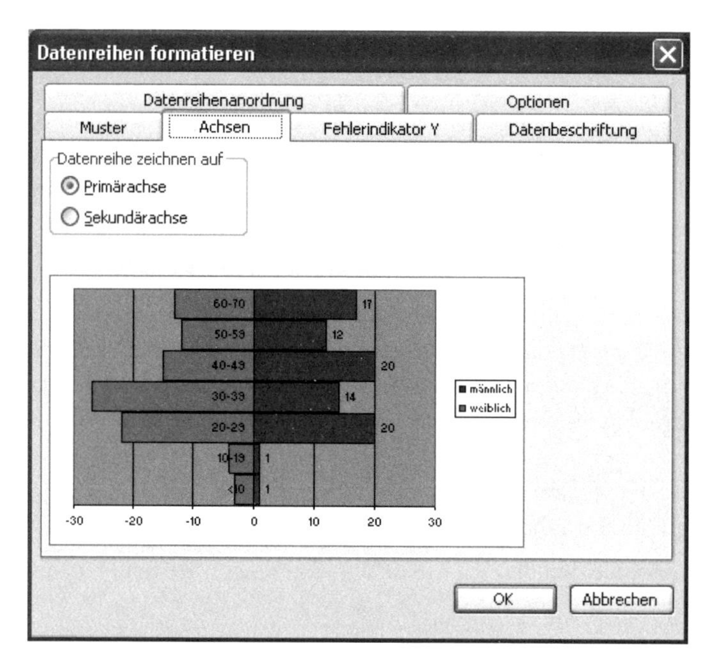

Abbildung 7.45 So werden die Altersklassen angeglichen.

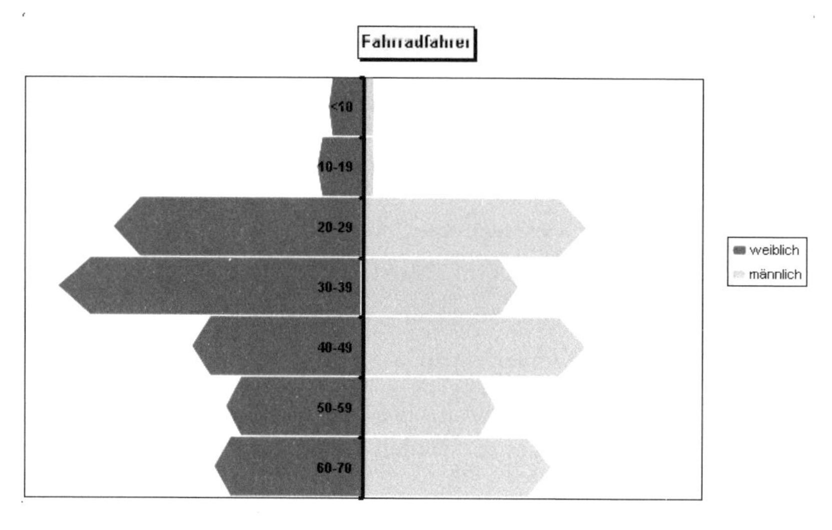

Abbildung 7.46 So sieht die Altersstruktur aus.

Die Balken sind etwas schmal, außerdem sollten sie sich für die jeweilige Altersklasse auf gleicher Höhe befinden. Anschließend sollen sich die Balken in Blockpfeile verwandeln.

Balkendarstellung verändern

1. Klicken Sie bei der Datenreihe MÄNNLICH doppelt an.
2. Stellen Sie im Register **Optionen** die Abstandsbreite auf »0« ein. Die Balken werden breiter dargestellt.
3. Stellen Sie im Register **Optionen** die Überlappung auf »100« ein. Die Balken verschieben sich auf die gleiche Höhe.
4. **OK** schließt die Formatierung ab.
5. Aktivieren Sie die Symbolleiste **Zeichnen** über das Menü **Ansicht • Symbolleisten**.
6. Wählen Sie aus dem Menü **Autoformen** unter Blockpfeile das Element **Richtungspfeil** aus, und ziehen Sie in beliebiger Größe diesen Pfeil als Rechteck auf.
7. Klicken Sie den Blockpfeil doppelt an.
8. Das Dialogfenster **Autoform formatieren** wird geöffnet.
9. Stellen Sie im Register **Farben und Linien** ein:
   - **Ausfüllen** = BLAU
   - **Linie** = BLAU
10. **OK** schließt die Formatierung ab.

Piktogramm erzeugen

1. Kopieren Sie den Blockpfeil in die Zwischenablage mit **Bearbeiten • Kopieren**.
2. Klicken Sie eine Datenreihe an.
3. Wählen Sie aus dem Menü **Bearbeiten • Einfügen** aus.
4. Die erste Datenreihe wird durch den Blockpfeil ersetzt.

Alle grafischen Objekte können sowohl in PowerPoint als auch in Excel mit der Symbolleiste **Zeichnen** bearbeitet werden.

Objekt kippen

1. Klicken Sie den Blockpfeil einfach an.
2. Wählen Sie aus dem Menü **Zeichnen • Drehen oder Kippen • Horizontal kippen** aus.
3. Danach formatieren Sie den Blockpfeil auf Farbe = ROSA.
4. **OK** schließt die Änderung ab.
5. Danach sollten Sie die Datenreihe für WEIBLICH ebenfalls durch Blockpfeile darstellen.

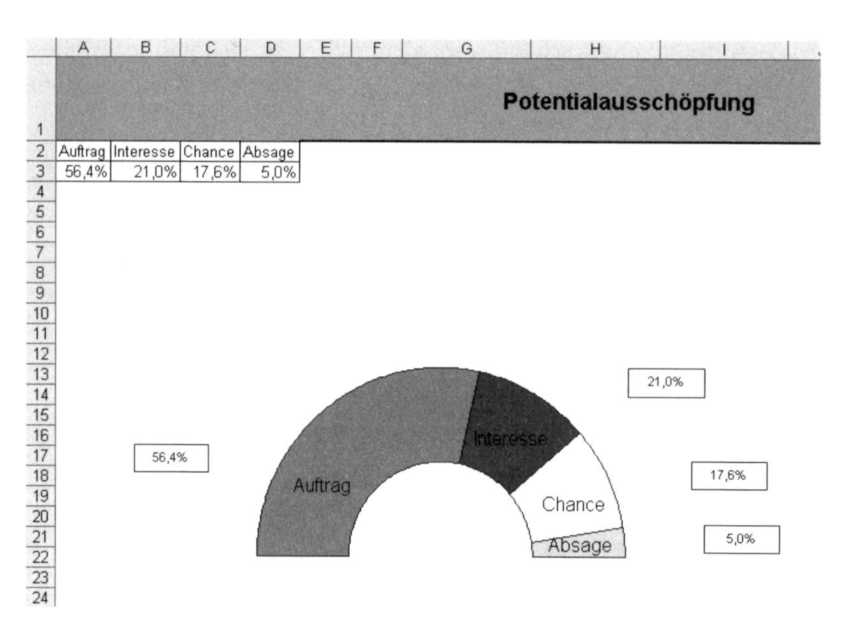

Abbildung 7.47 So sicht die Datenbasis für den Tachometer aus.

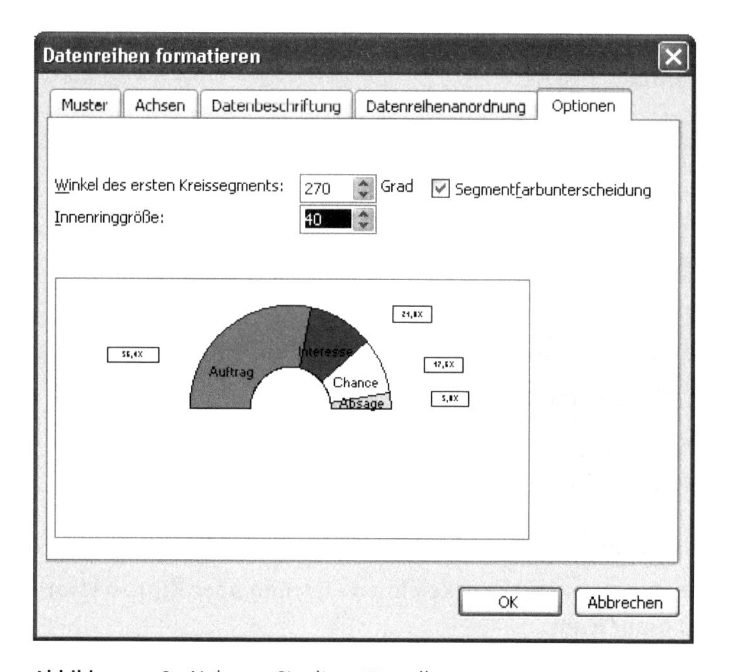

Abbildung 7.48 Nehmen Sie diese Einstellungen vor.

7.4.3 Tachometer-Diagramm

Wenn es um die Darstellung von Anteilen geht, ist das Kreisdiagramm gut geeignet. Möchten Sie aber besondere Aufmerksamkeit für Werte erreichen, dann versuchen Sie es doch einmal mit einer Darstellung in Form eines Tachometers. Dafür eignen sich sowohl das Kreisdiagramm als auch das Ringdiagramm:

Tabellenaufbau

Zunächst wird wieder ein bestimmter Tabellenaufbau benötigt. Da sowohl Kreis- als auch Ringdiagramm eine 100%-Darstellung anbieten, aber nur die Hälfte angezeigt werden soll, werden die Werte der Datenbasis auf 50% umgerechnet. Dies können Sie links erkennen.

Bei der Däumler-Binz AG werden durch das Vertriebs-Controlling Vertriebspotenziale grafisch aufbereitet. Diese Darstellung wird monatlich aktualisiert.

1. Öffnen Sie die Datei DIAGRAMME .XLS.
2. Wählen Sie das Tabellenblatt TACHOMETER aus.
3. Markieren Sie die Bereiche `B2:F2` sowie `B5:F5` und erzeugen Sie mit [F11] ein Diagrammblatt.
4. Wählen Sie aus dem Menü **Diagramm • Diagrammtyp »Ring«** aus.
5. Von den **Untertypen** wählen Sie den ersten aus.
6. **OK** schließt die Diagrammerzeugung ab.

Nun befindet sich das Segment, das den 50%-Anteil darstellt, nicht in der gewünschten Position. Sie sollten das Ringdiagramm drehen!

Segmentposition ändern

1. Klicken Sie ein Segment doppelt an.
2. Klicken Sie auf das Register **Optionen**.
3. Stellen Sie den Winkel auf **270°** ein.
4. **OK** schließt die Änderung ab.

Zum Schluss wird das 50%-Segment noch »ausgeblendet«.

1. Klicken Sie das 50%-Segment zweimal einfach an (kein Doppelklick!).
2. Klicken Sie es danach doppelt an. Das Dialogfenster **Datenreihen formatieren** wird geöffnet.
3. Stellen Sie im Register **Muster** ein: **Rahmen** und **Fläche** = KEINE
4. **OK** schließt die Formatierung ab.

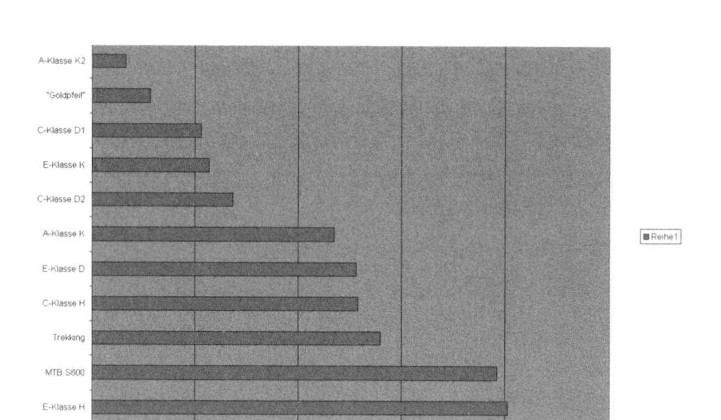

Abbildung 7.49 Zunächst wird ein Balkendiagramm erzeugt, ...

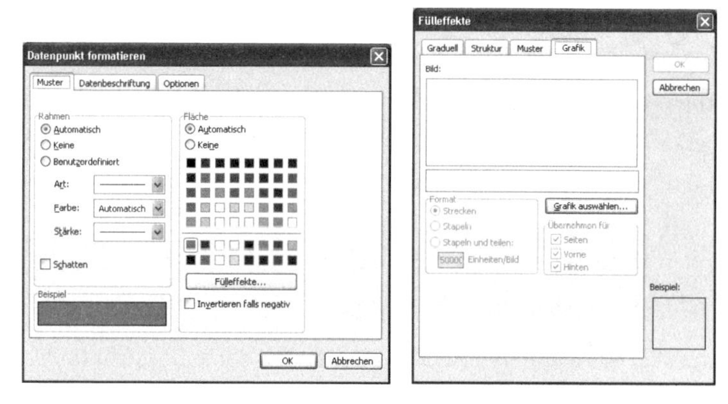

Abbildung 7.50 ... dann die Grafik-Datei eingesetzt ...

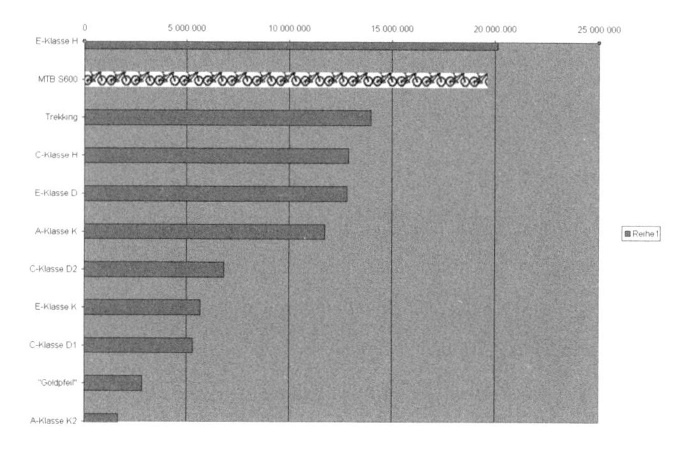

Abbildung 7.51 ... fertig ist das Piktogramm!

7.4.4 Piktogramme

Bei Piktogrammen werden Datenreihen in Diagrammen durch Grafiken dargestellt. So könnten Sie z.B. Produktdarstellungen Ihres Unternehmens als Grafik hinterlegen und dadurch Datenreihen darstellen.

Diagramm erzeugen

1 Öffnen Sie die Datei DIAGRAMME.XLS.
2 Wählen Sie das Tabellenblatt PRODUKTUMSÄTZE aus.
3 Markieren Sie den Bereich `A4:B15` und erzeugen Sie mit [F11] ein Diagrammblatt.
4 Wählen Sie **Diagramm • Diagrammtyp »Balken«**.
5 Wählen Sie den 1. Untertyp aus.
6 **OK** schließt die Diagrammerzeugung ab.

Piktogramm erzeugen

1 Klicken Sie eine Datenreihe doppelt an.
2 Klicken Sie auf das Register **Optionen**.
3 Stellen Sie den Abstand auf »30« ein.
4 Wechseln Sie auf das Register **Muster**.
5 Klicken Sie auf die Schaltfläche **Fülleffekte**.
6 Wechseln Sie auf das Register **Grafik**.
7 Klicken Sie auf die Schaltfläche **Grafik auswählen**.
8 Öffnen Sie die Datei MTBS600.WMF.
9 **OK** ersetzt die Balken durch die Grafik-Datei.
10 Stellen Sie noch die Option **Stapeln** ein, damit die Grafik nicht verzerrt dargestellt wird.
11 Ein Klick auf **OK** schließt den Vorgang ab.

Diagrammachsen formatieren

Bei diesem Diagrammtyp sollten die Größen absteigend sortiert sein!

1 Klicken Sie die x-Achse doppelt an.
2 Klicken Sie auf das Register **Skalierung**.
3 Markieren Sie **Rubriken in umgekehrter Reihenfolge**.
4 **OK** schließt die Änderung ab.
5 Klicken Sie die y-Achse doppelt an.
6 Klicken Sie auf das Register **Zahlen**.
7 Wählen Sie **Benutzerdefiniert** und geben Sie das Format `0.` ein.
8 **OK** schließt die Änderung ab.

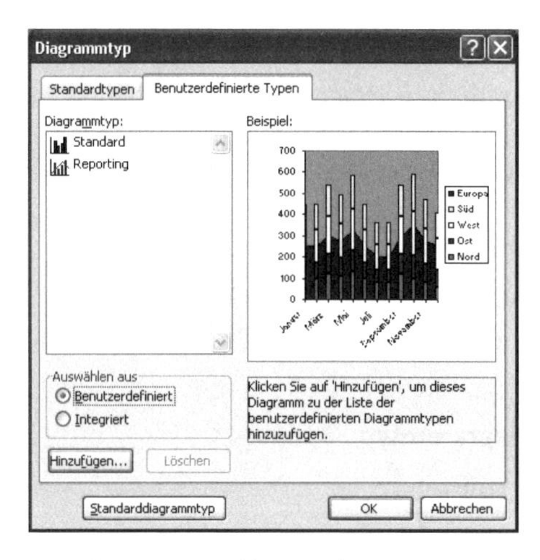

Abbildung 7.52 Wählen Sie die Option **Benutzerdefiniert**.

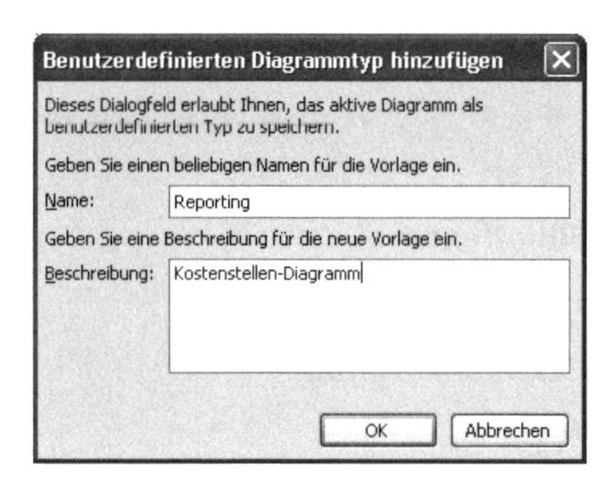

Abbildung 7.53 Legen Sie Namen und Beschreibung fest.

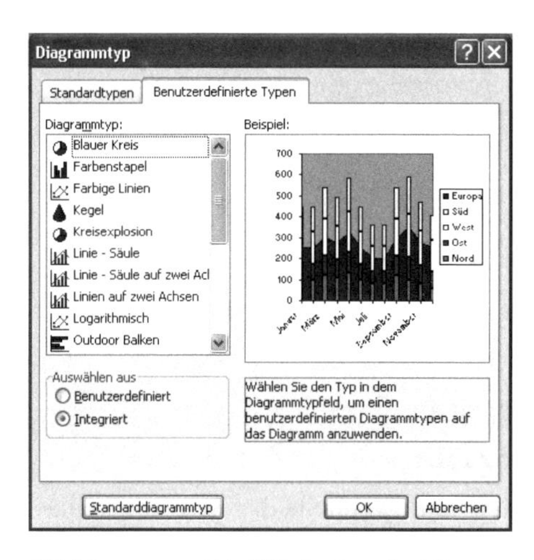

Abbildung 7.54 Schaltfläche **Standarddiagrammtyp** anklicken

7.4.5 Benutzerdefinierte Diagramme

Excel bietet zahlreiche Möglichkeiten an, aussagefähige Diagramme zu gestalten. Für ein regelmäßiges Reporting ist es allerdings etwas aufwändig, jedes Mal erneut alle Diagrammelemente zu formatieren. Wenn Sie Ihr »Wunschdiagramm« gefunden haben, können Sie es in dieser Form unter einem Namen abspeichern und wieder verwenden.

Wunschdiagramm wiederverwenden

1. Öffnen Sie die Arbeitsmappe DIAGRAMM.XLS.
2. Aktivieren Sie das Blatt DIAGRAMM.
3. Wählen Sie das Menü **Diagramm • Diagrammtypen** Register **Benutzerdefinierte Typen**.
4. Klicken Sie die Option **Benutzerdefiniert** an.
5. Klicken Sie auf die Schaltfläche **Hinzufügen**.
6. Im Dialogfenster **Benutzerdefiniertes Autoformat hinzufügen** geben Sie den Formatnamen ein und optional eine Beschreibung.
7. Bestätigen Sie mit **OK**.
8. Klicken Sie auf **Schließen**.

Wenn Sie zukünftig über das Menü **Diagramm** einen Diagrammtyp verändern, erhalten Sie über die Option **Benutzerdefiniert** alle Ihre definierten Diagramme. Diese werden in einer bestimmten Datei in einem bestimmten Verzeichnis gespeichert. Diese Datei heißt je nach Version:

- XLSUSRGAL.XLS im Verzeichnis *C:\Programme\Microsoft Office\Office* — Excel 97
- XL8GALRY.XLS im Verzeichnis *C:\Programme\Microsoft Office\Office\1031* — Excel 2000
- XLSUSRGAL.XLS im Verzeichnis *C:\Dokumente und Einstellungen\Anwendungsdaten\Microsoft\Excel* — Excel 2002

Falls Sie immer mit demselben Diagrammtyp arbeiten möchten, können Sie diesen als Standardtyp festlegen:

Vorzugsform

1. Öffnen Sie die Arbeitsmappe DIAGRAMM.XLS.
2. Aktivieren Sie das Blatt DIAGRAMM.
3. Wählen Sie das Menü **Diagramm • Diagrammtypen** und dort das Register **Benutzerdefinierte Typen**.
4. Wählen Sie aus der Liste der Diagrammtypen eines aus.
5. Klicken Sie auf die Schaltfläche **Standard Diagrammtyp**.
6. Bestätigen Sie mit **OK**.

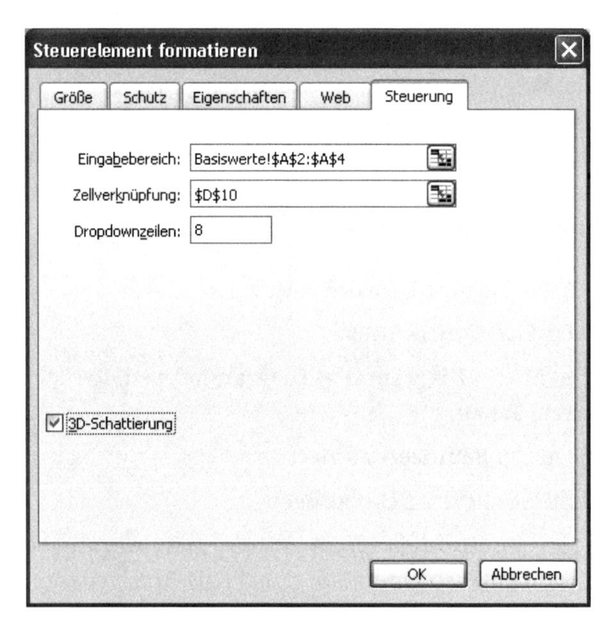

Abbildung 7.55 Objekt formatieren

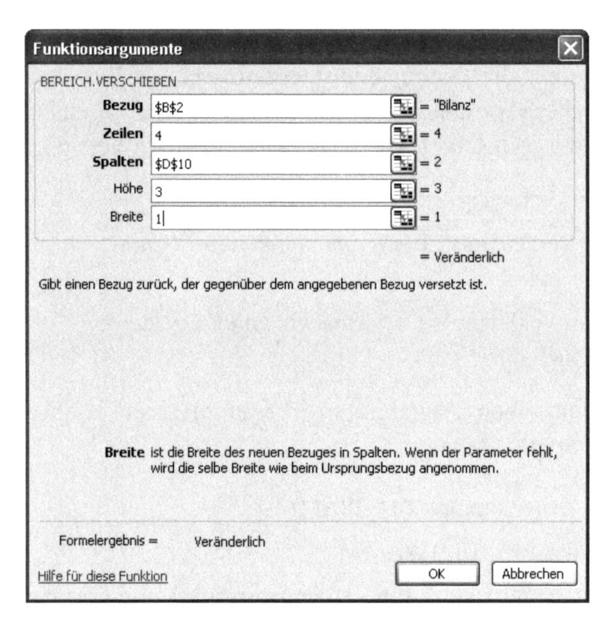

Abbildung 7.56 BEREICH.VERSCHIEBEN als Bereich für MTRANS

{=MTRANS(BEREICH.VERSCHIEBEN($B$2;1;$D$13;3;1))}

Abbildung 7.57 Die Formel

7.4.6 Variables Bilanzstruktur-Diagramm

Das Bilanzstruktur-Diagramm zeigt bisher lediglich ein Jahr an. Tatsächlich soll aber wechselweise das eine oder das andere Jahr im Diagramm angezeigt werden. Dazu benötigen wir zunächst einmal eine Auswahlmöglichkeit. Die schaffen wir uns mit Hilfe eines Steuerfeldes:

Steuerelement einfügen

1. Öffnen Sie die Datei BILANZSTRUKTUR.XLS.
2. Wählen Sie **Ansicht • Symbolleisten • Formular** aus.
3. Klicken Sie das Steuerelement **Kombinationsfeld** an, und fügen Sie es in der Tabelle in der Zelle `B11` durch Ziehen ein. Das Steuerelement kann mit [Alt] und gleichzeitigem Markieren an der Zellstruktur ausgerichtet werden.
4. Nehmen Sie mit Rechtsklick auf das Steuerelement die Einstellungen wie links abgebildet vor.
5. Klicken Sie **OK** an.
6. Klicken Sie auf eine beliebige Zelle und dann ins Kombinationsfeld.

Verknüpfung

Der durch ein Steuerelement in der Ausgabeverknüpfung zur Verfügung gestellte Zahlenwert kann zur sinnvollen Verwendung weiterverarbeitet werden. Um variable Bereiche für den transponierten Bereich zu erhalten, setzen wir im Folgenden die Funktion BEREICH.VERSCHIEBEN ein.

Bereich verschieben

1. Markieren Sie den Bereich `H3:J3`.
2. Wählen Sie das Menü **Einfügen • Funktion** aus.
3. Aus der Kategorie MATRIX wählen Sie die Funktion MTRANS aus.
4. In dem Feld MATRIX aktivieren Sie noch einmal den Funktions-Assistenten und wählen aus der Kategorie MATRIX die Funktion BEREICH.VERSCHIEBEN aus.
5. Geben Sie die Argumente, wie links abgebildet, an.
6. Schließen Sie die Eingabe mit der Tastenkombination [Strg] + [⇧] + [↵] ab. Wenn Sie nun im Zellbereich `C3:N8` irgendetwas verändern, wirkt sich diese Veränderung im Zielbereich `H3:M3` sofort entsprechend aus.
7. Kopieren Sie die Funktion in die Zellbereiche `H4:M4` und `H5:M5`.
8. Für den Kapitalbereich wiederholen Sie die Eingabe mit geänderten Bezügen.

Da das Diagramm in dem Zellbereich `H3:J8` seine Datenbasis hat, ist es nun variabel.

7.5 Checkliste Diagrammerstellung

✓ Zweck und Art bedenken bzw. beschreiben (Reporting, Präsentation)

✓ Zielgruppe definieren – Wer soll das Diagramm wann, warum und unter welchen Umständen sehen?

✓ Ziel definieren – Was soll wie wirken?

✓ Diagrammtyp (Untertyp, Mischformen) theoretisch bestimmen

✓ Daten prüfen – Sind sie vollständig, richtig und freigegeben?

✓ Aus den Quelldaten die Diagrammbasis (den Datenbereich) erstellen und diesen vorläufig formatieren

✓ Datenbereich markieren und erstes Diagramm erstellen

✓ Plazierung, Größe, Schrift und Eigenschaften der Diagrammfläche bestimmen

✓ Bei Mischtypen den einzelnen Reihen ihren jeweiligen Typ zuweisen

✓ Datenreihen vorläufig formatieren

✓ Achsen skalieren, Reihenfolge der Daten bestimmen

✓ Achsenbeschriftungen vorläufig formatieren

✓ Kopie(n) des Diagramms herstellen und in den Kopien zum Vergleich andere Diagrammtypen oder Mischformen wahlen

✓ Entscheidung treffen, auf Zielentsprechung prüfen und Vergleichsentwürfe verwerfen

✓ Datenreihen formatieren

✓ Hintergründe formatieren (Diagrammfläche und Zeichnungsfläche)

✓ Gitter und Achsen formatieren

✓ Endgültige Beschriftungen der Achsen festlegen und formatieren

✓ Legende formatieren

✓ Texte, Beschriftungen und Ergänzungsmaterialien einfügen und formatieren

✓ Umgebung formatieren

✓ Sämtliche Formatierungen nochmals auf Einzelwirkung und Gesamtwirkung überprüfen

✓ Wenn möglich die Wirkung auf das Zielmedium überprüfen (z. B. Druck, Projektion, anderer Monitor)

✓ Ergebnis anderen Personen zur Beurteilung vorlegen

✓ Schlussfassung erstellen und sichern

Haben Sie schon einmal ein Kapitel oder gar ein ganzes Buch über die Makroprogrammierung in Excel gelesen? War es anwendungsorientiert? Wir denken: Die Anwendung kann schon VBA, und wir wollen hier lieber anwenderorientiert vorgehen!

8 Automatisieren – Makros und VBA-Programmierung

Ziel ist Vereinfachung

Gerne wird von »Objektorientierung«, »relativer Aufzeichnung«, »Objektbibliothek« und »Debugging« gesprochen, also von rein technischen Aspekten der Makroerstellung. Wir drehen den Spieß um und beschreiben Tätigkeiten, die Sie optimieren, vereinfachen, automatisieren können – egal ob mittels Makros oder VBA-Prozeduren. Dabei wird natürlich auch die Technik dazu erläutert – auch die Begriffe von oben –, aber nicht zum Selbstzweck, sondern als Werkzeug für Ihre eigentliche Tätigkeit.

Wir werden folgende Aufgabenstellungen in diesem Kapitel angehen:

- Arbeiten mit Textbausteinen ähnlich wie im Word-Autotext
- Schnelle Vereinheitlichung des Seitenlayouts
- Automatisierung eines monatlichen Reportings
- Erstellung einer »besseren« SVERWEIS-Funktion

Grundlagen

Dabei lernen Sie »nebenbei« folgende Grundlagen kennen:

- Aufzeichnen von Makros mit relativer und absoluter Adressierung
- Schrittweises Testen von Makros, um Fehler zu beseitigen oder »fremde« Makros zu verstehen und zu verändern
- Anpassen der Excel-Oberfläche in Menüs und Symbolleisten
- Einsatz von Bedingungen, um aus rein linearen Makros intelligente Tools zu machen, die flexibel auf unterschiedliche Daten reagieren
- Einsatz von Schleifen, um Aktionen mehrfach auszuführen, also etwa Zellen auf Plausibilität prüfen, bis das Ende einer Liste erreicht ist
- Programmieren eigener Funktionen, wenn die vorhandenen in Excel nicht ausreichen oder nicht praktisch genug sind

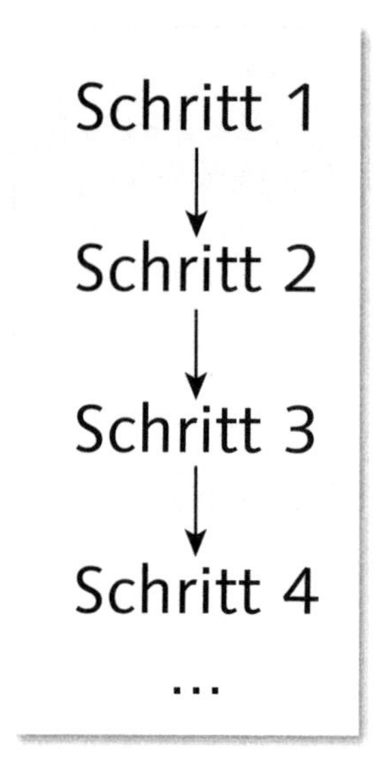

Abbildung 8.1 Einzelschritte aufzeichnen ...

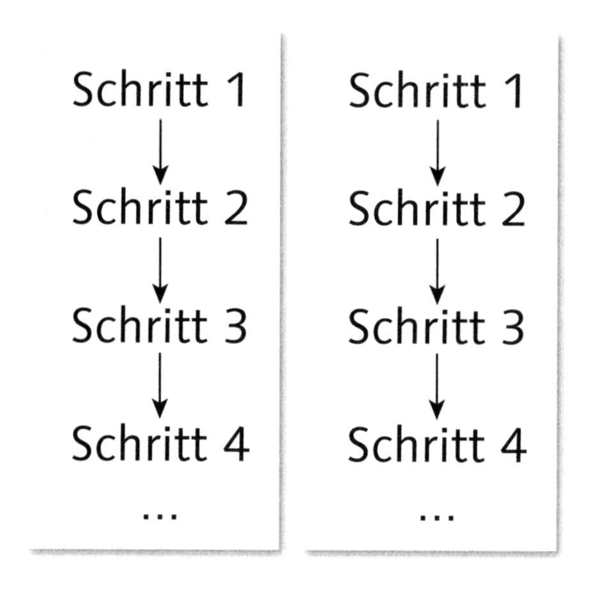

Abbildung 8.2 ... und beliebig oft genauso wieder ablaufen lassen!

8.1 Einfache Makros und deren Aufzeichnung

In Word oder anderen Microsoft-Applikationen gibt es Textbausteine oder sog. Autotext-Einträge. Auf Knopfdruck oder nach Eingabe eines Codewortes im Text wird ein vordefinierter Baustein eingesetzt. Leider gibt es diese Funktion in Excel nur als Autokorrektur. Beispielweise muss oft ein Name, eine Abteilungsbezeichnung in ein Blatt eingetippt werden. In Excel lässt sich das leicht mit einem Makro erledigen!

Was ist ein Makro?

Makros aufzeichnen

Ein Makro erzeugt man durch den Makrorekorder von Excel – der zeichnet jede Ihrer Aktionen wie eine Filmkamera auf. Wenn man das Makro dann wieder startet – quasi den aufgezeichneten Film erneut ablaufen lässt –, geschieht alles erneut, wo und sooft Sie wollen, genau wie bei der Aufzeichnung.

Eine Folge von Arbeitsschritten, die sich häufig wiederholt, kann so automatisiert werden. Mit dieser Methode können Sie Ihre Aufgaben vereinfachen, Bearbeitungszeit einsparen und fehlerhafte Vorgänge weitgehend ausschließen. Mehrere Arbeitsschritte, die einmal aufgezeichnet wurden, können zu einem Schritt zusammengefasst werden.

Programmieren

Die Programmiersprache, auf welcher der Makrocode basiert, heißt VBA (Visual Basic for Applications). VBA kann im Gegensatz zu VB (Visual Basic) bereits auf alle Fähigkeiten einer Applikation wie Excel zugreifen, setzt diese dazu aber voraus. Reiner VB-Code ist zwar unabhängig von einer Applikation, kann also auf jedem Windows-System gestartet werden, hat selbst aber keine Methoden wie etwa Speichern, Drucken oder die Pivot-Tabelle; diese müssen erst eingebunden werden. Folglich ist VBA für Controller das Werkzeug der ersten Wahl, wenn es um die schnelle Realisierung von kleineren Programmieraufgaben geht.

Wozu kann man ein Makro nutzen?

Makros kann man nun nutzen, um immer wieder absolut gleich auszuführende Tätigkeiten zu automatisieren– beispielweise den routinemäßigen Import immer der gleichen Datei oder eben das Einfügen bestimmter Textzeilen – gerne auch mit Formatierung oder allem, was Sie sonst noch wünschen, wie etwa Logos und Ähnliches.

Sie können umfangreiche Auswertungen zu einem Thema so weit automatisieren, dass Sie »Reports auf Knopfdruck« realisieren können.

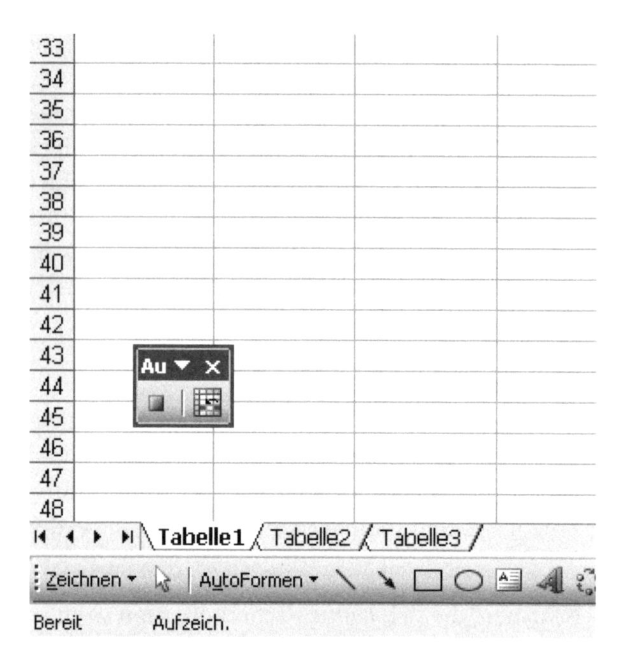

Abbildung 8.3 Die Aufzeichnung läuft ...

Wichtig!

Sie bemerken die Aufzeichnung immer am Hinweis **Aufzeich.** in der Statusleiste am unteren Bildschirmrand.

Beenden Sie die Aufzeichnung immer durch Klick auf die **Stopp-Taste** oder im Menü durch **Extras • Makros • Aufzeichnung beenden.**

Wenn Sie auf das **Schließen-Icon** in der Symbolleiste **Aufzeichnung beenden** klicken, schließen Sie nur die Symbolleiste, und die Aufzeichnung läuft weiter. Sie brauchen die Symbolleiste auch, um die Adressierungsart zu kontrollieren (siehe Abschnitt 8.1.1)!

Ebenso ist es möglich, beispielsweise für Urlaubsvertretungen oder weniger versierte Kollegen komplette Oberflächen zu gestalten, die es Ihnen erlauben, auch ohne Kenntnis der genauen Vorgänge, exakt definierte Aufgaben zu erledigen bzw. bestimmte Informationen aufzurufen.

8.1.1 Einfache Aufzeichnung – Textbausteine einsetzen

Den Rekorder bedienen

Nach unserer Devise »Vordenken statt Nachdenken« gehen Sie folgendermaßen vor, um ein Makro aufzuzeichnen: Planen, Rekorder anschalten, Schritte in der richtigen Reihenfolge ausführen, Rekorder stoppen und Makro in gleicher Weise ausführen, sooft Sie wollen.

Vorüberlegungen zur Aufzeichnung

Planen Sie zunächst

Das Wichtigste in Bezug auf Makroaufzeichnung ist die **Planung vor dem Start der Aufzeichnung**. Bevor Sie also ein Makro aufzeichnen, überlegen Sie sich bitte die folgenden Punkte:

- **Was soll das Makro tun?**

  Welche Arbeitsschritte sollen aufgezeichnet werden? Damit das Makro die Arbeitsschritte in der richtigen Reihenfolge abarbeitet und keine fehlerhaften Arbeitsschritte enthält, sollten Sie sich die Arbeitsfolge eventuell stichpunktartig notieren, bevor Sie mit der Aufzeichnung beginnen.

- **Wo soll das Makro arbeiten?**

  Immer an der gleichen Stelle oder immer in Bezug zur Zelle, wo die Einfügemarke steht?

  Soll das Makro immer in den gleichen Zellen arbeiten?

  Dann verwenden Sie die absolute Adressierung.

  Sie wünschen ein Makro, das an der Stelle des Cursors arbeitet?

  Dann benutzen Sie die **relative** Adressierung. Details zu den Adressierungsarten finden Sie in diesem Abschnitt.

- **Wo soll das Makro genutzt und damit auch gespeichert werden?**

  Wird das Makro ständig oder nur bei einer bestimmten Arbeitsmappe benötigt? Soll es nur von Ihnen oder vom ganzen Team genutzt werden?

  Details zu den Speichermöglichkeiten finden Sie in Abschnitt 8.1.3.

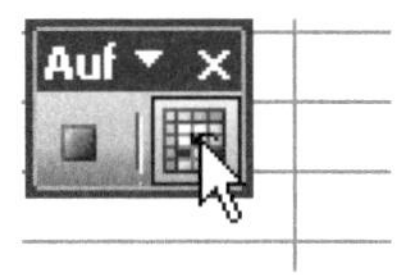

Abbildung 8.4 Absolute oder relative Adressierung umstellen

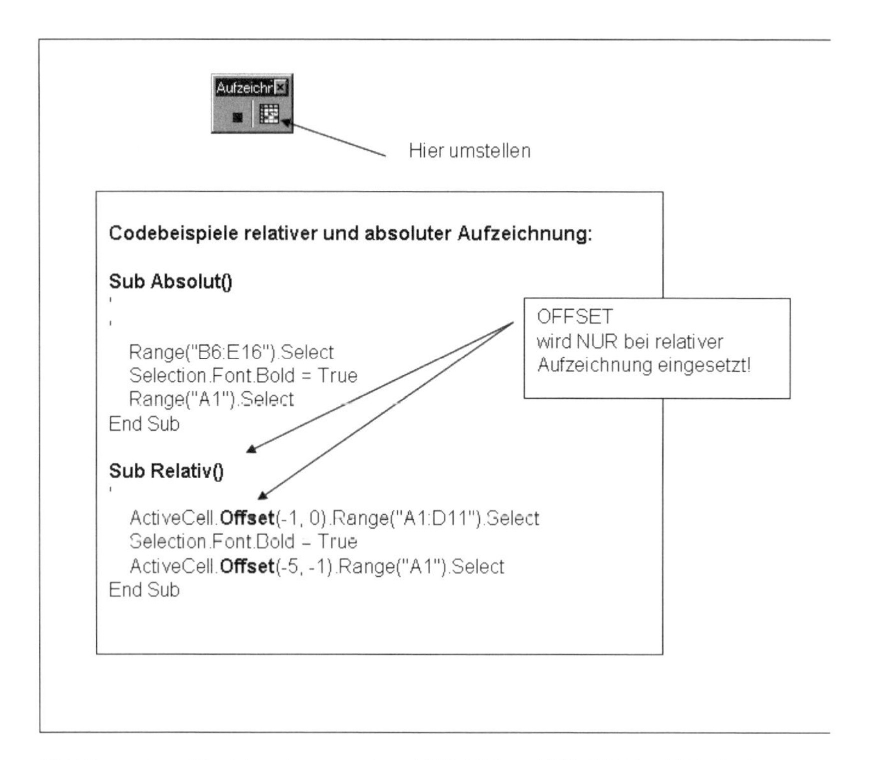

Abbildung 8.5 Die Adressierungsarten ABSOLUT und RELATIV im VBA-Code

- **Wie soll das Makro heißen?**

  Und nicht zuletzt sollten Sie sich einen sinnvollen Namen für das Makro überlegen. Ein treffender Name macht es möglich, das Makro zu einem späteren Zeitpunkt schneller wiederzufinden.

  Gerade, wenn Sie längere Zeit nicht mehr an einem Arbeitsblatt gearbeitet haben oder andere Personen damit arbeiten werden, macht sich ein sprechender Name bezahlt.

  Warum sinnvolle Namen?

  Üblich sind hierfür Kombinationen aus Objekt und Tätigkeit, z.B. `NameEinfügen`. Groß- und Kleinschreibung wird hierbei zwar nicht unterschieden, dient aber der Lesbarkeit.

An welcher Stelle soll das Makro arbeiten? Welche Adressierungsarten gibt es?

Um Makros besser zu verstehen und richtig anwenden zu können, ist es wichtig, den Unterschied zwischen relativer und absoluter Adressierung zu kennen. So lassen sich böse Überraschungen vermeiden, wenn Sie mit dem Makrorekorder aufgezeichnete Makros einsetzen. Wir kommen dazu wieder zum eben vorgestellten Beispiel.

Relativ

Ein relativ aufgezeichnetes Makro arbeitet immer an der Stelle, wo gerade die Markierung positioniert war. Die Aufzeichnung war also nicht absolut, sondern **relativ** zur aktuellen Position des Einfügerahmens, in **relativer Adressierungsart**.

Wollen Sie dagegen ein Makro, das in genau bestimmten Zellen arbeitet, also immer **absolut** in den gleichen Zellen?

Absolut

Dann verwenden Sie bei der Aufzeichnung die **absolute Adressierungsart**. Die Aufzeichnung selbst erfolgt genauso, nur muss die Schaltfläche für die Adressierungsart flach sein, also nicht gedrückt.

Den Unterschied zwischen den beiden Adressierungsarten sieht man im aufgezeichneten Code. Bei der absoluten Adressierung »merkt« sich Excel die Adressen der angesprochenen Zellen, bei der relativen Adressierung dagegen die Richtungen und Entfernungen der Bewegungen.

Die Unterschiede wirken übrigens nur bei Bewegungen zwischen Zellen, nicht zwischen Arbeitsblättern, Dateien oder Kopf- und Fußzeilen.

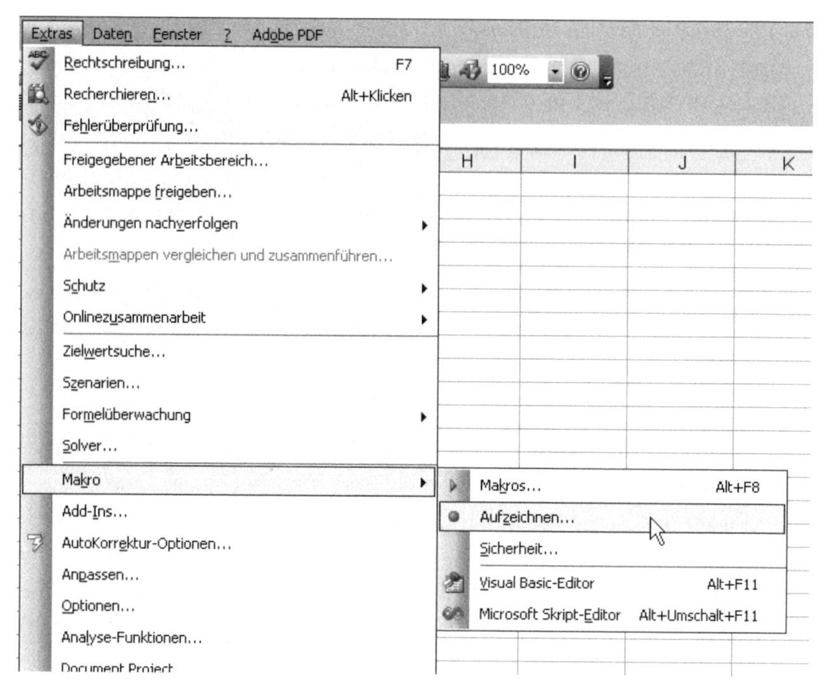

Abbildung 8.6 Aufzeichnung starten

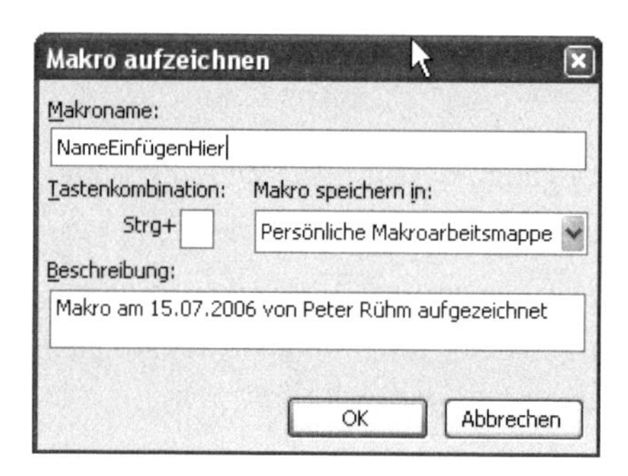

Abbildung 8.7 Makronamen eingeben

Abbildung 8.8 Adressierungsart umstellen und Aufzeichnung beenden

Aufzeichnung mit dem Makrorekorder

Wir beginnen mit der Erläuterung des Makrorekorders. Zunächst zeichnen wir dazu Makros auf und werden dann die Details im Anschluss genauer erklären:

Rekorder starten

1 Starten Sie den Makrorekorder über den Menübefehl **Extras • Makro • Aufzeichnen...**
2 Geben Sie einen gewünschten **Makronamen** ein.
3 Speichern Sie das Makro in **Persönliche Arbeitsmappe**.
4 Erfassen Sie bitte **immer** eine kurze **Beschreibung** zum Makro.
5 Klicken Sie dann auf **OK.**

Ab jetzt wird jede Ihrer Aktionen innerhalb von Excel aufgezeichnet.

Die Aufzeichnung beginnt

6 Stellen Sie auf relative Adressierung um. Klicken Sie dazu, falls erforderlich, in der Symbolleiste mit Namen **Aufzeichnung beenden** auf die Schaltfläche **Relativer Bezug**, bis die Schaltfläche vertieft aussieht (siehe links).
7 Tippen Sie nun Ihren Textbaustein ein. Sie können Zellen markieren, Inhalte in die Zellen eingeben, Bereiche markieren, formatieren etc.
8 Beenden Sie die Aufzeichnung durch Klick auf die Schaltfläche **Aufzeichnung beenden** (siehe Abbildung 8.8).

Übrigens:

Vorsicht!

- Es ist Vorsicht geboten: Alle Aktionen, die Sie während der Aufzeichnung durchführen, werden im Makro gespeichert. Das gilt allerdings nicht für Befehle, die Sie mit dem Rückgängig-Befehl wieder zurücknehmen.
- Tippfehler oder fehlerhafte Zelleingaben können Sie wie gewohnt korrigieren. Excel nimmt nur den tatsächlichen Zellinhalt auf, den Sie beispielsweise mit `Return` bzw. `Enter` bestätigt haben.
- Wenn Sie ein Makro starten, können die Veränderungen, die im Arbeitsblatt durchgeführt werden, **nicht mehr rückgängig** gemacht werden. Dies steigert zwar die Performance der Makroausführung, ist leider aber nicht sehr komfortabel.

  Speichern Sie deshalb gerade beim Makrotesten häufig, um dann evtl. durch Schließen der Datei ohne Speichern auf den Stand vor der Makroausführung zurückzukommen.

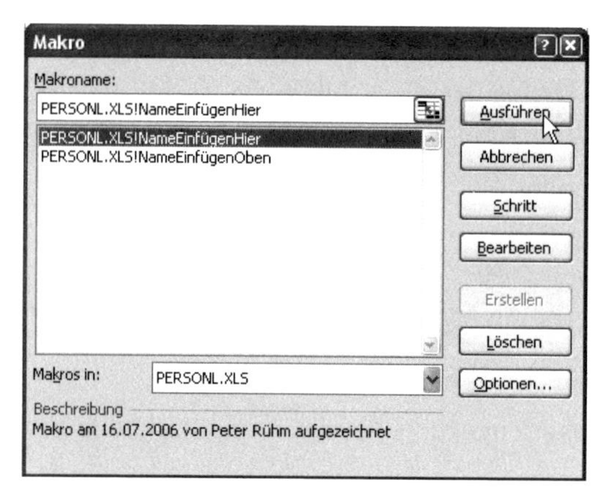

Abbildung 8.9 Ein aufgezeichnetes Makro starten

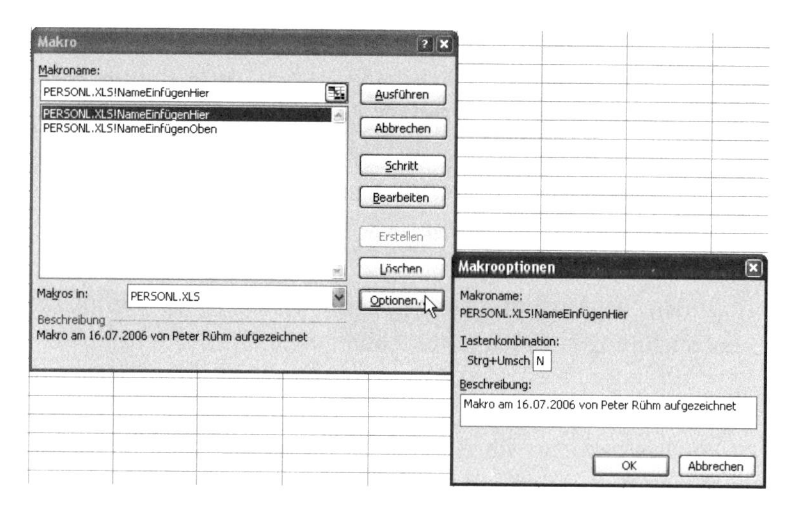

Abbildung 8.10 Eine Tastenkombination zuweisen

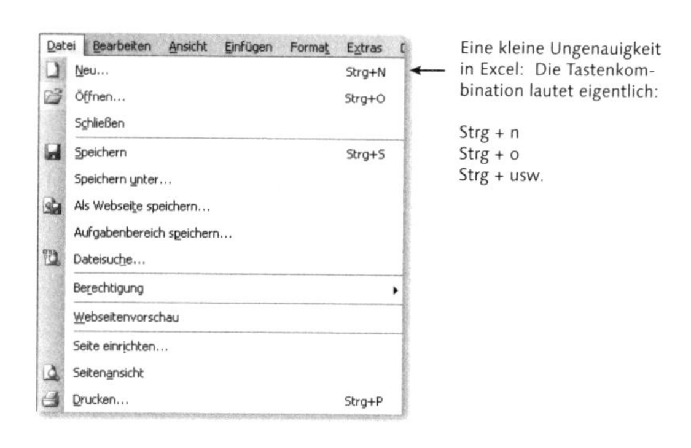

Abbildung 8.11 Hier steht eigentlich **Strg + N**!

8.1.2 Ein Makro starten

Nachdem Sie das Makro erstellt haben, möchten Sie es natürlich auch wieder nutzen. Sie können ein aufgezeichnetes oder programmiertes Makro auf verschiedene Arten aufrufen.

Das Makro per Menü starten

Über das Menü

1. Rufen Sie den Menüpunkt **Extras • Makro** auf.
2. Wählen Sie bei **Makros in:** PERSONL.XLS oder **Alle offenen Arbeitsmappen**.
3. Wählen Sie im Listenfeld des Dialogfensters »Makro« das gewünschte Makro aus.
4. Klicken Sie auf die Schaltfläche **Ausführen.**

Einem Makro eine Tastenkombination zuweisen

Schneller per Tastenkombination

1. Rufen Sie den Menüpunkt **Extras • Makro** auf.
2. Wählen Sie im Listenfeld des Dialogfensters »Makro« das gewünschte Makro aus.
3. Klicken Sie auf die Schaltfläche **Optionen**. Im Dialogfenster **Makro-Optionen** können Sie einen Buchstaben für die Kombination mit [Strg] eingeben, z.B. [⇧] + [N].
4. Bestätigen Sie mit **OK**.
5. Nun können Sie das Makro über die gewählte Tastenkombination starten!

Die Zuordnung der Tastenkombination bleibt nur in Ihrem Excel bestehen und wirkt nicht auf anderen Rechnern.

Sollten Sie eine von Excel bereits vorbelegte Tastenkombination gewählt haben, hat Ihre benutzerdefinierte in Zukunft Vorrang, und Sie erhalten keine Hinweis darauf! Nur wenn Sie eine Tastenkombination verwenden, die schon für ein Makro definiert wurde, bekommen Sie eine Meldung.

Mit der beschriebenen Vorgehensweise können Sie Tastenkombinationen auch nachträglich ändern oder löschen.

[!] Tastenkombinationen mit Großbuchstaben sind in Excel meist nicht belegt, obwohl sie in den Menüs so angezeigt werden (siehe links)!

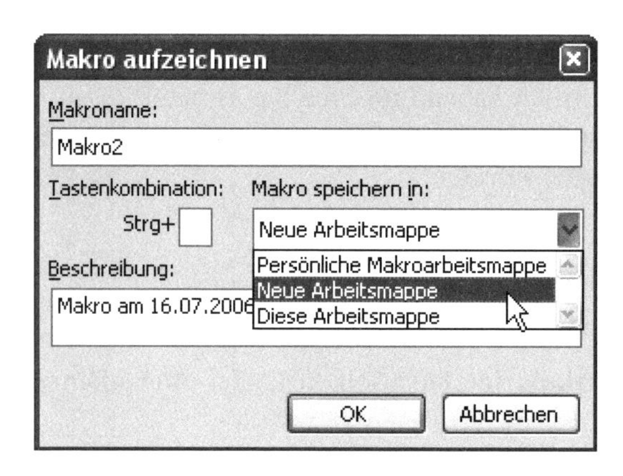

Abbildung 8.12 Wo soll das Makro gespeichert werden?

Speicherort	Erklärung
In der aktuellen Arbeitsmappe	Excel speichert das Makro automatisch in einem Modulblatt der geöffneten Arbeitsmappe. (Bis zur Excel-Version 5.0 erfolgte die Speicherung auf sog. Modularbeitsblättern.)
In einer neuen Arbeitsmappe	Wenn Sie diese Option gewählt haben, wird automatisch eine neue Arbeitsmappe geöffnet. Das Makro wird in einem Modulblatt der neuen Arbeitsmappe gespeichert.
In der persönlichen Arbeitsmappe	Die persönliche Arbeitsmappe wird automatisch bei der ersten Speicherung unter dem Namen PERSONL.XLS im Startverzeichnis von Excel erstellt (XLSTART). Bei jedem Start von Excel wird diese Arbeitsmappe automatisch geöffnet. Dadurch stehen alle darin enthaltenen Makros jederzeit zur Verfügung.

Tabelle 8.1 Speicherorte für Makros

8.1.3 Welche Makros kann man wo nutzen? – Die verschiedenen Speicherorte

Standardmäßig werden Makros der aktuellen Arbeitsmappe hinzugefügt. Sie können den Speicherort vor der Makroaufzeichnung verändern. Bei der nächsten Aufzeichnung wird dann wieder der zuletzt gewählte Speicherort vorgeschlagen.

Überlegen Sie deshalb vor der Aufzeichnung: Wie oft und in welchen Arbeitsmappen wird das Makro benötigt?

Das Makro wird nur in dieser Mappe gebraucht

Nur in der aktuellen Arbeitsmappe

Speichern Sie es in der aktuellen, also in **dieser Arbeitsmappe**. Die Makros in dieser Mappe stehen jedem zur Verfügung, der diese Mappe benutzt, also auch Kollegen, die diese Datei im Netzwerk öffnen oder per Mail erhalten. Klassisch ist dieser Speicherort für Navigationssysteme in umfangreichen Mappen oder für Tools, die jeder Nutzer einer Datei braucht.

Das Makro soll nur in bestimmten Arbeitsmappen ausgeführt werden, oder Sie machen einen Test

Für alle verfügbar

Speichern Sie das Makro **in einer neuen Arbeitsmappe**, die Sie an einem beliebigen Ort, auch im Netzwerk für allgemeine Nutzung, speichern können. Jeder kann die Mappe dann einfach öffnen, um die Makros darin zu verwenden.

Das Makro wird von Ihnen häufig benötigt und soll Ihnen in jeder Excel-Sitzung zur Verfügung stehen

Persönliche Makros immer verfügbar

Speichern Sie hierzu das Makro in Ihrer **persönlichen Makro-Arbeitsmappe**. Die Makros darin stehen Ihnen immer zur Verfügung, sobald Sie Excel starten, da die Datei bei jedem Start immer automatisch geöffnet wird. Ihre Kollegen sehen die Makros jedoch nicht und können sie auch nicht nutzen.

Die persönliche Mappe wird – je nach Installation – im Verzeichnis

C:\Dokumente und Einstellungen\Ihr_Login-Name\Anwendungsdaten\Microsoft\Excel\XLStart

gespeichert und hat den Namen PERSONL.XLS.

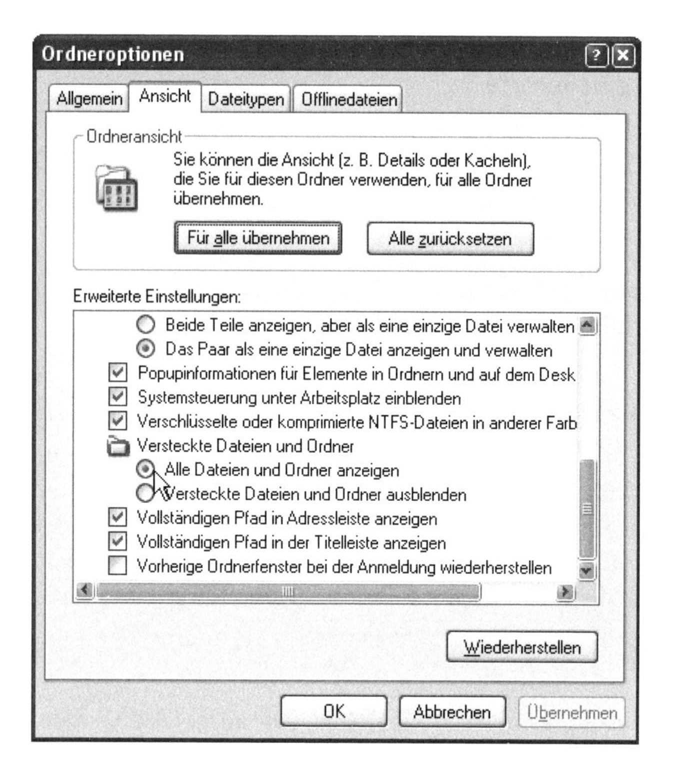

Abbildung 8.13 Ausgeblendete Dateien und Verzeichnisse anzeigen

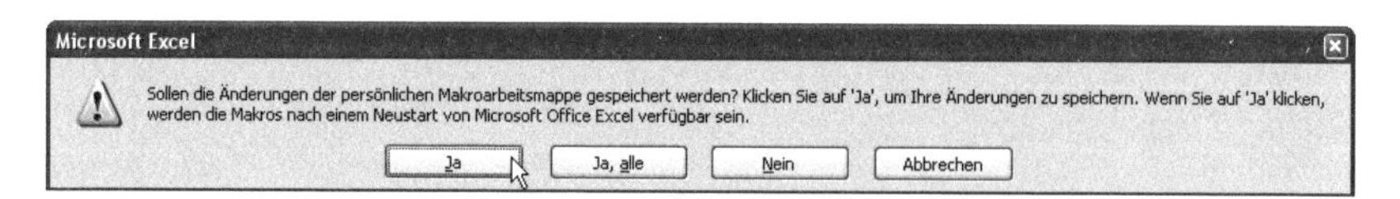

Abbildung 8.14 Die PERSONL.XLS wird beim Beenden von Excel gespeichert.

Ausgeblendete Dateien und Verzeichnisse anzeigen

Wenn Sie auf dieses Verzeichnis nicht zugreifen können, liegt das daran, dass dieses Verzeichnis normalerweise ausgeblendet ist und in den Optionen des Explorers erst sichtbar gemacht werden muss.

So zeigen Sie verborgene Verzeichnisse an:

1. Rufen Sie dazu Ihren Explorer auf.
2. Klicken Sie auf das Menü **Extras • Optionen**.
3. Aktivieren Sie die Registerkarte **Ansicht**.
4. Rollen Sie im Bereich **Erweiterte Einstellungen** bis zum Eintrag **Versteckte Dateien und Ordner**,
5. und klicken Sie auf **Alle Dateien und Ordner anzeigen**.

Speichern der PERSONL.XLS

Persönlich

Diese Datei wird erst dann erzeugt, wenn Sie schon einmal ein Makro in PERSONL.XLS aufgezeichnet haben. Die Datei wird dann gespeichert, wenn Sie Excel schließen. Bitte bestätigen Sie die Frage mit einem Klick auf **JA**.

Vor der Excel-Version 2000 wird, je nach Installation, für jeden Benutzer dasselbe Verzeichnis unter dem Pfad

C:\Programme\Microsoft Office\Office\XLSTART

benutzt.

Tipp

Sie können nach der Datei PERSONL.XLS auch suchen, indem Sie den Startbutton anklicken und **Suchen** wählen. Tun Sie das aber erst, nachdem ein Makro aufgezeichnet und gespeichert wurde. Beachten Sie bitte ebenfalls, dass auch versteckte Verzeichnisse (siehe oben) mit in die Suche einbezogen werden!

Wichtig

Besonders wichtig

Eigentlich sollte es jedem PC-Benutzer klar sein, es wird aber dennoch gerne vergessen: die Datensicherung.

Sichern Sie Ihre PERSONL.XLS regelmäßig! In diese Datei haben Sie sicher schon bald eine Menge Zeit investiert, und bei einem Festplattendefekt sollen Ihre Makros doch nicht verloren gehen! Nehmen Sie die Datei auch auf einen neuen Rechner mit.

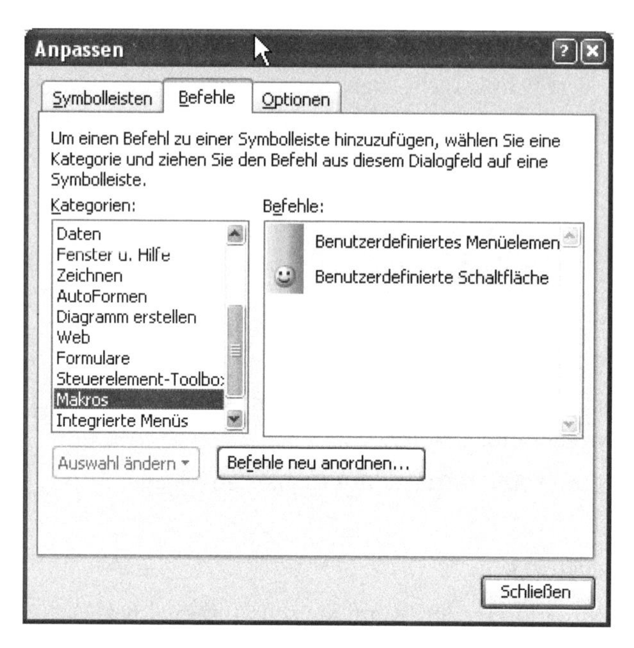

Abbildung 8.15 Symbolleisten anpassen

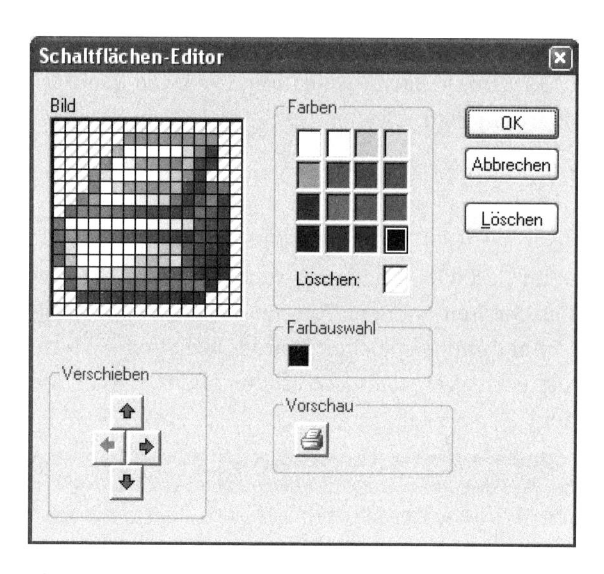

Abbildung 8.16 Der Schaltflächen-Editor (hier ein Farbdrucker)

8.2 Makrostart und Anpassung der Oberfläche

Hier erfahren Sie, wie Sie Ihr Excel individuell anpassen können!

8.2.1 Makro per Symbol starten

Wenn Sie ein Makro einem Symbol zuweisen, steht Ihnen das Symbol in jeder Arbeitsmappe zur Verfügung, sofern Sie die entsprechende Symbolleiste eingeblendet haben.

Symbolleisten anpassen

1. Rufen Sie **Ansicht • Symbolleisten • Anpassen** auf.
2. Wählen Sie auf der Registerkarte **Befehle** die Option **Makros** aus.
3. Ziehen Sie das Symbol **Benutzerdefinierte Schaltfläche** an die gewünschte Position in einer Symbolleiste.
4. Weisen Sie dem Symbol danach über das Kontextmenü mit der rechten Maustaste das zugehörige Makro zu.
5. Im Kontextmenü können Sie andere Symbole wählen oder auch die Beschriftung im Feld NAME ändern.

Falls Sie kein geeignetes Symbol für Ihr Makro finden, können Sie das Aussehen eines beliebigen Symbols nachträglich verändern, so dass es Ihren Vorstellungen entspricht.

Schaltflächen-Editor

1. Zeigen Sie mit der Maus bei geöffnetem Dialogfenster **Anpassen** auf das neue Symbol, und rufen Sie den Kontextmenüpunkt **Schaltflächensymbol bearbeiten...** auf.
2. Im nachfolgenden Dialogfenster **Schaltflächen-Editor** können Sie das Erscheinungsbild kreativ anpassen.

Mit dieser Technik können Sie nun Ihr Excel selbst gestalten! Zeichnen Sie ein Makro auf, welches das erledigt, was Sie brauchen. Speichern Sie es in PERSONL.XLS, um es immer zur Verfügung zu haben. Danach erstellen Sie ein Symbol und weisen ihm das Makro zu!

Anwendungsbeispiele:

- Ihre bevorzugte Formatierung auf einer Schaltfläche
- Ein Makro, das immer auf dem Farbdrucker druckt, eines, das immer auf dem Schwarz-Weiß-Drucker ausgibt
- Öffnen häufig benutzter Dateien
- Import einer Textdatei, die monatlich geliefert wird

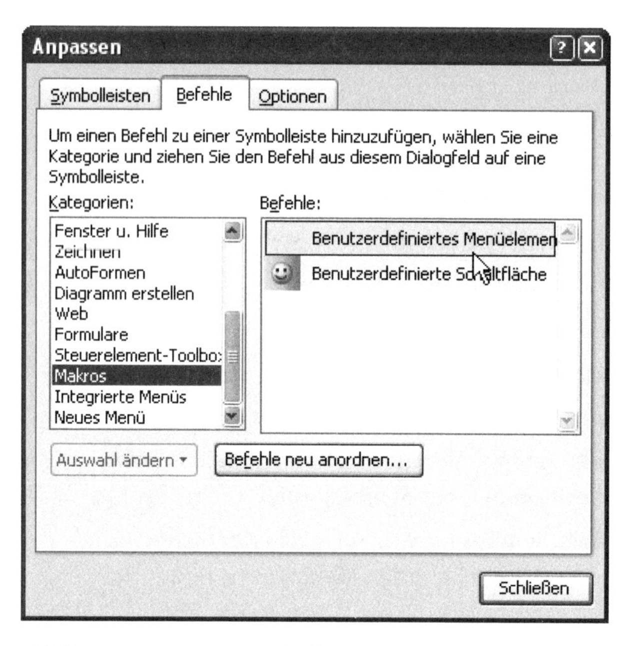

Abbildung 8.17 Einen Menübefehl einfügen

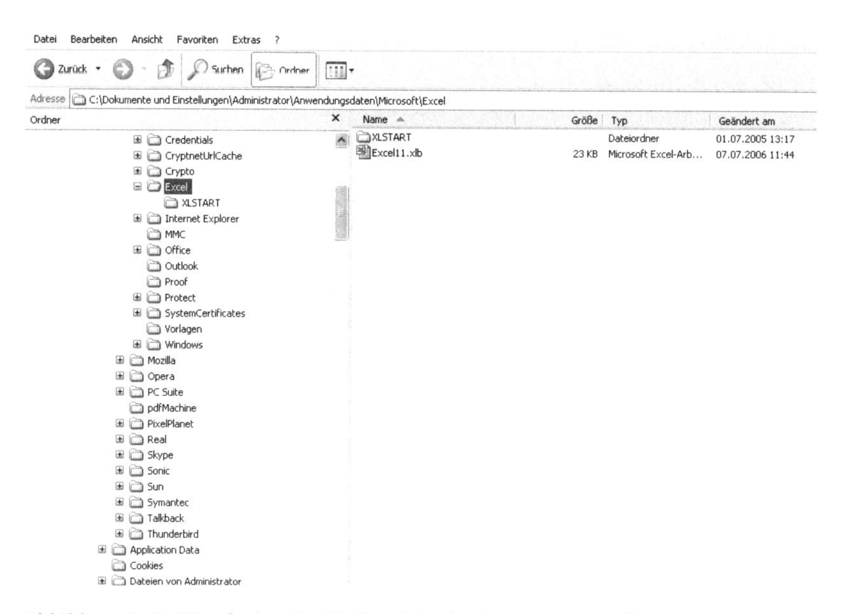

Abbildung 8.18 Hier finden Sie die Datei, in der die Menüeinstellungen gespeichert werden (ab Windows 2000)

8.2.2 Makro per Menü starten

Wenn Sie statt Symbolen Menüpunkte bevorzugen, können sie auch das einrichten. Makrobefehle lassen sich in eigene Menüpunkte auf die gleiche Art integrieren, wie sie auch in Symbolleisten eingebettet werden können:

Ins Menü einbetten

1. Klicken Sie mit der rechten Maustaste auf eine Symbolleiste, um ihr Kontextmenü zu öffnen.
2. Wählen Sie den Menüpunkt **Anpassen**.
3. Springen Sie zur Registerkarte **Befehle**, und klicken Sie auf die Kategorie **Neues Menü**.
4. Ziehen Sie nun den Eintrag **Neues Menü** in die Menüzeile.
5. Ziehen Sie dann aus der Kategorie **Makros** den Eintrag **Benutzerdefiniertes Menüelement** in das eben geschaffene Menü.
6. Passen Sie den Menüeintrag über sein Kontextmenü an.

Datei mit den Informationen

Menüeinstellungen und Definitionen von Symbolleisten werden beim Beenden von Excel in einer Datei gespeichert:

Bei Windows 2000 und neueren Versionen lauten Dateiname und -pfad:

EXCEL.XLB bzw. EXCELNN.XLB im Verzeichnis *C:\Dokumente und Einstellungen\IhrLogin-Name\Anwendungsdaten\Microsoft\Excel.*

Bei Windows 95 und NT:

NNNNNNXX.XLB im Windows-Stammverzeichnis, also meist *C:\WINDOWS*.

NNNNNN ist hierbei Ihr Benutzername aus der Windows-Anmeldung, XX die interne Versionsnummer von Excel.

Diese Datei kann an eine andere Stelle verschoben werden, um ein automatisches Öffnen zu unterdrücken. Von dort aus kann sie aber dann manuell geöffnet werden. Somit werden Menükonfigurationen transportierbar!

Tipp

> Falls Sie Ihr Menüsystem einmal völlig in Unordnung gebracht haben, können Sie die Standardeinstellungen wiederherstellen, indem Sie die .XLB-Datei löschen.

Anwendungsbeispiel

- Zeichnen Sie für verschiedene Szenarien Makros auf, und stellen Sie diese in einem aufgabenspezifischen Menüsystem zur Verfügung.

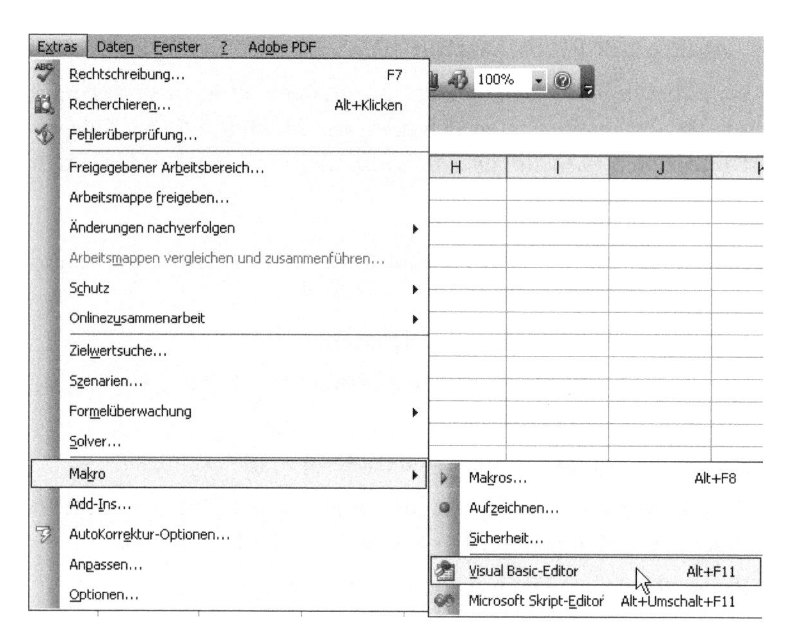

Abbildung 8.19 Den Visual Basic Editor starten

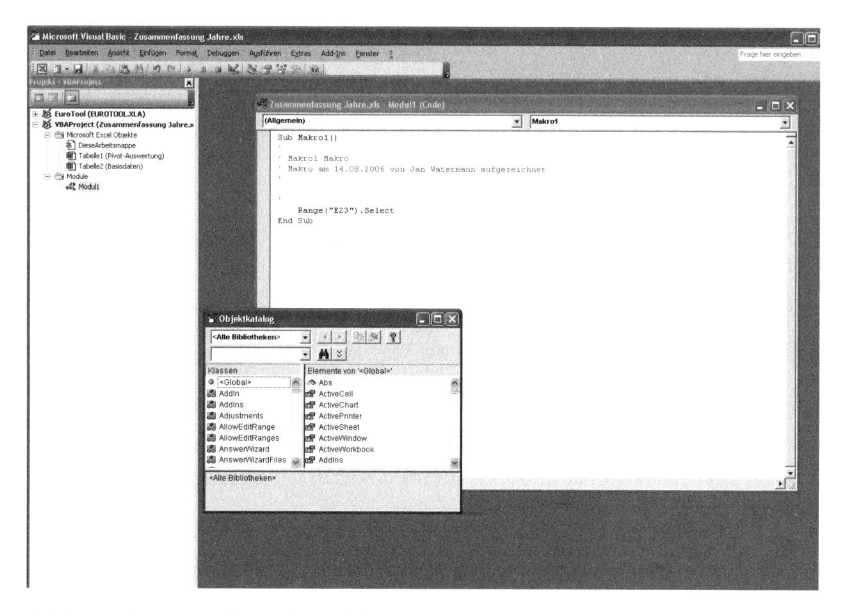

Abbildung 8.20 Der Visual Basic Editor

8.3 Makros bearbeiten – der Visual Basic Editor

Der Makrorekorder zeichnet die von Ihnen durchgeführten Aktionen als eine Folge von Anweisungen auf. Sie haben die Möglichkeit, diese Anweisungen, die als VBA-Code erstellt werden, zu bearbeiten und zu erweitern. Sie können Kommentare zur Erläuterung einfügen oder überflüssigen Code löschen. Wird während der Aufzeichnung ein Dialogfenster, beispielsweise **Format • Zelle** angezeigt, zeichnet der Rekorder auch diejenigen Einstellungen des Dialogfensters auf, die von Ihnen gar nicht verändert wurden. Weiterhin ist eine Aufzeichnung auch immer rein linear, kann also nicht mehrfach das Gleiche tun und in Abhängigkeit ausgeführt werden. Hierzu benötigen Sie Schleifen und Bedingungen, die man aber manuell programmieren muss.

Den Code ansehen

Makros, die Sie in dieser Arbeitsmappe oder in einer neuen Arbeitsmappe gespeichert haben, können Sie direkt anzeigen oder bearbeiten.

1. Rufen Sie den Menüpunkt **Extras • Makro** auf.
2. Wählen Sie das Makro aus, das Sie bearbeiten möchten.
3. Betätigen Sie die Schaltfläche **Bearbeiten**.
4. Für Makros in Ihrer (ausgeblendeten!) PERSONL.XLS wählen Sie stattdessen **Extras • Makros • Visual Basic Editor** oder drücken Sie Alt + F11.

Sie befinden sich danach in der VBA-Entwicklungsumgebung, dem **VBA-Editor**.

Arbeitsmappenstruktur

Zunächst stellt sich die Frage: Wo befindet sich der VBA-Code? Dazu ein Blick in die Arbeitsmappenstruktur von Excel:

Tabellenblatt: Dieses Blatt dient zur Aufnahme und Berechnung von Daten. Standardmäßig enthält eine neue Arbeitsmappe 3 bis 16 Tabellenblätter. Alle anderen Blätter müssen von Ihnen hinzugefügt werden. (Das kann unter **Extra • Optionen** geändert werden.)

Userform: Hier erstellen Sie eigene Dialogfenster, die Sie über eine Prozedur aufrufen können.

Modulblatt: Dieses Blatt dient zur Aufnahme sämtlicher Prozeduren und Funktionen, die Sie über den Makrorekorder oder manuell erstellen können.

In älteren Excel-Versionen waren diese Blätter als so genannte Modul- oder Dialog-Arbeitsblätter zwischen den normalen Arbeitsblättern untergebracht.

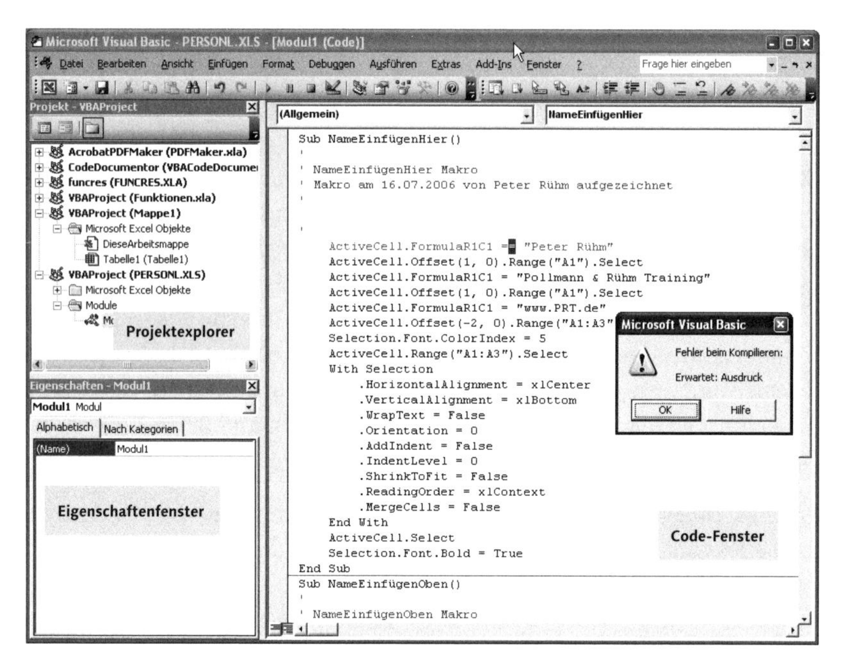

Abbildung 8.21 Bildschirmbereiche im Visual Basic Editor

```
Sub NameEinfügenOben()
' NameEinfügenOben Makro
' Makro am 09.01.2006 von Peter Rühm aufgezeichnet
  Range("A1").Select
  ActiveCell.FormulaR1C1 = "Peter Rühm"
  Range("A2").Select
  ActiveCell.FormulaR1C1 = "Pollmann & Rühm Training"
  Range("A3").Select
  ActiveCell.FormulaR1C1 = "Seminare für Controller"
  Range("A1:A3").Select
  Selection.Font.ColorIndex = 41
  Range("A1").Select
  Selection.Font.Bold = True
End Sub
```

Listing 8.1 Ein Beispielmakro

Am Bildschirm sehen Sie bei der Standardeinstellung folgende Teilbereiche:

- **Projekt-Explorer**
  Hier können Sie zwischen den einzelnen Mappen wechseln und deren untergeordnete Objekte auswählen.

  Klicken Sie im Projekt-Explorer die Objekte doppelt an, damit auch das Code-Fenster das gleiche Objekt zeigt.
- **Codefenster**
  Zeigt den Code oder Formulare an. Hier sehen Sie Aufzeichnungen und selbst programmierten Code. Ebenso können Sie, wie später noch beschrieben wird, ein Makro schrittweise testen.
- **Eigenschaftsfenster**
  Dieses Fenster zeigt Ihnen die Namen und Eigenschaften der im Projekt-Explorer oder – bei Userforms – im Codefenster aktivierten Objekte.

  Beachten Sie, dass hier immer das im Projekt-Explorer markierte Objekt Vorrang hat, aber das Codefenster u. U. ein anderes Modul anzeigen kann.

Eigenschaftsfenster

Sollten einzelne Teile des Visual Basic Editors nicht sichtbar sein, dann klicken Sie in das Menü **Ansicht** und aktivieren **Projekt-Explorer** und/oder das **Eigenschaftsfenster**.

Wenn kein Codefenster zu sehen ist, klicken Sie doppelt auf ein Modulblatt im Projekt-Explorer, dann öffnet sich das betreffende Modul.

Ein kleines bisschen Theorie – der Aufbau einer Prozedur

Das Schlüsselwort `Sub` kennzeichnet den Beginn des Makros, die Schlüsselwörter `End Sub` das Ende. Schlüsselwörter werden von Excel standardmäßig als blauer Text formatiert.

Kommentarzeilen

Zu Beginn jedes Makros werden automatisch Kommentarzeilen eingefügt, die Informationen zur Aufzeichnung enthalten. Kommentare werden in VBA durch ein einfaches Anführungszeichen am Zeilenanfang gekennzeichnet. Kommentarzeilen werden zur optischen Hervorhebung standardmäßig als grüner Text formatiert.

Alle Anweisungen, Variablen und Konstanten werden als schwarzer Text dargestellt.

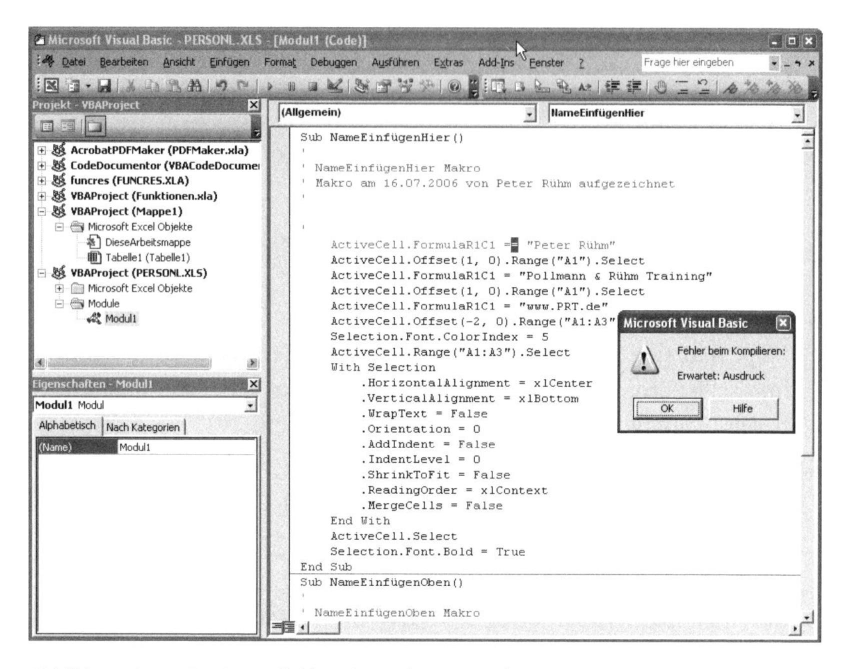

Abbildung 8.22 Ein Syntaxfehler: doppeltes =-Zeichen

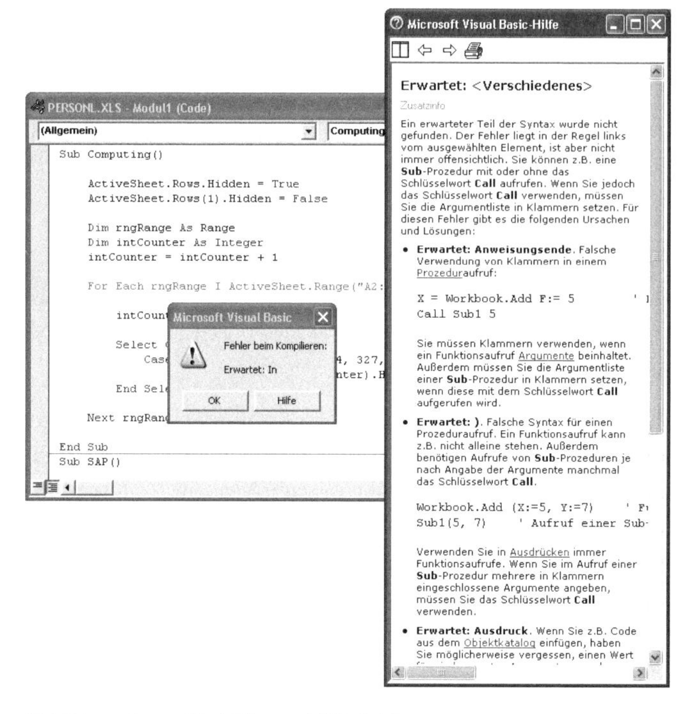

Abbildung 8.23 Die Hilfe zun VBA-Fehler

8.3.1 Fehlerfindung statt Fehlersuche – VBA-Code korrigieren im VBA-Editor

Eine der zeitaufwändigsten und anspruchsvollsten Aufgaben bei der Programmierung ist das Aufspüren und Beheben von Fehlern, das *Debuggen*. Excel stellt hier allerdings wertvolle Hilfen zur Verfügung. Der Visual Basic Editor unterstützt Sie hierbei erheblich.

Zwei Fehlerarten müssen hierbei unterschieden werden:

- Syntaxfehler
- Laufzeitfehler

Syntaxfehler

Schnell erkannt

Syntaxfehler erkennen Sie bereits dann, wenn Sie nach der Eingabe einer Anweisung die Programmzeile verlassen. Der Visual Basic Editor prüft praktischerweise bereits an dieser Stelle, ob die eingegebenen Anweisungen den Syntaxregeln entsprechen. Bei fehlerhaften Eingaben erfolgt eine rote Markierung, und ein Dialogfenster mit Informationen zum aufgetretenen Fehler wird angezeigt.

Beispiel:

- Sie schreiben eine `if`-Bedingung und vergessen am Ende das `then`.
- Sie haben Klammern vergessen, die Sie bei bestimmten Anweisungen setzen müssen.

Fehlersuche:

Hilfe

- Betätigen Sie im Dialog (siehe links) die Schaltfläche **Hilfe**, um weitere Informationen zum aufgetretenen Fehler anzuzeigen.
- Positionieren Sie die Einfügemarke im Fehler, und drücken Sie die Taste [F1], um Hilfe zu bekommen. Sie können in der Hilfe die Syntax des Befehls lesen oder durch einen Klick auf **Beispiel** oder **Siehe auch** Ihren Fehler lokalisieren. Beispielcode lässt sich sogar kopieren und in Ihr Projekt einsetzen!
- Standardmäßig werden Syntaxfehler automatisch rot im Programmcode angezeigt.
- Sie können über den Menüpunkt **Extras • Optionen** im Register **Modul Allgemein** das Kontrollfeld **Syntaxfehler anzeigen** anklicken, um die Anzeige zu aktivieren oder zu deaktivieren. Wir empfehlen: aktivieren!

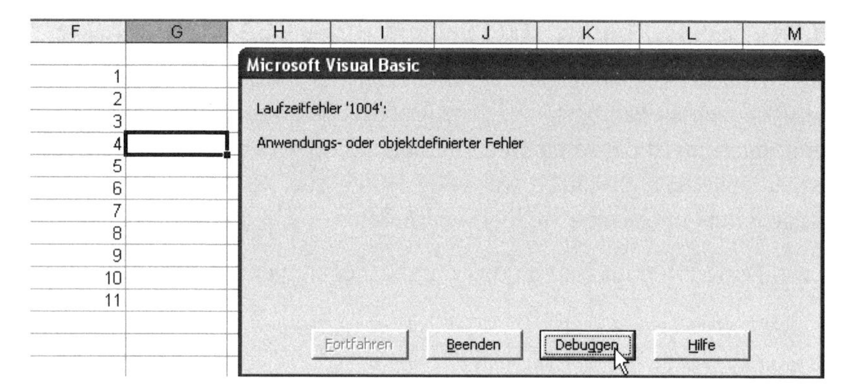

Abbildung 8.24 Der beliebte »Laufzeitfehler 1004«: Was mag wohl passiert sein?

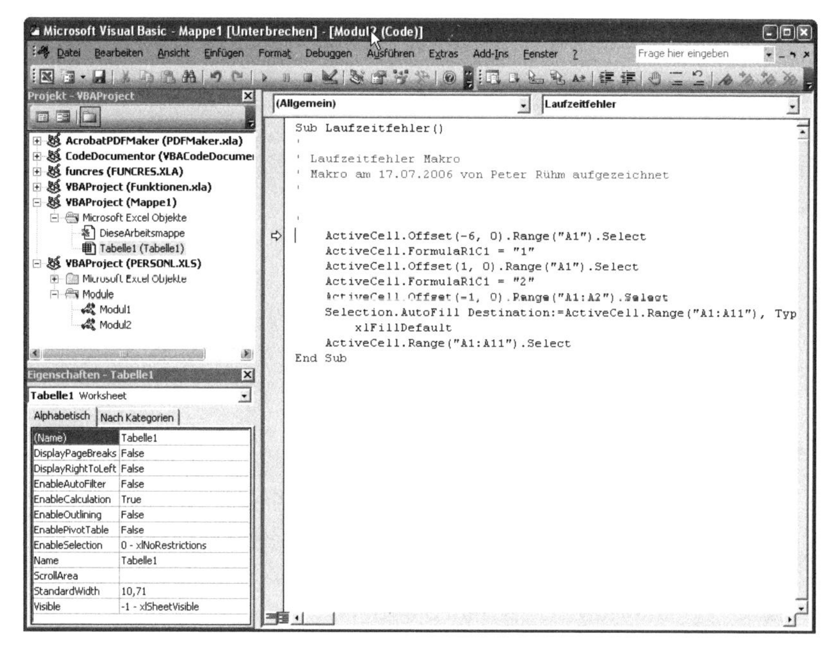

Abbildung 8.25 Mit ein wenig Erfahrung sieht man gleich: Das Makro versucht, über den Rand von Excel hinauszugehen.

Laufzeitfehler

Laufzeitfehler sind solche, die erst während des Programmablaufs auftreten. Das Programm wird dabei abgebrochen, bevor das Programmende erreicht ist und Sie erhalten eine Fehlermeldung, weil die Ausführung einer Anweisung nicht möglich ist. Diese Fehler sind etwas schwerer zu finden und zu beheben als Syntaxfehler, weil sie nicht sofort im Visual Basic Editor als solche erkennbar sind. Doch auch hier bietet Excel eine Hilfsmöglichkeit an.

Beispiel:

Mögliche Ursachen

- Sie haben nach einer `if`-Bedingung das `end if` vergessen.
- Sie wollen sich per Prozedur um eine Tabellenzeile nach oben bewegen, sind aber schon in der ersten Zeile.
- Die Prozedur versucht, außerhalb des Arbeitsblatts zu arbeiten.
- Sie verwenden ein Objekt oder eine Variable, die Excel nicht kennt.

Fehlersuche:

Debuggen

1. Klicken Sie auf die Schaltfläche **Beenden**, um die Ausführung des Makros zu beenden. Positionieren Sie die Markierung in einer Zelle weiter unten im Arbeitsblatt, und starten Sie das Makro erneut.
2. Alternativ klicken Sie auf die Schaltfläche **Debuggen**, um das Visual-Basic-Fenster zu aktivieren. Der Code befindet sich dann im Haltemodus in der Zeile, die als nächste ausgeführt werden sollte. Vergessen Sie nicht, auf **Fortsetzen** oder **Beenden** zu Klicken, da Excel sonst blockiert wird!

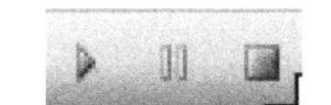

3. Klicken Sie auf die Schaltfläche **Hilfe**, um sich Hilfe zum aufgetretenen Fehler anzeigen zu lassen. Leider hilft die Hilfe hier meist nicht recht weiter ...

Wenn man beim Debuggen – der Fehlersuche – den Fehler nicht sofort im Code sehen kann, hilft der Visual Basic Editor mit vielen Testmöglichkeiten, die Sie in den folgenden Abschnitten kennen lernen werden.

[!]

Ein kleiner Hinweis vorweg: Die häufigste Fehlerursache hier sind relative Bewegungen im Arbeitsblatt nach links oder oben, die dann mit dem Rand des Arbeitsblattes kollidieren.

Meist entstehen solche Fehler, wenn man bei der Aufzeichnung die falsche Adressierungsart wählt, also versehentlich relativ aufzeichnet, und Bewegungen nach links oder oben durchführt!

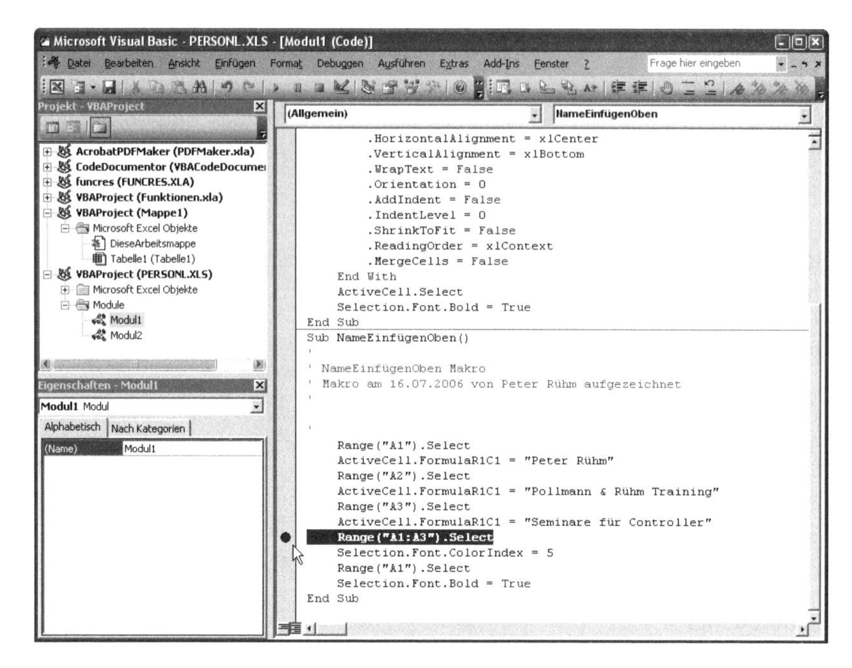

Abbildung 8.26 Ein Haltepunkt

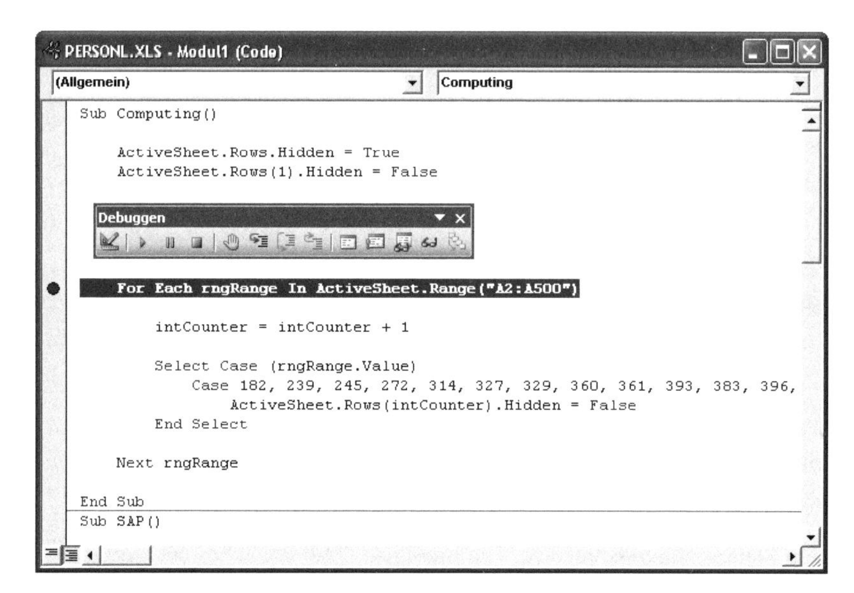

Abbildung 8.27 Die Symbolleiste »Debuggen«

8.3.2 Makros schrittweise ausführen – Testen im Visual Basic Editor

Wer schon einmal ein Makro von jemand anderem bekommen hat, kennt sicher das Problem: Das Makro läuft perfekt, nur muss irgendwann eine Änderung durchgeführt werden, und dann beginnt die Suche, wo man das denn machen soll. Oder bei einem eigenen Makro passiert ein Fehler, und Sie müssen die richtige Codezeile identifizieren.

Der Visual Basic Editor stellt hier ein hervorragendes Werkzeug zur Verfügung: den **Einzelschrittmodus**.

Hier können Sie Makros schrittweise ausführen und sehen am Bildschirm gleich, was die einzelne Codezeile an der Oberfläche im Excel-Blatt bewirkt.

So arbeiten Sie mit dem Einzelschrittmodus:

Einzelschritte testen

1. Setzen Sie den Cursor in die Prozedur, und rufen Sie den Menüpunkt **Testen • Einzelschritt** auf, oder betätigen Sie die Taste [F8].
2. Excel führt alle Anweisungen einzeln nacheinander aus. Sie können dabei beobachten, welche Anweisungen ausgeführt werden und zu welchem Ergebnis diese führen. Stellen Sie Excel und den Visual Basic Editor dazu als Fenster am besten nebeneinander!
3. Wiederholen Sie diesen Befehl oder drücken Sie die Taste [F8], um die nächste Anweisung auszuführen.

Sie können an beliebigen Stellen in Ihrer Prozedur Haltepunkte setzen. Die Prozedurausführung wird an den jeweiligen Haltepunkten unterbrochen. Damit können Sie die Prozedurausführung an bestimmten Stellen beobachten oder im Einzelschritt bzw. Prozedurschritt fortfahren.

Haltepunkte

1. Positionieren Sie den Cursor innerhalb der Zeile, in der Sie einen Haltepunkt setzen oder einen bereits existierenden Haltepunkt löschen möchten.
2. Rufen Sie im Menü **Testen • Haltepunkt ein/aus** auf, oder verwenden Sie die Symbolleiste **Testen** bzw. **Debuggen**.
3. Oder klicken Sie auf den linken Rand neben der Zeile, in der Sie einen Haltepunkt brauchen.
4. Oder betätigen Sie die [F9]-Taste.

Die Anweisungen, an denen Sie Haltepunkte gesetzt haben, erscheinen im Modulfenster standardmäßig mit einem braunen Punkt am linken Rand und brauner Hinterlegung der Zeile.

Debuggen
Aktuellen Wert anzeigen
Kontext
VBAProject.Modul1.NameEinfügenOben
Ausdruck
ActiveCell
Wert
"Peter Rühm"
Hinzufügen
Abbrechen
Hilfe

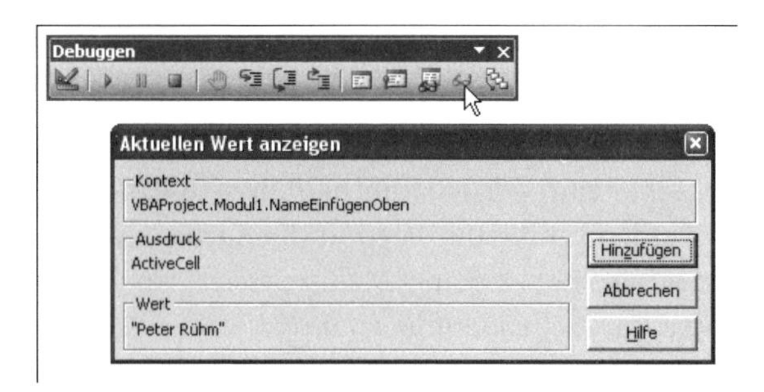

Abbildung 8.28 Ein Klick auf **Aktuellen Wert anzeigen**

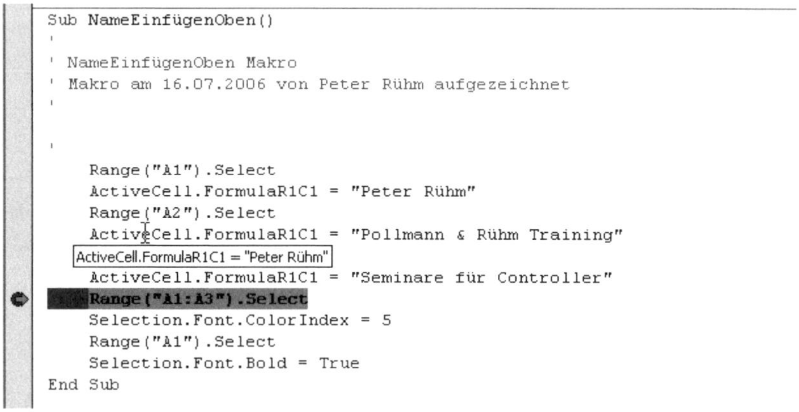

Sub NameEinfügenOben()
'
' NameEinfügenOben Makro
' Makro am 16.07.2006 von Peter Rühm aufgezeichnet
'
'
Range("A1").Select
ActiveCell.FormulaR1C1 = "Peter Rühm"
Range("A2").Select
ActiveCell.FormulaR1C1 = "Pollmann & Rühm Training"
ActiveCell.FormulaR1C1 = "Peter Rühm"
ActiveCell.FormulaR1C1 = "Seminare für Controller"
Range("A1:A3").Select
Selection.Font.ColorIndex = 5
Range("A1").Select
Selection.Font.Bold = True
End Sub

Abbildung 8.29 Werte anzeigen mit der Maus – ohne Klick!

Debuggen

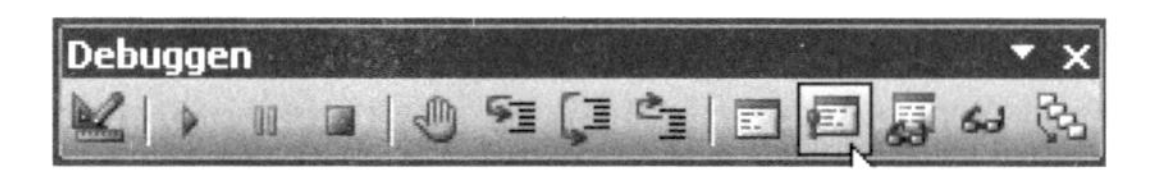

Abbildung 8.30 Das Direktfenster aktivieren

Direktbereich
print activecell.Value
Peter Rühm

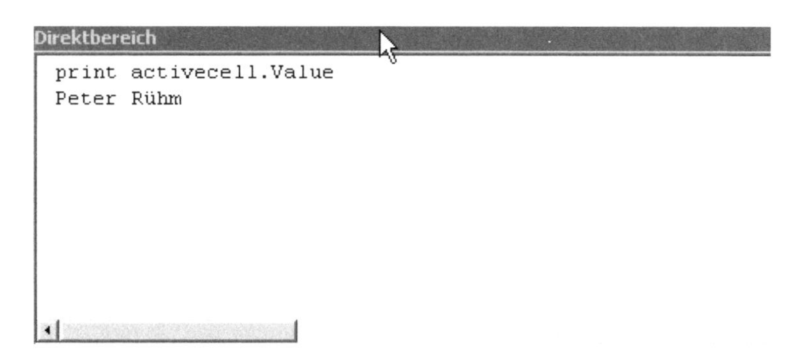

Abbildung 8.31 Werte anzeigen im Direktbereich

8.3.3 Werte prüfen per Maus oder im Direktfenster

Wenn Sie ein Makro testen wollen, müssen Sie oft während der Laufzeit feststellen können, welchen Wert eine Zelle, ein Parameter oder eine Variable annimmt.

Hierzu haben Sie zwei sehr praktische Möglichkeiten!

Die erste Möglichkeit besteht darin, den Fehler direkt im Code zu suchen:

1. Möglichkeit

1. Wenn ein Makro im Einzelschrittmodus ausgeführt wird oder sich nach einem Laufzeitfehler im Haltemodus befindet ...
2. ... zeigen Sie mit der Maus auf eine Variable oder eine Zelladresse und schon sehen Sie den Wert als Pop-up.

   Sie müssen nicht markieren oder klicken, es reicht wirklich, einfach mit der Maus über das interessante Objekt zu fahren.

Manchmal kann Excel den Wert, bspw. bei größeren Funktionen, nicht darstellen. Dann gehen Sie folgendermaßen vor:

2. Möglichkeit

1. Markieren Sie im Haltemodus den Wert, den Sie wissen möchten, und ...
2. ... klicken Sie in der Symbolleiste **Debuggen** auf **Aktuellen Wert anzeigen**.

Alle Werte, auch diejenigen, die nicht im Code benutzt werden, haben Sie im Direktfenster im Zugriff:

Direktfenster

1. Aktivieren Sie – je nach Version – das **Direkt-**, **Test-** oder **Debug**-Fenster durch Klick auf [Symbol] in der Debuggen-Symbolleiste.
2. Nun erscheint das Direktfenster am unteren Bildschirmrand, und Sie können mit dem Befehl

   ```
   Debug.Print
   ```

   oder nur kurz

   ```
   Print
   ```

   jeglichen Wert abfragen, z. B.:

   ```
   PRINT ACTIVECELL.VALUE
   ```

   für den Wert der aktuellen Zelle oder

   ```
   PRINT ACTIVECELL.ADDRESS
   ```

   für die Adresse der aktuellen Zelle.

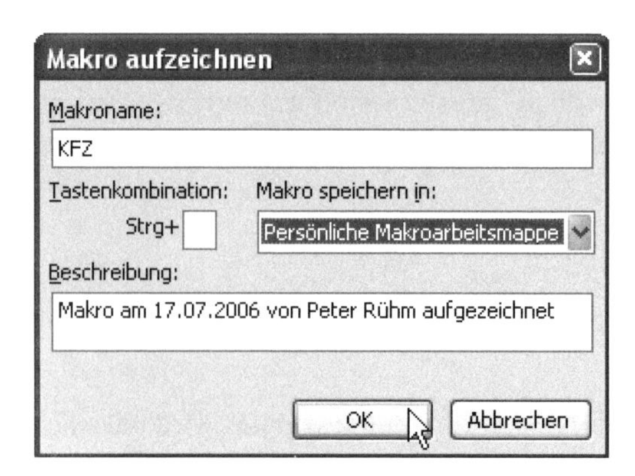

Abbildung 8.32 Ein K(opf und)-F(uß)-Z(eilen)makro aufzeichnen

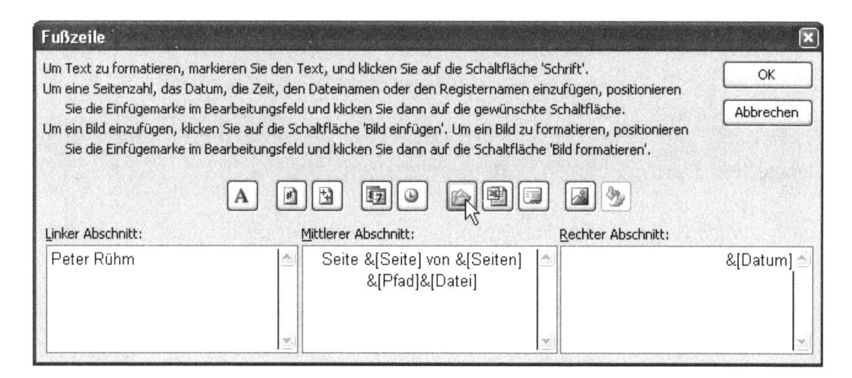

Abbildung 8.33 Die Seiteneinrichtung im Menü **Ansicht • Kopf- und Fußzeilen**

8.3.4 Syntax und Prozeduraufbau – eine Standardkopf- und -fußzeile mit Pfad (auch vor Excel Version XP)

Wünschen Sie sich auch eine einheitliche Gestaltung von Kopf- und Fußzeilen aller Excel-Dateien? Das ist kein Problem für neue Dateien: Legen Sie dazu einfach eine Vorlage an, und verwenden Sie sie künftig für alle neuen Dateien.

Auf vorhandene Dateien anwenden

Was aber ist mit den alten Dateien? Scheuen Sie den Aufwand, diese Gestaltung manuell auf vorhandene Dateien zu übertragen? Das wäre nur allzu verständlich.

Hier haben Sie nun in der Makroaufzeichnung ein ganz einfaches Tool gefunden, das Ihnen die Arbeit erheblich erleichtert – nur müssen Sie den Visual-Basic-Code ein wenig anpassen, um die gewünschten Ergebnisse zu erzielen:

1 Starten Sie Ihren Makrorekorder.
2 Geben Sie als Makronamen **KFZ** ein.
3 Formatieren Sie Ihr Blatt mit dem Menübefehl **Ansicht • Kopf- und Fußzeilen** oder **Datei • Seite einrichten**.

Keine Seitenansicht

Aber Vorsicht: Widerstehen Sie hier der Versuchung, auf die Seitenansicht zu klicken, da ansonsten Ihr Makro auch jedes Mal die Seitenansicht aufruft und dort wartet, bis Sie **Schließen** klicken!

4 Wenn die Seite fertig eingerichtet ist, beenden Sie die Makroaufzeichnung.
5 Erst jetzt dürfen Sie in der **Seitenansicht** kontrollieren, wie die Seite aussieht!

Um dieses Format nun auf andere Blätter zu übertragen:

Seite formatieren

1 Gehen Sie in ein anderes oder neues Blatt, und ...
2 ... führen Sie dort das **Makro** KFZ aus!

Noch ein Hinweis: Manchmal haben Makros zur Seiteneinrichtung unerklärlicherweise auf dem einem Rechner eine recht lange Laufzeit und auf einem anderen, baugleichen und gleich installierten Rechner eine sehr kurze.

Trotz allem wird es schneller und komfortabler gehen, als die Formatierung jedes Mal von Hand einzurichten!

```
Sub KFZ()
  With ActiveSheet.PageSetup
    .PrintTitleRows = ""
    .PrintTitleColumns = ""
  End With
  ActiveSheet.PageSetup.PrintArea = ""
  With ActiveSheet.PageSetup
    .LeftHeader = ""
    .CenterHeader = "&A"
    .RightHeader = ""
    .LeftFooter = "Peter Rühm"
    .CenterFooter = "Seite &N von &N" & Chr(10) & "&Z&F"
    .RightFooter = "&D"
    .LeftMargin = Application.InchesToPoints(0.787401575)
    .RightMargin = Application.InchesToPoints(0.787401575)
    .TopMargin = Application.InchesToPoints(0.984251969)
    .BottomMargin = Application.InchesToPoints(0.984251969)
    .HeaderMargin = Application.InchesToPoints(0.4921259845)
    .FooterMargin = Application.InchesToPoints(0.4921259845)
    .PrintHeadings = False
    .PrintGridlines = False
    .PrintComments = xlPrintNoComments
    .PrintQuality = 600
    .CenterHorizontally = False
    .CenterVertically = False
    .Orientation = xlPortrait
    .Draft = False
    .PaperSize = xlPaperA4
    .FirstPageNumber = xlAutomatic
    .Order = xlDownThenOver
    .BlackAndWhite = False
    .Zoom = 100
    .PrintErrors = xlPrintErrorsDisplayed
  End With
End Sub
```

Listing 8.2 Das ausführliche KFZ-Makro

Wie Sie vielleicht im Listing links schon erkennen, hat Excel sehr viel mehr aufgezeichnet, als gewünscht war. Die eigentlich relevanten Zeilen sind lediglich:

```
With ActiveSheet.PageSetup
   .LeftHeader = ""
   .CenterHeader = "&A"
   .RightHeader = ""
   .LeftFooter = "Peter Rühm"
   .CenterFooter = "Seite &N von &N" & Chr(10) & "&Z&F"
   .RightFooter = "&D"
End With
```

Interessant sind hier folgende Elemente:

- `Sub / End Sub`

  Anfang und Ende

  Diese beiden Schlüsselwörter definieren Anfang und Ende einer Prozedur oder eines Makros und bewirken im Visual Basic Editor auch die Trennlinien zwischen den Prozeduren.

  Sie sehen auch schon, dass alles, was begonnen wird (hier beim `Sub`), auch wieder beendet werden muss (hier mit `End Sub`), so wie zu jeder öffnenden runden Klammer `(` auch immer eine schließende runde Klammer `)` gehört.

  Groß- und Kleinschreibung sowie die Einrückung haben hier keine Auswirkungen, sind jedoch aus optischen Gründen für die leichtere Lesbarkeit dringend zu empfehlen!

- `With / End With`

  Bezug auf Objekt

  Alles, was zwischen diesen beiden Schlüsselwörtern steht und mit einem Punkt `.` beginnt, bezieht sich auf das Objekt nach dem `With`. Die Schreibweise muss nicht verwendet werden, verkürzt jedoch den VBA-Code und erleichtert die Lesbarkeit.

  Erinnern Sie sich an den Mathematikunterricht in der Schule? X ausklammern? Dies ist dieselbe Technik! Sie könnten auch schreiben:

  ```
  ActiveSheet.PageSetup.LeftHeader = ""
  ActiveSheet.PageSetup.CenterHeader = "&A"
  ActiveSheet.PageSetup.RightHeader = ""
  ActiveSheet.PageSetup.LeftFooter = "Peter Rühm"
  ActiveSheet.PageSetup.CenterFooter = "Seite &N von &N" _
  & Chr(10) & "&Z&F"
  ...
  ```

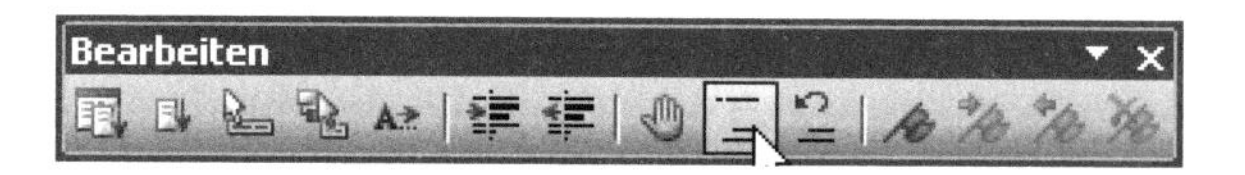

Abbildung 8.34 Blöcke auskommentieren mit der Symbolleiste **Bearbeiten**

```
Sub KFZ_gekürzt()
'
' KFZ Makro
' Makro am 09.01.2006 von Peter Rühm aufgezeichnet
'

'
    With ActiveSheet.PageSetup
        .LeftHeader = ""
        .CenterHeader = "&A"
        .RightHeader = ""
        .LeftFooter = "Peter Rühm"
        .CenterFooter = "Seite &P von &N" & Chr(10) & "&Z&F"
        .RightFooter = "&D"
    End With

End Sub
```

Abbildung 8.35 Das gekürzte Makro KFZ

Code	Erläuterung
&	Textverkettung, zwei Texte werden vereint
_	Folgezeile im Modulblatt; wenn Sie nicht alles in einer Codezeile schreiben wollen
`CHR(10)`	Beginnt eine neue Zeile innerhalb der Kopf- und Fußzeile
`ActiveSheet`	Das Blatt, auf dem die Einfügemarke steht
`ActiveSheet.PageSetup`	Alle Seiteneinrichtungen des o.a. Blattes
`LeftHeader, CenterHeader, RightHeader`	Die drei Kopfzeilenbereiche: links, Mitte und rechts
`LeftFooter, CenterFooter, RightFooter`	Die drei Fußzeilenbereiche
`Activeworkbook.Fullname`	Der komplette Name der Datei **inklusive** Pfadangabe

Tabelle 8.2 Code und Erläuterung

8.3.5 VBA-Code editieren

Im Listing sind also zu viele Zeilen. Was bewirken diese?

Es werden neben den Kopf- und Fußzeilen **alle** Seiteneinrichtungen überschrieben! Sowohl Seitenränder wie Druckbereich und Gitternetzlinien – jeder Parameter wird verändert!

Überflüssige Codezeichen löschen

Das sollte Ihr Makro meist nicht tun! Wenn das eine Blatt auf Querformat, eine anderes auf Hochformat gedruckt werden soll, dann sollte das Makro das auch nicht ändern. Sie müssen also die überflüssigen Codezeilen löschen.

Der Visual Basic Editor reagiert hier wie ein normaler Editor:

1. Markieren Sie die nicht benötigten Zeilen, und ...
2. ... drücken Sie die [Entf]-Taste.

... oder deaktivieren

Sie sind sich nicht sicher, ob Sie wirklich nicht zu viel löschen? Da wäre es besser, die Zeilen erst einmal zu deaktivieren – Programmierer nennen das »Auskommentieren«:

1. Setzen Sie vor jede nicht benötigte Zeile ein Hochkomma-Zeichen ('),
2. oder verwenden Sie die Schaltfläche **Block auskommentieren** aus der Symbolleiste **Bearbeiten.**

Tipp

In älteren Excel-Versionen (Excel 2000 und früher) gab es den Parameter für den Dateinamen mit Pfad noch nicht.

Wer trotzdem Dateinamen und Pfad haben wollte, musste das manuell eintragen oder konnte nun das leicht modifizierte Makro KFZ_2000 einsetzen. Es wurde lediglich die Zeile

```
ActiveSheet.PageSetup.CenterFooter =
"Seite &N von &N" & Chr(10) & "&Z&F"
```

ersetzt durch

```
ActiveSheet.PageSetup.CenterFooter = "Seite &N von &N" & _
Chr(10) &ActiveWorkbook.Fullname
```

Die Erläuterungen zu den einzelnen Codebestandteilen finden Sie links.

[!]

Leider muss das Makro nach einem Verschieben der Datei erneut laufen, da der Pfad fest in die Fußzeile geschrieben wird.

```
Sub AlleKFZ()
For Each Blattname In ActiveWorkbook.Sheets
  Blattname.Select ' Blatt aktivieren
  Call KFZ ' und dort dann KFZ aufrufen
Next Blatt
End Sub
```

Listing 8.3 Alle Kopf- und Fußzeilen gleich formatieren

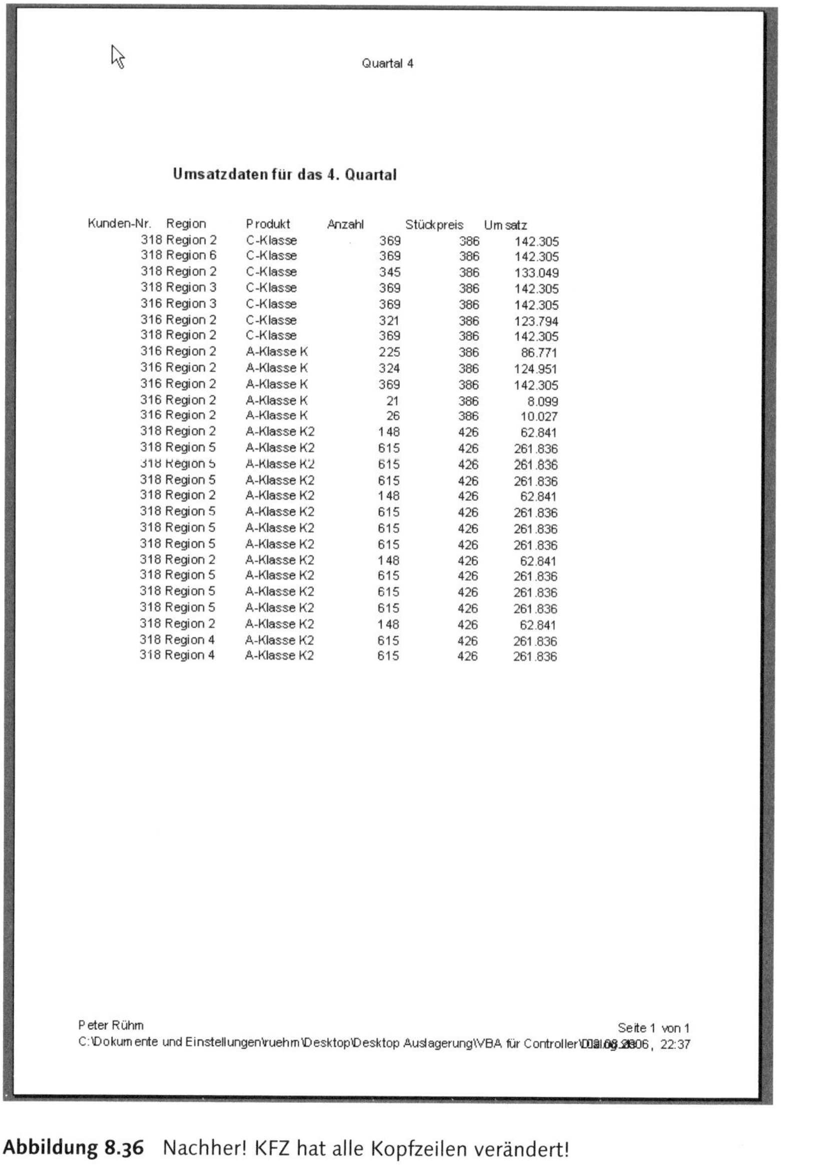

Quartal 4

Umsatzdaten für das 4. Quartal

Kunden-Nr.	Region	Produkt	Anzahl	Stückpreis	Umsatz
318	Region 2	C-Klasse	369	386	142.305
318	Region 6	C-Klasse	369	386	142.305
318	Region 2	C-Klasse	345	386	133.049
318	Region 3	C-Klasse	369	386	142.305
316	Region 3	C-Klasse	369	386	142.305
316	Region 2	C-Klasse	321	386	123.794
318	Region 2	C-Klasse	369	386	142.305
316	Region 2	A-Klasse K	225	386	86.771
316	Region 2	A-Klasse K	324	386	124.951
316	Region 2	A-Klasse K	369	386	142.305
316	Region 2	A-Klasse K	21	386	8.099
316	Region 2	A-Klasse K	26	386	10.027
318	Region 2	A-Klasse K2	148	426	62.841
318	Region 5	A-Klasse K2	615	426	261.836
318	Region 5	A-Klasse K2	615	426	261.836
318	Region 5	A-Klasse K2	615	426	261.836
318	Region 2	A-Klasse K2	148	426	62.841
318	Region 5	A-Klasse K2	615	426	261.836
318	Region 5	A-Klasse K2	615	426	261.836
318	Region 5	A-Klasse K2	615	426	261.836
318	Region 2	A-Klasse K2	148	426	62.841
318	Region 5	A-Klasse K2	615	426	261.836
318	Region 5	A-Klasse K2	615	426	261.836
318	Region 5	A-Klasse K2	615	426	261.836
318	Region 2	A-Klasse K2	148	426	62.841
318	Region 4	A-Klasse K2	615	426	261.836
318	Region 4	A-Klasse K2	615	426	261.836

Peter Rühm
Seite 1 von 1
C:\Dokumente und Einstellungen\ruehm\Desktop\Desktop Auslagerung\VBA für Controller\[illegible].2006, 22:37

Abbildung 8.36 Nachher! KFZ hat alle Kopfzeilen verändert!

8.3.6 Eine einfache Schleife – alle Blätter einer Mappe mit gleichen Kopfzeilen versehen

Nun wäre es doch noch praktisch, wenn man das Makro nicht auf jedem Blatt einzeln aufrufen müsste, sondern wenn es selbstständig durch alle Blätter laufen könnte.

Nichts leichter als das!

Programmieren Sie eine Schleife, die alle Blattnamen in der Datei abarbeitet, jeweils auf das betreffende Blatt springt und dort dann das Makro KFZ ausführt.

Programmieren Sie – von Hand – die Zeilen aus Listing 8.3 (linke Seite) auf das gleiche Modulblatt wie das Makro KFZ. Hierbei ist es egal, ob Sie vor oder hinter dem Makro KFZ sind.

Die Kommentare nach dem Hochkomma müssen Sie nicht eingeben, ich empfehle jedoch, gerade am Anfang, reichlich Kommentare zu erfassen, damit Sie später wieder verstehen, was Sie programmiert haben.

Anwendungsbeispiele

Die so gewonnene Schleife können Sie übrigens für viele Aufgabenstellungen einsetzen:

- Alle Blätter schützen oder Schutz aufheben
- Alle Blätter aktualisieren, drucken oder Ähnliches
- In allen Blättern Formeln durch Werte ersetzen, um externe Verknüpfungen zu trennen und die Werte zu fixieren

Dabei brauchen Sie nur die relativ einfache Schleife zu kopieren, die kompliziertere Arbeit erledigen Sie mit einer Aufzeichnung und bauen diese nach dem `Call` ein.

Der Aufruf eines Makros von einem Makro aus kann drei Schreibweisen haben:

- `KFZ`
- `Call KFZ`
- `Application.Run "PERSONL.XLS!KFZ"`

Call

Ich empfehle, immer die Anweisung `Call` zu verwenden, um gleich im Code zu sehen, dass ein eigenes Makro aufgerufen wird. Die Anweisung `Application.Run` ist immer dann erforderlich, wenn das Makro in einer anderen Datei gespeichert ist.

```
Function Provision(Umsatz)
' Berechnet Provisionssatz in Abhängigkeit vom Umsatz
' Übergabewert: Umsatz
' Rückgabewert: Provision
Provision = 0
If Umsatz < 0 Then
    Provision = "Da gibt es nichts!"
ElseIf Umsatz < 10000 Then
    Provision = 0
ElseIf Umsatz < 100000 Then
    Provision = 100
ElseIf Umsatz < 200000 Then
    Provision = 0.02 * Umsatz
Else
    Provision = 0.03 * Umsatz
End If
End Function
```

Listing 8.4 Eine Funktion, die eine Provision berechnet

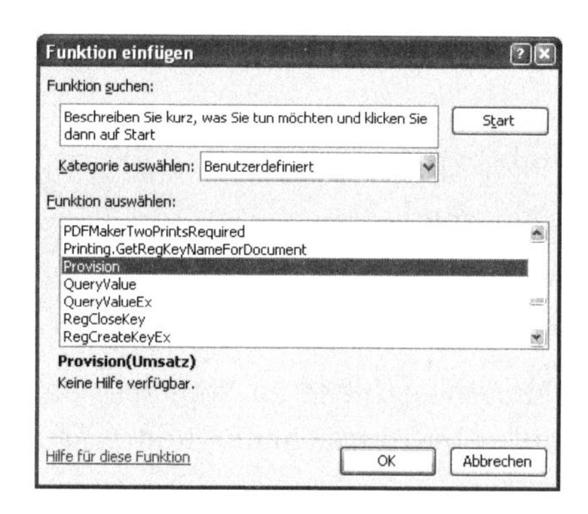

Abbildung 8.37 Die Funktion auswählen

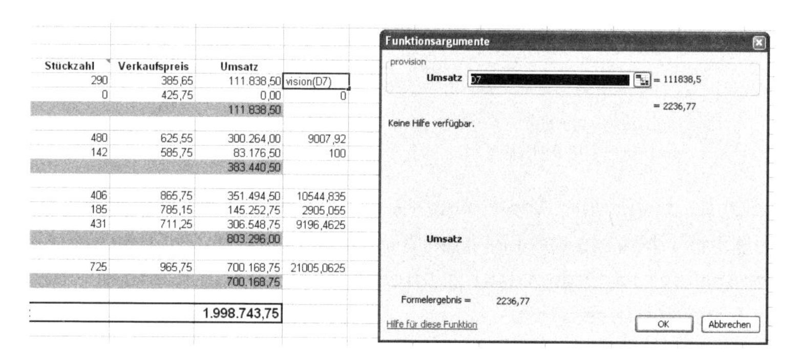

Abbildung 8.38 Den Zellbezug für die Funktion angeben

8.4 Programmieren eigener Funktionen

Excel bietet bereits eine Unmenge eingebauter Funktionen an. Warum sollte man da noch eigene dazuprogrammieren wollen?

Nun, es kann sein, dass

Warum eigene Funktionen?

- es Funktionen nicht gibt, bspw. eine Funktion, die den aktuellen Registernamen im Blatt anzeigt.
- Sie eine Funktion als Schutz der Berechnungsmethode (bspw. bei Provisionen) einsetzen wollen. Eine Funktion lässt sich so schützen, dass man die Berechnungsmethode nicht sehen kann.
- eine Zelle zu klein ist für Ihre Funktionen. Die Eingabe einer komplexen geschachtelten `WENN`-Bedingung in einer Zeile ist kompliziert.
- Sie eine Funktion in Excel einfach nicht gut genug finden! Beispielsweise könnte der SVERWEIS einige Verbesserungen gebrauchen, um Spalten links von der Suchspalte adressieren zu können oder nicht immer **#NV** zu liefern, wenn es keinen Treffer gibt.

[!]

Programmieren Sie Funktionen in Ihrer PERSONL.XLS, aber kopieren Sie sie zu jedem Einsatz in ein Modul der Datei, wo sie benutzt wird. Sie erzeugen damit zwar Kopien des gleichen Codes, aber es wäre unpraktisch für Kollegen, wenn eine Funktion nicht vorhanden ist. Das gleiche Problem tritt auf, wenn die Datei per Mail verschickt oder auf dem Notebook mitgenommen wird.

Für die Funktionen legen Sie am besten ein neues Modulblatt an:

1. Klicken Sie im Projekt-Explorer in Ihr Projekt.
2. Klicken Sie dann im Menü auf **Einfügen • Modul**.
3. Am besten geben Sie dem Modulblatt immer gleich im Eigenschaftsfenster einen aussagekräftigen Namen.

Benutzerdefinierte Funktionen verwenden

Benutzerdefinierte Funktionen werden nicht über **Extras • Makro...** gestartet, sondern per Funktionsassistent wie in der Abbildung eingesetzt oder in eine Zelle getippt!

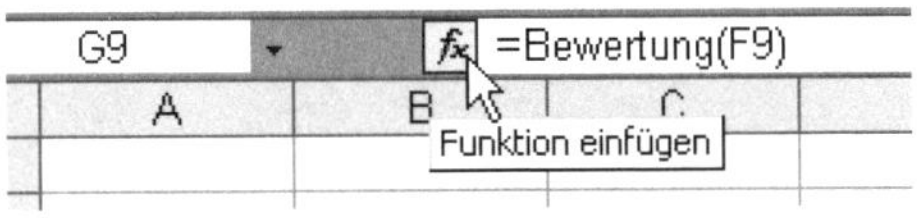

```
Function Bewertung(Wert As Variant) As String
' Gibt Text in Abhängigkeit vom Wert zurück

If Not IsNumeric(Wert) Then ' hier werden nur Zahlen
                            ' bewertet
   Bewertung = "Keine Zahl"
ElseIf Wert < -0.2 Then
  Bewertung = "Katastrophe"
ElseIf Wert < 0.2 Then
  Bewertung = "OK"
ElseIf Wert < 1 Then
  Bewertung = "Boom!"
Else
  Bewertung = "weiß nicht"
End If

End Function
```

Listing 8.5 Eine Bewertungsfunktion

[!] Beachten Sie bitte unbedingt, dass VBA für Zahlen und Datumsangaben nur englische Notationen akzeptiert!

Sie schreiben für	
Text	**"abcd"**
Zahlen	**3.14 (statt 3,14)**
Datum	**#12/24/2006# (statt 24.12.2006)**
Variablen	**Variable1**

Tabelle 8.3 VBA-Schreibweisen

```
Function mySVERWEIS(Suchbegriff, Suchspalte, Abstand)
' einfachste Version
mySVERWEIS = 0 ' oder auch "LEIDER NICHT!"
For Each Zelle In Suchspalte
  If Zelle = Suchbegriff Then
    mySVERWEIS = Zelle.Offset(0, Abstand)
  End If
Next Zelle

End Function
```

Listing 8.6 Ein ganz einfacher Beispiel-SVERWEIS, den Sie sich nach Belieben anpassen können!

8.4.1 Einfache Bedingungen erstellen

Eine Funktion ist leicht erstellt, wenn Sie nur den prinzipiellen Aufbau beachten. Im Unterschied zur Prozedur beginnt eine Funktion mit `Function` und endet mit `End Function`. Sie wird nicht per Makro-Ausführung gestartet, sondern per Funktionsassistent in eine Zelle eingesetzt. Sie kann keine Veränderungen am Blatt bewirken, wie etwa Schriftfarbe verändern oder Blätter löschen. Ebenfalls kann sie nur einen Wert zurückgeben und dieser Wert wird einfach dem Funktionsnamen zugewiesen. Interessant und nützlich ist hier das Programmieren mit einfachen Bedingungen: `If` leitet die Bedingung ein, `End If` beendet sie.

Wahr oder falsch?

Nach dem `If` wird die Bedingung geschrieben, die dann als Ergebnis WAHR oder FALSCH ergibt (in VBA heißt das TRUE oder FALSE). Nach der Bedingung ist das Schlüsselwort `Then` einzufügen. Sie können beliebig viele weitere Bedingungen mit `ElseIf` einsetzen, aber nur ein `Else` (ohne Bedingung) für den Fall, dass keine Bedingung vorher erfüllt wurde. In jedem Fall wird aber nur eine der Aktionen ausgeführt. Bitte beachten Sie auch die ungewohnten Schreibweisen (siehe links)!

8.4.2 Funktionen mit mehreren Bedingungen/Parametern

Die Hauptnachteile des in Excel eingebauten SVERWEIS sind folgende: SVERWEIS kann nur die erste Spalte einer Matrix durchsuchen, also nie eine Spalte zurückgeben, die links der durchsuchten Spalte steht. Die Übergabeparameter sind ziemlich unklar beschrieben und falls kein Treffer gefunden wird, bekommen Sie *#NV* zurück, das man für Folgeberechnungen erst wieder gesondert behandeln muss.

Sverweis

Die Lösung hierfür: Schreiben Sie einen eigenen SVERWEIS! Links sehen Sie, dass dafür nur wenige Codezeilen genügen! Natürlich hat auch diese sehr knapp programmierte Funktion Ihre Nachteile: Falls jemand eine gesamte Spalte markiert, sucht dieser SVERWEIS sehr lange. Wenn der Treffer gleich zu Anfang des Suchbereichs eintritt, wird trotzdem bis zum Ende gesucht. Und falls Typkonvertierungsfehler auftreten, ist keine Fehlerbehandlung eingebaut.

Bei selbst definierten Funktionen können Sie dies aber nach Wunsch ergänzen. In den Beispieldateien finden Sie sicher einige Anregungen, wie Sie einen eigenen SVERWEIS aufbauen können, der z. B. zwei Suchparameter vergleicht, die Anzahl der identischen Treffer angibt oder einen Default-Wert kennt, der zurückgegeben wird, wenn nichts gefunden wurde.

```
Sub BlätterZählen()

' eine einfache Meldung ausgeben
MsgBox ("Diese Mappe hat " & ActiveWorkbook.Sheets.Count" _
& " Blätter")

End Sub
```

Listing 8.7 Eine einfache Meldung ausgeben

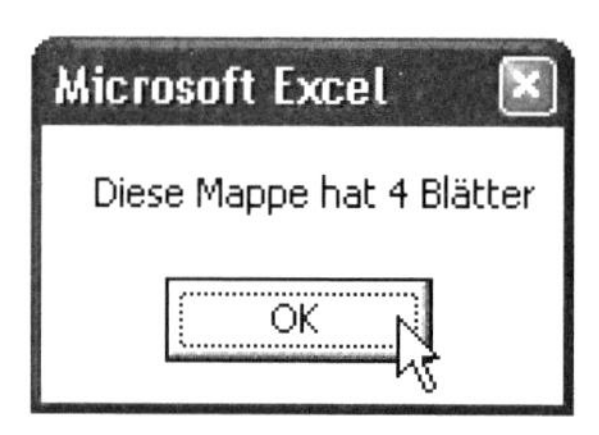

Abbildung 8.39 Das Ergebnis von Listing 8.7

```
Sub Eingabe()
' eine Eingabe durch den Benutzer und
' eine Variable ausgeben

  Texteingabe = InputBox("Geben Sie etwas ein!",_
  "Benutzereingabe")
  MsgBox ("Sie hatten" & Chr(10) & Texteingabe & Chr(10) &_
  "eingegeben.")
End Sub
```

Listing 8.8 Eine Eingabe abholen und wieder ausgeben

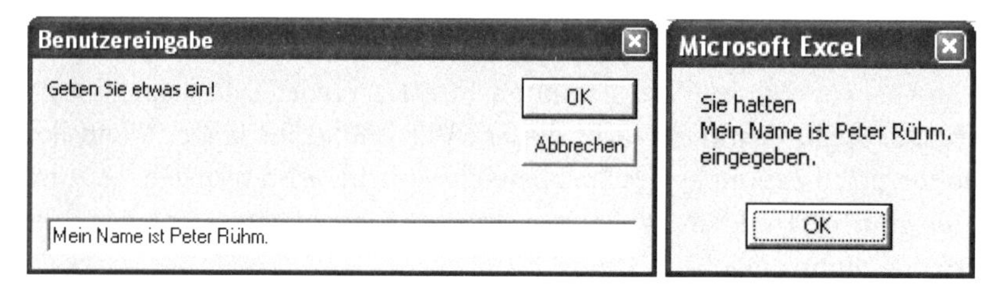

Abbildung 8.40 Das Ergebnis von Listing 8.8

8.5 Kommunikation mit dem Benutzer

In einigen Makros kann es durchaus sinnvoll sein, dass gelegentlich Meldungen angezeigt werden, oder es kann nötig sein, dass Eingaben vom Benutzer abgefragt werden. Im Folgenden möchten wir Ihnen zeigen, wie Sie diese beiden Aufgaben mit VBA lösen.

8.5.1 Einfache Benutzerkommunikation – Meldungen ausgeben, Eingaben verarbeiten

Wir beginnen mit einer einfachen Meldung. Um diese zu erzeugen geben Sie im Programmablauf den Befehl `MSGBOX("Meldung")` ein. Man benutzt diesen Befehl auch gerne, um bei länger laufenden Prozeduren eine Meldung bei der Fertigstellung auszugeben.

Variable zeigen

Manchmal macht es auch Sinn, in Prozeduren zu Testzwecken eine Variable oder einen bestimmten Zellwert zu zeigen.

```
Msgbox Activecell.Value
Msgbox Variable_1
```

`Variable_1` ist hierbei eine Variable, also ein Platzhalter, in dem etwas sozusagen zwischengespeichert werden kann.

Um dem Benutzer nun Eingaben zu ermöglichen, verwenden Sie die Funktion `Inputbox`, deren Ergebnis Sie in einer Variablen speichern:

```
Eingabe = Inputbox ("Eingabeaufforderung")
```

Zugriff auf die Variable

Im weiteren Programmverlauf kann man dann auf diese Variable zugreifen.

```
Msgbox Eingabe
```

Oder:

```
If Eingabe = "OK" then ...
```

[!]

Wir verzichten hier auf die Deklaration von Variablen, da Excel diese implizit vornehmen kann. Achten Sie bitte darauf, dass in keinem Modulblatt als erste Zeile `OPTION Explicit` steht, da sonst die Deklaration jeder Variablen in der Schreibweise `Dim Variable as Typ` erforderlich wäre. Sicher ist diese Deklaration bei größeren Programmierprojekten zu empfehlen.

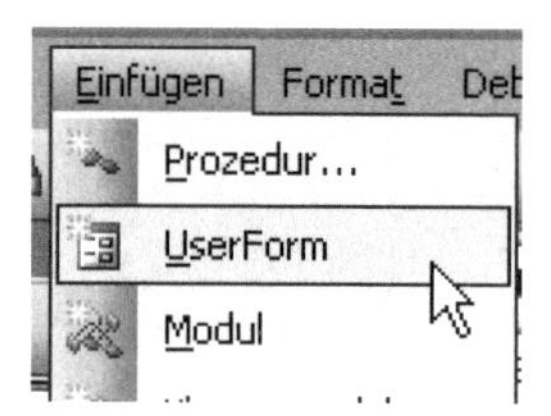

Abbildung 8.41 Ein neues Userform anlegen

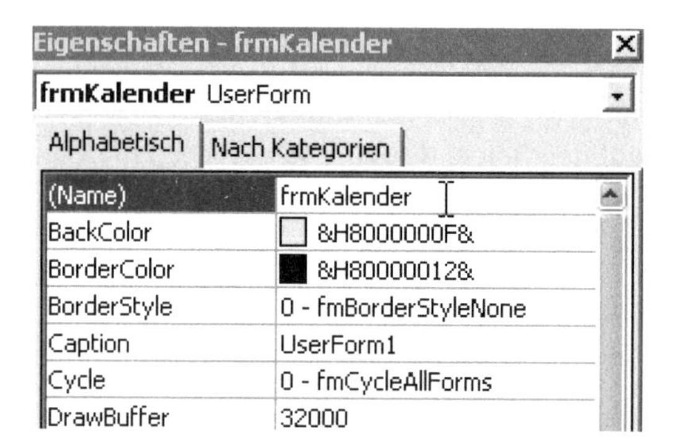

Abbildung 8.42 Dem Userform einen aussagefähigen Namen geben

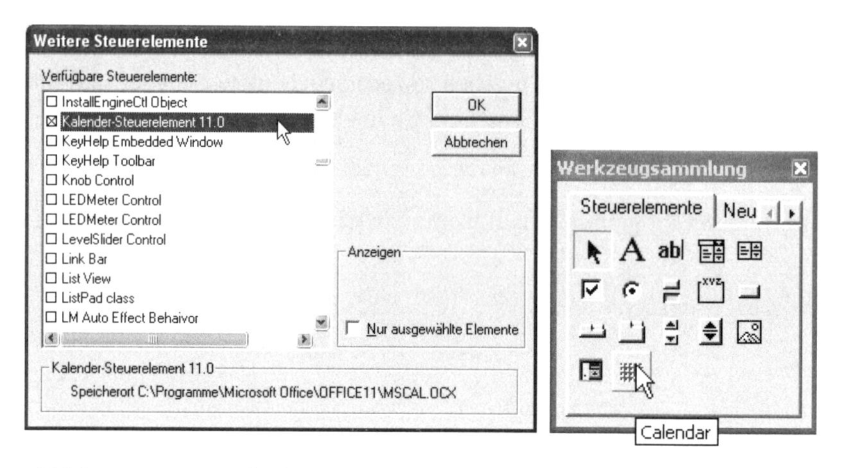

Abbildung 8.43 Das Kalendersteuerelement in der Werkzeugsammlung aktivieren

8.5.2 Arbeiten mit einfachen Userforms – eine komfortable Eingabe von Datumswerten per Formular

Haben Sie schon viele Datumswerte in Excel-Zellen eintragen müssen und dabei die schönen Dialoge vermisst, wie sie etwa Outlook bietet? Dann wird Sie diese Nachricht freuen: In Excel können Sie die gleichen Steuerelemente nutzen!

Sie müssen dazu nur ein Formular anlegen, ein Kalendersteuerelement einsetzen und einige wenige Zeilen VBA-Code programmieren. Leider hilft hier der Makrorekorder nicht weiter, aber das sollte ja zwischenzeitlich kein Problem mehr darstellen.

Gehen Sie dazu folgendermaßen vor:

Formular anlegen

1. Öffnen Sie wie üblich den Visual Basic Editor.
2. Klicken Sie in Ihr Projekt.
3. Erzeugen Sie über den Menüpunkt **Einfügen • Userform** ein neues Formular.
4. Geben Sie dem Formular sofort im Bereich **Eigenschaften** einen neuen, aussagefähigen Namen, etwa `frmKalender`, und eine gut verständliche Beschriftung bei **Caption.**
5. Aktivieren Sie dann das Userform mit einem Doppelklick im Projekt-Explorer.
6. Fügen Sie aus der Werkzeug-Symbolleiste ein **Kalendersteuerelement** ein.

Wenn Sie das **Steuerelement** in Ihrer Werkzeugsammlung vermissen, müssen Sie es vorher einmalig aktivieren. Dazu gehen Sie folgendermaßen vor:

Zusätzliche Steuerelemente

7. Klicken Sie im Menü auf **Extras • Zusätzliche Steuerelemente**.
8. Setzen Sie einen Haken bei **Kalendersteuerelement 11.0**.
9. Nun sehen Sie es in der Werkzeugsammlung und können Schritt 6 ausführen.

Jetzt haben Sie ein Formular mit dem Kalendersteuerelement und müssen nur noch ein kleines bisschen programmieren, um es anzuzeigen und die Werte zurückzubekommen.

10. Geben Sie nun dem Kalendersteuerelement noch im Bereich Eigenschaften einen aussagefähigen Namen wie etwa **calKalender**.

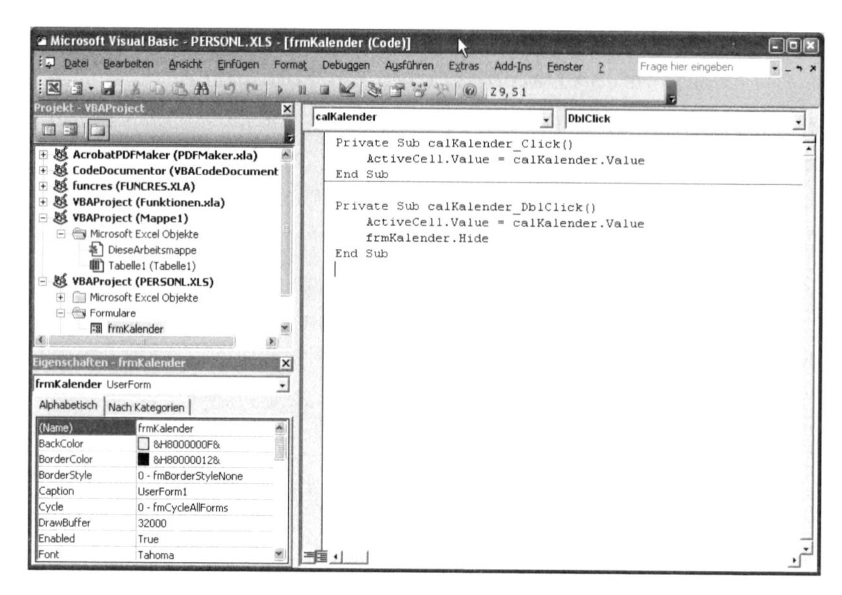

Abbildung 8.44 Die Ereignisprozeduren für das Kalendersteuerelement

```
Private Sub calKalender_Click()
   ActiveCell.Value = calKalender.Value
End Sub
```

Listing 8.9 Durch Klick auf den Kalender wird sein Wert in die Zelle geschrieben, auf der die Markierung im Arbeitsblatt steht.

```
Private Sub calKalender_DblClick()
   ActiveCell.Value = calKalender.Value
   frmKalender.Hide
End Sub
```

Listing 8.10 Der Doppelklick macht das Gleiche und schließt noch das Formular.

```
Sub KalenderZeigen()
   frmKalender.Show
End Sub
```

Listing 8.11 Die Prozedur zum Anzeigen des Formulars

Nun muss noch die Steuerung des Kalenders eingebaut werden. Auch das geschieht über wenige Schritte:

Steuerung einbauen

1. Klicken Sie doppelt auf das Kalendersteuerelement. Der Visual Basic Editor wird geöffnet und der Code hinter dem Steuerelement wird angezeigt.
2. Fügen Sie mit Hilfe des Drop-down-Feldes **Prozedur** (siehe Abbildung 8.44 auf der linken Seite) die Ereignisprozedur aus Listing 8.9 ein. Für den einfachen Klick wird nur der Wert ins Tabellenblatt übertragen.
3. Das Gleiche geschieht noch im Listing 8.10 für den Doppelklick, bei dem zusätzlich noch das Formular geschlossen wird.

Nun ist das Formular schon fast fertig!

Sie benötigen abschließend lediglich noch eine Prozedur, die das Formular anzeigt. Diese Prozedur können Sie folgendermaßen erzeugen:

Prozedur erzeugen

1. Fügen Sie über **Einfügen • Modul** ein neues Modulblatt in Ihr Projekt ein.
2. Erfassen Sie darauf die kurze Prozedur aus Listing 8.11 auf der linken Seite.

Um die Prozedur in der Zukunft schnell erreichbar zu machen, setzen Sie sich am besten ein neues Icon in eine Symbolleiste und weisen ihm diese Prozedur zu.

Sie sehen also: Mit wenig Aufwand lässt sich hier eine komfortable Datumseingabe realisieren. Wenn Sie das Formular `frmKalender` und das zugehörige Modulblatt nun in Ihrer PERSONL.XLS speichern, können Sie sie leicht in alle Dateien kopieren!

Bei den Beispieldateien auf der beiliegenden CD-ROM finden Sie die Datei KALENDER_LÖSUNG.XLS, in der noch einige weitere Verbesserungen eingebaut wurden. Beispielsweise wurde eine Schaltfläche **Abbrechen** ergänzt. Wenn Sie diese Schaltfläche aufrufen, wird der frühere Wert wieder in die Zelle zurückgeschrieben.

Fortgeschrittenere Programmierer sehen hier auch, wie man das Formular durch einen Doppelklick in einer bestimmten Spalte aufrufen kann. Die Beschreibung dieser Technik würde hier allerdings zu weit führen. Vielleicht haben Sie Lust, das Beispiel zu testen.

```
Sub MinusNachVorne()
' Bei Textimportdateien: Nachgestelltes Minuszeichen
' nach vorne bringen
' Gesamtes Blatt wird getestet
Dim C As Range
For Each C In ActiveSheet.UsedRange
   If Right(C, 1) = "-" Then
     If Not IsDate(Left(C, Len(C) - 1)) Then
       If IsNumeric(Left(C, Len(C) - 1)) Then
         C.FormulaLocal = "-" & Left(C, Len(C) - 1)
         C.NumberFormat = "#,##0.00"
         C = C * 1 ' Trick!
       End If
     End If
   End If
Next C
End Sub
```

Listing 8.12 Nachgestelltes Minuszeichen nach vorne holen

```
Sub Nachbearbeitung()
' Zwischenzeilen einer Importdatei entfernen
Range("B1").Select
Zeilenzahl = ActiveSheet.UsedRange.Rows.Count
For i = 1 To Zeilenzahl
  If IsDate(ActiveCell) Then
    ActiveCell.Offset(1, 0).Select
  Else
    ActiveCell.EntireRow.Delete
  End If
Next i
End Sub
```

Listing 8.13 Alle Zeilen, die in Spalte B kein Datum haben, sollen entfernt werden.

```
Sub Import()
' alle Import- und Aufbereitungsschritte nacheinander
Call Textimport
Call Nachbearbeitung
Call MinusNachVorne
Call PivotTabelleErzeugen
MsgBox "Import und Aufbereitung abgeschlossen!"
End Sub
```

Listing 8.14 Alle Schritte werden in der Hauptprozedur IMPORT zusammengefasst.

8.6 Programmierbeispiele

Anhand einer bunten Mischung von Beispielen möchte ich Ihnen noch nützliche kleine Tools an die Hand geben, die sich im Excel-Alltag eines Controllers angesammelt haben.

8.6.1 Programmieren mit Textfunktionen und Bedingungen

Nehmen wir an, SAP oder ein anderes Primärsystem liefert Daten in einem Format, das Excel nicht interpretieren kann, beispielsweise mit nachgestellten Minuszeichen. Hier können Sie eine Spalte einer Textdatei, die Sie importiert haben, mit einem Makro (Listing 8.12) nachbearbeiten. (Sicher gäbe es auch hier noch andere Lösungsansätze.)

Techniken

Interessant sind hier folgende Techniken: `For Each C In ActiveSheet.UsedRange` durchläuft den gesamten benutzten Bereich eines Arbeitsblattes. `If Right(C, 1) = "-" Then` untersucht das rechte Zeichen der Zelle; falls es ein »-«-Zeichen ist, wird weiter untersucht, sonst folgt gleich die nächste Zelle. `If IsNumeric(Left(C, Len(C) - 1)) Then` – bedeutet: der Rest der Zelle muss numerisch sein; kein Text. `C.FormulaLocal = "-" & Left(C, Len(C) - 1)` ist die Umwandlung, das Minuszeichen wird nach vorne gesetzt. Da Excel die Zelle zunächst noch als Text zeigt, wird die Zelle mit 1 multipliziert: `C = C * 1`. Dieser Trick wandelt die Formel dann in eine Zahl um.

8.6.2 Ein Makro für einen kompletten Ablauf

Folgende Aufgabenstellung soll automatisiert werden: 1. Import einer Textdatei, 2. Entfernen von Zwischenzeilen, 3. Nachbearbeitung bspw. mit dem Minus-nach-vorne-Makro, 4. Aufbereitung in Form einer Pivot-Tabelle o. Ä.

Die Schritte

Schritt 1 lässt sich direkt aufzeichnen, Schritt 2 zeigt das Listing 8.13 und Schritt 3 haben Sie bereits im Beispiel aus Abschnitt 8.6.1 erledigt. Die weiteren Aufbereitungen können Sie meist aufzeichnen. Zum Schluss werden nun alle Schritte in einem Hauptmakro zusammengefasst (Listing 8.14). Sie können das Hauptmakro manuell programmieren oder auch aufzeichnen, indem Sie den Makroekorder starten und alle Makros nacheinander aufrufen. Zum Schluss gibt die Zeile `MsgBox "Import und Aufbereitung abgeschlossen!"` noch eine Meldung aus, dass der Import abgeschlossen ist. Dies ist gerade bei länger laufenden Makros eine gute Methode, um gleich zu sehen, dass das Makro fertig ist.

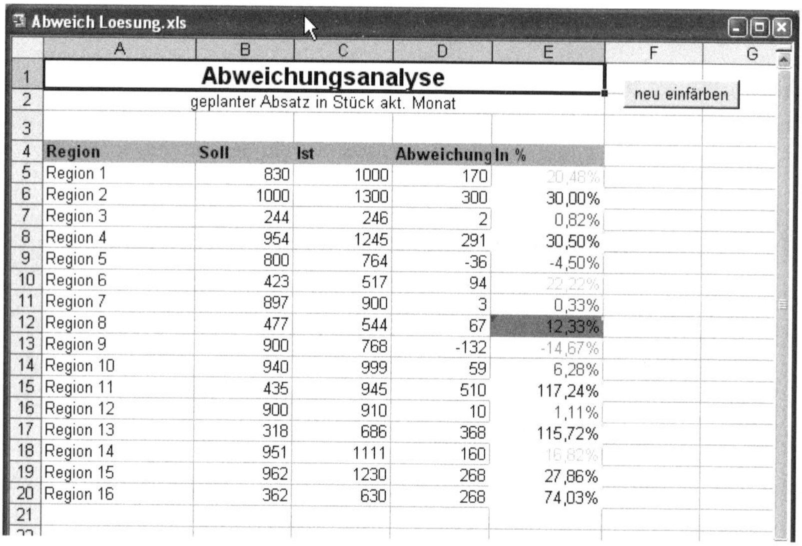

Abweich Loesung.xls

Abweichungsanalyse

geplanter Absatz in Stück akt. Monat

neu einfärben

Region	Soll	Ist	Abweichung	In %
Region 1	830	1000	170	20,48%
Region 2	1000	1300	300	30,00%
Region 3	244	246	2	0,82%
Region 4	954	1245	291	30,50%
Region 5	800	764	-36	-4,50%
Region 6	423	517	94	22,22%
Region 7	897	900	3	0,33%
Region 8	477	544	67	12,33%
Region 9	900	768	-132	-14,67%
Region 10	940	999	59	6,28%
Region 11	435	945	510	117,24%
Region 12	900	910	10	1,11%
Region 13	318	686	368	115,72%
Region 14	951	1111	160	16,82%
Region 15	962	1230	268	27,86%
Region 16	362	630	268	74,03%

Abbildung 8.45 Aufgabe: bestimmte Zellen hervorheben

```
Sub SucheInProzent()
' Suche nach der richtigen Spalte anhand Überschrift
   Range("A1").Select
   Cells.Find(What:="In %", After:=ActiveCell, _
    LookIn:=xlFormulas, LookAt :=xlPart, _
    SearchOrder:=xlByRows, SearchDirection:=xlNext, _
    MatchCase:= False, SearchFormat:=False).Activate
    ActiveCell.Offset(1, 0).Range("A1").Select
End Sub
```

Listing 8.15 Einen Anfangspunkt für ein Makro suchen, egal ob jemand eine Spalte eingefügt hat

8.6.3 Schleifen und Bedingungen – bestimmte Zellen hervorheben

Sie möchten bestimmte Zellen in Ihrem Blatt hervorheben, je nach Inhalt?

Nachteile bedingter Formatierung

Dafür eignet sich am besten eine bedingte Formatierung! Diese hat jedoch Einschränkungen:

1. Sie kennt nur drei Unterscheidungen.
2. Sie kann keine ganzen Zeilen einfärben.
3. Die Spalte muss bekannt sein, in welcher der gesuchte Inhalt steht.

Per Makro lassen sich hier sehr flexible Lösungen ganz einfach schaffen!

Flexible Lösung

1 Zeichnen Sie ein Makro auf, das den Anfang findet. Ein Beispiel sehen Sie in Listing 8.15.

2 Programmieren Sie eine Schleife, welche die ganze Spalte durchläuft.

3 Programmieren Sie, wie in Listing 8.16 gezeigt, Bedingungen für die einzelnen Aktionen.

4 Das Färben, Löschen oder Ähnliches kann auf Basis einer Aufzeichnung modifiziert werden.

Hierbei wird nach der genau definierten Überschrift »In %« gesucht und eine Zeile darunter positioniert. Das Makro wurde folgendermaßen aufgezeichnet, ohne manuelle Modifikation:

Den Startpunkt finden

1 Stellen Sie den Cursor in eine Zelle, die **nicht** die gewünschte Startzelle ist, damit auch der Sprung zur Zelle `A1` aufgezeichnet wird!

2 Starten Sie den Makrorekorder, und schalten Sie auf **absolute Adressierung** um.

3 Klicken Sie in Zelle `A1`.

4 Stellen Sie nun auf **relative Adressierung** um.

5 Dann suchen Sie über **Bearbeiten • Suchen** nach dem Text »In %«. Tippen Sie das Suchkriterium hier bitte immer ein, da sonst nur das Weitersuchen nach dem zuletzt gesuchten Kriterium aufgezeichnet wird!

6 Den Treffer bestätigen Sie mit Klick auf **OK**.

7 Gehen Sie nun noch eine Zeile nach unten, am besten per Tastatur.

8 Nun können Sie die Aufzeichnung stoppen.

```
Sub Färben()
Call SucheInProzent ' Startpunkt finden (aufgezeichnet)
Do Until IsEmpty(ActiveCell)
  ActiveCell.Interior.ColorIndex = xlColorIndexNone
  ActiveCell.Font.ColorIndex = xlColorIndexAutomatic
  If Not IsNumeric(ActiveCell) Then
    ActiveCell.Interior.ColorIndex = 3
  ElseIf ActiveCell < -0.25 Then
    ActiveCell.Font.ColorIndex = 3
  ElseIf ActiveCell < -0.1 Then
    ActiveCell.Font.ColorIndex = 7
  ElseIf ActiveCell < 0.1 Then
    ActiveCell.Font.ColorIndex = 5
  ElseIf ActiveCell < 0.25 Then
    ActiveCell.Font.ColorIndex = 4
  Else
    ActiveCell.Interior.ColorIndex = 3
  End If
  ActiveCell.Offset(1, 0).Select ' Eine Zeile runter
Loop ' Ende der Schleife
End Sub
```

Listing 8.16 Zellen färben in Abhängigkeit vom Inhalt

Das Färben geschieht dann in einem weiteren Makro. Hierzu wurde erst eine Zelle mit laufendem Makrorekorder gefärbt, dann ein Makro programmiert und der aufgezeichnete Code entsprechend modifiziert. Eine Aufzeichnung ist hierbei recht nützlich, um schnell an die benötigten Kommandos zu kommen, die man in der Hilfe per [F1] vertiefen kann.

Folgende Techniken möchte ich ein wenig erläutern:

```
Call SucheInProzent ' Startpunkt finden (aufgezeichnet)
```

Vielseitig verwendbar

Dies ist der Aufruf des eben aufgezeichneten Makros, mit dem der Startpunkt gefunden wird. Diese Technik lässt sich für viele Anwendungen verwenden, da sich Importdateien manchmal in ihrer Struktur ändern.

```
Do Until IsEmpty(ActiveCell)
  ...
  ActiveCell.Offset(1,0).Select ' Eine Zeile runter
Loop ' Ende der Schleife
```

Mit dieser Technik können Sie ein gesamtes Arbeitsblatt durchlaufen. Voraussetzung ist dabei, dass keine Leerzeilen existieren (in diesem Fall verwenden Sie eher Listing 8.13 als Vorlage). Vergessen Sie bitte nicht die Zeile `ActiveCell.Offset(1, 0).Select`! Dies ist die eigentliche Bewegung um eine Zeile nach unten, ohne die Sie unendlich oft die gleiche Zelle prüfen würden! Haben Sie versehentlich ein endlos laufendes Makro, können Sie es mit [Strg] + [Pause] stoppen.

```
ActiveCell.Interior.ColorIndex = xlColorIndexNone
ActiveCell.Font.ColorIndex = xlColorIndexAutomatic
```

Standardfarbe

Mit diesen Zeilen wird die Standardfarbe für Schrift und Hintergrund der Zelle gesetzt, damit keine alten Formatierungen stehen bleiben.

```
If Not IsNumeric(ActiveCell) Then
    ActiveCell.Interior.ColorIndex = 3
```

Hier werden nichtnumerische Zellen rot hinterlegt.

```
ElseIf ActiveCell < -0.25 Then
    ActiveCell.Font.ColorIndex = 3
```

Dies sind die eigentlichen Färbungen in Abhängigkeit von der Soll-Ist-Abweichung. Hier wird die Schriftfarbe verändert. Die Farbcodes hierzu bekommen Sie aus einer Aufzeichnung, der PDF-Datei aus der Übungs-CD oder im nächsten Beispiel.

ColorIndex-Eigenschaft

Siehe auch   Beispiel   Betrifft

Gibt die Farbe des Rahmens, der Schriftart oder des Innenraums entsprechend der folgenden Tabelle zurück. Die Farbe wird als Indexwert in der aktuellen Farbpallette oder als **XlColorIndex** -Konstante (**xlColorIndexAutomatic** oder **xlColorIndexNone**) zurückgegeben. **Variant** Schreib-Lese-Zugriff.

Objekt	ColorIndex
Border	Die Farbe des Rahmens.
Borders	Die Farbe aller vier Rahmen. Gibt **Null** zurück, wenn nicht alle vier Farben gleich sind.
Font	Die Farbe der Schriftart. Geben Sie **xlColorIndexAutomatic** an, um die Farbe automatisch zu verwenden.
Interior	Die Füllfarbe des Innenraums. Weisen Sie dieser Eigenschaft **xlColorIndexNone** zu, um den Innenraum nicht zu füllen, weisen Sie **xlColorIndexAutomatic** zu, um diesen automatisch zu füllen (bei Zeichnungsobjekten).

Anmerkungen

Diese Eigenschaft gibt die Farbe als einen Index der Farbpalette in der Arbeitsmappe an. Verwenden Sie die **Colors**-Methode, um sich die aktuelle Farbpalette zurückgeben zu lassen.

Die folgende Abbildung zeigt die Farbindexwerte der Standard-Farbpalette.

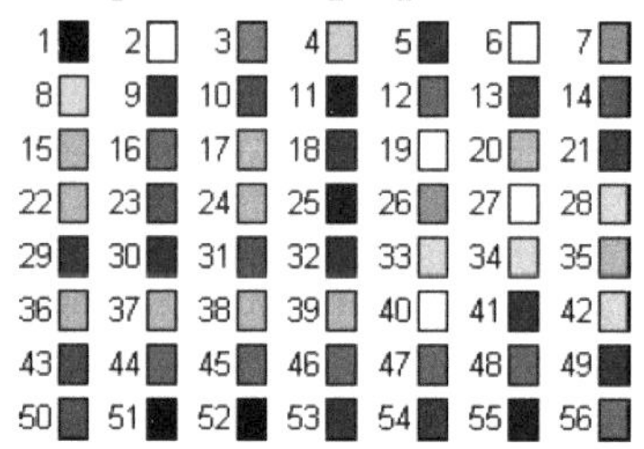

Abbildung 8.46 Diese Farbtafel (im Original wesentlich bunter) finden Sie in der VBA-Hilfe seit Excel Version XP leider nur sehr schwer.

```
Sub Farbtafel()
ActiveCell = "Farbcode"
ActiveCell.Offset(0, 1) = "Farbe für Interior"
ActiveCell.Offset(0, 2) = "Farbe für Schrift"
ActiveCell.Offset(1, 0).Select
For i = 1 To 56
  ActiveCell = i
  ActiveCell.Offset(0, 1).Interior.ColorIndex = i
  ActiveCell.Offset(0, 1).Interior.Pattern = xlSolid
  ActiveCell.Offset(0, 2) = "ABC abc 123"
  ActiveCell.Offset(0, 2).Font.ColorIndex = i
  ActiveCell.Offset(1, 0).Select
Next i
End Sub
```

Listing 8.17 Eine Farbtafel in Excel erzeugen

8.6.4 Eine Farbtabelle aufbauen

Leider hat Microsoft nicht nur Verbesserungen in seine neueren Produkte eingebaut. Früher konnte man noch per Hilfe-Funktion mit der Taste [F1] – auf `ColorIndex` stehend – eine Farbpalette aufrufen, um die Farbcodes für den Parameter `ColorIndex` in Eigenschaften wie

```
ActiveCell.Font.ColorIndex = 3
```

zu bekommen, seit Version Excel 2000 finden Sie diese Tafel leider nur mehr sehr umständlich! Ich habe Ihnen deshalb eine Tafel unter dem Dateinamen `ColorIndex-Eigenschaft.pdf` in die Beispiel-CD gestellt. Sie können sich aber auch selbst helfen, indem Sie ein kleines Makro programmieren. Sie können dann die Farben sogar im Original auf dem Bildschirm sehen!

Farbtafel ständig zur Hand

Wenn Sie dieses Makro in Ihrer PERSONL.XLS erzeugen, brauchen Sie nie mehr im Internet oder in der Hilfe nach den Farbcodes zu suchen! Der Code hierzu ist recht einfach. Sie sehen ihn im Listing 8.17. Hier werden zunächst Spaltenköpfe eingetragen, dann untereinander die Werte 1 bis 56 nebeneinander jeweils als Zahl, als Farbe für den Hintergrund (bei massiver Hintergrundfüllung) und als Schriftfarbe eingesetzt. Für die Schriftfarbe muss natürlich ein Beispieltext eingetragen werden.

Interessant ist hier die Technik, die Zellen neben der aktiven Zelle nicht erst mit `activecell.offset(0,1).Select` anzuspringen, mit `activecell = "x"` zu verändern und mit `activecell.offset(0,-1).Select` wieder zurückzuspringen. Die Zelle wird stattdessen mit `Activecell.offset(0,1) = "x"` direkt angesprochen! Diese Technik ergibt nicht nur kürzeren Makrocode, sondern auch noch eine wesentlich bessere Performance, da in Excel weniger die Berechnungen den Rechner belasten, sondern vielmehr die Bildschirmaufbereitung!

Alle Makros beschleunigen

So lassen sich viele Makros mit nur einer Codezeile beschleunigen, die die Bildschirmaktualisierung für die Makrolaufzeit außer Betrieb setzt:

```
Application.Screenupdating = False
```

Sie sollten unbedingt als letzte Zeile im Makro mit

```
Application.Screenupdating = True
```

die Aktualisierung wieder einschalten. Excel tut das zwar automatisch, aber man weiß nie, ob das in der nächsten Version auch so sein wird.

```
Sub AllesAktualisieren()
, aktualisiert alle Pivot-Tabellen und externe
Sub AllesAktualisieren()
' aktualisiert alle Pivot-Tabellen und externe
' Datenverknüpfungen einer Mappe durchläuft alle Blätter,
' in jedem Blatt alle Queries im Blatt und aktualisiert
' jede, dann geht es nochmal durch alle Blätter nun werden
' die Pivottabellen aktualisiert zwei Schleifen stellen
' sicher, daß auch PTs, die auf Queries beruhen,
' aktualisiert werden!
On Error Resume Next
nB = 0 ' Zähler Blätter
nP = 0 ' Zähler Pivot
nQ = 0 ' Zähler ODBC
' Durchlaufe alle Blätter
For Each Blatt In ActiveWorkbook.Sheets
nB = nB + 1
' Durchlaufe zuerst alle externen Verknüpfungen
For Each QueryExtern In Blatt.QueryTables
nQ = nQ + 1
QueryExtern.Refresh BackgroundQuery:=False
Next QueryExtern
Next Blatt
For Each Blatt In ActiveWorkbook.Sheets
' Durchlaufe pro Blatt alle Pivottabellen
For Each PivotTab In Blatt.PivotTables
nP = nP + 1
PivotTab.RefreshTable ' aktualisieren
Next PivotTab ' nächste PT im Blatt
Next Blatt ' nächstes Blatt in Mappe
MsgBox "Es wurden " & nP & " Pivot-Tabelle(n) und " & _
nQ & " Datenbereich(e)" & Chr(13) & "auf " & nB & _
" Blätter(n) aktualisiert!"
End Sub

Sub Auto_Open
' wenn das alles automatisch beim Öffnen passieren soll
call AllesAktualisieren
End Sub
```

Listing 8.18 Alles aktualisieren

8.6.5 Alle Pivot-Tabellen und externen Verknüpfungen aktualisieren

Sicher kennen Sie die Situation: In einer Excel-Datei greifen Sie auf mehreren Blättern auf externe Daten, bspw. aus einer Access-Datenbank, zu. Auf diesen Verknüpfungen setzen dann Pivot-Tabellen auf, um die Daten zu aktualisieren.

In vielen Management-Informationssystemen aus unserer Projektarbeit wird diese Architektur täglich benutzt, um auf Daten an zentraler Stelle zuzugreifen. Die Daten ändern sich in der Datenbank regelmäßig durch Erfassung, Import oder Aktualisierung. Nun müssen folglich alle Zugriffe in Excel aktualisiert werden.

Kein Problem, wenn Sie Schleifen programmieren können! Im Listing 8.18 links sehen Sie ein Beispiel dazu.

Aktualisierung

Sie können bei jeder Pivot-Tabelle oder jeder externen Datenverknüpfung auch angeben, dass diese beim Öffnen der Datei aktualisiert werden soll oder das diese in bestimmten Intervallen aktualisiert werden soll. Aber manchmal muss dies eben auch durch einen Klick auf einen Button erfolgen. Die Lösung ist einfach: Weisen Sie das Makro einer Makroschaltfläche zu!

Befehlsschaltfläche erzeugen

1. Lassen Sie sich, falls nicht sichtbar, die Symbolleiste **Formular** anzeigen.
2. Klicken Sie auf das Symbol **Befehlsschaltfläche**
3. Ziehen Sie dann die Schaltfläche im Blatt an der Stelle auf, wo Sie sie benötigen. Wir empfehlen ein einheitliches Layout auf allen Blättern.
4. Weisen Sie nun per rechter Maustaste das Makro zu.

Sie können diese Aktualisierung auch automatisch bei jedem Öffnen einer Datei ausführen lassen. Dazu müssen Sie nur die folgenden beiden Schritte vollziehen:

Automatische Aktualisierung

1. Erstellen Sie ein Makro in der betreffenden Datei mit dem Namen AUTO_OPEN. Dieser Name muss genau in dieser Schreibweise vergeben werden.
2. Programmieren Sie in diesem Makro die Zeile `Call Alles Aktualisieren`.

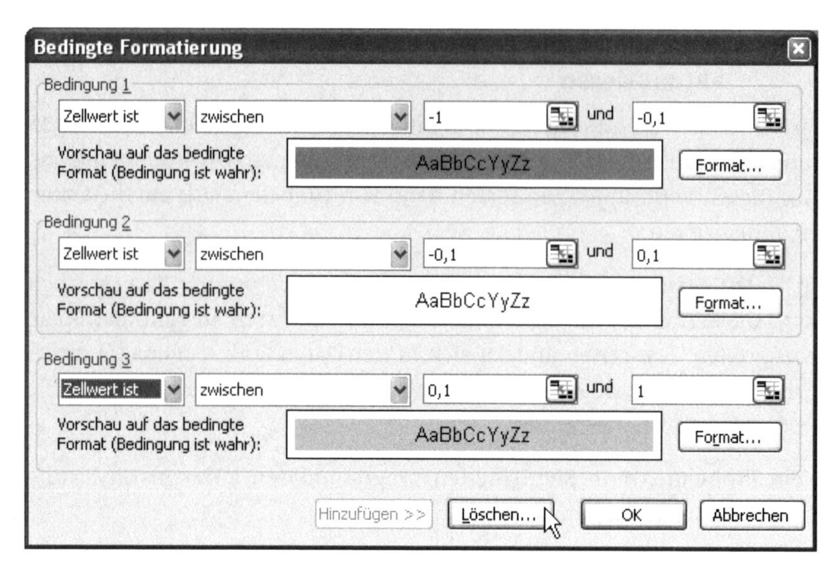

Abbildung 8.47 Der erste Schritt, um bedingte Formate ohne Makro zu löschen, ...

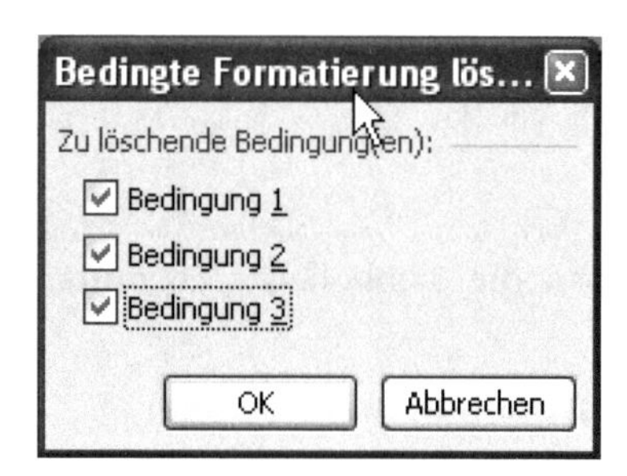

Abbildung 8.48 ... und der zweite mit drei weiteren Klicks. Schneller geht's per Makro!

```
Sub BedingteFormateLöschen()
For Each Zelle In Selection
    Zelle.FormatConditions.Delete
Next Zelle
End Sub
```

Listing 8.19 Bedingte Formate aller markierten Zellen löschen

8.6.6 Löschen von bedingten Formaten – Schleife durchläuft Markierung

Wenn Sie bedingte Formatierungen einsetzen, um Zellen in Abhängigkeit vom Inhalt farblich zu hinterlegen – wie in der klassischen Ampeldarstellung –, müssen Sie gelegentlich die bedingten Formatierungen löschen.

Wenn Sie dazu den Menübefehl **Bearbeiten • Löschen • Inhalte** verwenden, werden auch die Zahlen- und Textformatierungen gelöscht. Um nur die bedingten Formate zu entfernen, müssen Sie folgendermaßen vorgehen:

Bedingte Formatierung löschen

1. Markieren Sie die betreffenden Zellen.
2. Wählen Sie im Menü **Format • Bedingte Formatierung**.
3. Klicken Sie auf **Löschen**.
4. Klicken Sie alle drei Kontrollkästchen bei den einzelnen Formaten an, und ...
5. ... klicken Sie auf **OK**.

Dies sind einige Klicks, die sich per Makro wesentlich beschleunigen lassen. Listing 8.19 hilft!

Um den Befehl

```
Zelle.Formatconditions.Delete
```

zu finden, hilft eine kleine Aufzeichnung, während Sie obige Schritte ausführen.

Alles löschen

Falls Sie beim ersten Mal nicht nur eine Schleife programmieren, die alle markierten Zellen durchläuft,

```
For Each Zelle in Selection
...
Next Zelle
```

sondern darin auch noch mit einer zweiten alle Formatierungen löschen wollen, etwa mit

```
For Each BedFormat in Zelle.Formatconditions
...
Next BedFormat
```

so wäre dies sicher auch möglich, es ist jedoch effizienter wie in Listing 8.19, alle bedingten Formate per `Zelle.Formatconditions.Delete` auf einmal zu löschen. Ganz ohne Schleife ginge `Selection.Formatconditions.Delete`, aber wir wollen ja die Schleife üben.

```
Private Sub Schutz_an()
' Blattschutz
  ActiveSheet.Protect DrawingObjects:=True, _
  Contents:=True, Scenarios:=True, _
  Password:="geheim"
  ActiveSheet.EnableSelection = xlNoRestrictions
' Dateischutz
  ActiveWorkbook.Protect Structure:=True,_
  Windows:=False, Password:="geheim"
End Sub
```

Listing 8.20 Den Schutz für Blätter und die Arbeitsmappenstruktur mit Passwort aktivieren ...

```
Private Sub Schutz_aus()
' Dateischutz aus
  ActiveWorkbook.Unprotect ("geheim")
' Blattschutz aus
  ActiveSheet.Unprotect ("geheim")
End Sub
```

Listing 8.21 ... und wieder deaktivieren

8.6.7 Alle Blätter mit einem Passwort schützen bzw. Zwischenrechnungsblätter ausblenden

Häufig werden von Experten Excel-Modelle erstellt, mit denen dann andere arbeiten, die in Excel weniger erfahren sind. Um die Modelle zu schützen, setzt man gerne den **Arbeitsblattschutz** aus dem Menü **Extras** ein. Dies macht man auf jedem Blatt, das vom User nicht verändert werden darf. Vergessen Sie nicht, vorher die Bereiche vom Schutz auszunehmen, die der User bearbeiten soll!

Wenn dann aber der Experte am Modell weiter arbeiten möchte, muss er jedes einzelne Blatt wieder »ent«-schützen. Bei vielen Blättern kann das schon einige Zeit dauern.

Ausblenden

Ebenso kann man Blätter, die lediglich als Zwischenrechnung dienen oder Berechnungen enthalten, die der normale User nicht sehen soll, per **Format • Blatt • Ausblenden** unsichtbar machen.

Ein Makro kann dies für Sie schnell erledigen. Eine Schleife durchläuft dabei alle Blätter und aktiviert den Schutz.

Soll für den Schutz ein Passwort verwendet werden, verwenden Sie die Schreibweise aus Listing 8.20.

Leider muss dazu das Passwort im Listing jedoch direkt angegeben werden. Dies bringt mehrere Nachteile mit sich:

Nachteile des Passwortschutzes im Listing

1. Eine Passwortänderung ist schlecht möglich und muss im Prozedurcode vorgenommen werden.
2. Ein Passwort kann von jemandem gelesen werden, der Zugriff auf den Makrocode hat.
3. Bei Fehlermeldungen kann dem User ganz ungewollt beim Debuggen der Code und damit das Passwort gezeigt werden.

Alternativ dazu könnte das Passwort per Inputbox abgefragt werden.

[!]

Bitte beachten Sie:

Passwörter sind sehr leicht zu vergessen!

Passwörter nachträglich bei vielen Dateien zu ändern, etwa da Sie es einer Kollegin oder einem Kollegen während des Urlaubs geben wollen, ist sehr aufwändig!

Außerdem gibt es zahlreiche (illegale) Tools, mit denen solche Passwörter trotzdem relativ leicht zu »knacken« sind.

```
Sub Modus_User()
' Blendet alle Blätter aus, deren Namen mit '_' beginnen,
' und aktiviert Dateischutz

Dim Blatt As Worksheet
For Each Blatt In ActiveWorkbook.Sheets
  If Left(Blatt.Name, 1) = "_" Then
    Blatt.Visible = xlSheetVeryHidden
  End If
Next Blatt

' Jetzt noch den Schuz aktivieren
Call Schutz_an

End Sub
```

Listing 8.22 Eine Datei für die »normalen User« schützen ...

```
 Sub Modus_Programmierung()
' Blendet alle Blätter wieder ein und hebt den Schutz auf

Dim Blatt As Worksheet
Call Schutz_aus

For Each Blatt In ActiveWorkbook.Sheets
    Blatt.Visible = xlSheetVisible
Next Blatt
End Sub
```

Listing 8.23 ... und für den Entwickler wieder anzeigen und freigeben

Für die Eingabe des Passworts müsste eine Variable, etwa PWD, mit einer Dialogbox gefüllt werden.

Dies könnte etwa so aussehen:

```
PWD = InputBox("Bitte geben Sie Ihr Passwort ein:")
For Each Blatt In ActiveWorkbook.Sheets
  Blatt.Protect DrawingObjects:=True, Contents:=True, _
  Scenarios:=True, Password:=PWD
  Blatt.EnableSelection = xlNoRestrictions
Next Blatt
```

Einen nützlichen Tipp möchten wir Ihnen an dieser Stelle geben: Verwenden Sie ein Schema für die Vergabe von Blattnamen. Möglich wäre es beispielsweise, die Namen aller Blätter, die versteckt werden sollen, mit »_« beginnen zu lassen. Die eben erwähnte Schleife könnten Sie dann gleich ausblenden oder gar als »very hidden« kennzeichnen, damit der User sie noch nicht einmal im Dialog **Format • Blatt • Einblenden** sehen kann.

Schema für die Namensvergabe

Wenn nun die Namen für die einzelnen Blätter nach einem Schema vergeben wurden, wie etwa hier im Beispiel mit einem »_« am Anfang des Namens von Zwischenrechnungs- oder zu schützenden Blättern, dann fällt es leicht, diese alle per Makro auszublenden.

In Listing 8.22 links wird zuerst, wie in den vorigen Beispielen, jedes Blatt der aktuellen Arbeitsmappe durchlaufen.

Nach der Analyse des Blattnamens mit

```
LEFT(Blatt.Name, 1)
```

wird das erste Zeichen des Blattnamens angesprochen. Es wird untersucht, ob es dem Zeichen »_« (Unterstrich) entspricht, das normalerweise als Anfang eines Blattnamens eher selten ist.

Blatt verstecken

Wenn es dem entspricht, wird in den folgenden Zeilen das Blatt versteckt.

```
If Left(Blatt.Name, 1) = "_" Then
  Blatt.Visible = xlSheetVeryHidden
End If
```

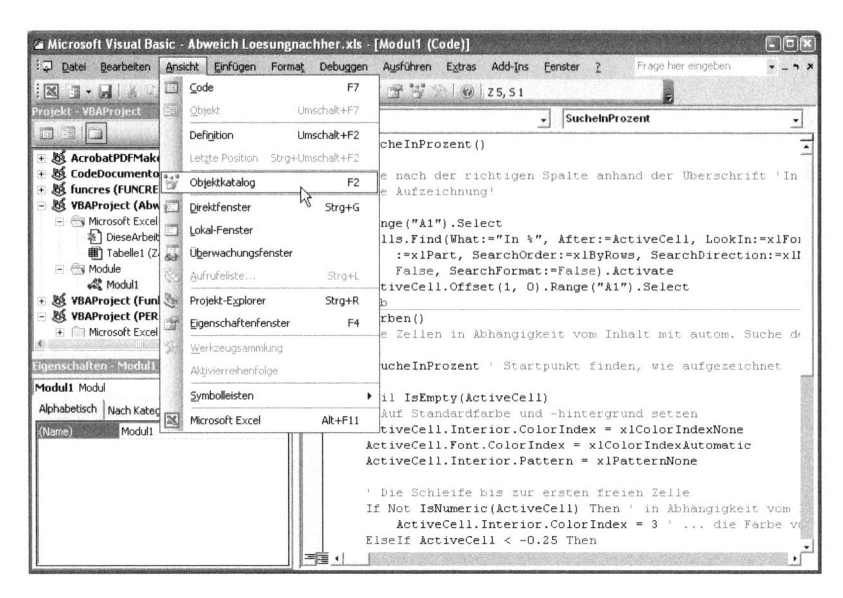

Abbildung 8.49 Starten des Objektkataloges

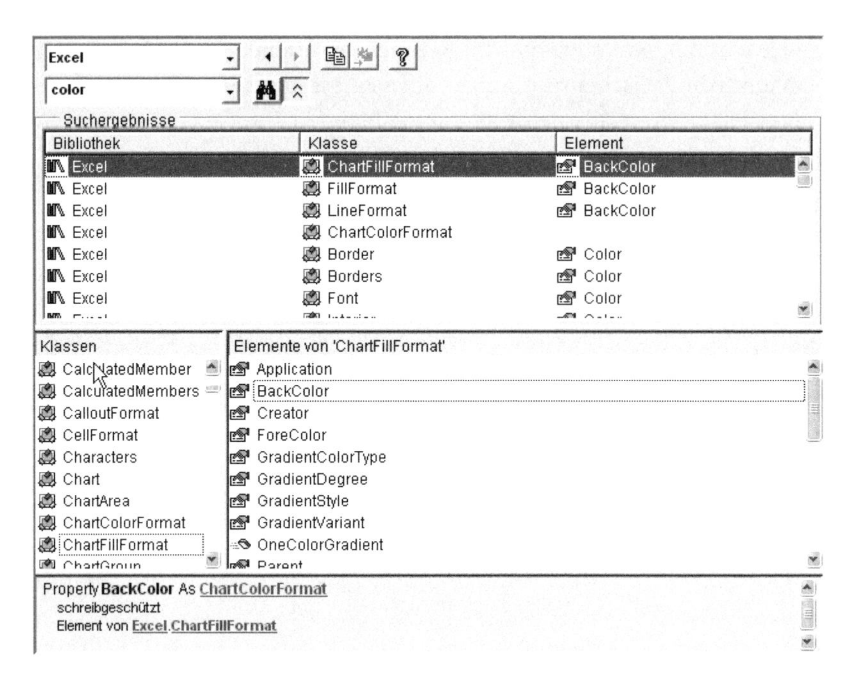

Abbildung 8.50 Der Objektkatalog, Suche nach COLOR

8.6.8 Suchen von Objekten im Objektkatalog

Die meisten Schlüsselwörter, Objekte, Eigenschaften und Methoden lassen sich leicht durch Aufzeichnung eines Makros finden.

Wenn Sie beispielsweise Informationen zu den Eigenschaften einer Zelle finden wollen, dann gehen Sie wie folgt vor:

Eigenschaften einer Zelle

1. Starten Sie den Makrorekorder über **Extras • Makro • Makro aufzeichnen**.
2. Formatieren Sie eine Zelle.
3. Stoppen Sie den Makrorekorder wieder.
4. Gehen Sie nun im Visual Basic Editor auf das eben aufgezeichnete Makro und suchen Sie die betreffende Zeile.

Hilfe

Hier findet dann die Hilfe mit [F1] weitere Informationen zum Objekt. Markieren Sie hierbei den Text nicht, sondern positionieren Sie einfach den Cursor auf dem Objekt, der Eigenschaft oder Methode, über das/die Sie Genaueres erfahren wollen.

Wenn Sie nun etwas suchen, was beispielsweise in einer anderen Office-Applikation zu finden ist, können Sie dies nicht aufzeichnen, da die Aufzeichnung nicht über die Grenzen von Excel hinweg»sehen« kann.

In diesem Fall hilft eventuell der Objektkatalog weiter.

Objektkatalog

1. Starten Sie den Objektkatalog durch Klicken auf **Ansicht • Objektkatalog** oder durch Drücken der Taste [F2] oder durch Klicken auf das Symbol für den Objekt-Katalog.
2. Wählen Sie nun die entsprechende Bibliothek, etwa Excel.
3. Darunter tippen Sie den gesuchten Begriff ein, etwa COLOR.
4. Nach einem Klick auf zeigt Ihnen der Objektkatalog alle Vorkommnisse des Suchbegriffs.
5. Zum Ausblenden des Objektkataloges klicken Sie auf den Schließen-Button.

Leider bietet der Objektkatalog keinen direkten Zugriff auf weitere Hilfeinformationen und fordert außerdem, dass der Suchbegriff in der englischen Originalschreibweise eingegeben wird. Wir empfehlen daher, wenn ein Suchbegriff unbekannt ist, zuerst in der Hilfe zu suchen, da hier ein Suchbegriff auf Deutsch eingetragen werden kann.

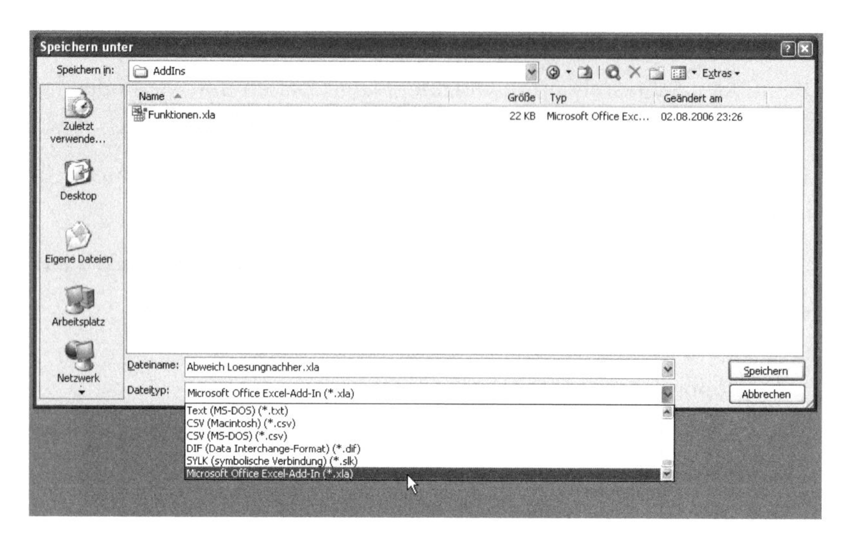

Abbildung 8.51 Eine Excel-Mappe als Add-In speichern

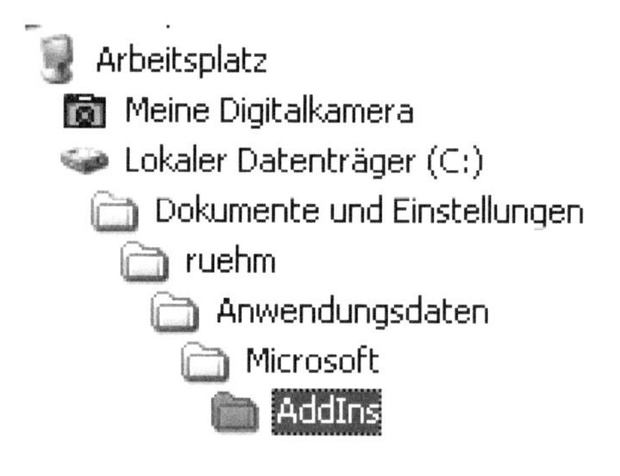

Abbildung 8.52 Der Standardpfad zur Ablage von Add-Ins

8.7 Prozeduren, Funktionen und Add-Ins

Ihre Programmierung soll nun sicher auch anderen Usern zur Verfügung gestellt werden.

Speicherort

Wenn Ihre Module sich in der betreffenden Datei befinden, ist dies kein Problem, da sie ja sofort jedem, der die Datei geöffnet hat, zur Verfügung stehen.

Wenn nur Sie selbst Ihre Programmierung nutzen wollen, dann speichern Sie den Code dazu in Ihrer PERSONL.XLS und Sie haben alles zur Verfügung, wenn Sie Excel gestartet haben, da die PERSONL.XLS automatisch geladen wird.

Nun benutzen aber oft ganze Abteilungen die gleichen Prozeduren und Funktionen, oder diese müssen per Mail an jemanden geschickt werden, der sich nicht im gleichen Netzwerk befindet.

Hierzu kann man den Code in eine Excel-Datei kopieren und senden, allerdings muss derjenige, der die Programmierung nutzen will, diese Datei dann auch öffnen, um sie nutzen zu können.

Alternative

Eine Alternative hierzu ist das Erstellen eines Add-Ins, das ein User einbinden kann. Die Programmierung steht ihm dann jederzeit zur Verfügung, sobald er sein Excel startet, ohne dass er seine eigene PERSONL.XLS ändern muss.

8.7.1 Add-In erzeugen

Ein Add-In ist schnell erzeugt:

Add-In erzeugen

1. Erstellen Sie eine ganz neue Excel-Datei durch Klicken auf **Datei • Neu** oder auf das entsprechende Symbol in der Symbolleiste.
2. Kopieren Sie die Module, die Sie zur Verfügung stellen wollen, im Projekt-Explorer in die neue Datei.
3. Wechseln Sie nun vom Visual Basic Editor wieder zu Excel.
4. Speichern Sie die Datei nun mit dem Befehl **Datei • Speichern unter**, wobei Sie beim Typ **Excel-Add-In** (.xla) auswählen.
5. Bitte beachten Sie den Standardspeicherort für die Speicherung von Add-Ins, der links abgebildet ist.

Hierbei steht natürlich Ihr Windows-Login-Name unter **Dokumente und Einstellungen**.

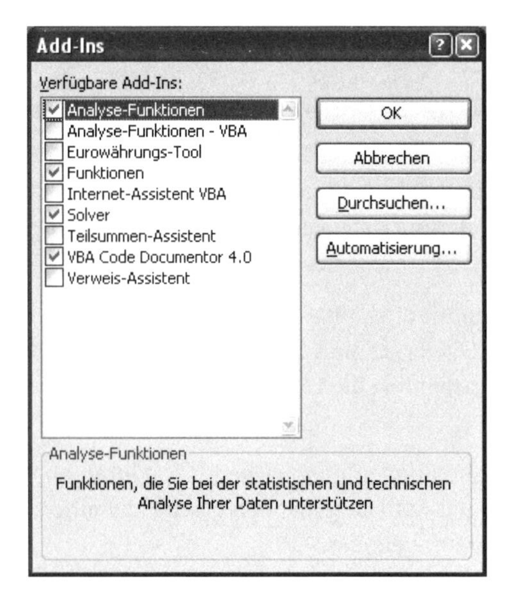

Abbildung 8.53 Ein Add-In aktivieren

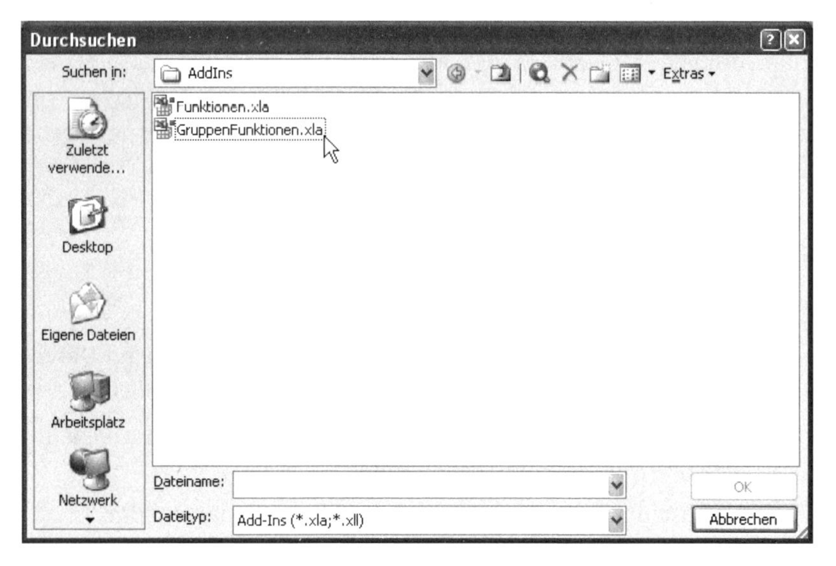

Abbildung 8.54 Ein Add-In auswählen, falls es noch nicht in obiger Liste sichtbar war

Diese Datei mit der Namenserweiterung .xla stellen Sie dann im Netzwerk zur Verfügung oder senden sie per Mail. Sie muss nicht in dem angegebenen Pfad gespeichert, sondern kann an einem beliebigen Ort im Netzwerk oder lokal hinterlegt werden. Wir empfehlen jedoch, auch den Standardpfad zu benutzen.

Vergabe des Dateinamens

Achten Sie bei der Vergabe des Dateinamens darauf, dass dieser auch auf den Inhalt schließen lässt, sonst wird Ihr Add-In evtl. einmal gelöscht oder gar als schädlich eingestuft.

8.7.2 Ein Add-In einbinden

Jeder, der die Programmierung im Add-In nutzen will, muss sich dieses nun in sein Excel einbinden:

1. Wechseln Sie zum Einbinden eines Add-Ins nach Excel.
2. Wählen Sie im Menü **Extras • Add-Ins**.
3. Falls Ihr Add-In nicht gezeigt wird, klicken Sie auf **Durchsuchen**, um es auszuwählen.
4. Nur wenn der Haken gesetzt ist, wird die Programmierung im Add-In auch zur Verfügung gestellt.

Nun wird bei jedem Start von Excel das Add-In geladen, und die enthaltene Programmierung steht zur Verfügung. Bitte beachten Sie, dass Änderungen an eingebundenen Add-Ins **nicht** automatisch beim Beenden von Excel gespeichert werden. Das Add-In wird ohne Nachfrage geschlossen, und eventuelle Änderungen werden verworfen!

Schützen

In der Praxis hat dies jedoch keinen großen Belang, da Add-Ins meist nur von einem Verantwortlichen gepflegt werden. Weiterhin sollte ein Add-In sogar gegen Veränderungen geschützt werden, wie Sie im folgenden Abschnitt erfahren.

Hinweis

Es hat sich gezeigt, dass es zu Problemen kommen kann, wenn mehrere Personen die Programmierung pflegen. Eine Fehlerkorrektur des einen führt zu Fehlern bei einem anderen, der wiederum den vermeintlichen Fehler korrigiert. Nun wird der Erste aber staunen, dass seine Korrektur verschwunden ist! Kommentare zum Korrekturstand und eine Kopie des alten Codes als Kommentarzeile helfen hier erheblich weiter:

```
' geändert am 20.06.06 von Peter Rühm
'  Range("A1").Select Adressierung geändert-> relativ
```

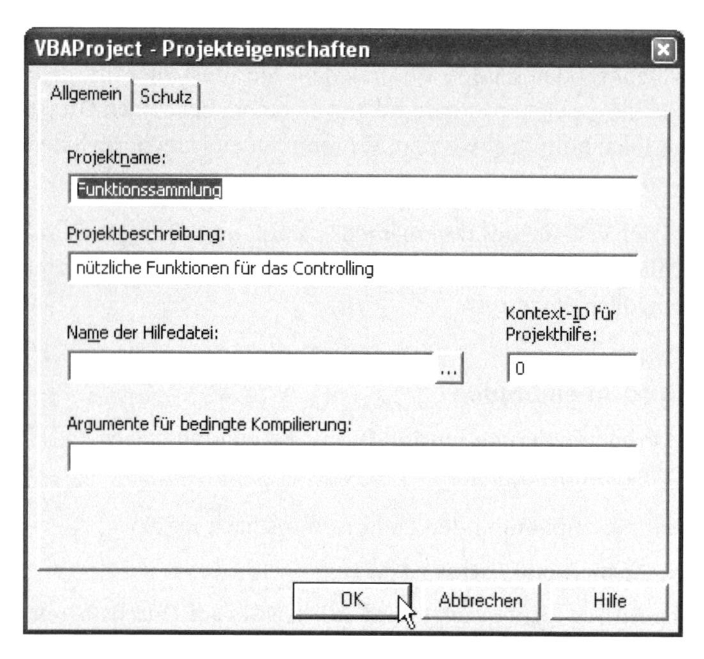

Abbildung 8.55 Die Eigenschaften eines VBA-Projektes anzeigen

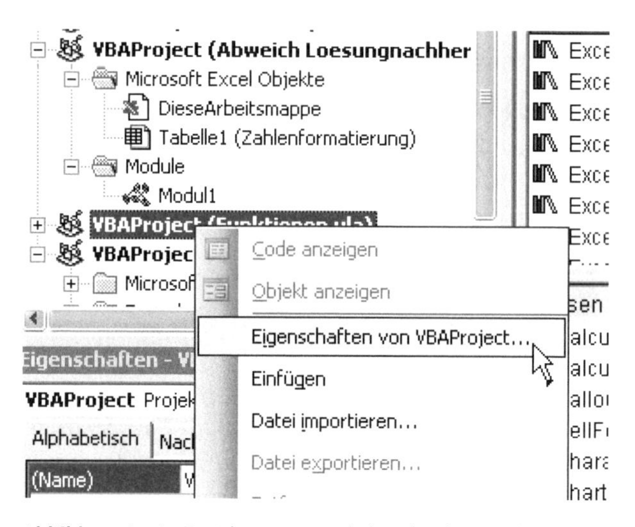

Abbildung 8.56 Projektnamen und -beschreibung erleichtern die Orientierung.

8.8 Projekte schützen

Wie eben bemerkt, sollten VBA-Projekte, wenn sie verteilt werden, geschützt werden. Nicht nur um Änderungen und eventuelle Fehler zu vermeiden, sondern auch um geistiges Eigentum zu schützen oder »geheime« Berechnungen zu verbergen, wie etwa die Kalkulation von Provisionssätzen.

8.8.1 Projekte benennen

Für eine bessere Übersichtlichkeit sollten Sie Projekten zutreffende Namen geben.

Projektname und -beschreibung

1. Klicken Sie im Projekt-Explorer mit der rechten Maustaste auf das gewünschte Projekt oder Add-In, um das Kontextmenü anzuzeigen.
2. Klicken Sie dann auf **Eigenschaften**.
3. Erfassen Sie Projektnamen und Projektbeschreibung.

Beachten Sie bitte, dass Projektnamen, Modulnamen und Namen von Prozeduren, Funktionen etc. jeweils eindeutig sein müssen, also nicht gleichzeitig ein Modulblatt mit Namen »Test« und ein Makro mit Namen »Test« in Excel vorkommen sollten. Dies kann zu Problemen führen, die sehr schwer aufzuspüren sind!

8.8.2 Anzeigen unterdrücken

Wenn Sie nicht möchten, dass Ihr Projekt für jeden einsehbar ist, dann lassen Sie es automatisch ausblenden:

Anzeige sperren

1. Lassen Sie sich wie oben die Projekteigenschaften anzeigen.
2. Gehen Sie auf das Register Schutz, und setzen Sie den Haken bei **Projekt für die Anzeige sperren**.
3. Damit es nun nicht von jedem User wieder eingeblendet werden kann, vergeben Sie unbedingt ein Passwort!

Nach dem Schließen und erneuten Öffnen erscheint das Projekt nun in reduzierter Darstellung. Zum Anzeigen muss man das Passwort eingeben.

[!]

> Achtung: Diese Passwörter sind zwar auch mit Tools aus dem Internet zu entfernen, Sie sollten es jedoch notieren und an einem sicheren Ort aufbewahren!

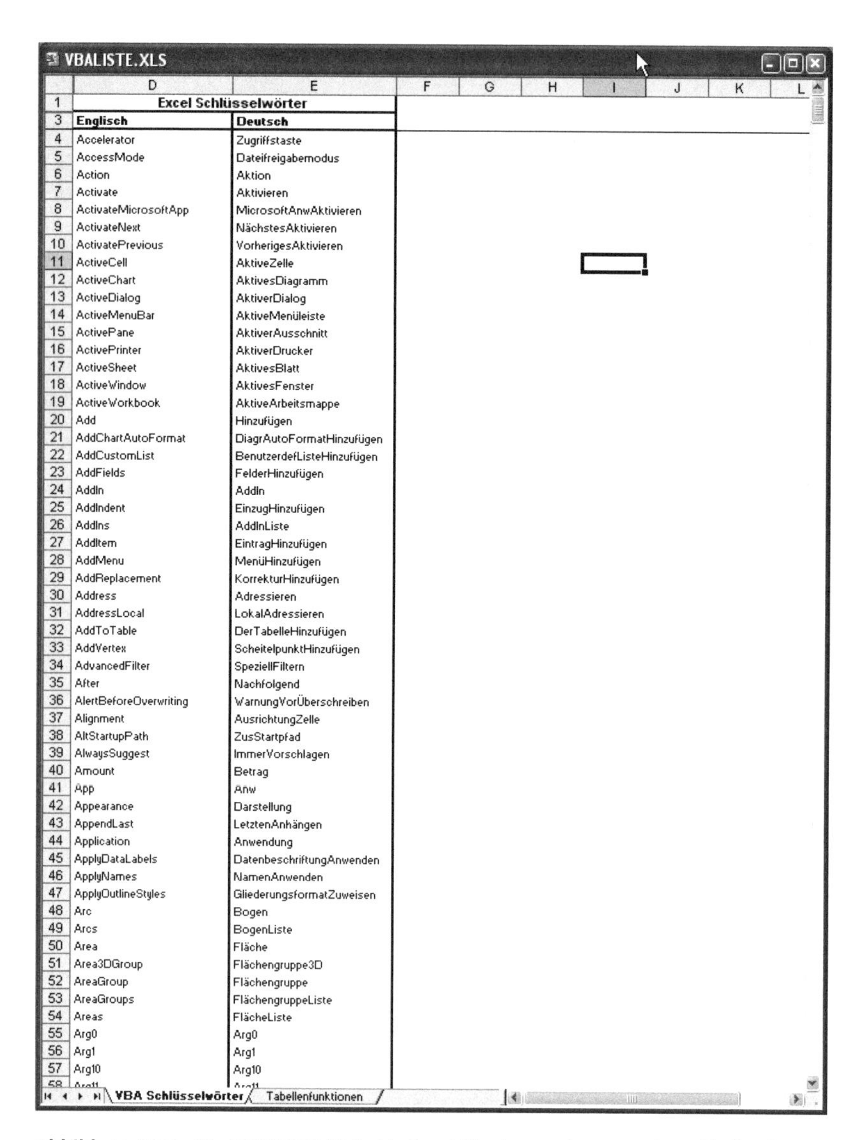

VBALISTE.XLS

	D	E
1	Excel Schlüsselwörter	
3	**Englisch**	**Deutsch**
4	Accelerator	Zugriffstaste
5	AccessMode	Dateifreigabemodus
6	Action	Aktion
7	Activate	Aktivieren
8	ActivateMicrosoftApp	MicrosoftAnwAktivieren
9	ActivateNext	NächstesAktivieren
10	ActivatePrevious	VorherigesAktivieren
11	ActiveCell	AktiveZelle
12	ActiveChart	AktivesDiagramm
13	ActiveDialog	AktiverDialog
14	ActiveMenuBar	AktiveMenüleiste
15	ActivePane	AktiverAusschnitt
16	ActivePrinter	AktiverDrucker
17	ActiveSheet	AktivesBlatt
18	ActiveWindow	AktivesFenster
19	ActiveWorkbook	AktiveArbeitsmappe
20	Add	Hinzufügen
21	AddChartAutoFormat	DiagrAutoFormatHinzufügen
22	AddCustomList	BenutzerdefListeHinzufügen
23	AddFields	FelderHinzufügen
24	AddIn	AddIn
25	AddIndent	EinzugHinzufügen
26	AddIns	AddInListe
27	AddItem	EintragHinzufügen
28	AddMenu	MenüHinzufügen
29	AddReplacement	KorrekturHinzufügen
30	Address	Adressieren
31	AddressLocal	LokalAdressieren
32	AddToTable	DerTabelleHinzufügen
33	AddVertex	ScheitelpunktHinzufügen
34	AdvancedFilter	SpeziellFiltern
35	After	Nachfolgend
36	AlertBeforeOverwriting	WarnungVorÜberschreiben
37	Alignment	AusrichtungZelle
38	AltStartupPath	ZusStartpfad
39	AlwaysSuggest	ImmerVorschlagen
40	Amount	Betrag
41	App	Anw
42	Appearance	Darstellung
43	AppendLast	LetztenAnhängen
44	Application	Anwendung
45	ApplyDataLabels	DatenbeschriftungAnwenden
46	ApplyNames	NamenAnwenden
47	ApplyOutlineStyles	GliederungsformatZuweisen
48	Arc	Bogen
49	Arcs	BogenListe
50	Area	Fläche
51	Area3DGroup	Flächengruppe3D
52	AreaGroup	Flächengruppe
53	AreaGroups	FlächengruppeListe
54	Areas	FlächeListe
55	Arg0	Arg0
56	Arg1	Arg1
57	Arg10	Arg10

VBA Schlüsselwörter | Tabellenfunktionen

Abbildung 8.57 Die VBALISTE.XLS, bis Excel Version 97 immer automatisch mit Excel installiert, ist seitdem nur mehr auf den Installations-CDs zu finden. Sie ist zwar von Microsoft nicht aktualisiert worden, bietet jedoch immer noch eine gute Übersicht!

8.9 Ein kleines Englischlexikon

Als Ergänzung zu den gelernten Techniken erhalten Sie im Folgenden noch drei Listen mit Schlüsselwörtern in Excel.

Deutsche Funktionen

Die erste Liste übersetzt die Ihnen sicher größtenteils bekannten Funktionen der deutschen Oberfläche ins Englische. Dieses Lexikon dient dazu, die Funktionen in VBA wiederzufinden.

Englische Schlüsselwörter in VBA

Die zweite Liste übersetzt die englischen Schlüsselwörter aus VBA allgemein ins Deutsche. Bei älteren Versionen von Excel konnte noch mit den deutschen Begriffen programmiert werden, seit Version 97 ist dies jedoch nicht mehr möglich. Wir meinen, das Erlernen des Programmierens gleicht dem Erlernen einer neuen Sprache – und die kann man dann auch gleich in Englisch lernen. Für die Aussprache der Begriffe gibt es keine Normen, also dürfte es auch kein Problem darstellen, die Begriffe auszusprechen. Für die Entwickler von Microsoft ist es jedoch viel leichter, nur in einer Sprache eine Entwicklungsumgebung zur Verfügung zu stellen. Die Fehlerquellen konnten so minimiert werden. Weiterhin muss bei neuen Programmversionen nur mehr ein Konverter geschrieben werden und nicht mehr einer für jede Länderversion.

Englische Excel-Begriffe

Für den dritten Teil, der die Excel-spezifischen Begriffe von VBA erläutert, gilt dies analog. Auch hier sehen Sie in Excel eher den englischen Begriff und suchen dann nach der deutschen Erklärung.

Geschützte Begriffe

Eines haben alle drei Listen gemeinsam: Alle Begriffe sind in Excel schon vom System verwendet. Sie sollen diese Schlüsselwörter also nicht mehr für eigene Prozedurnamen oder Variablen verwenden. Wenn Sie sie trotzdem verwenden, kann das Programm oft nicht richtig funktionieren, und die Fehlersuche gestaltet sich hierbei meist als sehr schwierig. Beachten Sie bitte, dass auch Modulnamen nicht einem geschützten Begriff und auch keinem Prozedurnamen entsprechen dürfen.

Deutsche Namen verwenden

Tipp der Autoren: Verwenden Sie für Ihre eigenen Variablen und Prozeduren **deutsche** Namen, diese sind vom System nicht geschützt. Aber Vorsicht: *Name* im Deutschen heißt auch im Englischen *Name*! Auch sollten Sie den Modulblättern Namen geben, die nicht mit geschützten Schlüsselwörtern übereinstimmen.

Programmierer beginnen ihre Variablennamen gerne mit Kürzeln, wie etwa **int**Variable, um auch noch den Variablentyp zu erklären, aber wir halten dies im Rahmen unserer eher kleinen Programmieraufgaben im Controlling für nicht erforderlich.

8.9.1 Die deutschen Tabellenblattfunktionen ins Englische übersetzt

Die folgende Liste wird Ihnen helfen, wenn Sie bekannte Excel-Funktionen, die Sie in Zellen verwenden können, in VBA übersetzen wollen, um sie per Makro in eine Zelle einzusetzen.

Obwohl Sie die Funktionen auch in dieser Liste suchen können und ein Kommando wie etwa

```
ActiveCell.FormulaR1C1 = "=SUM(R[-5]C[-2]:R[-1]C[-1])"
```

oder

```
ActiveCell.FormulaR1C1 = "=SUM(R6C3:R7C3)"
```

frei Hand programmieren können, bevorzugen wir persönlich die Methode, solche Formeln kurz per Makro-Aufzeichnung zu erstellen. Rekorder an – Zellen anklicken – Formel einsetzen – Rekorder aus. Das dauert nur Sekunden, das Gleiche zu tippen dauert alleine schon länger, außerdem schleichen sich gerne auch Tippfehler ein ...

Trotzdem sollten Sie die Liste beachten: Alle erwähnten Begriffe sind in Excel bereits vom System belegt; wenn Sie sie für eigene Prozeduren oder Variablen als Bezeichnung wählen, kann es zu Problemen kommen, die nur sehr schwer zu finden sind.

Die Liste ist übrigens auf fast jedem Rechner vorhanden! Sie finden sie je nach Version und Installationsart unter dem Pfad:

C:\Programme\Microsoft Office\OFFICExx\1031

und sie heißt

```
VBALISTE.XLS.
```

Die Sortierung erfolgt nach den deutschen Schlüsselwörtern, da diese eher bekannt sind. Sie finden die Datei ENGLISCHLEXIKON.XLS jedoch auch auf der dem Buch beiliegenden CD, wo Sie sie gerne nach Wunsch sortieren und drucken oder mit den Suchfunktionen von Excel durchsuchen können.

Deutsch	Englisch
A	
ABRUNDEN	ROUNDDOWN
ABS	ABS
ACHSENABSCHNITT	INTERCEPT
ADRESSE	ADDRESS
ANZAHL	COUNT
ANZAHL2	COUNTA
ANZAHLLEEREZELLEN	COUNTBLANK
ARCCOS	ACOS
ARCCOSHYP	ACOSH
ARCSIN	ASIN
ARCSINHYP	ASINH
ARCTAN	ATAN
ARCTAN2	ATAN2
ARCTANHYP	ATANH
AUFRUFEN	CALL
AUFRUNDEN	ROUNDUP
B	
BEREICH.VERSCHIEBEN	OFFSET
BEREICHE	AREAS
BESTIMMTHEITSMASS	RSQ
BETAINV	BETAINV
BETAVERT	BETADIST
BINOMVERT	BINOMDIST
BOGENMASS	RADIANS
BW	PV
C	
CHIINV	CHIINV
CHITEST	CHITEST
CHIVERT	CHIDIST
CODE	CODE
COS	COS
COSHYP	COSH
D	
DATUM	DATE
DATWERT	DATEVALUE

Deutsch	Englisch
DBANZAHL	DCOUNT
DBANZAHL2	DCOUNTA
DBAUSZUG	DGET
DBMAX	DMAX
DBMIN	DMIN
DBMITTELWERT	DAVERAGE
DBPRODUKT	DPRODUCT
DBSTDABW	DSTDEV
DBSTDABWN	DSTDEVP
DBSUMME	DSUM
DBVARIANZ	DVAR
DBVARIANZEN	DVARP
DIA	SYD
DM	DOLLAR
E	
ERSETZEN	REPLACE
EXP	EXP
EXPONVERT	EXPONDIST
F	
FAKULTÄT	FACT
FALSCH	FALSE
FEHLER.TYP	ERROR.TYPE
FEST	FIXED
FINDEN	FIND
FINV	FINV
FISHER	FISHER
FISHERINV	FISHERINV
FTEST	FTEST
FVERT	FDIST
G	
GAMMAINV	GAMMAINV
GAMMALN	GAMMALN
GAMMAVERT	GAMMADIST
GANZZAHL	INT
GDA	DDB
GDA2	DB
GEOMITTEL	GEOMEAN

Deutsch	Englisch
GERADE	EVEN
GESTUTZTMITTEL	TRIMMEAN
GLÄTTEN	TRIM
GRAD	DEGREES
GROSS	UPPER
GROSS2	PROPER
GTEST	ZTEST
H	
HARMITTEL	HARMEAN
HÄUFIGKEIT	FREQUENCY
HEUTE	TODAY
HYPGEOMVERT	HYPGEOMDIST
I	
IDENTISCH	EXACT
IKV	IRR
INDEX	INDEX
INDIREKT	INDIRECT
INFO	INFO
ISTBEZUG	ISREF
ISTFEHL	ISERR
ISTFEHLER	ISERROR
ISTKTEXT	ISNONTEXT
ISTLEER	ISBLANK
ISTLOG	ISLOGICAL
ISTNV	ISNA
ISTTEXT	ISTEXT
ISTZAHL	ISNUMBER
J	
JAHR	YEAR
JETZT	NOW
K	
KAPZ	PPMT
KGRÖSSTE	LARGE
KKLEINSTE	SMALL
KLEIN	LOWER
KOMBINATIONEN	COMBIN
KONFIDENZ	CONFIDENCE

Deutsch	Englisch
KORREL	CORREL
KOVAR	COVAR
KRITBINOM	CRITBINOM
KURT	KURT
KÜRZEN	TRUNC
L	
LÄNGE	LEN
LIA	SLN
LINKS	LEFT
LN	LN
LOG	LOG
LOG10	LOG10
LOGINV	LOGINV
LOGNORMVERT	LOGNORMDIST
M	
MAX	MAX
MDET	MDETERM
MEDIAN	MEDIAN
MIN	MIN
MINUTE	MINUTE
MINV	MINVERSE
MITTELABW	AVEDEV
MITTELWERT	AVERAGE
MMULT	MMULT
MODALWERT	MODE
MONAT	MONTH
MTRANS	TRANSPOSE
N	
NBW	NPV
NEGBINOMVERT	NEGBINOMDIST
NICHT	NOT
NORMINV	NORMINV
NORMVERT	NORMDIST
NV	NA
O	
OBERGRENZE	CEILING
ODER	OR

Deutsch	Englisch
P	
PEARSON	PEARSON
PI	PI
POISSON	POISSON
POTENZ	POWER
PRODUKT	PRODUCT
Q	
QIKV	MIRR
QUADRATESUMME	SUMSQ
QUANTIL	PERCENTILE
QUANTILSRANG	PERCENTRANK
QUARTILE	QUARTILE
R	
RANG	RANK
RECHTS	RIGHT
REST	MOD
RGP	LINEST
RKP	LOGEST
RMZ	PMT
RÖMISCH	ROMAN
RUNDEN	ROUND
S	
SÄUBERN	CLEAN
SCHÄTZER	FORECAST
SCHIEFE	SKEW
SEKUNDE	SECOND
SIN	SIN
SINHYP	SINH
SPALTE	COLUMN
SPALTEN	COLUMNS
STABW	STDEV
STABWN	STDEVP
STANDARDISIERUNG	STANDARDIZE
STANDNORMINV	NORMSINV
STANDNORMVERT	NORMSDIST
STEIGUNG	SLOPE
STFEHLERYX	STEYX

Deutsch	Englisch
STUNDE	HOUR
SUCHEN	SEARCH
SUMME	SUM
SUMMENPRODUKT	SUMPRODUCT
SUMMEWENN	SUMIF
SUMMEX2MY2	SUMX2MY2
SUMMEX2PY2	SUMX2PY2
SUMMEXMY2	SUMXMY2
SUMQUADABW	DEVSQ
SVERWEIS	VLOOKUP
T	
TAG	DAY
TAGE360	DAYS360
TAN	TAN
TANHYP	TANH
TEIL	MID
TEILERGEBNIS	SUBTOTAL
TEXT	TEXT
TINV	TINV
TREND	TREND
TTEST	TTEST
TVERT	TDIST
TYP	TYPE
U	
UND	AND
UNGERADE	ODD
UNTERGRENZE	FLOOR
V	
VARIANZ	VAR
VARIANZEN	VARP
VARIATION	GROWTH
VARIATIONEN	PERMUT
VDB	VDB
VERGLEICH	MATCH
VERKETTEN	CONCATENATE
VERWEIS	LOOKUP
VORZEICHEN	SIGN

Deutsch	Englisch
W	
WAHL	CHOOSE
WAHR	TRUE
WAHR	TRUE
WAHRSCHBEREICH	PROB
WECHSELN	SUBSTITUTE
WEIBULL	WEIBULL
WENN	IF
WERT	VALUE
WIEDERHOLEN	REPT
WOCHENTAG	WEEKDAY
WURZEL	SQRT
WVERWEIS	HLOOKUP
Z	
ZÄHLENWENN	COUNTIF
ZEICHEN	CHAR
ZEILE	ROW
ZEILEN	ROWS
ZEIT	TIME
ZEITWERT	TIMEVALUE
ZELLE	CELL
ZINS	RATE
ZINSZ	IPMT
ZUFALLSZAHL	RAND
ZW	FV
ZZR	NPER

8.9.2 Die englischen Schlüsselwörter von VBA (nicht nur Excel)

Folgende Begriffe sind geschützte Bezeichnungen für Objekte, Eigenschaften, Methoden etc., die in Excel und anderen Microsoft-Applikationen Gültigkeit haben. Sie dürfen sie deshalb nicht als Bezeichnungen für eigene Objekte, Variablen oder Prozeduren verwenden.

Bis zur Version Excel 95 konnte auch mit den deutschen Begriffen programmiert werden, für die aktuelleren Versionen sollen sie hier nur zum Verständnis dienen.

Die Sortierung der Liste erfolgt hier nach den englischen Begriffen, da sie Ihnen in der VBA-Entwicklungsumgebung begegnen werden. Sie finden die Liste aber, wie oben beschrieben, als ENGLISCHLEXIKON.XLS auf der CD.

Englische Schlüsselwörter in VBA:

Englisch	Deutsch
A	
Abs	Abs
Access	Zugriff
Alias	Original
And	Und
Any	Unbestimmt
AppActivate	AktiviereAnw
Append	Anhängen
ArgName	Argument
Array	Datenfeld
As	Als
Asc	Code
Atn	ArcTan
Attributes	Attribute
B	
Base	Basis
Beep	Signal
BF	RF
Binary	Binär
Blue	Blau
Boolean	Boolesch

Englisch	Deutsch
Buttons	Schaltflächen
ByRef	AlsZeiger
ByVal	AlsWert
C	
Call	Rufe
Case	Fall
CBool	ZuBoolesch
CCur	ZuWährung
CDate	ZuDatumZeit
CDbl	ZuDoppelt
CDecl	CDekl
Character	Zeichen
CharCode	Zeichencode
ChDir	WechsleVerz
ChDrive	WechsleLW
Chr	Zn
CInt	ZuGanz
Class	Klasse
CLng	ZuLang
Close	Schliesse
Color	Farbe
Compare	Vergleiche
Const	Konst
Constant	Konstante
Context	HilfeKontextID
Conversion	Konvertierung
Cos	Cos
CreateObject	ErstelleObjekt
CSng	ZuEinfach
CStr	ZuZnF
CurDir	AktVerz
Currency	Währung
CVar	ZuVariant
CVDate	ZuVariantDatumZeit
CVErr	ZuFehler

Englisch	Deutsch
D	
Date	DatumZeit
Date	Datum
DateSerial	Datumszahl
DateValue	Datumswert
Day	Tag
Debug	Test
Declare	Deklariere
Default	Standard
DefBool	DefBoolesch
DefCur	DefWährung
DefDate	DefDatumZeit
DefDbl	DefDoppelt
DefInt	DefGanz
DefLng	DefLang
DefObj	DefObjekt
DefSng	DefEinfach
DefStr	DefZnF
DefVar	DefVariant
Destination	Ziel
Dim	Dim
Dir	Verz
Do	Durchlaufe
DoEvents	Ereignisse
Double	Doppelt
Drive	Laufwerk
E	
Each	Alle
Else	Sonst
ElseIf	SonstWenn
Empty	Leer
End	Ende
EndIf	EndeWenn
EOF	DEnde
Eqv	Äqv

Englisch	Deutsch
Erase	Lösche
Erl	FehlerZeile
Err	FehlerNr
Error	Fehler
Exit	Verlasse
Exp	Exp
Explicit	Explizit
Expression	Ausdruck
F	
False	Falsch
FileAttr	DAttr
FileCopy	DKopiere
FileDateTime	DDatumZeit
FileLen	DLänge
FileNumber	Dateinummer
Fix	Schneide
For	Für
Format	Format
FreeFile	DNrNeu
Function	Funktion
G	
Get	Hole
GetAttr	HoleAttr
GetObject	HoleObjekt
Global	Global
GoSub	RufeMarke
GoTo	GeheZu
Green	Grün
H	
HelpFile	Hilfedatei
Hex	Hex
Hour	Stunde
I	
If	Wenn
IMEStatus	IMEStatus

Englisch	Deutsch
Imp	Imp
In	In
Input	Eingabe
InputB	EingabeB
InputBox	EingabeDlg
InStr	InZnF
InStrB	InZnFB
Int	RundeAb
Integer	Ganz
Is	Ist
IsArray	IstDatenfeld
IsDate	IstDatumZeit
IsEmpty	IstLeer
IsError	IstFehler
IsMissing	IstFehlend
IsNull	IstNull
IsNumeric	IstZahl
IsObject	IstObjekt
K	
Kill	DLösche
L	
LBound	GrenzeU
LCase	Klein
Left	Links
LeftB	LinksB
Len	Länge
LenB	LängeB
Length	Länge
Let	Bestimme
Lib	Biblio
Like	Wie
Line	Zeilen
Loc	Pos
Local	Lokal
Lock	Sperre

Englisch	Deutsch
LOF	DGrösse
Log	Ln
Long	Lang
Loop	Schleife
LSet	SetzeL
LTrim	KürzeL
M	
MacID	MacID
MacScript	MacScript
Mid	TeilZnF
MidB	TeilZnFB
Minute	Minute
MkDir	ErstelleVerz
Mod	Mod
Module	Modul
Month	Monat
MsgBox	MeldungsDlg
N	
Name	Benenne
Next	Nächste
Not	Nicht
Nothing	Nichts
Now	Jetzt
Null	Null
Number	Zahl
O	
Object	Objekt
Oct	Okt
Of	Von
On	Bei
Open	Öffne
Option	Option
Optional	Optional
Or	Oder
Output	Ausgabe

Englisch	Deutsch
P	
ParamArray	ArgumentListe
Path	Pfad
PathName	Pfadname
Preserve	Erhaltend
Print	Drucke
Private	Privat
Prompt	Eingabeaufforderung
Prompt	Meldung
Property	Eigenschaft
Public	Öffentlich
Put	Lege
R	
Random	Wahlfrei
Randomize	ZufallInit
Read	Lese
Red	Rot
ReDim	Redim
Rem	Kmt
Reset	SchliesseAlles
Resume	Weiter
Return	Zurück
ReturnType	RückgabeTyp
RGB	RGB
Right	Rechts
RightB	RechtsB
RmDir	EntferneVerz
Rnd	Zufallszahl
RSet	SetzeR
RTrim	KürzeR
S	
Script	Skript
Second	Sekunde
Seek	DPos
Select	Prüfe

Englisch	Deutsch
SendKeys	SendeTastenF
Set	Setze
SetAttr	SetzeAttr
Sgn	VZchn
Shared	Gemeinsam
Shell	Starte
Sin	Sin
Single	Einfach
Source	Quelle
Space	LZn
Spc	PosLZn
Sqr	Wurzel
Static	Statisch
Step	Schrittweite
Stop	Stop
Str	ZnF
StrComp	VergleicheZnF
StrConv	KonvertiereZnF
Strict	Strikt
String	ZeichenF
String	Zeichenfolge
Sub	Sub
T	
Tab	PosTab
Tan	Tan
Text	TextSpezial
Then	Dann
Time	Zeit
Timer	Zeitgeber
TimeSerial	Zeitzahl
TimeValue	Zeitwert
Title	Titel
To	Bis
Trim	Kürze
True	Wahr

Englisch	Deutsch
Type	Typ
TypeName	TypName
U	
UBound	Grenze0
UCase	Gross
Unknown	Unbekannt
Unlock	Entsperre
Until	BisWahr
V	
Val	Wert
Variant	Variant
VarName	Variable
VarType	VarTyp
vbAbort	vbAbbruch
vbArchive	vbArchiv
vbArray	vbDatenfeld
vbBoolean	vbBoolesch
vbCancel	vbAbbrechen
vbCritical	vbKritisch
vbCurrency	vbWährung
vbDataObject	vbDatenObjekt
vbDate	vbDatumZeit
vbDefaultButton1	vbStdSchaltfläche1
vbDefaultButton2	vbStdSchaltfläche2
vbDefaultButton3	vbStdSchaltfläche3
vbDirectory	vbVerzeichnis
vbDouble	vbDoppelt
vbEmpty	vbLeer
vbError	vbFehler
vbExclamation	vbWarnung
vbHidden	vbVersteckt
vbHiragana	vbHiragana
vbIgnore	vbIgnorieren
vbInformation	vbInformation
vbInteger	vbGanz

Englisch	Deutsch
vbKatakana	vbKatakana
vbLong	vbLang
vbLowerCase	vbKleinschreibung
vbNarrow	vbSchmal
vbNo	vbNein
vbNormal	vbNormal
vbNull	vbNull
vbObject	vbObjekt
vbOK	vbOK
vbOKCancel	vbOKAbbrechen
vbOKOnly	vbNurOK
vbProperCase	vbGroßschreibungWort
vbQuestion	vbFrage
vbReadOnly	vbNurLesen
vbRetry	vbWiederholen
vbRetryCancel	vbWiederholenAbbrechen
vbSingle	vbEinfach
vbString	vbZnFolge
vbSystem	vbSystem
vbSystemModal	vbSystemModal
vbUpperCase	vbGroßschreibung
vbVariant	vbVariant
vbVolume	vbDatenträger
vbWide	vbBreit
vbYes	vbJa
vbYesNo	vbJaNein
vbYesNoCancel	vbJaNeinAbbrechen
W	
Wait	Wartezeit
WeekDay	Wochentag
Wend	EndeSolange
Where	Wobei
While	Solange
Width	Breite
WindowStyle	Fensterart

Englisch	Deutsch
With	Mit
Write	Schreibe
X	
Xor	XOder
XPos	XPosition
Y	
Year	Jahr
YPos	YPosition

8.9.3 Die englischen Schlüsselwörter von Excel

Die folgenden Schlüsselwörter sind Excel-spezifisch. Sie können zwar auch in anderen Applikationen vorkommen und dort ähnliche Bedeutungen haben, sind jedoch in Excel definiert. Falls Sie aus einer anderen Anwendung programmübergreifend programmieren, können Sie die Schlüsselwörter verwenden, sobald Excel geladen wurde.

Auch hier gilt wieder: Verwenden Sie die Schlüsselwörter nicht für selbst definierte Objekte oder Prozeduren! Beachten Sie bitte, dass »Name« im Englischen wie Deutschen die gleiche Schreibweise besitzt und gerne als Variablenname eingesetzt wird. Dies kann zu Fehlern führen, die nur schwer lokalisierbar sind ...

Die Excel-spezifischen Schlüsselwörter von VBA:

Englisch	Deutsch
A	
Abs	Abs
Access	Zugriff
Alias	Original
And	Und
Any	Unbestimmt
AppActivate	AktiviereAnw
Append	Anhängen
ArgName	Argument
Array	Datenfeld
As	Als
Asc	Code

Englisch	Deutsch
Atn	ArcTan
Attributes	Attribute
B	
Base	Basis
Beep	Signal
BF	RF
Binary	Binär
Blue	Blau
Boolean	Boolesch
Buttons	Schaltflächen
ByRef	AlsZeiger
ByVal	AlsWert
C	
Call	Rufe
Case	Fall
CBool	ZuBoolesch
CCur	ZuWährung
CDate	ZuDatumZeit
CDbl	ZuDoppelt
CDecl	CDekl
Character	Zeichen
CharCode	Zeichencode
ChDir	WechsleVerz
ChDrive	WechsleLW
Chr	Zn
CInt	ZuGanz
Class	Klasse
CLng	ZuLang
Close	Schliesse
Color	Farbe
Compare	Vergleiche
Const	Konst
Constant	Konstante
Context	HilfeKontextID
Conversion	Konvertierung

Englisch	Deutsch
Cos	Cos
CreateObject	ErstelleObjekt
CSng	ZuEinfach
CStr	ZuZnF
CurDir	AktVerz
Currency	Währung
CVar	ZuVariant
CVDate	ZuVariantDatumZeit
CVErr	ZuFehler
D	
Date	DatumZeit
Date	Datum
DateSerial	Datumszahl
DateValue	Datumswert
Day	Tag
Debug	Test
Declare	Deklariere
Default	Standard
DefBool	DefBoolesch
DefCur	DefWährung
DefDate	DefDatumZeit
DefDbl	DefDoppelt
DefInt	DefGanz
DefLng	DefLang
DefObj	DefObjekt
DefSng	DefEinfach
DefStr	DefZnF
DefVar	DefVariant
Destination	Ziel
Dim	Dim
Dir	Verz
Do	Durchlaufe
DoEvents	Ereignisse
Double	Doppelt
Drive	Laufwerk

Englisch	Deutsch
E	
Each	Alle
Else	Sonst
ElseIf	SonstWenn
Empty	Leer
End	Ende
EndIf	EndeWenn
EOF	DEnde
Eqv	Äqv
Erase	Lösche
Erl	FehlerZeile
Err	FehlerNr
Error	Fehler
Exit	Verlasse
Exp	Exp
Explicit	Explizit
Expression	Ausdruck
F	
False	Falsch
FileAttr	DAttr
FileCopy	DKopiere
FileDateTime	DDatumZeit
FileLen	DLänge
FileNumber	Dateinummer
Fix	Schneide
For	Für
Format	Format
FreeFile	DNrNeu
Function	Funktion
G	
Get	Hole
GetAttr	HoleAttr
GetObject	HoleObjekt
Global	Global
GoSub	RufeMarke

Englisch	Deutsch
GoTo	GeheZu
Green	Grün
H	
HelpFile	Hilfedatei
Hex	Hex
Hour	Stunde
I	
If	Wenn
IMEStatus	IMEStatus
Imp	Imp
In	In
Input	Eingabe
InputB	EingabeB
InputBox	EingabeDlg
InStr	InZnF
InStrB	InZnFB
Int	RundeAb
Integer	Ganz
Is	Ist
IsArray	IstDatenfeld
IsDate	IstDatumZeit
IsEmpty	IstLeer
IsError	IstFehler
IsMissing	IstFehlend
IsNull	IstNull
IsNumeric	IstZahl
IsObject	IstObjekt
K	
Kill	DLösche
L	
LBound	GrenzeU
LCase	Klein
Left	Links
LeftB	LinksB
Len	Länge

Englisch	Deutsch
LenB	LängeB
Length	Länge
Let	Bestimme
Lib	Biblio
Like	Wie
Line	Zeilen
Loc	Pos
Local	Lokal
Lock	Sperre
LOF	DGrösse
Log	Ln
Long	Lang
Loop	Schleife
LSet	SetzeL
LTrim	KürzeL
M	
MacID	MacID
MacScript	MacScript
Mid	TeilZnF
MidB	TeilZnFB
Minute	Minute
MkDir	ErstelleVerz
Mod	Mod
Module	Modul
Month	Monat
MsgBox	MeldungsDlg
N	
Name	Benenne
Next	Nächste
Not	Nicht
Nothing	Nichts
Now	Jetzt
Null	Null
Number	Zahl

Englisch	Deutsch
O	
Object	Objekt
Oct	Okt
Of	Von
On	Bei
Open	Öffne
Option	Option
Optional	Optional
Or	Oder
Output	Ausgabe
P	
ParamArray	ArgumentListe
Path	Pfad
PathName	Pfadname
Preserve	Erhaltend
Print	Drucke
Private	Privat
Prompt	Eingabeaufforderung
Prompt	Meldung
Property	Eigenschaft
Public	Öffentlich
Put	Lege
R	
Random	Wahlfrei
Randomize	ZufallInit
Read	Lese
Red	Rot
ReDim	Redim
Rem	Kmt
Reset	SchliesseAlles
Resume	Weiter
Return	Zurück
ReturnType	RückgabeTyp
RGB	RGB
Right	Rechts

Englisch	Deutsch
RightB	RechtsB
RmDir	EntferneVerz
Rnd	Zufallszahl
RSet	SetzeR
RTrim	KürzeR
S	
Script	Skript
Second	Sekunde
Seek	DPos
Select	Prüfe
SendKeys	SendeTastenF
Set	Setze
SetAttr	SetzeAttr
Sgn	VZchn
Shared	Gemeinsam
Shell	Starte
Sin	Sin
Single	Einfach
Source	Quelle
Space	LZn
Spc	PosLZn
Sqr	Wurzel
Static	Statisch
Step	Schrittweite
Stop	Stop
Str	ZnF
StrComp	VergleicheZnF
StrConv	KonvertiereZnF
Strict	Strikt
String	ZeichenF
String	Zeichenfolge
Sub	Sub
T	
Tab	PosTab
Tan	Tan

Englisch	Deutsch
Text	TextSpezial
Then	Dann
Time	Zeit
Timer	Zeitgeber
TimeSerial	Zeitzahl
TimeValue	Zeitwert
Title	Titel
To	Bis
Trim	Kürze
True	Wahr
Type	Typ
TypeName	TypName
U	
UBound	Grenze0
UCase	Gross
Unknown	Unbekannt
Unlock	Entsperre
Until	BisWahr
V	
Val	Wert
Variant	Variant
VarName	Variable
VarType	VarTyp
vbAbort	vbAbbruch
vbArchive	vbArchiv
vbArray	vbDatenfeld
vbBoolean	vbBoolesch
vbCancel	vbAbbrechen
vbCritical	vbKritisch
vbCurrency	vbWährung
vbDataObject	vbDatenObjekt
vbDate	vbDatumZeit
vbDefaultButton1	vbStdSchaltfläche1
vbDefaultButton2	vbStdSchaltfläche2
vbDefaultButton3	vbStdSchaltfläche3

Englisch	Deutsch
vbDirectory	vbVerzeichnis
vbDouble	vbDoppelt
vbEmpty	vbLeer
vbError	vbFehler
vbExclamation	vbWarnung
vbHidden	vbVersteckt
vbHiragana	vbHiragana
vbIgnore	vbIgnorieren
vbInformation	vbInformation
vbInteger	vbGanz
vbKatakana	vbKatakana
vbLong	vbLang
vbLowerCase	vbKleinschreibung
vbNarrow	vbSchmal
vbNo	vbNein
vbNormal	vbNormal
vbNull	vbNull
vbObject	vbObjekt
vbOK	vbOK
vbOKCancel	vbOKAbbrechen
vbOKOnly	vbNurOK
vbProperCase	vbGroßschreibungWort
vbQuestion	vbFrage
vbReadOnly	vbNurLesen
vbRetry	vbWiederholen
vbRetryCancel	vbWiederholenAbbrechen
vbSingle	vbEinfach
vbString	vbZnFolge
vbSystem	vbSystem
vbSystemModal	vbSystemModal
vbUpperCase	vbGroßschreibung
vbVariant	vbVariant
vbVolume	vbDatenträger
vbWide	vbBreit
vbYes	vbJa

Englisch	Deutsch
vbYesNo	vbJaNein
vbYesNoCancel	vbJaNeinAbbrechen
W	
Wait	Wartezeit
WeekDay	Wochentag
Wend	EndeSolange
Where	Wobei
While	Solange
Width	Breite
WindowStyle	Fensterart
With	Mit
Write	Schreibe
X	
Xor	XOder
XPos	XPosition
Y	
Year	Jahr
YPos	YPosition

Index

E

F

G

H

I

K

L

M